Adolf Bonhöffer

Die Ethik des Stoikers Epictet

Anhang: Exkurse über einige wichtige Punkte
der stoischen Ethik

Faksimile-Neudruck
der Ausgabe Stuttgart 1894

Stuttgart - Bad Cannstatt 1968
Friedrich Frommann Verlag (Günther Holzboog)

Faksimile-Neudruck der Ausgabe Stuttgart 1894
mit freundlicher Genehmigung des © Ferdinand Enke Verlages Stuttgart.

Stuttgart - Bad Cannstatt 1968
Friedrich Frommann Verlag (Günther Holzboog)

DIE ETHIK

DES STOIKERS EPICTET.

ANHANG:

EXKURSE ÜBER EINIGE WICHTIGE PUNKTE DER
STOISCHEN ETHIK.

VON

ADOLF BONHÖFFER.

STUTTGART.
VERLAG VON FERDINAND ENKE.
1894.

Vorwort.

Die wesentliche dogmatische Uebereinstimmung Epictets mit der alten Stoa und seine grosse Bedeutung für die Aufklärung mancher wichtigen Begriffe der uns vielfach so lückenhaft überlieferten stoischen Philosophie ins Licht zu setzen, war der Hauptzweck meines früher veröffentlichten Werkes „Epictet und die Stoa" (Stuttgart, Enke, 1890). Was dort für die Psychologie und Erkenntnistheorie, soll in der vorliegenden Arbeit für die Ethik geschehen, und insofern bildet dieselbe die Fortsetzung der früheren. Begründete Einwendungen gegen die Hauptposition meines Buches sind nicht vorgebracht worden. Wenn von einer Seite darauf hingewiesen wurde, dass die griechisch-römische Moralphilosophie des ersten Jahrhunderts einen ganz besonderen, von der ursprünglichen stoischen Philosophie weit abliegenden Typus repräsentiere, so ist hiegegen zu bemerken, einmal, dass das Charakteristische dieser Moralphilosophie neben anderem gerade auch in dem Zurückgreifen auf die strengen Grundsätze der alten, als eigentliche Erbin der socratischen Philosophie betrachteten Stoa besteht, sodann namentlich, dass gerade Epictet unter den Moralphilosophen der Kaiserzeit eine deutliche Ausnahmestellung einnimmt, insofern er von dem Eklektizismus des Seneca und Marc Aurel vollständig frei ist und auch gegenüber seinem Lehrer Musonius Rufus einerseits eine viel geringere Hinneigung zum Kynismus, andrerseits einen erheblich engeren Anschluss an die stoische Dogmatik und Terminologie, wie sie besonders durch Chrysipp ausgebildet worden ist, verrät. Dabei gebe ich übrigens bereitwilligst zu, dass Epictet in der Physik und Metaphysik zwar nicht durch positive Abweichungen, aber doch dadurch, dass er diesen Disziplinen weniger Wert beimisst und gegen ihre Probleme sich gleichgültig verhält, sich von den Häuptern der alten Stoa erheblich unterscheidet; sowie dass auch da, wo er sachlich mit diesen übereinstimmt, sich vielfach eine Verschiedenheit des Tones und der Färbung bemerkbar macht, worauf Theob. Ziegler mit Recht aufmerksam gemacht hat (Gött. gel. Anz. 1891, 26).

Dies alles vermag jedoch an dem Hauptresultat nichts zu ändern. Wenn Epictet den Chrysipp wie auch den Zeno bei jeder Gelegenheit mit Begeisterung preist als die eigentlichen Erfinder und Begründer der Wahrheit, wenn er daneben zuweilen auch den Diogenes, Antipater und Archedem als mit Chrysipp übereinstimmende Autoritäten namhaft macht, während die von Cicero hauptsächlich kultivierten und auch von Seneca hochgefeierten und vielbenützten Grössen der heterodoxen Stoa, Panätius und Posidonius, auch nicht ein einziges Mal erwähnt werden, so wird man darin wohl nicht bloss einen Zufall erblicken dürfen: es ist dies vielmehr einfach ein Beweis dafür, dass Epictet mit klarem Bewusstsein über die heterodoxen Stoiker des zweiten und ersten vorchristlichen Jahrhunderts hinweg sich an die Lehre der alten Stoa angeschlossen hat. Für a priori unmöglich wird man dies nicht erklären können, giebt es doch parallele Erscheinungen auf dem Gebiet der Philosophie und noch mehr der Theologie genug.

Was aber an Epictet kynisch ist, beschränkt sich auf die in seiner Ethik allerdings bedeutend hervortretende Idee des Kynikers, der die Aufgabe hat, die Menschen durch sein persönliches Beispiel zur Umkehr zu bewegen und so die Arbeit der theoretischen Lehrer der Wahrheit praktisch wirksam zu unterstützen. Diese krönende Zuthat zu dem Gebäude der stoischen Ethik erklärt sich einfach daraus, dass Epictet, wie er selbst bekennt, früher Kyniker war (Diss. II, 12, 25) und vom Kynismus, dessen Thorheit und Unnatur er einsah, zur Stoa überging, der er fortan mit voller Ueberzeugung und Entschiedenheit angehörte. Er will Stoiker sein, nicht Kyniker: ein rechter Stoiker zu werden, ist sein höchstes Ideal (Diss. II, 19, 22; vergl. II, 9, 19. II, 19, 19. III, 7, 17. III, 24, 40). Er hat somit eine ähnliche Entwicklung durchgemacht wie Zeno. Aus seiner früheren Periode hat er nun aber den Begriff des Kynikers beibehalten, jedoch indem er ihn zugleich dermassen idealisierte und modifizierte, dass von der κυνικὴ ἀναισχυντία, welche hauptsächlich den Zeno zur Gründung einer eigenen Schule bewogen hatte (D. L. VII, 3), kaum eine Spur mehr übrig blieb. An dem Kyniker Epictets konnte denn auch in der That ein Stoiker strenger Observanz keinen Anstoss nehmen, wie ja von jeher der edle Kynismus in der Stoa als erlaubt gegolten hat. Ja wenn wir bedenken, welche krass kynischen Ansichten sogar Chrysipp gelegentlich noch geäussert haben soll, und dass die Stoiker den Kynismus definierten als den „kurzen Weg zur Glückseligkeit" (D. L. 121), seine Berechtigung also nicht wie Epictet an eine besondere, einzigartige Begabung und Bestimmung banden, so könnte man füglich sagen, der Kynismus spiele in der Ethik des letzteren eine geringere Rolle als in der alten Stoa. Jedenfalls aber ist der Kynismus bei Epictet nur eine Zuthat, welche den stoischen Gesamtcharakter seiner Ethik in keiner Weise alteriert.

In dieser Auffassung des Kynismus Epictets wie überhaupt in der Hochschätzung des letzteren weiss ich mich einig mit hervorragenden Gelehrten. Bernays in seiner interessanten Schrift „Lucian und die Kyniker" sagt: „nur Männer von so tiefer Einsicht, wie Epictet sie bewährt, vermochten mit der Verachtung des entarteten die Anerkennung des aufrichtigen Kynikers zu verbinden — mit ebenso abschreckenden Farben, wie Lucian sie anwendet, werden von ihm die frechen Marktschreier geschildert — er spricht es klar aus, dass in wohlgeordneten gesellschaftlichen Zuständen es keinem Besonnenen beikommen könne, zu kynisieren — es bedurfte einer Kenntnis der Tiefen und Höhen der Menschennatur, wie Epictet sie besass, um der doppelartigen Erscheinung des Kynismus Tadel und Lob gerecht zuzumessen; ein Mann wie Lucian war dazu unfähig". Und Martha in seinem geistreichen Werke „les moralistes sous l'empire romain" erkennt in der Gestalt des Kynikers bei Epictet mit Recht eine dem Christentum verwandte Idee, wenn er sagt: „niemand im Altertum hat je mit dieser Entschiedenheit und einfachen Grösse es ausgesprochen, dass die Lehre der Moral ein Apostolat sein müsse; selbst heute könnte man die Rolle eines christlichen Missionars nicht besser definieren". Zu dem berühmten Kapitel περὶ κυνισμοῦ (III, 22) ruft er begeistert aus: „quelle morale et quelle éloquence! on doit lire tout le discours, qui se répand en impatiences généreuses, en interrogations pressantes, où l'on sent partout comme la fureur de la vertu et de la piété et où la plénitude d'un grand coeur précipite en tumulte un torrent de saintes pensées".

Im übrigen liegt der Schwerpunkt der vorliegenden Arbeit nicht wie bei der früheren in der Vergleichung Epictets mit der Stoa, sondern in der Darstellung seiner Ethik, die gewiss ein selbständiges Interesse beanspruchen darf. Somit bildet dieses Buch ein Werk für sich und setzt die Kenntnis des früher veröffentlichten nicht notwendig voraus, um so weniger, als manches, was dort ausführlich erörtert wurde, hier kurz wiederholt werden musste und ein für beide Werke gemeinsames Register auch diejenigen, welchen das erste nicht zur Hand ist, über den philosophischen Lehrgehalt und Sprachgebrauch Epictets hinlänglich zu orientieren vermag. — In den fünf Excursen, die den Anhang bilden, habe ich diejenigen Punkte der stoischen Ethik, die mir durch Epictet nahegelegt und einer eingehenderen Untersuchung bedürftig erschienen, behandelt. Es lag mir also fern, eine stoische Ethik schreiben zu wollen. Immerhin kommen in denselben, namentlich in den beiden längeren Excursen I und III, welche die Güter- und Pflichtenlehre behandeln, die wichtigsten und einschneidendsten Fragen der stoischen Ethik zur Sprache.

Die historische Bedeutung der stoischen Ethik kann für diejenigen nicht zweifelhaft sein, die im stande oder gewillt sind, von der oft wenig anmutenden äusseren Form auf den inneren Gehalt durchzudringen und aus der paradoxen Fassung und doktrinären Uebertreibung den gediegenen Kern bleibender Wahrheit herauszuschälen. Es sei mir gestattet, hier auf die gerechte und einsichtsvolle Beurteilung der stoischen Philosophie in dem trefflichen Buch von R. Eucken „Die Lebensanschauungen der grossen Denker" hinzuweisen: „sie hat nicht nur damals die Gemüter der Besten beherrscht, sondern auch den mächtigsten Einfluss auf die Kirche des Morgen- und Abendlandes geübt und wirkt fort als bleibender charakteristischer Typus. Wo immer versucht wurde, ohne Rücksicht auf Geschichte und Erfahrung aus reinen und blossen Begriffen einen vernünftigen Lebensinhalt zu gewinnen, da ist eine bewusste oder unbewusste Verwandtschaft mit der Stoa unverkennbar (H. Grotius, Descartes, Spinoza, Kant, Fichte)". Besonders die Ethik des Spinoza zeigt eine auffallende Uebereinstimmung und Geistesverwandtschaft mit der stoischen. Bekannt ist auch, und von Zeller in seiner interessanten Monographie (1886) gebührend hervorgehoben, dass Friedrich der Grosse, namentlich in seinen späteren Jahren, vorwiegend in den Gedankenkreisen der Stoa sich bewegte und in ihrem strengen Idealismus den stärksten Halt seines Lebens fand. Aufgefallen ist mir auch die stoische Färbung in den nach seinem Tod veröffentlichten „Trostgedanken" Moltkes; man könnte fast versucht sein, anzunehmen, dass er seinen eigentümlichen Begriff der „herrschenden Seele" der Stoa entlehnt habe, und Sätze wie der: „die Vernunft ist durchaus souverän, sie erkennt keine Autorität über sich; keine Gewalt kann sie zwingen, für unrichtig anzunehmen, was sie als wahr erkannt hat", lesen sich geradezu als Uebersetzung eines Lieblingsgedankens Epictets (z. B. Diss. I, 17, 21).

Dass die stoische Ethik und besonders die epictetische auch heute noch einen praktischen und pädagogischen Wert hat, ist, von positiv christlichem Standpunkt aus, von Professor Hilty in Bern in seinem ansprechenden, gedankenreichen Buche, „Glück" betitelt (Leipzig 1891), mit erfreulichem Mute ausgesprochen worden. Auch ich schäme mich nicht zu bekennen, dass mir die Grundanschauungen und Kernsprüche Epictets nicht bloss theoretisch interessant, sondern auch praktisch wertvoll geworden sind. Jedenfalls kann für alle diejenigen, welche in der religiösen Weltanschauung Jesu zugleich auch die höchste Offenbarung des sittlichen Geistes erkennen, eine genauere Kenntnis der ihr am nächsten verwandten stoischen Moral nur förderlich sein, sowohl zur Vermeidung ungerecht abschätziger Urteile über die Leistungen der heidnischen wie andrerseits zu klarerer Erkenntnis und Würdigung der spezifischen Verschiedenheit und Ueberlegenheit der christlichen Ethik.

Die ganz hervorragende, ja fast einzigartige Bedeutung, welche der Philosophie Epictets in formaler und materialer Hinsicht für das Verständnis der Entwicklung und Gestaltung des Christentums auf dem Boden der griechischen Welt zukommt, ist von dem leider früh verstorbenen englischen Gelehrten Edwin Hatch in seinen bahnbrechenden Hibbertvorlesungen über Griechentum und Christentum (übersetzt von E. Preuschen, mit Beilagen von Adolf Harnack und dem Uebersetzer, Freiburg i. B. 1892) in klassischer Weise gezeigt worden. Leider ist mir das Buch zu spät bekannt geworden, als dass ich in meiner Arbeit darauf hätte Rücksicht nehmen können.

Was schliesslich die äussere Einrichtung des Buches betrifft, so habe ich, der Einfachheit halber, das früher veröffentlichte Werk als „I. Band" citiert und im gemeinsamen Register dasselbe mit I, das vorliegende mit II bezeichnet. Zu meinem Bedauern sind die Noten zu dem darstellenden Teil infolge eines Missverständnisses anstatt am Schluss des Ganzen je nach den einzelnen grösseren Abschnitten angebracht worden. Doch wird diese Anordnung, denke ich, nicht eben störend empfunden werden.

Belsenberg, im Februar 1894.

Dr. Adolf Bonhöffer.

Inhalt.

I. Teil.
Grund und Ziel der Tugend.

	Seite
Erster Abschnitt. Die Begründung der sittlichen Verpflichtung	1
Zweiter Abschnitt. Das höchste Gut oder das Ziel (Telos)	7

II. Teil.
Der Inhalt der Tugend.

Erster Abschnitt. Das naturgemässe Begehren oder die vernünftige Lebensanschauung 18
  1. Das wahre Glück 18
  2. Die Uebel des Lebens 20
  3. Der Tod 26
  4. Der freiwillige Tod 29
  5. Die Freude am Leben 40
  6. Die Bemühung um die äusseren Güter 42
    Anhang. Der Gebrauch der Mantik 44
  7. Die Apathie 46

Zweiter Abschnitt. Das naturgemässe Handeln oder die richtige Pflichterfüllung 58
  Erstes Kapitel. Die Pflichten der persönlichen Vollkommenheit 60
    1. Die Reinlichkeit und Leibesübung 60
    2. Die Mässigkeit, Sittsamkeit und Keuschheit 61
    3. Die Wahrhaftigkeit 72
    4. Die Pflicht der Arbeit und des Erwerbs 73
  Zweites Kapitel. Die religiösen Pflichten 75
    1. Der Kultus 75
    2. Der Glaube 78
  Drittes Kapitel. Die sozialen Pflichten 86
    1. Die Ehe 86
    2. Die Pietät 90
    3 Die bürgerlichen Pflichten 92
    4. Die Pflichten der Humanität 97
    5. Die Freundschaft 106

Dritter Abschnitt. Das naturgemässe Urteilen (die intellektuelle Geistesausbildung) 122

III. Teil.
Die Aneignung der Tugend.

Erster Abschnitt. Die sittliche Anlage 128
Zweiter Abschnitt. Die Sünde 133
Dritter Abschnitt. Der sittliche Fortschritt und die Vollkommenheit 144
Schlussbetrachtung 154

Anhang.

Excurs I. Die stoischen Telosformeln 163
   1. Chrysipp, Panätius, Posidonius 163
   2. Diogenes, Antipater, Archedem etc. 168
   3. Die stoische Güterlehre 170
   4. Die πρῶτα κατὰ φύσιν 175
   5. Die mittelstoische Telosformel 177
Excurs II. Die stoische Lehre vom Selbstmord 188
Excurs III. Das καθῆκον und κατόρθωμα 193
   1. καθῆκον und Wahrscheinlichkeit 193
   2. καθῆκον und Legalität 198
   3. Die Bedeutung des καθῆκον bei Epictet 200
   4. καθῆκον und προηγμένον 207
   5. Das καθῆκον als μέσον 208
   6. Das καθῆκον τέλειον 212
   7. Das καθῆκον des προκόπτων 216
   8. Das καθῆκον des φαῦλος 222
   9. Schlussurteil 229
Excurs IV. Die stoische Lehre vom Erwerb 233
Excurs V. Der stoische Pantheismus 243

Griechisches Sachregister 250
Namenregister 270
Verzeichnis der citierten Schriftsteller 276

I. Teil.
Grund und Ziel der Tugend.

Erster Abschnitt.
Die Begründung der sittlichen Verpflichtung.

Man teilt die ethischen Systeme mit Rücksicht auf die Begründung der sittlichen Verpflichtung in zwei Klassen ein, in heteronome und autonome. Während in jenen die Normen des sittlichen Lebens von einer objektiven, ausser dem Menschen liegenden Autorität hergeleitet werden, so gilt in den autonomen Systemen der Mensch als sein eigener Gesetzgeber. Der Unterschied ist jedoch nicht so gross, wie er scheint. Denn in Wirklichkeit hat jede autoritative Ethik für den Einzelnen nur insofern und solang Giltigkeit, als er die Vorschriften derselben seiner Natur entsprechend und angemessen findet. Sobald ihn sein Denken an diesem Glauben irre macht, wird er entweder die Verbindlichkeit des Sittengesetzes für sich ablehnen, oder, falls er dennoch sich darnach richtet, nicht mehr moralisch sein. Jede auf der Annahme einer übernatürlichen Offenbarung beruhende Moral hat deshalb das erklärliche Bestreben, die Uebereinstimmung ihrer Gebote mit den Thatsachen der äusseren und inneren Erfahrung nachzuweisen: die schlechte Theorie, dass der gesetzgebende göttliche Wille auch anders sein könnte, als er ist, ja sogar das Gegenteil von dem, was er einmal geboten hat, zur Pflicht machen könnte, hat sich gegenüber der tieferen Auffassung Gottes als eines konstanten und unveränderlichen, an sich guten Willens nirgends zu behaupten vermocht. Bedenkt man nun, dass der Glaube an die Gottheit und die Anerkennung ihres Willens nur gefordert werden kann unter der Voraussetzung, dass der Mensch als solcher darauf angelegt ist, göttliche Offenbarung zu empfangen, so leuchtet es ein, dass auch die theonome Moral im letzten Grund eine autonome ist. Denn da die Offenbarung als eine notwendige gedacht werden muss, weil ohne sie der Mensch seine Bestimmung nicht erreichen könnte, so gehört sie eben auch zur Oekonomie des menschlichen Geisteslebens, und es ist schliesslich nur ein Wortstreit, ob man sagt: ich handle sittlich, weil es Gott so geboten hat, oder, weil es meine Natur so verlangt; denn diese hat mir ja auch Gott gegeben.

Eben deshalb giebt es aber auch andrerseits keine autonome Moral, die nicht zugleich in gewissem Sinn heteronom wäre. Denn wenn ich aus meiner menschlichen Natur Regeln des Handelns ableite, die für alle verbindlich sein können und sollen — anders aber kann ich von einer Moral nicht reden —, so gebe ich damit zu, dass in mir selbst und jedem anderen Menschen etwas liegt, das über der individuellen Willkür steht und als gemeinsames Gesetz alle Menschen verbindet. Diese für jede Moral unentbehrliche Annahme einer wesentlich gleichen Beanlagung und Bestimmung aller führt mit innerer Notwendigkeit zu dem Glauben an eine Weltordnung, an ein im Weltall wirkendes Gesetz, wie nun auch dasselbe näher gedacht werden mag.

Durch diese Bemerkungen erklärt sich zum voraus das in der Stoa und besonders auch bei Epictet uns entgegentretende Nebeneinander der theonomen und autonomen Begründung des sittlichen Handelns. Epictet redet nicht selten in Ausdrücken und bewegt sich in Vorstellungen, die ganz dem Standpunkt der theonomen Moral entsprechen. Nicht bloss dass er das Leben als einen Dienst Gottes bezeichnet und das höchste Ziel des Menschen darein setzt, Gott zu folgen, ihm zu gefallen und Zeugnis für ihn abzulegen[1]), nein er spricht auch geradezu von einem göttlichen Gesetz, das man stets vor Augen haben soll, von Geboten und Verordnungen Gottes, die der Mensch kennen und befolgen muss[2]). Ja er kennt auch den Begriff der Offenbarung: die Schriften des Chrysipp, den er als den grössten Wohlthäter der Menscheit preist, weil durch ihn die Götter die zur Glückseligkeit führende Wahrheit gezeigt haben (I, 4, 28 etc.), gelten ihm gewissermassen auch als ein heiliger Kodex und bilden für seinen Unterricht und seine Homilieen in ähnlicher Weise die Grundlage wie die biblischen Texte für die christliche Predigt. Wenn er gelegentlich auch einmal für sich selbst diese Ehre eines Vermittlers der göttlichen Offenbarung in Anspruch nimmt (III, 1, 36), so ist dies nicht so gemeint, als ob er inhaltlich etwas Neues brächte, sondern er will durchaus nichts anderes sein als ein Vertreter und Lehrer der alten von Zeno und Kleanthes, ja in der Hauptsache schon von Socrates begründeten, von Chrysipp aber erst vollständig fixierten, allseitig ausgestalteten und wissenschaftlich bewiesenen Wahrheit.

Wie er oft die sittlichen Pflichten als göttliche Gebote und demgemäss deren Nichterfüllung als Ungehorsam gegen Gott darstellt[3]), so liebt er es überhaupt, seine Ermahnung zu einem sittlichen Leben auf religiöse Beweggründe zu stützen (Zeller, III, 2, 238), sei es, dass er die ethischen Attribute des Zeus dazu verwendet[4]) oder, weit häufiger noch, die Lehre von der Verwandtschaft des Menschen mit Gott ethisch fruchtbar macht. „Wenn jemand wahrhaft davon überzeugt wäre, dass wir von Gott als bevorzugte Wesen erschaffen worden sind, und dass Zeus der Vater der Menschen wie der Götter ist, so würde er, glaube ich, keines unedlen Gedankens oder gemeinen Handelns fähig sein." „Wenn der Kaiser dich adoptieren würde, so könnte niemand deinen Hochmut ertragen: wie viel mehr solltest du dich gehoben fühlen, wenn du dich als Gottes Sohn erkennst!"[5]). „Was verkennst du deinen Adel und vergissest, woher du gekommen ist? willst du nicht daran denken beim Essen und Trinken, wen du nährst? einen Gott hast du in dir, Unseliger, und weisst es nicht, und befleckst ihn.

ohne es zu empfinden, durch unreine Gedanken und schmutzige Thaten! in Gegenwart eines Götterbildes würdest du nicht wagen, das zu thun, was du thust; nun aber Gott selbst in dir gegenwärtig ist, der alles sieht und hört, schämst du dich nicht, solches zu denken und zu thun, du deiner Natur Vergessener und Gottverhasster!" (II, 8, 11 etc.).

Wie Epictet hier aus der Idee der Gottverwandtschaft die Pflicht des Edelsinns, des idealen Strebens, der Herzensreinheit herleitet, so gründet er auch die Pflicht der Nächstenliebe auf die Idee der gemeinsamen Gotteskindschaft, woraus von selbst der Gedanke des Weltbürgertums, der brüderlichen Verbundenheit aller Menschen sich ergiebt[6]). Ebenso folgert er aus dem Bewusstsein, Gott zum Vater zu haben, die Pflicht der Ergebung in alle Lebenslagen und der Getrostheit bei allen widrigen Begegnissen. „Wer mit dem Kaiser oder sonst einem Machthaber verwandt ist, hält sich für geborgen: wie viel mehr sollte uns der Gedanke, Gott zum Schöpfer, Vater und Versorger zu haben, alle Furcht und Trauer benehmen!" (I, 9, 7). Besonders schön ist dieser Gedanke ausgedrückt in folgender Ausführung. „Ein vorsichtiger Wanderer, der durch eine von Räubern bedrohte Gegend zu reisen beabsichtigt, macht die Reise nicht allein, sondern wartet, bis er einen mit Bedeckung versehenen Reisegefährten findet. So macht's auch im Leben überhaupt der Verständige; auch da drohen ja Gefahren von allen Seiten. Wem soll ich mich nun anschliessen? dem Reichen, Mächtigen? was hilft mich das? er selbst kann beraubt und gestürzt werden, dass er nur noch jammert und klagt; und wer weiss, ob nicht der Gefährte selbst sich gegen mich wendet und an mir zum Räuber wird? Was thue ich dann? Nun, ich will mich beim Kaiser beliebt machen, dann kann mir niemand etwas anthun. Aber erstlich, um das zu erreichen, was kostet es für Mühe und Demütigung! Und wenn ich's erreiche, so ist eben auch er sterblich. Wird er mir aber aus irgend einem Anlass feind, wo finde ich dann Zuflucht? In der Verbannung? Ja droht da nicht das Fieber? Was dann? Giebt es denn keinen sicheren und treuen, starken und unangreifbaren Begleiter? So fragt er sich und gelangt zu der Erkenntnis, dass er ungefährdet durchkommen wird, wenn er sich Gott anschliesst." (IV, 1, 91 etc.). Man sieht, dass allen diesen Ausführungen ein hoher und geläuterter Gottesbegriff zu grunde liegt; nur unter dieser Voraussetzung können natürlich aus der Verwandtschaft des Menschen mit Gott so hohe sittliche Ideale abgeleitet werden. Denn — „so wie die Götter sind, muss auch derjenige, der ihnen gehorchen und gefallen will, nach Kräften zu werden sich bestreben: ist die Gottheit treu, frei, wohlthätig etc., so muss auch er es sein, er muss sich als Nachahmer Gottes zeigen in allem seinem Reden und Thun" (II, 14, 13).

Wäre nun Epictets Ansicht die, dass die richtige Gotteserkenntnis durch eine besondere übernatürliche Offenbarung oder auf dem Weg der Intuition bewirkt werde, so wäre seine Moral allerdings theonom. Aber diese Erkenntnis Gottes, seines Wesens und Willens, kommt nach ihm nicht anders zu stande, als die Erkenntnis der Wahrheit überhaupt, nämlich durch denkende Entwicklung der angeborenen Begriffe (Prolepseis). Auch der Dämon, den Gott dem Menschen in die Brust gesenkt und anvertraut hat, ist, wie im I. Band p. 83 etc. gezeigt wurde, nicht etwa ein neben oder über der Vernunft unmittelbar wirkendes

Gottesbewusstsein, sondern nichts anderes als die Vernunft selbst bezw. die Persönlichkeit des Menschen, wie sie sein soll, nach ihrer geistigen Anlage und sittlichen Bestimmung [7]).

Aber ist nicht dieser Dämon Epitropos identisch mit dem Gewissen? Nennt ihn nicht Epictet den inneren Wächter und Richter, das wahre Orakel, das dem Menschen sagt, was gut und böse ist? Gewiss hat dieser Dämon grosse Aehnlichkeit mit dem, was wir Gewissen nennen. Aber wir fragen hier darnach, ob Epictet ein solches gekannt hat im Sinn des kategorischen Imperativs, als spezifisch sittliches, neben der Vernunft und unabhängig von ihr wirkendes Organ. Diese Frage müssen wir rundweg verneinen [8]). Denn Epictet weiss nichts von einem Kampf zwischen Pflicht und Neigung: mit einer fast verblüffenden Offenheit erklärt er uns, dass, wer das Eigentum des Nächsten für begehrenswert halte, notwendig darauf aus sein müsse, es zu stehlen, und ein Thor sei, wenn er dies nicht thue [9]). Dem Beleidiger sollen wir nicht zürnen, sondern ihm eher noch danken, dass er uns nichts Aergeres anthat: „denn woher weiss er es, von wem hat er's gelernt, dass der Mensch ein sanftes, liebreiches Wesen ist, und dass, wer Unrecht thut, sich selbst am meisten schadet?" (IV, 5, 9). Folglich treibt den Menschen zur Tugend nicht eine untrügliche innere Stimme, sondern die Erkenntnis der Wahrheit, die erst erworben werden muss. Es ist eine der Hauptlehren Epictets, dass alles Handeln auf den Meinungen beruht [10]), und dass also die Tugend aus der richtigen Meinung, aus dem Wissen sich von selbst ergiebt [11]). Seine Ethik ist ausgesprochen intellektualistisch, ein echtes Kind der socratischen Philosophie: kein Stoiker hat den Satz, dass die Tugend ein Wissen ist, schärfer ausgesprochen und entschiedener durchgeführt als Epictet.

Seine Ethik ist aber auch eben so entschieden eudämonistisch: denn das Wissen, das die Tugend wirkt, ist nicht ein Wissen der Pflicht, sondern ein Wissen dessen, was den Menschen wahrhaft glücklich und unglücklich macht [12]). Die Triebfeder alles Handelns — dies ist ein zweiter Fundamentalsatz Epictets — ist die Vorstellung eines Nützlichen, Zuträglichen, das dadurch erreicht, oder eines Schädlichen, Nachteiligen, das dadurch abgewendet werden soll. Diese Vorstellung des Nützlichen oder Schädlichen wirkt nach Epictet mit zwingender Notwendigkeit: so wenig der Mensch einer Sache (innerlich) zustimmen kann, die ihm nicht als wirklich erscheint, so wenig kann er etwas begehren, was er nicht für zuträglich hält, und etwas nicht begehren, das ihm nützlich scheint [13]). Während Posidonius nach Galen (V, 376 etc. K.) die chrysippische Lehre, dass jede Leidenschaft eine Verirrung der Vernunft und des Urteils sei, u. a. durch den Hinweis auf die Worte der euripideischen Medea, die einen Kampf zwischen Leidenschaft und Ueberlegung bekunden, zu widerlegen suchte, beseitigt Epictet in offenbarer Polemik gegen Posidonius und als treuer Anhänger Chrysipps diesen Einwand durch die Bemerkung, eben dies, nämlich die Befriedigung ihrer Rache, habe der Medea zuträglicher geschienen, als die Erhaltung des Lebens ihrer Kinder (I, 28, 6). Der Grundtrieb also, der jedem Menschen innewohnt, ist der Trieb nach Glück; es giebt nichts, was einen stärkeren Reiz auf uns ausüben, ja überhaupt den Willen bestimmen kann, als die Vorstellung eines Gutes, das wir gewinnen, oder eines Uebels, das wir abwenden können [14]). So gelangt denn Epictet zu dem scheinbar krass egoistischen Satz: „mir ist niemand lieber (befreundeter) als ich"[15]). Doch weist er den Vorwurf des Egoismus nachdrücklich zurück. „Wenn ich zum Tyrannen sage, dass ich ihn lediglich um meines Vorteils willen ehre, so ist dies nicht egoistisch (φίλαυτον); denn so ist jedes Wesen geschaffen, dass es um seiner selbst willen alles thut. Auch die Sonne wärmt und leuchtet um ihrer selbst willen, ja auch Zeus thut schliesslich alles um seiner selbst willen. Aber wenn er der Pluvius und Frugifer und der Vater der Menschen sein will, so muss er wohlthätig sein, um jene Attribute zu verdienen. Und so hat er auch die Natur des Vernunftwesens eingerichtet, dass es keines seiner ihm eigentümlichen Güter teilhaftig werden kann, ohne zugleich auch zum allgemeinen Nutzen beizutragen. Auf diese Weise wird die Rücksicht auf das Wohl des Nächsten nicht verletzt, auch wenn man alles um seiner selbst willen thut"[16]). Hier haben wir klar und deutlich die Synthese der egoistischen und altruistischen Motive. Ob die Ethik des Epictet das hier gegebene Versprechen erfüllt, d. h. ob in ihr die Sorge um das Wohl der Nebenmenschen wirklich zu ihrem Recht kommt, muss sich im Verlauf der Darstellung zeigen. Er selbst wenigstens ist überzeugt, dass die Befolgung seiner Lehren nicht bloss Dankbarkeit gegen Gott und stetige Freudigkeit, sondern auch Frieden und Eintracht im Haus, im Staat und Völkerleben wirken würde (IV, 5, 35). Der Grundsatz aber, den Epictet hier ausspricht, dass wer auf sein eigenes wahres Glück bedacht ist, auch seine sozialen Pflichten am besten erfüllt, ist unstreitig der denkbar höchste, den eine Ethik aufstellen kann.

Wie sehr die Ethik Epictets von dem Prinzip des Eudämonismus beherrscht ist, mag man aus dem interessanten Bekenntnis ersehen: „selbst wenn es ein Irrtum wäre, dass alles Aeussere für den Menschen wertlos ist, so wollte ich doch gerne diesen Irrtum, wenn er mir zu einem glückseligen Leben, zum Frieden und zur Freiheit verhilft" (I, 4, 27)[17]). Also selbst die Wahrheit würde er hingeben um den Preis des inneren Glückes — wenn es überhaupt denkbar wäre! Denn in Wirklichkeit erreicht man Glück und Wahrheit und Tugend zumal, es kann nichts anderes wahr sein, als was den Menschen glücklich macht. „Wie wäre es möglich, dass, was für die Menschen das Wichtigste ist, unerfindlich und unbeweisbar sein sollte?"[18]). Eben dazu ist ja Chrysipp gekommen, um zu beweisen, dass diese glückselig machende Lehre auch wahr ist (I, 4, 28). „Wahrlich schlecht wird das All regiert, wenn Zeus nicht für seine Bürger sorgt, dass sie gleich ihm glücklich sein können. Doch es ist Sünde, dies auch nur zu denken" (III, 24, 19). Wir sehen, Epictets Ethik ist nicht bloss intellektualistisch und eudämonistisch, sondern auch **idealistisch** und **optimistisch** im höchsten Grade. Eudämonistisch im höheren und höchsten Sinn des Wortes ist übrigens auch die christliche, ja selbst die Kantische Ethik. Indem Kant die intelligible Ausgleichung zwischen Glück und Würdigkeit ein Postulat der praktischen Vernunft nennt, setzt auch er in Wahrheit über den kategorischen Imperativ das Streben nach Glück. Denn, mag er's zugeben oder nicht, der Mensch wäre nicht im stande, dem Gehorsam gegen den kategorischen Imperativ alle Neigungen zu opfern, wenn er nicht bei diesem streng pflichtmässigen Handeln unter dem Einfluss jener **Hoffnung** auf eine künftige Ausgleichung stünde. Ohne diese

Hoffnung würde für ihn der kategorische Imperativ selbst immer mehr zweifelhaft werden, und wenn er doch im strengen Gehorsam bliebe, so wäre es kein wahrhaft freier Gehorsam, kein echt sittliches Handeln.

Anmerkungen zu Abschnitt I.

[1] I, 9, 16 ὑπηρεσία III, 24, 114. III, 22, 69 διακονία τοῦ θεοῦ. IV, 7, 20 διάκονος καὶ ἀκόλουθος τῷ θεῷ. I, 30, 1 θεῷ ἀρέσκειν. I, 29, 45 ὡς μάρτυς ὑπὸ τοῦ θεοῦ κεκλημένος. III, 26, 28. III, 1, 37 τῷ θεῷ πεισθῶμεν ἵνα μὴ θεογόλωτοι ὦμεν. I, 12, 5 τέλος ἐστὶν ἕπεσθαι θεοῖς. — Nach I, 20, 15 hat schon Zeno das Telos so bezeichnet. Auch Seneca nennt es ein vetus praeceptum (vit. b. 15, 5). Ant. 12, 31 ἕπεσθαι τῷ λόγῳ καὶ τῷ θεῷ. Philo migr. Abr. 23 (456 M.).

[2] II, 16, 28 νόμος θεῖος. III, 24, 42. IV, 7, 17 ἐντολαὶ θεοῦ. III, 24, 114. IV, 3, 12 νόμοι ἐκεῖθεν ἀπεσταλμένοι — διατάγματα. II, 16, 46 θεοῦ προστάγμασι καθοσιοῦσθαι.

[3] IV, 4, 32. — Diese Auffassung ist auch den älteren Stoikern nicht fremd, erklärten sie doch jede Sünde für ein ἀσέβημα (Stobaeus ecl. II, 105 W). Und wenn sie die Frömmigkeit definierten als ἐπιστήμη θεῶν θεραπείας (Sext. IX, 123), so verstanden sie sicherlich darunter weniger den äusseren als vielmehr den inneren Kultus der Gesinnung und des Gehorsams. Lediglich in ethischem Sinne ist es auch zu verstehen, wenn sie den Weisen den wahren Priester und Seher nannten (D. L. 119. ecl. II, 67). Vgl. den Abschnitt über die religiösen Pflichten.

[4] III, 11, 5 Πατρῷος, Ὁμόγνιος etc.

[5] I, 3, 1 etc. — cfr. Cic. leg. I, 59 tanto munere deorum (sc. ingenio suo) semper dignum aliquid et faciet et sentiet.

[6] I, 13, 3: Elender, solltest du deinen Bruder nicht tragen, der wie du Zeus zum Ahnen hat? cfr. fin. III, 66 minime convenit, cum ipsi inter nos viles neglectique simus, postulare, ut dis immortalibus cari simus et ab iis diligamur.

[7] I, 14, 12 u. 17. II, 8, 23: bewahre mir diesen (sc. den Dämon) so wie er ist, sittsam, treu, hochherzig etc.

[8] Der Ausdruck τὸ συνειδός, der sich nur einmal findet (III, 22, 94), und zwar auf den Kyniker angewendet, bedeutet weniger das Gewissen, als vielmehr das Selbstbewusstsein, das Bewusstsein seines göttlichen Berufs. Am ehesten deckt sich mit dem Begriff des Gewissens das αἰδῆμον und ἐντρεπτικόν, von dessen Abstumpfung und Ertötung in I, 5 die Rede ist. Genaueres hierüber siehe im III. Teil.

[9] I, 18, 4 οὐδὲν ἔχουσιν ἀνώτερον τοῦ δοκοῦντος αὐτοῖς. I, 22, 14. III, 7, 15.

[10] III, 9, 2 παντὶ αἴτιον τοῦ πράσσειν τι δόγμα. I, 11, 33 ὑπολήψεις καὶ δόγματα. I, 28, 10 μέτρον πάσης πράξεως τὸ φαινόμενον — δόγματα ταράσσει I, 19, 8. En. 5. θλίβει I, 25, 28. En. 16. βαροῖ καὶ ἐξίστησιν II, 16, 24. ὑβρίζει, βλάπτει En. 20. IV, 5, 26. III, 3, 19. τὸ δόγμα ἐστὶ τὸ θηριῶδες, τὸ διακόπτον τὴν φιλίαν etc. Die δόγματα sind der Mensch, sie machen sein Wesen aus: III, 2, 12. III, 9, 12. IV, 5, 20. IV, 8, 2. Ant. 2, 15 alles ist ὑπόληψις. 3, 9.

[11] I. 1, 3 etc. Die δύναμις λογική sagt dem Menschen, was er thun und lassen muss. I, 17, 14 εἰ καταμεμαθήκας τὴν ἀληθειαν ἀνάγκη σε ἤδη κατορθοῦν. II, 12, 4 u. o. Seneca ep. 31, 6: quid est bonum? rerum scientia. ep. 121, 3 tunc demum intelleges, quid faciendum tibi, quid vitandum sit, cum didiceris, quid naturae tuae debeas. Ant. 11, 5 ἀγαθὸν εἶναι — γίνεται ἐκ θεωρημάτων. cfr. Cic. fin. III, 73.

[12] Epictet pflegt zwar das συμφέρον als Objekt der ὄρεξις von dem καθῆκον als Objekt der ὁρμή zu unterscheiden. Jedoch kommt es ihm auch nicht darauf an, das συμφέρον zum gemeinsamen Objekt der ὄρεξις und ὁρμή zu machen (I, 18, 2), und überhaupt ordnet er durchgängig das Geziemende dem Zuträglichen unter: es wird respektiert, nur solange es zugleich als nützlich erscheint, und alsbald beiseite gesetzt, wenn das συμφέρον zum Gegenteil rät.

[13] I, 18, 2 ἀμήχανον ἄλλο μὲν κρίνειν τὸ συμφέρον ἄλλου δ᾽ ὀρέγεσθαι. III, 22, 43. En. 31, 3. III, 7, 15. I, 27, 12 πέφυκε ὁ ἄνθρωπος μὴ ὑπομένειν ἀφαιρεῖσθαι τοῦ ἀγαθοῦ ἢ περιπίπτειν τῷ κακῷ.

[14] II, 22, 15 πᾶν ζῷον οὐδενὶ οὕτως ᾠκείωται ὡς τῷ ἰδίῳ συμφέροντι. III, 3, 2 u. 4 τὸ ἀγαθὸν φανὲν εὐθὺς ἐκίνησεν ἐφ᾽ ἑαυτό. III, 24, 2 ἐγὼ πρὸς τὰ ἀγαθὰ τὰ ἐμαυτοῦ πέφυκα. ibid. 83, III, 23, 34 θέλουσι μὲν γὰρ τὰ ἴδῃ εὐδαιμονίαν φέροντα, ἀλλαχοῦ δ᾽ αὐτὰ ζητοῦσι. III, 22, 26. — Dies ist die allgemeine stoische Lehre. Plut. stoic. rep. 12 οἰκειούμεθα πρὸς αὑτοὺς εὐθὺς γενόμενοι (Chrysipp). ecl. II, 64 alle Tugenden haben ein Ziel, das Glück. ibid. 77. Galen 597 αἱρούμεθα τὸ φαι-

νόμενον ἀγαθόν. Cic. ac. II, 38 non potest animal ullum non adpetere id, quod accommodatum ad naturam (== οἰκεῖον) adpareat. Tusc. IV, 12 natura omnes ea, quae bona videntur, sequuntur fugiuntque contraria. Sen. ben. IV, 17, 2 nemo in amorem sui cohortandus est.

[15]) III, 4, 10. IV, 6, 11 ἐμοὶ δ' οὐδείς ἐστιν ἐγγίων ἐμοῦ. cfr. Cic. fin. III, 59 se ipsi omnes natura diligunt.

[16]) I, 19, 10 etc. Noch prägnanter drückt Seneca diesen Gedanken folgendermassen aus: alteri vivas oportet, si vis tibi vivere. ep. 60, 4 vivit is qui multis usui est, vivit is, qui se utitur. — Vergl. auch noch Ep. II, 8, 1 τὸ ἀγαθὸν ὠφέλιμον u. D. L. 103 ἴδιον τοῦ ἀγαθοῦ τὸ ὠφελεῖν.

[17]) Aehnlich ist die Stelle IV, 11, 24: „nicht einmal, wenn ich weise würde, wollte ich zu einem solchen (schmutzigen) Philosophen gehen". Auch dies ist natürlich nur hypothetisch zu verstehen: die wahre Weisheit wirkt Reinheit des Herzens und zugleich auch äussere Reinlichkeit und Wohlanständigkeit (IV, 11).

[18]) II, 11, 16 Philo de sacr. 28 ὁ θεὸς τὰ γνωρίσματα τῆς ἀληθείας ἐναργῶς ἐπιδέδειχε.

Zweiter Abschnitt.

Das höchste Gut oder das Ziel (Telos). (Siehe Exkurs I.)

Wenn das Streben nach Glück die Wurzel alles, auch des sittlichen Handelns ist, so ist also das Glück das höchste Ziel des Menschen. Denn auch die Wahrheit ist für ihn ein Gegenstand des Strebens nicht um ihrer selbst willen, sondern nur weil sie das unerlässliche Mittel ist, zum Glück zu gelangen. Während die platonisierende Richtung in der Stoa, d. h. wenigstens Posidonius und Seneca, wo er letzterem folgt, wie namentlich in der Vorrede zu den Naturales quaestiones, die Theorie über die Praxis gestellt und die Erkenntnis der Wahrheit als solche zum letzten Ziel gemacht hat, legt Epictet durchaus den Hauptwert auf die praktische Wahrheit und fordert die Aneignung sonstigen Wissens nur, sofern es jener als Beweis und Stütze dient. Wohl erklärt er zuweilen das Wissen oder die richtige Bethätigung der Vernunft überhaupt für das höchste Gut. Gott ist Vernunft, Wissen, Logos Orthos, folglich müssen auch wir Menschen in dem Vernünftigen, in dem, was uns von den Tieren unterscheidet, unser wahres Gut erkennen (II, 8, 1). Häufig bezeichnet Epictet als das höchste Ziel die Ausbildung resp. Vervollkommnung der Vernunft, den Besitz richtiger Dogmata oder den richtigen (d. h. vernunftgemässen) Gebrauch der Vorstellungen [1]). Aber weitaus überwiegt bei ihm doch der Begriff der richtigen Proairesis, des freien Willens, der vernünftigen Selbstbestimmung: das ist es, wodurch der Mensch sich hoch über das Tier erhebt, was ihn wahrhaft glücklich macht [2]). Die praktische Vernunft hat Epictet überhaupt in erster Linie im Auge, wenn er vom richtigen Verhalten des Hegemonikons und von dem vernünftigen Gebrauch der Vorstellungen redet. Dass er auch das theoretische Rechtverhalten zur Tugend rechnet und in gewissem Sinn eine allseitige Ausbildung des Geistes fordert, werden wir später sehen. Aber für gewöhnlich und in der Hauptsache ist es die Vernunft nach ihrer ethischen Seite, auf deren Ausbildung er dringt.

Die in diesem Sinn vollkommene, richtig ausgebildete Vernunft ist identisch mit der Tugend und mit der Glückseligkeit. Der Satz, an welchem die Stoiker nicht bloss gegenüber den hedonistischen Systemen, welche das äussere Wohlbefinden zum höchsten Ziel machen, sondern auch gegenüber den nicht skeptisch gerichteten Akademikern und den Peripatetikern hartnäckig festhielten, soweit ihnen auch die letzteren hierin entgegenkamen, ist der, dass das Glück lediglich auf der Tugend, auf dem geistigen Rechtverhalten beruhe und durch die äusseren Güter oder Uebel nicht den geringsten Zuwachs bezw. Abbruch erleiden könne. Es ist dies so recht das Schibboleth der stoischen Ethik, und es war keineswegs Eigensinn, wie die Gegner meinten, wenn sie von diesem Satz nicht wichen, sondern das deutliche Gefühl, dass sie mit dessen Preisgebung sich selbst aufgäben. Auch Epictet verficht diesen Satz mit Leib und Seele: er belegt nicht nur den Hedonismus in seiner gröberen und feineren Gestalt mit dem Bann der Verachtung (II, 11, 22. III, 7, 28. fr. 52), sondern lässt sich auch nicht zur mindesten Konzession an den Standpunkt der Peripatetiker herbei. Das Glück besteht ausschliesslich in dem Erwerb und der Wahrung der geistigen Güter, in der sittlichen, vernünftigen Bethätigung des Willens. Wer wissen will, was Autarkie heisst, streng durchgeführt, der kann sich darüber am besten bei Epictet belehren. Niemand hat schroffer als er es ausgesprochen, niemand konsequenter die Lehre durchgeführt, dass das eigentliche Wesen des Menschen, sein ganzes Selbst in der Vernunft, im Geist besteht, für dessen Wohlbefinden und Rechtverhalten die Zustände des Leibes und die äusseren Umstände völlig gleichgiltig sind. Korrekt stoisch wendet er den Begriff des Guten nur auf die Vernunftwesen an. Bei den Tieren kann man weder von Glück noch von Unglück reden (II, 8, 5), und auch für den Menschen ist ein Gut nur das Vernünftige[3]). Nicht einmal die Gesundheit lässt Epictet als ein wirkliches Gut gelten (IV, 1, 76). Wenn er trotzdem zuweilen von äusseren Gütern, ja von Gütern des Fleisches redet (III, 7, 4), so ist dies eine auch von älteren Stoikern geübte und in der That fast unvermeidliche Anpassung an den gewöhnlichen Sprachgebrauch[4]). So kann denn Epictet das höchste Gut und Ziel auch als Wahrung des Eigenen und Abkehr von dem Fremden formulieren[5]). Ganz in der Weise der altstoischen Syllogistik sucht er seinen Satz zu begründen, indem er nachweist, dass das Gute nur innerlicher, geistiger Art sein könne[6]), weil es zu seinem Begriff gehöre, fest und beständig, frei und allem Zwang und Hemmnis entzogen, des Stolzes und der freudigen Erhebung wert zu sein.

Der Eudämonismus seiner Ethik bekommt dadurch, wie man sieht, ein sehr ernstes Gepräge, und dies noch mehr, wenn man den weiteren Punkt beachtet, dass Epictet wie die alten Stoiker auch die Tugend nicht wegen des geistigen Genusses, den sie gewährt, sondern um ihrer selbst willen zum Ziel des Strebens macht. Wohl ist mit der Uebung der Tugend die höchste Freude und Befriedigung verbunden, aber dieser Genuss ist nicht der Zweck, sondern nur der notwendige Begleiter des tugendhaften Handelns[7]). Wenn Epictet zuweilen das Glück (εὐδαιμονεῖν) als höchstes Ziel bezeichnet, wie dies auch schon vor ihm in der Stoa geschah (ecl. II, 77), so ist zu beachten, dass für den Stoiker der Begriff Eudämonie dem der Tugend viel näher stand, als unser Begriff Glück. Dies erhellt besonders deutlich aus der Definition des Chrysipp, der die Eudämonie bezeichnet als den Zustand der völligen Uebereinstimmung des Dämons (der Persönlichkeit, des inneren agens) mit dem Willen Gottes (D. L. 88): ein Beweis, dass für den Stoiker das Glück weniger im Geniessen als im Handeln besteht, oder vielmehr, dass wie das sittlich Gute (honestum) und das Nützliche (Cic. off. II, 9, III, 11 u. 34. leg. I, 33 u. 48. Clem. Alex. strom. II, 499 P. Dio Chrys. III, 139 R.) so auch Glück und Tugend in Wahrheit identisch sind. Es giebt daher keine Belohnung der Tugend und keine Strafe der Sünde, die ausserhalb der Tugend und Sünde lägen, sondern die Tugend selbst ist ihr einziger, wahrer Lohn, die Sünde selbst ihre hinreichende, vollgiltige Bestrafung, wie Dante in seiner göttlichen Komödie ausruft: o Kapaneus, es selbst, das Wüten, soll deines Wütens Strafe sein! „Was nützte dem Helvidius Priscus seine Unbeugsamkeit, ihm, dem Einzigen? Nun, was nützt der Purpurstreifen dem Kleid? was anderes, als dass er an ihm glänzt als Purpur und — den andern ein schönes Vorbild giebt!" (I, 2, 22). Der Gute thut nie etwas um des Scheines, sondern alles um der guten That willen, diese selbst ist sein grösster Lohn (III, 24, 50). Einen besonderen Lohn für die Tugend zu fordern, wäre ebenso thöricht, als wenn das Auge einen Lohn dafür wollte, dass es sieht (Ant. 9, 42). Die wahre Freude des Menschen besteht darin, das dem Menschen Eigene zu thun (ib. 8, 26), Gutes thun heisst das Leben geniessen (ib. 12, 29)[8]). Ebenso ist umgekehrt Sündigen und Schadenleiden oder Unglücklichsein identisch: der Sünder verliert den Menschen, er wird aus einem Menschen ein Tier, ein Wolf, eine Schlange, Wespe etc. (Epictet II, 9, 3. IV, 5, 16. IV, 1, 119). Die meisten Menschen freilich denken, wenn man von Verlusten redet, nur an Geld u. dergl.; dass es auch moralische Einbussen giebt, wissen und empfinden sie nicht (II, 10, 10. IV, 9, 9. I, 20, 11 u. ö. cfr. Zeno bei Philo quod omn. prob. 8 u. frag. 649 P). Die erste und grösste Strafe der Sünder ist, dass sie gesündigt haben (Sen. ep. 97, 14. ira III, 26, 2); dem Schlechten braucht man den Zorn der Götter nicht erst anzuwünschen, er hat so wie so schon die Götter, ja sich selbst zum Feinde (ep. 110, 2. cfr. Epictet II, 8, 14 u. ö. θεοχόλωτος)[9]). Das Leben des Schlechten ist der wahre Hades (Philo congr. erud. grat. 11).

Somit haben wir die eigentümliche Erscheinung, dass gerade diejenige Schule, die am konsequentesten eudämonistisch ist, zugleich am allerweitesten entfernt ist von dem, was man gewöhnlich unter dem Eudämonismus sich vorstellt, weiter noch als die christliche und sogar als die Kantische Ethik, welcher als höchstes Ziel nicht das tugendhafte Verhalten innerhalb dieses zeitlichen Lebens, sondern die Vollendung oder der Vollgenuss der Tugend in einem ausserzeitlichen Leben gilt.

Es ist bisher noch nicht von der gewöhnlichen stoischen Telosformel, dem naturgemässen Leben, die Rede gewesen. Dieselbe findet sich in dem, was uns von Epictet erhalten ist, allerdings nicht in buchstäblicher Fassung vor, wie dies überhaupt die Signatur seines Philosophierens ist, dass er bei allem Anschluss an die stoische Terminologie doch zugleich in der Anordnung des Stoffs und in der Formulierung seiner Gedanken sehr frei und selbständig, ja schöpferisch sich bewegt. Eine eigentliche Definition des Telos giebt er nur an drei Stellen (I, 12, 5. I, 20, 15. IV, 8, 12), wo er den Gehorsam gegen

Gott bezw. den Besitz des Logos Orthos für das Ziel erklärt. Aber auch der Begriff des naturgemässen Lebens fehlt bei ihm nicht, spielt vielmehr eine geradezu beherrschende Rolle. Der Zweck der philosophischen Bildung ist, das Hegemonikon (die Proairesis oder Dianoia) naturgemäss zu gestalten, die sittliche Vollkommenheit und damit auch die Glückseligkeit besteht in dem naturgemässen Verhalten der Hegemonikon, im naturgemässen Begehren, Wollen (Handeln) und Urteilen[10]). Ja die stoische Formel hat Epictet offenbar im Auge, wenn er die Naturgemässheit das Gesetz des Lebens nennt (I, 26, 1), oder wenn er sagt: falls wir nicht nach einer bestimmten Ordnung und Methode und gemäss der Natur und Einrichtung jedes Dinges handeln, so werden wir unser Telos nicht erreichen (I, 6, 15). Wie für die Stoiker die Begriffe naturgemäss und vernunftgemäss identisch waren (D. L. 86), so erklärt auch Epictet, vernünftig, naturgemäss, vollkommen, richtig sei alles ein und dasselbe (III, 1, 25. I, 11, 5). Wenn unter den älteren Stoikern, wie uns berichtet wird, in der Telosfrage eine Uneinigkeit geherrscht hat, insofern die einen unter der Natur, der gemäss man leben soll, nur die allgemeine, die andern auch die menschliche verstanden haben, so bestätigt uns Epictet, was an und für sich schon ersichtlich ist, dass nämlich dieser Differenz keine Bedeutung beigemessen werden kann (Zeller III, 1, 211[1]). Denn wenn er von dem naturgemässen Leben spricht, so hat er dabei bald die Allnatur (En. 49), bald die menschliche speziell (I, 19, 13. II, 24, 12), bald die Natur aller einzelnen Dinge (I, 16, 9) im Auge, in Wirklichkeit aber meint er immer das Gleiche[11]). Er unterscheidet zwar ausdrücklich eine doppelte Physis, die individuelle und die allgemeine, aber ohne einen Gegensatz zwischen beiden zu statuieren, sondern offenbar in der Voraussetzung, dass jedes Wesen, das seiner individuellen Natur folgt — und dies ist bei allen vernunftlosen Geschöpfen ausnahmslos der Fall —, damit zugleich auch der allgemeinen Natur folgt, was denn auch M. Aurel geradezu ausspricht[12]). Wir haben hier einen der nicht seltenen Fälle, wo wir aus dem Sprachgebrauch Epictets die Grundlosigkeit der Differenzen, welche unverständige Doxographen in der Lehre der einzelnen Stoiker finden wollten, zu erkennen vermögen.

Eine wesentliche Abweichung in der Fassung des naturgemässen Lebens liegt bei Panaetius vor, der, wie Hirzel schon gebührend hervorgehoben hat, im Gegensatz zu der uniformistischen Tendenz der stoischen Ethik der Individualität ihr Recht zu verschaffen bestrebt war und deshalb die Lehre aufstellte, jeder Mensch sei von der Natur mit zwei Personen begabt, einer allgemeinen und einer besonderen (Cic. off. I, 107 etc.). Einen Anklang an diese Lehre des Panaetius enthält der Epictetische Begriff des Prosopon (I, 2). Aber bei näherer Prüfung verschwindet die Aehnlichkeit gänzlich. Panaetius versteht unter der propria natura die physische und geistige Eigenart des Menschen, die es mit sich bringt, dass der eine mehr in dieser, der andere mehr in jener Tugend sich auszeichnet. Epictets Prosopon aber bedeutet teils die äussere Lebensstellung des Menschen, die Rolle, die er auf der Bühne des Lebens zu spielen hat, teils die persönliche Würde und Ehre, die sittliche Selbstachtung, die freilich thatsächlich bei den Menschen sehr verschieden ist, aber bei allen gleich sein sollte, wie er denn auch der Ansicht ist, dass der Gebildete im stande sein muss, in jede äussere Lebensstellung sich zu finden, jede Rolle korrekt und mit Würde zu spielen. Nach Epictet ist das sittliche Ziel für jeden Menschen dasselbe; es handelt sich einfach darum, ob er ein Gebildeter (φιλόσοφος) oder ein Ungebildeter (ἰδιώτης) sein will. Wohl giebt er den Leuten den Rat, ehe sie sich zur Philosophie wenden, ihre Natur zu prüfen, ob sie's auch tragen können (III, 15, 9); denn die Ergreifung der Philosophie bedeutet eine gründliche Erneuerung des Herzens und Lebens. Aber dieser Rat hat keineswegs den Sinn, als ob irgend jemandem prinzipiell die Erreichung dieses Ziels unmöglich wäre, oder als ob es ein niedrigeres Ziel gäbe, das auch noch relativ sittlich wäre, und bei dem man sich gewissermassen beruhigen dürfte. Sondern Epictet will damit nur sagen, dass jeder das Ziel erreicht, dessen er sich für würdig hält, und dementsprechend lebt, wie er sich selber taxiert. Unter den Gebildeten selbst giebt es allerdings einige wenige, die eine ausserordentliche Kraft der sittlichen Selbstbehauptung haben: aber ein Philosoph oder Kalokagathos kann und soll jeder werden.

Das Telos wurde nun aber von den Stoikern bekanntlich auch noch anders als durch den Begriff des naturgemässen Lebens bestimmt. Nach Stobaeus (ecl. II, 75) hat Zeno nicht das der Natur entsprechende, sondern das mit sich selbst einige Leben, die innere Einheitlichkeit und Uebereinstimmung des Handelns, für das Telos erklärt[13]). Dieser Unterschied scheint allerdings auf den ersten Blick erheblicher zu sein, als der vorhin besprochene, denn diese Definition stellt ein rein formales, jene ein materiales Prinzip des Handelns auf. Bekannt ist auch und nicht in Abrede zu ziehen, dass in den philosophischen Schriften Ciceros, besonders in de fin. III, gerade jener angeblich zenonische Begriff der ὁμολογία, der inneren Uebereinstimmung und Konsequenz, bedeutend hervortritt. Jedoch dass auch diese beiden scheinbar sehr verschiedenen Definitionen schliesslich auf dasselbe hinauskommen, lässt sich leicht erweisen. Erstens steht dem Zeugnis des Stobaeus das des Diogenes gegenüber, der die Formel des naturgemässen Lebens auf Zeno zurückführt (87). Zweitens giebt Diogenes sogar die Schrift an, in welcher diese Formel sich fand, und da diese Schrift den Titel trug „über die Natur des Menschen", so ist die Annahme mehr als gerechtfertigt, dass Zeno den Begriff der Natur, und zwar nicht bloss den der allgemeinen, sondern auch den der menschlichen, zur Bestimmung des Telos verwendet hat; wie seltsam auch, wenn der Begriff des naturgemässen Lebens, der überall als spezifisch stoischer gilt (trotz fin. IV, 14), gerade dem Stifter fremd gewesen wäre! Drittens schreibt einerseits Diogenes dem Kleanthes neben der Formel des naturgemässen Lebens auch den Begriff der Homologie zu[14]), wie andrerseits Stobaeus, kurz nachdem er jene Notiz über den Unterschied zwischen Zeno und Kleanthes gebracht hat, die Idee der ὁμολογία und des ὁμολογούμενος βίος als eine allgemein stoische behandelt und die drei Begriffe des tugendhaften, in sich einigen und naturgemässen Lebens für identisch erklärt (ecl. II, 76). Viertens finden wir bei Cicero de fin. III, wo, wie bereits erwähnt, der Begriff der Homologie eine besondere Rolle spielt, daneben als gleichwertig den allgemein stoischen Begriff der Uebereinstimmung mit der Natur[15]). Ganz ebenso ist es bei Seneca, der beide Begriffe ohne Unterschied gebraucht und dies auch philosophisch rechtfertigt durch die Erklärung, dass mit sich einig, gleichmässig und konsequent nur der leben und handeln könne, der recht, d. h. vernunft- und naturgemäss, lebe [16]). Also eine Gleichmässigkeit und Beharrlichkeit des bösen Willens haben die Stoiker nicht gekannt. Das Wesen der Sünde ist, wie Zeno und Epictet übereinstimmend lehren (ecl. II, 75 ὡς τῶν μαχομένως ζώντων κακοδαιμονούντων — Ep. II, 26, 1 πᾶσα ἁμαρτία μάχην περιέχει), eben der innere Widerspruch, die Unklarheit und Unstätigkeit des Wollens. Bei Epictet findet sich zwar der Ausdruck Homologie nicht, aber, dass ihm die Idee nicht fremd ist, beweisen nicht bloss die derselben sehr nahe kommenden Begriffe der εὔροια (gleichmässiger Fluss des Lebens) und der ἀμεταπτωσία (unentwegte Sicherheit des Handelns), ferner die Forderung, dass man wie Sokrates beständig ein Antlitz zeigen solle (I, 25, 31. III, 5, 16), sondern besonders die bereits citierte Aeusserung, dass der Mensch sein Ziel verfehle, wenn er nicht κατὰ τρόπον καὶ τεταγμένως, d. h. nach einem bestimmten Plan und Prinzip, sein Leben einrichte. Damit will er doch offenbar dasselbe sagen, was die älteren Stoiker mit dem Ausdruck Homologie bezeichneten; und wenn er eben dort noch weiter verlangt, dass man naturgemäss leben solle, so hat er also, wie auch sein Lehrer Musonius [17]), die beiden Begriffe der Homologie und des naturgemässen Lebens als innerlich zusammengehörig betrachtet. Uebrigens darf nicht übersehen werden, dass die Homologie und Konstanz, so oft sie auch als das eigentliche Wesen der Tugend erscheint oder wenigstens, ästhetisch betrachtet, die ganze Tugend repräsentiert, sofern sie Schönheit der Seele ist (Tusc. IV, 31. off. I, 14), doch wieder andrerseits nur einen Teil der Tugend, ja eigentlich nur einen Teil der Sophrosyne bildet, insofern sie mit den Begriffen εὐκοσμία, εὐταξία, εὐκαιρία sich so ziemlich deckt (ecl. II, 61). Neben letzterer wird sie denn auch in fin. III, 45 aufgeführt und von dem bonum ipsum, d. h. der eigentlichen Tugend, gewissermassen unterschieden.

Den Schluss mag eine kurze Aufzählung der verschiedenen Telosformeln bilden, die bei Epictet sich finden, bezw. zu grunde liegen.
1. Gott folgen, den von ihm angewiesenen Platz ausfüllen, ihm den eigenen Willen anpassen resp. unterwerfen, ihn nachahmen, mit ihm Gemeinschaft pflegen [18]).
2. Die Natur erkennen, ihr folgen, ihr gemäss leben.
3. Die Seele (den Logos, das Hegemonikon, die Proairesis, die Dianoia und ihre einzelnen Funktionen: ὄρεξις, ὁρμή, συγκατάθεσις) ausbilden und richtig, d. h. natur- und vernunftgemäss, gestalten und bewahren.
4. Das Eigene (die Proairesis) wahren und das Fremde, Aproairetische, lassen.
5. Den Dämon unverletzt erhalten, das Prosopon, die sittliche Ehre und Würde, nicht preisgeben.
6. Sich selbst genügen, frei, leidenschaftslos und sündlos, beständig und unerschütterlich sein.

Anmerkungen zu Abschnitt II.

[1]) IV, 8, 12 Ziel des Philosophen ist ὀρθὸν ἔχειν τὸν λόγον. III, 9, 20 τὸν λόγον ἐξεργάζεσθαι, III, 6, 1 ἐκπονεῖν, III, 1, 26 κοσμεῖν καὶ καλλωπίζειν. III, 9, 2 δόγματα ὀρθὰ ἔχειν. IV, 10, 26 τὴν δύναμιν τὴν χρηστικὴν τῶν φαντασιῶν ὀρθήν

Anmerkungen. 13

κατασκευάσαι. II, 19, 32 u. o. ὀρθὴ χρῆσις τῶν φαντασιῶν. I, 12, 35 u. o. χρῆσις οἵα δεῖ φαντασιῶν. III, 1, 25.
²) I, 25, 1 τὸ ἀγαθὸν τοῦ ἀνθρώπου ἐν τῇ προαιρέσει καὶ τὸ κακόν. I, 28, 21 ζῷον θνητὸν χρηστικὸν φαντασίαις λογικῶς. II, 23, 27 τί ἐστι κράτιστον τῶν ὄντων; ἡ προαιρετικὴ ὅταν ὀρθὴ γένηται. I, 4, 18 τὴν προαίρεσιν ἐξεργάζεσθαι καὶ ἐκπονεῖν, IV, 10, 26 ἐκκαθαίρειν.
³) Bd. I, 33 etc. — cfr. D. L. 94 ἀγαθόν ἐστι τὸ τέλειον κατὰ φύσιν λογικοῦ ὡς λογικοῦ. Sen. ep. 124. 13 etc.: bei Pflanzen und Tieren sowie den noch nicht vernünftigen Kindern giebt es kein bonum: nicht alles, was naturgemäss ist, verdient den Namen gut, nur was secundum universam naturam perfectum ist (perfecte secundum naturam ep. 118, 12). Rationale animal es: quod ergo in te bonum est? perfecta ratio.
⁴) D. L. 95 ἀγαθὰ περὶ ψυχήν und ἀγαθὰ ἐκτός. Philo leg. all. III, 28: auch die Gesundheit kann uneigentlich — καταχρηστικώτερον — ein Gut genannt werden.
⁵) II, 16, 28 ὁ νόμος ὁ θεῖος τὰ ἴδια τηρεῖν τῶν ἀλλοτρίων μὴ ἀντιποιεῖσθαι. IV, 5, 7. I, 1, 17 τὰ ἐφ' ἡμῖν βέλτιστα κατασκευάζειν τοῖς δ' ἄλλοις χρῆσθαι ὡς πέφυκεν. IV, 4, 39 μία ὁδὸς πρὸς εὔροιαν, ἀπόστασις τῶν ἀπροαιρέτων. En. 19 καταφρόνησις τῶν οὐκ ἐφ' ἡμῖν. — Sen. vit. b. 4. 2 animus fortuita despiciens, virtute laetus.
⁶) II, 11, 19 τὸ ἀγαθὸν δεῖ εἶναι τοιοῦτον ἐφ' ᾧ θαρρεῖν — ἐπαίρεσθαι — ἄξιον. III, 26, 24 τῇ προαιρέσει μόνῃ θαρρεῖν ἐνδέχεται. — III, 22, 40 ἐν ποίᾳ ὕλῃ δεῖ ζητεῖν τὸ εὔρουν καὶ ἀπαραπόδιστον; ἐν τῇ δούλῃ ἢ ἐν τῇ ἐλευθέρᾳ; ἐν τῇ ἐλευθέρᾳ. IV, 1 52 etc. μέγιστον ἀγαθὸν ἡ ἐλευθερία — τὸ μὲν σῶμα ἀλλότριον, ὑπεύθυνον παντὸς τοῦ ἰσχυροτέρου — ἀλλ' ἔχομέν τι ὃ ἐφ' ἡμῖν μόνοις ἐστίν. I, 17, 27 τὸ ἴδιον μέρος οὐ κωλυτὸν ἢ ἀναγκαστόν. Sen. tranq. 9, 2 divitias a nobis petere non a fortuna ep. 124, 24 tunc beatus — cum tibi ex te gaudium omne nascetur. ad Helv. 5, 1, Ant. 4, 25 ἀρκούμενος τῇ ἰδίᾳ πράξει. 6, 51. 9, 26. Musonius bei Stob. flor. II, 70 etc., wobei jedoch zu beachten ist, dass dieser römische Stoiker neben aller Idealität doch zugleich so nüchtern und praktisch ist, dass er bis ins Einzelnste hinaus zu beweisen sucht, wie die Verbannung auch vom Standpunkt des weltlichen Interesses aus nichts so Arges sei.
⁷) D. L. 94. Ep. III, 7, 7 u. frag. 52. Siehe Band I, 295 etc. u. 313. Sen. ep. 59, 16 sapiens nunquam sine gaudio est — non postet gaudere nisi fortis, nisi justus, nisi temperans. Aber vit. beat. 15, 2 ne gaudium quidem quod ex virtute oritur, quamvis bonum sit, absoluti tamen boni pars est — sunt ista bona sed consequentia summum bonum non consummantia. ibid. 9, 2 voluptas non est merces nec causa virtutis sed accessio, nec quia delectat placet, sed si placet et delectat; 8, 1 rectae et bonae voluntatis non dux sed comes est voluptas; de otio 7, 2.
⁸) III, 24, 118 ἀρκοῦ αὐτὸς ὑγιαίνων καὶ εὐδαιμονῶν. En. 23. — Sen. clem. I, 1. 1 recte factorum verus fructus est fecisse nec ullum virtutis pretium dignum illis extra ipsas est. ep. 102, 18 bene fecisse gaudeo. ep. 113, 31. ben. IV, 1, 3 quid consequar, si hoc fortiter — fecero? quod feceris: nihil tibi extra promittitur. Ant. 10, 33 ἀπόλαυσιν δεῖ ὑπολαμβάνειν πᾶν ὃ ἔξεστι κατὰ τὴν ἰδίαν φύσιν ἐνεργεῖν. Philo de parent. col. 10 πᾶσα ἀρετὴ αὑτῆς γέρας.
⁹) I, 12, 22 τίς οὖν ἡ κόλασις; τὸ οὕτως ἔχειν ὡς ἔχουσι. II, 13, 18 δύναται τι ἄλλου ἁμάρτημα εἶναι ἄλλου κακόν; I, 28, 10. III, 18, 5. IV, 12, 18. IV, 13, 8. III, 24, 43 ἔστω ταπεινός, δυςτυχείτω. st. rep. 16 τὸ ἁμάρτημα τῶν βλαμμάτων ἐστί. 18 κατὰ κακίαν ζῆν und κακοδαιμόνως ζῆν ist dasselbe. Cic. leg. I, 41. nat. d. III, 85. Tusc. III, 34 malum nullum esse nisi culpam. rep. III, 33 ipse se fugiet ac naturam hominis aspernatus hoc ipso luet maximas poenas etc. Sen. ep. 9, 22 omnis stultitia laborat fastidio sui. clem. 1, 13, 2 quid eo infelicius, cui iam esse malo necesse est? ben. III, 17, 1. Ant. 5, 25 ἄλλος ἁμαρτάνει τι εἰς ἐμέ. — ὄψεται. Musonius bei Stob. flor. I, 155. Clem. Al. strom. IV, 620. Philo quod det. pot. 15. de praem. et poenit. 14.
¹⁰) 1, 15, 4 τὸ ἡγεμονικὸν τηρεῖν κατὰ φύσιν ἔχον. III, 9, 11 τὸ ἡγ. κατὰ φύσιν ἔχειν καὶ διεξάγειν. III, 6, 3. III, 9, 17 εὐσταθεῖν, κατὰ φύσιν ἔχειν τὴν διάνοιαν, III, 4, 9 τὴν προαίρεσιν τηρεῖν κατὰ φύσιν, I, 4, 18 σύμφωνον ἀποτελεῖται τῇ φύσει. III, 3, 1 χρῆσθαι ταῖς φαντασίαις κ. φ. IV, 4, 14. 1, 21, 2 u. ö. ὀρέγεσθαι, ὁρμᾶν, συγκατατίθεσθαι κ. φ. III, 10, 10 κ. φ. ἔχειν καὶ διεξάγειν. I, 6, 21 σύμφωνος διεξαγωγὴ τῇ φύσει. III, 24, 102 κ. φ. διεξαγωγή. En. 49 καταμαθεῖν τὴν φύσιν καὶ ταύτῃ ἕπεσθαι. I, 17, 17 τὰ βουλήματι τῆς φύσεως ἀκολουθεῖν.
¹¹) Wir können bei Epictet fünf verschiedene Bedeutungen des Wortes φύσις unterscheiden, nämlich 1. = Art, Wesen, Begriff, z. B. II, 16, 7 τίς ἐπαίνου

φύσις. 2. = Allnatur (ἡ τῶν ὅλων φύσις, I, 20, 16), die Natur schlechthin, identisch mit Gott oder mit der Wahrheit (II, 2, 19). 3. Einzelnatur, φύσις ἐπὶ μέρους (I, 20, 16), das in den einzelnen Wesen gleichsam lokalisierte und besonderte Naturgesetz (I, 16, 9 u. 11. III, 1, 3 καλὸν = τὸ κατὰ τὴν αὑτοῦ φύσιν κράτιστα ἔχον). 4. Die menschliche Natur (eigentlich nur eine spezielle Art der Einzelnatur), sofern sie allen gemeinsam ist (IV, 1, 122 φύσις τοῦ ἀνθρώπου εὐεργετεῖν. IV, 11, 1 u. ö.). 5. Die menschliche Natur als individuelle (III, 15, 9 bedenke deine φύσις, was du tragen resp. leisten kannst).

[12]) Ant. 5, 3 εὐθεῖαν πέραινε ἀκολουθῶν τῇ φύσει τῇ ἰδίᾳ καὶ τῇ κοινῇ· μία γὰρ ἀμφοτέρων τούτων ἡ ὁδός. Auch in der Telosformel der „jüngeren Stoiker" (Clem. Al. strom. II, 129 ζῆν ἀκολούθως τῇ ἀνθρωπίνῃ κατασκευῇ) vermag ich nicht, wie Hirzel (II, 516), eine Neuerung zu erblicken. Es mag sein, dass bei den ältesten Stoikern, namentlich bei dem poetisch und spekulativ veranlagten Kleanthes, der Anschluss an Heraclit auch darin sich verrät, dass sie unter der Natur vorwiegend die κοινὴ φύσις und den κοινὸς λόγος verstanden. Aber auch M. Aurel zeigt bekanntlich eine grosse Vorliebe für Heraclit, und er ist es gerade, der die κοινὴ und die ἰδία φύσις für gleichstrebend erklärt. Dadurch ist natürlich die Möglichkeit nicht ausgeschlossen, dass diejenigen, welche obige Telosformel gebrauchten, inhaltlich von der alten Stoa abwichen, wenn sie nämlich, wie Antiochus, dessen Definition des Telos jener sehr ähnlich ist (fin. V, 26 vivere ex hominis natura undique perfecta et nihil requirente), das Streben nach den äusseren Glücksgütern auch zur menschlichen κατασκευή rechneten. Nur lässt sich dies eben aus der Formel allein nicht entscheiden.

[13]) τὸ τέλος ὁ Ζήνων οὕτως ἀπέδωκε τὸ ὁμολογουμένως ζῆν· τοῦτο δ' ἐστὶ καθ' ἕνα λόγον καὶ σύμφωνον ζῆν ὡς τῶν μαχομένως ζώντων κακοδαιμονούντων.

[14]) Wenigstens ist bei D. L. 89 unmittelbar vorher von Kleanthes die Rede, ehe die Tugend definiert wird als διάθεσις ὁμολογουμένη oder ὁμολογία παντὸς τοῦ βίου.

[15]) fin. III, 21 summum bonum positum est in eo, quod ὁμολογίαν Stoici, nos appellemus convenientiam — 26 cum hoc sit extremum (cfr. Sext. hyp. II, 8 ἔσχατον τῶν ὀρεκτῶν) congruenter naturae convenienterque vivere. Auch sonst erscheint der Begriff der convenientia als Synonymon des „naturgemässen Lebens": fin. V, 66 vita consentiens — et honesta et constans et naturae congruens. rep. III, 33 vera lex recta ratio naturae congruens — constans. leg. I, 45 virtus est constans et perpetua ratio vitae — perfecta ratio, quod certe in natura est. off. III, 35 recta et convenientia et constantia natura desiderat aspernaturque contraria. Ueber das naturgemässe Leben vergl. noch Tusc. V, 82. fin. II, 34 (consentire naturae = e virtute oder honeste vivere — die weitere „Interpretation" dieser Formel wird besonders besprochen werden). fin. IV, 26 u. 27, off. III, 13 summum bonum a Stoicis dicitur convenienter naturae vivere. leg. I, 56 ex natura vivere summum bonum est. Ueber die Idee der Homologie vergl. Lael. 100 in virtute est convenientia rerum, stabilitas, constantia. Parad. 22 una virtus est consentiens cum ratione et perpetua constantia. Tusc. IV, 34 virtus = affectio animi constans conveniensque. IV, 61. 11. 47. III, 9. ac. II, 23 sapientia = ars vivendi, quae ipsa ex se habet constantiam II, 31. nat. d. II, 34. fin. III, 50 virtus stabilitatem, firmitatem, constantiam totius vitae complectitur. Tusc. IV, 31 opinionum judiciorumque aequabilitas et constantia cum firmitate quadam et stabilitate. off. 1, 90 aequabilitas in omni vita et idem semper vultus eademque frons (cfr. Epictet I, 25, 31). I, 119 constare sibi in perpetuitate vitae. 125 in omni re gerenda consilioque capiendo servare constantiam. I, 14 pulchritudinem, constantiam, ordinem in consiliis factisque conservandam putat — quibus ex rebus conflatur — honestum.

[16]) ben. IV, 25, 1 secundum naturam vivere (et deorum exemplum sequi). de otio 5, 1. tranq. v. 5, 1. ep. 41, 8. vit. b. 3, 3 beata vita = consentiens naturae. — vit. b. 8, 6 animi concordia. 5, 2 in recto certoque judicio stabilitata et immutabilis vita beata est. ep. 89, 14 ut in omnibus tibi actionibus ipse consentias — tunc ergo vita concors sibi est. ep. 71, 32 virtus = judicium verum et immotum. ben. VI, 21, 2. ep. 23, 7 placidus vitae et continuus tenor (εὔροια) unam premens viam. ep. 20, 2 ut ipse ubique par sibi idemque sit — nec hoc dico, sapientem uno semper iturum gradu sed una via (also innere Einheitlichkeit und Grundsatzmässigkeit des Handelns, nicht starre gesetzliche Pedanterie). ep. 120, 10 etc.: idem erat semper et in omni actu par sibi — ostendit virtutem nobis ordo ejus et decor et constantia et omnium inter se actionum concordia (cfr. Cic. fin. III, 20 etc.). ep. 92, 3 in rebus agendis ordo, modus, decor etc. ep. 20, 5 semper idem velle atque idem nolle. licet illam exceptionem non adicias, ut rec-

tum sit, quod velis: non potest enim cuiquam idem semper placere nisi rectum. cfr. Läl. 65 neque qui non isdem rebus movetur naturaque consentit, aut fidus aut stabilis esse potest.
[17]) Stob. flor. IV, 87 ζῆν ὁδῷ καὶ κατὰ φύσιν.
[18]) I, 12, 5. I, 20, 15 θεῷ ἕπεσθαι. En. 31, 1 τοῖς θεοῖς πείθεσθαι καὶ εἴκειν. I, 30, 4 θεῷ ἀκολουθεῖν. III, 24, 32 τὴν αὐτοῦ χώραν ἐκπληροῦν εὐτάκτως καὶ εὐπειθῶς τῷ θεῷ cfr. I, 9, 24. I, 29, 49. En. 22. II, 19, 26 θεῷ ὁμογνωμονεῖν, II, 17, 23 συνθέλειν καὶ συνορέγεσθαι, fr. 169 σύμψηφον γενέσθαι. cfr. En. 52 ἄγου δέ μ' ὦ Ζεῦ καὶ σύ γ' ἡ Πεπρωμένη. II, 14, 13 ζηλωτὴν θεοῦ γενέσθαι. II, 19, 27 θεὸν ἐξ ἀνθρώπου ἐπιθυμεῖν γενέσθαι (cfr. Sen. ira II, 16, 2 homo deum ut solus imitetur solus intellegit). I, 9, 5 κοινωνεῖν τῷ θεῷ τῆς συναναστροφῆς. — Zum Uebrigen siehe die Belege im Vorigen.

II. Teil.
Der Inhalt der Tugend.

Wie Epictet in der Definition des höchsten Gutes oder des Telos bei aller sachlichen Uebereinstimmung mit seiner Schule sich doch nicht sklavisch an irgend eine der überlieferten Formeln hielt, so zeigt er sich auch in der Darstellung der Tugend, entsprechend der freieren und populäreren Richtung seines Philosophierens überhaupt, durchaus unabhängig von dem durch Chrysipp inaugurierten trockenen Schematismus und Formalismus der stoischen Ethik. Bemerkenswert in dieser Richtung ist schon der Umstand, dass das Wort Tugend (ἀρετή) auffallend selten vorkommt[1]). Der Grund davon ist offenbar der, dass dieses Wort vorwiegend der schulmässigen Terminologie angehört, die unserem Philosophen zuwider war, weil er so häufig wahrnahm, dass die Studierenden es nur auf die gedächtnismässige Aneignung der Theorie abgesehen hatten, keineswegs aber sich bemühten, dieselbe praktisch anzuwenden. „Wer von uns kann nicht τεχνολογῆσαι, d. h. die Theorie entwickeln, über das Gute und Schlechte etc., dass nur die Tugend ein Gut, Reichtum u. dergl. aber gleichgiltig sind? Aber wenn, während wir reden, ein Getöse entsteht oder einer der Anwesenden über uns spottet, so sind wir ausser Fassung. Wo sind, Philosoph, die Worte, die du geredet hast? woher kamen sie? nur von den Lippen" etc. (II, 9, 15. cfr. II, 19, 13). „Welches Bewusstsein ist es dagegen, sich sagen zu können: was jetzt die anderen in den Schulen theoretisch treiben in schönen, grossartigen Worten, das treibe ich praktisch; jene sitzen da und beschreiben meine Tugenden, ich bin der Gegenstand ihrer Untersuchungen und Lobpreisungen" (III, 24, 111)[2]). Besonders deutlich und bezeichnend tritt diese instinktive Abneigung Epictets vor dem Wort Tugend zu Tage in III, 16, 7: „warum sind jene (die Weltmenschen) euch über? weil sie ihre schlechten Anschauungen wenigstens mit Ueberzeugung (ἀπὸ δογμάτων) vertreten, ihr aber eure guten nur mit Worten: deshalb sind sie kraftlos und tot, und es widert die Leute an, eure Ermahnungen zu hören und die unglückselige Tugend, die ihr immer im Munde führt: so ziehet ihr den Kürzeren gegenüber den Weltmenschen (ἰδιῶται), denn überall ist stark und unbesieglich die Ueberzeugung"[3]).

Mit dem Zurücktreten des Begriffs Tugend hängt nahe zusammen die Ignorierung der althergebrachten Einteilung derselben in die vier

Kardinaltugenden (Einsicht, Tapferkeit, Gerechtigkeit, Selbstbeherrschung), die auch Panätius noch bei aller Freiheit und Selbständigkeit doch im ganzen seiner Schrift über die Pflichten zu grunde gelegt hat (off. I, 15). Epictet spricht über die Freundschaft, die Freiheit, die Ergebung, die Unerschütterlichkeit, die Reinheit, die Adiaphorie und ähnliche Themata, aber nie über die Gerechtigkeit oder eine andere Kardinaltugend. Inhaltlich sind freilich sämtliche Kardinaltugenden mit ihren Unterarten — soweit diese nicht bloss der stoischen Schematisierungssucht ihren Ursprung verdanken, sondern wirklich eine bestimmte Seite der betreffenden Haupttugend darstellen — bei Epictet reichlich vertreten, und zwar teilweise in denselben Ausdrücken. Jedoch als Einteilungsprinzip für das weite Gebiet des sittlichen Handelns sind sie nirgends verwendet. Wir werden deshalb am besten thun, wenn wir uns an diejenige Einteilung halten, welche sämtliche Reden Epictets durchzieht und ohne Zweifel auch originell ist, nämlich an die Unterscheidung der drei Stufen (τόποι) des Begehrens, Wollens oder Handelns und Urteilens (ὄρεξις, ὁρμή und συγκατάθεσις). In diese drei Teile zerfällt zwar nach Epictet nicht speziell die Ethik, sondern die ganze Philosophie, und es ist im I. Band p. 23 etc. gezeigt worden, dass dieselbe in gewisser Hinsicht der Einteilung in Physik, Ethik und Logik entspricht. Da aber Epictets Philosophie in Wahrheit nur Ethik ist, und andrerseits auch ältere Stoiker eine physische, ethische und logische Tugend unterschieden haben (D. L. 92), so sind wir gewiss berechtigt, diese Einteilung der epictetischen Ethik zu grunde zu legen.

Anmerkungen.

[1]) Im Encheiridion gar nicht, in den Dissertationen nur I, 4, 3 etc. (die Tugend hat die ἐπαγγελία, glückselig zu machen). I, 12, 16 (Gott hat Sommer und Winter ... ἀρετή und κακία geordnet). II, 23, 9 (nur in der Proairesis ist κακία und ἀρετή). III, 1, 6 cfr. fr. 16 (schön ist jedes ζῷον, wenn es die ihm eigene ἀρετή besitzt). III, 22, 59 (im Unglück zeigt sich die Tugend des Kynikers noch leuchtender). IV, 8, 32 (der Kyniker ist der μάρτυς der Tugend). fr. 169 (im richtigen Gebrauch der φαντασίαι besteht die ganze Tugend) vgl. Ench. 1. Ausserdem gebraucht Epictet das Wort ἀρετή referierend in IV, 1, 164. II, 9, 15. II, 19, 13 u. III, 24, 111. Endlich steht es noch an einer exegetisch schwierigen Stelle, nämlich III, 3, 20, an deren Erklärung sogar Schweighäuser verzweifelte. Ohne mich hier auf eine förmliche Interpretation einzulassen, bemerke ich nur soviel, dass Epictet entweder die Skeptiker im Auge hat oder die Scheinphilosophen, welche die Tugend wohl im Munde führen, aber nicht bethätigen, wodurch sie die Philosophie selbst bei der Welt in Misskredit bringen, als wäre sie etwas Veränderliches und Schwankendes, wie dies Epictet treffend in IV, 8 ausführt (cfr. II, 21, 8 u. En. 42). Auf die Skeptiker, welche die Möglichkeit fester Vorstellungen und sicherer Erkenntnis bestritten, würde der starke Ausdruck σκοτωθείς gut passen. Aber der Zusammenhang des Kapitels, wenn überhaupt die merkwürdige Stelle sich nicht anderswoher hereinverirrt hat, spricht entschieden für die zweite Erklärung.

[2]) Inhaltlich ist zu II, 9, 15 u. II, 19, 13 zu vergleichen D. L. 101 u. Stob. ecl. II, 57. Wir ersehen daraus, dass Epictet in der Theorie, wie er durchaus nicht geringschätzt, sondern nur ohne praktische Befolgung für wertlos erklärt, sich genau an die alte Stoa anschliesst. Ferner möge man noch beachten, wie Epictet II, 9, 15 sich selbst auch mit zu denen rechnet, deren Leben noch nicht im Einklang steht mit ihrer Lehre: wir werden noch öfter solchen Zeugnissen der Demut unseres Philosophen begegnen.

[3]) Epictet will übrigens damit natürlich die schlechte, unsittliche Ueberzeugung der guten, sittlichen an Kraft der Wirkung und Beständigkeit keineswegs gleichstellen: oft spricht er sich ja in dem Sinne aus, dass, wo die (sittliche)

Wahrheit mit Ueberzeugung vorgetragen wird, sie notwendig über die Unwahrheit — **denn alle Sünde ist ihm** ἀπάτη — siegen muss, und ebenso oft führt er aus, dass die Grundsätze der Schlechten eigentlich keine Grundsätze, sondern ihrer Natur nach wandelbar sind.

Erster Abschnitt.
Das naturgemässe Begehren oder die vernünftige Lebensanschauung.

1. Das wahre Glück.

Die Grundlage aller Sittlichkeit ist nach Epictet die richtige Ansicht von dem, was ein Gut oder ein Uebel ist, was glücklich und was unglücklich macht. Denn nach dem Guten oder Zuträglichen trachtet jeder Mensch von Natur, und ebenso natürlich ist es, dass jeder nur dann befriedigt ist, wenn er das Ziel seiner Wünsche auch erreicht[1]. Und zwar begnügt sich Epictet nicht mit einem teilweisen Erreichen seiner Wünsche oder mit der wahrscheinlichen Erreichbarkeit der hauptsächlichsten Wünsche: er stellt das Ziel des Menschen höher, er behauptet in vollem Ernste die Möglichkeit eines vollkommenen, für jeden mit absoluter Gewissheit zu erreichenden Glückes. Epictet erkennt zwar an, dass, wer in den äusseren Dingen sein Glück sucht, bis zu einem gewissen Grade und auch mit einiger Sicherheit des Erfolgs sein Ziel erreichen kann. Jeder wird, sagt er, in dem Gebiet, auf das er sich mit Eifer verlegt, etwas voraushaben vor dem, der sich nicht darum bemüht[2]. Wie Jesus im Gleichnis vom ungerechten Haushalter (Luc. 16), so stellt auch Epictet öfters den Eifer, den die gewöhnlichen Menschenkinder behufs Erlangung der irdischen Güter entfalten, seinen Schülern als Muster — natürlich mutatis mutandis — vor Augen[3]. Aber er lässt uns auch deutlich merken, dass die Menschen im Irdischen prosperieren können in der Regel nur mit Preisgebung ihrer sittlichen Würde und persönlichen Ehre. Wem diese sittlichen Güter nichts wert sind, der kann es allerdings zu Reichtum und Ehre bei den Menschen bringen, und er ist dann relativ befriedigt; jedenfalls ist er klüger als derjenige, der auf beiden Achseln Wasser trägt, der sowohl die Tugend als auch die zeitlichen Güter erreichen will und daher in beiden zurückbleibt[4]. Aber selbstverständlich will Epictet weder sagen, dass jene Weltmenschen, die ihr Ziel gewissermassen erreicht haben, nun auch wirklich befriedigt und wahrhaft glücklich sind, noch dass es, selbst auf unsittlichem Wege, jedem möglich sei, mit Sicherheit die Erfüllung seiner Wünsche zu erreichen. Abgesehen von dem Mangel an innerer Befriedigung und Selbstachtung[5], abgesehen von den etwaigen Vorwürfen des Gewissens oder der etwaigen Strafe und Rache, die den Uebelthäter trifft, ist es ja, wie Epictet oft darthut, das Wesen der ἐπιθυμία, d. h. der unvernünftigen Begierde, unersättlich zu sein und nie zur Ruhe zu kommen; und auch sofern sie befriedigt wird, ist doch ihr beständiger Begleiter die Furcht vor dem Verlust dessen, was man erreicht hat und besitzt.

„Sie mögen dich daher immerhin bedauern, wenn du es äusserlich zu nichts bringst, das darf dich nicht anfechten. Sie ficht's ja auch nicht an, wenn du sie bedauerst; denn ihnen genügt das Ihrige und sie begehren das Deinige nicht. Wenn du wirklich überzeugt wärest, dass du das gute Teil erwählt hast, jene aber ihr Glück verfehlen, so würdest du dich gar nicht darum kümmern, was sie von dir sagen" (IV, 6, 36 etc.). Nicht bloss also können, wie das Leben zur Genüge zeigt, verhältnismässig nur wenige Menschen zu Reichtum und Wohlleben gelangen, sondern auch das Glück dieser wenigen ist, abgesehen davon, dass es den Namen Glück gar nicht verdient, ein höchst unsicheres und trügerisches. Denn gerade die Reichen, die Könige und Tyrannen sind es, die des Lebens Tragik erfahren müssen, während der Arme, meint Epictet, keinen tragischen Helden abgiebt, höchstens wenn er selbst Schauspieler ist (I, 24, 15. Vergl. I, 4, 25: „was anders ist die Tragödie, als Leidenschaften von Menschen, die am Aeusseren hängen, in dieser Kunstform dargestellt?).

Für Epictet aber gehört es zum Begriff des Glückes, dass es von jedem mit unbedingter Sicherheit erreicht und festgehalten werden kann, also von keinem äusseren Wechsel des Geschickes, sondern lediglich von dem eigenen freien Willen abhängig ist[6]). Er ist auch davon überzeugt, dass jeder Mensch sich eigentlich das Glück in dieser Weise denkt, nämlich als einen Zustand völliger Freiheit und Befriedigung[7]). Aber die meisten Menschen suchen diese Freiheit da, wo sie nicht zu finden ist. Der Sklave hat keinen anderen Wunsch als frei zu werden; er meint, wenn er nur einmal der Knechtschaft entronnen, dann sei er im Himmel. Aber nun gerät er, in der Sucht immer höher zu steigen und es den Freien in allen Stücken gleich zu thun, erst in die rechte Knechtschaft, nämlich in schimpfliche Abhängigkeit von der Gunst der Menschen, und lebt in beständiger Angst vor einem Umschlag des Glücks. Und wenn er die höchste Stufe erklommen hat — durch welche Mittel, lässt sich denken —, befindet er sich in der schönsten und herrlichsten Knechtschaft (IV, 1, 33 etc.): je mehr er beim Kaiser in Gunst ist, desto weniger kann er sich über das Elend seines Lebens täuschen, desto mehr sehnt er sich zurück nach dem früheren, ob auch äusserlich ärmlichen, doch innerlich freieren Leben. Das wahre Glück freilich wird nur dem zu teil, der innerlich ganz frei ist, der nichts Fremdes mehr begehrt und nichts Aeusseres mehr fürchtet, dessen Begierde ihr Ziel nicht verfehlt, und der nur das zu meiden sucht, was er auch wirklich meiden kann[8]).

Dass ein solches Ideal nicht zu erreichen ist, solange man sein Glück, sei es ganz oder auch nur teilweise, in den äusseren Dingen sucht, werden wir dem Epictet ohne weiteres zugeben müssen. Eine andere Frage ist es aber, ob der Mensch wirklich im stande ist, so wie Epictet es fordert, sein Herz von allen äusseren Lebensgütern gänzlich loszureissen, ob er ferner im stande ist, die sittlichen Uebel wirklich ganz zu meiden, ob also sein Begehren und Meiden wirklich so frei und selbstherrlich ist. Ihm steht dies freilich unerschütterlich fest. So energisch er fordert, dass der Mensch, um glücklich zu werden, sich beschränken muss auf das, was er kann, so gewiss ist es ihm, dass dieser völlige Verzicht auf irdische Güter und die vollkommene Ueberwindung der sittlichen Uebel möglich ist[9]). Von seinen Voraussetzungen aus ist diese Ansicht ganz konsequent und in keiner Weise anzufechten. Da ihm der Gedanke einer persönlichen Fortdauer nach dem Tode und damit auch der einer jenseitigen Vollendung der Tugend und des Glückes fremd war, so musste er bei seiner idealistischen und optimistischen Weltanschauung an die Realisierbarkeit der absoluten geistigen Freiheit innerhalb des Erdenlebens glauben. „Mich hat Zeus selbst freigesprochen" — ruft er aus —, „oder meinst du, er wollte seinen eigenen Sohn knechten lassen?" (I, 19, 9). „Wenn Zeus unser eigenes Teil, das er von seinem eigenen Wesen uns gegeben, von irgend jemand abhängig gemacht hätte, so wäre er nicht mehr Gott und sorgte nicht gebührend für uns" (I, 17, 27). „Welcher Gute ist unglücklich? in der That schlecht wird die Welt regiert, wenn Zeus nicht für seine Bürger sorgt, dass sie gleich ihm glücklich seien: aber es ist unrecht und Sünde, solches auch nur zu denken" (III, 24, 19). „Zwei Fehler muss man überwinden, erstens die Einbildung (οἴησις), als ob einem nichts zum Glück fehle, zweitens den Kleinglauben (ἀπιστία), als ob man in einer solchen Welt nicht glücklich werden könne (III, 14, 8).

Diese Freiheit, die Epictet oft so begeistert preist[10]), ist aber nichts weniger als zügellose Willkür[11]), sie ist vielmehr Gebundenheit in Gott, freie Unterwerfung unter Gottes Willen, unbedingte Ergebung in den Weltlauf und freudige Erfüllung des göttlichen Gesetzes. Er fordert also nichts geringeres als die Losreissung des Herzens von allem, was nicht vom Willen abhängig ist, und die ungeteilte Hingebung an den geistig sittlichen Lebenszweck, dessen Erfüllung allein wahrhaftes Glück bringt. Es wird sich nun im Folgenden nur darum handeln, diese alles beherrschende Grundanschauung in ihrer Anwendung auf die einzelnen sittlichen Fragen zu verfolgen. Dabei verfahren wir nach der Regel, die Epictet selbst für die sittliche Erziehung und Bildung aufstellt, dass man unter vorläufiger Zurückstellung des Begehrens zunächst lernen solle, nichts Unfreiwilliges, sondern nur das sittlich Schlechte zu meiden[12]).

2. Die Uebel des Lebens.

Die Lehre, um deren willen die Stoiker so heftig angegriffen und viel geschmäht wurden, und die sie als ihr Palladium allen Einwänden der Gegner zum Trotz mit solcher Zähigkeit und Hartnäckigkeit festgehalten haben, dass nämlich nur das sittlich Gute (honestum) ein Gut und nur das Unsittliche (turpe) ein Uebel sei, wird auch von Epictet mit voller Ueberzeugung verfochten. Als Grundlage und Bedingung aller Tugend gilt ihm die Erkenntnis, dass nur im Innern des Menschen, in der Proairesis, das wahre Gut und Uebel zu suchen sei[13]). Alles das, was die Menschen gewöhnlich als Uebel betrachten, das sie fürchten und unter dessen Druck sie seufzen, ist nur ein eingebildetes Uebel. Dies ist einer der Hauptsätze Epictets, dass alles Unglück, aller Schaden und Jammer nur aus der falschen Meinung entspringt: nicht der Ort macht den Menschen unglücklich, sondern das Dogma (I, 25, 28 u. a.). So wenig wie die Naturereignisse kann irgend ein Mensch uns unglücklich machen (ἄλλος δι' ἄλλον οὐ δυςτυχεῖ I, 9, 34. III, 24, 63); nur wer Unrecht thut, wird geschädigt, nicht wer Unrecht leidet. Auch das Verhalten der Mitmenschen gegen uns, überhaupt ihre sittliche Beschaffenheit gehört zu dem Unfreiwilligen, kann daher keine Quelle des Unglücks für uns werden (I, 15, 3). „Es ist besser, wenn dein Kind schlecht ist, als wenn du unglücklich (d. h. schlecht) bist" (En. 12). Dies klingt wohl hart, ist aber von Epictets Voraussetzungen aus unbestreitbar richtig und eigentlich auch ganz vernünftig. Wohl soll der Mensch auf die sittliche Besserung anderer bedacht sein, aber zuvörderst muss er für seine eigene sittliche Ausbildung Sorge tragen; und wenn er dann in zweiter Linie auch auf andere reinigend einzuwirken sich bestrebt, so darf er doch auch hier nicht um jeden Preis einen Erfolg sehen wollen, weil er sonst sein eigenes Glück von dem Fremden abhängig machen würde (III, 24, 22). Da also, wie wir früher schon sahen, die Begriffe des Guten und Bösen nur auf die Vernunftwesen Anwendung finden, diese aber es in ihrer Hand haben, alles Böse von sich fernzuhalten, so kann Epictet mit Recht das kühne Wort sprechen: „es giebt nichts an sich Böses (keine κακοῦ φύσις, En. 27) in der Welt!" So sinnlos es wäre, wenn jemand sich ein Ziel stecken würde in der Absicht, es zu verfehlen, so sinnlos wäre es, anzunehmen, Gott habe etwas geschaffen, was seiner Natur nach schlecht wäre: denn schlecht ist eben das, was seinen Zweck verfehlt. Es ist aber undenkbar, dass Gott ein Wesen hervorgebracht haben sollte, das mit Notwendigkeit seinen Zweck ganz oder wenigstens teilweise verfehlen müsste. „Gott hat alle Menschen zur Glückseligkeit geschaffen und ihnen die Mittel dazu gegeben — sollten wir uns von den allzeit muntern Vögeln beschämen lassen? sollten uns die Götter die Vernunft dazu gegeben haben, dass wir unglücklich sind und trauern?" (III, 6, 2).

„Dieser Optimismus, vermöge dessen Epictet die Existenz eines Uebels an sich entschieden leugnet, hält ihn jedoch nicht ab, anzuerkennen, dass es im Leben manches Unangenehme, Schwere und Widrige giebt[14]), ja er gestattet sogar, dass man die Unterscheidung des Naturgemässen und Naturwidrigen auf die Aussendinge übertrage, gerade so wie auch Zeno die Adiaphora eingeteilt hatte in naturgemässe und naturwidrige Dinge[15]). Aber er zeigt auch, dass man diese Dinge naturwidrig nennen dürfe nur in uneigentlichem Sinne, nämlich insofern man das menschliche Leben ἀπολύτως, d. h. in seiner Vereinzelung, ausserhalb des Zusammenhangs mit der Allnatur und Weltordnung, betrachte. Er veranschaulicht dies durch folgendes Beispiel: „für den Fuss ist es naturgemäss, rein zu sein (also naturwidrig, schmutzig zu sein); aber wenn ich ihn als Fuss, d. h. nicht als Ding für sich, sondern als Glied eines Organismus betrachte, so wird es ihm anstehen (d. h. naturgemäss sein), auch zuweilen im Kot zu gehen und auf Dornen zu treten, ja nötigenfalls sogar sich abhauen zu lassen zum Wohl des Ganzen". Epictet will also a. a. O. keineswegs den stoischen Sprachgebrauch, wonach z. B. die Krankheit als naturwidrig bezeichnet wurde, bekämpfen, er acceptiert ihn vielmehr, indem er das an sich oder wahrhaft Naturgemässe unterscheidet von dem nur relativ oder scheinbar Naturgemässen[16]), und wir haben allen Grund zu der Annahme, dass die Stoa von altersher genau ebenso wie Epictet gedacht hat. (Vergl. Exkurs I über die stoischen Telosformeln). Naturgemäss ist also z. B. die Gesundheit nur insofern, als sie, wo die Wahl frei ist, vernünftigerweise der Krankheit vorgezogen wird. Aber trifft den Menschen Krankheit ohne sein Verschulden, so ist dieselbe keineswegs naturwidrig, sondern sie ist gerade so ein Bestandteil des Lebens, wie etwa ein Spaziergang oder eine Reise etc. (III, 10, 11), und durchaus naturgemäss, da der Mensch im stande ist, auch in der Krankheit sein Hegemonikon naturgemäss zu bewahren. Epictet geht sogar, nach dem Vorgang Chrysipps, so weit, zu sagen, dass der Mensch, wenn er wüsste, dass das Schicksal ihm Krankheit zugedacht habe, die Pflicht hätte, auf die Krankheit hinzuwirken [17]).

So wenig nun darin ein Widerspruch liegt, dass Epictet die Existenz eines natürlichen Uebels leugnet und doch andrerseits die Einteilung der Aussendinge in naturgemässe und naturwidrige gelten lässt, so wenig widerspricht er sich, wenn er das einemal zugiebt, dass es manches Unangenehme und Schwere im Leben gebe, das andremal aber ausruft: „nichts im Leben ist schwer" (IV, 10, 27). Das letztere ist unzweifelhaft seine eigentliche Ansicht, während er im ersteren Fall der gewöhnlichen Anschauungs- und Ausdrucksweise sich anpasst, aber nur, um sofort deren Unrichtigkeit darzuthun. Oder anders ausgedrückt: das erstere ist die vorübergehende, das letztere die definitive Betrachtungsweise, durch welche die erstere fortwährend überwunden wird. Dies findet seine Anwendung auch auf Stellen wie IV, 13, 16, wo Epictet den hohen Wert eines guten Freundes schildert, der die widrigen Schickungen (περιστάσεις) wie eine Last tragen hilft und durch seine Teilnahme erleichtert. In Wahrheit soll der Gebildete eben die Peristasis gar nicht als Last empfinden, wie dies mit wünschenswertester Deutlichkeit II, 6, 16 etc. auseinandergesetzt wird. Peristasis ist alles περιεστηκός, d. h. jedes äussere, nicht vom Willen des Menschen abhängige Ereignis, das angenehme so gut wie das unangenehme; den Begriff des Schweren, Widrigen, Lästigen tragen wir fälschlich selbst in das Wort hinein. Also kann für den Gebildeten auch ein hilfreicher Freund nichts zu seinem Glück beitragen, da er sich ja in allen Nöten selbst zu helfen weiss. Auch die Hilfe des Freundes gehört somit zu den Adiaphora, und Epictet macht mit diesem Gedanken völligen Ernst. Aber der Umstand, dass der Gute einen Freund nicht braucht, schliesst für Epictet doch nicht aus, dass er ihn schätzt, wenn er ihn hat, und dafür Gott dankt. Es ist dies dieselbe Antinomie, vermöge der er überhaupt auch von dem Gebildeten Dankbarkeit fordert für die irdischen Gottesgaben und doch gleichzeitig von ihm verlangt, dass er den Verlust oder die Entbehrung derselben nicht als Unglück betrachte. So finde ich auch keinen Widerspruch darin, dass Epictet die Kundgebung der leiblichen Schmerzempfindung (I, 18, 19), ja sogar den Ausdruck des Mitgefühls mit dem Unglück anderer gestattet (Ench. 16 μέχρι λόγου μὴ ὄκνει συμπεριφέρεσθαι αὐτῷ κἂν οὕτω τύχῃ καὶ συνεπιστενάξαι). Denn er verlangt ja eben, dass es kein innerliches Seufzen sein dürfe, welches das Urteil, dass der betreffende Schmerz ein Uebel sei, in sich schlösse. Wie sehr es ihm ernst damit ist, dass der Philosoph auch das äusserste Unglück nicht als Uebel betrachten und empfinden darf, zeigen Stellen wie III, 8, 4: „der Sohn ist gestorben, weiter nichts; III, 17, 8; I, 28, 26: wenn Weib und Kinder gefangen und niedergemetzelt werden, ist das kein Uebel? Woher denn? Nur die irrige Meinung macht dies hinzu" — Stellen, die auf uns allerdings den Eindruck einer unnatürlichen Härte machen, aber von den stoischen Voraussetzungen aus nur konsequent sind. Auch die öfters sich findende Redensart πρᾶγμα ἔχειν (Mühe haben) enthält keine Inkonsequenz. Den Unzufriedenen rät Epictet, aus dem Leben zu scheiden, damit sie kein Ungemach mehr haben (II, 1, 20). Seine Meinung ist aber durchaus nicht die, dass dem Gebildeten das Leben ein wirkliches Ungemach bringen könnte: dieser wird frei von Ungemach nicht durch Preisgebung seines Lebens, sondern durch Aneignung der richtigen Lebensanschauung (I, 25, 2: „wenn wir überzeugt sind, dass das Gute und Böse nur im Innern liegt, was kann uns dann noch beschweren?" II, 2, 2).

Der Gebildete betrachtet das Leben als ein Fest, bei welchem es auch an kleinen Unannehmlichkeiten aller Art nicht fehlt, worüber sich aber kein vernünftiger Mensch aufhält in der Erkenntnis, dass dies eben mit dem Genuss des Festes notwendig verbunden ist, ohne doch denselben in nennenswerter Weise zu beeinträchtigen. Wie also der Festbesucher über der Freude an dem Schönen, das er sieht und hört, die kleinen Widerwärtigkeiten ganz vergisst und nicht der Rede wert achtet, so wird auch der Gebildete die äusseren Störungen des Lebens gering achten um der inneren Erhebung und Befriedigung willen, die er im Gehorsam gegen Gott und im Schauen seiner Wunder erfährt. Wer diese inneren Freuden kennt und seine menschliche Bestimmung stets im Auge hat, dem ist alles, auch das Schwerste, leicht zu ertragen. Jedes Ding hat zwei Handhaben; je nachdem man es fasst, wird es unerträglich oder erträglich [18]. Es kommt eben darauf an, dass man alle Zufälle des menschlichen Daseins erkennt als etwas, das in der Natur des Menschen und in seiner Stellung im Weltganzen notwendig begründet ist: auch wenn die Götter gewollt hätten, hätten sie doch es nicht vermocht, den Menschen von allen sogenannten Uebeln zu befreien [19]. Treffend bemerkt Epictet, dass die Menschen, wenn sie von fremdem Unglück hören, sich sofort beruhigen bei dem Gedanken: „so geht es eben im Leben", dagegen, wenn das Unglück sie selbst trifft, es unerhört finden [20]. Der Gedanke, dass Gott eben dann keine Menschen hätte schaffen sollen, kommt dem Epictet gar nicht, er würde ihn als gotteslästerlich von sich weisen [21]. Aber nicht einmal das lässt er gelten, dass der Mensch, da er nun einmal so geschaffen ist, auch kein vollkommenes Glück solle begehren wollen. Vielmehr von der Voraussetzung aus, dass ein solches möglich ist, verlangt er, die sogenannten Uebel als etwas gleichsam gar nicht Vorhandenes, das innere Glück in keiner Weise Störendes zu betrachten. Die Bildung besteht darin, alles so zu wollen, wie es geschieht, d. h. wie es der Ordner geordnet hat — also sollen wir nicht die Grundlagen des Daseins (ὑποθέσεις), die Natur der Dinge ändern — denn wir können es nicht, und es wäre auch nicht besser — sondern unsern Willen dem Geschehenden anpassen: darin besteht die Bildung [22].

Doch Epictet kennt noch eine höhere Betrachtungsweise: das Uebel ist nicht bloss in der physischen, sondern auch in der moralischen Weltordnung notwendig begründet. Es giebt Widriges im Leben; aber wir haben die Kräfte von Gott empfangen, es zu tragen: die Tugenden der Standhaftigkeit, der Hochherzigkeit, der Tapferkeit etc. bilden das gottgeordnete Gegengewicht gegen die sogenannten Uebel. Gott hat dem Menschen zugleich mit dem Uebel auch dessen Tilgungsmittel gegeben, Uebel und Tugend korrespondieren sich und fordern sich gegenseitig. „Habt ihr nicht die Kräfte empfangen, mit denen ihr alle Begegnisse tragen könnet? Seelengrösse, Tapferkeit, Ausdauer, Edelmut, Geduld?" [23]). Hierin scheint allerdings die Anerkennung eines wirklichen Uebels zu liegen; jedoch Epictet setzt das Uebel nur, um es sofort wieder zu negieren: denn eben durch die jedem mögliche Anwendung der entsprechenden Tugenden wird es ja wieder aufgehoben, gleichsam im Entstehen alsbald wieder vernichtet. Die Tugend ist der Hermesstab, der alles anscheinende Uebel in ein Gut verwandelt, indem sich eben durch würdige Ertragung des Uebels die Tugend zeigen und bewähren kann. Ohne Mühen wäre Heracles nicht geworden, was er ist (I, 6, 32). Die Peristaseis (Unfälle) sind es, die den Mann zeigen (I, 24, 1), die dem Menschen Gelegenheit geben, seine Bildung zu erproben. „Wenn dir etwas Widriges begegnet, so denke, jetzt ist der Zeitpunkt gekommen, wo du zeigen kannst, was der menschliche Geist (λογικὸν ἡγεμονικόν) vermag gegen das Zufällige (ἀπροαίρετοι δυνάμεις, II, 1, 39. I, 29, 33). Das Uebel ist ein Kampfspiel, zu dem uns Gott aufruft, damit wir zeigen, was wir gelernt haben" [24]). So werden denn die Uebel nicht bloss paralysiert durch die dem Menschen dagegen verliehenen sittlichen Kräfte, sondern sie gereichen ihm sogar zum Nutzen, indem er seine Tugend an ihnen zeigen, durch standhafte und mutige Ertragung derselben sich auszeichnen kann. „Alle Vorzeichen sind mir günstig, wenn ich will: denn was auch geschehen mag, es liegt bei mir, Nutzen daraus zu ziehen" (En. 18, cfr. Römerbrief 8, 28). Die Philosophie soll uns eine Wegzehrung (ἐφόδιον) für das Leben geben, mittels welcher wir alles Begegnende würdig und ehrenvoll tragen können (III, 21, 9. III, 22, 59. I, 6, 37 κοσμεῖσθαι, καλλωπίζεσθαι ταῖς περιστάσεσι). Die Philosophie verwandelt alles Widrige in ein Gut (III, 20, 4); sie lehrt uns göttlich krank sein und göttlich sterben (II, 8, 28. II, 19, 24. IV, 6, 3). Wer so das Uebel trägt, nützt zugleich auch anderen durch sein Beispiel, wie denn Socrates durch seinen Tod der Menschheit einen noch grösseren Dienst erwiesen hat als durch sein Leben (IV, 1, 169).

Man erkennt deutlich, wie nahe sich hierin die epictetische Auffassung der Uebel mit der christlichen berührt. Wenn wir von dem Dogma des Ursprungs der Uebel aus der Sünde absehen, finden wir bei Epictet so ziemlich alle massgebenden neutestamentlichen Gedanken über die Uebel. Dieselben sind vor allem nicht als Ausfluss des göttlichen Zorns oder als Beweis der göttlichen Gleichgiltigkeit oder Ungerechtigkeit, sondern als Zeichen seiner Weisheit und Liebe zu betrachten. „Giebt es etwas Besseres, als was Gott gefällt?" (II, 7, 13. IV, 7, 20). Das heisst fromm sein, alles hinnehmen als von dem besten Willen kommend (En. 31). Die Uebel haben den Zweck, die sittliche Kraft zu üben und zu bewähren. Gott schickt sie weder aus Hass, noch aus Gleichgiltigkeit, sondern kraft seiner erzieherischen Weisheit (III, 24, 113), denn alles, was dem Frommen begegnet, kann ihm zum Segen dienen. Ja sogar der Gedanke klingt bei Epictet an, dass die Erduldung des Uebels eine Ehre, eine Würde ist, die Gott seinen Lieblingen zugedacht hat [25]). Bei aller Aehnlichkeit ist jedoch der tiefgreifende Unterschied nicht zu verkennen: besonders fehlt der Gedanke, dass das Uebel demütigend auf den Menschen wirken, ihm das Gewissen schärfen und ihn an seine Sünde mahnen soll, gänzlich, und im Zusammenhang damit tritt auch der Gedanke, dass die Uebel eine Läuterung des Menschen bezwecken sollen, vor dem anderen, dass sie ihm Gelegenheit geben, seine Tugend zu zeigen, bedeutend zurück [26]: nach Epictet soll der Mensch durch das Uebel nicht besser werden, sondern nur seine vorhandene sittliche Güte an den Tag legen. Es verrät sich eben auch hierin jene die Stoa überhaupt charakterisierende Ueberschätzung der sittlichen Kraft des Menschen, die oft einer Herausforderung Gottes ähnlich sieht [27]) und uns abstossen müsste, wenn wir nicht in den zahlreichen Beweisen wahrer Demut und Bescheidenheit, die in Epictets Reden sich finden, ein Gegengewicht dagegen hätten.

Den Gedanken, dass ohne die Uebel des Lebens gewisse Tugenden ganz gegenstandslos wären, resp. die Tugend überhaupt nur in einem geringeren Masse verwirklicht werden könnte, finden wir bei Epictet nicht ausgesprochen, noch viel weniger den, dass die Götter, die ja ganz frei von Uebeln sind, eigentlich hinter den Menschen an Tugend zurückstehen, da sie ja keine Tapferkeit, keine Ausdauer u. dergl. zeigen können. Diese Folgerung, die sich ja ohne Zweifel aus dem Satz, dass die Uebel nichts anderes seien als die den betreffenden Tugenden entsprechende Materie (κατάλληλα ταῖς δυνάμεσι), und z. B. aus der Bemerkung, dass dem Diogenes seine Armut gerade Gelegenheit gab, seine Tugend in glänzenderem Lichte zu zeigen (III, 22, 59), notwendig ergiebt, wird ja auch in der christlichen Ethik nicht gezogen. Und man kann vielleicht sagen, es ist das eine schöne und gewissermassen notwendige Inkonsequenz, insofern das sittliche Wesen Gottes für uns schlechthin inkommensurabel ist. Jedenfalls ist Epictet weit davon entfernt, das Leiden an sich schon für ein Verdienst oder gar für etwas Begehrenswertes, das man selber aufsuchen müsste, zu halten. Zwar spricht er einmal den Gedanken aus, der Philosoph sollte, wie gewisse Fechter unwillig sind, wenn sie nicht losschlagen dürfen, das Unglück herbeiwünschen, um Gelegenheit zur sittlichen Bewährung zu finden (I, 29, 36) [28]). Es ist jedoch zu bedenken, dass er diese Worte an seine Schüler richtet in der Absicht, ihnen die Verwerflichkeit der Leidensscheu, der Weichlichkeit und Bequemlichkeit recht eindringlich vor Augen zu stellen. Sie haben also nur hypothetischen Sinn und pädagogischen Wert. Die Leidenssucht lag ihm ebenso fern wie die Leidensflucht. I, 6, 35 weist er die Frage, ob man, da dem Heracles das Leiden solche Ehre gebracht habe, dasselbe nun selbst herbeiführen und geflissentlich aufsuchen solle, mit den Worten zurück: „das wäre Thorheit und Wahnsinn; aber da es kam und sich einstellte, war es geeignet, einen Heracles zu zeigen und zu üben". Und I, 1, 26 erwähnt er beifällig die Antwort, die sein Lehrer Musonius Rufus dem Thraseas gegeben hatte auf dessen Aeusserung, er wolle lieber heute getötet als morgen verbannt werden: „wenn du es als Schwereres wählst, welche Thorheit der Wahl! wenn aber als Leichteres, wer hat dir's freigestellt? willst du nicht bloss darauf bedacht sein, dir genügen zu lassen an dem Gegebenen?" Diese Aeusserungen, welche das Gegenstück bilden zu dem Ausspruch Chrysipps (st. rep. 30), diejenigen, welche Reichtum, Gesundheit, Schmerzlosigkeit etc. für nichts achten, seien verrückt, zeigen uns eklatant, wie nüchtern und frei von aller Sentimentalität und von allem Hang zu asketischer Lebensbetrachtung die Stoiker waren. Gerade ihre Lehre von der Autarkie des Weisen verbot es ihnen, das Glück und die Verwirklichung der Tugend von einem bestimmten Mass von Uebeln abhängig zu machen. Auch Epictets Ethik gipfelt ja schliesslich in dem Satz, dass der Mensch dazu geboren und befähigt sei, in jeder Lebenslage (ὕλη), sei sie äusserlich angenehm oder unangenehm, die sittliche Freiheit und Reinheit zu bethätigen. Somit konnte der Gedanke, dass die mit Leiden mehr Heimgesuchten Gott wohlgefälliger seien als die in besseren Verhältnissen Lebenden, zu keiner wirklichen Bedeutung im Ganzen seiner Lebensanschauung gelangen, wie auch in der christlichen wenigstens heutzutage damit kaum Ernst gemacht wird [29]). Es kommt ihm nur darauf an, dass der Mensch die Gesinnung sich aneigne, die ihn zum Ertragen des Glücks und des Unglücks, und zwar in ihren Extremen, gleichermassen befähigt. Uebrigens sorgte die Zeit, in der er lebte, hinlänglich dafür, dass, wer nach seinen hohen Grundsätzen lebte, sich nicht über mangelnde Gelegenheit zur Bewährung der passiven Tugend beklagen konnte: sagt er doch selbst, dass die Zeiten solche seien, dass man beständig wie in der Schlachtordnung, d. h. den Tod im Angesicht, leben müsse [30]).

3. Der Tod.

Wie die sogenannten Uebel des Lebens teils in der leiblichen Natur des Menschen, teils in seiner Stellung im Weltall begründet sind, so gehört auch der Tod zum Wesen und Begriff des Menschen [31]), ist also kein Uebel (I, 24, 6), sondern ein Adiaphoron wie das Leben auch, wie Gesundheit, Reichtum, Lust und Schmerz (II, 19, 13). Adiaphor ist auch die Zeit seines Eintritts und die Art und Weise, wie er erfolgt [32]). Epictet sucht den Gedanken an den Tod nicht bloss seiner Furchtbarkeit, sondern, möchte man beinahe sagen, auch seines Ernstes zu entkleiden, indem er nicht bloss mit bitterem Spott die Meinung geisselt, als ob das einzelne Leben für den Kosmos so wichtig wäre, sondern den Tod eine Larve nennt, hinter der nichts sei, ja sogar den Gebrauch des Wortes sterben beanstandet, insofern dasselbe einem so einfachen und natürlichen Vorgang, wie die Auflösung des Stoffes in seine Bestandteile es ist, eine unnötige Wichtigkeit beilege [33]). Dabei kennt Epictet, wie das vom anthropologischen Gesichtspunkt aus schon im I. Band (p. 65) nachgewiesen wurde, kein Fortleben nach dem Tod [34]). Beweisend hiefür ist schon allein der Umstand, dass nirgends unter den Trostgründen gegen die sogenannten Uebel des Lebens diese Hoffnung erscheint: ein Mann aber, für den der Glaube an ein jenseitiges Leben auch nur einigermassen Bedeutung hatte, musste notwendig eben diesen Glauben, wenn nicht immer, so doch in der Regel, als Trostgrund gegen die Unvollkommenheiten des zeitlichen Lebens ins Feld führen. Die Unsterblichkeit ist dem Menschen versagt, sie ist das Vorrecht der Götter: das Höchste, was der Mensch vermag, ist göttlich (leben und) sterben [35]). Das Leben ist ein Fest, das wie alles auch einmal ein Ende nehmen muss: darüber zu klagen, wäre die grösste Thorheit und unersättliche Begehrlichkeit. „Du willst, dass ich das Fest verlasse? Ich gehe, dir von

Herzen dankend, dass du mich gewürdigt hast, an deinem Feste teilzunehmen und deine Werke zu schauen und dein Walten zu erkennen" (III, 5, 10). „Hat dich Gott nicht als Sterblichen in die Welt eingeführt? um eine kurze Zeit sein Walten zu schauen und mit ihm zu festen? ... aber ich möchte noch weiter festen. Auch die Mysten und die Besucher des olympischen Festes. Aber das Fest hat ein Ende. geh' — und zwar dankbar, mach' anderen Platz ... was bist du unersättlich und ungenügsam und beengst den Kosmos?" (IV, 1, 106). Oft tadelt Epictet dieses sündhafte Hängen am Leben. „Wenn ein Jüngling stirbt, so klagt er über die Götter; wenn ein Greis unter den Beschwerden des Alters leidet, so klagt er ebenfalls, dass er, statt nun Ruhe zu haben, noch geplagt wird. Aber wenn der Tod herannaht, will er doch noch leben und schickt zum Arzt und bittet ihn, er möge sich ja recht Mühe geben. Wunderliche Menschen, die weder leben noch sterben wollen!" (frag. 95. III, 20, 6). Hätte unserem Philosophen ein Fortleben nach dem Tode vorgeschwebt, so hätte er ja sagen müssen: das Fest hört allerdings auf, aber es wird nur unterbrochen und von einem noch viel schöneren Feste abgelöst werden. Aber davon ist nirgends die Rede. Und wenn er sagt, dass man auch vom Tode Nutzen ziehen könne, nämlich durch grossmütige Aufopferung des Lebens (III, 20, 4), so meint er keineswegs etwa eine Versetzung des Helden unter die Himmlischen zum Lohne seiner Tugend, vielmehr besteht der ganze Profit seines Heldentodes darin, dass er „den Patrioten, den Hochherzigen, den Treuen, den Edlen" gewahrt hat.

Wenn es Ench. 15 heist: „dann wirst du ein würdiger Gast der Götter — ja ihr Mitherrscher sein", so müssen wir uns erinnern, dass eben dieses irdische Leben für den sittlich Gebildeten ein Gastmahl, ein glückseliges Verkehren mit den Göttern ist, und dass nach der Lehre nicht bloss des Epictet, sondern der Stoiker überhaupt der Weise als solcher ein König im Reiche des Geistes, ein Teilhaber der göttlichen Herrschaft ist[36]). Auch die schöne Stelle I, 9, 10 etc., wo er den Jünglingen, wie er sie sich wünscht, Worte der Sehnsucht nach Befreiung von den Fesseln des Leibes in den Mund legt, beweist nichts für die Annahme eines Fortlebens nach dem Tod: denn er billigt diese Stimmung nicht absolut, sondern nur gegenüber dem niedrig weltlichen Sinn, nicht definitiv, sondern gleichsam nur propädeutisch, als Durchgangspunkt zu der wahrhaft versöhnten und freien Lebensanschauung dessen, der die sogenannten Uebel des Lebens und auch die Unvollkommenheit des Leibes nicht als Beschwerde empfindet, sondern als Mittel der sittlichen Thätigkeit erkennt. Es mag ja sein, dass jener Expektoration der Schüler die eigene Stimmung Epictets nicht allzu unähnlich war: warum sollte er nicht auch zuweilen eine weltflüchtige pessimistische Anwandlung gehabt haben? Aber jeder Kenner Epictets wird zugeben müssen, dass seine Reden gegenüber den Meditationen M. Aurels und vollends gegenüber Seneca auffallend frei sind von Weltschmerz und sentimentaler Sehnsucht nach dem Jenseits, und dass ihn gerade eine kühle Nüchternheit und eine unerbittliche Konsequenz des ethischen Optimismus auszeichnet. Die fragliche Stelle ist nicht anders zu beurteilen als die Aeusserung in I, 19, 20, wo Epictet sagt: „das wäre mir eine Freude, wenn einer von euch darüber ungehalten wäre, dass, während sein Kamerad seine sittliche Kraft in einer Peristasis erproben darf, er unthätig im Winkel sitzen müsse: so solltet ihr alle gestimmt sein!" In Wahrheit darf der Gebildete, wie wir sahen, ebensowenig die Peristasis herbeiwünschen als wegwünschen. Ganz analog darf er natürlich auch keinen Lebensüberdruss und keine Sehnsucht nach dem Tode in sich aufkommen lassen. In beiden Fällen gestattet Epictet den Lernenden ein Ueberschreiten des Masses nach der einen Richtung, um ihnen desto drastischer das Verfehlte der anderen (leidens- und todesscheuen) Richtung zum Bewusstsein zu bringen, getreu seinem pädagogischen Grundsatz, dass man gegen diejenigen falschen Vorstellungen und Neigungen, von denen die Seele besonders eingenommen ist, am eifrigsten ankämpfen müsse [37]).

Der Tod ist allerdings nach Epictet keine Vernichtung des Menschen, sondern nur dessen Auflösung in seine Teile, die zu den Elementen (στοιχεῖα) zurückkehren [38]). Schwierig und kaum mit Sicherheit zu entscheiden ist die Frage, ob bei dieser Trennung die menschliche Seele, das vernünftige Hegemonikon, in Luft oder Feuer oder in eine höhere, feinere, dem Geistigen mehr nahekommende Substanz, heisse es nun Urpneuma oder Urfeuer, sich auflöse. Wie dem auch sein mag, als individuelle und bewusste hat sich Epictet die Fortexistenz dieser vom Leib getrennten Seele offenbar nicht gedacht, so nahe auch gerade ihm diese Folgerung gelegen wäre, da er ja oft den leiblichen Bestandteil des Menschen gänzlich ignoriert und das Wesen desselben lediglich in die Vernunft und den Willen setzt. Aber es scheint, dass er diese Vernunft als eine persönlich aktive sich vorgestellt hat nur, solange ihre Verbindung mit dem Leibe währt. Sonst könnte er nicht sagen, der Tod sei eine Verwandlung nicht zum nicht Seienden, sondern nur zum jetzt nicht Seienden (III, 24, 93): denn wäre der Mensch nach dem Tod in derselben Weise ein persönliches, bewusstes und wollendes Wesen wie im zeitlichen Leben, so wäre der Tod nicht eine Verwandlung in eine andere Existenzform, sondern eine Fortsetzung der seitherigen. Der Unterschied, dass nach dem Tod der Leib fehlt, wäre gerade für Epictet nicht so bedeutend, dass er um deswillen den Tod eine Verwandlung in ein jetzt nicht Seiendes nennen könnte. Darauf, dass eben das Bewusstsein mit dem Tode aufhört, führt uns auch der Vergleich des Todes mit der Ernte (II, 6, 11 etc.). „Wie es die Bestimmung der Aehre ist, reif und geerntet zu werden, so ist's die Bestimmung des Menschen, zu sterben. Da wir aber dieselben sind, die geerntet werden und sich dessen bewusst sind, so jammern wir (als geschähe uns etwas Besonderes)." Ganz richtig erkennt Epictet hier den tiefsten Grund, warum der Mensch vor dem Gedanken des Todes zurückschreckt, darin, dass er bei dieser Ernte Subjekt und Objekt zugleich ist, dass das Bewusstsein seiner eigenen bevorstehenden Vernichtung inne wird. Aber es fällt ihm nicht ein, darin etwas Arges (δεινόν) zu erblicken; er verwirft vielmehr aufs bestimmteste alle Klage und Trauer über das Todesverhängnis als ein Zeichen der mangelnden Einsicht in die Bedingungen und Gesetze des menschlichen Lebens: „wir wissen eben nicht, wer wir sind, und bedenken nicht, was menschlich ist". Und wenn auch der Hinweis auf das „jetzt nicht Seiende" wie eine Vertröstung auf ein Fortleben klingt, so liegt doch für Epictet in Wahrheit der Trost nur darin, dass diese

Gesetzmässigkeit des Wechsels von Entstehen und Vergehen ihn über seine Endlichkeit beruhigt und ihm sein eigenes, wenngleich endliches Leben nicht als das Spiel blinder Kräfte, sondern als notwendiges Glied in der Kette des Seienden und eben damit als etwas Sinn- und Wertvolles, ja in gewissem Sinn Unendliches erscheinen lässt. Nur diese ethische Unsterblichkeit meint er, wenn er die geistigen und sittlichen Güter das Unsterbliche und von Natur Freie nennt im Gegensatz zu den irdischen Dingen, die vergänglich und unfrei sind[39]), und wenn er ausruft: „der Tyrann tötet mich — wie? nicht mich, nur meinen Leib" (III, 13, 17). Denn das sittliche, geistige Leben, wenn es auch aufhört, kann doch nicht getötet oder vernichtet werden: es ist als solches vollkommen und unsterblich, auf welchem Punkt es auch abgebrochen wird."

Nicht das unwichtigste Zeugnis für die Richtigkeit der hier vorgetragenen Ansicht liegt ni dem Umstand, dass Simplicius in der vortrefflichen Einleitung seines Commentars zum Enchiridion eben das als das Grosse an Epictets Lehre preist, dass sie auch ohne den Glauben an eine (persönliche) Unsterblichkeit den Menschen glücklich und selig zu machen vermöge (Vorrede p. 2). Als Platoniker hätte er ja gerade ein Interesse daran haben müssen, die Spuren dieses Glaubens bei Epictet nachzuweisen. Er meint freilich, seine ethischen Grundsätze führen eigentlich folgerichtig dazu. Man wird jedoch hierüber geteilter Ansicht sein können, und Thatsache ist es jedenfalls, dass Epictet diese Konsequenz nicht gezogen hat.

4. Der freiwillige Tod. (Vergl. Excurs II.)

Da der Tod und auch die Zeit seines Eintritts nach stoischer Anschauung ein Adiaphoron ist, andererseits die sogenannten Uebel des Lebens in Wahrheit keine Uebel sind und das Glück des Gebildeten in keiner Weise zu beeinträchtigen vermögen, so sollte man meinen, es lasse sich gerade auf dem Standpunkt der Stoa kein vernünftiger Grund des Selbstmords denken. Fällt nicht die ganze prätentiöse Lehre von der Autarkie der Tugend dahin, wird nicht der so zuversichtlich und siegreich verkündete ethische Optimismus illusorisch, wenn auch der Gebildete in die Notwendigkeit versetzt werden kann, seinem Leben ein Ende zu machen? Nicht im geringsten, erwidern hierauf die Stoiker: wir lehren ja nicht, dass irgend welches äussere Geschick den Weisen in den Tod zu treiben vermag, sondern was ihn eventuell dazu bestimmt, ist nur die Tugend selbst, die er eben nur auf diese Weise bethätigen kann. Würde er auch nur dieses eine Mal wider das Gebot der Vernunft und Tugend handeln (indem er sich nicht tötet), so wäre sein ganzes folgendes Leben wertlos, wogegen die Abkürzung seines Lebens um der Tugend willen dessen Wert in keiner Weise beeinträchtigt, da das sittliche Leben nicht darin besteht, dass es möglichst viele sittliche Handlungen umfasst, sondern darin, dass es eine lückenlose Kette von solchen bildet[40]).

Dies ist die stoische Lehre von der Berechtigung des Selbstmords, in ihren Grundzügen klar und deutlich, aber doch im einzelnen noch viele Fragen offen lassend. Auch hier kann die sorgfältige Untersuchung der Aeusserungen Epictets einiges Licht bringen.

Wir können Epictets Aeusserungen über den Selbstmord in drei Klassen einteilen, erstens in solche, worin derselbe zweifellos als sittliche That betrachtet wird, zweitens solche, die ihn deutlich als unsittlich verwerfen, und drittens solche, welche das Recht des Selbstmords schlechthin ohne sittliche Motive zu behaupten scheinen. Zur ersten Klasse gehören vor allem die Stellen, wo der Selbstmord als Akt des Gehorsams gegen den Ruf Gottes hingestellt wird. Es liegt hiebei meistens der bei Epictet so beliebte Vergleich des Lebens mit dem Kriegsdienst zu grunde. Gott hat wie ein Feldherr jedem seinen Posten angewiesen, und es ist heilige Pflicht, denselben zu behaupten mit der äussersten Tapferkeit und Ausdauer. Wenn aber Gott seinen Streiter nicht mehr braucht und das Signal zum Rückzug giebt, so ist es ebenso dessen Pflicht, willig und ohne Widerrede zu gehorchen. Wird nun aber, so möchte man fragen, dieser Gehorsam nicht auch dadurch geleistet, dass man stets zum Sterben bereit ist und sich willig in das Todesverhängnis ergiebt? Gewiss, sagt Epictet, aber es können doch auch Fälle eintreten, wo Gott dem Menschen ohne äussere Nötigung einen deutlichen Wink giebt, dass seine Lebensaufgabe nun erfüllt ist, und ihm das freiwillige Scheiden aus dem Leben nahelegt. Es fragt sich nur, an was der Mensch diesen Wink Gottes erkennen kann. Von einer unmittelbaren inneren Kundgebung Gottes etwa in der Weise des socratischen Dämoniums weiss Epictet nichts: es ist vielmehr lediglich die Vernunft, welche ihn in den Stand setzt, den göttlichen Ruf zu erkennen. Das allgemeine Kriterium für die Pflicht des freiwilligen Todes bildet die Erwägung, dass unter den obwaltenden Umständen ein naturgemässes Leben nicht mehr möglich ist. Dieser Fall tritt ein entweder, wenn Gott das zum Leben Notwendige nicht mehr darreicht, oder wenn die Fortsetzung des Lebens nur durch eine Verletzung der Ehre oder Pflicht, durch eine unsittliche oder erniedrigende Handlung möglich wäre [41]. Zum ersteren Fall rechnet Epictet den absoluten Mangel der Nahrung, je nachdem auch die Beraubung der Freiheit und die Verbannung [42]. Wenn wir nun aber bedenken, wie Epictet hinsichtlich der Befriedigung der leiblichen Bedürfnisse die äusserste Genügsamkeit fordert, wie er das kleingläubige, ängstliche Sorgen um die Nahrung verspottet, wie er mit fast christlicher Glaubenszuversicht auf die Güte der Vorsehung baut, wie er ferner auch die niedrigste Arbeit nicht für entwürdigend hält, ja, wie es scheint, auch die Anrufung der menschlichen Mildthätigkeit für keine Schande achtet, so fragen wir mit Recht, ob denn überhaupt der Fall denkbar ist, dass der Mensch aller Mittel zur Fristung des Lebens beraubt ist. In III, 26 hält Epictet seinen Schülern das Beispiel der entlaufenen Sklaven vor Augen, die unter den unglaublichsten Entbehrungen, einzig der Freiheit zu lieb, ihr Leben fristen, ferner das der Bettler, die in der Regel ein hohes Alter erreichen, das des Socrates, des Diogenes, des Kleanthes, der zugleich studierte und harte Taglöhnersarbeit verrichtete, und ruft dann aus: „wenn du's so haben willst, wird's dir nie am Nötigen fehlen — — fürchtet ein braver Mann, dass ihm die Nahrung mangeln könnte? Blinden und Lahmen mangelt sie nicht, dem Guten sollte sie mangeln? Der brave Soldat erhält seine

Kost, der Arbeiter, der Handwerker, der Gute sollte sie nicht erhalten? vernachlässigt Gott so seine Geschöpfe, seine Diener und Zeugen etc.?" „Wenn ihr heute satt geworden seid, sitzt ihr da und jammert wegen des morgenden Tages, woher ihr essen sollet. Elender, hast du heute, so wirst du auch morgen haben! hast du aber nicht — so heisst es nun freilich weiter — so geh, die Thüre ist offen" [43]). Sehr wichtig ist jedenfalls für die Beurteilung der Lehre Epictets, dass er es dem Menschen zur Pflicht macht, bei den allerbescheidensten Ansprüchen alles zu thun und kein Mittel zu versäumen, um sich den notwendigen Lebensunterhalt zu verschaffen. Und sicherlich war er der Ueberzeugung, dass dieser Fall gänzlicher Nahrungslosigkeit nur die allerseltenste Ausnahme bilde. Jedoch, wenn er wirklich eintritt, und zwar so, dass auch eine nachherige Hilfe durchaus nicht mehr in Aussicht zu nehmen ist, warum soll dann der Mensch nicht einfach warten, bis der Hungertod von selbst eintritt (cfr. Attalus bei Seneca ep. 110, 19 famem fames finit)? erfordert dies nicht grössere sittliche Kraft, als die eigenmächtige Preisgebung des Lebens? soll nicht der Mensch auch darin eine Peristasis erkennen, die ihm Gott gesandt hat, um seine Duldungsfähigkeit zu erproben? fällt nicht der freiwillige Tod unter den Vorwurf des προηγεῖσθαι τῶν πραγμάτων, des Vorgreifens, das Epictet sonst so entschieden verurteilt? Diese Fragen, die sich uns unwillkürlich aufdrängen, sind dem Epictet offenbar ganz fern gelegen. Die letztere würde er unbedingt verneint haben, da er ja den Eintritt der Umstände, die zum Scheiden berechtigen, als göttliche Willenserklärung betrachten lehrt, so dass also jenes stets ein Folgen, ein sich Fügen ist. Ohne Zweifel würde er auch gegen die Meinung, als werden beim Verbot des Selbstmords grössere Anforderungen an die Kraft des Ertragens gestellt, energisch protestiert haben. Er ist sich bewusst, dass er das äusserste Mass von Standhaftigkeit und Mut verlangt, das einem Menschen zuzumuten ist. Ebenso ist er überzeugt, dass es Fälle giebt, wo Gott selbst die Erlaubnis, ja den Befehl zum Tode giebt. Wer also diese Erlaubnis nicht benutzt resp. diesem Befehl nicht nachkommt, steht ihm auf derselben Stufe wie der, welcher im Mutwillen sich Schmerzen bereitet und Gott versucht. Man könnte ja auch vielleicht mit einigem Rechte sagen, dass sich in dem Abwarten des Hungertodes doch noch ein gewisses Hängen am Leben verrate. Epictet fasst jedenfalls das Nichtabwarten als Zeichen der völligen Losreissung des Herzens vom Irdischen und als einen Akt des Gehorsams gegen Gott auf, und insofern kann seiner Lehre, wenigstens subjektiv betrachtet, der Vorwurf der Immoralität nicht gemacht werden. Man kann sie für eine theoretische Verirrung, ja sogar für eine Ausgeburt des Aberglaubens erklären. Aber nicht zu bestreiten ist, dass Epictet, wie er überhaupt den Glauben seiner Schule an die Realität der Mantik teilt, so auch wirklich davon überzeugt war, dass es Anzeichen giebt, an denen der Mensch den göttlichen Befehl zum Scheiden erkennen muss. Das Urteil über den objektiven Wert oder Unwert dieser Lehre hängt lediglich davon ab, ob es solche Umstände giebt und welche es sind, in denen man ohne innere Unwahrheit einen Wink Gottes zum Lebensaustritt erkennen darf.

Verhältnismässig einfach läge die Sache, wenn wir eine deutliche Aeusserung darüber hätten, dass ein gewisses Mass von leiblichem

Schmerz und Elend auch die freie Bethätigung der Vernunft und die Erfüllung des geistig-sittlichen Zwecks unmöglich macht. Seneca spricht diesen Gedanken klar aus (ep. 58, 34 etc.), wenn er sagt, dass eine unheilbare Krankheit zum Selbstmord berechtige, weil in diesem Falle der Körper ein Hemmnis sei für alles das, weswegen man lebt. Schwach und feig sei es, wegen des Schmerzes zu sterben, aber thöricht, um des Schmerzes willen zu leben — so drückt er sich aus in seiner treffenden, prägnanten Weise (vergl. auch ep. 98, 16). Er nimmt also an, dass es körperliche Zustände giebt, welche die Thätigkeit der Seele hemmen, bei welchen ein vernünftiges Denken und eine freie Selbstbestimmung unmöglich und auch für die Zukunft nicht zu erwarten ist. Auch M. Aurel empfiehlt, mit dem Fall zu rechnen, dass eine Störung der Geisteskräfte eintreten könnte, wodurch die Vernunft zur Erfüllung ihrer sittlichen Aufgaben in Theorie und Praxis untüchtig würde [44]). Und obwohl er in echt stoischem Rigorismus verlangt, dass der Gebildete nicht bloss die leichteren körperlichen Schmerzen von seinem Bewusstsein ausschliesse und vom geistigen Centrum fernhalte, sondern auch, wo dies wegen der Henosis von Leib und Seele nicht mehr möglich sei, wenigstens die Vorstellung des Uebels beiseite lasse (V, 26), so sind wir vielleicht doch berechtigt, auf Grund der vorigen Aeusserung auch noch einen dritten Fall anzunehmen, nämlich den, dass der Schmerz sich so steigert, dass die Vernunft in wirkliche Mitleidenschaft gezogen und zum richtigen Urteilen selbst unfähig wird. Aber gerade bei Epictet suchen wir eine solche Konzession vergebens: die Unabhängigkeit des Geistes von den Zuständen des Leibes verkündigt er stets ohne jegliche Einschränkung. In jeder Peristasis kann der Mensch sein Hegemonikon naturgemäss bewahren, und das Erdulden des Schmerzes und der Krankheit ist nach Epictet ein völlig ausreichender sittlicher Lebenszweck. Ich erinnere noch an die früher erwähnte Ansicht Epictets, dass die Krankheit einen natürlichen Bestandteil des Lebens bilde: er nimmt aber davon keine Krankheit aus, folglich kann er auch in der Krankheit keinen sittlichen Grund zum Austritt (ἐξαγωγή) erblicken, wie denn auch nirgends ausdrücklich dies als Berechtigungsgrund bei ihm erwähnt wird. Ja nicht einmal die Geisteskrankheit kann ihm als solcher gelten, da er ja — hierin den strengeren Standpunkt des Kleanthes vertretend, der die Tugend für schlechthin unverlierbar erklärte, während Chrysipp dieselbe für verlierbar hielt durch Trunkenheit und Wahnsinn (D. L. 127) — die höchste Stufe der Bildung darin sieht, dass man auch in Trunkenheit und Wahn sich gegen das Gebot der Vernunft nicht verfehle (II, 17, 33). Trotz alledem bin ich überzeugt, dass Epictet die Berechtigung des Sterbens aus Anlass einer unheilbaren oder besonders schmerzhaften Krankheit nicht rundweg geleugnet hat. Denn wenn der Mensch wegen des Mangels an Nahrung sich töten darf, so lässt sich hiefür kein anderer vernünftiger Grund denken als der, sich keine unnötigen Schmerzen zu bereiten. Ebenso, wenn Epictet den Fall für möglich hält, dass die Vernunft es rät, einer langen oder drückenden Gefangenschaft durch freiwilligen Tod ein Ende zu machen, so kann hiefür eigentlich nur der Gedanke massgebend sein, dass es thöricht ist, unnötige Qualen zu dulden. Epictet, der ja in so begeisterten Worten die von gar nichts abhängige Freiheit des Gebildeten preist, würde kaum zugeben, dass derselbe nicht im stande wäre, lebenslänglich im Kerker auszuharren, ohne sich unglücklich zu fühlen. Sagt er doch, dass derjenige, der willig, d. h. mit freudiger Ergebung in sein Geschick (wie Socrates), im Gefängnis sei, nicht in Banden liege, während umgekehrt jeder, der widerwillig irgendwo sei, im Gefängnis sich befinde (I, 12, 23). Aber er hielt es andrerseits offenbar auch nicht für nötig, die Ausdauer (ὑπομονή) auf die Spitze zu treiben: er dachte wohl, das Leben biete für den, der nach seinen Grundsätzen lebe, so viel Gelegenheit zur Bethätigung derselben, dass das Interesse der Sittlichkeit nicht notleiden könne durch die Gestattung des Selbstmords in den alleräussersten Fällen. Bedenkt man noch, dass dieser selbst immerhin auch als That der Selbstverleugnung aufgefasst werden konnte und von Epictet überall, was den sittlichen Mut betrifft, auf dieselbe Linie gestellt wird mit dem unschuldigen Erdulden eines gewaltsamen Todes, so wird man den Vorwurf der Feigheit seiner Theorie auf keinen Fall machen können. Auch die Verbannung erklärt Epictet für einen berechtigten Grund der Exagoge, natürlich aber auch dies nur unter besonders drückenden Verhältnissen. Sagt er doch oft, dass der Mensch, trotz seines angeborenen Geselligkeitstriebs, auch in die Einsamkeit sich fügen und in derselben glücklich fühlen könne. „Bist du allein, so solltest du dies nicht Einsamkeit, sondern Ruhe und Freiheit nennen und dich den Göttern gleich achten" (I, 12, 21). Auch dazu muss der Mensch im stande sein, sich selbst genug zu sein und mit sich selbst zu verkehren, wie Zeus bei der Weltverbrennung[45]). Also die Verbannung an sich als Einsamkeit kann keine Berechtigung zum Selbstmord verleihen, sondern nur, insofern mit ihr andere unerträgliche Uebel verbunden wären.

Im ganzen müssen wir denn zu dem Urteil gelangen, dass Epictet nur in den alleräussersten Fällen physischen Elends den Selbstmord für berechtigt hielt. Durchweg verlangt er ja von dem Gebildeten eine fast unbegrenzte Standhaftigkeit und Fähigkeit des Ertragens, betont ausdrücklich, dass man zu jener letzten Zuflucht nicht unüberlegt, nicht aus Weichlichkeit oder unter einem beliebigen Vorwand greifen dürfe (I, 9, 17. I, 29, 29). Alle sogenannten Uebel soll der Philosoph nur als Mittel zur Uebung der entsprechenden Tugenden betrachten, auch die Krankheit zu einem Gut machen, indem er sich in ihr auszeichnet, seine innere Ruhe und Zufriedenheit, das Gleichgewicht der Seele bewahrt, dem Arzt nicht schmeichelt und den Tod nicht herbeiwünscht (III, 20, 14). So könnte doch Epictet nicht sagen, wenn er es für sittlich gehalten hätte, jede irgendwie schmerzhafte Krankheit durch freiwilligen Tod zu enden. Auch die Einbusse eines Sinnes oder ein sonstiges körperliches Gebrechen scheint er nicht, wie andere Stoiker[46]), als genügenden Grund zum Austritt betrachtet zu haben. Wenigstens verlangt er, dass man auch die Lähmung des Beines als ein Adiaphoron ansehe, das auf die Proairesis keine hemmende Wirkung haben dürfe[47]). Wenn er einmal die Aeusserung thut, dass wir die Blinden und Lahmen bemitleiden (I, 28, 9), so lässt sich hieraus noch nicht schliessen, dass er das Leben eines solchen für naturwidrig und somit den Selbstmord in diesem Fall für berechtigt gehalten hätte: denn er spricht hier nur aus der gewöhnlichen Anschauung heraus. Bekennt er doch von sich selbst, dass er noch nicht zur vollen inneren Freiheit gediehen sei, weil er noch den Leib ehre und dessen Integrität hochschätze — ein Beweis dafür, dass er in solchen leiblichen Mängeln an und für sich noch keine Berechtigung zum Selbstmord sah.

Nicht im Widerspruch damit steht die Thatsache, dass er den Selbstmord eines Athleten, der nicht mit verstümmeltem Leibe weiterleben wollte, ausdrücklich gebilligt hat (I, 2, 26). Als ihn einer fragte, ob derselbe als Athlet oder als Philosoph gehandelt habe, erwiderte er: als Mann, d. h. er war es seiner Mannesehre schuldig. Wir kommen hiermit auf das zweite berechtigte Motiv zum Selbstmord, nämlich auf das der persönlichen Ehre, welches sich nahe berührt mit dem der Vermeidung einer unsittlichen Handlung. Um vernünftig zu handeln, lehrt Epictet, darf man nicht bloss die äusseren Werte wägen, sondern muss auch. τὸ κατὰ πρόσωπον, d. h. das Gebot der Ehre berücksichtigen. Die Frage, ob diese Forderung der Ehre für alle Gebildeten gleich oder je nach der Lebensstellung des einzelnen verschieden ist, können wir hier beiseite lassen. Bekanntlich vertritt Panätius bei Cicero de off. ausgesprochenermassen die letztere Ansicht und wendet dieselbe auch auf die Frage der Berechtigung des Selbstmordes an, indem er sagt, dass Cato nach dem Untergang der Republik berechtigt gewesen sei sich zu töten wegen seiner individuellen Gemütsart und mit Rücksicht auf seine ganze Persönlichkeit und Vergangenheit, während man dieselbe That anderen mit Recht zum Vorwurf gemacht haben würde (off. I, 112). Hier handelt es sich nur darum, festzustellen, dass Epictet auch bei leiblichen Gebrechen, freilich nur in ganz besonderen Fällen, welche die persönliche Ehre betreffen, den Selbstmord gestattet hat. Ja er hält es sogar für Ehrenpflicht des Philosophen, der Beraubung des Bartes durch den Tod sich zu entziehen, eine Ansicht, die uns barock erscheinen müsste, wenn wir nicht wüssten, dass Epictet in dem Bart das gottgeordnete äussere Unterscheidungszeichen der Geschlechter und in dessen Abnahme eine Verletzung der Sittsamkeit und Mannesehre, das Symbol einer weibischen Gesinnung erblickte[48]. Unter dem Gesichtspunkte der persönlichen Ehre ist auch die Stelle zu betrachten, wo Epictet dem Agamemnon rät, statt über den Untergang der Hellenen zu jammern, freiwillig mit seinem Heere zu sterben. Freilich kann diese Aeusserung nicht als vollgewichtiges Zeugnis für die Anschauung Epictets gelten, da er den Agamemnon überhaupt als Typus des Ungebildeten vorführt und ihm schon seinen Zug nach Troja als Fehler anrechnet[49]. Die Ehre verlangt es, sich selbst zu töten, besonders in dem Fall, wenn man nur durch unwürdige Abhängigkeit von einem anderen oder durch erniedrigendes Bitten und Schmeicheln sein Leben fristen könnte[50]. So ruft Epictet aus: ich wollte lieber gar nicht leben, wenn ich von der Gnade eines hochfahrenden Freigelassenen leben müsste (IV, 1, 150). Und überhaupt stellt er in dieser Hinsicht den Grundsatz auf, dass man mit Tyrannen und Machthabern wohl Beziehungen pflegen dürfe, aber nur solange, als sie nichts Unrechtes und Ungereimtes verlangen. Einer unwürdigen Zumutung muss man sich, wenn es nicht anders geht, durch freiwilligen Tod entziehen.

Fassen wir nun diesen Fall, dass der Selbstmord verübt wird, um einem moralischen Uebel zu entgehen, noch näher ins Auge, so werden wir fragen müssen: ist denn nach den Anschauungen der Stoa und Epictets dieser Fall überhaupt denkbar? Lehrt nicht der letztere auf jedem Blatt, dass die Proairesis des Menschen frei ist und dass also derselbe durch niemand zu einer schimpflichen Handlung gezwungen werden kann? Aber auch angenommen, es wäre möglich, dass der Gebildete, wenn auch nicht zu einem seiner unwürdigen Wort oder Werk — denn dies ist nicht denkbar —, so doch zur widerwilligen Duldung einer unmoralischen Handlung an seiner Person gezwungen werden könnte, so müsste ja Epictet auch dies eigentlich für ein Adiaphoron halten. Denn er lehrt ja ganz deutlich, dass, wenngleich der Leib durch Gewalt gehindert wird, das auszuführen, was der Wille als Pflicht erkannt hat, doch darum der letztere dadurch in seiner Freiheit keineswegs beeinträchtigt wird, da der Wert der pflichtgemässen Handlung in dem richtigen Wollen, nicht in der Ausführung besteht. Hieraus ergiebt sich mit Notwendigkeit, dass wenn der Mensch durch äussere Gewalt zur Vollbringung oder Duldung einer That gezwungen wird, die er verabscheut, dieses innere Widerstreben (ἀφορμή) ihn gegen jede sittliche Schädigung sicherstellt [51]. Somit liesse sich also in der That kein Fall denken, wo der Stoiker, um einer wirklichen Schmach zu entgehen, sich das Leben nehmen müsste. Jedoch auch hier müssen wir wieder den Begriff der persönlichen Ehre zu Hilfe nehmen und uns denken, dass Epictet gewisse Situationen, in die der Mensch durch Gewalt versetzt werden könnte, oder eine gewisse Behandlung, der er ausgesetzt würde, für unverträglich mit der persönlichen Ehre und ihre Duldung bloss für thöricht, nicht aber für sittlich wertvoll hielt. Die Unabhängigkeit des Geistes von allem äusseren Zwang wird dadurch nicht hinfällig, da ja das Scheiden aus dem Leben selbst eine freie That ist und das wahre Glück des Menschen dadurch keine Einbusse erleidet, dass er auf Grund vernünftiger Entschliessung vor dem natürlichen Ende das Leben verlässt. In der Hauptsache wird dieser Fall, wie die von Epictet gebrauchten Beispiele beweisen, eigentlich nur da eintreten, wo dem Menschen, falls er einer schimpflichen Handlung sich weigerte, ohnedies der gewaltsame Tod bevorstünde. Seneca sagt, man könne in diesem Falle keine allgemeine Regel aufstellen, ob es Pflicht sei, den Tod abzuwarten oder ihm zuvorzukommen, es lassen sich für beides Gründe anführen: Socrates habe seine besonderen Gründe fürs Abwarten gehabt, nämlich um sich dem Gesetz zu fügen und seinen Freunden den Genuss des scheidenden Socrates (Socrates extremus) zu verschaffen (ep. 70, 11). Im allgemeinen aber ist dem Stoiker die Androhung des gewaltsamen Todes eben ein Wink Gottes, dass er sein Leben haben will: folglich bewährt er seinen Gehorsam gegen Gott eigentlich nur vollkommener dadurch, dass er gleich dem ersten Wink Folge leistet.

Es ist nun dies allerdings eine der merkwürdigsten Erscheinungen in der stoischen Philosophie, ich möchte sagen ein moralisches Rätsel, dass die Stoiker und auch Epictet das, was wir Selbstmord nennen, in aller Unbefangenheit auf eine Linie stellen mit dem freiwilligen Erdulden eines gewaltsamen oder ungerechten Todes oder gar mit der freiwilligen Aufopferung des Lebens für das Wohl anderer. Unmittelbar, nachdem Epictet (I, 29, 29) den Selbstmord gestattet hat unter den bereits erwähnten Bedingungen, fährt er fort: „wenn aber Gott das Signal zum Rückzug giebt, wie dem Socrates, muss man ihm gehorchen wie dem Feldherrn." Und auch sonst erscheint der Tod des Socrates öfter in einem Zusammenhang, in dem vom Selbstmord die Rede ist. Epictet hat also gar kein Gefühl dafür, dass beides in moralischer Hinsicht sehr verschieden beurteilt werden könnte. Mögen wir in dieser Ansicht einen bedeutenden Mangel des sittlichen Urteils, erkennen oder nicht, soviel müssen wir doch zugeben, dass eben jene naive Gleichstellung des Selbstmords mit dem Martyrium des Socrates ein weiterer starker Beweis dafür ist, dass er die freiwillige Verkürzung des Lebens nur aus den nach seiner Ansicht ernstesten sittlichen Motiven gestattete. Auf dem Standpunkt der Stoa ist alles Sittliche gleich sittlich, folglich ist auch der freiwillige Tod, ob er nun nach unseren Begriffen ein Märtyrertod oder ein Selbstmord ist, nach seinem moralischen Wert derselbe, wenn er nur auf vernünftiger Ueberlegung beruht. Ja selbst der Aufopferungstod des Menoikeus steht dem Epictet offenbar nicht höher als jeder andere vernünftige Verzicht aufs Leben; denn er sagt, dass, wenn Menoikeus dies nicht gethan hätte, er also sittlichen Wert verloren hätte, macht also damit jedem die gleiche Handlung unter den gleichen Umständen zur Pflicht (III, 20, 5). Genau so haben auch die Stoiker (nach D. L. 130) den Opfertod für Vaterland und Freunde und den Selbstmord wegen heftiger Schmerzen, Verstümmelung und unheilbarer Krankheit als gleichwertige Bethätigungen des „vernünftigen Austritts" aufgefasst.

Aus dem Bisherigen erhellt schon zur Genüge, dass Epictet auch einen unsittlichen Selbstmord kennt: nämlich unsittlich ist er, wenn er unbesonnen, ohne vernünftige Erwägung aller Gründe für und wider, wenn er aus Leidenschaft, Weichlichkeit oder Feigheit erfolgt. Hieher gehören die Stellen, wo Epictet den Unzufriedenen, die mit Gottes Weltordnung hadern, rät, aus dem Leben zu scheiden: bei ihnen ist der Selbstmord natürlich keine sittliche That, sondern nur gleichsam das Siegel, das sie selbst ihrem verfehlten Leben aufdrücken. Freilich verhältnismässig ist ihr Scheiden noch besser als ihr Bleiben, denn ersteres ist die richtige Konsequenz ihrer ganzen unvernünftigen, am Aeusseren hängenden Lebensanschauung, während ihr Bleiben nicht bloss wertlos, sondern auch eigentlich ein Widerspruch ist. Auch der Taugenichts, der nichts Rechtes gelernt hat und den man zu nichts brauchen kann, weil er nicht arbeiten kann und mag, oder weil ihm niemand Vertrauen schenkt, thäte nach unserem Philosophen am besten, wenn er sein Leben freiwillig endete. „Warum hat mich Gott in ein solches Leben eingeführt?" „Wenn dir's nicht passt, so geh! er braucht keinen grämlichen Zuschauer — die Erbärmlichen und Feigen wird er nicht ungern das Fest verlassen sehen; denn auch solange sie da waren, lebten sie nicht wie bei einem Feste und füllten den geziemenden Platz nicht aus, sondern klagten und schalten auf die Gottheit, auf das Schicksal und ihre Genossen, vergessend dessen, was ihnen (Gutes) zu teil ward, und ihrer Kräfte, die sie gegen das Widrige erhalten haben"[52]. Gewiss würde Epictet den meisten Selbstmördern unserer Tage, die, weil sie mutwillig ihr Leben ruiniert, aus Verzweiflung an ihrer moralischen Kraft den Tod suchen, kein besseres Zeugnis ausstellen als das, dass sie zwar konsequent, aber, wie immer, unsittlich gehandelt haben, und ihnen jede Rührung des Mitleids versagen. Ein besonders interessanter Fall des unsittlichen Selbstmords, resp. Selbstmordsversuchs kam bei einem Freund Epictets selber vor (I, 2, 25 etc.). Die Art, wie Epictet diesen Freund, der lediglich aus falschem Schamgefühl, weil er in der Uebereilung den Entschluss zum Tode gefasst hatte, sich allen Ernstes aushungern wollte, von seinem Vorhaben abwendig macht und ihm seine Thorheit und sein Unrecht zum Bewusstsein bringt, gehört bei aller Komik der Situation zum Schönsten, was wir von Epictet haben, und lässt uns zugleich am besten erkennen, dass er die Gestattung des Selbstmords zu vereinigen wusste mit der vollen Schätzung des sittlichen Wertes des Lebens und mit dem Gedanken, dass das Leben selbst eine Pflicht ist, von deren Erfüllung nur die äusserste Not entbindet. „Was man beschlossen hat, muss man halten", sagt der Todeskandidat. „Aber nur," erwidert ihm Epictet, „wenn der Entschluss vernünftig war. Du aber willst uns ohne jeden Grund einen lieben Freund aus dem Leben führen, einen Mitbürger im grossen und im kleinen Staate? Und nun, da du einen Mord bewerkstelligst und einen Menschen vernichtest, der nichts Unrechtes begangen hat, sagst du: man muss halten, was man sich vorgenommen hat! Wenn's dir einmal in den Sinn käme, mich zu töten, müsstest du dann auch deinen Beschluss ausführen?" Man beachte hiebei einmal den Umstand, dass Epictet die unberechtigte Selbstentleibung einen Mord nennt, also an eine solche Handlung den strengsten sittlichen Massstab anlegt, sodann dass er ganz unumwunden die Ansicht ausspricht, dass der Mensch nicht bloss zu seinem Vergnügen auf der Welt sei, sondern auch soziale Pflichten als Freund und als Mitbürger, sowie auch Pflichten gegen Gott als Bürger des Kosmos zu erfüllen habe, die jedenfalls bei der Frage, ob der Austritt aus dem Leben erlaubt sei, mit in Erwägung gezogen werden müssen.

So wenig es nun zweifelhaft ist, dass Epictet den freiwilligen Tod in der Regel von sittlichen Gesichtspunkten aus betrachtet und daher ihn entweder ausdrücklich erlaubt, ja fordert oder als Sünde verwirft, so fehlt es doch auch nicht an solchen Aeusserungen, wornach die Entscheidung über das Leben der sittlichen Beurteilung entrückt und ganz in das willkürliche Belieben des einzelnen gestellt erscheint. „Wem es freisteht wann er will, das Gastmahl zu verlassen und nicht mehr zu spielen, wird der im Unwillen bleiben und nicht vielmehr, wie bei einem Spiel, eben nur so lange, als es ihn ergötzt?" [53])

Solche und ähnliche Aeusserungen in der Richtung, dass es jedem freistehe, wann es ihm beliebe resp. wann ihm das Leben unerträglich dünke, sich zu töten, müssen wir vom pädagogischen Standpunkt aus unbedingt als verwerflich bezeichnen. Es ist ja freilich Epictets Meinung nicht die, als ob auch der Gebildete aus beliebigen Gründen seinem Leben ein Ende machen dürfte: vielmehr soll der seine Bildung eben auch darin zeigen, dass er so lang als möglich das Spiel wahrt und noch Ergötzung findet, wo andere eine unerträgliche Last erblicken. Und andrerseits ist ihm der Austritt aus dem Leben ohne triftige Gründe immer eine Sünde, aber freilich keine ärgere, als jede andere Aeusserung eines wider Gott streitenden Sinnes. Aber eben dies muss uns befremden, dass Epictet es so leicht damit nimmt, das Leben eines Menschen für verfehlt zu erklären und, statt diese Unzufriedenen oder irdisch Gesinnten zur Bekehrung und zum Streben nach einem befriedigten

Leben aufzufordern und anzuspornen, ihnen vielmehr kaltblütig die Thüre weist. Es ist dies der aristokratische Zug der stoischen Philosophie, der die Sünde der Masse als Thorheit verlacht und höchstens ein kühles Bedauern, aber kein herzliches Erbarmen für die Irrenden und Verlorenen hat. Andrerseits zeigt sich darin aber auch jene nüchterne Wahrhaftigkeit, welche mit der unleugbaren Thatsache rechnet, dass verhältnismässig nur wenige Menschen zu vollkommener Moralität sich emporschwingen, während die meisten auf einer mehr oder weniger unvollkommenen Stufe zurückbleiben. Ein Mangel, der freilich bei Epictet weit weniger als bei der älteren Stoa hervortritt, ist es jedenfalls, dass die Stoiker zwischen erlaubtem und unerlaubtem bezw. unsittlichem Selbstmord keine scharfe Grenze gezogen kaben, wobei man übrigens zur Entschuldigung wird zugeben müssen, dass dies eine schwer zu lösende Aufgabe ist, da naturgemäss bei keinem ethischen Problem die Individualität so sehr in Betracht kommt, wie bei diesem.

Das Bisherige zusammenfassend und ergänzend, mögen folgende Sätze diesen Abschnitt beschliessen:

1. Der Selbstmord ist nicht eine That besonderen Mutes, dagegen ist die Unterlassung desselben, wo er angezeigt wäre, eine Feigheit[54]).

2. Er ist keineswegs die notwendige oder höchste Bethätigung der inneren Freiheit. Der älteren Stoa lässt sich der Vorwurf nicht ersparen, dass sie den Selbstmord auch unter diesem Gesichtspunkte betrachtete. Die Anekdoten von dem Selbstmord der ersten Häupter der Stoa, mögen sie nun auf Wahrheit beruhen oder nicht (Wendland in Berliner Wochenschrift f. kl. Phil. 1887, 12 entscheidet sich für die erstere Ansicht, Zeller III, 1, 306 für die letztere), sind doch ohne Zweifel ein Reflex jener Anschauung, als ob die vollkommne Freiheit sich auch in dem freiwilligen Scheiden zeigen müsse. Seneca bringt diesen Gedanken öfters zum Ausdruck, und es lässt sich kaum annehmen, dass dies seine Privatmeinung war. Wenn er sagt, Socrates lehre uns sterben, wenn es notwendig sei, Zeno aber, ehe es notwendig sei, so will er damit offenbar die Lebensverachtung des letzteren über die des ersteren stellen (ep. 104, 21). Ein eitles Prunken mit der Bereitwilligkeit zum freiwilligen Tod ist es auch, wenn er (ep. 70, 27) die Aeusserung thut: was verworfene Menschen thun können (die Tierkämpfer), sollte der Philosoph nicht können[55])?

3. Sittlich im vollen Sinn ist der Selbstmord nur, wenn er auf einem deutlich erkannten Ruf Gottes beruht. Die Idee, dass Gott selbst den Menschen zum Scheiden auffordere, liegt auch der Anekdote von Zenos Selbstmord zu grunde, der, als er bei einem Fall den Finger verstaucht hatte, ausgerufen haben soll: ich komme, was rufst du mich? (flor. I, 169). Nicht zu übersehen ist jedoch, dass Zeno dies im hohen Alter gethan hat: lächerlich wäre es ja gewesen, wenn er ohne den Hinzutritt anderer Umstände die Selbstentleibung aus so geringfügigen Ursachen für berechtigt gehalten hätte. Eine solche Lächerlichkeit dürfen wir dem Zeno denn doch nicht zutrauen. Der eigentliche Grund kann für ihn nur der gewesen sein, dass er in dem Fall, den er erlitt, das Symptom einer derartigen Gebrechlichkeit erblickte, die ihm ein erspriessliches Weiterleben unmöglich zu machen schien. Denselben Gedanken legt uns auch die Erzählung von dem Tod des Cleanthes nahe, der auf seinem Entschluss beharrte, weil die übrigen Bedingungen

eines naturgemässen Lebens ihm bereits abhanden gekommen seien (D. L. 176). Auf beides wird wohl das bereits erwähnte Wort des Seneca zutreffen, dass das Alter zum Scheiden berechtige, wenn der Körper sozusagen schon vorher gestorben sei (ep. 58, 34). — Die sittlich strengste Ansicht von der Berechtigung des Selbstmords hat innerhalb der Stoa Posidonius vertreten: wenn er auch dieselbe nicht ganz geleugnet zu haben scheint, so hat er doch weit mehr die Pflicht des Bleibens als das Recht des Scheidens betont und dadurch das Recht zum Selbstmord noch mehr als selbst Epictet eingeschränkt [56]). Diese strenge Ansicht des Posidonius hängt übrigens eng zusammen mit seinem Glauben an ein seliges Fortleben im Himmel. Hierin berührt er sich nahe mit dem Christentum, das natürlich keine Berechtigung des Selbstmords anerkennt. Möglicherweise hat Posidonius unter der „justa causa" nur solche Fälle verstanden, die nicht als Selbstmord zu bezeichnen, sondern mit dem Märtyrertod auf eine Linie zu stellen sind.

4. Beruht der Selbstmord auf einem Rufe Gottes, so ist er nicht mehr und nicht weniger sittlich, als jede andere vernunftgemässe Handlung, steht also mit dem Märtyrertod und Aufopferungstod moralisch auf derselben Stufe.

5. Unsittlich ist er, wenn er aus Weichlichkeit, Unüberlegtheit oder Eigensinn [57]) bezw. Eitelkeit und Ruhmsucht und unter Ignorierung der sozialen Pflichten erfolgt [58]).

6. Wie weit das Ertragen des physischen Uebels getrieben werden soll, ehe man zum Selbstmord schreiten darf, hat Epictet nicht genau fixiert. Doch sind die Grenzen ziemlich eng gezogen, da er eine weitgehende Bedürfnislosigkeit fordert, keine Arbeit, auch nicht die Anrufung menschlicher Wohlthätigkeit, sofern sie ohne persönliche Entwürdigung geschehen kann, für entehrend hält und nicht bloss die Krankheit, sondern auch die leibliche Verstümmelung als Mittel zur Uebung der Tugend betrachtet.

7. Auch der Begriff der persönlichen Ehre, deren Verletzung man durch Selbstmord ausweichen darf resp. soll, ist ein ziemlich unklarer und dehnbarer, insofern auf der einen Seite behauptet wird, dass nichts von aussen Kommendes den Weisen verletzen und kränken kann, auf der anderen Seite verhältnismässig geringfügige Dinge als unvereinbar mit der Ehre angesehen werden.

8. Selbstmord zum Zweck der Vermeidung einer unsittlichen Handlung ist bei den Epictetschen Grundsätzen eigentlich undenkbar. Es scheint denn auch, als ob ihm dabei nur solche Fälle vorgeschwebt haben, wo an Stelle des Selbstmords der gewaltsame Tod treten würde.

9. Bei den Unmoralischen oder ganz irdisch Gesinnten ist der Selbstmord nicht etwa eine verabscheuungswürdige Handlung, die ihrer Sünde die Krone aufsetzt, sondern relativ korrekt, als richtige Konsequenz ihrer ganzen Lebensführung und jedenfalls erfreulicher als die weitere Fortsetzung ihres widergöttlichen Lebens [59]).

5. Die Freude am Leben.

Die elementarste Forderung der epiktetischen Ethik ist der Grundsatz, dass man nichts Aeusseres für ein Uebel halten und deshalb fürchten dürfe; wir sahen, wie streng Epictet diesen Grundsatz allen sogenannten Uebeln des Lebens gegenüber durchführt, wie er auch dem Tod trotz seines Verzichtes auf ein Fortleben alles Schreckliche zu benehmen weiss, und wie auch die Gestattung des Selbstmords keineswegs irgend welcher Leidensscheu entspringt, sondern vielmehr nur den Gedanken, dass der Tod nichts Arges sei, zum kräftigsten Ausdruck bringen soll. Nicht die Furcht vor den Widerwärtigkeiten und Schmerzen des Lebens treibt den Weisen in den Tod, sondern der Gehorsam gegen Gott, die Furcht vor dem wahren und einzigen Uebel, vor dem Verderben der Seele, denn frei und glücklich ist nach Epictet nicht derjenige, welcher gar nichts fürchtet, sondern wer nichts anderes fürchtet als die Sünde. Diese Furcht vor der Sünde ist natürlich kein Pathos, d. h. keine unordentliche Gemütsbewegung, sondern vielmehr eine vernünftige, sittliche Furcht, eine Eupatheia (vergl. Band I. p. 291 etc.). Das ganze I. Kapitel des zweiten Buchs der Diss. handelt davon, wie man die Furchtlosigkeit mit der Vorsicht vereinigen könne (ὅτι οὐ μάχεται τὸ θαρρεῖν τῷ εὐλαβεῖσθαι). Unter θάρρος versteht Epictet den Gleichmut, der allen äusseren Schickungen furchtlos und getrost entgegensieht. Die Eulabeia bedeutet nun aber nicht etwa, wie man vermuten könnte, die Vorsicht, welche die scheinbaren Uebel nach Kräften zu verhüten trachtet, sondern lediglich die sittliche Vorsicht, die sich vor der Sünde hütet. Denn die Lösung der Aufgabe, wie beide Funktionen zu vereinigen seien, besteht in dem oft wiederholten Satz, dass man θάρρος (Getrostheit) anwenden solle gegenüber den Aproaireta, εὐλάβεια aber gegenüber den Proairetika. So repräsentieren denn diese beiden Begriffe zusammen die naturgemässe Furcht (ἔκκλισις), jener in negativer Weise als Furchtlosigkeit gegenüber allem Aeusseren, dieser in positiver Weise als Behutsamkeit und Wachsamkeit wider die Sünde. Auf dem sittlichen Gebiet kann der Mensch, wenn er nur ernstlich will und stäte Vorsicht anwendet, jede Schädigung vermeiden: wer das Aeussere fürchtet und ihm zu entgehen trachtet, wird das, was er fürchtet, nicht abzuwenden vermögen und deshalb unglücklich sein; wer dagegen seine Furcht auf das sittliche Gebiet beschränkt, hat es in seiner Hand, jeden Schaden fernzuhalten [60]).

Mit der Ueberwindung der unvernünftigen Furcht ist nun aber die Ausrottung der unvernünftigen Begierde von selbst gegeben; es kann niemand von jener Furcht frei sein, der nicht auch die Begierde nach den sogenannten Glücksgütern aus seinem Herzen gerissen hat. Eben dies fordert Epictet in ausdrücklichem Gegensatz zur peripatetischen Halbheit, die mit einer Mässigung der Begierden und Leidenschaften sich begnügt [61]). Alle Unseligkeit kommt daher, dass, was man will und wünscht, nicht eintrifft [62]); deshalb giebt es keinen andern Weg zum Glück, als dass man die Wertlosigkeit aller äusseren Güter erkennt [63]) und seine Begierde auf die wahren Güter beschränkt. Mit unbarmherziger Konsequenz führt Epictet diesen Grundsatz durch: nicht einmal auf Gesundheit darf das Begehren gerichtet sein (IV, 1, 76).

ja auch an Weib und Kind darf das Herz nicht so hängen, dass es durch ihren Verlust unglücklich würde: wer sehnlich wünscht, sein Kind allezeit behalten zu dürfen, gleicht einem, der im Winter Feigen will. „Wenn du dein Kind küssest, gieb dich der Freude nicht zu sehr hin, sondern sag' dir stets, es kann morgen tot sein" [64]. Stets soll man bereit sein, die irdischen Güter ohne Murren zurückzugeben, vielmehr Gott dankend für die Nutzungsfrist, die er gewährt [65]).

Aus dem letzteren Satz geht nun aber hervor, dass Epictet, so ernstlich er die Wertlosigkeit der äusseren Güter für das wahre Glück betont, doch dieselben keineswegs ganz gering schätzt, sondern sich ihres Besitzes und Genusses freuen heisst, solange derselbe geboten wird. Die Apathie, die er fordert, ist, möchte ich sagen, keine psychologische, sondern nur eine moralische: wer diese äusseren Güter nicht besitzt, soll sie nicht begehren und wenn er sie verliert, nicht darüber trauern und klagen, weil hiedurch der innere Friede gestört und der sittliche Lebenszweck verfehlt wird. Wer sie aber hat, darf sich ihrer freuen und muss Gott dafür danken. Nichts ist unserem Philosophen mehr zuwider und vermag ihn mehr aufzubringen als ein unzufriedener, undankbarer Sinn, der die Gaben Gottes nicht erkennt oder gering achtet [66]). Danken soll man für das tägliche Brot, für Leben und Gesundheit, für den stärkenden Schlaf, für die Beihilfe der Menschen, für den erhebenden Anblick der Wunder des Himmels und der bunten Pracht der Erde: in der ganzen Einrichtung der Welt, in der Ordnung des Menschenlebens soll der Mensch die göttliche Weisheit und Güte erkennen und Gott preisen für das erhabene Schauspiel, das er ihm täglich vorführt, für die Genüsse, die das Fest des Lebens immerfort spendet [67]). Epictet ist kein asketischer, kopfhängerischer Weltverächter, sondern zeigt durchweg ein für alles Schöne und Edle aufgeschlossenes Gemüt, eine begeisternde Frömmigkeit und Innigkeit der Naturbetrachtung. Der Sinn für die Schönheit der Natur, den man, wohl mit Unrecht, der antiken Welt absprechen wollte, ist bei ihm stark entwickelt. „Genügt dir nicht, was du täglich siehst? Kannst du etwas Grösseres oder Besseres sehen als die Sonne, den Mond, die Sterne, als Erde und Meer?" (II, 16, 32). „Gott selbst hat dem Menschen den Wandertrieb ins Herz gelegt, und es ist sein Vorrecht, dass er, statt willenlos an die Scholle gewurzelt zu sein, von Ort zu Ort reisen kann, sei es aus praktischen Gründen, sei es aus reiner Schaulust" (III, 24, 12). „Wer sieht nicht mit Freude eine Herde von Pferden oder Rindern? wen entzückt nicht der Anblick einer Flotte? welches angenehmere Schauspiel giebt es für den Menschenfreund als eine grosse Menschenmenge?" (IV, 4, 27). Unser Philosoph ergötzt sich am munteren Spiel der Kinder und fühlt in seinen alten Tagen noch Lust, daran teilzunehmen [68]). Echt hellenisch urteilt er über den Wert der Leibesübungen und weiss den Reiz der olympischen Festspiele vollauf zu würdigen [69]). Er verleugnet nicht den Sinn für körperliche Schönheit [70]) und rühmt an einem Socrates und Diogenes insbesondere auch die Kraft und Geschmeidigkeit ihres Körpers, die Anmut ihrer äusseren Erscheinung [70]). Für die Erzeugnisse der Industrie und Kunst (selbst für Luxusartikel) hegt er Verständnis und Bewunderung und weiss auch dem einfachsten Produkt menschlicher Geschicklichkeit einen Reiz abzugewinnen [71]). Die Musik achtet er hoch und ist auch den Freuden der Geselligkeit nicht abhold. Dies geht schon daraus hervor, dass er das Leben mit einem Gastmahl vergleicht (En. 15 u. ö.), dass er, hierin wieder ganz mit der alten Stoa einig, den gelegentlichen reichlicheren Weingenuss nicht verwirft[72]. Ueberhaupt liegt es nach seiner Ansicht in der Natur des Menschen, dass er gerne mit seinesgleichen verkehrt[73]. Den Wert der Freundschaft schlägt er hoch an, indem er, fast im Widerspruch mit seiner Lehre von den Uebeln des Daseins, eine Erleichterung der Lasten des Lebens von der Freundschaft erwartet[74]. Auch die Freude am Forschen hält er für etwas Naturgemässes[75], und die Kunst des Redens erklärt er für eine Gabe Gottes, die zu verachten gottlos und feig zugleich wäre (II, 23, 32. III, 23, 25). Jedoch bei aller dankbaren Schätzung aller der äusseren Dinge und Gaben, die das Leben angenehm und genussreich machen, behält er stets im Auge diejenige Gottesgabe, die allein einen unbedingten Wert hat und wahrhaft beglückt, die Vernunft, die in der sittlichen Ordnung des ganzen Lebens ihre höchste Aufgabe hat[76]. Oft mahnt er, man solle für die äusseren Gaben, die man besitzt, Gott danken, aber auch neidlos anderen ihre Vorzüge lassen, eingedenk des Besseren, des Höchsten, was jeder hat resp. haben kann, des inneren Glückes, das im Genuss der geistigen Freiheit und im Gleichgewicht der Seele beruht[77]. Dieses geistige Glück muss dem Menschen genügen, so dass er, vom Notwendigsten abgesehen, alles andere leicht entbehren kann. Wenn Epictet seinen Schülern auseinandergesetzt hat, wie sie durch die Tugend allerdings keine Reichtümer und Ehrenstellen erlangen, sondern hierin eher weniger erreichen als die Schlechten, wie sie aber dafür innerlich glücklich werden, so fragt er sie gewöhnlich: dünkt dir das nichts, dünkt dir das wenig zu sein? (I, 1, 13. III, 9, 11. III, 5, 16. IV, 9, 3.) wenn du etwas Grösseres als das suchst, so thue, was du thust, kein Gott kann dir dann mehr helfen (IV, 9, 18).

6. Die Bemühung um die äusseren Güter.

Epictet erlaubt resp. verlangt nun aber nicht bloss, dass der Mensch die irdischen Gottesgaben dankbar hinnehme und geniesse, sondern er rechnet auch die „Treue im Kleinen", d. h. die sorgfältige und umsichtige Bemühung um Erhaltung und Gewinnung der irdischen Güter zu den Pflichten des Menschen, natürlich soweit nicht eine höhere Pflicht davon entbindet, wie z. B. den Kyniker sein ausserordentlicher Beruf. Manche Ausdrücke könnten allerdings so verstanden werden, wie wenn Epictet die selbstthätige Bemühung um die äusseren Güter verwerfen würde. So z. B., wenn er sagt, man solle an dem, was gegeben wird, sich genügen lassen (II, 16, 28. I, 1, 27 ἀρκεῖσθαι τῷ διδομένῳ. I, 1, 17. IV, 10, 30), und das Leben vergleicht mit einem Gastmahl, bei dem man warten muss, was einem vorgesetzt wird (En. 15), oder die äusseren Güter mit unter die Menge gestreuten Feigen vergleicht, nach denen man sich nicht bücken soll, die man aber annehmen darf, wenn sie einem in den Schoss fallen. Die wahre Ansicht Epictets wird indes aus dem Folgenden erhellen. Was die mittlere Stoa in einseitiger Weise zum einzigen Ziel des Menschen erhoben hat, nämlich die vernünftige Wahl der naturgemässen Dinge, das hat bei Epictet seine richtige Stellung als ein Gebiet des sittlichen Handelns neben anderen. Seine Lehre ist in diesem Punkt so klar als möglich und ohne Zweifel auch korrekt stoisch [78]). Er gebraucht zwar nicht die Worte Proegmenon und Apoproegmenon, aber operiert ganz mit denselben Begriffen. Die Aussendinge sind adiaphor, insofern sie zum Glück oder Unglück des Menschen nichts beitragen. Aber es findet doch ein Unterschied zwischen ihnen statt: die einen haben einen (relativen) Wert (ἀξία), die anderen einen Misswert (ἀπαξία) (I, 2, 10. II, 23, 5. En. 36), die einen sind (relativ) naturgemäss, die anderen naturwidrig (II, 5, 24). Wer nun diese in den Dingen selbst liegenden Wertverhältnisse und Wertabstufungen bei seinem Handeln ohne zwingende sittliche Gründe ignoriert, der verletzt die göttliche Ordnung, er handelt unsittlich und unvernünftig. Die Dinge selbst (ὕλαι) sind zwar adiaphor, aber nicht ihr Gebrauch (χρῆσις, II, 5, 1). Wir müssen deshalb die Werte gegeneinander abwägen (I, 2, 7) und, falls nicht ein spezifisch sittliches Gut auf dem Spiel steht (ecl. II, 109), das Naturgemässe dem Naturwidrigen, also z. B. die Gesundheit der Krankheit, den Reichtum der Armut, die öffentliche Thätigkeit dem Privatleben vorziehen. Denn Gott selbst hat uns ἐκλεκτικοὺς τοιούτων gemacht, d. h. uns die Gabe und damit auch die Aufgabe verliehen, die Werte der äusseren Dinge zu unterscheiden und nach diesen Unterschieden unser Handeln zu richten [79]). Wer dies nicht thut, macht sich der Nachlässigkeit (ἀμέλεια) schuldig, und dies ist nicht etwa nur ein untergeordnetes Vergehen, sondern unsittlich so gut wie jede andere unsittliche Handlung. Dass dies wirklich Epictets Meinung ist, erhellt aus folgenden Worten: wir sollen z. B. für die Augen sorgen, aber nicht als für das Wichtigste, sondern um des Wichtigsten willen; denn auch dies (das Hegemonikon) ist nur dann in naturgemässem Zustand, wenn es auch in jenem vernünftig sich bethätigt (εὐλογιστεῖ) und das eine dem anderen vorzieht (τὰ ἕτερα παρὰ τὰ ἕτερα αἱρούμενον, II, 23, 35). Wenn es also früher hiess, die höchste Aufgabe sei, das Hegemonikon naturgemäss zu bewahren, und jetzt auch das gefordert wird, dass man auch die Aussendinge wahren solle (τὰ ἔξω τηρεῖν), soweit es die Vernunft gebietet (μέχρι τοῦ εὐλογιστεῖν, III, 10, 16. IV, 3, 11), so ist damit nicht eine neue sittliche Aufgabe hinzugekommen, sondern nur die zuvor genannte nach einer weiteren Seite bezeichnet. Scharf genug betont es Epictet, dass jene Sorgfalt im Gebiet der Aussendinge nur eben als vernünftige Willensbethätigung, nicht aber wegen irgend welches äusseren Erfolges einen Wert habe. Man darf, ja muss in diesen äusseren Dingen ein gewisses Geschick entfalten (φιλοτεχνεῖν περὶ τῶν ἐκτός), aber ohne dieselben als an sich wertvoll zu betrachten. Wertvoll ist nicht die Materie, sondern die Kunst und Sorgfalt, die sich daran erweist, wie beim Ballspiel nicht der Ball, sondern die Kunst des Werfens das Wesentliche ist. Das ist aber die Aufgabe des Menschen, die innere Gleichgiltigkeit gegen alle äusseren Ereignisse zu verbinden mit der Sorgfalt, Umsicht und Besonnenheit, die nichts versäumt und keinen Vorteil unbenützt lässt [80]). Epictet erläutert dies an folgendem Beispiel: „wenn ich eine Seereise vorhabe, so kann ich den Steuermann, die Schiffsmannschaft, den Tag, die günstige Gelegenheit auslesen. Nun kommt ein Sturm. Was geht dies mich an? meine Aufgabe ist erfüllt.

Eines anderen Aufgabe tritt jetzt ein, die des Steuermanns. Aber das Schiff geht unter. Was soll ich thun? Das einzige, was ich kann, nämlich furchtlos, ohne Geschrei, ohne Schelten Gottes sterben."

Dass diese freie Bewegung in der Wahl des relativ Wertvollen ihre bestimmte Grenze hat an den Pflichten, die schon zuvor resp. von Natur bestehen, lehrt besonders deutlich II, 23, 36 etc. Wer in seine Heimat reist und in einer schönen Herberge einkehrt, darf sich nicht darin ansässig machen und häuslich niederlassen, denn seine Bestimmung ist, zurückzukehren ins Vaterland und dort seine Bürgerpflichten zu erfüllen: „denn du bist nicht dazu da, die schöneren Orte auszulesen, sondern da, wo du geboren und als Bürger eingereiht bist, dein Leben zuzubringen; ebenso darfst du auch nicht, wenn dir dieses oder jenes Gebiet der Wissenschaft interessant ist, das Hauptziel vergessend, dich darein verbohren, da die Wissenschaft ja nur das Mittel sein soll, dich zur inneren Freiheit zu führen."

Man wird zugeben müssen, dass sich diese Lehre Epictets von der Wahl des Naturgemässen (ἐκλογὴ τῶν κατὰ φύσιν) durch Klarheit und Folgerichtigkeit auszeichnet. Das theoretische Bedenken, das von jeher die Gegner gegen diese stoische Lehre geltend gemacht haben, wie es nämlich zu erklären sei, dass Gott einen Wertunterschied in die Aussendinge hineingelegt habe, den der Mensch respektieren muss, ohne dass doch diese Dinge selbst irgend etwas zu seinem Glück oder Unglück beitragen, wird freilich bestehen bleiben. Aber Thatsache ist, dass Epictet es für möglich gehalten hat, beides, die Verachtung des Aeusseren und die gewissenhafte Berücksichtigung des relativen Wertes desselben, zu vereinigen. Und wenn man bedenken, dass er hiebei ganz mit denselben Begriffen operiert wie Chrysipp und dessen Nachfolger (ἐκλογὴ τῶν κατὰ φύσιν, εὐλογιστεῖν, ἀξία und ἀπαξία etc.), und wie er sich offenbar bewusst ist, hierin ganz die Lehre dieser Vorgänger zu vertreten, so ist es meines Erachtens ein Ding der Unmöglichkeit, anzunehmen, dass er wesentlich von ihnen abgewichen sein soll: d. h. auch jene älteren Stoiker, wenn sie gleich das Telos einseitig als vernunftgemässes Verhalten in der Wahl des Naturgemässen definierten, müssen doch gerade so wie Epictet die vernunftgemässe Bethätigung des Hegemonikon überhaupt als oberstes Ziel betrachtet und jene Vernünftigkeit (εὐλογιστία) durch die an sich selbst sittlichen Pflichten begrenzt und geregelt haben. Uebrigens wird man nicht leugnen können, dass Epictet, obwohl er die Sorge um das Irdische unter die sittlichen Pflichten aufgenommen hat, dieselbe doch zu kurz kommen lässt und durch seine Lehre von der Unwesentlichkeit der äusseren Güter für das Glück das Interesse an der Besserung der irdischen Lebensverhältnisse, wenn nicht lahm gelegt, so doch wesentlich abgeschwächt hat.

Anhang. Der Gebrauch der Mantik.

Die ganze Lehre Epictets von der Stellung, die der Mensch einnehmen soll gegenüber den äusseren Lebensgütern, spiegelt sich wie in einem Brennpunkt wieder in den Vorschriften, die er über den Gebrauch der Mantik giebt. Dies ist auch der Grund, warum in diesem Abschnitt von dem naturgemässen Begehren die Mantik behandelt wird.

Es könnte nämlich scheinen, als ob die Gestattung des Gebrauchs der Mantik sich nicht vereinigen lasse mit dem Grundsatz, dass der Mensch nichts Aeusseres fürchten und begehren darf. Die folgende Darstellung wird diesen Schein zerstreuen.

Es ist bekannt, dass alle Stoiker an die Realität der Mantik glaubten: nur Panätius, der rationalisierenden, aufklärerischen Tendenz seiner Philosophie gemäss, wagte sie zu bezweifeln. Dieser Glaube an die Mantik erklärt sich bei den Stoikern erstens aus dem konservativen Sinn, mit dem sie überhaupt an der volkstümlichen Religion festhielten, sodann speziell aus ihrer mystisch-pantheistischen Lehre von dem innigen Zusammenhang des Alls (συμπάθεια τῶν ὅλων), welche die Annahme, dass jedes kommende Ereignis sein vorhergehendes Zeichen (σημεῖον) habe, begünstigte. Ja sie betrachteten sogar die Mantik als notwendige Konsequenz des Glaubens an eine göttliche Vorsehung, wie sie umgekehrt die Existenz der Götter und der Vorsehung aus der Thatsache der Mantik erschlossen (Cic. div. I, 9 etc.), und ihre Gegner haben nicht ermangelt, ihnen diese Dialleleвор zuwerfen (siehe besonders Gercke, Diogenian frag. 4). Epictet zeigt sich nun auch hierin wieder als echter und gerechter Stoiker: er ist von der Existenz der Wahrsagekunst völlig überzeugt, und es fällt ihm nicht ein, irgend eine der üblichen Arten der Mantik zu bezweifeln. Er glaubt sowohl an die natürliche (Inkubations- und Traumorakel) als auch an die kunstmässige Mantik (Opfer- und Vogelschau)[81] und betrachtet die Nichtbefolgung eines Orakelspruchs als einen Ungehorsam gegen Gott[82]. Giebt es aber überhaupt eine Mantik, so versteht es sich von selbst, dass der Mensch auch die Pflicht hat, von derselben Gebrauch zu machen, anderenfalls würde er ja einer Verachtung der Gaben Gottes sich schuldig machen.

Jedoch das Gebiet der Mantik ist, wie Epictet nachdrücklich betont, nur das der äusseren Dinge, der Adiaphora. Der Seher kann nur die äusseren Folgen einer Handlung voraussagen; ob aber dieselben gut oder schlecht sind, darüber steht ihm kein Urteil zu, dies hängt lediglich von dem sittlichen Zustand des Empfängers ab, der, wenn er weise ist, jedes Geschick sich zu einem Gut gestaltet[83]. Aus demselben Grund kann uns der Mantis auch keine moralischen Pflichten offenbaren: diese erkennt man vielmehr lediglich aus sich selbst d. h. aus dem Logos, den Epictet den inneren Mantis nennt[84]. Wo also eine unzweifelhafte sittliche Pflicht vorliegt, da wäre es sündhaft, erst das Orakel zu befragen und von dessen Spruch das Thun oder Unterlassen des Beabsichtigten abhängig zu machen. Aufs schärfste verurteilt Epictet diesen unnötigen Gebrauch der Mantik, der die Menschen vielfach von der Erfüllung klarer Sittengebote abhalte; er erkennt darin mit Recht nichts anderes als ein Zeichen der Feigheit, eines leidensscheuen und am Irdischen haftenden Sinnes[85]. Mit feiner Ironie geisselt er die sittliche Schwäche und Unklarheit, die sich darin offenbart, dass die Leute dem Seher durch Schmeichelei einen günstigen Spruch zu entlocken suchen und, wenn sie ihn erlangt, demselben danken, als ob er selbst der Herrgott wäre (II, 7, 9 etc.).

Fragen wir nun aber, warum befragt der Weise überhaupt den Mantis, wenn doch alles, was ihm dieser kündet, für sein Glück ohne Bedeutung ist? Aus demselben Grunde, aus welchem der Weise überhaupt sich um das Aeussere bis zu einem gewissen Grad bemüht: der Gebrauch der Mantik fällt unter die allgemeine Pflicht der Sorgfalt im Irdischen, der ἐπιμέλεια. Da aber diese Sorgfalt verbunden sein muss mit der inneren Ruhe, die alles Aeussere als gleichgiltig für das Glück betrachtet, so muss der Mensch frei von Furcht und Begierde (δίχα ὀρέξεως καὶ ἐκκλίσεως) zum Mantis gehen, gerade so, wie man in unbekannter Gegend nach dem rechten Weg fragt, ohne jegliches vorgefasste Interesse daran, ob er nach dieser oder jener Richtung führt (II, 7, 10). Ist nun durch diese Bestimmungen schon der Gebrauch der Mantik auf ein kleines Gebiet beschränkt, so wird der Kreis noch enger, wenn wir hören, dass auch in den Fällen, wo die Entscheidung darüber, was man thun soll, lediglich von dem zu erwartenden äusseren Erfolg abhängt [86], erst dann zur Mantik gegriffen werden darf, wenn alle anderen auf die Vernunft oder Erfahrung gegründeten Erwägungen nicht zu einem sicheren Entschlusse führen. Wollte man hiegegen einwenden: ja, warum soll man überhaupt sich lange besinnen, warum geht man nicht gleich zum Mantis, wenn derselbe doch jederzeit im stande ist, zu sagen, ob dies oder jenes ratsam ist oder nicht — so würde Epictets Antwort ohne Zweifel so lauten: weil auch der Logos und die Künste und Fertigkeiten (τέχναι) uns von Gott gegeben sind, und zwar zu dem Zwecke, dass wir dieselben als Hilfsmittel unserer Entschlüsse gewissenhaft benutzen; wer also bei jeder Kleinigkeit den Mantis befragt, verfehlt sich durch Ignorierung jener anderen Hilfsmittel, die uns doch unleugbar näher liegen als die Mantik. Fassen wir das Ganze noch einmal zusammen, so ergeben sich die drei klaren und verständigen Vorschriften: 1. befrage den Mantis nicht, wo der innere Mantis, d. h. dein Gewissen, dir eine Pflicht unzweideutig nahelegt; 2. wo du auf Grund umsichtiger Ueberlegung oder erprobter Erfahrung zu einem vernünftigen Entschluss gelangen kannst; 3. wenn du ihn befragst, so thue es ohne innere Unruhe und Aufregung, mit einfacher Ergebung in das dir von Gott bestimmte Geschick.

7. Die Apathie.

Δίχα ὀρέξεως καὶ ἐκκλίσεως — frei von Furcht und Begierde — das ist Epictets Losung für den Gebrauch der Mantik, das ist aber überhaupt das fundamentale Gebot, auf dem sich seine ganze Ethik aufbaut. Wer die falsche Furcht und Begierde, d. h. das Hängen am Aeusseren und Irdischen, überwunden hat, ist damit frei von Affekten, er ist ἀπαθής und ἀτάραχος (II, 17, 31). Es ist dies freilich eigentlich ein tautologisches Urteil, denn die unvernünftige Furcht und Begierde repräsentieren ja eben selbst zwei von den vier stoischen Affekten (nämlich φόβος und ἐπιθυμία). Mit diesen beiden fallen aber auch von selbst die zwei anderen Affekte (λύπη und ἡδονή), wie dies Epictet, wenigstens was die Trauer betrifft, ausdrücklich behauptet [87].

Wer also von Furcht frei ist, wird auch nicht mehr jammern, trauern und klagen, er ist ἄλυπος; und wer die Begierde ausgerottet hat, der wird auch keiner unvernünftigen Lust, keiner sinnlichen Freude sich mehr hingeben [88]. Epictet bezeichnet jedoch die Wirkung des ersten

Topos (der ersten ethischen Stufe) nicht bloss mit dem Begriff **Apathie** und dessen vier Unterarten (ἀφοβία, ἀλυπία, μὴ ἐπιθυμεῖν, μὴ ἥδεσθαι τῇ σαρκί), sondern gebraucht hiezu, seiner freieren Lehrart entsprechend, in mannigfaltiger Abwechslung eine Fülle von Ausdrücken, die sich jedoch alle unter jene vier Hauptaffekte subsumieren lassen. Synonyma der Furchtlosigkeit sind die Unerschütterlichkeit (ἀταραξία), die sich durch nichts aus der Fassung bringen lässt, die Gemütsruhe, die stets getrost in die Zukunft blickt, (θάρσος, von den älteren Stoikern θαρραλεότης genannt), ferner wohl auch die Seelengrösse, die das Aeussere gering achtet (μεγαλοψυχία), die Tapferkeit und Ausdauer (ἀνδρεία, καρτερία)[89].

Die Freiheit von Trauer (ἀλυπία) äussert sich im einzelnen darin, dass man nicht mehr seufzt, trauert und jammert, schilt und klagt (μέμφεσθαι, ἐγκαλεῖν), nicht mehr sich ärgert (προσκόπτεσθαι, I, 28, 10) und bekümmert (ἄχθεσθαι, III, 25. 1), aber auch darin, dass man keinen Neid (I, 1, 12. I, 9, 20), keine Eifersucht (II, 17, 26) und kein Mitleid (III, 22, 13) empfindet; denn beides sind bekanntlich nach stoischer Lehre Unterarten des Pathos Lype (λύπη). Die Ueberwindung der unvernünftigen Begierde (ἐπιθυμία) hat Epictet wohl hauptsächlich im Auge, wenn er als Wirkung der Philosophie die Freiheit von jeglichem Zwang und Hemmnis (μὴ ἀναγκάζεσθαι, μὴ κωλύεσθαι, II, 17, 22 u. ö.) oder die Freiheit schlechtweg (ἐλευθερία) bezeichnet, womit natürlich nicht gesagt sein soll, dass diese Freiheit nicht auch die Erlösung von den übrigen Affekten in sich schliesse. Unter den Begriff ἐπιθυμία fallen nach stoischer Lehre bekanntlich auch die Affekte des Zornes, Hasses und des Eros. So verheisst auch nach Epictet die Philosophie Freiheit von Liebe, von Hass und Zorn (III, 13, 10). Durch diese gründliche Reinigung von allen Affekten (ἀπάθεια) erwächst dem menschlichen Herzen Ruhe und Frieden, Freiheit und Glück (ἐλευθερία, εὐστάθεια, εὐθυμία, εὔροια, γαλήνη und εὐδία ἐν ἡγεμονικῷ, I, 4, 5. II, 1, 21. II, 18, 30. I, 1, 22 u. ö.).

Wie wenig nun aber diese Apathie identisch ist mit absoluter Gefühllosigkeit, ist zum Teil schon aus dem Bisherigen, namentlich aus dem, was über die Freude am Leben bemerkt wurde, ersichtlich. Ausführlich handelt von den erlaubten und berechtigten Gefühlen Band I, p. 284 etc., auf den ich hiemit verweise, indem ich, nur das Wichtigste hier wiederholend, mich auf etliche Ergänzungen beschränke. Den vier Affekten stehen bekanntlich nach stoischer Lehre drei Normalgefühle (εὐπάθειαι) gegenüber, die vernünftige Furcht (εὐλάβεια), Begierde (εὔλογος ὄρεξις oder bloss βούλησις) und Freude (εὔλογος ἔπαρσις, χαρά). Von der vernünftigen Furcht war bereits die Rede, teilweise auch von der Freude. Von der vernünftigen Begierde weiss Epictet nicht viel zu sagen: dem Anfänger rät er ja, der ὄρεξις vorläufig ganz sich zu begeben. Ein vernünftiges Begehren ist nach III, 13, 21 eigentlich erst dann möglich, wenn man in sich selbst ein wahres, d. h. moralisches Gut hat. Streng genommen kann nun allerdings der Mensch nach stoischer Lehre nur entweder das ganze Gut haben oder gar keines; hat er aber das ganze, so braucht er es nicht mehr zu begehren. Jedoch Epictet war nicht so pedantisch, dass er den Gegensatz zwischen sittlichem und unsittlichem Leben so schroff gefasst und gar keine Uebergänge und Zwischenstufen angenommen hätte. Wenn er z. B. einmal tadelnd ausruft (III, 26, 13): „noch nie hast du nach innerem Frieden etc. getrachtet", so hält er offenbar eine vernünftige Begierde auch bei dem für möglich, der noch nicht völlig vernünftig ist. Bei demjenigen, der schon sittlich gebildet ist, nimmt aber die vernünftige Begierde eine etwas andere Färbung an: sie ist nicht sowohl das Trachten nach etwas, was man noch nicht hat, sondern gleichsam der stäte Wille, das zu erhalten resp. immerfort neu zu erringen, was man schon hat. Wenn Epictet sagt, man solle seine Begierde (d. h. sein Herz) Gott schenken oder mit Gott einen (θεῷ συνορέγεσθαι, II, 17, 23. IV, 7, 20), so ist dies keine eigentliche Begierde mehr, kein Trachten nach etwas Zukünftigem oder zur Zeit noch Mangelndem, sondern nichts anderes als die Zufriedenheit mit dem Gegenwärtigen, die freudige innere Zustimmung zu allem Geschehenden." So haben auch die älteren Stoiker die vernünftige Begierde aufgefasst, nämlich als denjenigen Herzenszustand, der alles Geschehende als Schickung Gottes willkommen heisst (ἀσπασμός und ἀγάπησις)[90]. Ausserdem rechneten sie dazu noch das Wohlwollen gegen die Mitmenschen (εὔνοια und εὐμένεια), so dass man sagen kann, die vernünftige Orexis repräsentiert das, was wir Christen die Liebe Gottes und des Nächsten heissen: sie ist der mit Gott geeinte und auf das Wohl des Mitmenschen gerichtete Wille.

Eine dem Affekt der Trauer entgegengesetzte vernünftige Trauer kennt Epictet so wenig wie seine Vorgänger. Das Mitleid verwirft er so gut wie den Zorn, Groll und Neid (III, 22, 13. IV, 1, 4); er erklärt es für eine Verwirrung der sittlichen Begriffe, dass die Menschen dasselbe für das Zeichen eines wohlmeinenden Gemütes ansehen (II, 21, 5), und hält auch das Mitleid mit dem sittlichen Elend nur für relativ berechtigt (IV, 6, 2 ἐφ᾽ οἷς — εἴπερ ἄρα — ἦν ἄξιον, ἐπὶ τοῖς ἁμαρτανομένοις). Die Trauer über die eigene Sünde erachtet er zwar für besser als die Gleichgiltigkeit gegen dieselbe, erblickt in derselben ein Zeichen guter Anlage (IV, 10, 3), ja betrachtet sie sogar gewissermassen als Anfang der Bekehrung, als notwendigen Durchgangspunkt zum sittlichen Leben[91]. Aber nichtsdestoweniger ist sie ihm keine vernünftige Trauer, weil der Weg zum Heil gar nicht notwendig, sondern nur infolge der empirischen Verderbtheit der Welt (III, 19) durch die Reue hindurchführt. Und nicht bloss fällt bei dem sittlich Gebildeten selbstverständlich aller vernünftige Grund zur Trauer über sich weg, da er im stande ist, jede Sünde zu vermeiden, sondern auch der Anfänger, der über seinen inneren Zustand bekümmert ist, wird nicht etwa dazu ermahnt, diesen Sündenschmerz nun recht in sich wirken zu lassen, sondern sofort auf das Unvernünftige dieser Trauer über sich selbst hingewiesen, da es ja ganz in seiner Gewalt stehe, sich zu bessern (ibid. τί ἀγωνιᾷς; ἐπὶ σοί ἐστίν, ἀσφαλὴς ἴσθι)[92]. Es zeigt sich auch hier wieder eklatant die bei allem Gemeinsamen prinzipielle Verschiedenheit der stoischen und christlichen Ethik. Uebrigens so streng Epictet in der Theorie an der stoischen Lehre von der Unvernünftigkeit jeglicher Trauer festhält, so wird doch dieser theoretischen Unwahrheit in Wirklichkeit ihre Bedeutung genommen durch die Thatsache, dass Epictet — wie auch die alten Stoiker — bei seiner Beurteilung des wirklichen sittlichen Lebens immer die Voraussetzung macht, dass kaum einer der jetzt Lebenden wahrhaft weise und sittlich gebildet sei[93]. So macht sich denn Epictet auch selber Vorwürfe, dass er nicht genug Eifer und Hingebung in dem Unterricht seiner Schüler entwickle und deshalb wohl auch selbst mit daran schuld sei, dass sie nicht besser vorwärts kommen [94]). Und gerade solche Aeusserungen, die unserem Philosophen gleichsam im Widerspruch mit seiner Theorie entschlüpfen und uns zeigen, dass er das Leben doch nicht bloss durch die Brille derselben angesehen hat, gehören zu den kostbarsten und wertvollsten Zeugnissen seiner sittlichen Anschauung.

Ausser den vernünftigen Seelenaffektionen (εὐπάθειαι) hat aber Epictet im Einklang mit seiner Schule auch noch andere Gefühle als naturgemäss und unvermeidlich anerkannt, nämlich die natürlichen Gefühle der Zuneigung und der Scham, sowie gewisse affektartige Regungen, die eigentlich das seelische Zentrum nicht betreffen, sondern mehr physiologischer Natur sind, wie z. B. das unwillkürliche Zusammenfahren und Erblassen bei einer plötzlichen Schreckensnachricht, bei grossem Getöse etc. (Band I, p. 307 etc.). Wird er mit dem allem den Realitäten des menschlichen Seelenlebens mehr gerecht, so müssen wir dagegen eine starke Einseitigkeit darin erblicken, dass er die Angst dessen, der öffentlich auftritt als Redner oder Sänger, einfach als Thorheit verwirft und als Beweis davon betrachtet, dass der Betreffende nicht sowohl den Wunsch hat, seine Sache möglichst gut zu machen, als vielmehr Ruhm zu ernten (II, 13, 1 etc. 20). So gewiss Epictet den Hauptgrund dieser Angst mit scharfem Blick hervorgehoben hat, und so verständig seine Bemerkung ist, dass jede Kunst dem Menschen ein gewisses Selbstvertrauen verleiht und Mut einflösst, so scheint er doch dafür keinen Sinn gehabt zu haben, dass eine gewisse Beklemmung in der Regel auch demjenigen, der seine Kunst vollständig beherrscht, vor dem öffentlichen Auftreten anhaftet und in der Natur des menschlichen Herzens begründet ist.

Anmerkungen zu Abschnitt I.

[1]) I, 4, 1 ἡ ὄρεξις ἀγαθῶν ἐστιν — IV, 1, 4 τίς θέλει ζῆν ὀρεγόμενος καὶ ἀποτυγχάνων, ἐκκλίνων καὶ περιπίπτων; οὐδείς.

[2]) II, 6, 3 etc. ärgere dich nicht, wenn andere in jenen Dingen mehr haben — lass darin denen den Vorrang, die sich darauf legen, du aber lass dir an deinem inneren Glück genügen!" IV, 6, 25 τί εὐλογώτερον ἢ τοὺς περί τι ἐσπουδακότας ἐν ἐκείνῳ πλέον ἔχειν ἐν ᾧ ἐσπουδάκασι.

[3]) I, 10, 1: „wenn wir mit so zielbewusster Energie unsere Sache (die Ausbildung der Seele) betreiben würden, wie die Greise in Rom die ihrige, würden wir wohl auch etwas fertig bringen".

[4]) III, 17, 2: Der ἄδικος hat mehr, an Geld etc. Gewiss, denn er schmeichelt, erniedrigt sich, ist schlaflos vor Furcht und Sorge und lässt sich keine Mühe verdriessen. Was Wunder? — warum ärgerst du dich also, wenn er für das, was er dran giebt, etwas empfängt? Ench. 25: „es ist unbillig, wenn du, ohne den Preis dafür zu zahlen, den jener zahlt, doch das Gleiche haben willst". IV, 10, 19 προῖκα οὐδὲν γίνεται. II, 1, 10 „etwas Schimpfliches zu thun, macht uns kein Bedenken, wenn wir nur das Ziel unserer Wünsche erreichen (ἐν τοῖς ἀπροαιρέτοις εὐστοχῶμεν)".

[5]) Besonders drastisch schildert Epictet IV, 6, 31 etc. das unwürdige Treiben dessen, der nach nichts anderem trachtet, als nach Reichtum u. dergl.

[6]) II, 11, 20 cfr. Tusc. V, 40 quid enim deest ad beate vivendum ei, qui confidit suis bonis? aut qui diffidit beatus esse qui postet? at diffidat necesse est, qui bona dividit tripertito (d. h. wer mit den Peripatetikern und Antiochus neben der Tugend noch andere Güter gelten lässt). Qui enim poterit aut corporis firmi-

tate aut fortunae stabilitate confidere? Atqui nisi stabili et fixo et permanente bono beatus esse nemo potest. Philo, quod det. pot. 37: οὐκ ἐπί τινι τῶν ἀβεβαίων χαίρειν ἔνεστι.
[7]) IV, 1, 46: was sucht jeder Mensch? εὐσταθῆσαι, εὐδαιμονῆσαι, πάντα ὡς θέλει ποιεῖν, μὴ κωλύεσθαι μηδ᾽ ἀναγκάζεσθαι. III, 24, 17 εὐδαιμονία und πόθος τῶν οὐ παρόντων schliessen sich aus, τὸ γὰρ εὐδαιμονοῦν ἀπέχειν δεῖ πάντα ἃ θέλει, πεπληρωμένῳ τινὶ ἐοικέναι οὐ δίψος δεῖ προσεῖναι αὐτῷ οὐ λιμόν. II. 1, 23 „Freiheit ist die Macht zu leben, wie man will (cfr. off. I, 70 libertas cujus proprium est sic vivere ut velis). Nun will aber kein Mensch leben in Sünde, Furcht, Kummer und Unruhe, also ist auch keiner frei, der nicht davon befreit ist." IV, 1, 2 etc.: kein φαῦλος lebt, wie er will.
[8]) ὄρεξις ἀναπότευκτος und ἔκκλισις ἀπερίπτωτος — dies sind die stehenden Ausdrücke (I, 1, 31. I, 19, 2. II, 8, 29. III, 12, 5). Das Ziel des Menschen ist ὀρεγόμενον μὴ ἀποτυγχάνειν, ἐκκλίνοντα μὴ περιπίπτειν (II, 1, 34. IV, 4, 16) oder ἐν ὀρέξει ἀναπότευκτον, ἐν ἐκκλίσει ἀπερίπτωτον εἶναι (I, 4, 11. II, 14, 8. II, 23, 42. IV, 1, 5) cfr. IV, 6, 26 ὀρέγεσθαι ἀναποτεύκτως, ἐκκλίνειν ἀπεριπτώτως. — ὄρεξις ἀποτευκτική oder ἀτελής und ἔκκλισις περιπτωτική (III, 6, 6. III, 22, 61 u. 104. III, 26, 14 hat auch die ἔκκλισις das Epitheton ἀποτευκτική. IV, 4, 35. IV, 5, 27. IV, 10, 4).
[9]) Ench. 14: „wenn du willst, dass deine Kinder am Leben bleiben etc., so bist du ein Thor, denn du begehrst, was nicht in deiner Macht steht. Willst du aber ὀργόμενος μὴ ἀποτυγχάνειν, das kannst du: also übe das, was du kannst". III, 9, 22 lass die ὄρεξις (nämlich der ἀπροαίρετα)· μὴ πολλῶν ἐπιθύμει καὶ οἴσεις — cfr. das Wort Jesu: eins aber ist not — II, 17, 23 schenke deine ὄρεξις Gott, und du wirst nicht fehlgehen (wirst glücklich werden).
[10]) ἐφ᾽ ἡμῖν — in unserer Gewalt — ist die δύναμις λογική (I, 1, 7 — παρακολούθησις τῇ χρήσει τῶν φαντασιῶν I, 6, 14 — δύναμις παρακολουθητικὴ καὶ ὁδῷ χρηστική, I, 16, 18 — ὀρθὴ χρῆσις φαντασιῶν, II, 19, 32 u. ö.), die προαίρεσις und alle προαιρετικὰ ἔργα (I, 21, 10. Ench. 1). Die προαίρεσις ist ἀκώλυτος φύσει (I, 17, 21), nicht einmal Gott hat sich eine Macht über dieselbe vorbehalten (I, 6, 40), nicht einmal Zeus kann sie besiegen (I, 1, 23. III, 3, 10), geschweige denn, dass sie von einem Menschen beeinflusst werden könnte (I, 1, 37. III, 22, 105 λῃστὴς προαιρέσεως οὐ γίνεται); nur sie selbst kann sich ändern und aufheben.
[11]) I, 12, 9 etc. Die Freiheit ist nicht ἀπόνοια oder μανία. Wie wir bei jeder Kunst oder Wissenschaft uns in deren Regeln und Gesetze fügen, d. h. dieselbe lernen müssen, so muss auch die Kunst des Lebens, das Wollen erst gelernt werden. Daher sind nur die Gebildeten wahrhaft frei (II, 1, 25. III, 26, 35).
[12]) I, 4, 1 ὁ προκόπτων — τὴν ὄρεξιν ἦρκεν ἐξ αὑτοῦ εἰς ἅπαν καὶ ὑπερτίθεται, τῇ ἐκκλίσει δὲ πρὸς μόνα χρῆται τὰ προαιρετικά. Ench. 2, 2.
[13]) I, 25, 1 τὸ ἀγαθὸν τοῦ ἀνθρώπου ἐν προαιρέσει καὶ τὸ κακόν II, 1, 4. II, 2, 14 (cfr. II, 16, 7). IV, 13, 13.
[14]) I, 6, 26 ἀλλὰ γίνεταί τινα ἀηδῆ καὶ χαλεπὰ ἐν τῷ βίῳ. Gewiss! aber in Olympia nicht auch? etc. IV, 4, 30 οὐδεὶς ἀγὼν δίχα θορύβου γίνεται. III, 24, 34 (Vergleich des Lebens mit einem strapaziösen Feldzug). In fr. 94 — cfr. I, 9, 12 u. I, 16, 1 etc. — schildert er in drastischer Weise die Mühe und Plage, welche die Pflege des Leibes und die Befriedigung seiner Bedürfnisse erfordert, aber nicht etwa, um daraus, wie z. B. Ant. 8, 24, pessimistische Konsequenzen zu ziehen, sondern nur, um durch diesen Kontrast die Zweckmässigkeit der Welteinrichtung erst recht ins helle Licht zu setzen und die Natur zu bewundern, die uns die Liebe zum Körper eingepflanzt habe, um uns jene λειτουργία und ὑπηρεσία zu erleichtern. — IV, 1, 109 τὰ ἐναντία.
[15]) II, 5, 24 πῶς λέγεταί τινα τῶν ἐκτός τινα κατὰ φύσιν καὶ παρὰ φύσιν; ὥσπερ ἂν εἰ ἀπόλυτοι ἦμεν. cfr. Cic. ac. I, 36 Zeno alia — nämlich von den Adiaphora — secundum naturam dicebat, alia naturae esse contraria. Dass Epictet diese Unterscheidung anerkannte, geht auch aus Ench. 2 hervor. Wenn es hier heisst: fürchte nur τὰ παρὰ φύσιν τῶν ἐφ᾽ ἡμῶν, so liegt darin, dass es auch unter den οὐκ ἐφ᾽ ἡμῶν, d. h. unter den Aproaireta oder Adiaphora naturwidrige und naturgemässe giebt.
[16]) Epictet giebt z. B. zu, dass das Geschwür für den Leib ein κακόν, insofern also abnorm und naturwidrig ist (I, 11, 7. Ench. 9), aber nicht für den Menschen, der seinem Wesen nach Geist ist. Auch für den Leib ist die Krankheit übrigens naturwidrig nur in jenem beschränkten Sinn, dass sie nicht προηγούμενον κατὰ φύσιν ist, sondern παροφιστάμενον τῇ φύσει, cfr. die musterhafte Erklärung des Simplicius zu Ench. 26.
[17]) II, 10, 5. II, 6, 9. — Die Vergleichung beider Stellen beweist, beiläufig

gesagt, dass Epictet, wenn er von einer Lehre der „Philosophen" redet, in der Regel, ja wohl ausnahmslos die Stoiker, und zwar hauptsächlich die älteren, im Auge hat.

[18]) En. 43. I, 2, 2 nur das ἄλογον ist unerträglich — Schläge sind nicht ἀφόρητοι τῇ φύσει, wie die Lacedämonier beweisen, die sich peitschen lassen, da sie es für εὔλογον halten. — Der Ausdruck λαβή findet sich auch II, 13, 23 μέχρις ἂν ἔχῃς ταύτην τὴν λαβὴν τοῦ σώματος, d. h. solange man dir vom Leib aus beikommen, durch leibliche Interessen deinen Willen bestimmen kann, bist du unfrei, und IV, 1, 152 Diogenes war frei, weil er alle Handhaben der Knechtschaft abgeworfen hatte.

[19]) I, 1, 8 etc. ἐπὶ γῆς γὰρ ὄντας καὶ σώματι συνδεδεμένους τοιούτῳ καὶ κοινωνοῖς τοιούτοις πῶς οἷόν τ' ἦν εἰς ταῦτα ὑπὸ τῶν ἐκτὸς μὴ ἐμποδίζεσθαι; II, 5, 28 ἀδύνατον ἐν τοιούτῳ σώματι ἐν τούτῳ τῷ περιέχοντι τούτοις τοῖς συζῶσι μὴ συμπίπτειν ἄλλοις ἄλλα τοιαῦτα. Aehnlich III, 24, 29. IV, 1, 100 τὸ σῶμα τὸ πήλινον πῶς ἐδύνατο ἀκώλυτον ποιῆσαι; ὑπέταξεν οὖν τῇ τῶν Ὅλων περιόδῳ τὴν κτῆσιν, τὰ σκεύη, τὴν οἰκίαν, τὰ τέκνα, τὴν γυναῖκα. IV, 11, 4 ἀμήχανον τὴν οὐσίαν αὐτῶν (der Menschen) παντάπασιν εἶναι καθαρὰν ἐκ τοιαύτης ὕλης κεκραμένην. — I, 18, 6: du hast Kopfweh? Nun ja, wenn du Hörner hättest, so würden dich diese zuweilen schmerzen.

[20]) En. 26, I, 1, 18: „aber dass ich allein den Tod erleiden soll!" Wie? wolltest du, dass alle getötet würden, damit du einen Trost hättest? II, 5, 27 νῦν οὖν ἐμὲ κρίνεσθαι; νῦν οὖν ἄλλον πυρέσσειν; ἄλλον πλεῖν; ἄλλον ἀποθνῄσκειν; ἄλλον κατακεκρίσθαι; d. h. das eine ist so natürlich als das andere. I, 12, 24 σκέλος οὖν μοι γενέσθαι πεπηρωμένον; — ἀνδράποδον εἶτα δι' ἓν σκελύδριον τῷ κόσμῳ ἐγκαλεῖς — οὐ χαίρων παραχωρήσεις τῷ δεδωκότι.

[21]) Der stoische Vorsehungsglaube schliesst jeglichen Zweifel an der Zweckmässigkeit des Bestehenden aus. Auch der Mensch gehört also zur Vollkommenheit des Ganzen: Gott braucht gerade eine solche Welt und solche auf Erden wandelnde Wesen, I, 29, 29. Die Menschen bilden mit den Göttern zusammen eine πόλις, II, 5, 26, das höchste σύστημα, I, 9, 4.

[22]) Ench. 8 θέλε γίνεσθαι τὰ γινόμενα ὡς γίνεται. I, 12, 17: οὕτως ἐχόντων τῶν περὶ ἡμᾶς ὡς ἔχει καὶ πέφυκεν αὐτοὶ τὴν γνώμην τὴν ἑαυτῶν συνηρμοσμένην τοῖς γινομένοις ἔχωμεν. I, 29, 39 ἀλλάξόν μοι τὴν ὑπόθεσιν. II, 17, 21 τὰ πράγματα μετατιθέναι καὶ μεθαρμόζειν. II, 14, 7 βούλησιν συναρμόσαι τοῖς γινομένοις. II, 23, 42 τῇ τοῦ Διὸς διοικήσει. III, 10, 6 παρασκευάσασθαι πρὸς τὸ πράως φέρειν τὰ συμβαίνοντα IV, 1, 89 u. ö. Θεῷ προσκατατάττειν τὴν ὁρμήν, θεῷ συνθέλειν, συνορέγεσθαι, ὁμογνωμονεῖν, σύμψηφον γενέσθαι (fr. 169). fr. 136 Alles gehorcht dem Kosmos, also sollte unsere κρίσις ihm nicht widerstreben. — III, 10, 18 οὐ δεῖ προηγεῖσθαι τῶν πραγμάτων ἀλλ' ἐπακολουθεῖν.

[23]) I, 6, 28. II, 16, 14. IV, 1, 109. Ench. 10. III, 8, 6. I, 12, 31 die Uebel sind nur τὰ κατάλληλα τῇ δυνάμει ἣν ἔχομεν cfr. I. Corinth. 10, 13 θεὸς οὐκ ἐάσει ὑμᾶς πειρασθῆναι ὑπὲρ ὃ δύνασθε. — Dass bei Epictet die Ergebung zu thatlosem Dulden geworden sei (Zeller III, 1, 751), wird man angesichts solcher Stellen nicht behaupten können.

[24]) IV, 4, 30. III, 10, 8. ibid. 11 τί κωλύει πυρέσσοντα κατὰ φύσιν ἔχειν τὸ ἡγεμονικόν; ἐνθάδ' ὁ ἔλεγχος τοῦ πράγματος, ἡ δοκιμασία τοῦ φιλοσοφοῦντος.

[25]) I, 29, 49: ein solches Zeugnis willst du ablegen und deinen Beruf zu Schanden machen, den dir Gott gegeben hat, indem er dir eine solche Ehre erzeigte und dich für würdig hielt, für ihn Zeugnis abzulegen!

[26]) I, 6, 36: Die πόνοι waren geeignet, den Heracles zu zeigen und zu üben. III, 24, 113 s. o. III, 20, 9 etc. Der Beleidiger übt nur meine Geduld. III, 22, 57 Der Kyniker ist ὑπὸ τοῦ Διὸς ἀθλούμενος καὶ γυμναζόμενος.

[27]) I, 6, 37 φέρε νῦν ὦ Ζεῦ ἣν θέλεις περίστασιν. I, 30, 7: also das war das Ganze? — soll ein rechter Philosophenschüler sagen, der eine περίστασις hinter sich hat — ich habe mich auf viel Grösseres vorbereitet. II, 16, 42 Wage es, zu Gott aufblickend zu sagen: brauche mich nun, wozu du willst, ich bin einig mit dir, ich bin dein! führe mich, wohin du willst, leg' mir ein Gewand um, welches du willst; soll ich ein Amt bekleiden oder nicht, im Lande bleiben oder verbannt werden, arm sein oder reich: ich werde in allem dem mich vor den Menschen rechtfertigen (cfr. Röm. 8 u. Phil. 4, 13).

[28]) Vergl. im N. T. Röm. 5, 3 καυχώμεθα ἐν ταῖς θλίψεσιν. 1. Petri 4, 13. Jacob. 1, 2 πᾶσαν χαρὰν ἡγήσασθε ὅταν πειρεσμοῖς περιπέσητε ποικίλοις. — Während aber das Evangelium und Jacobus die Armen selig preist, sagt Seneca (ep. 5, 6): infirmi animi est non pati posse divitias. Vergl. übrigens Brief an die Philipper 4, 12. — Rein menschlich rechtfertigt Seneca die Armut, wenn er ausführt, dass

die Armen eigentlich glücklicher seien als die Reichen, weil sie bei ihren wenigeren und einfacheren Interessen auch weniger Sorgen und Rücksichten kennen und darum öfter und herzlicher lachen als jene (ad Helv. 12, 1. ep. 80, 6).

[29]) Wie Epictet die Aphobie und Todesfreudigkeit der Christen beurteilt, ersieht man aus IV, 7, 6: εἶτα ὑπὸ μανίας μὲν δύναταί τις οὕτω διατεθῆναι πρὸς ταῦτα καὶ ὑπὸ ἔθους οἱ Γαλιλαῖοι· ὑπὸ λόγου δὲ καὶ ἀποδείξεως sollte niemand so furchtlos sein können!

[30]) III, 22, 69 τοιαύτης δ᾽ οὔσης καταστάσεως, οἷα νῦν ἐστιν, ὡς ἐν παρατάξει.

[31]) II, 9, 2 der Mensch ist ein ζῷον λογικὸν θνητόν. III, 1, 25 du bist ein Mensch, d. h. θνητὸν ζῷον χρηστικὸν φαντασίαις λογικῶς.

[32]) II, 1, 17 τὸ σωμάτιον δεῖ χωρισθῆναι τοῦ πνευματίου — ἢ νῦν ἢ ὕστερον τί οὖν ἀγανακτεῖς εἰ νῦν; εἰ γὰρ μὴ νῦν, ὕστερον. — II, 6, 18 τί σοι μέλει ποίᾳ ὁδῷ καταβῇς εἰς ᾅδου; ἴσαι πᾶσαί εἰσιν. III, 26, 4 οὐχὶ καὶ ἡ αὐτή που κάθοδος; τὰ κάτω τὰ αὐτά; III, 22, 33. II, 5, 14.

[33]) III, 10, 12 ἀλλὰ ὁ κόσμος μέλλει ἀνατρέπεσθαι σοῦ ἀποθανόντος; II, 1, 17 was ist der Tod? ein μορμολύκειον: wende es. und du siehst, dass es nicht beisst. IV, 7, 25 was sagst du? sterben? μὴ τραγῴδει τὸ πρᾶγμα etc.

[34]) Es liess sich nicht umgehen, hier einzelnes zu wiederholen, was schon im I. Band ausgeführt worden ist; der Unterschied der Betrachtungsweise hier und dort wird dem Leser nicht entgehen.

[35]) II, 8, 28 Kann ich ἀθάνατος sein? nein, aber ἀποθνήσκειν θείως — das hab' ich, das kann ich.

[36]) IV, 1, 104 das irdische Leben ist ein συνεορτάζειν und συμπομπεύειν τῷ θεῷ. III, 21, 19 Diogenes hatte die βασιλικὴ καὶ ἐπιπληκτικὴ χώρα inne. III, 22, 75 u. ö. ἡ βασίλεια τοῦ κυνικοῦ, und III, 22, 95 wird der Kyniker geradezu ein μετέχων τῆς ἀρχῆς τοῦ Διὸς genannt.

[37]) III, 12, 6 ὅπου ὁ πολὺς ὄλισθος τῶν φαντασιῶν ἐκεῖ ἀντιτιθέναι τὸ ἀσκητικόν.

[38]) IV, 7, 15 τὴν ὕλην ἐξ ὧν συνῆλθεν εἰς ἐκεῖνα πάλιν ἀναλυθῆναι. III, 13, 14 εἰς οὐδὲν δεινόν· ἀλλ᾽ ὅθεν ἐγένου, εἰς τὰ φίλα καὶ συγγενῆ, εἰς τὰ στοιχεῖα· ὅσον ἦν ἐν σοὶ πυρὸς εἰς πῦρ ἄπεισι etc., es giebt keinen Hades, keinen Acheron, Kokytos und Pyriphlegethon, alles ist voll von Göttern und Dämonen. — Es ist nicht leicht festzustellen, ob Epictet auch den Geist des Menschen zu der ὕλη rechnete, die sich in ihre Elemente auflöst. Der Wortlaut der letzteren Stelle spricht allerdings dafür, denn sonst hätte er ausser den 4 στοιχεῖα auch den Geist erwähnen müssen, der dann natürlich zu den Göttern zurückkehren würde. Jedoch auf dem Standpunkt des materialistischen Pantheismus der Stoa kommt es schliesslich auf dasselbe hinaus; denn die Seele hat ja bekanntlich Feuernatur, genauer Feuer- und Luftnatur, und auch die Götter sind nichts anderes als Wesen aus dem feinsten πῦρ und πνεῦμα. Die Hauptfrage, ob nämlich die zu ihren verwandten Elementen zurückgekehrte Seele Bewusstsein habe, lässt sich aus diesen anthropologischen Aussagen nicht beantworten, sondern nur aus den ethischen Anschauungen.

[39]) IV, 5, 28 ἀποστάντες τῶν θνητῶν καὶ δούλων τὰ ἀθάνατα καὶ φύσει ἐλεύθερα ἐκπονεῖν.

[40]) Sen. ep. 77, 19 „sed ego vivere volo, qui multa honeste facio . invitus relinquo officia vitae, quibus fideliter ed industrie fungor". Quid? tu nescis unum esse ex vitae officiis et mori? nullum officium relinquis. non enim certus numerus, quem debeas explere, finitur.

[41]) I, 29, 28 Ich bleibe, solange die Vernunft rät, (ὁ λόγος αἱρῇ) συνεῖναί με τῷ σωματίῳ — μόνον μὴ ἀλογίστως, μόνον μὴ μαλακῶς, μὴ ἐκ τῆς 'τυχούσης προφάσεως· πάλιν γὰρ ὁ θεὸς οὐ βούλεται (also will er auch zuweilen den Selbstmord) χρείαν γὰρ ἔχει κόσμου τοιούτου, τῶν ἐπὶ γῆς ἀναστρεφομένων τοιούτων· ἐὰν δὲ σημήνῃ τὸ ἀνακλητικὸν ὡς τῷ Σωκράτει πείθεσθαι δεῖ τῷ σημαίνοντι ὡς στρατηγῷ. III, 13, 14 ὅταν μὴ παρέχῃ τἀναγκαῖα τὸ ἀνακλ. σημαίνει, τὴν θύραν ἤνοιξε καὶ λέγει σοι ἔρχου. III, 26, 3 u. 29. III, 24, 101 ἄν μ᾽ ἐκεῖ πέμπῃς ὅπου κατὰ φύσιν διεξαγωγὴ οὐκ ἔστιν ἀνθρώποις, οὐ σοὶ ἀπειθῶν ἔξειμι ἀλλ᾽ ὡς σοῦ μοι σημαίνοντος τὸ ἀνακλητικόν· οὐκ ἀπολείπω σε (μὴ γένοιτο) ἀλλ᾽ αἰσθάνομαι ὅτι μου χρείαν οὐκ ἔχεις· ἂν δὲ δίδωται κατὰ φύσιν διεξαγωγὴ οὐ ζητήσω ἄλλον (τόπον) ἢ ἐν ᾧ εἰμὶ ἢ ἄλλους ἀνθρώπους ἢ μεθ᾽ ὧν εἰμί. cfr. Ant. V, 29 wenn man dir nicht gestattet, vernunftgemäss zu leben, so scheide, aber ohne die Vorstellung, dass du ein Uebel erleidest. Solange mich kein Rauch hinaustreibt, bleibe ich etc. I, 25, 7 μέχρις οὖν τίνος ταῦτα τηρεῖν καλῶς ἔχει καὶ τὴν παιδιὰν μὴ λύειν; μέχρις ἂν κομψῶς παίζηται — 14 μέχρις ἂν οὐ λυσιτελῇ· ὅταν δ᾽ ἔστι μέχρις ἂν οὐ σώζω τὸ πρέπον τε καὶ τὸ κατάλληλον — 18 καπνὸν πεποίηκεν ἐν τῷ οἰκήματι; ἂν μέτριον μενῶ· ἂν λίαν πολὺν ἐξέρχομαι — ἡ θύρα ἤνοικται. IV, 7, 30 τὴν παιδιὰν σώζων ἔρχομαι πρὸς αὐτὸν (zum Tyrannen) καὶ ὑπηρετῶ μέχρις ἂν ὅτου

μηδὲν ἀβέλτερον κελεύῃ μηδ' ἄρρυθμον. IV, 10, 27 ἀλλ' οὐχ ἔξω φαγεῖν· εἰ οὔτω τάλας εἰμὶ λιμὴν τὸ ἀποθανεῖν — αὔτη ἡ καταφυγή. I, 9, 16 ἄνθρωποι ἐκδέξασθε τὸν θεόν· ὅταν ἐκεῖνος σημήνῃ καὶ ἀπολύσῃ ὑμᾶς ταύτης τῆς ὑπηρεσίας, τότ' ἀπολύεσθε πρὸς αὐτόν — — μείνατε, μὴ ἀλογίστως ἀπέλθητε.

[42]) Die Verbannung nach Gyara scheint Epictet als triftigen Grund zum Selbstmord zu betrachten (I, 25, 20 ἀλλὰ πολύς μοι κάπνος φαίνεται τὸ ἐν Γυάροις οἰκεῖν· ἀποχωρῶ etc.), doch hält er es auch für möglich, dieses Los zu ertragen (II, 6, 22 τί οὖν ἂν εἰς Γύαρα πεμφθῶ; ἄν σοι ποιῇ ἀπελεύσῃ).

[43]) I, 9, 8 etc. Vergl. Dio Chrys. 7, 257: Die Armut bietet tausend Mittel zur Lebensfristung τοῖς αὐτουργεῖν βουλομένοις. Philo de somn. I, 16 τροφῆς ἀναγκαίας ἄπορος οὐδείς. Sen. ep. 17, 9 at necessaria deerunt. primum deesse non poterunt, quia natura minimum petit. naturae autem se sapiens accommodat. sed si necessitates ultimae inciderunt, jamdudum exiet e vita et molestus sibi esse desinet (Epictet πρᾶγμα οὐκ ἔχει). ep. 18, 7 was die necessitas verlangt, giebt auch irata fortuna. — Freilich finden sich bei Seneca, der sich überhaupt nirgends mehr widerspricht, als in der Lehre von dem Selbstmord, auch entgegengesetzte Aeusserungen, z. B. ep. 70, 5 simul atque occurrunt molesta et tranquillitatem turbantia, emittit se nec hoc tantum in necessitate ultima facit sed cum primum illi coepit suspecta esse fortuna — ut sit hoc verum „omnia homini dum vivit, speranda sunt" non omni pretio vita emenda est. ep. 77, 4 saepe et fortiter desinendum est et non ex maximis causis.

[44]) Ant. 3, 1 es ist ungewiss, ob später die διάνοια noch ebenso tüchtig ist zur σύνεσις τῶν πραγμάτων καὶ τῆς θεωρίας τῆς συντεινούσης εἰς τὴν ἐμπειρίαν τῶν τε θείων καὶ τῶν ἀνθρωπείων. cfr. Musonius bei Stob. flor. I, 165 ἅρπαζέ τὸ καλῶς ἀποθνήσκειν ὅτε ἔξεστι μὴ μετὰ μικρὸν τὸ μὲν ἀποθνήσκειν σοι παρῇ τὸ δὲ καλῶς μηκέτι ἐξῇ.

[45]) III, 13, 6. Sen. ep. 9, 16 „Was thut der Weise, wenn er ins Gefängnis geworfen wird, ohne Freunde oder an ein unbewohntes Ufer verschlagen? was Juppiter beim Weltbrand, in se reconditur, secum est". Freilich hat nach dem Folgenden diese Selbstgenügsamkeit auch ihre Grenze, und übereinstimmend mit Panätius (off. I, 153) sagt Seneca: non viveret, si foret sine homine victurus.

[46]) D. L. 130 εὐλόγως φασὶν ἐξάξειν ἑαυτὸν τοῦ βίου τὸν σοφὸν καὶ ὑπὲρ πατρίδος καὶ ὑπὲρ φίλων κἂν ἐν σκληροτέρᾳ γένηται ἀλγηδόνι ἢ πηρώσεσιν ἢ νόσοις ἀνιάτοις. Plut. comm. not. 4: die Stoiker lehren, Gesundheit etc. sei Adiaphoron und doch, wer sie nicht habe, thue vernünftig, wenn er aus dem Leben scheide. ibid. 7 Der Stoiker kümmert sich nicht um die grössten Güter . . . und tötet sich wegen des Verlustes einiger Sinne. — Es ist wohl nicht zufällig, dass von dem Verluste einiger Sinne, nicht eines Sinnes die Rede ist. Der heftige Gegner hätte sich sicherlich das nicht entgehen lassen, wenn die Stoiker wirklich schon die Blindheit oder Taubheit allein für einen Grund zum Selbstmord erklärt hätten. In Tusc. V, 111 führt Cicero aus, dass das Glück des Weisen weder durch Blindheit noch durch Taubheit beeinträchtigt werden könne, und beweist dies u. a. auch durch das Beispiel des Stoikers Diodotus, der blind war. Dagegen, wenn Blindheit und Taubheit zusammenkommen und dazu noch heftige körperliche Schmerzen sich gesellen, so werden diese, meint er, den Menschen von selbst aufreiben: nur im Fall längerer Dauer wird der Weise Hand an sich legen. — comm. not. 11 Wie thöricht sei es doch, die Tugend fahren zu lassen um der Gesundheit und ὁλοκληρία willen. ibid. 22: die Stoiker verwerfen den Vers des Theognis χρὴ πενίαν φεύγοντα καὶ εἰς βαθυκήτεα πόντον ῥιπτεῖν etc. — ja Chrysipp ersetzt πενίαν durch κακίαν, st. rep. 14 — und sagen doch in Prosa dasselbe, dass man, um einer νόσος μεγάλη und einem ἀλγηδὼν σύντονος zu entgehen, sich töten dürfe. — Man ersieht aus den angeführten Stellen, dass die Stoiker nicht bei jeder Krankheit, sondern nur bei unheilbarer Krankheit und ausserordentlichen Schmerzen diese Auskunft gestatteten. Dass auch die Armut einen Grund bilden könne, hat wohl kein Stoiker gelehrt. Aus dem Zusammenhang der Stelle Stob. flor. I, 127, die allerdings stark an Epictet erinnert, geht hervor, dass nur der höchste Grad der Armut, d. h. der Mangel am Nötigen, als wirklicher Grund zum Selbstmord gilt: ἐὰν μὴ ἐκποιῇ πενητεύουσιν μένειν ἐν τῷ βίῳ εἰ δὲ μὴ ῥᾳδίως ἀπαλλάττεσθαι ὥσπερ ἐκ πανηγύρεως οὔτω καὶ ἐκ τοῦ βίου . . . ὅταν ἡ μισθώσασα φύσις τοὺς ὀφθαλμοὺς ἀφαιρῇται τὰ ὦτα τὰς χεῖρας τοὺς πόδας, οὐχ ὑπομένω ἀλλ' ὥσπερ ἐκ συμποσίου ἀπαλλάττομαι οὐδὲν δυσχεραίνων — οὐδὲ φιλοψυχῶ ἀλλὰ καὶ δυνάμενος ἔτι εὐδαιμονεῖν ἀπαλλάττομαι, wie Socrates etc. . . . Sen. ep. 58, 33 Das Alter ist nicht die Hefe, sondern vielmehr die Quintessenz des Lebens, si modo mens sine injuria est et integri sensus animum juvant nec defectum et praemortuum corpus est — non relinquam senectutem, si me totum mihi reservabit, totum autem ab illa parte meliore — morbum morte non fugiam dumtaxat sanabilem

nec officientem animo. — Auch M. Aurel nimmt an, dass es Zustände giebt, die der Mensch nicht ertragen kann. 10, 3 πᾶν τὸ συμβαῖνον ἢ οὕτω συμβαίνει ὡς πέφυκας αὐτὸ φέρειν ἢ ὡς οὐ πέφυκας — πέφυκας φέρειν πᾶν περὶ οὗ ἐπὶ τῇ ὑπολήψει ἐστὶ τῇ σῇ φορητὸν καὶ ἀνεκτὸν αὐτὸ ποιῆσαι. 7, 33 περὶ πόνου · τὸ μὲν ἀφόρητον ἐξάγει, τὸ δὲ χρονίζον φορητόν.
⁴⁷) I. 12, 24 δι' ἓν σκελύδριον τῷ Κόσμῳ ἐγκαλεῖς; οὐκ ἐπιδώσεις αὐτὸ τοῖς ὅλοις; III, 20, 4 ἀπὸ πηρώσεως γὰρ οὐκ ἔστι; (sc. ὠφεληθῆναι) En. 9 νόσος σώματός ἐστιν ἐμπόδιον προαιρέσεως δ'οὗ ἐὰν μὴ αὐτὴ θέλῃ · χώλανσις σκέλους ἐστὶν ἐμπόδιον προαιρέσεως δὲ οὔ.
⁴⁸) I, 16, 6 etc. Giebt es etwas an sich Unnützeres als die Haare am Kinn? und doch, haben nicht auch sie ihren guten Zweck? hat nicht die Natur dadurch die Geschlechter äusserlich geschieden? διὰ τοῦτο ἔδει σώζειν τὰ σύμβολα τοῦ θεοῦ ... die Abnahme des Bartes erscheint unserem Philosophen also geradezu als Verkehrung der göttlichen Ordnung, als Frevel.
⁴⁹) III, 22, 37 καταφρονηθῶμεν οὖν ὑπὸ τῶν Τρώων; τίνων ὄντων; — εἰ φρονίμων τί αὐτοῖς πολεμεῖτε; εἰ δ'ἀφρόνων τί ὑμῖν μέλει.
⁵⁰) Sen. ira III, 15 u. 16: ostendemus in omni servitute apertam libertati viam — quaeris, quod sit ad libertatem iter? quaelibet in corpore tuo vena. — Ob Seneca die servitus an und für sich oder nur, wo sie mit unwürdiger Behandlung verbunden ist, als Motiv zum Selbstmord billigt, mag dahingestellt bleiben. Epictet, der so oft es ausspricht, dass die wahre Freiheit auch bei äusserer Knechtschaft bestehen könne, hat jedenfalls die Sklaverei nicht als Berechtigung zum Selbstmord angesehen. cfr. IV, 1, 171, wo es, offenbar in missbilligendem Sinne, heisst, dass für die vermeintliche Freiheit manche sich hängen oder ins Wasser springen.
⁵¹) I, 9, 21 τί γὰρ ἡμῖν ποιήσουσιν; ἃ δύνανται ποιῆσαι, τούτων οὐκ ἐπιστρεφόμεθα · ὧν ἡμῖν μέλει ταῦτα οὐ δύνανται. Ant. 8, 47 wenn du durch äussere Gewalt gehindert wirst, Gutes zu vollbringen, so lass dich's nicht kränken, ist doch du nicht schuldig daran, dass du's nicht thust. „Aber es ist nicht der Mühe wert zu leben, ohne Gutes thun zu können." Nun, so scheide gelassen! Clemens strom. IV, 576 εὔλογον ἐξαγωγὴν τῷ σπουδαίῳ συγχωροῦσιν οἱ φιλόσοφοι εἴ τις τοῦ πράσσειν αὐτὸν οὕτως τηρήσειεν αὐτῶν ὡς μηκέτι ἀπολελεῖφθαι αὐτῷ μηδὲ ἐλπίδα τῆς πράξεως. Hiemit ist anerkannt, dass das blosse Leiden als solches und als beständig dauerndes kein ausreichender sittlicher Lebenszweck ist.
⁵²) IV, 1, 108. III, 8, 6 Mensch, geh' und schilt nicht! III, 26, 26 wenn man dich zu nichts gebrauchen kann, nicht einmal zur Dienstleistung eines Hundes, was willst du noch leben, τοιοῦτος ὤν! Sen. ep. 91, 15 in eum mundum intravimus, in quo his legibus vivitur. Placet? pare . non placet? quacunque vis exi ep. 70, 15 nemo nisi vitio suo miser est . placet, vive . non placet, licet eo reverti, unde venisti. Ant. 10, 32: wer hindert dich, gut und lauter zu sein? nimm' dir nur vor, nicht mehr zu leben, wenn du dies nicht mehr wärest, οὐδὲ γὰρ αἱρεῖ λόγος μὴ τοιοῦτον ὄντα. 10, 8: wenn du merkst, dass du deine sittlichen Grundsätze nicht mehr behaupten könntest, so ziehe dich zurück in irgend einen Winkel oder scheide ganz aus dem Leben, aber freudig und frei, so dass du wenigstens eine (rechte) That in deinem Leben aufzuweisen hast, nämlich ein solches Scheiden. — Hiernach könnte es sogar bei dem φαῦλος einen moralischen Selbstmord geben, was natürlich auf dem stoischen Standpunkt undenkbar ist. Es ist jedoch zu beachten, dass M. Aurel bei diesen Aeusserungen nicht eigentlich Unmoralische im Auge hat, sondern Leute, die der Tugend sich befleissen, aber nicht diejenige Charakterstärke besitzen, um in widrigen Verhältnissen oder starken Versuchungen die Tugend zu behaupten.
⁵³) II, 16, 38. II, 1, 19 ἄν σοι μὴ λυσιτελῇ ἡ θύρα ἤνοικται · ἂν λυσιτελῇ φέρε · πρὸς πάντα γὰρ ἠνοῖχθαι χρὴ τὴν θύραν καὶ πρᾶγμα οὐκ ἔχομεν. IV, 10, 27 οὐδέν ἐν τῷ βίῳ χαλεπόν ἐστιν · ὅταν θέλῃς ἐξῆλθες καὶ οὐ καπνίζῃ. Cic. Tusc. V, 118 mihi in vita servanda videtur illa lex, quae in Graecorum conviviis obtinetur: aut bibat, aut abeat.
⁵⁴) I, 24, 20 τὸ δὲ κεφάλαιον μέμνησο ὅτι · ἡ θύρα ἤνοικται · μὴ γίνου τῶν παιδίων δειλότερος etc. cfr. Sen. ep. 78, 2 aliquando et vivere fortiter facere est.
⁵⁵) cfr. de prov. 6, 7 patet exitus — nihil feci facilius quam mori — brevis et expedita ad libertatem via.
⁵⁶) Tusc. I, 74 vetat dominans ille in nobis deus injussu hinc nos suo demigrare; cum vero causam justam deus ipse dederit ... laetus exierit nec tamen illa vincla carceris ruperit sed tamquam a magistratu aut ab aliqua potestate legitima sic a deo evocatus atque emissus exierit. — rep. VI, 15 nisi deus — istis te corporis custodiis liberaverit, huc tibi aditus patere non potest — non injussu ejus —

ex hominum vita migrandum est, ne munus humanum assignatum a deo defugisse videamini.

[57]) Ant. 11, 3 die Bereitwilligkeit zum Sterben muss kommen ἀπὸ ἰδικῆς κρίσεως, μὴ κατὰ ψιλὴν παράταξιν ὡς οἱ Χριστιανοί, ἀλλὰ λελογισμένως καὶ σεμνῶς καί, ὥστε καὶ ἄλλον πεῖσαι, ἀτραγῴδως. — Treffend bezeichnet Seneca die Prinzipien, die für die Beurteilung des Selbstmords massgebend sind, folgendermassen: in utrumque monendi ac firmandi sumus, et ne nimis amemus vitam et ne nimis oderimus, etiam cum ratio suadet finire, sed non temere nec cum procursu capiendus est impetus — der Tapfere darf nicht fliehen, sondern muss gehen (ep. 24, 24). — Was er am Schluss des Briefes sagt: multi sunt, qui non acerbum judicent vivere sed supervacuum, darf wohl nicht als stoische Ansicht betrachtet werden. Wenigstens bekämpfte Epictet gerade diesen Lebensüberdruss, wie wir sahen, mit der grössten Energie.

[58]) Noch schärfer als bei Epictet kommt dieser Gedanke, dass bei der Erwägung, ob man scheiden dürfe, auch die Nützlichkeit des eigenen Lebens für andere berücksichtigt werden müsse, in einem Worte des Musonius zur Geltung: οὐκ ἔστιν ἐπὶ πολλῶν συμφέροντι ζῶντα καθηκόντως ἀποθανεῖν μὴ ὑπὲρ πλειόνων ἀποθνῄσκοντα συμφέροντι (flor. I, 165).

[59]) Hier tritt nun aber gerade der Gegensatz der Stoa zum Christentum aufs grellste zu tage. Während jene den sittlich Schwachen vom Streben nach Besserung förmlich abhält, indem sie es ihm zur „Pflicht" macht, in widriger Lage sich zu töten, will dieses gerade den Verlorenen ihr Leben wieder lebenswert machen, indem es ihr Selbstvertrauen stärkt und ihnen zur Erreichung ihrer sittlichen Bestimmung durch die Anbietung der göttlichen Gnade verhelfen will.

[60]) En. 2 ὁ ἐν ἐκκλίσει περιπίπτων δυστυχής· ἂν μὲν οὖν μόνα ἐκκλίνῃς τὰ παρὰ φύσιν τῶν ἐπί σοι (die proairetischen Uebel, die Sünde) οὐδενὶ ὧν ἐκκλίνῃς περιπέσῃ· νόσον δ' ἂν ἐκκλίνῃς ἢ θάνατον ἢ πενίαν δυστυχήσεις etc. IV, 10, 6 u. ö. Vergl. die schon früher erörterten Ausdrücke ἐκκλίνειν περιπτωτικῶς etc.

[61]) IV, 1, 175 οὐ γὰρ ἐκπληρώσει τῶν ἐπιθυμουμένων ἐλευθερία παρασκευάζεται ἀλλὰ ἀνασκευῇ τῆς ἐπιθυμίας. — Die ἐπιθυμία ist aber bekanntlich nichts anderes als die ὄρεξις ἄλογος.

[62]) II, 17, 18 ἀπόδειξις αὕτη μεγίστη δυσροίας καὶ κακοδαιμονίας· θέλω τι καὶ οὐ γίνεται.

[63]) Der stehende Ausdruck hiefür ist τὰ ἐκτός oder τὰς ὕλας μὴ θαυμάζειν. I, 4, 26. I, 29, 3 etc. oder μὴ προσπάσχειν τινί (πρός τι) τῶν ἀλλοτρίων u. dergl. II, 16, 27. IV, 1, 77 u. ö.

[64]) III, 24, 85. cfr. Ant. 11, 33. Sen. ep. 122, 8. Freilich urteilt der letztere auch wieder ganz anders, indem er (ben. I, 11) Weib und Kind zu dem rechnet, ohne das wir nicht leben mögen.

[65]) II, 16, 28 τὰ ἴδια τηρεῖν τῶν ἀλλοτρίων μὴ ἀντιποιεῖσθαι ἀλλὰ διδομένοις μὲν χρῆσθαι μὴ διδόμενα δὲ μὴ ποθεῖν· ἀφαιρουμένου δὲ τινος ἀποδιδόναι εὐλύτως καὶ αὐτόθεν χάριν εἰδότα οὗ ἐχρήσατο χρόνου. En. 11: sage wie ἀπώλεσα αὐτό, sondern ἀπέδωκα. I, 1, 32 ich werde sterben ὡς προσήκει τὸν τὰ ἀλλότρια ἀποδιδόντα. I, 24, 14 Alles Aeussere gehört uns nur wie das Bett in der Herberge.

[66]) II, 23, 5 ἄνθρωπε μήτ' ἀχάριστος ἴσθι μήτε πάλιν ἀμνήμων τῶν κρεισσόνων ἀλλ' ὑπὲρ μὲν τοῦ ὁρᾶν καὶ ἀκούειν καὶ νὴ Δία ὑπὲρ αὐτοῦ τοῦ ζῆν καὶ τῶν συνεργῶν πρὸς αὐτὸ ὑπὲρ καρπῶν ξηρῶν ὑπὲρ οἴνου ὑπὲρ ἐλαίου εὐχαρίστει τῷ θεῷ etc. II, 20, 32 εὐχλαύοντες ἄνθρωποι καὶ αἰδήμονες — καθ' ἡμέραν εὐχαριστοῦντες ἐσθίοντες — νυκτὸς καὶ ἡμέρας ἀπολαύοντες καὶ μεταβολῶν τοῦ ἔτους καὶ ἀστρων καὶ θαλάσσης καὶ γῆς καὶ τῆς παρὰ ἀνθρώπων συνεργίας — und doch wagen sie die Existenz der Götter zu leugnen.

[67]) IV, 1, 105 οὐ θέλεις οὖν ἕως δίδοταί σοι θεασάμενος τὴν πομπὴν καὶ τὴν πανήγυριν — πορεύεσθαι προσκυνήσας καὶ εὐχαριστήσας ὑπὲρ ὧν ἤκουσας καὶ εἶδες; III, 5, 10 θεῷ συμπανηγυρεῖν. — Nur wenige Menschen freilich, klagt Epictet II, 14, 25, sind πανηγυρίζοντες und φιλοθεάμονες, die meisten verfolgen niedrige Interessen, sie bekümmern sich wie das Vieh nur um das Gras.

[68]) I, 10, 13. I, 29, 31. Sen. tranqu. an. 17, 4 cum puerulis Socrates ludere non erusbescebat.

[69]) Mit grossem Respekt spricht er I, 2, 26 von dem ἀνὴρ Ὀλύμπια κεκηρυγμένος καὶ ἠγωνισμένος, I, 6, 27 τὸ ἀξιόλογον τῆς θέας. IV, 4, 24: wer von uns freut sich nicht dieses Festes? Die Wertschätzung der körperlichen Kraft spricht sich auch aus in den bei Epictet beliebten Vergleichen der seelischen Tüchtigkeit mit der leiblichen Muskelkraft: II, 18, 26. II, 17, 21. II, 8, 29. I, 4, 13. III, 21, 3. III, 15, 9. II, 23, 32: „den Wert der Redekunst leugnen zu wollen wäre undankbar und feig zugleich. Es wäre dies gerade so, wie wenn jemand sagen wollte,

zwischen Schönheit und Hässlichkeit sei kein Unterschied. Als ob wir nicht eine andere Empfindung hätten beim Anblick eines Achill als eines Thersites, beim Anblick einer Helena als eines beliebigen Weibes!" cfr. III, 24, 37: auch ein Kissen ist angenehm, auch ein schönes Weib ist angenehm (dagegen III, 7, 21: es soll dir kein Weib schön erscheinen, als das deinige).
   [70]) III, 22, 88 Diogenes στίλβων περιήρχετο. I, 24, 8. IV, 11, 19.
   [71]) II, 14, 2 etc. Jede τέχνη ist mühselig zu erlernen, aber ihr Erzeugnis hat etwas Anmutendes und Reizendes: auch ein Schuh ist nicht bloss nützlich, sondern auch hübsch zum Sehen.
   [72]) II, 14, 6 τὰ ἀπὸ τῆς μουσικῆς ἡδέα καὶ ἐπιτερπῆ τοῖς ἰδιώταις ἀκούειν. III, 23, 25 ἐγὼ μὲν οὐδὲ κιθαρῳδοῦ ἀηδῶς ἀκούω. — Was den Weingenuss betrifft, so erinnere ich daran, dass nach Epictet die höchste Stufe sittlicher Vollkommenheit darin besteht, dass man auch ἐν οἰνώσει καὶ μελαγχολίᾳ sich beherrscht und nichts Unvernünftiges sagt oder thut (I, 18, 23. II, 17, 33. III, 2, 5). Es scheint übrigens, dass Epictet die Teilnahme an geselligen Vergnügungen zu dem gerechnet hat, was man κατὰ συμπεριφοράν (III, 14, 7 u. ö.), d. h. nicht sowohl aus eigenem Bedürfnis, als aus Accommodation an die Menschen thut. Wenn er seine Schüler mahnt, in dieser συμπεριφορά äusserst vorsichtig zu sein und auch auf die Gefahr hin, für philiströs zu gelten, lieber auf die alte Kameradschaft zu verzichten, als Schaden zu nehmen an der Seele (IV, 2, 7. III, 16, 1 etc.), so ist dies pädagogisch gewiss gerechtfertigt. Genaueres hierüber in dem Abschnitt über die persönliche Heiligung.
   [73]) III, 13, 5 ἀπὸ τοῦ φύσει κοινωνικοῦ εἶναι καὶ φιλαλλήλου καὶ ἡδέως συναναστρέφεσθαι ἀνθρώποις.
   [74]) III, 13, 2 φίλος ᾧ προσανεπαυόμεθα. IV, 13, 16 τίς ἀτιμάζει σύμβουλον εὔνουν καὶ πιστόν; τίς οὐκ ἄσμενος δέξεται τὸν ὥσπερ φορτίου μεταληψόμενον τῶν αὐτοῦ περιστάσεων.
   [75]) I, 29, 58 ἔστι γὰρ φιλοθέωρον ζῷον ὁ ἄνθρωπος. — Epictet verwirft das φιλολογεῖν, überhaupt die wissenschaftliche Beschäftigung, keineswegs, nur verlangt er, dass man sie nicht als Selbstzweck treibe resp. darüber die Hauptsache, die Uebung der Tugend, nicht vernachlässige.
   [76]) I, 4, 32 den allergrössten Dank schulden wir Gott für die Gaben des Geistes. I, 16, 18 wir sollen Gott danken für alles, aber den grössten und göttlichsten Hymnus sollten wir ihm dafür anstimmen, dass er uns gab τὴν δύναμιν παρακολουθητικὴν τούτοις καὶ ὁδῷ χρηστικήν.
   [77]) II, 23, 34 ἀπολιπεῖν ἑκάστῳ τὴν αὐτοῦ δύναμιν ἣν ἔχει — καὶ τὸ κράτιστον τῶν ὄντων καταμαθεῖν καὶ τοῦτο ἐν παντὶ μεταδιώκειν cfr. 1. Cor. 12, 31 ζηλοῦτε δὲ τὰ χαρίσματα τὰ μείζονα.
   [78]) Die folgende Ausführung, die, obwohl sie eigentlich unter das Kapitel vom naturgemässen Handeln gehören würde, doch sich am passendsten hier an den Abschnitt über die Freude am Leben anschliesst, stützt sich, wofern nicht andere Stellen angegeben sind, ganz auf das 5. Kapitel des II. Buchs, wo die Frage, wie die hochherzige Verachtung des Irdischen mit der Sorgfalt in der Wahl desselben zu vereinen sei, erschöpfend und musterhaft klar behandelt wird.
   [79]) II, 6, 9 Treffend sagt Chrysipp: μέχρις ἂν ἄδηλά μοι ᾖ τὰ ἐξῆς ἀεὶ τῶν εὐφυεστέρων ἔχομαι πρὸς τὸ τυγχάνειν τῶν κατὰ φύσιν· αὐτός γάρ μ' ὁ θεὸς τοιούτων ἐκλεκτικὸν ἐποίησεν. II, 10, 6 καθήκει τῶν πρὸς ἐκλογὴν εὐφυεστέρων ἔχεσθαι ὅτι καὶ πρὸς τοῦτο γεγόναμεν. cfr. Stob. ecl. II, 109: der Weise ist sein bester Arzt — ἐπιμελὴς γὰρ ὢν τῆς ἰδίας φύσεως παρατηρητὴς ὑπάρχει καὶ τῶν πρὸς ὑγίειαν ἐπιστημόνων συμφερόντων.
   [80]) II, 5, 2 τηρεῖν ἅμα μὲν τὸ εὐσταθὲς καὶ ἀτάραχον ἅμα δὲ τὸ ἐπιμελὲς καὶ εἰκαῖον μηδ' ἐπισεσυρμένον — ἐπιμέλειαν τοῦ προσπεπονθότος ταῖς ὕλαις καὶ εὐστάθειαν τοῦ ἀνεπιστρεπτοῦντος. — Es wird kaum nötig sein, hervorzuheben, dass Epictet hier keineswegs, seinen sonstigen Aussprüchen zuwider, ein προσπάσχειν ταῖς ὕλαις gestattet. Er meint nur, der Weise, der diese Dinge innerlich gering achtet, solle doch ihnen dieselbe Sorgfalt zuwenden wie derjenige, der sein höchstes Glück darin sucht. Deutlich sagt er ja, man solle um des Aeussere sich bekümmern als um ein Fremdes, wie die Reisenden um die Herberge — En. 11. I, 24, 14 — Sen. tranq. 11, 2 Der Weise thut alles so diligenter und circumspecte wie der religiosus homo: er bewahrt heilig das ihm anvertraute Gut.
   [81]) III, 1, 16 Das delphische Apolloorakel. II, 16, 17 ἐγκοιμᾶσθαι. — I, 17, 18 durch θύτος, σπλάγχνα, κόραξ und κορώνη erkennen wir τὰ ὑπὸ τῶν θεῶν σημαινόμενα. En. 18 u. III, 1, 36.
   [82]) En. 92 θαρρῶν, ὡς ἐπὶ συμβούλους ἔρχου τοὺς θεούς· καὶ ὅταν τι συμβουλευθῇ μέμνησο τίνας συμβούλους παρέλαβες καὶ τίνων παρακούσας ἀπειθήσας.

Anmerkungen. 57

⁸³) II, 7, 2: was kann der Mantis mehr sehen als Tod, Gefahr, Krankheit u. dergl.? En. 18: sage dir, dies wird nicht mir verkündet, sondern meinem Leib, Besitz, Ruhm, Weib und Kind etc. En. 32: der Philosoph weiss, dass alles, was etwa geschieht, adiaphor ist. II, 7, 6 u. 3: ob etwas σύμφορον oder ἀσύμφορον ist, weiss der Seher nicht; hab' ich nicht den Mantis in mir, der mir das Wesen des Guten und Schlimmen sagt? En. 18 ἐμοὶ πάντα αἴσια σημαίνεται ἐὰν ἐγὼ θέλω etc.

⁸⁴) II, 7, 3 u. En. 32: wenn die Pflicht vorliegt (ἂν δέῃ), für den Freund oder für das Vaterland sich Gefahren auszusetzen, was soll ich da lange den Mantis befragen? Der Logos gebietet es unter allen Umständen, ihm beizustehen. Darum achte auf den grösseren Mantis, den Pythier, der aus seinem Tempel stiess den, der seinen Freund im Stiche gelassen hatte. — IV, 1, 134 ποία γὰρ σκέψις εἰ καθήκει μοι etc. — Wenn Epictet einmal sagt: wer zieht den Mantis bei um deswillen (d. h. um seines wahren Heils willen)? wer inkubierte je um seiner (sittlichen) Thätigkeit willen? (II, 16, 17) so ist dies natürlich nur ein rhetorischer Ausdruck für die einfache Frage: wem war jemals sein Seelenheil eben so wichtig wie das Prosperiren im Irdischen?

⁸⁵) II, 7, 1 Διὰ τὸ ἀκαίρως μαντεύεσθαι πολλὰ πολλοὶ καθήκοντα παραλείπομεν — 9 τί οὖν ἡμᾶς ἐπὶ τὸ συνεχῶς μαντεύεσθαι ἄγει; ἡ δειλία, τὸ φοβεῖσθαι τὰς ἐκβάσεις.

⁸⁶) En. 32 ἐφ' ὧν ἡ πᾶσα σκέψις τὴν ἀναφορὰν εἰς τὴν ἔκβασιν ἔχει.

⁸⁷) IV, 1, 84 ὧν γὰρ προσδοκωμένων φόβος γίνεται καὶ λύπη παρόντων.

⁸⁸) Diese Folgerung finde ich zwar bei Epictet nirgends deutlich ausgesprochen, sie ergiebt sich aber aus allem, was er über die ἡδονή sagt, von selbst, namentlich aus III, 7, wo er ausführt, dass die vernünftige Erhebung (εὔλογος ἔπαρσις) nur die geistigen, proairetischen Güter zum Objekt haben könne, folglich alles ἥδεσθαι τῇ σαρκί und ἐπὶ σωματικοῖς verwerflich sei. Und wenn er — II, 1, 10 — das ὀρεχθῆναι μετ' ἐπιθυμίας αἰσχρᾶς verdammt, so versteht es sich von selbst, dass er die Lust, welche über den Eintritt des Begehrten entsteht, auch als schimpfliche verworfen hat.

⁸⁹) Hierunter fällt auch das Verbot des ὠχριᾶν, τρέμειν (II, 16, 5), des ταράσσεσθαι und ῥήγνυσθαι (I, 27, 21).

⁹⁰) Die Begriffe ἀσπασμός und ἀγάπησις können freilich auch das Wohlwollen gegen die Mitmenschen bezeichnen. Bd. I, 287. Doch möchte ich diese Annahme nicht mehr aufrecht erhalten, weil sonst die 4 Unterarten der βούλησις sämtlich dasselbe bedeuten würden.

⁹¹) II, 26, 7: wenn du einen nicht überzeugst, so mache lieber dir Vorwürfe als ihm. III, 5, 4: wenn du einmal οἴμοι sagst, so sag' es nicht wegen des Vaters etc., sondern wegen dir selbst. III, 19, 1: der Philosoph (hier = προκόπτων) sagt „wehe", d. h. klagt, wenn überhaupt, nur wegen sich selbst. Wenn wir bei jedem Uebelbefinden uns selber anklagen und gedenken, dass nichts anderes die Ursache der ταραχή und ἀκαταστασία ist als das Dogma, so haben wir einen wirklichen Fortschritt gemacht. III, 23, 37 (περὶ αὑτοῦ ἀγωνιᾶν). En. 5 der Ungebildete klagt andere an, wenn er sich unglücklich fühlt, der Anfänger in der Bildung sich selbst, der Gebildete weder einen anderen noch sich selbst (sc. weil er stets glücklich ist). — En. 33, 16 wird der Unwille (δυσχεραίνειν) über die Schamlosigkeit anderer als etwas Berechtigtes hingestellt, und vom Anfänger geradezu gefordert.

⁹²) Zum sittlichen Ziel rechnet Epictet auch das μὴ ἀγωνιᾶν ὑπὲρ μηδενός (IV, 10, 22), ἑαυτῷ μὴ λοιδορεῖν, μὴ μάχεσθαι, μὴ μετανοεῖν, μὴ βασανίζειν ἑαυτόν.

⁹³) II, 19, 22 Στωικὸν δείξατέ μοι εἴ τινα ἔχετε. III, 7, 18: wir Stoiker sagen das Rechte, aber thun das Schlechte.

⁹⁴) I, 9, 19: νεκρὸς μὲν ὁ παιδευτής, νεκροὶ δ' ὑμεῖς. II, 19, 33: entweder liegt's an mir oder an euch oder, was richtiger ist, an beiden (sc. dass ihr nicht vorwärts kommet). Drollig ist's, wie Epictet I, 10, 7 etc. seine eigene Trägheit schildert: „wenn es Tag wird, so besinne ich mich ein wenig, was ich vorlesen lassen soll; gleich sage ich zu mir selbst: was kümmert's mich, wie der oder jener liest? das Wichtigste ist es, dass ich schlafe".

Zweiter Abschnitt.

Das naturgemässe Handeln oder die richtige Pflichterfüllung.
(Vergl. Excurs III).

Ueber den psychologischen Unterschied der Begierde (ὄρεξις) und des Entschlusses oder Willens im engeren Sinn (ὁρμή) war im I. Band (p. 255 etc.) ausführlich die Rede. Hier handelt es sich um den Unterschied in ethischer Hinsicht. Derselbe wird von Epictet mit wünschenswerter Deutlichkeit so bezeichnet, dass der erste Topos (der von dem richtigen Fürchten und Begehren handelt) den Menschen frei von Affekten (ἀπαθής und ἀτάραχος), während der zweite ihn seine positiven Pflichten gegen die Götter, Eltern, Vaterland etc. erkennen lehrt. Epictet bringt sogar beide Stufen in einen gewissen Gegensatz, wenn er sagt: der zweite Topos handelt von den Pflichten (καθῆκον) „denn ich darf nicht gefühllos sein wie eine Säule, sondern so, dass ich auch die sittlichen Beziehungen (σχέσεις), die angeborenen und die frei erworbenen, wahre" (III, 2, 4. cfr. II, 17, 31). Hiernach könnte es scheinen, als ob die erste Stufe den Menschen wirklich gefühllos machen, und dann hinterher, auf der zweiten Stufe, diese trostlose Leere wieder mit einem gewissen Gefühlsinhalt erfüllt werden sollte. Dem ist aber nicht so: eine solche mechanische Auffassung von der sittlichen Erziehung des Menschen ist dem Epictet nicht zuzutrauen. Zudem geht aus dem Bisherigen hervor, dass mit dem richtigen Fürchten und Begehren auch gewisse Gefühle verbunden sind, z. B. das Gefühl des inneren Friedens, der Ergebung in Gottes Fügung, der Erhebung über die Welt. Die Vergleichung des Lebens mit einem Fest setzt ebenfalls eine gewisse innere Gehobenheit der Stimmung, eine Freude voraus, und das beglückende Gefühl der Vaterfreude verwirft auch Epictet keineswegs, nur soll man nicht im Entzücken über seine Kinder zu weit gehen, sondern die Möglichkeit ihres Verlustes sich stets vergegenwärtigen (III, 24, 85). Jede naturgemässe Bethätigung — und dazu gehört auch die vernünftige Begierde (IV, 11, 6) — hat zur unmittelbaren Folge das Gefühl der Freude und Befriedigung (III, 7, 7). Das „mit Gott Begehren" (συνορέγεσθαι θεῷ) lässt sich doch nicht ohne eine gewisse gefühlsmässige Affektion denken, und wie viel „Pathos" Epictet selbst allein auf Grund der richtigen Orexis entwickelt, wissen wir. Oft leitet er das Aufhören aller inneren Unseligkeit und ebendamit auch den Eintritt des höchsten Glücksgefühls von der Abwerfung der Affekte ab, und wenn wir vollends bedenken, dass eigentlich nur der erste Topos es mit der Einprägung der richtigen Anschauungen (δόγματα) zu thun hat, und dass alles Glück und Unglück von den letzteren herkommt, so ist kein Zweifel daran möglich, dass die durch den ersten Topos gewonnene Apathie bereits alle Elemente des sittlichen Gefühls in sich enthält. Und zwar nicht bloss die religiösen und persönlichen oder reflexiven, sondern auch die sozialen oder transitiven Gefühle sind mit der richtigen Orexis schon gegeben. Es genügt daran zu erinnern, dass Epictet mit der unvernünftigen Furcht und Begierde auch Neid und Missgunst, Zorn und Hass, Schelten und Uebelnehmen für beseitigt hält. Ist aber die feindselige, selbstsüchtige und lieblose Gesinnung gegen den Mitmenschen beseitigt, so treten an deren Stelle mit Notwendigkeit alle die edlen Gefühle der Menschenliebe, der Sanftmut und Milde, der Hilfsbereitschaft und Aufopferung, welche die Bedingung für die richtige Erfüllung der sozialen Pflichten bilden[1]). Mit dem ersten Topos ist also nicht bloss etwa die richtige Auffassung des eigenen Lebens, sondern auch zugleich die rechte innere Stellung zu den Mitmenschen, und damit in der That alles gewonnen, wie denn auch Epictet diesen ersten Topos den nötigsten und am meisten dringenden nennt (III, 2, 3. En. 51). Der zweite Topos handelt demnach nur davon, wie sich die richtige Lebensauffassung und Grundstimmung in den einzelnen sittlichen Lebensverhältnissen durchs Handeln bethätigt. Insofern jedoch die praktische Bethätigung der sittlichen Grundsätze erst den Beweis liefert, dass man dieselben auch wirklich innehat, kann dem zweiten Topos natürlich die gleiche Wichtigkeit wie dem ersten beigelegt werden. So lässt denn Epictet auch zuweilen die beiden ersten zusammen in einen Gegensatz zum dritten treten: jene betreffen die Sorge um den Charakter (ἐπιμέλεια τοῦ ἤθους), die Sittlichkeit (καλοκἀγαθία) im engeren Sinne gegenüber der dialektischen Vollkommenheit (I, 8, 5) mit der es der dritte Topos zu thun hat. Sie sind daher die notwendigsten (I, 4, 12), während die Erreichung der dritten Stufe (Sicherheit des Urteils) ein besonderes Glück ist, das Epictet selbst kaum zu hoffen wagt (IV, 10, 13).

Es wurde bereits angedeutet, dass die zweite Stufe es eigentlich nur mit den Pflichten gegen die Nebenmenschen (und Gott), nicht mit den Pflichten des Menschen gegen sich selbst zu thun habe. Zu dieser Annahme nötigt uns beinahe Epictet selbst, indem er das Gebiet der Pflichten (καθήκοντα) mit der Wahrung der Beziehungen (σχέσεις) geradezu identifiziert[2]) und meistens als Inhalt des zweiten Topos nur die altruistischen Pflichten namhaft macht[3]). Trotzdem wird man sagen müssen, dass auch die Pflichten des Menschen gegen sich selbst zum zweiten Topos gehören; denn der erste Topos hat es bloss mit der inneren Gemütsverfassung und Lebensanschauung zu thun, der zweite dagegen umfasst alles praktische Handeln, also auch die Pflichten gegen sich selbst, sobald dieselben aus dem Gebiet des Innenlebens (der Orexis) heraustreten und einen Entschluss, ein Handeln erfordern. Die Reinlichkeit z. B. ist nach Epictet unzweifelhaft eine Pflicht (καθῆκον) und zwar nicht bloss wegen der Rücksicht, die man anderen schuldet, sondern auch an sich selbst (IV, 11): wo soll nun diese Pflicht anders untergebracht werden als im zweiten Topos? Ferner alle die Vorschriften, die Epictet in En. 33 giebt über die Wahrung der persönlichen Würde und Reinheit, betreffen doch auch Pflichten, ohne gerade ausschliesslich sozialer Natur zu sein. Wenn aber Epictet öfters diese persönlichen und sozialen Pflichten untereinander mengt und hernach, gleichsam alle zusammenfassend, von dem normalen Begehren (ὄρεξις) und Wollen (ὁρμή) redet[4]), so ist dies nicht so anzusehen, als ob die persönlichen Pflichten zur ὄρεξις, die sozialen zur ὁρμή gehörten, sondern seine Ansicht ist offenbar die, dass die ὄρεξις und ὁρμή — wenn wir vom dritten Topos zunächst absehen — zusammen das ganze Gebiet des sittlichen Verhaltens und Handelns in sich begreifen mit dem

Unterschied, dass die ὄρεξις die Beschaffenheit des Herzens, die ὁρμή die Entschlüsse und Werke, die aus demselben hervorgehen, bezeichnet.

Erstes Kapitel.
Die Pflichten der persönlichen Vollkommenheit.

Das Epictetsche Ideal der persönlichen Vollkommenheit, soweit sie das innere Leben betrifft, haben wir bereits kennen gelernt, in dem Abschnitt von der naturgemässen Orexis. Die wichtigsten Faktoren derselben sind die unbedingte Ergebung in den Weltlauf, die Zufriedenheit mit allem Geschehenden, die innere Erhebung über alle Uebel des Lebens, die Freiheit von Furcht, Trauer und Angst, überhaupt von allen die freie Selbstbestimmung störenden Affekten und Leidenschaften. Es handelt sich nun darum zu zeigen, wie sich diese innere Gemütsverfassung, diese Reinigung der Seele äussert im ganzen Benehmen und Handeln [5]).

1. Die Reinlichkeit und Mässigung.

Fassen wir zuerst die Pflichten ins Auge, welche die Pflege des Leibes betreffen. Dass Epictet, obgleich er zuweilen in sehr geringschätziger Weise vom Leibe spricht, doch ein lebhaftes Gefühl für dessen relative Würde gehabt hat, ist schon im I. Band, p. 39 berührt worden. Wenn er in eindringlichen Worten seinen Schülern die Pflicht der Reinlichkeit ans Herz legt, so ist dies kein Widerspruch zu seiner ethischen Geringschätzung des Leibes. Denn an sich ist der Leib allerdings gleichgültig, sofern seine Zustände vom Willen des Menschen unabhängig und deshalb für sein Glück unerheblich sind; aber er ist nicht gleichgültig, insofern er ein Objekt und zwar das nächstliegende Object bildet, an welchem das Hegemonikon seine „Treue im Kleinen" (ἐπιμέλεια ἐν τοῖς ἀδιαφόροις) zeigen muss. Die Pflicht der Reinlichkeit ergiebt sich also schon aus dem allgemeinen Grundsatz, dass der Mensch auch den Leib, soweit es möglich ist, zu erhalten und zwar in naturgemässem Zustand, d. h. vor allem rein zu erhalten verpflichtet ist (II, 5, 24. IV, 11, 4 etc.). Epictet weiss jedoch die Pflicht der Reinlichkeit noch eingehender zu begründen, nämlich aus unserer Verwandtschaft mit Gott und aus dem Beispiel der Tiere. Da die Götter von Natur rein und fleckenlos sind, so ist es auch unser Ziel möglichst rein zu werden, vor allem an der Seele, aber auch am Leib, soweit es möglich ist. Wir haben daher den Trieb zur Reinlichkeit von Natur in uns, was sich dadurch bekundet, dass wir die Unreinlichkeit der Tiere entschuldigen mit dem Gedanken „es ist ja kein Mensch" und andererseits über die Reinlichkeit gewisser Tiere uns verwundernd zu sagen pflegen „ganz wie ein Mensch" [6]). Auch das soziale Moment in der Pflicht der Reinlichkeit verkennt Epictet nicht, sondern betont ausdrücklich, dass sie auch durch die Rücksicht auf die Mitmenschen gefordert werde. Er hat ferner ein deutliches Gefühl dafür, dass sich in der leiblichen Reinlichkeit, auch wo sie nicht auf einer ethischen Lebensanschauung beruht, doch ein Geistiges, nämlich eine gewisse Liebe zum Schönen und ein Verlangen nach dem Wohlanständigen verrate, was für die Bekehrung zum wahrhaft Schönen wenigstens einen Anknüpfungspunkt bilde, während der Unsaubere so gut wie unverbesserlich sei: „denn jede Ausschreitung geht von einem an sich natürlichen Verlangen des Menschen aus, diese aber ist nahe daran unmenschlich zu sein".

Ebenso wie die Unsauberkeit verwirft er aber auch das andere Extrem, die eitle Putzsucht, und zeigt, wie schimpflich dieselbe besonders für Männer sei. Den Leib soll man schmücken nur soweit es die Reinlichkeit und der Anstand erfordert [7]). So sehr er sich für das Wachsenlassen des Bartes ereifert und die künstliche Unterdrückung desselben (das τίλλεσθαι) als Unnatur und Weichlichkeit brandmarkt, so verabscheuungswürdig ist ihm der Unsaubere, der, mit Schmutz bedeckt, seinen Bart „bis zu den Knieen" herabwachsen lässt. Auch der Cyniker darf nicht schmutzig sich zeigen, sonst wird er alle Menschen von sich abschrecken, sondern selbst seine Unkultur muss rein und anmutend sein (III, 22, 89). Der Jünger der Philosophie darf sich weder erniedrigen durch ein zerlumptes Gewand noch durch schöne Kleider glänzen wollen (II, 8, 15). Weit entfernt von engherziger, pedantischer Gesetzlichkeit, begnügt Epictet sich jedoch die Prinzipien aufzustellen und die Grenzlinien zu zeichnen, zwischen welchen dem individuellen Belieben ein grosser Spielraum gelassen wird [8]). So entschuldigt er den Socrates wegen seines seltenen Badens damit, dass bei ihm der Zweck auch so erreicht wurde, da sein Leib so anmutig und geschmeidig war, dass die Schönsten ihn liebten.

Das Baden, zunächst als Erfordernis der Reinlichkeit aufzufassen, gehört zugleich auch in das Gebiet der Leibesübung, die Epictet als echter Hellene zu den Pflichten des Mannes rechnet (IV, 4, 11. IV, 1, 49). Freilich soll man auch hier das Uebermass meiden, denn es ist ein Zeichen geistiger Stumpfheit, wenn man zu viel Zeit und Interesse auf die Pflege des Leibes verwendet: dies alles soll doch nur Nebensache sein, die Hauptsache ist und bleibt die Ausbildung der Seele (En. 41. II, 16, 17 μήτε γυμνασίοις προςπάσχειν). Mit dieser Anschauung lässt sich allerdings schwer vereinigen, dass Epictet den Beruf des Athleten nicht bloss zu billigen scheint sondern auch eine gewisse Sympathie und Hochachtung für denselben an den Tag legt (I, 2, 26). Es lässt sich dies jedoch vielleicht daraus erklären, dass er der systematischen, mit den grössten Entsagungen verknüpften Leibesübung, der sich die Athleten zu unterziehen hatten, einen erheblichen Wert für die sittliche Bildung beigemessen hat, wie er denn den Olympiensieger a. a. O. dem weibischen, verweichlichten Mann gegenüberstellt. Auch die leibliche Uebung und Abhärtung will er als ἀσκητικόν d. h. als sittliches Bildungsmittel gelten lassen, wenn der Betreffende dieselbe treibt um des sittlichen Zwecks (der ὄρεξις und ἔκκλισις), nicht um des Aufsehens und Ruhmes willen (III, 12, 16) [9]). Aber bei den Athleten war doch wohl der Ruhm das höchste Ziel.

2. Die Mässigkeit, Sittsamkeit und Keuschheit.

Zu der Pflicht, den Körper rein zu halten und durch Gymnastik zu stählen, tritt als weitere die der Ernährung hinzu. Als eine Last ist diese Pflicht dargestellt in frag. 94, wo Epictet dem Gedanken Ausdruck giebt, es sei doch eigentlich seltsam, dass wir den Leib, dem wir so viele und unangenehme Dienste leisten müssen, so lieben. Dies ist übrigens nur eine vorübergehende Betrachtungsweise. Für gewöhnlich ist sich Epictet bewusst, dass man den Menschen zur Sorge für seine Nahrung nicht antreiben, sondern im Gegenteil vor dem Uebermass warnen muss. Die Pflicht der Mässigkeit ist zwar bei Epictet verhältnismässig selten betont[10]), ergiebt sich aber notwendig aus seinen allgemeinen ethischen Prinzipien: die energische Betonung der Autarkie, die ausschliessliche Begründung des Glückes auf die inneren Zustände, auf das Hegemonikon, die Forderung, alle Begierde nach den sogenannten äusseren Gütern aufzugeben und die sinnliche Lust ganz auszurotten (IV, 1, 84. 175. II, 11, 21), alles das würde den hinreichenden Beweis dafür liefern, dass Epictet die Mässigkeit und Selbstbeherrschung im sinnlichen Genuss als selbstverständliche Pflicht des sittlichen Menschen betrachtet hat, auch wenn er nicht ausdrücklich die fleischliche Lust und alles Uebermass im Essen und Trinken verworfen (III, 7, 3. En. 33, 7), die einfache Diät der Arbeiter und Bauern dem Philosophen als Muster vorgehalten (III, 26, 33) und seine Ethik in der Losung zusammengefasst hätte: „ertrage und entsage" (fr. 179 ἀνέχου καὶ ἀπέχου, vergl. IV, 8, 20). Dieser Grundforderung gegenüber kann es nicht ins Gewicht fallen, dass er hinsichtlich des Weingenusses einer laxeren Moral zu huldigen scheint. Es war bekanntlich eine Streitfrage unter den Stoikern, ob der Weise auch trunken werden könne resp. dürfe. Ein Teil der Stoiker scheint jeden über das Bedürfnis gehenden Weingenuss verworfen, ein anderer dagegen zwischen οἴνωσις (angeheiterter Zustand) und μέθη (Rausch) unterschieden und nur den letzteren verboten, wieder andere die Trunkenheit schlechtweg, unter Preisgebung der subtilen Unterscheidung, erlaubt zu haben mit der Motivierung, dass durch den Rausch nur der Schlechte zu unwürdigem Benehmen veranlasst werde, während der Gute seine Selbstbeherrschung auch da nicht verliere und seine Tugend nicht nur nicht einbüsse, sondern sogar in freundlichem Lichte, ja gewissermassen in gesteigertem Masse zu zeigen vermöge[11]). Aus den wenigen Andeutungen, die wir bei Epictet darüber finden, ergiebt sich mit grosser Wahrscheinlichkeit, dass er jene Unterscheidung von μέθη und οἴνωσις gekannt und auch selbst angewendet hat. Während er nämlich die οἴνωσις nicht bloss gestattet sondern als Gelegenheit zur Erprobung der absoluten Festigkeit der sittlichen Grundsätze betrachtet, gebraucht er das Wort μεθυστής in tadelndem Sinne als Gegensatz zur Nüchternheit (IV, 2, 7). Man könnte nun allerdings sagen, Epictet wende sich da an die Lernenden, denen er wohl die μέθη untersagt haben kann, während er sie bei dem sittlich Durchgebildeten für nicht gefährlich und sündig gehalten hätte. So verbietet er III, 12, 11 das „viel trinken", ja für den Anfang überhaupt das Weintrinken, erlaubt dagegen den Fortgeschrittenen hie und da zur Probe sich dem reichlicheren Trunke hinzugeben: eine Unterscheidung von μέθη und οἴνωσις liegt hier nicht zu grunde. Als naheliegende Parallele bietet sich da der bekannte Rat des Panätius, dass diejenigen, die von der Weisheit noch weit entfernt seien, sich dem Eros nicht hingeben sollen. Diese Parallele liegt um so näher, als Seneca die Entscheidung des Panätius, die er berichtet (ep. 116, 5), sofort auf alle Affekte und Liebhabereien ausdehnt und den Rat giebt, man solle eine schwache Seele nicht dem Wein preisgeben. Jedoch lässt sich daraus nicht schliessen, dass Seneca resp. Panätius der starken Seele hinsichtlich des Weingenusses gar keine Grenze setzen wollte. Die Aeusserung Epictets macht jedenfalls den Eindruck, dass er die μέθη absolut verworfen und die Nüchternheit unbedingt, also auch für den Weisen, gefordert hat; denn er identifiziert die Enthaltung von der μέθη mit der Sittsamkeit und Dezenz (αἰδήμονα εἶναι καὶ κόσμιον), Tugenden, von denen selbstverständlich auch der Weise nie dispensiert werden kann, die er vielmehr im höchsten Masse besitzen muss. Die Sache ist also wohl so zu denken: Epictet fasst die οἴνωσις, die er dem Weisen gestattet, nicht als Gegensatz zu der Nüchternheit im moralischen Sinne auf, sondern setzt voraus, dass derselbe, wenn je die Umstände ihn zu reichlicherem Weingenuss veranlassen, ihn natürlich nicht bis zum äussersten treiben sondern nur soweit sich erlauben wird, als er die volle Herrschaft über sich selbst und damit die Vermeidung jedes unwürdigen Benehmens sich zutrauen kann. Freilich liegt auch bei dieser Auffassung in der Gestattung der οἴνωσις ein offenbarer Widerspruch gegen den allgemeinen Grundsatz, dass das Mass des Essens und Trinkens lediglich durch das physische Bedürfnis normiert werden soll[12]). Es ist jedoch, wie schon früher erwähnt wurde, zu beachten, dass Epictet die Erlaubnis reichlicheren Weingenusses nicht etwa aus einem Bedürfnis der menschlichen Natur, sondern nur aus der allgemeinen Pflicht der συμπεριφορά (der Anbequemung an die bestehenden Sitten) herleitet. Der Grundsatz der Autarkie und Bedürfnislosigkeit wird also durch jene Einräumung keineswegs beeinträchtigt, da ja der Philosoph, wenn er je dem Trunke sich hingiebt, es nicht aus eigenem Verlangen sondern nur gleichsam den anderen zu lieb thut. Zugleich gilt ihm die Trunkenheit als eine Gelegenheit, seine sittliche Festigkeit zu erproben und zu bewähren. Wie wenig Epictet die οἴνωσις an und für sich als etwas Entwürdigendes betrachtet, zeigt seine Aeusserung, dass, wer auch die dritte Stufe erreichen und somit selbst im Rausch und Wahn unerschütterlich sein wolle, erhabene Vorsätze habe, dass er — ein Gott sei (II, 17, 33).

Die Pflicht der Mässigkeit gilt aber nicht bloss für den Genuss von Speise und Trank, sondern auch für den Geschlechtsgenuss. Dabei zeigt Epictet sich jedoch ganz frei von Prüderie und Rigorismus. Im ätiologischen Beweis für die Existenz der Gottheit schildert er die zweckmässige Einrichtung der menschlichen Natur und führt dabei unter anderem auch den Geschlechtsunterschied und den Geschlechtstrieb an (I, 6, 9). Hieraus geht ohne weiteres hervor, dass er die Befriedigung der letzteren als ein Gebot der Natur betrachtet hat, und zwar als ein solches, das sich unmöglich verleugnen lässt (II, 20, 20). Sie erscheint deshalb als integrierender Bestandteil des leiblichen Lebens neben dem Essen etc. (II, 8, 12 und 15. IV, 1, 143. En. 41). Dieser Betrachtungsweise widerspricht es nicht, wenn Epictet in dem vorhin citierten, pessimistisch angehauchten Fragment 94 sich glücklich preist, über die geschlechtlichen Bedürfnisse hinaus zu sein, und dies zu den Vorzügen des Alters rechnet. Einer ähnlichen Stimmung giebt er Ausdruck in En. 7, wo er das Leben vergleicht mit dem Aufenthalt einer Schiffsmannschaft auf dem festen Lande, wenn das Schiff vor Anker liegt.

Man darf da beim Wasserholen gelegentlich auch Muscheln und Schnecken auflesen, die am Wege liegen, muss jedoch den Sinn stets auf das Fahrzeug und den Ruf des Steuermanns gerichtet halten. So darf man auch im Leben, wenn sich's so fügt, an Weib und Kind sich ergötzen — — „bist du aber ein Greis, so entferne dich überhaupt nicht mehr weit vom Fahrzeug, damit du den Ruf nicht überhörest". — Es fragt sich nun aber, wie Epictet die Pflicht der Keuschheit bestimmt. Mit wünschenswertester Deutlichkeit spricht er sich darüber in jenem Kapitel 33 des Enchiridion aus, welches sozusagen einen Katechismus der Pflichten bildet. Dort sagt er, des geschlechtlichen Verkehrs soll man sich vor der Ehe nach Kräften enthalten; wer aber dies nicht vermöge, solle wenigstens denselben nur in der gesetzlich erlaubten Weise pflegen, der Enthaltsame aber soll sich nicht mit seiner Keuschheit brüsten noch den Freieren gegenüber widerwärtigerweise den Sittenrichter spielen [13]). Auch sonst, wo Epictet vom geschlechtlichen Verkehr als einem erlaubten redet, betrachtet er offenbar das Verehelichtsein nicht als notwendige Bedingung oder einzige Form desselben (II, 8, 12 und 15. IV, 1, 143. En. 41). Für den Anfänger in der sittlichen Bildung erklärt er allerdings die Enthaltung von Wein, Weib und Gesang (III, 12, 11. IV, 2, 7) für notwendig, denn „ungleich ist der Kampf eines schönen Mädchens mit einem anfangenden Jünger der Philosophie"; aber wenn er sich mehr gefestigt glaubt, darf, ja soll er zur Probe sich einlassen, um zu erforschen, ob er noch ebenso leicht zur Lust entzündet wird. Man kann diese Stelle freilich auch anders auffassen, nämlich dass Epictet unter der Enthaltung das absolute Sichfernhalten von jeder Versuchung und unter der Probe das Aufsuchen dieser Versuchung versteht, jedoch natürlich mit dem Zweck dieselbe zu überwinden. In diesem Falle wäre eigentlich jeder voreheliche geschlechtliche Verkehr verboten, und es kann ja daran kein Zweifel sein, dass dies Epictets Ideal war und dem ganzen Geiste seiner Sittenlehre allein angemessen ist.

Die Befriedigung des Geschlechtstriebs in der Ehe gilt ihm durchaus als das Normale, denn das Heiraten und Kindererzeugen rechnet er zu den ἔργα προηγούμενα, d. h. zu den in der menschlichen Natur begründeten und daher allgemein geltenden Pflichten (III, 7, 26, cfr. ecl. II, 109), und stellt es deshalb auf eine Linie mit der Gottesverehrung und dem sittlichen Verhalten überhaupt. Die Ehelosigkeit ist ihm keineswegs, wie auch Zeller meint, ein an sich heiligerer Stand, und auch der Cyniker wird nicht etwa durch seine Ehelosigkeit, die für ihn die Regel ist, auf eine höhere Stufe gehoben, sondern sie ist nur ein äusseres, notwendiges Mittel zur Erfüllung seines hohen Berufs, zu dem er schon vorher nach allen Seiten die gehörige Ausstattung besitzen muss. Bedenkt man, dass der Cyniker, so wie ihn Epictet schildert, ein ganz einzigartig beanlagter Mensch sein muss, wie er höchstens alle paar Jahrhunderte einmal erscheinen kann, und dass Epictet auch für den Cyniker in einem Staat von Weisen (wo er freilich überflüssig wäre) die Ehe als natürlich betrachtet, so kann man füglich von einer Vorliebe Epictets für den Cölibat nicht reden. Noch viel weniger lässt sich die Ansicht Epictets von der Ehe mit derjenigen der katholischen Kirche auf eine und dieselbe Stufe stellen: die katholische Ueberschätzung der Ehelosigkeit beruht bekanntlich auf der jüdisch-paulinischen Anschauung, dass das Geschlechtliche als solches ins Reich der Sünde gehört, während Epictet hierüber ganz antik naturalistisch denkt. Durchgängig stellt er die Ehe und den Besitz eines Weibes als ein Gut hin (z. B. II, 14, 18), das allerdings zu den äusseren Gütern gehört, die der Gebildete nicht um jeden Preis haben wollen darf. Wenn es manchmal den Anschein hat (IV, 5, 6), als meinte Epictet, der Mensch solle sich nicht ums Heiraten bemühen, sondern warten, bis ihm dieses Glück in den Schoss fällt, so lässt dies keineswegs auf eine Abneigung gegen den Ehestand schliessen, sondern erklärt sich aus dem im ganzen Geist der stoischen Moral begründeten, mehr passiven, quietistischen Verhalten gegenüber den äusseren Lebensgütern. Nur in diesem Sinne könnte man also bei Epictet — aber mit demselben Recht bei der Stoa überhaupt — von einer Geringschätzung der Ehe reden, keineswegs aber so, als ob sich bei ihm hierin ein Hang zur Askese geltend machte. Hat er doch sogar die Befriedigung des Geschlechtstriebs ausserhalb der Ehe nicht rundweg verboten. Es fragt sich nun aber, ob Epictet dieselbe rein als physisches Bedürfnis betrachtet oder ob er die geschlechtliche Liebe, den Eros, als eine berechtigte Seite oder Epoche im Gemütsleben anerkannt hat.

Es ist bekannt, dass die Stoiker den Eros als Spezies der ἐπιθυμία, folglich als Pathos betrachtet und eben damit verworfen haben. Sie kannten aber auch einen sittlichen Eros, den sie als „durch Schönheit bewirktes Streben nach Befreundung" definierten[14]. Es ist schon im I. Bd. p. 288 u. f. darauf hingewiesen worden, dass sich darin ein mit den universalistischen Grundsätzen der Schule eigentlich unverträglicher Rest spezifisch hellenischer Anschauung offenbare, insofern der stoische Intellektualismus die Annahme verbietet, dass die Schönheit des Leibes, also etwas Zufälliges und Aeusseres, eine grössere Begabung für die Tugend begründe, und überdies der Weise auch dem zur Tugend fähigst scheinenden Schüler gegenüber wesentlich keine andere Affektion haben darf, als die des ruhigen und vernünftigen, auf seine Bildung gerichteten Willens. Der Gegner der Stoa in comm. not. 28 hat daher ganz Recht, wenn er sagt, die Stoiker sollen dies Erziehungstrieb (φιλοπαιδεία) nennen, aber nicht Eros, worunter sich jedermann etwas ganz anderes denke. Er sucht noch weiter die stoische Lehre lächerlich zu machen durch die Bemerkung, dass nach ihrer eigenen Ansicht die Verderbnis des Ethos auch in der äusseren Erscheinung sich offenbare, so dass also der Eros gar nicht denkbar sei, da ja die Ungebildeten gar keine Schönheit haben können. Damit stimmt allerdings auch die bekannte Paradoxie überein, dass nur der Weise schön etc. sei. Somit käme die Absurdität heraus, dass die Stoiker die Menschen lieben, wenn sie am hässlichsten sind, den Eros aber aufgeben, wenn der Geliebte die wahre Schönheit erreicht hat (vgl. Plut. st. poet. abs. 3).

Dass nun die Stoiker ihren Eros frei von jeglichem geschlechtlichem Gefühl dachten, ist mit Sicherheit anzunehmen[15]. Bei Epictet finden wir das Wort Eros in diesem sittlichen Sinne nicht gebraucht; sachlich könnte man höchstens in der schon früher erwähnten Aeusserung, dass ein schmucker, sauberer Jüngling durch die in seinem äusseren Wesen sich verratende Lust am Schönen dem Philosophen eine Handhabe zur ethischen Anfassung biete, einen Anklang an jenen sonderbaren Eros erblicken. Jedoch aus anderen Stellen geht klar hervor, dass Epictet die Lust zur Bildung der Menschen nicht von der Schönheit, sondern lediglich von der geistigen Empfänglichkeit abhängig gemacht hat (II, 24, 10). Es fällt ihm deshalb auch nicht ein, diese Lust zum sittenbildenden Reden und Wirken Eros zu nennen. Um so gewisser stimmt er darin mit seiner Schule überein, dass er den geschlechtlichen Eros als Pathos verwirft: „nur die Philosophie kann uns Frieden schaffen von Liebe, Trauer, Neid und anderen Leidenschaften" (III, 13, 10). Der Eros ist also hier als eine den inneren Frieden und das wahre Glück störende Gemütsbewegung aufgefasst. Freilich haben wir auch andere Aussprüche Epictets, die dem Eros eine gewisse Berechtigung zuerkennen. Dass Crates, obwohl Cyniker, verehelicht war, rechtfertigt er damit, dass dessen Heirat aus Liebe erfolgt sei und dass sein Weib ein zweiter Crates gewesen (III, 22, 76)[16]. Er lässt den Eros als relativ triftigsten Entschuldigungsgrund für unmännliches Benehmen gelten und nennt ihn eine gewaltige und gewissermassen göttliche Regung (IV, 1, 147). Und fast als ein Bekenntnis, dass er selbst diese göttliche Regung aus Erfahrung kenne, klingt es, wenn er mit ebenso viel Freimut als Seelenkenntnis seinen Schülern die Wahrheit, dass, wer wirklich nach dem sittlichen Ziel strebt, alle äusseren Entbehrungen und Schmerzen gering achtet, im Vergleich zur Erreichung dieses Zieles, durch die vielsagende Bemerkung erläutert: wenn einer von euch je ein schönes Mädchen geliebt hat, so weiss er, dass ich die Wahrheit sage (III, 5, 19)[17]. Trotz dieser Aeusserungen aber, die wohl zeigen, dass Epictet durch die Theorie der Schule sich den Blick fürs wirkliche Leben nicht ganz trüben liess, bleibt es dabei, dass der Eros in seiner Ethik keine berechtigte Stelle hat. Die Frucht der philosophischen Bildung soll ja die sein, dass das sinnliche Begehren (ἐπιθυμία) gänzlich aufhört und nur noch die vernünftige, auf das geistig Schöne sich richtende Begierde herrscht (IV, 1, 84). Drastisch weiss er die unwürdige Knechtschaft, unter welcher der Verliebte schmachtet, zu schildern. Der Philosoph — sagt er — hat nie Anlass, irgend einen Menschen um etwas zu beneiden: hat einer Geld, so hat er dafür die Gabe, das Geld nicht zu bedürfen; hat einer ein schönes Weib, so hat er dafür die Freiheit von jeglicher Begierde nach schönen Weibern (IV, 9, 3). Das ist der rechte Philosophenschüler, der sich darin übt, eine Schöne sehen zu können, ohne dass er dadurch zu sinnlichen Begierden und unsauberen Vorstellungen gereizt wird (II, 18, 15. En. 10). Wir können somit zu keinem anderen Urteil gelangen, als dass Epictet den Eros für diejenigen, die ernstlich nach sittlicher Bildung trachten, als durchaus unstatthaft betrachtet hat; wenn er also die Befriedigung des Geschlechtstriebs ihnen nicht rundweg verbietet, so kann er dieselbe nur unter dem Gesichtspunkt des physischen Bedürfnisses erlaubt haben. Man darf dabei übrigens nicht vergessen, dass Epictet unverheiratet war und nach seinem eigenen Bekenntnis in früheren Jahren nicht in völliger Enthaltsamkeit gelebt hat; so begreift man seine Toleranz, kraft welcher er die Befriedigung des Geschlechtstriebes vor der Ehe nicht unbedingt als Sünde verdammt. Auch Simplicius in seiner Erklärung der Stelle lässt die Restriction εἰς δύναμιν gelten, stellt sich aber doch persönlich entschieden auf die Seite der strengeren Ansicht, indem er zugleich die allein durchschlagende Begründung giebt, dass die Gerechtigkeit es verlange, dass die Jungfrau die Erwartung, die der Mann von ihr hegt, auch bei ihm bestätigt finde. — Viel strenger als Epictet urteilt über diese Sache sein Lehrer Musonius (floril. I, 154), der allen ausserhalb der Ehe und nicht zum Zweck der Kindererzeugung geübten geschlechtlichen Verkehr als ungerecht und „ungesetzlich" verwirft. Natürlich hat er dabei das Höhere, das Sittengesetz, im Auge, während Epictet unter dem Gesetzlichen (νόμιμον) das durch die bürgerliche Sitte und Ordnung Erlaubte versteht. Energisch tritt Musonius auch für das Recht der Frauen ein, nach demselben Massstab wie die Männer gemessen zu werden: es sei eine Schande für die Männer, wenn sie, die doch an Verstand die stärkeren sein wollen, selber zugestehen, dass sie ihre Begierden weniger zähmen können, als die Weiber [18].

Zeigt denn Epictet, was die Pflicht der Keuschheit vor der Ehe betrifft, eine nach christlichen Begriffen etwas laxe Ansicht, so erhebt er sich dagegen zur vollen Höhe christlichen Ernstes in der Fassung der ehelichen Keuschheit. Nicht bloss den faktischen Ehebruch verurteilt er aufs schärfste als Verletzung der Sittsamkeit und Ehrenhaftigkeit zugleich, sondern auch die Lüsternheit im Umgang mit Frauen, ja sogar die unsaubere Begierde erklärt er für Sünde in Worten, die lebhaft an den bekannten Spruch Jesu aus der Bergpredigt erinnern [19]. Geradezu vernichtend ist die Kritik, die er einem notorischen Ehebrecher angedeihen lässt, indem er denselben brandmarkt als einen Menschen, der alles Anrecht auf Treue und Glauben, auf Freundschaft und Vertrauen seiner Mitbürger verscherzt und die Fähigkeit verloren hat, irgend eine Stelle im menschlichen Leben geziemend auszufüllen (II, 4, 1 etc.).

Wie der Mann, so verliert natürlich auch die ehebrecherische Frau alle Ehre. Menelaus war ein Thor, dass er sich über den Raub der Helena aufregte; er hätte vielmehr froh sein sollen, eines ehebrecherischen Weibes ledig zu sein (I, 28, 13. III, 22, 37). Unzüchtigen Weibern gefallen zu wollen, ist eine Schmach für den Mann (III, 1, 32). Scharf geisselt Epictet die Sittenlosigkeit der römischen Weiber, die durch die Berufung auf Platos Staat, dessen Tendenz sie gänzlich missverstehen, ihre Laszivität entschuldigen. Treffend bemerkt er aber auch, dass an dieser Entartung des weiblichen Geschlechts die Männer die Hauptschuld tragen, die sie von Jugend auf durch Galanterie verwöhnen, anstatt in ihrem Benehmen gegen sie erkennen zu lassen, dass sie nur durch Sittsamkeit und Züchtigkeit die Wertschätzung der Männer verdienen (En. 40).

Auch im ehelichen geschlechtlichen Verkehr soll alles Uebermass vermieden und die persönliche Würde, sowie die innere Erhebung über alles Sinnliche gewahrt bleiben (En. 41. IV, 1, 143)[20]. Die Päderastie betrachtet Epictet als geschlechtliche Verirrung, die mit dem Verluste der Mannesehre verbunden ist (II, 10, 17). Freilich zeigt er sich dann auch wieder unter dem Banne der hellenischen Anschauung, indem er die Liebe zum Schönen auf dieselbe Linie stellt mit der Liebe zur Schönen (II, 18, 15. III, 7, 21. III, 22, 13) und die körperliche Anmut des Socrates zu erhärten sucht durch die Bemerkung, dass die schönsten und vornehmsten Männer in Liebe zu ihm entbrannten (IV, 11, 19).

Wie in der Regelung des geschlechtlichen Lebens, so gilt auch für das sonstige menschliche Zusammenleben, für den geselligen Umgang als oberstes Gebot die Wahrung des Anstands und der persönlichen Würde. Sittsamkeit, Zucht und Bescheidenheit sind Tugenden, auf die Epictet besonders grossen Wert legt[21]. Nicht bloss alles unanständige Reden und Scherzen[22]) ist des Gebildeten unwürdig, sondern auch die Schwatzhaftigkeit, die kein Geheimnis zu bewahren weiss (IV, 13), und die Psychologie, d. h. alles fade, oberflächliche Geschwätz (IV, 3, 2). Die gewöhnliche Unterhaltung über Essen und Trinken, Zirkus und Athleten etc., sofern sie einen Sinn verrät, der keine höheren Genüsse und Interessen kennt, steht ihm nicht an. Besonders soll er auch nicht viel von sich selbst, seinen Thaten und Leiden, reden, denn er darf nicht meinen, dass anderen Leuten das Zuhören eben solche Freude mache, wie ihm das Erzählen. Am allerwenigsten soll er da mitthun, wo man andere ungebührlich lobt oder sie lieblos richtet. Vielmehr soll er, wenn er sich dazu berufen fühlt, die Unterhaltung auf ernste, würdige Themata zu lenken suchen. Da aber Epictet wohl weiss, dass dies nur selten glückt und dass diese Kunst nur wenigen verliehen ist[23]), so giebt er den Rat, sich möglichst schweigend und zurückhaltend zu benehmen. Die vulgären Schmausereien, bei denen es nur auf fleischliche Genüsse abgesehen ist, soll der Gebildete meiden, und wenn er je es für angezeigt findet, daran teilzunehmen, über seine Seele wachen und sich zusammennehmen, dass er nicht auch in das ungebildete Wesen hineingerät. Auch durch Vermeidung des thörichten oder unmässigen Lachens soll er seine Bildung zeigen und sich überhaupt davor hüten, durch albernes oder spasshaftes Wesen sich in der Achtung seiner Mitmenschen herunterzusetzen.

Es wäre nun aber ganz verfehlt, wenn man aus diesen ziemlich asketisch lautenden Vorschriften den Schluss ziehen wollte, als ob Epictet jede gesellige Fröhlichkeit und jedes Gespräch, das nicht direkt eine sittliche Tendenz hat, verworfen hätte. Wie wir bereits sahen, ist ihm alles unzeitige und aufdringliche Tugendgeschwätz, alle selbstgefällige oder polternde Sittenrichterei, alle zelotische Bekehrungssucht in der Seele zuwider. Ein Hauptfehler, den Epictet immer wieder bei seinen Schülern zu bekämpfen sucht, ist die Sucht, das in der Schule Gelernte und Gehörte gleich an den Mann zu bringen, anstatt es erst zu verdauen und durch Nachdenken sich zu eigen zu machen. In vorzüglicher Weise handelt er davon in II, 12, wo er zum Schluss andeutet, dass er früher auch von diesem Bekehrungseifer erfüllt gewesen sei, bis er seine schlimmen Erfahrungen damit gemacht habe — beiläufig gesagt, ein Wink für uns, dass Epictet wie der Stifter der Schule vom Cynismus aus zur Stoa überging, was es auch vollständig erklärt, dass er die Idee des Cynikers in idealisierter Gestalt in sein System aufgenommen hat. Nicht bloss für diejenigen — führt er hier aus — die in ihren sittlichen Grundsätzen noch nicht fest sind, ist es gefährlich, sich mit den Weltmenschen in ein moralisches Gespräch einzulassen, sondern auch für die Fortgeschrittenen, weil sie wegen Mangels an Unterredungs- und Ueberredungskunst leicht den kürzeren ziehen. Sie können und sollen einzig und allein durch ihr Beispiel, durch die schlichte, anspruchslose Befolgung und Ausübung des Gelernten auf andere bessernd einzuwirken suchen [24]). Ueberdies dürfen wir nicht vergessen, dass die Regeln in En. 33 mehr nur den Anfängern gelten, die sich sorgfältig zu hüten haben vor allem, was den Prozess der sittlichen Heilung stören könnte: es ist ein ausgesprochener pädagogischer Grundsatz Epictets, dass man die Neigung zum Hedonismus überwinden müsse durch eine Entsagung und Abhärtung, die der Geheilte dann nicht mehr nötig hat, also durch eine dem anderen Extrem sich nähernde Lebensart, die aber nur vorübergehende Geltung hat [25]). So will denn Epictet z. B. das Singen keineswegs ganz verbieten, wenn er gleich dem Schüler rät, seine frühere Kameradschaft aufzugeben und nicht mehr mit ihnen zu zechen und zu singen (IV, 2, 7). Er rechnet vielmehr auch Gesang und Spiel zu den erlaubten Erholungen (IV, 12, 17), nur dass er selbstverständlich auch hier auf Wahrung des decorum dringt und beständige Wachsamkeit fordert (IV, 12, 4). Und wie er dem sittlich Gefestigten den reichlicheren Weingenuss erlaubt, so gestattet er ihm auch im geselligen Verkehr überhaupt eine freiere Bewegung, als sie dem Anfänger in En. 33 vorgezeichnet ist; nicht bloss Scherz, sondern auch Spott ist hier und da am Platze (IV, 12, 17), nur muss es mit dem richtigen Takt und ohne Verletzung der Liebe geschehen [26]). Trefflich ist diese Frage behandelt in III, 16 und En. 48, woraus besonders auch das deutlich zu erkennen ist, dass der Verzicht auf gesellige Freuden nur von den noch Unfertigen, die als Kranke (ἄῤῥωστοι) leben müssen, und nur aus dem Grunde verlangt wird, weil in den gewöhnlichen, aus Ungebildeten (ἰδιῶται) bestehenden geselligen Kreisen ein dem philosophischen Ideal entgegengesetzter Sinn und Geist herrscht. Freilich fällt bei dieser Auffassung auch für den Gebildeten jedes Motiv zur Teilnahme an derartigen geselligen Vereinigungen weg: auch er wird sie also folgerichtig meiden, nicht sowohl aus Besorgnis für sein Seelenheil, sondern weil er nichts dabei hat für sein Gemüt, weil er seine Zeit besser anzuwenden weiss. Ja man sollte denken, gerade der sittlich ernste Mensch müsse am allermeisten sich fernhalten von solchen Kreisen, weil ihm das leichtfertige Gerede und Getriebe Ekel erregen müsse. Jedoch diesen Gesichtspunkt finden wir bei Epictet kaum hervorgehoben. Es hängt dies zusammen mit dem tiefsten Mangel der epictetischen und stoischen Ethik, dass sie nämlich die Sünde mehr als Thorheit verlachen als mit sittlichem Unwillen betrachten lehrt. Wer einmal soweit ist, dass er sich selbst für gerettet halten kann, der betrachtet das Zusammensein mit den übrigen Menschen mehr nur als ein Spiel, bei dem er nichts gewinnen, aber auch nichts verlieren kann: statt dass ihm die Thorheit der Menge einen Schmerz oder eine brennende Lust zum Helfen einflösste, findet er vielmehr eben darin eine gewisse Befriedigung, ihre Thorheiten gleichmütig anzusehen und je nachdem, doch ohne innerliche Anteilnahme, mitzumachen.

Auch den Besuch von Schauspielen, öffentlichen Redeübungen und Belustigungen hat Epictet keineswegs verboten, wenn er auch den Anfängern rät, sich möglichst davon fernzuhalten (III, 4, 9. I, 25, 27. En. 33) [27]). Dass er die eitle Vergnügungssucht tadelt, die Tag für Tag eine andere Belustigung begehrt (III, 16, 14), und insbesondere das σπουδάζειν, die leidenschaftliche Parteinahme für diesen oder jenen öffentlich auftretenden Künstler scharf missbilligt (III, 4, 9. I, 11, 27. En. 33, 10), wird jedermann in der Ordnung finden. Sein offener

Sinn und seine unbefangene Bewunderung für alles wahrhaft Kunstmässige, insbesondere auch für die Kunst der Rede, abgesehen von ihrem Inhalt, ist früher schon hervorgehoben worden.

Nach allem Bisherigen wird man wohl sagen dürfen, dass Epictets Moral durchaus keine asketische ist. Denn wer die Befriedigung des Geschlechtstriebs als ein unerlässliches Naturbedürfnis anerkennt, so sehr, dass er sogar zur Gestattung des ausserehelichen Geschlechtsverkehrs sich entschliesst, wer einen so ausgesprochenen Sinn für körperliche Schönheit besitzt, wer, wenn auch freilich nur für besondere Fälle, den über das Naturbedürfnis hinausgehenden Weingenuss erlaubt und überhaupt die Anpassung an die bestehenden Sitten und Umgangsformen (die συμπεριφορά) in so weitherziger Weise befürwortet, kann wohl noch nicht als ein asketisch gerichteter Mensch gelten.

Am ehesten könnte man ein asketisches Moment finden in der Verwerfung nicht bloss des Luxus, sondern, wie man aus manchen Aeusserungen schliessen möchte, überhaupt alles Komforts des Lebens. Den Gebrauch eines Kissens scheint er als Weichlichkeit missbilligt zu haben (III, 24, 37), in Kleidung und Geräten fordert er die grösste Einfachheit, unter anderem auch aus dem eigentümlichen Grund, dass man auf diese Weise vor Bestehlung sicher sei und dem Nachbar keine Versuchung zum Stehlen biete (I, 18, 13 etc.). Jedoch wir haben bereits gesehen, dass Epictet den Grundsatz, dass für die Einrichtung des äusseren Lebens nur das nackte Bedürfnis massgebend sein soll (En. 33, 7), nicht streng durchführt. Schon das, dass er überhaupt eine Dienerschaft gestattet, enthält eine beträchtliche Milderung jener Behauptung. Ferner geht aus dem Zusammenhang hervor, dass es Epictet nur darauf ankommt, denjenigen Luxus, welcher der Eitelkeit dient und zur Verweichlichung führt, zu verbannen: zwischen dem nackten Bedürfnis aber und dem Luxus in dem genannten Sinn liegt das weite Gebiet dessen, was wir Komfort nennen, und es scheint nicht, als ob Epictet den letzteren ganz und gar verworfen hätte. Schon die Gestattung des Weingenusses will ja mit jenem Grundsatz nicht recht stimmen. Sodann ist zu erinnern an seine Freude an den Kunsterzeugnissen aller Art (III, 7, 24. II, 14, 1 etc.), welche nicht recht begreiflich wäre, wenn er wirklich alles, was nicht dem elementarsten Bedürfnis dient, als verwerflichen Luxus betrachtet hätte. Endlich nötigt uns die oft sich findende Mahnung, man solle sich nicht brüsten mit seiner Mässigkeit und Enthaltsamkeit (III, 14, 6. III, 12, 17. III, 24, 118. I, 29, 64. En. 47. Vergl. Ant. I, 7), zu der Annahme, dass er in diesem Punkte der persönlichen Liebhaberei einen ziemlich grossen Spielraum liess. Auch seine verständige Wertung der menschlichen Beihilfe zur Beschaffung aller Lebensbedürfnisse (II, 20, 33), sowie überhaupt seine dankbare Schätzung aller Gottesgaben machen es unwahrscheinlich, dass er den Verzicht auf alles Entbehrliche im strengen Sinn gefordert hat. Ja aus seinem Grundsatz, dass der Weise jede Rolle im Leben würdig zu spielen im stande sein muss, ergiebt sich, ganz im Gegensatz zur mönchischen Forderung freiwilliger Armut, der Schluss, dass auch in äusserlich glänzenden Verhältnissen der sittliche Lebenszweck eben so gut erfüllt werden kann wie in der grössten Niedrigkeit. Auch scheint Epictet keine genauen Vorschriften über Diät, Kleidung etc., wie sein Lehrer Rufus, der z. B. nur den

Mantel gestattet, das Schuhwerk und den Fleischgenuss und alle aus wertvollerem Material angefertigten Geräte und Gefässe verwirft (floril. I, 37, 285. 297. III, 147 etc.), gegeben, sondern sich mit Aufstellung allgemeiner Prinzipien und Fixierung der Extreme begnügt zu haben. Dass er kein Vegetarianer war, wie Musonius, schliesse ich daraus, dass er die Teilnahme an Gastmählern, wie wir sahen, nicht unbedingt verbietet und jedenfalls nie den Fleischgenuss, also die Diätsverletzung, als Grund dagegen geltend macht. Als indirektes Argument lässt sich weiter das anführen, dass er, wo er von dem Anfänger Enthaltung fordert, neben Wein und Weib nicht etwa die Fleischkost, sondern den Kuchen, also Leckerbissen namhaft macht (III, 12, 11); hätte er auf die Vermeidung der Fleischnahrung so viel Wert gelegt, wie Musonius, so wäre es doch viel näher gelegen, statt des Kuchens das Fleisch zu erwähnen, und En. 33, wo die Hauptpflichten des Anfängers kurz zusammengefasst sind, hätte ein so einschneidendes Verbot unbedingt auch genannt werden müssen[28]. Wenn also schon Musonius trotz seiner Hinneigung zur Askese von der Unkultur des Diogenes weit entfernt ist (Weber in d. Leipz. Stud. 10, p. 123), so gilt dies in noch höherem Masse von Epictet. Immerhin wird man andrerseits zugeben müssen, dass ihm das volle Verständnis für den berechtigten Genuss und Schmuck des Lebens abging und dass er sehr dazu hinneigt, alles was nur zur behaglichen Einrichtung des Lebens gehört, in übertriebener Strenge für Weichlichkeit und Schwelgerei zu erklären. Das Ideal war ihm eben doch die einfache und harte, allem Unnötigen abholde Lebensweise eines Socrates, Diogenes, Kleanthes, die er wohl auch selbst beobachtet hat (III, 26, 23). Im übrigen aber spielt bei ihm die Askese keine Rolle, resp. sie hat für ihn Bedeutung nur als Askese im wörtlichen Sinne, als Uebung, und nicht als Selbstzweck, als relativ notwendiges Mittel, um zur sittlichen Freiheit zu gelangen, aber nicht als wesentliches Moment des sittlichen Lebens[29]. Bloss für den Cyniker gehört die Askese zum Berufe: denn er ist dazu bestimmt, den Menschen an seiner eigenen Person anschaulich zu zeigen, mit wie wenigem man auskommen kann und wie wenig das Glück von äusserem Besitz abhängt. Dem persönlichen Vorbild misst überhaupt Epictet eine grössere Wirkung bei als aller Lehre und Ermahnung[30]. Aus diesem Grunde hält er das Auftreten von Cynikern für notwendig, lässt aber auch gar keinen Zweifel darüber bestehen, dass der rechte Cyniker ein Mensch von ausserordentlicher Beanlagung sein muss, die gar nicht Ziel des Strebens und Gegenstand der Nachahmung sein kann. Wohl stellt er im allgemeinen den Cyniker als den Gotteszeugen par excellence am höchsten, auch über Socrates; aber andrerseits giebt er auch wieder diesem den Vorzug vor Diogenes, weil er trotz seiner häuslichen Gebundenheit die Freiheit des Weisen vollkommen verwirklicht habe (IV, 1, 159). Alles Asketische, was der Cyniker hat, ist nur um der grossen Masse willen da, weil diese, um einigermassen von der Wertlosigkeit des Irdischen einen Eindruck zu bekommen, die Geringschätzung desselben gleichsam in dicken Farben aufgetragen vor Augen haben muss. Aber zur persönlichen Vollkommenheit des Cynikers als Menschen ist die Askese durchaus nicht erforderlich, sie ist nur ein ausserordentliches Hilfsmittel zur Besserung der Masse; in einem Staat von Weisen wäre der Cynismus völlig sinnlos (III, 22, 67).

3. Die Wahrhaftigkeit.

Ein asketisches Moment könnte man finden in dem merkwürdigen, jedoch ganz einzelstehenden Verbot des Eides (En. 33, 5). Simplicius in seinem Kommentar zu der Stelle begründet dieses Verbot merkwürdigerweise nicht etwa damit, dass der Philosoph vermöge seiner Wahrhaftigkeit eine feierliche Bekräftigung seiner Aussagen nicht brauche und in der Nötigung dazu eine Schädigung seiner Ehre erblicken müsse, sondern nur religiös, indem er den Eid als Verachtung Gottes auffasst, dessen Würde verletzt werde, wenn er bei „menschlichen, d. h. kleinen und unbedeutenden Angelegenheiten" als Zeuge angerufen und somit ins Interesse gezogen werde. Epictet aber kann den Eid unmöglich aus diesem Grunde verboten haben, denn seine Gottesvorstellung ist eine ganz andere als die des Simplicius. Er, der sogar im Gegensatz zu gewissen Vertretern seiner eigenen Schule die Lehre von der providentia specialis mit Entschiedenheit vertritt (I, 12), kann nimmermehr die Hereinziehung Gottes in menschliche Angelegenheiten als Entwürdigung der Gottheit angesehen haben. Aus dem Zusammenhang der Stelle muss man vielmehr schliessen, dass er das Schwören unter dem Gesichtspunkt des unnötigen, mit der persönlichen Würde unverträglichen Redens betrachtet und daher aus denselben Motiven wie Jesus, nämlich infolge strenger Fassung der Wahrhaftigkeitspflicht verboten hat. Unklar bleibt allerdings dabei der zweite Teil der Vorschrift: wenn es nicht möglich ist (sc. den Eid ganz zu meiden), solle man ἐκ τῶν ἐνόντων, d. h. soweit es möglich ist, das Eidschwören unterlassen. Statt dieser Tautologie erwartet man offenbar den Gedanken, den auch Simplicius am Schluss seiner Erklärung ausführt: wenn du je zum Schwur genötigt wirst oder dich herbeilässest, so halte ihn unverbrüchlich heilig. Ich wage jedoch nicht, den Text in diesem Sinne zu korrigieren und möchte überhaupt auf diese ganz vereinzelte Aeusserung keine festen Schlüsse bauen, um so weniger, als Epictet die üblichen Beteuerungsformeln „bei den Göttern" etc. oft und unbedenklich gebraucht[31]).

Dass Epictet die Wahrhaftigkeit als wesentliches Stück der persönlichen Vollkommenheit betrachtet und in strengem Sinne aufgefasst hat, geht aus dem ganzen Geist seiner Ethik hervor: die Treue, die eine Hauptforderung bei ihm bildet, ist nicht denkbar ohne strenge Wahrhaftigkeit, und die Offenheit, die aber freilich von blinder Vertrauensseligkeit und unbesonnener Schwatzhaftigkeit sehr verschieden ist, gilt auch ihm als hohes Ideal (IV, 13)[32]). Nichtsdestoweniger hat er als Stoiker die sogenannte Notlüge sicherlich nicht unbedingt verworfen. Denn wenn er (IV, 6, 33 etc.) in satirischer Weise die Selbstprüfung des Schlechten schildert, der sich höchstens darüber Vorwürfe macht, dass er aus übertriebener Gewissenhaftigkeit sich einen Vorteil entgehen liess, und seine Schlechtigkeit vor sich selbst rechtfertigt durch die Erwägung, dass selbst die Philosophen die Lüge gestatten, so will er damit nicht die Theorie selbst, sondern nur ihren Missbrauch tadeln. Die Notlüge haben die Stoiker bekanntlich gestattet[33]), sie gilt ihnen als ein καθῆκον περιστατικόν, d. h. als eine Handlung, die nur durch besondere Umstände zur Pflicht wird, während für gewöhnlich die Pflicht das Gegenteil vorschreibt. Da aus den Beispielen, mit welchen diese Erlaubnis erläutert wird, klar hervorgeht, dass die Stoiker das Recht der Notlüge lediglich aus dem Prinzip der Nächstenliebe ableiteten, so wäre es thöricht, diese Konzession zu einem abschätzigen Urteil über ihre Moral überhaupt auszubeuten. Immerhin wird ein feineres sittliches Gefühl einen gewissen Mangel darin erblicken, dass die Stoiker das formell Unwürdige der auch aus den edelsten Motiven entsprungenen Notlüge nicht genügend empfunden und den Eindruck, dass dieselbe dem wahrheitsliebenden Menschen stets eine Ueberwindung kostet, nicht gehabt zu haben scheinen. — Wesentlich anders ist die Lehre des Panätius zu beurteilen, der dem Advocaten gestattet, je nachdem auch das Wahrscheinliche zu verteidigen, etiamsi minus sit verum (off. II, 51). Denn es ist doch etwas anderes, ob ich in einem Notfall, um einen anderen zu retten oder vor Schaden zu bewahren, eine Unwahrheit sage, oder ob ich eine Auffassung einer Rechtssache vertrete, die meiner eigenen Ueberzeugung nicht entspricht: letzteres ist entschieden unmoralisch und zwar gerade auch vom Standpunkt der Stoiker aus, die bekanntlich die Verzeihung, d. h. den Strafnachlass, als unmoralisch betrachteten und dies zwar keineswegs, wie man meist fälschlich annimmt, aus fühlloser Härte, sondern lediglich aus Achtung vor dem Gesetz, dessen Autorität ihrer Ansicht nach dadurch untergraben wird, weil eine gesetzliche Strafe, die man beliebig erlassen oder mildern kann, nicht mehr als notwendige Konsequenz und feststehender Ausdruck der Gerechtigkeit angesehen werden kann. Einer so strengen Auffassung der Gerechtigkeit und der Rechtspflege würde also der Rat des Panätius gerade zuwiderlaufen, da seine Folge notwendig die ist, dass viele strafwürdige Vergehen ungeahndet bleiben. Derselbe zeigt eine auffallende Geistesverwandtschaft mit dem Grundsatz, den Cicero im Lälius (61) ausspricht, dass, wo sich's darum handle, einem Freund zu helfen, auch wenn derselbe Strafe verdient hätte, man es mit der Wahrheit nicht so genau nehmen dürfe (modo ne summa turpitudo sequatur; est enim quatenus amicitiae dari venia possit). Die Schrift de amicitia aber entspricht anerkanntermassen nicht dem rein stoischen Standpunkt, sondern verrät Anklänge an die nikomachische Ethik und steht der peripatetisierenden Richtung des Panätius sehr nahe.

4. Die Pflicht der Arbeit und des Erwerbs. (Vergl. Excurs IV.)

Unter den Pflichten, die der Mensch gegen sich selbst hat, bezw. die zur sittlichen Regelung des persönlichen Lebens gehören, ist noch namhaft zu machen die Pflicht der Arbeit und ökonomischen Unabhängigkeit, die Epictet energisch betont. Wenn man sagt, dass das Christentum erst die Arbeit zu Ehren gebracht habe, so ist das in dieser Allgemeinheit eine unrichtige Behauptung. Der stoischen Philosophie gebührt das Verdienst, die Arbeit von der Schmach, als ob sie eines freien Mannes unwürdig sei, befreit zu haben[34]). Nicht als eigene Ansicht, sondern als längst feststehende Erkenntnis spricht Epictet es aus, dass keine Arbeit, sei sie auch noch so gering, den Menschen erniedrige (III, 26, 7 etc.). Denen, die ängstlich sorgen um ihr Fortkommen, hält er zur

Beschämung das Beispiel der entlaufenen Sklaven und der Armen vor Augen, die sich ohne Behilfe anderer lediglich auf ihre eigene Kraft vertrauend durchs Leben bringen (I, 9, 8), und lobt den Kleanthes, der durch harte Arbeit sich die Möglichkeit des Studiums errang (III, 26, 23). Keine nicht an sich unmoralische Art der Beschäftigung dünkt ihm des Weisen unwürdig. Beim Graben und Pflügen kann man fromme Gedanken hegen (I, 16, 16), auch das Handelsgewerbe ist so ehrenwert wie die höchste politische Thätigkeit (IV, 10, 11). Da der Mensch von Natur ein geschäftiges, thätiges Wesen ist (I, 10, 7)[35]), so ist das Verlangen nach einem berufslosen Musseleben ebenso unberechtigt wie das ehrgeizige Trachten nach Aemtern und Würden (IV, 4, 2)[36]). Wie hoch steht dadurch Epictet über dem hierin noch ganz im Banne der hellenischen Anschauung befindlichen Panätius, der alle niedere Arbeit und jegliches Kleingewerbe für ehrlos erklärt (off. I, 150. Vergl. Posidonius bei Sen. ep. 88)! Wenn er die Landwirtschaft als die des Freien würdigste Thätigkeit preist, so ist das nicht stoisch, sondern römisch gedacht.

Den Erwerb irdischer Güter hält Epictet keineswegs für an sich unsittlich, rechnet er doch den Reichtum zu den Proegmena, woraus sich die Pflicht ergiebt, stets, wo kein sittliches Interesse dadurch verletzt wird, das Mehr dem Weniger vorzuziehen (II, 5, 25). Wer seinen Besitz verwahrlost, sein Geld verschleudert oder nicht umtreibt, macht sich einer Pflichtverletzung (ἀμέλεια) nicht weniger schuldig als wer seine Gesundheit mutwillig schädigt (I, 2, 35 „ob ich gleich kein Krösus bin, so vernachlässige ich doch meinen Besitz nicht"). So viel als man zum Lebensunterhalt braucht, kann sich jeder verdienen, wenn er die Arbeit nicht scheut[37]), und es soll jeder seine Ehre darein setzen, ökonomisch selbständig zu sein; wer eine Familie besitzt, muss eifrig und gewissenhaft auf deren Versorgung bedacht sein (III, 22, 70). Aber auch der Erwerb des Reichtums ist nicht an sich unsittlich: nur ist es allerdings Epictets Ansicht, dass unter den bestehenden Verhältnissen dieselbe kaum ohne sittliche Einbusse möglich ist. Jedoch auch wenn dem nicht so wäre, so dürfte der Gelderwerb in keiner Weise um des Geldes willen, sondern lediglich um der Pflicht willen betrieben werden; denn alle Bemühung um die äusseren Güter ist sittlich nur unter der Voraussetzung, dass es einem nicht um den äusseren Erfolg, sondern nur um die korrekte Bethätigung des Hegemonikon zu thun ist. Wer um des Geldes willen sich anstrengt und abmüht, verdient nicht das Prädikat eines arbeitsamen, sondern das eines habsüchtigen Menschen[38]). Bei der enthaltsamen, allem Luxus abholden Lebensweise, die Epictet vorschreibt, lässt sich in der That kein Grund denken, warum jemand an den Reichtum sein Herz hängen sollte. Auch das Bestreben, anderen mit seinem Gelde zu nützen, rechtfertigt durchaus nicht den Wunsch nach Reichtum; denn wer vermöge seines Reichtums Freunde unterstützen und der Vaterstadt Wohlthaten erweisen kann, ist darum in sittlicher Beziehung kein Haar besser als wer dies nicht vermag, aber sonst seine Pflicht thut und seinen Platz ausfüllt, so gut er kann. „Wenn ich Reichtümer erwerben kann, ohne meiner sittlichen Würde etwas zu vergeben, gut, so werde ich's thun; aber wenn ihr verlanget, dass ich meine (wahren) Güter einbüsse, um euch scheinbare Güter zu verschaffen, so ist dies höchst unbillig und thöricht" (En. 24).

Zweites Kapitel.

Die religiösen Pflichten.

Zu den Hauptpflichten des Menschen rechnet Epictet auch die Gottesverehrung im engeren Sinne. Denn im weiteren Sinn kann ja das ganze sittliche Handeln und Verhalten unter den Gesichtspunkt der Gottesverehrung, speziell der Nachahmung Gottes oder des Gehorsams gegen Gott, gestellt werden und gerade bei Epictet spielt, wie wir sahen, diese religiöse Betrachtung der Moral eine grosse Rolle.

Von der Religion Epictets, wenn wir darunter deren tiefste und innerste Funktionen verstehen, ist schon bisher verschiedentlich die Rede gewesen. Es handelt sich also jetzt nur um die Frage, wie er sich zu den überlieferten Religionsvorstellungen und der hierauf beruhenden praktischen Religionsübung gestellt hat.

1. Der Kultus.

Wir gehen am einfachsten aus von En. 31, wo die Grundsätze über die Verehrung der Götter kurz zusammengefasst sind. Das Wichtigste an der Frömmigkeit ist hiernach, dass man richtige Anschauungen von den Göttern hat, d. h. dass man erstens von ihrem Dasein, sodann von der Zweckmässigkeit und Gerechtigkeit ihres Waltens überzeugt ist. Ist dieser Glaube als wirkliche Ueberzeugung vorhanden, so folgt daraus von selbst die willige Ergebung in alles von oben Verhängte und der freudige Gehorsam gegen die Götter. Dies ist nach Epictet die eigentliche, wahre Götterverehrung, deren aber nur der Philosoph fähig ist, d. h. derjenige, der die richtige Ansicht von dem Wert der Dinge hat und das Gute nur in dem Inneren, Geistigen (ἐν τοῖς ἐφ' ἡμῖν) erkennt. Wer dagegen in dem Aeusseren sein Glück sucht, der muss notwendig, sobald ihm seine Wünsche nicht erfüllt werden, die Götter hassen und ihnen im Herzen Vorwürfe machen. „Darum verwünscht der Bauer die Götter, darum der Seefahrer, darum der Kaufmann, darum wer Weib oder Kind verloren hat, denn „wo euer Schatz ist, da ist auch euer Herz" (ὅπου γὰρ τὸ συμφέρον, ἐκεῖ καὶ τὸ εὐσεβές). Das dritte Stück der Gottesverehrung ist der äussere Kultus. „Opfer und Spenden darbringen nach väterlicher Sitte ziemt sich für alle und zwar lauter, pünktlich und sorgfältig, weder allzu sparsam noch über Vermögen." Es fällt dem Epictet nicht ein, an den religiösen Gebräuchen rütteln zu wollen. Wie er an der Mantik festhält, so gilt ihm auch die Darbringung von Opfern, das Gebet zu den Göttern, der ganze Kultus in Tempeln und auf Altären als etwas Heiliges. Jedoch versteht es sich aus dem oben Angeführten von selbst, dass er diesem äusseren Kultus einen Wert beimessen kann nur unter der Voraussetzung, dass jene innere Religiosität vorhanden ist, die in dem Glauben an die Güte und Weisheit der Götter gipfelt. Und zwar denkt er sich die Sache nicht etwa so, dass, wer Gott nur äusserlich diene ohne die rechte Gesinnung, immerhin besser sei als der Gottlose im eigentlichen Sinn des Wortes, sondern er spricht es unumwunden aus, dass ohne wahre Frömmigkeit der Kultus gar keinen Sinn habe, ja eine Inkonsequenz enthalte. „Wenn mein Glück von äusseren Dingen abhängt, wie kann ich dann noch die religiösen Pflichten erfüllen? denn wenn ich Schaden leide und im Unglück bin, so kümmert sich Zeus nicht um mich. Was geht er mich an, wenn er mir nicht helfen kann? was geht er mich an, wenn er mich in solchem Elend lassen will? werde ich nicht anfangen ihn zu hassen? Was bauen wir also Tempel, was errichten wir dem Zeus Bildsäulen, wie einem bösen Dämon, wie dem Fieber?[39]) wie verdient er noch den Namen Retter und Segner? wahrlich wenn wir in etwas Derartiges das Wesen des Guten verlegen, so folgt dies alles daraus" (I, 22, 15 etc.). Also kann eigentlich nur der sittlich Gebildete ohne Widerspruch gegen sich selbst den Kultus ausüben. Es ist daher nicht richtig, wenn man meint, Epictet habe den Kultus geübt und empfohlen nur aus Rücksicht auf die Schwachheit der Menge, welcher derselbe immer noch einen gewissen sittlichen Halt gewähre (Zeller III, 1, 312). Man könnte eher sagen, er schrecke die Leute vom Kultus ab dadurch, dass er denselben für wert- und sinnlos erklärt ohne wahre Frömmigkeit und richtige Lebensauffassung. Das argumentum ex utili hat Epictet allerdings gelegentlich auch angewendet (II, 20, 32 etc.), aber nicht in dem Sinne wie Zeller und Hirzel (II, 878) meinen, als ob er selbst den Glauben der Menge nicht geteilt hätte, sondern in dem höheren Sinne, dass er den gottesleugnerischen Skeptikern und Epikureern neben ihrem Mangel an Wahrheitssinn auch einen Mangel an Patriotismus vorwirft, da sie sich nicht darum bekümmern, dass durch ihre Lehre die Sittlichkeit des Volkes untergraben wird. Wenn Epictet den wissenschaftlichen Standpunkt dieser Leute für einen berechtigten gehalten hätte, so könnte er ihnen diesen Vorwurf nicht machen. Dies ist aber eben nicht der Fall, wie Zeller selbst zugiebt (III, 1, 742), sondern Epictet, als rücksichtsloser, fanatischer Dogmatiker, kann sich ja diesen Standpunkt nur aus einer sittlichen Entartung, aus einer Abstumpfung und Ertötung des Schamgefühls (I, 5 ἀπονέκρωσις τοῦ ἐντρεπτικοῦ) erklären, weshalb er diese ganze sogenannte Philosophie nur als Frivolität beurteilt und in ihren Lehren nichts als frostige Fündlein (II, 20, 28 ψυχρὰ ἐπιχειρήματα) erblickt. Wenn er nun gegen diese sich wendend in bitterem Spott ausruft: „dankbare und fromme Menschen, die täglich ihr Brot essen und doch zu sagen wagen, sie wissen nicht, ob es eine Demeter, eine Kore, einen Pluton gebe!" so spricht er damit offenbar seine eigene, innerste Ueberzeugung aus, und es ist psychologisch ganz undenkbar, dass er mit solchem Pathos die Irreligiosität der Skeptiker und Epikureer geisseln und doch dabei sich bewusst sein konnte, dass er selbst an die Stelle der Volksreligion etwas wesentlich Anderes setze und speziell den polytheistischen Glauben nicht teile. Ein Mann, der mit so ungeheuchelter sittlicher Entrüstung die Heuchelei derer brandmarkt, die sich zu Priestern und Propheten machen lassen von Göttern, an die sie nicht glauben und das pythische Orakel befragen, das sie doch als Betrug ansehen (II, 20, 27 ὦ μεγάλης ἀναισχυντίας καὶ γοητείας!), kann unmöglich die Vorstellungen und Gebräuche der Volksreligion bloss aus utilitaristischen Erwägungen beibehalten haben, er muss sich selbst auf dem Boden derselben stehend gefühlt haben. So spricht er denn auch ganz unbefangen von den verschiedenen Göttern, ohne auch nur den leisesten Zweifel an ihrer Existenz zu verraten. Und wenn so namhafte Forscher und gewiegte Kenner des antiken Wesens wie Zeller und Lehrs [40]) über die Stoiker im allgemeinen das Urteil gefällt haben, dass sie trotz ihrer spekulativen und allegorischen Deutung der Mythen sich eines Gegensatzes gegen die Volksreligion nicht bewusst waren, so wird dieses Urteil auf Epictet in noch höherem Masse anzuwenden sein, da er eben wegen seines mangelnden Interesses an wissenschaftlicher Naturerklärung (fr. 175) auch der allegorischen Mythendeutung sich so gut wie gar nicht bediente.

Ein Beispiel allegorischer Mythendeutung findet sich III, 26, 34: der schiffbrüchige Odysseus, der, auf seine Stärke d. h. auf seine richtigen Dogmata vertrauend, die Jungfrauen um Hilfe bittet. Im übrigen scheint Epictet die historische Wahrheit der Mythen im allgemeinen nicht zu bezweifeln, die Thaten des Hercules z. B. erwähnt er öfters und zwar in offenbarem Glauben an ihre buchstäbliche Wahrheit, indes nicht ohne ihn zugleich zu idealisieren als den Ahnder menschlicher Ungerechtigkeit und Frevelthaten (II, 16, 44. III, 24, 13. cfr. Dio Chrys. I, 71 R. u. Sen. const. sap. 2, 1). Dagegen leugnet er die Insel der Kalypso (II, ‘19, 10) und erlaubt sich auch sonst eine Kritik an den Sagen des Homer zu üben, wenn sie ihm nicht passen zu dem Idealbild, das er sich von den homerischen Helden entworfen hat (III, 24, 18 σὺ δ’ Ὁμήρῳ πάντα προςέχεις καὶ τοῖς μύθοις αὐτοῦ). Auch die Existenz des Hades mit dem Acheron, Cocytos und Pyriphlegethon zieht er keck in Abrede, jedoch keineswegs in aufklärerischem Interesse, sondern nur weil für ihn vermöge seiner optimistischen Lebensauffassung nur die freundlichen Seiten des Götterglaubens Wahrheit besitzen, wie er eben deshalb auch allem Aberglauben abhold ist (III, 24, 89 es giebt kein δύςφημον: Feigheit, Schamlosigkeit etc., das sind τὰ ὀνόματα δύςφημα, weil sie ein wirkliches κακόν bezeichnen). Doch nimmt er keinen Anstand, die geläufige Redensart „in den Hades niedersteigen" zu gebrauchen (II, 6, 18. IV, 1, 166 im Munde des Socrates; III, 26, 4). Nicht zum Aberglauben rechnet er, wie wir früher schon sahen, die Mantik, die er in ihrem ganzen Umfang anerkennt und an deren Realität er so wenig zweifelt, dass er sie sogar als Trostgrund für die Verbannung aufführt (III, 22, 22). Auch den Mysterienkult billigt er und spricht die Ansicht aus, dass derselbe von den Alten zur Bildung und Besserung des Lebens eingeführt worden sei (III, 21, 15. cfr. I, 1, 23). — Es finden sich indes auch einige Spuren rationalistischer Umdeutung des Götterglaubens, so wenn er die Stimme der Natur, die den Epikur zur Verleugnung seiner Philosophie in der Praxis angetrieben habe, eine grimmigere Erinnye und Rachegöttin nennt als diejenigen waren, die den Orest verfolgten; oder wenn er den Philosophen, der den Menschen den Willen Gottes verkündigt, den schönsten Götterboten, gleichsam einen zweiten Hermes heisst (III, 1, 39) und behauptet, dass der Philosoph den wahren Hermesstab besitze, der alles was er anrührt in Gold verwandle (III, 20, 12). **Es ist jedoch zu beachten, dass Epictet auch in diesen verhältnismässig seltenen Fällen keineswegs den Götterglauben in Spekulation auflösen, sondern ihm nur unter Beibehaltung seines buchstäblichen Sinnes zugleich eine tiefere, ethisch-religiöse Bedeutung geben will.**

2. Der Glaube. (Vergl. Excurs V.)

So viel darüber, wie sich Epictet subjektiv zur nationalen Religion gestellt hat. Ob und inwieweit seine religiösen Anschauungen objektiv mit derselben übereinstimmten, wird sich zeigen, wenn wir etwas näher auf dieselben eingehen, speziell auf die Frage: wie verhält sich sein polytheistischer Glaube zu den sehr zahlreichen monotheistisch oder pantheistisch klingenden Aussagen und Wendungen? Da ist nun zunächst zu konstatieren, dass Epictet das Wort Gott in der Einzahl und in der Mehrzahl ganz unterschiedslos gebraucht und ohne jede erkennbare Absicht ganz dieselben Funktionen bald Gott (ὁ θεός, τὸ θεῖον) bald den Göttern beilegt, oft im selben Athem mit der monotheistischen und polytheistischen Ausdrucksweise wechselnd. Gott folgen und den Göttern folgen, Gott danken und den Göttern danken, zu Gott und zu den Göttern beten ist ihm ein und dasselbe: den Menschen nennt er sowohl ein Stück Gottes als auch einen Teil der Götter, die Offenbarungen und alle Gaben lässt er bald von Gott bald von den Göttern ausgehen. Aber abgesehen davon, dass er doch erheblich häufiger von Gott als von den Göttern redet, geht aus diesem unterschiedslosen Gebrauch der Begriffe „Gott" und „Götter" selbst schon hervor, dass die „Götter" Epictets eine Einheit bilden, eine einheitliche Macht und einen einheitlichen Willen repräsentieren. Hierdurch ist ja eigentlich der Polytheismus im Prinzip schon aufgegeben. Denn wenn die Götter einträchtig und gemeinsam die Welt beherrschen, wenn sie keinen Sonderwillen haben, wodurch sie untereinander in Streit und Widerspruch geraten könnten, so ist dadurch ein Hauptanstoss, den eine geläuterte religiöse Auffassung an dem Polytheismus nehmen muss, gehoben. Dies um so mehr, wenn diese Götter ihrem Oberhaupte Zeus in der Weise untergeordnet werden, dass nur dieser ewig, sie aber vergänglich sind, dass Zeus die Götter selbst erst geschaffen und ihnen ihren Wirkungskreis angewiesen hat. Sie führen nur den Willen des obersten Gottes, des Gottes im engeren Sinne aus und beeinträchtigen die Allmacht desselben so wenig wie in der jüdischen und christlichen Religion die Engel der Oberhoheit Gottes Eintrag thun. Zeus ist der Vater der Götter (wie der Menschen) und zwar nicht bloss als primus inter pares, sondern als das Urwesen, das alle andern Wesen und auch die Götter hervorgebracht hat[41]. Epictet sagt dies zwar nirgends mit dürren Worten, aber es geht klar hervor aus seiner mit der Stoa übereinstimmenden Lehre, dass auch die Götter dem Umlauf des Alls (IV, 1, 100 ἡ τῶν ὅλων περίοδος) unterworfen sind und daher Zeus bei dem Weltbrand allein übrig bleiben wird (III, 13, 4; fr. 134). Folglich ist er allein ewig und insofern qualitativ von den andern Göttern verschieden; denn wenn sie auch bei der Palingenesie wieder entstehen und im übrigen dem Urgott wesensgleich sind, so verdanken sie doch ihr Dasein und ihr Wesen eben ihm. Da aber natürlich die Götter die ersten Wesen sind, die Gott hervorbringt, und da er jedem einzelnen am Anfang der Weltentstehung schon sein Wirkungsgebiet zuweist, so kann Epictet ohne Anstand den Göttern ebensogut wie dem Gott die Erschaffung der Welt und der einzelnen Dinge und Wesen wie deren Erhaltung zuschreiben. So heisst es denn bald: „Gott" hat alles in der Welt gemacht (IV, 7, 6), hat uns hervorgebracht (I, 3, 1. II, 8, 18), uns unsre Glieder, das Gesetz in unsrer Brust, den Dämon gegeben (II, 16, 13. I, 25, 3 etc. I, 14, 12, besonders I, 16, 17 etc. I, 6, 40); bald: „die Götter" haben die Tiere erschaffen (II, 8, 10), uns Menschen in die Welt eingeführt (III, 24, 53), uns unsre Ausrüstung gegeben (I, 1, 7), spenden uns viel Gutes (fr. 15. I, 4, 30). Gott hat den Aeolus zum Verwalter der Winde gemacht (I, 1, 16), der Tyche und dem Daimonion die Aufsicht über die Geschicke der Menschen übertragen (IV, 4, 39) und den andern Göttern ihr Geschäft zugewiesen, aber nicht, um sich selbst nun von der Leitung der Welt zurückzuziehen, sondern er ist und bleibt der eigentliche Verwalter des Weltalls (IV, 1, 155 ὁ διοικῶν τὰ ὅλα), der alles von ihm Geschaffene beaufsichtigt (I, 14, 1), der, sei es direkt, sei es durch die Götter, alles wirkt, indem er sie als Werkzeuge oder Mitregenten benützt [42]). Will Epictet die höchste, die göttliche Macht κ. ε. bezeichnen, so nennt er stets den Zeus (nicht einmal Zeus kann den Willen des Menschen besiegen, kann alle Menschen zur Erkenntnis der Wahrheit und zum Gehorsam bringen [IV, 1, 61. IV, 6, 5]). Ueberhaupt preist er seine Allgewalt und die Unumschränktheit seines Wirkens oft in einer Weise, die der alttestamentlichen Vorstellung und Ausdrucksweise sich nähert (z. B. I, 14, 3 „wenn Gott den Pflanzen gebietet zu blühen, so blühen sie; wenn er sie sprossen heisst, so sprossen sie" etc.).

Diese Hinneigung zum Monotheismus tritt noch mehr hervor, wenn wir die übrigen Prädikate und Funktionen betrachten, die Epictet seinem Gott beilegt. Zur Allmacht gesellt sich die Allgegenwart und die Allwissenheit. Gottes Auge wacht über alles (πάντα ἐφορᾷ), er ist überall gegenwärtig, spürt jede Regung unsrer Seele, ihm bleibt nicht nur keine That, sondern auch kein Gedanke verborgen (I, 14, 1 etc. II, 14, 11. I, 30, 1 ἄλλος ἄνωθεν βλέπει τὰ γιγνόμενα). Mit beredten Worten sucht er die Behauptung von der Unbegreiflichkeit eines allwissenden Wesens zu widerlegen, indem er hinweist auf die wunderbare Kraft und Fähigkeit des menschlichen, endlichen Geistes, dem doch der göttliche weit überlegen sein müsse (I, 14, 11 „aber ich kann doch nicht alles zugleich wahrnehmen und begreifen" — „wer sagt dir das, dass du die gleiche Kraft wie Zeus habest?")[43]).

Die Allwissenheit Gottes hat zu ihrer Voraussetzung, dass er ein geistiges Wesen ist. Dies spricht Epictet auch ganz deutlich aus, wenn er als das Wesen Gottes die Vernunft, das Wissen, den Logos Orthos bezeichnet (II, 8, 1). Damit ist nun aber freilich noch nicht gesagt, dass Gott ein immaterielles Wesen sei. Die Stoiker haben ja bekanntlich keinen Dualismus von Geist und Materie gekannt, sondern den Geist selbst als Materie, nur eben von unendlich feiner Art betrachtet. Thatsächlich bildeten nichtsdestoweniger in ihrem Bewusstsein das grob Stoffliche und das geistig Stoffliche — sit venia verbo — keinen geringeren Gegensatz als für unser Bewusstsein Geist und Materie. So stellt denn Epictet a. a. O. die Substanz Gottes, den Nus oder Logos, in schroffsten Gegensatz zum grob Stofflichen (σάρξ, ἀγρός). Aber es wäre doch ganz verfehlt, ihm auf Grund dieser Stelle einen spiritualistischen Gottesbegriff zuzuschreiben. Denn derselbe Epictet nennt die Sonne einen Teil Gottes (I, 14, 10), und zwar die Sonne im physischen Sinn, als leuchtender Weltkörper, wobei wir übrigens bedenken müssen, dass der Stoiker, wie wohl überhaupt der antike Mensch, die Sonne niemals nur vom physischen Standpunkt aus betrachtete, sondern unwillkürlich in dem Lichtglanz und besonders in der scheinbar selbständigen Bewegung der Sonne und der Gestirne das Zeichen und die Aeusserung eines geistigen, intelligenten Wesens erblickte: physische Reinheit, geistige Kraft und sittliche Güte sind für den Stoiker und auch für unsern Epictet stets miteinander gegeben [44]).

Daraus geht nun aber auch hervor, dass das grob Stoffliche nicht zur eigentlichen Natur Gottes gehört. Epictet macht einen deutlichen Unterschied zwischen Werken und Teilen Gottes: die Tiere z. B. sind nur Werke Gottes (II, 8, 10), die Sonne ist ein Teil von ihm und auch der Mensch nach seiner geistigen Seite (I, 1, 12. I, 17, 27). Wenn Epictet, wie wir sahen, oft das Wesen des Menschen einseitig als Geist und Wille definiert, so will er natürlich damit nicht leugnen, dass der Leib thatsächlich auch zu seiner Natur gehört: sagt er doch oft, dass der Mensch aus Körper und Geist zusammengesetzt sei, jenen habe er mit den Tieren, diesen mit den Göttern gemein (I, 3, 3. I, 12, 26). Daraus geht klar hervor, dass Epictet den Göttern keinen Leib, jedenfalls keinen grob stofflichen Leib zuschreibt, und dass also das Wesen Gottes nicht in demselben Sinne, wie dasjenige des Menschen Geist ist, nämlich nur a parte potiori [45]). Dasselbe ergiebt sich aus der Stelle IV, 11, 3, wo Epictet den Unterschied der Götter und Menschen eben darein setzt, dass erstere durchaus rein und lauter sind, während der Mensch wegen des beigemischten Leibes nur teilweise (nämlich innerlich) rein sein kann. Es leuchtet ein, dass Epictet bei solchen Anschauungen seinen Göttern eigentlich keine menschenähnliche Gestalt beigelegt haben kann, wiewohl zugegeben werden mag, dass Phantasie und Theorie hierin nicht völlig bei ihm ausgeglichen waren.

Wie Epictet das Leibliche von der Vorstellung Gottes ausschliesst, so ist er auch weit davon entfernt, Gott der Welt, d. h. der Totalität des materiellen Seins geradezu gleichzusetzen. Wenn der Kosmos zuweilen als Person erscheint, wenn ihm Rat, Wille und Verantwortung zugeschrieben wird (frag. 136 ὁ κόσμος ἄμεινον ὑπὲρ ἡμῶν βεβούλευται. I, 12, 24 τῷ κόσμῳ ἐγκαλεῖς), so ist darunter speziell das in dem All wirkende göttliche Gesetz, die Weltordnung zu verstehen, die allerdings mit Gott identisch ist [46]). In der Regel aber macht Epictet keinen Unterschied zwischen dem Kosmos und dem All (τὰ ὅλα), wie denn auch diese Ausdrücke miteinander abwechseln (I, 12, 24) [47]), sondern versteht darunter die Gesamtheit des grob materiellen Seins im Gegensatz zu Gott, resp. zu dem „System aus Göttern und Menschen" (I, 9, 4), d. h. zu der geistigen Welt, zum Reiche Gottes. In diesem Sinn ist der Kosmos von Gott geschaffen und eingerichtet (III, 24, 10. IV, 7, 6. I, 29, 29), genau so, wie von dem All gesagt wird, dass Gott es leite und regiere (ὁ διοικῶν τὰ ὅλα I, 12, 7. II, 16, 33. III, 26, 28. En. 31. IV, 1, 100. III, 24, 19. ἡ τῶν ὅλων διάταξις II, 10, 5. θεὸς προνοεῖ τῶν ὅλων III, 15, 14). Deutlich wird Gott und Welt auseinandergehalten, wenn Epictet sagt, wir sollen unsern Willen mit Gott einigen, das Aeussere aber dem Kosmos überlassen, der es zu seinem Umlauf braucht (fr. 169. vergl. II, 1, 8. III, 24, 94. IV, 7, 26). Man sieht also, das Innere des Menschen, Geist und Wille, setzt Epictet zu Gott in Beziehung, das Aeussere, Leib und Besitz etc., zum Kosmos.

Ebenso ist's mit dem All: dem Leibe nach ist der Mensch ein verschwindend kleiner Teil des Alls, dem Geist nach aber ist er so gross wie die Götter (I, 12, 26). Aus dieser Stelle geht klar hervor, dass Epictet mit dem Worte All die Gesamtheit der den Raum erfüllenden Dinge bezeichnet, während auf das Wesen Gottes die Raumverhältnisse keine Anwendung finden: „denn die Grösse des Logos wird nicht nach Höhe und Länge gemessen, sondern nach den Urteilen". „Wenn schon die Pflanzen und unsere Leiber in so enger Verbindung und Fühlung (συμπάθεια) mit dem All stehen, wie viel mehr muss das bei unseren Seelen der Fall sein — ja die Seelen stehen mit Gott im innigsten Zusammenhang als seine Teile und Stücke, jede Regung derselben, da sie ihm verwandt und eigentümlich ist, nimmt er wahr" (I, 14, 6). Man beachte, wie hier in so bezeichnender Weise der Begriff Gott an die Stelle des Alls tritt, sobald es sich um die (vernünftigen) Seelen handelt!

Nach dem allem könnte man geneigt sein, den Pantheismus Epictets in Frage zu ziehen, ja ihm einen spiritualistischen, rein theistischen Gottesbegriff zuzuschreiben. Dass er diesem sehr nahe kommt, vielleicht am nächsten unter allen vor- und ausserchristlichen Philosophen ist unleugbar. Und wenn man von einem Fortschritt Epictets über die Stoa hinaus oder von einer wesentlichen Abweichung desselben überhaupt reden will, so wäre in erster Linie diese starke Annäherung an den Theismus zu nennen. Doch müssen wir hier sehr vorsichtig sein. Denn einerseits haben die Stoiker von Anfang an Gott und Materie scharf voneinander geschieden, so sogar, dass ihr Monismus ernstlich in Frage kommen könnte, da sie nach vielfachen Zeugnissen zwei Prinzipien (ἀρχαί), nämlich Gott und die Materie (ὕλη), das Wirkende und das Leidende unterschieden haben[48]). Andrerseits fehlen auch bei Epictet die Merkmale des Pantheismus keineswegs, ich erinnere nur an die ganz pantheistisch klingende Fassung der Allwissenheit Gottes, wonach er jede Regung der Seelen gleichsam mechanisch und instinktiv wahrnimmt (s. o. I, 14, 6). Und da Epictet die stoische Lehre von der Weltverbrennung (ἐκπύρωσις) geteilt hat, so kann er sich die Entstehung der Welt nicht anders als in emanatistischer und pantheistischer Weise vorgestellt haben: Zeus, der beim Weltbrand allein übrig bleibt, nimmt also doch die ganze stoffliche Welt gewissermassen in sich auf und — so müssen wir notwendig schliessen — trägt sie auch von Anfang an potentiell in sich, so dass sie mit metaphysischer Notwendigkeit aus seinem Wesen hervorgehen muss. Durch diese Lehre vom Weltbrand wird auch die stoische Annahme zweier Urprinzipien so modifiziert, dass sie keinen eigentlichen Dualismus enthält. Der ganze Unterschied Epictets von der älteren Stoa besteht daher meines Erachtens darin, dass bei ihm die theistische Ausdrucksweise, die von Anfang an in der Stoa neben der pantheistischen herging (Zeller, III, 1, 138), stark überwiegt, was seine einfache Erklärung darin findet, dass seine Philosophie, aller metaphysischen Spekulation abhold, durchaus praktisch gerichtet ist, und wobei erst noch zu berücksichtigen ist, dass wir von den älteren Stoikern, speziell von Zeno und Kleanthes, keine Originalschriften mehr besitzen, in welchen die theistische Ausdrucksweise sicherlich weit mehr, als wir aus den dürftigen Resten zu erkennen vermögen, angewendet wurde.

Wenn daher Epictet das Wesen Gottes als Vernunft und Wissen bezeichnet (II, 8, 1), wenn er ihn den Schöpfer und Bildner der Welt nennt (III, 24, 10), wenn er ihm einen Willen beilegt (IV, 1, 100 ὁρμαὶ τοῦ θεοῦ. IV, 7, 20 θεῷ συνθέλειν) und ihm überhaupt intellektuelle (I, 12, 27. fr. 169) und moralische Vollkommenheit zuschreibt (I, 29, 13. II, 7, 13 Gottes Wille ist der beste, vollkommen und gerecht); wenn er ihn den Urheber des Sittengesetzes nennt (I, 25, 5), der nicht bloss über dessen Befolgung wacht (III, 11, 6 ἐπόπτης τῶν σχέσεων), sondern auch dem Menschen sittliche Kraft verleiht (I, 19, 25. II, 18, 13. IV, 4, 18 und 47) und ihm beisteht im Kampf gegen die Sünde (II, 18, 29. vergl. III, 21, 11 und 18); ja wenn er ganz besonders auch die väterliche Liebe Gottes hervorhebt, der für seine Geschöpfe sorgt und alle Menschen zur Glückseligkeit und zur Gemeinschaft mit ihm geschaffen hat (III, 24, 3)[49], so sind dies alles Gedanken, die von Anfang an der Stoa eigen waren, wenn sie auch vielleicht von Epictet erst mit solcher Wärme und in einem gewissen erbaulichen Tone vorgetragen worden sind[50]). Bei aller Annäherung an den Theismus hat doch auch er, wie das ganze Altertum, den Begriff eines persönlichen Gottes noch nicht scharf und tief erfasst, was sich schon darin zur Genüge kundgiebt, dass er gar keinen Anstoss nimmt an dem Polytheismus und kein Gefühl dafür hat, wie er dadurch, dass er die höchste Macht, Weisheit und Güte allen Göttern gleichermassen beilegt, dem höchsten Wesen selbst Eintrag thut und dessen Existenz zweifelhaft macht. Andrerseits ist aber sein Polytheismus etwas ganz anderes als derjenige der Volksreligion: denn indem er alle Götter als ethisch vollkommene Wesen auffasst, erblassen resp. verschwinden für ihn naturgemäss alle jene individuellen Züge, welche den alten Göttern Leben und Seele verleihen.

Epictets Theologie ist also ein für unsere modernen Begriffe kaum verständliches Gemisch von Theismus, Pantheismus und Polytheismus, und es ist völlig aussichtslos, aus etlichen Aeusserungen von ihm die eine oder die andere von diesen drei Anschauungen herauskonstruieren zu wollen; in Wahrheit hat er sie alle miteinander verbunden. Wenn wir nun aber, nachdem wir seine Vorstellungen über Gott und die Götter näher kennen gelernt haben, noch einmal auf seine Stellung zum nationalen Kultus, den er nicht bloss seinen Schülern empfahl, sondern auch selbst gewissenhaft übte (I, 18, 15), zurückkommen, so müssen wir urteilen, dass derselbe zu seiner geläuterten Vorstellung von Gott und der Beziehung des Menschen zu Gott nicht recht passen will. Wie kann man einem so erhaben und geistig gefassten Gott Garben oder Rinder darbringen als Beweis der Dankbarkeit? sollte diese nicht hinlänglich geübt sein, wenn der Mensch, wie Epictet es von sich selbst aussagt und seinen Schülern rät, beständig im Herzen Gott seinen Hymnus singt, wenn er durch fromme Bewunderung seiner Werke Gott feiert als sein Gast und Freund? Und wenn man ja es noch verstehen kann, wie der Mensch zum Danke für äussere Wohlthaten Gott einen Teil seines Besitzes opfert, so wäre es doch widersinnig, wenn er für die guten Gedanken und Entschlüsse, die Gott in seinem Herzen geweckt hat, ein Rind zum Opfer darbrächte, oder den Tempel der Götter mit Weihgeschenken schmückte. Eben das spricht aber Epictet so oft und eindringlich aus, dass man für geistigen Gewinn viel mehr Ursache zum

Danke habe als für äussere Güter. Müssen wir da nicht auf die Vermutung kommen, dass er die Darbringung von Opfern in diesem Fall nicht im Ernste fordert, sondern eben nur als bildlichen Ausdruck für die Pflicht der Dankbarkeit gebraucht [51])? Wenn ich aber Gott für Gaben des Geistes nicht buchstäblich zu opfern brauche, so hat eigentlich auch das Dankopfer für die so viel unwichtigeren leiblichen Gaben keinen Sinn und keine Berechtigung mehr. Und überhaupt, wenn nach Epictet der Mensch geistig, sofern er die richtigen Dogmata hat, Gott nicht im geringsten nachsteht, was hat dann die ganze äussere Gottesverehrung, die doch eigentlich nur den grossen Abstand zwischen Gott und Menschen und deren Abhängigkeit von Gott zum Ausdruck bringen soll, noch zu bedeuten für den, der sich den Göttern gleich weiss und in vertrautem freundschaftlichem Verkehr mit ihnen steht? Aehnlich wie mit dem Opfer verhält sich's aber auch mit dem Gebet. Lässt es sich noch wohl begreifen, dass Epictet für die Gesundheit und das tägliche Brot den Göttern dankt im Gebet, und dass dieses Gebet immerhin noch ein gewisses Pathos besitzt, so kann man sich ein wirkliches angelegentliches Bittgebet im Munde Epictets kaum denken. Denn die äusseren Güter bilden für ihn keinen Gegenstand des Begehrens, also auch nicht des Bittens und Betens, die geistigen, sittlichen Güter aber kann er von sich selber haben, er darf nur wollen, und wenn Epictet auch hie und da die Götter bei diesem Prozess des sittlichen Lebens mitwirken lässt, so kann doch von einer ernstlichen Anrufung der Götter um sittliche Kraft nicht die Rede sein, wo man die natürliche Fähigkeit des Menschen so sehr überschätzt, wie er und die Stoa überhaupt gethan hat. So wenig wir also daran zweifeln dürfen, dass es dem Epictet mit seiner Schätzung des bestehenden Kultus subjektiv ernst war, so müssen wir doch zugeben, dass die Konsequenz seiner hohen Moral eigentlich zur Verwerfung alles äusseren Götterkultus, zu einer blossen Anbetung Gottes im Geist und in der Wahrheit führen musste. Aber dieser Konsequenz wurde er sich um so weniger bewusst, als die kräftige und geläuterte Religiosität, die in ihm lebte, ihn vor jeder Veräusserlichung der Gottesverehrung bewahrte und er im sicheren Besitz der Sache die Unangemessenheit der Form gar nicht empfand. So hat ja auch Jesus viele Gebräuche der jüdischen Gottesverehrung nicht ausdrücklich verworfen, sondern wohl selbst beobachtet, weil er sich der richtigen Gesinnung, deren symbolischer Ausdruck jene sein sollten, so unmittelbar und mächtig bewusst war, dass er es gar nicht für nötig fand, gegen ihre äussere Form zu eifern. Erst eine spätere Zeit hat dann allmählich die Konsequenzen aus seiner reinen Gottesverehrung auch äusserlich gezogen.

Entschieden freier als Epictet hat sich Seneca zur Volksreligion gestellt. Der Gedanke, der bei Epictet eigentlich nur angedeutet ist, resp. aus seiner ganzen Geistesrichtung gefolgert werden muss, dass nämlich der wahre Kultus der des Herzens und des Willens ist, findet sich bei Seneca oft und kühn ausgesprochen. „Was braucht es Gebete? mache dich selbst glücklich — ergreife das wahrhaftige Gut und du wirst ein Genosse der Götter sein, anstatt dich hilfeflehend vor ihnen zu beugen!" (ep. 31, 5 und 8). Man braucht keine Hände zum Himmel zu erheben, da man ja das wahre Glück von sich selbst haben kann (ep. 41, 1). Die gewöhnlichen Gebete der Eltern für ihre Kinder sind keine Gebete, sondern Flüche (exsecrationes), weil sie „übel bitten" (ep. 60, 1. 95, 2). Auch die Sühnungen haben keinen Wert, denn wer mit sich selbst versöhnt ist (d. h. mit dem Göttlichen übereinstimmt), besitzt eo ipso die Gunst und Gnade der Götter (ep. 110, 1). Thöricht ist der Wahn, als ob man den Göttern durch Weihrauch und Opfer ihre Wohlthaten vergelten könnte (ben. IV, 25, 1. 3, 2): nicht durch blutige Opfer ist Gott zu verehren, sondern durch ein reines Herz und einen edlen guten Willen, nicht Tempel soll man ihnen bauen, sondern in seinem Herzen soll jeder Gott ein Heiligtum errichten (frag. 123). Gott braucht keine Diener, die ihn pflegen, sintemal er doch selbst den Menschen Handreichung thut und allezeit und überall mit seiner Hilfe gegenwärtig ist (ep. 95, 47 — cfr. Acta ap. 17, 23). Hinlänglich verehrt Gott, wer ihn kennt und nachahmt (ep. 95, 47 und 51).

Diesen freimütigen Aeusserungen zufolge sollte eigentlich alle äusserliche und zeremonielle Gottesverehrung abgeschafft werden. Aber es ist dies nicht Senecas Absicht. Obwohl er sehr despektierlich von der ignobilis turba deorum redet, die der Aberglaube langer Jahrhunderte angehäuft habe, so meint er doch, auch der Weise werde die religiösen Gebräuche beobachten, um der bürgerlichen Sitte und Ordnung zu genügen (tamquam legibus jussa non tamquam dis grata — frag. 38 und 39). Und während er hier dem Kultus alle innere Wahrheit abspricht, scheint er doch auch wieder demselben eine Berechtigung zuzuerkennen, indem er ihn als symbolischen Ausdruck der frommen Gesinnung betrachtet. „Es kommt beim Opfern nicht auf die Grösse der Leistung, sondern auf die Gesinnung der Darbringenden an; daher haben die Götter auch an dem bescheidensten Opfer des Frommen ein Wohlgefallen, während die Schlechten gottlos bleiben, auch wenn sie die Altäre mit Blut überschwemmen" (ben. I, 6, 3). Es ist dies genau der Standpunkt der alttestamentlichen Propheten, die den Opferdienst auch nicht verwerfen, aber ihn nur bei wahrhaft frommer Gesinnung für sinnvoll und gottgefällig erklären. So findet denn Seneca von hier aus eine sehr positive Stellung zum Kultus. Er lässt nicht nur den Seher als Diener des Schicksals gelten (nat. qu. II, 38, 3), sondern rechtfertigt die Sühnungen und Bittgänge, deren Wirksamkeit durch die Lehre vom unabänderlichen Fatum oder ewig feststehenden Gotteswillen nicht aufgehoben werde, da dieselben vom Fatum als Bedingungen der göttlichen Hilfe von Ewigkeit her vorgesehen seien. Die Götter haben etliches in suspenso gelassen, so dass nur auf die Gebete der Menschen hin eintritt (nat. qu. II, 37 etc.). Ganz ähnlich hat in neuerer Zeit der Theologe Rothe die Möglichkeit des Wunders durch die Annahme einer gewissen „Elastizität der Naturgesetze" zu retten versucht. Auch mit der Allwissenheit Gottes weiss Seneca die Uebung des Gebets in Einklang zu bringen: das Gebet hat nicht den Zweck, die Hilfe der Götter zu erzwingen, sondern nur sie an die menschlichen Anliegen zu erinnern (ben. V, 25, 4 vota illos non exorant sed admonent). Dieser Satz kann nur den Sinn haben, dass das Gebet ein Akt der Unterwerfung unter Gott sein soll, eine Anerkennung seitens des Menschen, dass er der Güte Gottes sein Glück verdankt. Die „Erinnerung" hat also nur subjektiven, nicht objektiven Wert, da ja die Götter als allwissende nicht erst von den Menschen erfahren müssen, was sie bedürfen: sie wollen eben darum gebeten sein. In diesem Sinne hat Seneca selbst das Gebet geübt (ad Helv. 18, 6 deos oro. ben. II, 1, 4 deos, quibus honestissime supplicamus). In echt stoischer Weise gebraucht er den Epikureern gegenüber die Thatsache, dass fast überall zu den Göttern gebetet wird, als Beweis dafür, dass diese sich um die Menschen kümmern und ihnen Wohlthaten erweisen (ben. IV, 4, 1). Dabei bekundet er aber seine geläuterte religiöse Anschauung dadurch, dass er empfiehlt, man soll in erster Linie um geistige Güter, dann erst um leibliche bitten (ep. 10, 4 roga bonam mentem, bonam valetudinem animi, deinde tunc corporis). Gott verleiht die guten Entschlüsse, niemand ist gut ohne Gott (ep. 41, 2. 73, 16). Dieser Beistand Gottes ist jedoch auf stoischem Standpunkt lediglich als ein immanenter zu denken: wohl soll der Mensch um Verzeihung seiner Sünden bitten, aber im letzten Grunde ist er es selbst, der sich freispricht, er ist Ankläger, Richter, Fürsprecher und Begnadiger in einer Person (ep. 28, 10). So kommen wir denn hiermit wieder auf die zuerst angeführten Aeusserungen Senecas, die auf eine rein innerliche geistige Anbetung Gottes abzwecken, zurück, und es kann kein Zweifel darüber sein, dass diese in Wahrheit dem Seneca genügte und seiner eigentlichen Meinung allein entsprechend ist.

Durchaus positiv hat sich Musonius zur Volksreligion gestellt. Er rechnet die Darbringung von Opfern und Gaben an die Götter zu den selbstverständlichen Pflichten (flor. III, 150), und wie er überhaupt bei aller Idealität der Gesinnung als praktischer Römer die wirklichen Verhältnisse und die durch die Sitte geheiligten Ordnungen des Lebens viel sympathischer betrachtet als Epictet, so hat für ihn auch das Gebet um äussere Güter eine grössere Bedeutung. „Grosse Götter beschützen die Ehe, und wann wäre das Gebet zu den Göttern angezeigter, als vor der Schliessung eines Ehebündnisses!" (flor. III, 7).

Marc Aurel schliesst ähnlich wie Seneca aus der allgemeinen Sitte des Betens, Opferns und Schwörens auf das Dasein und die wirksame Gegenwart der Götter (6, 44) und zeigt sich überhaupt durchdrungen von echter, lauterer Frömmigkeit. „Fürchte die Götter — sei fromm, doch ohne Aberglauben (6, 30) — bete in Einfalt und freimütig (5, 7) — das ganze Leben bedarf des göttlichen Beistandes (1, 17)." In der Vielheit der Götter erblickt er keine Beeinträchtigung der einheitlich vernünftigen Weltleitung, sondern umgekehrt einen Trost und eine sichere Gewähr für dieselbe (9, 35). Er glaubt an die leibhaftige Offenbarung der Götter und an alle Arten der Mantik (9, 27. 12, 28). Die wahre Gemeinschaft mit Gott besteht jedoch auch ihm in dem Gehorsam gegen sein Gesetz (5, 27), und wie Seneca verlangt er, dass man die Götter hauptsächlich um wirkliche Güter, um Befreiung von sündigen Leidenschaften u. dergl. bitten solle. Dass er selbst fleissig gebetet hat, sehen wir aus dem schönen Bekenntnis: „ich scheide aus diesem Leben, auf dessen Ende meine Mitlebenden, sie, für die ich so viel kämpfte, betete und sorgte, warten, weil sie vielleicht irgend eine Erleichterung davon erhoffen" (10, 36).

Drittes Kapitel.
Die sozialen Pflichten.
1. Die Ehe.

Epictets Ansicht über die Ehe, soweit sich die Frage der Keuschheit damit berührt, ist bereits gestreift worden. Hier handelt es sich um die Bedeutung der Ehe als einer sozialen Einrichtung. Wir haben gesehen, dass Epictet es keineswegs dem Belieben des einzelnen anheimstellt, ob er in die Ehe treten will oder nicht, sondern da er die Ehe als die einzige legitime Art und Weise der Fortpflanzung des menschlichen Geschlechts [52]) und letztere, seinem Optimismus gemäss, selbstverständlich als sittliche Aufgabe betrachtet, so muss er auch in der Ehe eine Pflicht des Menschen erblicken, von der nur besondere Umstände dispensieren können.

Das Heiraten und Kindererzeugen gehört zu den ἔργα προηγούμενα, d. h. zu den im Wesen des Menschen begründeten Pflichten (III, 7, 26), nur der Cyniker heiratet nicht προηγουμένως (III, 22, 67): die Ausnahme bestätigt also die Regel, und überdies kann auch der Cyniker ausnahmsweise in die Ehe treten (ibid. 76). Diesen bestimmten Erklärungen gegenüber darf man aus einer anderen Stelle (IV, 5, 6) keine gegenteiligen Schlüsse ziehen. Dort handelt es sich nämlich nicht um die konkreten Pflichten, die der Mensch im Leben zu erfüllen hat, sondern um die eine abstrakte Pflicht der ethischen Korrektheit (τὸ ἴδιον ἡγεμονικὸν τηρῆσαι). Dieser Pflicht gegenüber sind alle äusseren Lebensstellungen indifferent, da der Mensch nach Epictet in jeder Stellung, im Privatleben so gut wie im öffentlichen Dienst, im unverehelichten Stande so gut wie in der Ehe, seine sittliche Bestimmung erfüllen kann. Insofern kann er allerdings sagen, dass nicht das Heiraten das Ziel ist, das dem Guten beständig vorschweben muss, sondern die Bewahrung der sittlichen Haltung, falls die Heirat gegeben wird. Ohne Zweifel wollte Epictet damit die Ehe nicht bezeichnen als etwas, worauf sich der Wille gar nicht richten dürfe, das man lediglich passiv erwarten müsse, wie etwa eine Erbschaft. Vielmehr gehört die Ehe so gut wie z. B. die Pflege der Gesundheit zu den erlaubten oder vielmehr pflichtmässigen Objekten des Wollens. Doch ist natürlich auch auf sie der Grundsatz anzuwenden, den Epictet oft einschärft, dass nämlich das Wollen (ὁρμή) μεθ' ὑπεξαιρέσεως geschehen solle, d. h. so, dass man dabei nicht die äussere Thätigkeit selbst, die ja durch allerlei Umstände gehemmt werden kann, sondern die innere Thätigkeit des richtigen Wollens sich zum eigentlichen Ziele setze. Dabei wird man noch überdies berücksichtigen müssen, dass die Ehe eben nicht im selben Masse eine Sache freien Wollens und Entschliessens ist, wie etwa das Spazierengehen, sondern in der That in gewissem Sinne etwas von der Vorsehung Gegebenes und Dargebotenes. Man kann ja die Ehe unter einem doppelten Gesichtspunkt betrachten, einmal als eine vom freien Willen abhängige pflichtmässige Handlung, insofern ist sie ein wirkliches Gut wie alles sittliche Handeln, sodann als ein von äusseren Umständen abhängiges Gut, insofern ist es ein Adiaphoron (Clem. strom. II, 137, 502). Zu allen Zeiten hat die Stoa die Ehe hochgeschätzt als eine allgemeine auch für den Weisen geltende Pflicht (D. L. 121. Stob. ecl. II, 109 — Kleanthes schrieb nach D. L. 173 περὶ ὑμεναίου). Es ergab sich dies für die Stoiker schon aus ihrem Prinzip des naturgemässen Lebens, sowie aus ihrer optimistischen und konservativen, auf die Erhaltung des Menschengeschlechts und der menschlichen Gemeinwesen gerichteten Anschauung. Das letztere Motiv, dass nämlich die Ehe notwendig sei zur Fortpflanzung der Menschheit und zur Erhaltung des Staates, wurde nicht erst von Musonius (flor. III, 4 etc.), sondern schon von Antipater (flor. III, 11 etc.) und wohl schon vor ihm kräftig betont (ecl. II, 94. fin. III, 68 ad tuendos conservandosque homines). Antipater freilich, wie er auch sonst dem Panätius sich geistesverwandt zeigt, erweist sich auch in seinen Aeusserungen über die Ehe als derjenige Stoiker, bei dem die nationale partikularistische Gesinnung noch stark hervortritt: die Blüte des Vaterlandes ist sein höchstes Ideal und bei seinen Vorschriften über die Eheschliessung hat er, wie Panätius in seiner ganzen Ethik, nur die besseren Stände im Auge. Nach Seneca frag. 46 hätte Chrysipp die Pflicht der Ehe nicht anders als durch den Hinweis auf den Juppiter Gamelios und Genethlios zu begründen gewusst: doch ist dies kaum glaublich. Chrysipp wird dies vielmehr, wie auch Antipater und Musonius, neben anderem als Grund aufgeführt haben; überdies hatte ja in seinem Munde jener religiöse Grund sicherlich keinen anderen Sinn, als dass die Ehe in der Natur und Bestimmung des Menschen begründet sei.

Was nun aber das eheliche Zusammenleben betrifft, so finden wir darüber bei Epictet keine bestimmteren Aeusserungen. Die Hauptpflicht der Ehegatten ist natürlich die gegenseitige Treue, und wir haben gesehen, mit welch sittlichem Ernste Epictet den Ehebruch beurteilt und auch im ehelichen Verkehr auf Wahrung der Schamhaftigkeit dringt. Der Cyniker hat unter anderem auch die Pflicht auf das Familienleben der Menschen und auf das eheliche Verhältnis reinigend einzuwirken (III, 22, 72); Epictet selbst bekundet sein Interesse für diese Sache dadurch, dass er einen hohen Beamten, der zu ihm kommt, vor allen Dingen nach seinen Familienverhältnissen fragt. Und auf dessen Antwort, es gehe ihm schlimm, bemerkt er sarkastisch, die Leute heiraten und gründen eine Familie doch nicht um unglücklich, sondern um glücklich zu sein (I, 11, 3). Dass die Ehegatten einander in Geduld vertragen sollen, betont er nicht ausdrücklich, es ergiebt sich aber von selbst aus seiner allgemeinen Forderung nachsichtiger verträglicher Menschenliebe. An Socrates rühmt er ganz besonders auch die Geduld, mit der er sein böses Weib trug (IV, 5, 33). Ob Epictet das Verhältnis zwischen Mann und Weib auch als eine sittliche und geistige Gemeinschaft aufgefasst hat, erfahren wir nicht direkt: wir können es aber einigermassen erschliessen aus dem, was er über den Wert und die Bestimmung des Weibes gelegentlich äussert. Wie die Stoa die Arbeit vom Fluch der Ehrlosigkeit erlöste, so sprach sie auch zuerst den Gedanken der Gleichberechtigung des Weibes aus. Schon Kleanthes hat nach D. L. 175 (cfr. Clem. Alex. paed. I, 10, 103) den Satz aufgestellt, dass es nur eine Tugend gebe für Mann und Weib, dass also das Weib so gut wie der Mann der sittlichen Vollkommenheit fähig und für dieselbe bestimmt sei. Es ist nun aber recht wohl möglich und sogar wahrscheinlich, dass es auch in der Stoa lange Zeit bei der blossen doktrinären Aussprache dieses Grundsatzes blieb, ohne dass damit Ernst gemacht wurde, ihn auf das wirkliche Leben anzuwenden, und die alten Vorurteile von der Minderwertigkeit des Weibes sind offenbar auch von den Stoikern nicht ganz überwunden worden. Erst Musonius tritt als eifriger Vorkämpfer für die Gleichberechtigung der Frau, speziell für ihr Recht auf Bildung ein, ohne jedoch die in der physischen Verschiedenheit begründete Trennung der Berufsgeschäfte aufheben zu wollen (Stob. ecl. II, 235 etc. 244 etc.). Er meint, prinzipiell sei kein einziges an sich erlaubtes Geschäft dem Mann oder der Frau unziemlich, nur seien bestimmte Verrichtungen mehr für den Mann, andere mehr für das Weib geeignet, weshalb sie speziell männliche oder weibliche Geschäfte genannt werden. Was aber die Tugend, die sittliche Bildung anlange, so gebe es für beide nur eine Aufgabe und Bestimmung; denn das Weib brauche alle Tugenden, auch die Tapferkeit ebensogut wie der Mann. Darum sollen auch die Töchter in der Philosophie unterrichtet werden; den Vorwurf, dass dadurch die Mädchen frech und gegen ihren häuslichen Beruf gleichgültig würden, weist er in einer auch für unsere Zeit beherzigenswerten Weise zurück durch die Bemerkung, dass umgekehrt die rechte Philosophie, deren Endzweck ja nur die sittliche Besserung sei, gerade den Menschen erst recht tüchtig mache in jeder Hinsicht, schamhaft und bescheiden, keusch und züchtig, gewissenhaft und treu, arbeitsam und pünktlich.

Bei Musonius und Antipater treffen wir überhaupt wohl die indealste Auffassung des ehelichen Verhältnisses, zu der sich das Altertum aufgeschwungen hat. Der Gedanke, dass die Ehe eine wirkliche, nicht bloss äusserliche, sondern auch innerliche Lebensgemeinschaft sein soll, ist von ihnen deutlich ausgesprochen worden [53]). Antipater sagt: „wer nicht Weib und Kinder hat, entbehrt die lauterste und echteste Freude der Liebe" und nennt die Ehe im Gegensatz zu den übrigen Freundschafts- und Verwandtschaftsverhältnissen, die den einfachen Mischungen (μίξεις) gleichen, eine völlige Durchdringung (κρᾶσις δι' ὅλων, Stob. flor. III, 15 etc.). Musonius bezeichnet die Ehe als die notwendigste und innigste Gemeinschaft, der gegenüber auch die elterliche Liebe zurücktreten müsse. Dieser hohen Auffassung der Ehe entsprechen die Vorschriften über die Gattenwahl: man soll nicht blindlings sondern nach reiflicher Ueberlegung seine Wahl treffen, indem man dabei nicht auf Reichtum, Stand und Schönheit, sondern auf den Charakter (Musonius: auf Gesundheit, Fleiss und Tugend) sieht [54]). Antipater empfiehlt besonders noch, dass man den Charakter der Eltern, speziell der Mutter erkunde und sich vergewissere, ob die Eltern die Erziehung ihrer Tochter selbst geleitet oder anderen Personen überlassen haben. Als interessant mag noch erwähnt werden, dass Antipater die Ehe in Anbetracht der vielfach herrschenden Abneigung dagegen, worin er ein Symptom des Verfalls der Sitten und der Zunahme egoistischer Genusssucht erkennt, für eine That der Tapferkeit (ἡρωικόν) erklärt, indem er freilich zugleich die Meinung bekämpft, als sei der Ehestand eine Last, da doch vielmehr eine tüchtige Frau dem Manne das Leben in jeder Hinsicht nur erleichtere und ihn auch vom Studium und politischer Thätigkeit nicht abhalte sondern zu beidem förderlich sei.

Aehnliche Grundsätze wie Musonius spricht auch sein Schüler Epictet aus. Dass das Weib dieselbe Bestimmung hat wie der Mann, ergiebt sich schon aus dem allgemeinen Satz, dass Gott alle Menschen zur Tugend und Glückseligkeit geschaffen habe (III, 24, 1), ferner aus der Bemerkung, dass der Kyniker als Volkserzieher auch für die Weiber da sei: sie sind seine Töchter wie die Männer seine Söhne (III, 22, 81). Die Pflicht der Eltern, für die Bildung auch der Töchter wie der Söhne zu sorgen, ist in IV, 11, 35 angedeutet, und dass Epictet die Befähigung des weiblichen Geschlechts zur Aneignung der wahren philosophischen Bildung nicht bezweifelt hat, geht daraus hervor, dass er die Frau des Krates einen zweiten Krates nennt (III, 22, 76) und die Berufung eines nach Hause sich zurücksehnenden Schülers auf das Heimweh seiner Mutter mit der Bemerkung zurückweist: „warum hat sie nicht Philosophie gelernt?" (III, 24, 22). Trotz dieser prinzipiellen Anerkennung der Rechte des weiblichen Geschlechts spricht er aber doch gelegentlich auch geringschätzig von demselben; so wenn er die Lehren Epikurs schlecht, Staat und Familie zerstörend, nicht einmal den Weibern ziemend nennt (III, 7, 20) und gegen die unmännliche Eitelkeit eifernd den Ausspruch thut, das Weib sei von Natur zart und weich (τρυφερά), womit doch wohl auch eine gewisse ethische Inferiorität behauptet werden soll (III, 1, 27).

Seneca spricht manchmal sehr wegwerfend von dem weiblichen Geschlecht[55]), behauptet aber auch wieder, dass es prinzipiell an Befähigung hinter dem männlichen nicht zurückstehe[56]), lobt die verborgenen Heldenthaten der Frauen (ad Helv. 19, 5) und liefert durch die Briefe an seine Mutter Helvia und an die Tochter des Cremutius Cordus Marcia, sowie durch die Andeutung seines zarten und innigen Verhältnisses zu seiner Gattin Paulina (ep. 104, 1 etc. ira III, 36, 3) den besten Beweis für die Hochachtung, die er vor dem tugendhaften Weibe hegt. Obwohl er in der Keuschheit die Quintessenz der weiblichen Tugend erblickt (frag. 78 pudicitia amissa omnis virtus ruit: in hac muliebrium virtutum principatus est), so ist er doch der Ansicht, dass das Weib einer gründlichen, philosophischen Bildung bedürftig und fähig sei und tadelt es an den Frauen seiner Zeit, dass sie die Wissenschaft nicht um der wahren Bildung (sapientia) willen, sondern zum Prunke (ad luxuriam) treiben (ad Helv. 17, 4). — M. Aurel scheint, wie auch Epictet gelegentlich (I, 2, 26), eine spezifisch männliche Tugend angenommen zu haben. Er will das Ideal der Weisheit verwirklichen als Römer und als Mann (2, 5. 3, 5. 4, 3). Doch hebt er den Unterschied zwischen männlicher und weiblicher Tugend wieder auf, wenn er sagt, dass Sanftmut und Milde, eben weil es menschlicher, deshalb auch männlicher sei (11, 18). Ueber die Ehe äussert er sich nirgends bestimmt; doch hat er ohne Zweifel das eheliche Verhältnis als eine sittliche Gemeinschaft aufgefasst, da er den Rat giebt, sich immer wieder zu prüfen, ob man gegen Götter, Eltern und Geschwister, Frau und Kinder etc. sich recht betragen habe (5, 31).

2. Die Pietät.

Ueber die Verwandtschaftspflichten finden wir bei Epictet keine genaueren Ausführungen, sondern nur kurze Andeutungen. Er begnügt sich meistens damit nur im allgemeinen die Wahrung der verschiedenen Beziehungen (der σχέσεις φυσικαί und ἐπίθετοι) als sittliche Aufgabe seinen Schülern ans Herz zu legen, ohne die Pflichten im einzelnen zu bezeichnen und zu motivieren (III, 2, 4. II, 14, 8). Gerade hierin zeigt sich besonders evident sein optimistischer Dogmatismus, insofern er nämlich voraussetzt, dass aus den Worten Sohn, Bruder, Eltern etc. für jeden Denkenden die für das betreffende Verhältnis geltenden Pflichten ohne weiteres erkennbar seien [57]). So leitet er z. B. aus dem Begriff Sohn unmittelbar die Kindespflichten ab, indem er sagt: „was heisst ein Sohn sein? alles das Seine als Eigentum des Vaters betrachten, diesem in allem gehorchen, niemals ihn irgend jemand gegenüber tadeln, ihm durch Wort und That nicht wehe thun, ihm in allem nachgeben und weichen und nach Kräften ihn unterstützen". Ebenso liegt für ihn schon in dem Begriff Bruder die Pflicht der Nachgiebigkeit und Willfährigkeit, der Freundlichkeit im Urteil, dass man mit ihm nicht streite über den Besitz äusserer Güter, sondern gerne ihm diese abtrete, um dafür an wahren Gütern ihn zu übertreffen (II, 10, 7 etc. En. 43). Man sieht sofort, dass diese Pflichten eigentlich nichts Charakteristisches enthalten, sondern wesentlich dieselben sind, welche im Verkehr mit den Menschen überhaupt gelten. An dieser idealen Verschwommenheit und Allgemeinheit leidet alles, was Epictet über die konkreten sittlichen Lebensverhältnisse sagt, und es ist dies eine unvermeidliche Folge einer Lebensanschauung, die alles Aeussere für gleichgültig erklärt und von der persönlichen ethischen Korrektheit alles Glück erwartet. Freilich liegt eine tiefe Wahrheit darin, wenn Epictet sagt, die Pflichten der Pietät können nur von demjenigen beobachtet werden, der vermöge seiner philosophischen Bildung den irdischen Sinn gänzlich überwunden habe [58]). Andrerseits wird aber doch durch diese einseitig idealistische Moral das berechtigte Selbstgefühl und Sonderinteresse des Einzelnen nicht gebührend berücksichtigt, und zugleich der Erweisung thätiger Liebe ein wichtiger Antrieb, nämlich das warme Interesse für die allseitige Wohlfahrt des Geliebten entzogen [59]). Das Gleiche gilt ja auch, wie wir noch sehen werden, von der stoischen Forderung der allgemeinen Menschenliebe, die, so schön und erhaben sie auch lautet, doch immer etwas frostig Doktrinäres an sich hat. Wenn wir jedoch von diesem in dem Geist der stoischen Ethik begründeten Mangel absehen, so finden wir bei Epictet über die Pietätspflichten und das Familienleben manches Schöne und Beherzigenswerte. Die Liebe der Eltern zu den Kindern erklärt er für etwas in der menschlichen Natur Begründetes [60]). Dies setze auch, meint er, Epikur stillschweigend voraus, weil er sonst eigentlich keinen Grund hätte die Ehe und Familiengründung zu widerraten. (I, 23, 5 „er weiss, dass, wenn das Kind einmal da ist, es nicht mehr in unsrer Gewalt steht, es nicht zu lieben und nicht für es zu sorgen".) Ja so stark sei die natürliche Liebe der Eltern zu den Kindern, dass selbst den Epikur seine Eltern nicht verstossen hätten, wenn sie geahnt hätten, was für Lehren und Grundsätze ihr Sohn einmal aufstellen werde. Einem Vater, der, wie er meint, aus Liebe zu seinem kranken Kind den Anblick seiner Schmerzen nicht ertragen konnte und so lange das Haus mied, bis es mit dem Kind besser stund, giebt er in ergreifenden, eindringlichen Worten zu bedenken, dass die wahre Liebe sich gerade darin zeigen müsse, dass man standhaft und tapfer bei dem kranken Kind ausharre und verständig und besonnen alles thue, um demselben zu helfen und es zu retten (I, 11). An einem anderen Vater lobt er es als sittliche That, dass er seinen Sohn in fürsorglicher Liebe mit eigener Lebensgefahr übers Meer begleitet habe (III, 7, 3). Die Mühwaltung, welcher der Hausvater zur Versorgung seiner Familie sich unterziehen muss, schildert er anschaulich (III, 22, 71 etc.), aber ohne damit irgendwie die absichtliche Ehelosigkeit rechtfertigen zu wollen. Der Ausdruck zärtlicher Liebe zu den Kindern erscheint ihm als des Weisen keineswegs unwürdig. Er darf sie herzen und küssen, nur soll er darin nicht zu weit gehen, sondern stets bedenken, dass auch diese Freuden, da sie ihm jederzeit genommen werden können, nicht sein wahres Glück ausmachen: dann wird er auch im stande sein, den Verlust seiner Lieben würdig zu ertragen (III, 24, 27 und 85)[61]. Selbstverständlich darf man nie aus vermeintlicher Liebe zu den Kindern eine sittliche Pflicht verletzen: auch Socrates liebte seine Kinder, aber als ein freier Mann, der sich bewusst war, dass man vor allen Dingen Gottes Freund sein muss (III, 24, 59 etc.).

Die Pflichten der Kinder gegen die Eltern sind in der Hauptsache bereits erwähnt worden[62]. Auch hier bekämpft Epictet hauptsächlich jene weichliche und schwächliche Liebe, die aus falscher Rücksicht oder in unverständiger Sentimentalität die Hauptpflicht, nämlich die Ausbildung des Charakters und die Aneignung und Bethätigung der wahren Bildung versäumt. Dem Muttersöhnchen, das wegen der Thränen der Mutter vor beendigtem Kursus heimkehren will, sagt er: „wohl darf es dir nicht gleichgültig sein, ob deine Mutter jammert oder nicht, aber du darfst auch nicht das Fremde um jeden Preis wollen; deine eigene Trauer zu stillen ist deine erste Pflicht, denn dies steht bei dir, die des anderen magst du nach Kräften zu stillen trachten, aber nicht um jeden Preis, denn das wäre eine Auflehnung gegen Gott" (III, 24, 23). Besonders hebt Epictet noch hervor, dass auch die Ungerechtigkeit oder moralische Schlechtigkeit der Eltern die Kinder nicht von ihrer Pflicht des Gehorsams und der Pietät entbinde[63]. Dass der Gehorsam gegen die Eltern seine Grenze hat an dem, was das Gewissen und die Rücksicht auf die eigene sittliche Bildung und Bethätigung erfordert, ist bei Epictet nicht ausdrücklich betont, ergiebt sich aber aus dem Gesagten von selbst. Musonius hat diese Frage in einem besonderen Traktat (εἰ πάντα πειστέον τοῖς γονεῦσι, flor. III, 90 etc.) erörtert und dahin entschieden, dass, wenn die Eltern etwas sittlich Verwerfliches gebieten würden, der Ungehorsam Pflicht wäre. Uebrigens soll der Sohn alles thun, um die Eltern zu seiner richtigen Ansicht durch Wort und Beispiel zu bekehren, und erst, wenn er dies alles versucht hat, muss die Rücksicht auf die Eltern der Stimme Gottes weichen. Auch finden wir bei Musonius die echt evangelische Vorschrift, dass der wahre Gehorsam nicht ein Gehorsam des Buchstabens, sondern der Gesinnung sein müsse. — Seneca ermahnt, man solle den Eltern ihre Wohlthaten nach Kräften vergelten. Wie schön sei es, sich sagen zu können: „ich habe meinen Eltern gehorcht, in ihren Willen mich gefügt, ob er billig oder unbillig und hart war, bin ihnen willfährig und unterthänig gewesen; nur gegen das eine hab' ich mich gesträubt, mich von ihnen durch Wohlthaten besiegen zu lassen!" (ben. III, 38, 2). Letzteres sei freilich fast unmöglich, da wir erst spät die Liebe der Eltern recht einsehen und würdigen lernen und dann meistens nicht mehr genug Zeit haben, ihnen so, wie wir wollten, zu vergelten (ben. V, 5, 2).

3. Die bürgerlichen Pflichten.

Die stoische Ethik ist konservativ und radikal zugleich: konservativ, insofern sie die bestehenden sittlichen und religiösen Ordnungen anerkennt, radikal aber, da sie dieselben anerkennt nur unter der stillschweigenden Voraussetzung, dass sie in der reinen Vernunft begründet seien. Da nun diese Voraussetzung auf jedem Punkt als unrichtig sich erweisen musste, so waren die Stoiker zu einer Umdeutung der bestehenden Ordnungen und Anschauungen genötigt, welche eigentlich einer Aufhebung derselben, ja einer Verkehrung in ihr Gegenteil gleichkam. So war es bei der Religion, die sie gleichsam unbesehen herübernahmen, aber doch so sehr mit einem anderen Geist und Gehalt erfüllten, dass ihre Beibehaltung leicht als Heuchelei erscheinen konnte und die Behauptung ihrer gehässigen Gegner, sie seien eigentlich noch gottloser als Diagoras, immerhin ein Körnchen Wahrheit enthält (Philodem de pietate, p. 85 Gompertz). So haben sie die Pflichten der Pietät ganz in der herkömmlichen Weise betont, diese aber von solchen Bedingungen abhängig gemacht, dass die gewöhnliche Pietät in ihren Augen allen sittlichen Wert verlor, während die Pietät, wie sie dieselbe fassten, eigentlich auch keine Pietät mehr war, sondern sich in die allgemeine Menschenliebe auflöste.

Dieses Doppelgesicht zeigt nun besonders deutlich auch die stoische Lehre über den Staat und die bürgerlichen Pflichten. Es lässt sich nicht leugnen, dass die Stoiker die Vaterlandsliebe und die Beteiligung am öffentlichen Leben als eine im Wesen des Menschen begründete Pflicht und Tugend betrachteten [64]). Da sie aber auch hiebei Zustände voraussetzten, die den Forderungen der Vernunft entsprechen, so mussten sie in der Praxis notwendig mit ihren Grundsätzen in Widerspruch geraten, was ihnen ja auch oft genug zum Vorwurf gemacht worden ist (st. rep. 2 u. ö.). Die Stoiker haben sich jedoch wegen ihrer Nichtbeteiligung am politischen Leben stets verteidigt durch den Hinweis auf die herrschende Korruption, welche ein erspriessliches politisches Wirken des Weisen unmöglich mache [65]). Ganz richtig bezeichnet Seneca den Unterschied des Epikur und Zeno dahin, dass der erstere die Enthaltung vom Staatsleben prinzipiell (ex proposito), der letztere nur eventuell (ex causa) empfehle (de otio 3, 2). Nicht persönliche Gründe der Bequemlichkeit oder Feigheit veranlassen den Stoiker, sich vom Staatsleben fernzuhalten; aber thöricht wäre es, fruchtlos oder gar mit Einbusse seiner Selbstachtung für den Staat sich abzumühen (ep. 22, 7). So gewiss wir diese Gründe anerkennen müssen und so sehr wir bereit sind, die warme und verständige Rechtfertigung des unpolitischen Lebens eines Zeno, Kleanthes und Chrysipp, wie sie sich z. B. bei Dio Chrysostomus (II, 221 R.) findet, uns anzueignen, so ist es doch klar, dass die Berufung auf die Schlechtigkeit der Zeit es manchem Stoiker leicht machte, seine Neigung zum Privatleben zu entschuldigen. So hat denn Seneca dem Stoiker Athenodor den Vorwurf gemacht, er habe die Flinte zu schnell ins Korn geworfen (tranqu. an. 3); aber er selbst hat dieser kampfesscheuen und thätigkeitsfeindlichen Stimmung nicht selten Ausdruck gegeben (ep. 28, 7 sapiens feret ista non eliget — er will lieber im Frieden sein als im Kampf — vergl. die ganze Schrift de otio). Interessant ist die Bemerkung der Gegner der Stoa, dass derjenige Stoiker, welcher sich am Staatsleben beteilige, sich einer noch grösseren Inkonsequenz schuldig mache, als derjenige, der sich fernhalte, weil er da mit Personen verkehren und zusammenwirken müsse, die ihre Stellung nicht ihrer Würdigkeit (im stoischen Sinn) sondern dem Zufall verdanken, und Gesetze handhaben müsse, die er doch für schlecht und unvernünftig halte (st. rep. 3). So konnten es die Stoiker freilich in keinem Falle recht machen. Nach beiden Seiten war da Panätius im Vorteil, da er einerseits die gewöhnliche, unphilosophische Tugend viel höher stellte und den Grundsatz aussprach, man müsse froh sein, wenn man mit Leuten zusammenlebe, die einen Abglanz der Tugend besitzen (off. I, 46), andrerseits, seiner mehr weltförmigen Moral gemäss, die Einrichtungen, Aufgaben und Bestrebungen der empirischen Staatswesen in weit freundlicherem Lichte betrachtete als die rigorosen Stoiker, weshalb er denn die politischen Pflichten mit ganz anderem Nachdruck betonte als jene (off. I, 71 u. ö.). Es lässt sich nicht leugnen, dass die stoische Lehre vom Logos Orthos, von der in der Welt und Menschheit überall gesetzmässig wirkenden Vernunft, notwendig das Interesse an der nationalen Sonderexistenz schwächen und zu jener Idee des Weltbürgertums hinführen musste, welche dem Patriotismus im antiken Sinn schnurstracks zuwiderlief. Der Kosmopolitismus tritt zwar erst in der mittleren und besonders in der späteren Stoa bedeutender hervor[66]), lag aber von Anfang an im Geist der stoischen Philosophie. Dass die Idee eines Weltstaats schon dem Zeno vorschwebte, bezeugt Plutarch (de Al. s. v. s. f. I, 6); er nennt dieselbe einen Traum, den Alexander (natürlich in anderer Weise) zur Wirklichkeit gemacht habe. Schon Chrysipp hat den Kosmos definiert als „System aus Göttern und Menschen" (Ar. Did. 31, Diels 465), ein auch dem Epictet geläufiger und mit dem Weltstaat oder der obersten Polis gleichbedeutender Begriff (cfr. Clem. strom. IV, 642).

Die Stoiker haben nun allerdings, wie es scheint, den Widerspruch ihres Kosmopolitismus mit der Forderung des Patriotismus nicht empfunden, sie hielten es vielmehr für möglich und waren gewiss auch redlich bemüht, beides miteinander zu verbinden, der grossen und der kleinen Polis zugleich und mit gleicher Hingebung zu dienen[67]). Ja sie haben mit Nachdruck den Gedanken verfochten, dass der gute Bürger auch im Privatleben, durch sein Vorbild, durch seine ganze Haltung und Gebarung dem Staat allezeit einen nützlichen Dienst erweise (Sen. tranqu. an. 4, 6): der Weise ist niemals Privatmann (Cic. Tusc. IV, 51). Seneca behauptet sogar, Zeno und Chrysipp haben der

Menschheit mehr genützt als wenn sie Heere angeführt, Ehrenämter bekleidet und Gesetze gegeben hätten (de otio 6, 4. ep. 8, 6 qui nihil agere videntur, maiora agunt: humana divinaque simul tractant), während Cicero, wohl in Uebereinstimmung mit Panätius, den Beruf des Politikers hoch über den eines Lehrers der Weisheit stellt (rep. I, 2, 3) und sogar erklärt, dass Seelengrösse nur im politischen Leben bewährt werden könne oder wenigstens hier viel schwerer und darum auch ehrenvoller sei als im Stand der Musse (off. I, 72. 92). Aber die Erkenntnis, dass der Mensch in der Regel nur eben als Angehöriger seines Volkes und Staates und in der Eigenart dieses nationalen Denkens und Fühlens seine allgemein menschliche Bestimmung erfüllen könne, scheint den Stoikern fremd gewesen zu sein. Es ist ja auch klar, dass die neue, originelle und spezifisch stoische Idee von dem allgemeinen Weltstaat, der aus Göttern und Menschen besteht, in ihrem Bewusstsein weitaus das Uebergewicht erlangen musste über den landläufigen Patriotismus, und es kann ihnen dies um so weniger verübelt werden, da die empirischen Staatswesen jener Zeit ihrem Ideal in der That zu wenig entsprochen haben, als dass sie mit wirklichem und lebendigem Interesse ihm dienen konnten. Ein weiterer Grund ihrer Abneigung gegen das öffentliche Leben lag jedoch neben der schon erwähnten Idee des Weltbürgertums in ihrer idealistischen Geringschätzung aller äusseren Güter, welche sie hinderte, den ökonomischen und kulturellen Aufgaben des Gemeinwesens ein wirkliches Interesse entgegenzubringen. Bei dem allem muss aber zugegeben werden, dass sie, wenn auch vielleicht mit einer gewissen Inkonsequenz, den Wert der Vaterlandsliebe und die Pflicht des gemeinnützigen Wirkens eifrig verteidigt und es den Ihrigen für den Fall, dass sie ein öffentliches Amt bekleideten, zur Pflicht gemacht haben, mit aller Treue und Gewissenhaftigkeit für die allgemeine Wohlfahrt zu sorgen [68]). Dass der stoische Kaiser diese Pflicht besonders häufig und nachdrücklich betont, erklärt sich natürlich aus seiner Stellung, ist aber doch, wie noch mehr seine Regierung, ein schlagender Beweis dafür, dass die stoische Philosophie die Thatkraft keineswegs hemmt. (Vergl. Ziegler, Ethik I, 222 u. 247.)

Diese Bemerkungen finden wir bei Epictet vollauf bestätigt. Von der Pflicht sich aktiv am öffentlichen Leben zu beteiligen, ist prinzipiell nur der Kyniker, wie von der Ehe, befreit (III, 22, 83); alle anderen sind verpflichtet ein öffentliches Amt, das sie bekleiden, beizubehalten oder, wenn es ihnen zufällt resp. wenn sie's ohne Verleugnung ihrer Grundsätze bekleiden können, anzunehmen und richtig zu führen [69]). Ja Epictet schärft es nicht bloss als eine Pflicht ein, im Dienst eines Gemeinwesens seines Amtes mit Fleiss und Eifer, Gewissenhaftigkeit und Treue zu warten, sondern er betrachtet dies gleichsam als einen angeborenen Trieb, dem der Mensch ebensowenig widerstehen könne wie dem Trieb seine Kinder zu lieben und für sie zu sorgen (I, 23, 6). Die bekannte, von den Stoikern ganz besonders betonte und ausgebildete Lehre, dass der Mensch zur Geselligkeit und Gemeinschaftsbildung und zu gemeinnützigem Wirken von Natur veranlagt und geneigt sei, tritt auch bei Epictet bedeutsam hervor. Die Natur des Menschen ist Wohlthun und Helfen (IV, 10, 22). Wie die Sonne ungebeten leuchtet, so sollten auch wir aus freiem Trieb wohlthun (fr. 88). Am liebsten möchte Epictet vom Tod betroffen werden in der Ausübung eines ἔργον ἀνθρωπικόν d. h. einer edlen, gemeinnützigen That (IV, 10, 12) [70]). Den Begriff des Bürgers definiert er in einer Weise, wie sie idealer nicht gedacht werden kann: Bürger sein heisst keinen eigenen Nutzen haben (wollen), über nichts beschliessen als Sonderpersönlichkeit, sondern als Glied eines Organismus, alles auf dessen Wohl beziehend (II, 10, 4). Die Pflicht gegen den Staat ist der gegen die Götter, gegen die Eltern etc. koordiniert (III, 2, 4. En. 30), ja gleichsam die Hauptpflicht, die alle anderen umfasst: Pflicht des Bürgers ist es zu heiraten und eine Familie zu gründen (II, 23, 38; cfr. flor. III, 6); der Ehebrecher verletzt nicht nur die eheliche Treue sondern auch die Bürgerpflicht (II, 10, 47), der eitle Geck und Weichling taugt auch als Bürger nichts (III, 1, 35). Das Vaterland ist dem Epictet eine wichtige, heilige Sache (II, 22, 16. III, 3, 6); fürs Vaterland muss man auch solche Dienste übernehmen, die einem unangenehm sind und Selbstüberwindung kosten (III, 24, 44), fürs Vaterland sein Leben zu opfern ist besser als schimpflich sein Leben zu fristen (III, 20, 5). Wer dem Vaterland nicht durch Bekleidung von Aemtern oder durch finanzielle Opfer dienen kann, mag es dadurch thun, dass er durch sein Wort und Beispiel auf seine Mitbürger bessernd einwirkt: dadurch nützt er ihm mehr als wenn er Säulenhallen und Bäder erstellt (En. 24, 4). Dass ein rechter Bürger sich den Gesetzen unterwerfen muss, versteht sich von selbst (I, 12, 7). Mit Entrüstung weist Epictet den Vorwurf zurück, als ob die Philosophie die Gesetze und die Obrigkeit verachten lehre (I, 29, 9. IV, 7, 33): im Gegenteil, gerade die Philosophie erziehe die besten, loyalsten Staatsbürger, da sie die tiefste Wurzel alles gesetzwidrigen Handelns, die Selbstsucht und Genusssucht, beseitige und von ihren Anhängern Nachgiebigkeit und willigen Verzicht in allem, was Leib und Leben betrifft, verlange [71]).

Aber eben diese ideale, das Aeussere verachtende Gesinnung, die den Stoiker allerdings zu einem salva conscientia gefügigen, ruhigen und harmlosen Staatsbürger macht, raubt ihm andrerseits mit Notwendigkeit das lebendige Interesse für den Bestand gerade dieses oder jenes Gemeinwesens und seine mannigfaltigen, doch zunächst der äusseren Wohlfahrt dienenden Aufgaben. So spricht denn auch Epictet gelegentlich in ziemlich wegwerfendem Tone von der politischen Thätigkeit, die sich doch hauptsächlich um Steuern und Einkünfte drehe (III, 22, 83; cfr. I, 10, 1); weit wichtiger sei die Thätigkeit des Kynikers, des wahren Herrschers [72]). Er warnt seine Schüler vor ehrgeizigem Trachten nach Aemtern und Ehrenstellen (IV, 6, 27) und tröstet sie darüber, dass sie im politischen Leben wegen der allgemeinen Korruption vermutlich keine Rolle spielen werden (En. 24). Von der Notwendigkeit und sittlichen Berechtigung des Krieges hat er keine Ahnung: alle Kriege führt er auf Verblendung (ἄγνοια) zurück (II, 22, 22), von einer nationalen Ehre, die nötigenfalls durch Krieg gewahrt werden muss, weiss er nichts (III, 22, 36). Wie anders urteilt auch hier wieder Panätius, der es zwar für eine Pflicht der Regierung erklärt, **für Erhaltung des Friedens Sorge zu tragen, aber dabei doch den Krieg eventuell für notwendig hält, damit man unbehelligt im Frieden leben kann. Dass er die römische Eroberungspolitik wohl nicht so unbedingt gerechtfertigt hätte wie Cicero thut, mag immerhin zugestanden werden (off. I, 35 u. 36). Interessant, doch etwas dunkel, ist** der Ausspruch M. Aurels (10, 10): wenn man auf die Gesinnung sieht, so ist zwischen einem Soldaten, der einen Feind gefangen nimmt, und einem Räuber kein Unterschied. Keineswegs von monarchischer Gesinnung und Achtung vor der Stellung des Staatsoberhauptes zeugt es, wenn Epictet sagt, niemand fürchte den Kaiser, sondern nur die Strafen, die er verhängen könne, niemand liebe den Kaiser — ausser wenn er persönlich viel wert sei — sondern nur die Güter und Ehren, die er verleihe (IV, 1, 60). Alle Personen und alle Einrichtungen haben für unseren Philosophen eigentlich nur dann einen Wert, wenn sie von sittlichem Gehalt erfüllt sind und dem Tugendideal entsprechen.

Von hier aus gewinnt er allerdings andrerseits wieder eine sehr hohe Anschauung von dem Beruf des Herrschers. Liegt schon in dem eben citierten Wort der Gedanke, dass der Herrscher darauf aus sein müsse, durch sittliche Tüchtigkeit sich die Liebe seiner Unterthanen zu erwerben, so sagt er es dem Prokurator von Epirus ins Gesicht, dass er, statt durch sein Beispiel die Menge in ihren Thorheiten und Leidenschaften zu bestärken, vielmehr in seinem ganzen Auftreten und Gebaren ihr ein Muster und Vorbild des Guten geben solle (III, 4, 5). Anschaulich, wenn auch nicht ohne grosse Uebertreibungen und widerliche Schmeichelei schildert Seneca (clem. I, 8) die exponierte und verantwortliche Stellung des Herrschers. Den vortrefflichen Gedanken, dass die Liebe der Unterthanen die festeste Stütze des Herrschers sei, spricht er in derselben Schrift aus (I, 19, 6). Eine hohe Auffassung vom Herrscherberuf bekundet auch Musonius: der Herrscher soll nicht das ἔξεστί μοι (was er darf) sondern das καθῆκει μοι (was er soll) sich zur Richtschnur nehmen, soll sich den Unterthanen nicht furchtbar sondern ehrfurchtgebietend (καταπληκτικός) machen (flor. II, 253). Er sollte sein das lebendige Gesetz (cfr. leg. III, 2 magistratus = lex loquens, lex = mutus magistratus), ein Nacheiferer des Zeus und wie dieser ein Vater seiner Unterthanen; zu diesem Zweck muss er die beste Bildung haben und alle menschlichen Tugenden in sich vereinigen (flor. II, 271). Auch Epictet hat über die Kunst des Herrschens, über den rechten Gebrauch der Herrschergewalt goldene Worte gesprochen, die allezeit gelten werden. Mit allem Freimut verkündigt er den Grundsatz der Gedanken- und Gewissensfreiheit (I, 29, 11) und ruft einem Machthaber zu: „dass du Macht hast töten zu lassen, wen du willst, ist keine Ehre, herrsche über uns als über Vernunftwesen! Zeige uns, was uns frommt, und wir werden folgen — mach dich uns nacheiferungswürdig, wie Socrates that etc." (III, 7, 33). Es liegt auf der Hand, dass Epictet bei solchen Anschauungen auch vor der staatlichen Gesetzgebung nur insoweit Achtung haben konnte, als dieselbe den Forderungen der Vernunft gemäss ist. Zwar erscheint auch bei ihm der Gesetzgeber mit einem gewissen Nimbus der Heiligkeit und göttlicher Autorität umkleidet (II, 4, 10: der Nomothet verteilt die Weiber, die von Natur allen gemein sind II, 20, 23); aber er denkt dabei ohne Zweifel an die altehrwürdigen Gesetzgeber, an einen Lycurg und Solon, die ja bei den Stoikern und Kynikern als Weise galten [73]). Sonst aber bekennt er sich zu der allgemein stoischen Anschauung, dass das Gesetz etwas an sich Gutes, ein Ausfluss des Logos Orthos sei, dass folglich die von Unweisen gegebenen Gesetze diesen Namen eigentlich nicht verdienen (IV, 7, 33 οὐκ ἔστι νόμος τὰ ἐπὶ μωρῷ), nennt die Gesetze über Sklaverei und Freiheit unselige Gesetze der Toten im Gegensatz zu dem lebendigen Gesetz Gottes (I, 13, 5) und erklärt es für gleichgültig, wenn man von Ungebildeten wegen Unglaubens verurteilt werde (I, 29, 50. III, 18, 4)[74]).

Die Stellung der Stoiker zu den bestehenden staatlichen Einrichtungen und den geltenden Gesetzen ist also nicht weniger zweideutig als ihre Stellung zur Volksreligion. Auf der einen Seite waren sie geneigt, dieselben, besonders wenn sie ein ehrwürdiges Alter besassen, als ursprünglichen Ausfluss des Logos Orthos zu betrachten, auf der anderen Seite musste sie der hohe Massstab der absoluten Vernünftigkeit, den sie an alles anlegten, notwendig zur Geringschätzung der empirischen Sitten und Gesetze führen. So ist es begreiflich, obgleich sicher auf Uebertreibung oder einseitiger Auffassung beruhend, wenn der Gegner Chrysipps behauptet, derselbe habe alle Gesetze für schlecht und unvernünftig gehalten (st. rep. 3; cfr. Diogenian frag. 2, 30 Gercke). Bei Cicero wird der stoische Satz, dass der Nomos ein ἀστεῖον d. h. etwas an sich Gutes sei, ausdrücklich auf diejenigen Gesetze eingeschränkt, die diesen Namen verdienen, d. h. mit der Vernunft übereinstimmen (leg. II, 11). Ueberdies musste die Thatsache der Verschiedenheit der bei den einzelnen Völkern geltenden Gesetze unwillkürlich zu einer Kritik derselben herausfordern. So wird in der eben citierten Schrift Ciceros die Meinung, dass alle Einrichtungen und Gesetze der einzelnen Völker gerecht seien, für eine Thorheit erklärt (I, 42). Auch Epictet spricht es aus, dass von zwei einander widersprechenden Gesetzen oder Gebräuchen das eine notwendig unvernünftig, also ungültig sein müsse: entweder haben die Juden recht mit ihren Speisegesetzen oder die anderen Völker (I, 11, 12. I, 22, 4). Der Gedanke einer berechtigten Eigenart der Völker liegt also unseren Philosophen so fern wie der einer berechtigten Individualität der einzelnen Menschen (cfr. Ant. 4, 4: ist die Vernunft gemeinsam, so auch das Gesetz). Wenn er also trotzdem ganz im allgemeinen Gehorsam gegen die Gesetze des Staates verlangt, falls sie ihm nicht etwas Unsittliches zumuten, so ist dieser Gehorsam für den sittlich Gebildeten doch mehr nur eine Anpassung an die unvermeidlichen Unvollkommenheiten der Welt und gehören mit vielem anderen zu dem Tand (παιδιά) des Lebens, den er aber auch mitmachen muss: innerlich beugen kann er sich nur vor dem Nomos κ. ε., vor dem Vernunftgesetz, das nicht in diesem oder jenem Staat, sondern in dem Weltstaat, in der höchsten Polis herrscht. Dieser gehört denn auch in Wirklichkeit allein sein Herz. Der Mensch ist ein Teil eines Staates und zwar in erster Linie dessen, der aus Göttern und Menschen besteht, in zweiter Linie dessen, der nur ein kleines (und natürlich auch unvollkommenes) Abbild des ersteren ist (II, 5, 26. II, 15, 10): dieser ist sein wahres Vaterland (IV, 1, 154), er ist ein Weltbürger (II, 10, 3 πολίτης εἶ τοῦ κόσμου καὶ μέρος αὐτοῦ).

4. Die Pflichten der Humanität.

Fasst man die stoische Lehre vom Weltbürgertum ins Auge, so gehen die sogenannten Bürgerpflichten unvermerkt über in die der Humanität: das Weltbürgertum wird zum Menschenbrüdertum, zur allgemeinen Menschenliebe. Es erheben sich nun hier zwei Fragen, erstens, in welchem Umfang die Stoiker die Humanität gelehrt, und sodann, was sie unter den Pflichten der Humanität verstanden haben. Die erste Frage deckt sich so ziemlich mit der, wie die Stoiker von der Sklaverei gedacht haben. Von der älteren Stoa haben wir hierüber keine bestimmte Ueberlieferung, abgesehen von der Notiz, dass Zeno keinen Sklaven hatte (Sen. ad Helv. 12, 3). Es kann jedoch darüber gar kein Zweifel bestehen, dass die Stoiker von Haus aus das Vorurteil, als bestehe ein wesentlicher Unterschied zwischen Freien und Sklaven, prinzipiell überwunden haben. Der Satz, dass nur der Weise wahrhaft frei, der Unmoralische dagegen ein Sklave sei (D. L. 121 u. ö.), sowie der andere, dass alles Aeussere adiaphor sei und zur Glückseligkeit nichts beitrage, ist ursprünglich und allgemein stoisch, und beide führen folgerichtig zur Aufhebung der Sklaverei. Wenn Chrysipp den Sklaven als einen beständigen Lohnarbeiter (perpetuus mercennarius, Sen. ben. III, 22, 1) bezeichnet, so hat er damit offenbar einen qualitativen Unterschied zwischen Sklaven und Freien nicht statuieren wollen. Deutlich ausgesprochen finden wir aber den Gedanken der Gleichheit und Gleichberechtigung aller Menschen erst in der späteren Stoa. Alle Menschen haben Gott zum Vater, sind verwandt und Brüder von Natur; jeder Mensch muss uns heilig sein[75]). Die Sklaverei ist ein Gesetz der Toten (Epict. I, 13, 5), sie betrifft nur den Leib (Sen. ben. III, 20, 1); kein Mensch kann den anderen knechten oder frei sprechen, denn jeder, der es erkennt und will, ist von Gott selbst frei gemacht (IV, 7, 17): wie sollte Gott seinen eigenen Sohn knechten lassen (I, 19, 9)[76])! Seneca sagt es offen, dass auch die Sklaven der Tugend fähig und der Freundschaft der Freien würdig seien[77]), ja er versteigt sich zu dem radikalen Satz, dass „römischer Ritter", „Freigelassener", „Sklave" nichts als leere Namen seien, aus Ehrgeiz oder Unrecht entsprungen (ep. 31, 11). Keiner ist von Natur vornehmer als der andere, ausser wer eine bessere geistige und moralische Veranlagung hat, jeder aber kann den wahren Adel erringen, wenn er nämlich das Gemeine überwindet (ben. III, 28). Die Pflicht der Wohlthätigkeit erstreckt sich gleichermassen auf Sklaven wie auf Freie, wie andrerseits auch der Sklave Wohlthaten erweisen kann, denn es kommt nicht auf die äussere Stellung, sondern auf die Gesinnung an[78]).

Diesen Satz verficht Seneca besonders energisch gegen Hecato, der, wie es scheint, es geleugnet oder wenigstens offen gelassen hat. Wenn wir uns dessen erinnern, dass gerade Hecato die kasuistische Frage, ob man bei einem Schiffbruch lieber ein kostbares Pferd oder einen unnützen Sklaven preisgeben solle, aufgestellt hat (off. III, 89), so scheint allerdings die Annahme berechtigt, dass dieser Stoiker den Sklaven als einen qualitativ minderwertigen Menschen betrachtet und der Menschenwürde und des Menschenrechtes für verlustig erklärt hat. Es ist jedoch nicht wahrscheinlich, dass Hecato, der sonst durchaus den streng stoischen Standpunkt vertritt, in seiner Beurteilung des Wertes und Rechtes der Sklaven prinzipiell von seiner Schule abgewichen ist. Was jene kasuistische Frage betrifft, so ist zu bedenken, dass Cicero nicht sagt, wie Hecato dieselbe entschieden hat, sodann dass von einem unnützen Sklaven die Rede ist, und wenn, was nicht ausgeschlossen erscheint, diese Unbrauchbarkeit als moralische gemeint ist, so lässt sich sein

Urteil von dem allgemein stoischen Grundsatz aus rechtfertigen, dass ein moralisch völlig unnützer Mensch auch kein Recht auf das Leben mehr hat: der servus vilis ist in den Augen des Stoikers eine Null so gut wie jeder moralisch schlechte Mensch, das Pferd aber immerhin ein Proegmenon. Die Stoa hat eben bei all ihrer Milde doch auch infolge ihres hochgespannten ethischen Ideals eine gewisse rücksichtslose Härte. Bezüglich der von Seneca berührten Frage ist es ebenfalls unsicher, wie sie Hecato beantwortet hat; und wenn er auch es geleugnet haben sollte, dass der Sklave seinem Herrn eine Wohlthat erweisen könne, so ist dies doch mehr ein Wortstreit um den Begriff Wohlthat, im schlimmsten Fall eine Verirrung seiner dialektischen Spitzfindigkeit, sicherlich nicht ein Ausdruck seiner eigentlichen Gesinnung. Mag dem aber sein wie ihm wolle, nicht ganz zutreffend ist jedenfalls das Urteil Hirzels, die noblere Ansicht, dass der Sklave so gut wie jeder der Tugend fähig sei, entspreche dem Standpunkt des Antipater und Panätius. Von Antipater mag das ja wohl gelten; denn obwohl er hinsichtlich der hellenischen Denkart dem Panätius unstreitig verwandt ist, so steht er doch im allgemeinen ganz auf dem Standpunkt der stoischen Orthodoxie, wie er denn auch von Epictet öfters als massgebendes Schulhaupt genannt wird, während dem Panätius diese Ehre nie widerfährt. Von diesem letzteren aber wissen wir, was die Sklavenfrage betrifft, nur so viel, dass er auch gegen die Sklaven Gerechtigkeit geübt wissen will (off. I, 41). Er acceptiert die Chrysippische Bezeichnung der Sklaven als Söldner. Aber wenn man sich erinnert, dass Panätius den Beruf sämtlicher mercennarii für ehrlos und eines freien Mannes unwürdig erklärt (off. I, 150), so hat diese Bezeichnung in seinem Munde einen ganz anderen Sinn als in dem des Chrysipp. Wie kann er die Sklaven für tugendfähig gehalten haben, wenn er die Beschäftigung der Handwerker für ehrlos erklärt und sogar bei ihnen von einer servitus in verächtlichem Sinne redet! Ich glaube, dieses eine Argument genügt, um zu zeigen, dass Panätius in dieser Frage wie überhaupt fast durchweg auf dem Boden des alten hellenischen Empfindens stand und somit des Gedankens einer Gleichberechtigung der Sklaven absolut unfähig war. Und wenn uns nun noch bezeugt wird, dass Posidonius, auch hierin ein echter Dualist und Aristokrat nach dem Herzen Platos, die Sklaverei geradezu gerechtfertigt hat wegen der spezifisch schwachen Intelligenz dieser Menschen (Athen. VI, 263), so wird es auch dadurch nur um so gewisser, dass Panätius, der ja auch den Plato stets im Munde führte, in dieser Sache, wie in vielen anderen, ebenso gedacht hat wie Posidonius, der jedenfalls der tiefsinnigere und gemütvollere von beiden war.

Es ist fast überflüssig, daneben noch andere Argumente ins Feld zu führen. Da jedoch die Frage charakteristisch ist für die ganze Stellung des Panätius zur Stoa, sollen sie nicht übergangen werden. Wenn es off. I, 41 heisst, man solle auch gegen die Menschen der niedersten Kondition, die Sklaven, gerecht sein (opera exigenda, justa praebenda), so ist in der Art, wie hier der Sklaven gedacht wird, eine gewisse Kälte des Tones unverkennbar. Sodann fällt es auf, dass in dem folgenden Abschnitt, der von der Wohlthätigkeit handelt, der Sklaven keine Erwähnung geschieht; es kann dies um so weniger Zufall sein, als der ganze Geist, den diese Vorschriften über die Freigebigkeit und

Wohlthätigkeit atmen, durchaus nicht auf der Höhe der stoischen Ethik steht. Ausdrücklich wird betont, dass man den Nahestehenden in erster Linie Wohlthaten erweisen und die von anderen uns erwiesenen Dienste dabei namentlich in die Wagschale werfen müsse (off. I, 42—45). Und wenn auch an einer anderen Stelle (II, 69 etc.) die Wohlthaten an Geringere denen an Vermögliche vorgezogen werden, so geschieht dies doch aus ziemlich egoistischen Motiven. Ueberhaupt haben wir durchaus den Eindruck, dass Panätius nur die gebildeten, vornehmeren Kreise im Auge hat: die Uebung der Wohlthätigkeit etc. gilt ihm im letzten Grunde doch nur als Mittel zur Erwerbung eines solid begründeten Ruhmes. Ferner, wenn Antiochus, dessen Stoizismus mindestens ebenso tief ging als der des Panätius, den stoischen Satz von der Gleichheit der Sünden bekämpft, und speziell die Behauptung, es sei dieselbe Sünde, wenn jemand seinen Vater oder den Sklaven ungerecht schlage, zurückweist (fin. IV, 75), Panätius aber die Anwendung der Grausamkeit gegen Diener gestattet (off. II, 24), während Seneca den Lucilius belobt, dass er seine Sklaven nicht körperlich, sondern nur durch Worte züchtige (ep. 47, 19), so dürfte der Unterschied der platonisierend stoischen und der echt stoischen Anschauung deutlich ersichtlich sein. Dass Panätius im allgemeinen für eine humane Behandlung der Sklaven war, ist gewiss und bei seiner edlen Denkart nicht anders anzunehmen; aber sein Edelsinn ruht ganz auf dem Boden des antiken Lebensideals, dessen Schranken durchbrochen zu haben das bleibende Verdienst der Stoiker ist, wobei jedoch nicht geleugnet werden soll, dass sie der hohen Idealität ihrer Grundanschauung sich nicht immer gewachsen zeigten und deshalb im einzelnen oft zu Urteilen gelangten, die an ethischem Werte hinter den Anschauungen der damaligen gebildeten Welt erheblich zurückstehen.

So gewiss nun aber die Stoiker die Sklaverei im Prinzip überwunden haben, so haben sie doch keineswegs auf die äussere Abschaffung derselben gedrungen oder hingewirkt[79]), so wenig als die Christen der ersten Jahrhunderte: diese hielten es für unnötig, in dem doch bald zu Ende gehenden Aeon noch umfassende Aenderungen anzustreben, die Stoa aber begnügte sich, die Sklaverei innerlich überwunden zu haben, was gewiss das Los mancher Sklaven erleichtert, im ganzen aber ihnen wenig genutzt hat. Seneca, der am allerwärmsten für die moralische Gleichberechtigung der Sklaven eintritt, sinkt doch zuweilen auf die gewöhnliche Anschauung seiner Zeit zurück, wenn er, offenbar in billigendem Sinn, von denen spricht, die es nicht für der Mühe wert halten, dass man sich über einen Sklaven erzürne (ira III, 10, 4), so wenig als über einen Kettenhund (ib. 37, 2); wenn er die Sklaven im Gegensatz zu den Söhnen nicht als Objekte der sittlichen Erziehung betrachtet (prov. I, 6 filiorum modestia delectamur, vernularum licentia) und das Recht der Herren, die Sklaven zu foltern, zu verstümmeln und zu kreuzigen, prinzipiell anerkennt (ira III, 32, 1). Auch die Vorschriften, die er clem. 18 über die Behandlung der Sklaven gibt, stehen nicht ganz auf der Höhe der in ep. 47 vorgetragenen Anschauung: sie sind human und mild, aber gehen nicht über die antike Anschauung hinaus.

Auch die Kluft zwischen Hellenen (oder Römern) und Barbaren ist in der Stoa beseitigt. Seneca betont es ausdrücklich, dass man in der Uebung der Menschenliebe auch zwischen Volksgenossen und Fremden keinen Unterschied machen dürfe, und wenn M. Aurel Wohlwollen gegen die „Stammesgenossen" verlangt (8, 26), so meint er mit diesem Ausdruck die ganze Menschheit. Die Vorschrift Epictets, unter Fremden (ἀλλόφυλοι) soll man ganz schweigen, hat Simplicius wohl richtig so erklärt, dass darunter die moralisch Fremden d. h. Leute von völlig entgegengesetzter Lebensanschauung zu verstehen seien.

Es ist nun noch die zweite Frage zu beantworten, nämlich was die Stoiker zu den Pflichten der Humanität gerechnet haben, welchen Inhalt ihre Forderung der Menschenliebe hat. Wir können hier passive und aktive Pflichten unterscheiden, und da die ersteren bei der Stoa unstreitig im Vordergrund stehen, so soll auch von ihnen zuerst die Rede sein. Die passive Menschenliebe besteht darin, dass man nicht Böses mit Bösem vergilt, sondern Unrecht und Beleidigung geduldig erträgt und überhaupt alle Regungen des Hasses und der Rachsucht, des Zornes und Neides in sich unterdrückt. Nicht oft genug kann Epictet diese Grundsätze seinen Schülern einprägen, er wird nicht müde, sie zur Geduld und Sanftmut, zur Milde und Nachsicht zu ermahnen [80]. Dem falschen Ehrbegriff, der die Rache für notwendig hält, stellt er den beherzigenswerten Satz gegenüber: „verächtlich ist nicht, wer nicht zu schaden, sondern wer nicht zu nutzen vermag" (frag. 70). Die beste Rache ist, sich selbst möglichst tadellos zu betragen, bezw., wofern es möglich ist, den Uebelthäter zu bessern (frag. 130. 67). Seneca meint (const. sap. 17, 4), schon die kaltblütige Hinnahme der Beleidigung sei eine Art Rache, und M. Aurel erklärt es für die wahre Genugthuung, sich dem Uebelthäter nicht gleichzustellen (6, 6).

Wir haben hier genau dieselben Anschauungen, die uns im Neuen Testament entgegentreten, und von denen wir, bei aller Bewunderung und Anerkennung ihrer regulativen Gültigkeit, doch sagen müssen, dass sie, buchstäblich verstanden und geübt, den Bedürfnissen der Menschennatur nicht ganz gerecht werden. Auch Epictet verbietet es übrigens nicht rundweg, auf dem Wege des Prozesses sich sein Recht oder Genugthuung zu verschaffen (III, 9), schränkt aber doch diese Erlaubnis nach unseren Begriffen über Gebühr ein, wenn er sagt, wir sollen dem Beleidiger noch danken, dass er uns nicht schlug (IV, 5, 9), und, wenn wir hören, dass uns jemand geschmäht habe, uns nicht verteidigen, sondern froh sein, dass er nicht noch Aergeres gesagt (En. 33, 9) [81]. Vor Gericht soll man weder unmännlich noch übermütig sich benehmen, weder sich auf unwürdiges Bitten verlegen noch die Richter unnötig reizen und herausfordern (II, 2, 17).

Angesichts dieser weichen und passiven Stimmung, die in der stoischen Forderung des willigen Unrechtduldens und der Enthaltung von jeglicher Rache zu Tage tritt, muss es zunächst befremden, dass die Stoiker das Mitleid und die Verzeihung, d. h. die straferlassende Nachsicht für einen Fehler erklärt haben [82]. Es scheint darin eine gewisse finstere Härte zu liegen, wie denn auch diese Lehren der Stoa von gewisser Seite mit Vorliebe dazu benutzt werden, sie in den Augen der fühlenden Menschen zu diskreditieren. Aber auch Kundige wollen einen Widerspruch darin finden, dass die Stoiker einerseits Sanftmut und geduldiges Tragen des Unrechts verlangen und andrerseits Mitleid und Verzeihung verwerfen.

Was nun zunächst das Mitleid betrifft, so verstanden die Stoiker nur die nach ihrer Ansicht krankhafte Gemütsaffektion der Trauer über die vermeintlichen Uebel anderer darunter [83]. Man wird ja wohl unbedenklich ihre Forderung der Apathie, d. h. nicht der Gefühllosigkeit, aber doch der völligen Freiheit von allen das Gleichgewicht der Seele störenden Gemütsbewegungen für eine Verirrung oder doch für eine Uebertreibung erklären dürfen, und besonders unnatürlich will es uns scheinen, dass sie auch der Trauer kein Recht einräumen wollten. Aber wenn sie einmal dieser Ansicht waren, dass der Weise durch kein noch so grosses Unglück in Trauer versetzt werden dürfe, so war es bloss folgerichtig, dass sie auch jedes Mitleid mit dem Unglück der Nebenmenschen verwarfen. Damit ist nun aber durchaus nicht gesagt, dass die Stoiker hartherzig waren gegen die Notleidenden: der Trieb zum Helfen und Retten entspringt keineswegs bloss aus dem Mitleid, sondern ebenso, ja noch stärker und nachhaltiger, aus der Erkenntnis der Menschenrechte und Menschenpflichten, aus dem lebhaften Rechtsgefühl, das bei den Stoikern kräftig entwickelt war. Auch das Evangelium lehrt ja, dass alle äusseren Uebel den Menschen nicht unglücklich machen können, fordert aber doch die weitgehendste Barmherzigkeit gegen Arme und Leidende, weniger, weil diese eine Besserung ihres Loses nötig haben, als deshalb, weil die persönliche Vollkommenheit, der gute Wille und die eigene Geringschätzung des irdischen Gutes sich namentlich auch in der Lust zum Geben und Helfen zeigen muss. Ganz ähnlich haben auch die Stoiker gedacht, und wir dürfen es dem besten Kenner der stoischen Moral, Seneca, aufs Wort glauben, wenn er eben dort, wo er das stoische Dogma verteidigt, dass das Mitleid ein Fehler sei, zugleich erklärt, keine Schule sei gütiger und gelinder, reicher an Menschenliebe und mehr auf das allgemeine Wohl bedacht (clem. II, 5, 3). Ueberdies war auch hier die Praxis meist stärker als die Theorie. Es lässt sich ja denken, dass es den Stoikern schwer genug fiel, ihrem Satz, dass der Weise kein Unglück und keinen Schmerz als ein Uebel betrachte, im Leben treu zu bleiben. Ein anschauliches Beispiel davon haben wir in der Anekdote über Posidonius, der, an den heftigsten Gichtschmerzen leidend, ausgerufen haben soll: „du richtest nichts aus, Schmerz, so lästig du bist, nie werde ich zugeben, dass du ein Uebel bist!" (Tusc. II, 61). So wie Posidonius hier zugiebt, dass der Schmerz wenigstens unangenehm sei, so konnten die Stoiker unter dem Gesichtspunkt der Anpassung an die Anschauungsweise der gewöhnlichen Leute (συμπεριφορά) sich den Ausdruck des Mitgefühls gestatten in einer Weise, dass faktisch von ihrer Verwerfung des Mitleids kaum etwas zu verspüren war (En. 16). Zeller erblickt darin eine Inkonsequenz Epictets, ich glaube mit Unrecht, denn derselbe sagt ja ausdrücklich, man solle sich hüten, innerlich zu seufzen, d. h. die Not, über die ein anderer jammert, für ein wirkliches Uebel zu halten. Der Stoiker, der mitseufzt, braucht also dabei seine richtige Anschauung nicht zu verleugnen, vielmehr wird er alles thun, um den Leidenden zu beruhigen und zur Standhaftigkeit zu ermuntern. Wo dies nicht möglich ist, wird er seine Menschenliebe dadurch zeigen, dass er sich wenigstens scheinbar auf den Standpunkt des Leidenden stellt. Zudem wird der Stoiker ja mit dem Leidenden immerhin ein gewisses Bedauern empfinden, weniger wegen seines äusseren Leidens als wegen seiner inneren Schwäche und Verblendung. Dieses vernünftige Bedauern, das also sozusagen nur intellektueller, nicht gemütlicher Natur ist, äussert Epictet nicht selten. Die Diebe und Verbrecher sollte man eher bemitleiden als ihnen zürnen (I, 18, 3), die Medea verdient eher Mitleid als Entrüstung (I, 28, 8). Der Zusatz „wenn überhaupt" (εἴπερ ἄρα) zeigt deutlich, dass Epictet ein Mitleid im eigentlichen Sinne nicht gestatten will. Denn wenn er sagt: „wie wir die Blinden und Lahmen bemitleiden", so stellt er sich damit offenbar nur hypothetisch auf den Standpunkt der gewöhnlichen Menschen, die solche Gebrechen für ein grosses Unglück halten. Ganz ähnlich nennt M. Aurel (2, 13) die menschlichen Vergehen „gewissermassen bemitleidenswert" (δι' ἄγνοιαν ἀγαθῶν καὶ κακῶν). Dass er das eigentliche Mitleid verwirft, geht deutlich hervor aus 7, 26, wo er sagt: „wenn dir einer etwas Uebles thut, so darfst du ihm in keinem Falle zürnen; denn entweder hast du dieselbe (falsche) Meinung von Gut und Schlecht, so musst du ihm verzeihen, hast du aber die richtige Ansicht, so musst du die Unbill gleichmütig tragen." Vorher hatte M. Aurel allerdings gesagt: „du musst ihn bemitleiden"; aber das Folgende zeigt deutlich, dass er kein wirkliches, das Gemüt ergreifendes Mitleid meint, sondern jenes kühle, einseitig intellektuelle Bedauern, das den Gleichmut in keiner Weise beeinträchtigt. Sehr zu beachten ist die von M. Aurel hier klar ausgesprochene Ansicht, dass Verzeihung im eigentlichen Sinne nur dem Ungebildeten eignet.

Dieselbe Bewandtnis nun wie mit dem Mitleid hat es mit dem stoischen Satz, dass der Weise keine Verzeihung übe. Wie unmenschlich! denkt da manche empfindsame Seele. Verzeihen ist doch das schönste Vorrecht, die höchste Bethätigung der Liebe, die lieblichste Blüte des menschlichen Herzens. Gewiss! aber der Stoiker verzeiht auch, nur in seiner Weise. Vor allem, wenn ihm selbst eine Beleidigung oder ein Unrecht zugefügt wird, so nimmt er nie etwas übel, lässt sich nie dadurch in Zorn und Unmut versetzen, hält alles der menschlichen Schwäche und Thorheit zu gute. Er hält gar nicht für beleidigt oder vergewaltigt, sondern ist der Ansicht, dass der Böse sich selbst den grössten Schaden zufüge und seine Strafe eigentlich schon empfangen habe in dem Verlust an Selbstachtung, der mit der Sünde stets verbunden ist. Der Stoiker hat also in den meisten Fällen gar keine Veranlassung, zu verzeihen oder vielmehr er hat dem Beleidiger schon längst in seinem Herzen verziehen. Falls dieser seinen Fehler bereut und den Wunsch hat, wieder freundliche Beziehungen anzuknüpfen, so ist der Stoiker der letzte, der sich dessen weigert, da es ihm ja gar nicht um seine Person, um seine vermeintliche Ehre, sondern nur um die Besserung des Nächsten zu thun ist[84]). Etwas anderes aber ist es, wenn der Stoiker nicht um seiner eigenen Genugthuung willen, sondern im Interesse der öffentlichen Ordnung und des Uebelthäters selbst von der Notwendigkeit einer Bestrafung überzeugt ist. In diesem Falle, der aber jedenfalls bei Erduldung persönlicher Unbill nach den Grundsätzen des Stoikers sehr selten ist, kennt er allerdings keine Verzeihung, d. h. keine auf einer Anwandlung schwächlichen Mitleids beruhende

Erlassung der Strafe; denn, so lehrte die Stoa übereinstimmend, dadurch würde er ja die Ansetzung der Strafe selbst nachträglich für eine Ungerechtigkeit erklären (D. L. 123. Stob. ecl. II, 96. flor. II, 222). Die Notwendigkeit der Bestrafung der Gesetzesübertreter haben die Stoiker stets energisch betont: nur soll die Strafe nie ein Ausfluss des Zornes, sondern der ruhigen Ueberlegung sein; ferner soll sie, abgesehen von der Todesstrafe, welcher die absolut Schlechten als krankhafte Auswüchse am Leibe der Menschheit mit Recht verfallen (Clem. Al. strom. I, 422), lediglich die Besserung der Uebertreter bezwecken, womit natürlich auch der Grundsatz möglichster Milde und Schonung gegeben ist. Erschöpfend stellt Seneca in seinen Schriften de ira und de clementia die stoische Lehre von der Strafe dar. Nur einige besonders bezeichnende Stellen seien hervorgehoben. Die Strafe ist notwendig, denn den Guten schadet, wer die Schlechten schont (fr. 114); sie muss als Pflicht, nicht als Befriedigung des Zornes und Rachegelüstes aufgefasst und ausgeführt werden (ira I, 12. I, 6. I, 15). Bei der Bemessung der Strafe muss die thunlichste Schonung und Milde angewendet werden (ira I, 19. clem. I, 2, 2. I, 5, 1: nicht mehr schneiden als nötig ist), nicht bloss aus Menschenliebe und weil der Zweck der Strafe nur die Besserung ist (const. sap. 3, 12), sondern auch weil die in mildem Geist verhängte Strafe wirksamer ist (clem. I, 22). Das Recht der Todesstrafe gegen die Unverbesserlichen wird unumwunden anerkannt[85]. Auch in der Ausführung der Todesstrafe muss Milde herrschen, indem man z. B. den Delinquenten nicht zu lange der Pein des Wartens auf die Vollstreckung des Urteils überlässt (ben. II, 5, 1). Die stoischen Definitionen der Züchtigung und Bestrafung (νουθέτησις, κόλασις etc.) hat uns Clemens von Alexandrien überliefert (paed. I, 137). — Der Tyrannenmord wird in off. III, 32 als etwas eventuell Erlaubtes, bezw. Gebotenes betrachtet, während Seneca urteilt, Brutus habe nicht nach stoischer Vorschrift (ex institutione Stoica) gehandelt (ben. II, 20).

Alles in allem werden wir urteilen müssen, dass die stoische Verwerfung der straferlassenden Verzeihung, abgesehen davon, dass dabei die Möglichkeit des Irrtums in dem Urteil über die Schuld oder Unschuld sowie über die Grösse der Schuld zu wenig in Betracht gezogen zu sein scheint, aller schwächlichen Sentimentalität gegenüber ihre volle Berechtigung hat. Aus Senecas Schrift de clementia ersehen wir deutlich, dass die Stoiker bestrebt waren, zwischen grausamer Strenge und Härte einerseits und schwächlicher Nachsicht andrerseits die richtige Mitte zu finden: dies ist eben die clementia, die Seneca von der Nachsicht (venia) und dem Mitleid scharf unterscheidet. Man kann sagen, es sei dies schliesslich ein Wortstreit, wie denn auch Seneca ausdrücklich sagt, wer sich die Milde (clementia) zum Grundsatz mache, handle faktisch ebenso wie derjenige, der — nach gewöhnlichen Begriffen — Verzeihung übt, nur eben aus höheren Motiven, bezw. vermöge fester und klarer Grundsätze (clem. II, 7, 2 die clementia thut nichts tamquam justo minus fecerit). Daher reden die Stoiker auch nicht selten, an den gewöhnlichen Sprachgebrauch sich anbequemend, von der Verzeihung als von etwas Erlaubtem und Schönem (Sen. frag. 111 alteri semper ignoscito tibi nunquam. Musonius bei Stob. flor. I, 303 συγγνώμη ist besser als Rache; cfr. Epict. frag. 68 — übrigens von zweifelhafter Echtheit — IV, 1, 147. II, 22, 36 συγγνωμονικός). Alles dies beweist aber nicht bloss, dass der Vorwurf unmenschlicher Härte, der gegen die Stoa oft erhoben wird, völlig unbegründet ist, sondern auch, dass die Stoiker in diesen Fragen eine Anschauung entwickelt haben, die ihrer Zeit weit vorauseilte und auch heutzutage recht beherzigt werden dürfte. Wenn Seneca den Unterschied von Verzeihung und Milde so formuliert, dass jene gleichsam weniger thue, als das Recht verlangt, während diese, ihr Urteil auf eine menschenfreundliche und zugleich verständige Erwägung aller Umstände gründend, nur die höchste Verwirklichung der Gerechtigkeit erstrebe, so hat er damit eine Erkenntnis ausgesprochen, die erst in unserer Zeit wieder zu dämmern beginnt, nämlich dass das vollendete Recht zugleich die höchste und vollkommenste Erweisung der Liebe ist.

Es erübrigt nun noch, ein Wort über die aktiven Funktionen der Menschenliebe zur Vervollständigung dessen, was schon bisher gelegentlich, namentlich bei der Besprechung des stoischen Kosmopolitismus berührt worden ist. Dass Epictet die Wohlthätigkeit und Hilfsbereitschaft als wesentliches Stück der sittlichen Vollkommenheit, ja gewissermassen als die höchste Bethätigung des sittlichen Willens betrachtet hat, ist schon erwähnt worden. Und zwar soll sich dieser Trieb zum Helfen und Retten nicht bloss in der Förderung des äusseren Wohles, sondern insbesondere in der sittlich bessernden und veredelnden Einwirkung auf die Nebenmenschen zeigen: der Kyniker, der die Menschen zur Busse und Umkehr ruft, ist in Epictets Augen der grösste Wohlthäter des Menschengeschlechts. Auch Seneca und M. Aurel zeigen sich von diesem Geiste edler Menschenliebe beseelt; sie fordern nicht bloss die gewöhnliche Humanität, dass man dem Irrenden den Weg zeigt (off. III, 55) und darauf aus ist, die Schmerzen des Nächsten zu lindern (ira III, 43, 5), sondern dass man ihm nach Kräften helfe und wohlthue (Ant. 5, 36. Sen. vit. beat. 24, 3), sich allen liebenswürdig und begehrenswert mache (ira III, 43, 1) und die Menschen wirklich und von Herzen liebe (Ant. 7, 13. ira III, 28, 1 ecquando amabis?). Dass man auch die Sünder lieben und durch liebreichen Ernst zu bessern bestrebt sein soll, ist ein Lieblingsgedanke des stoischen Kaisers (7, 21. 5, 28. 6, 27. 8, 17. 8, 59. 9, 11. 9, 42. 10, 4), dessen Wahlspruch lautet: fürchte die Götter, hilf den Menschen (6, 30); und Seneca empfiehlt ähnlich wie der Apostel Paulus, durch Wohlthun und Güte feurige Kohlen auf das Haupt des Feindes zu sammeln [86]).

Nur blinde Voreingenommenheit vermag es zu leugnen, dass diese Stoiker unabhängig vom Christentum die Menschenliebe in der höchsten und edelsten Form gepredigt haben. Doch ebenso unbillig wäre es, zu verkennen, dass diese Ideen weit nicht so wie im Christentum den Mittelpunkt der ganzen Weltanschauung gebildet haben, und dass sie, auch wo dies der Fall gewesen sein sollte, doch an Kraft und Wärme und damit auch an Wirkung erheblich hinter dem Neuen Testament zurückstehen: die Töne des herzlichen Erbarmens mit den Menschen und der sich aufopfernden Sünderliebe, die wir aus den Worten Jesu und des Paulus und Johannes heraushören, konnten nur dort erklingen, wo man es mit der Sünde und Verlorenheit der Menschen ernster und schwerer nahm und an ein seliges Jenseits glaubte. Auch lässt sich nicht wohl leugnen, dass die Idee der Menschenliebe in der Tiefe und Reinheit, wie sie uns bei Seneca, Epictet und M. Aurel entgegentritt, in der älteren Stoa noch nicht lebendig war. Aber die Ansätze und Keime dazu lagen von Anfang an im stoischen System: die Männer, die mit aller Energie dem Epikureismus gegenüber für eine sittliche Auffassung des Gottesbegriffs eintraten und insbesondere das Moment der Güte und liebreichen Fürsorge daran betonten (Ep. II, 14, 13. st. rep. 38. comm. not. 32), mussten ja auch ihr Sittlichkeitsideal dem entsprechend gestalten. So haben sie denn ihrem Weisen unter anderem auch Milde und Sanftmut, Umgänglichkeit und Wohlwollen, Liebenswürdigkeit, Offenheit und taktvolle Rücksicht und andere Tugenden beigelegt, die zusammengenommen dem Begriff der Menschenliebe ziemlich nahe kommen (Stob. ecl. II, 108. 115). Der Grundsatz, dass es des Menschen Hauptaufgabe sei, uneigennützig der Gesamtheit zu dienen, wurde von Antipater besonders warm vertreten (off. II, 52 etc.), und der Stoiker Hecato hat das schon erwähnte schöne Wort gesprochen: „willst du geliebt werden, so liebe" (Seneca ep. 9, 6). Wir werden deshalb dem Seneca unbedingt recht geben müssen, wenn er den Ruhm der Menschenliebe für die ganze Stoa in Anspruch nimmt und behauptet, dass die Forderung der Wohlthätigkeit am allermeisten der stoischen Schule anstehe, welche die Gemeinschaft des Menschengeschlechts auf ihre Fahne geschrieben habe (ben. I, 15, 2). Diese Idee hat ja wohl auch Panätius mit Entschiedenheit und Wärme vertreten; aber wer Ciceros Buch über die Pflichten liest, wird sich des Urteils nicht erwehren können, dass er die Menschenliebe in ziemlich enge Grenzen einschliesst, was uns ja bei seiner Vorliebe für Plato und dem ganzen Geist seiner mehr dem wirklichen Leben sich anpassenden Ethik nicht befremden kann[87]).

5. Die Freundschaft.

Es ist eine unvermeidliche Folge der die Individualität verwischenden, uniformisierenden Tendenz der stoischen Ethik, dass die Freundschaft in derselben eigentlich keine Stelle hat. Der schroffe Gegensatz, der zwischen den Weisen und Unweisen statuiert wurde, und demzufolge auf der einen Seite nur Gutes, auf der anderen nur Schlechtes zu finden sein sollte, führte mit Notwendigkeit auf den Satz, dass Freundschaft eigentlich nur zwischen den Weisen bestehe[88]). Denn so gewiss es zum Begriff des Weisen gehört, dass er auch gegen die moralisch Niedrigsten human und freundlich ist (Ep. II, 22, 36), so ist doch die geistige Kluft zwischen beiden zu gross, als dass eine Freundschaft zwischen ihnen stattfinden könnte. Die Unweisen selbst aber unter sich können nicht Freunde sein, da ihnen diejenige Gesinnung, ohne welche die Freundschaft nicht bestehen kann, nämlich die hochherzige Uneigennützigkeit und Verachtung alles äusseren Vorteils und Gewinnes, abgeht. Nur der sittlich Gebildete ist treu und zuverlässig und über jede Versuchung zum Verrat erhaben. Die ganze Rede Epictets über die Freundschaft (II, 22) gipfelt in dem Gedanken, dass nur der Vernünftige (φρόνιμος), der sein Glück nur im sittlich Guten sucht, lieben könne, während alle sogenannte Freundschaft der ungebildeten Menschen unzuverlässig und unecht ist und diesen Namen nicht verdient [89]). Somit können nur jene untereinander eine eigentliche Freundschaft pflegen. Aber auch bei ihnen ist es nicht besondere Sympathie oder Geistesverwandtschaft, die sie zu Freunden macht, sondern lediglich die Tugend. Diese ist nicht bloss etwa die notwendige Voraussetzung der echten Freundschaft, sondern ihr Objekt und Element selbst. Daraus folgt, was die Stoiker auch aussprechen, dass alle Weisen naturgemäss miteinander befreundet sind: auch wenn sie einander nicht kennen, sind sie potentiell wenigstens Freunde und würden es sofort werden, sobald sie zusammenkämen [90]). So schön und gross an sich dieser Gedanke ist, so wird doch dadurch der Begriff der Freundschaft als eines besonderen auf individueller, seelischer Anziehung beruhenden Verhältnisses eigentlich aufgehoben: an ihre Stelle tritt die allgemeine geistige Gemeinschaft der Weisen. Der Ausspruch des Zeno, der Freund sei ein zweites Ich (D. L. 23) ist, wie Wilamowitz richtig bemerkt hat (Antig. von Carystos, p. 121, A. 23), nicht in dem sentimentalen Sinn, der gewöhnlich damit verbunden wird, sondern buchstäblich zu verstehen. Einen schlagenden Beweis hierfür liefert auch Epictet, der auf die Frage, ob der Kyniker einen kranken Freund pflegen werde, die Gegenfrage stellt: woher soll doch der Kyniker einen Freund haben? Es müsste ja einer seinesgleichen sein (ἄλλος τοιοῦτος, III, 22, 62). So buchstäblich also hat sich Epictet jenen Grundsatz Zenos angeeignet, dass er nicht einmal den Weisen der Freundschaft des Kynikers für fähig achtet, weil er ihm nicht ganz gleich ist.

Da nun aber, auch nach Epictet, der vollkommene Weise in der Wirklichkeit kaum anzutreffen ist, so gäbe es ja eigentlich gar keine Freundschaft. Epictet hat jedoch in der Praxis, wie wir später noch sehen werden, ein relatives Abgeschlossensein der moralischen Bildung auch vor Erreichung des Gipfels der Weisheit angenommen: als moralisch gut und vernünftig gilt ihm gewissermassen schon derjenige, welcher die richtigen Dogmata nur wenigstens in der Hauptsache und grundsätzlich sich angeeignet hat und ernstlich nach Vollkommenheit strebt [91]). Er selbst betrachtet sich ja nicht als Weisen (IV, 1, 151), und doch hat er den Besitz freundschaftsmässiger Grundsätze (φιλικὰ δόγματα, IV, 13, 15) ohne Zweifel für sich in Anspruch genommen, wie er denn auch jenen vom Selbstmord erretteten Philosophen, der es mit der Befolgung der stoischen Grundsätze offenbar sehr ernst, ja nur zu ernst nahm, seinen Freund und Genossen nennt (II, 15, 10). Oft stellt sich auch Epictet auf den Standpunkt des wirklichen Lebens und spricht von Freundschaft und Freunden im gewöhnlichen Sinn, ohne dass wir in solchen Aeusserungen einen Widerspruch gegen seine wahre, so klar und deutlich vorgetragene Lehre von der Freundschaft erblicken dürften [92]).

Auch Seneca vertritt in der Hauptsache die stoische Lehre von der Freundschaft. Er bekennt sich nicht nur zu dem Satz, dass Freundschaft nur die Aehnlichen verbindet (ben. II, 21, 2), sondern verteidigt auch eifrig das stoische Paradoxon, dass nur die Weisen Freunde sein können (ep. 81, 12). Er nimmt die Stoiker in Schutz gegen den Vorwurf, dass ihre Wertschätzung der Freundschaft im Widerspruch stehe zu ihrer Lehre von der Selbstgenügsamkeit (ep. 9).

Die letztere — führt er aus — ist nicht so zu verstehen, als ob der Weise ohne Freund leben wollte, sondern nur so, dass er ohne Freund leben kann unbeschadet seiner Glückseligkeit. Aber es wird dies eigentlich nie der Fall sein, da er eben durch seine Weisheit und Tugend von selbst Freunde an sich zieht, und auch wenn er einen Freund durch den Tod verloren hat, alsbald wieder andere haben wird[93]. Hierbei vergisst freilich Seneca, dass, wie er auch selbst lehrt, der Weise ein rarer Vogel ist, oder aber, wenn er unter den Freunden, die dem Weisen zufliegen, sich gewöhnliche, unweise Menschen denkt, so ist eben das nach stoischer Ansicht keine Freundschaft. Treffend bezeichnet er den Unterschied zwischen Epikur und Stoa dahin: der Epikureer ist auf Gewinnung von Freunden bedacht, um jemand zu haben, der ihm in der Not helfe und ihn in Krankheit pflege; der Stoiker umgekehrt will einen Freund haben, um ihm hilfreiche Liebe erweisen zu können. Diesen Gedanken dürfen wir jedoch nicht so verstehen, als ob der Weise ohne Freunde seine Tugend nicht in vollem Umfang zur Anwendung bringen könnte. Das würde ja wiederum seiner Autarkie zu nahe treten und seine Glückseligkeit von etwas Aeusserem und Zufälligem abhängig machen. Seneca will damit nur sagen, dass der Weise kein Feld der Tugendübung, das sich ihm nicht ohne seine Schuld verschliesst, unbebaut lassen darf. Aber ein anderes Bedenken müssen wir dagegen geltend machen. Nämlich, wenn der Stoiker einen Freund hauptsächlich aus dem Grund wünscht, um jemand zu haben, dem er Freundlichkeit und Wohlthaten erweisen könnte, so fragen wir mit Recht: braucht er denn dazu gerade einen Freund? kann und soll er nicht jedem Menschen Liebe erzeigen? Ja spricht nicht gerade Seneca in seiner Schrift de beneficiis es oft genug aus, dass die einem Geringen und Fernstehenden erwiesene Wohlthat moralisch eher noch grösseren Wert habe als die gegen Bekannte und Befreundete? Es bestätigt sich uns also auch hier wieder das Urteil, dass die Freundschaft in der stoischen Philosophie keinen Platz hat, sondern sich entweder in die geistige Gemeinschaft aller Guten oder in die allgemeine Menschenliebe auflöst. Und Zeller (III, 1, 291) hat vollkommen Recht mit seiner Bemerkung, dass ein Verhältnis, in welchem der Mensch gar keine wesentliche Förderung seines Glückes erblickt und dessen Lösung er mit Gleichmut erträgt in dem Gedanken, dass es in seiner Macht liegt, jederzeit wieder ein neues anzuknüpfen, den Namen Freundschaft nicht verdient.

Häufig finden wir nun aber auch bei Seneca eine dem wirklichen Leben und dem Bedürfnis des menschlichen Herzens mehr Rechnung tragende Anschauung von der Freundschaft. Den Satz von der Autarkie des Weisen giebt er geradezu preis, wenn er sagt, erst durch die Teilnahme eines anderen werden alle Güter angenehm (ep. 6, 4 nullius boni sine socio iucunda possessio est). Insbesondere zeigt er sich von Panätius beeinflusst, der auch in dieser Frage seine Selbständigkeit und seinen Realismus bekundet. Da er den stoischen Weisen in das Reich der Illusion verweist und an seine Stelle die Guten (vir bonus) setzt, und bei diesen eine gewisse, die Tugend nicht beeinträchtigende Verschiedenheit der Gemütsart und der geistigen Eigentümlichkeit anerkennt, so kann er wirklich von einer Freundschaft reden. Zwar gilt auch ihm die Tugend als die Bedingung jeder echten Freundschaft (off. I, 56 nihil est — copulatius quam morum similitudo bonorum. Läl. 6, 20)[94]), und da der vir bonus immerhin auch keine alltägliche Erscheinung ist, so ist auch die echte Freundschaft, die er von der gewöhnlichen scharf unterscheidet, obwohl er auch ihr einen gewissen Wert zuerkennt, rar[95]). Aber diese Tugend des Panätius ist doch wenigstens erreichbar, ja sie wird von manchen ohne Philosophie auf Grund der natürlichen Anlagen und der Erziehung in der Schule der Familie und der Welt erreicht. Somit fällt für Panätius auch der Satz weg, dass alle Guten eo ipso Freunde sein müssten, vielmehr beruht die Freundschaft — allerdings unter Voraussetzung der Tugend — auf persönlichen Gründen (off. I, 55 viri boni moribus similes familiaritate coniuncti — diese familiäre Verbundenheit ist also etwas Neues, das zur Gleichheit der Sitten noch hinzukommt)[96]). Die ganze Verschiedenheit der streng stoischen Auffassung der Freundschaft und der des hierin offenbar ganz peripatetisierenden Panätius spiegelt sich darin, dass Lälius den Satz Zenos vom alter ego bezeichnenderweise durch ein vorgesetztes quasi mildert, wodurch er augenscheinlich einen ganz anderen Sinn bekommt (21, 80. cf. 7, 23 tamquam exemplar aliquod intuetur sui). Und während der Stoiker strenger Richtung sich nicht höher versteigen konnte als zu der Behauptung, dass der Weise den Freund ebensosehr liebe wie sich selbst (fin. III, 70)[97]), so führt Lälius den schönen Gedanken aus, dass man den Freund noch mehr lieben müsse als sich selbst, indem man z. B. dem Freund zulieb sich zu einer Handlung entschliesse, die man im eigenen Interesse nicht begangen hätte (16, 56)[98]). Dass der Freund nicht um des Nutzens, sondern um seiner selbst willen zu lieben sei, darin stimmt natürlich auch Panätius mit der Stoa überein (Cic. leg. I, 49). Aber da er die Lehre von der Autarkie der Tugend wesentlich gemildert hat, so kann er den Besitz eines Freundes als ein wirkliches Bedürfnis und unschätzbares Gut betrachten, wenn auch nicht in Anbetracht irgend welchen äusseren Vorteils, so doch wegen der geistigen Ergänzung und Förderung, deren sein vir bonus recht wohl fähig ist[99]).

Eine Annäherung an den Standpunkt des Panätius, jedoch unter Beibehaltung der stoischen Terminologie, verrät Seneca, wenn er behauptet, der Weise könne sich auch mit einem „Fortgeschrittenen" (proficiens) befreunden, indem er freilich hinzufügt, dass dieser dann durch den Umgang mit jenem vollends weise werde (ep. 109, 15). Umgekehrt rät er dem Serenus, den er offenbar auch nicht für einen Weisen hält, er solle nicht darauf versessen sein, gerade einen Weisen zum Freund zu bekommen, sondern statt des Besten mit dem wenigst Schlechten vorlieb nehmen (tranqu. an. 7, 4). Seinen Lucilius spornt er an, ein „Fortgeschrittener" zu werden, damit er ihn (Seneca) nicht mehr bloss liebe, sondern sein Freund sein könne (ep. 35); und bald darauf (ep. 48) spricht er von seiner Freundschaft mit dem vermutlich inzwischen fortgeschrittenen Lucilius in einer Weise, als ob dieselbe allen Anforderungen einer wahren Freundschaft genügte. Eben dort thut er auch den schönen Ausspruch: „du musst einem anderen leben, wenn du dir leben willst," womit er doch gewissermassen zugiebt, dass der Mensch nur in der Freundschaft seine Tugend voll und ganz auszuwirken vermag.

Anmerkungen zu Abschnitt II.

[1]) Dass der erste Topos die Grundlage des zweiten ist und zwar in dem Sinne, dass er bereits die Gesinnung bewirkt, die allein zur Erfüllung der Pflichten befähigt, spricht Epictet oft aus, besonders deutlich in II, 22, 20: nur wenn ich mein Glück statt in den Aussendingen im Innern suche — dies lernt man aber eben im ersten Topos — werde ich ein rechter Freund, Sohn und Vater sein können; denn dies befähigt mich τηρεῖν τὸν πιστόν, τὸν αἰδήμονα, τὸν ἀνεκτικόν, τὸν ἀφεκτικὸν καὶ συνεργητικόν, φυλάσσειν τὰς σχέσεις. — Umgekehrt verwandle sich die Liebe mit Notwendigkeit in Hass, sobald selbstsüchtige Wünsche dazwischen treten. Epictet veranschaulicht dies durch das drastische Beispiel von den Hunden, die eben noch miteinander spielend, grimmig aufeinander losfahren, wenn ein Stück Fleisch zwischen sie geworfen wird. III, 3, 6 εἰ τοῦ καλοῦ καὶ δικαίου τὸ ἀγαθὸν ἕτερόν ἐστιν, οἴχεται καὶ πατὴρ καὶ ἀδελφὸς καὶ πατρὶς καὶ πάντα τὰ πράγματα. III, 24, 79 bist du nicht gekommen ὑπὲρ εὐσταθείας, ὑπὲρ ἀταραξίας, ἵν' ἀβλαβὴς γενόμενος — dies wirkt der erste Topos — μηκέτι μηδένα μέμφῃ, μηδενὶ ἐγκαλῇς, μηδείς σε ἀδικῇ καὶ οὕτω τὰς σχέσεις ἀποσῴζης ἀπαραποδίστως.

[2]) III, 2, 4 δεύτερος ὁ περὶ τὸ καθῆκον· οὐ δεῖ γάρ με εἶναι ἀπαθῆ — ἀλλὰ τὰς σχέσεις τηροῦντα. IV, 4, 16 τὰ περὶ καθήκοντος δ' ἵνα μεμνημένοι τῶν σχέσεων μηδὲν ἀλογίστως μηδὲ παρ' αὐτὰ ποιῶμεν. — Bemerkenswert ist hier, dass vorher von der ὁρμή, dann von der ὄρεξις und zuletzt vom καθῆκον die Rede ist, wie wenn das Gebiet der ὁρμή mit dem des καθῆκον nicht identisch wäre. Ich glaube nicht, dass man hieraus schliessen darf, Epictet habe das καθῆκον bloss als eine Art der ὁρμή betrachtet, denn alles richtige ὁρμᾶν ist nach ihm auch ein καθῆκον. So vertritt denn z. B. IV, 8, 20 das Wahren der σχέσεις genau die Stelle der ὁρμή. Die Trennung erklärt sich einfach daraus, dass Epictet dort von der Interpretation stoischer Schulschriften redet; die älteren Stoiker haben aber bekanntlich besondere Abhandlungen über die ὁρμή und das καθῆκον geschrieben. Dieselbe Trennung zwischen ὁρμή und καθῆκον (resp. πρέπον) findet sich IV, 6, 26, wo jedoch das πρέπον σῴζειν wohl als Epexegese zu ἐν ὁρμῇ εὐστοχεῖν zu verstehen ist. — IV, 12, 16 πρὸς τὰς δυνάμεις τῶν σχέσεων τὰ καθήκοντα ἀπευθύνειν. En. 30 τὰ καθήκοντα ὡς ἐπίπαι ταῖς σχέσεσι παραμετρεῖται.

[3]) II, 17, 31 θέλω μὲν ἀπαθής εἶναι — θέλω δὲ — εἰδέναι τί μοι πρὸς θεούς ἐστι καθῆκον, τί πρὸς γονεῖς — ἀδελφούς — πατρίδα — ξένους. IV, 10, 13 ἐμαυτὸν ἐπανορθῶν — ἀπάθειαν ἐκπονῶν (I. Topos), ταῖς σχέσεσι τὰ ἴδια ἀποδιδόναι (II. Topos). II, 14, 8 ἀλύπως, ἀφόβως διεξάγει καθ' αὑτόν, μετὰ τῶν κοινωνῶν τηροῦντα τὰς σχέσεις — υἱὸν πατέρα ἀδελφὸν πολίτην ἄνδρα γυναῖκα γείτονα σύνοδον ἄρχοντα ἀρχόμενον. — Aus dieser Stelle ersehen wir noch zweierlei: 1. dass die σχέσεις wirklich, wie ja der Name deutlich sagt, nur von Pflichten gegen andere (κοινωνοί) zu verstehen sind (cfr. II, 14, 27) ἆρά γ' ἔχομέν τινα ἐπιπλοκὴν πρὸς αὐτὸν (θεὸν) καὶ σχέσιν ἢ οὐδεμίαν; 2. dass andrerseits die σχέσεις nicht bloss die sozialen Pflichten im engeren Sinn, sondern auch die sogenannten Berufspflichten umfassen.

[4]) IV, 8, 20 βλέπε πῶς ἐσθίω, πῶς πίνω, πῶς καθεύδω, πῶς ἀνέχομαι, πῶς ἀπέχομαι, πῶς συνεργῶ, πῶς ὀρέξει χρῶμαι, πῶς ἐκκλίσει, πῶς τηρῶ τὰς σχέσεις ... III, 7, 26 Die προηγούμενα ἔργα sind πολιτεύεσθαι, γαμεῖν, παιδοποιεῖσθαι, θεὸν σέβειν, γονέων ἐπιμελεῖσθαι, καθόλου ὀρέγεσθαι, ἐκκλίνειν, ὁρμᾶν, ἀφορμᾶν ὡς ἕκαστον τούτων δεῖ ποιεῖν. — Es kann nicht auffallen, dass hier Pflichten, die speziell die Wahrung der σχέσεις betreffen, auch zur ὄρεξις in Beziehung gesetzt sind: um diese Pflichten erfüllen zu können, muss eben die ὄρεξις in richtigem Zustand sein. Man könnte freilich auch sagen, ὄρεξις und ὁρμή bedeuten beide einen inneren Vorgang gegenüber den Aeusserungen (ἔργα) und zwar die ὄρεξις die allgemeine Richtung des Wunsches und Begehrens, ὁρμή das pflichtmässige (oder pflichtwidrige) Wollen (s. Band I, 256).

[5]) IV, 11, 8 καθαρὰ ψυχὴ ἡ ἔχουσα οἷα δεῖ δόγματα· μόνη γὰρ αὕτη ἐν τοῖς ἔργοις τοῖς αὑτῆς ἀσύγχυτος καὶ ἀμόλυντος.

[6]) IV, 11, 2. cfr. III, 5, 21 κοσμήθητι ὡς ἄνθρωπος. Die Belegstellen zu dem im Texte Ausgeführten finden sich, wo sie nicht besonders angegeben sind, sämtlich im 11. Kapitel des IV. Buchs, das von der Reinheit handelt.

[7]) IV, 11, 35 τὸ σῶμα μέχρι τοῦ καθαρίου, μέχρι τοῦ μὴ προσκόπτειν. — Wie fern Epictet ist von aller kynischen Verwahrlosung des Leibes, zeigen folgende Aeusserungen: „dazu haben wir Wasser, Oel, Hände, Seife, Bürste und Leinwand

und den übrigen Apparat, um den Leib zu reinigen"; „reinige die Zähne!" warum? „damit du ein Mensch seiest, und kein Tier, kein Schwein".

⁸) Mehr ins Einzelne gehende Vorschriften über die Kleidung, Wohnung, Nahrung etc. giebt Musonius, der den χιτών und die Schuhe für entbehrlich hält (flor. I, 37). — Seneca spricht sich über diese Dinge sehr verschieden aus, indem er bald eine ans Kynische streifende Bedürfnislosigkeit predigt, bald dem wirklichen Leben bedeutende Zugeständnisse macht. Im allgemeinen aber stimmt er mit Epictet in den Prinzipien überein. Ueber die Kleidung äussert er sich in ep. 92, 12: mundae vestis electio appetenda est homini, natura enim homo mundum et elegans animal est. — ep. 5 führt er aus, dass der Philosoph nicht durch auffallende Erscheinung und Lebensweise, sondern lediglich durch sittliche Güte sich unterscheiden soll von dem Laien: contra naturam est torquere corpus et faciles odisse munditias et squalorem appetere et cibis non tantum vilibus uti sed tetris et horridis — die Philosophie fordert frugalitatem, nicht poenam.

⁹) Auch Seneca verlangt eine dem sittlichen Zweck dienende Abhärtung des Leibes, z. B. ep. 8, 5: corpori tantum indulgeatis, quantum bonae valetudini sat est; durius tractandum est, ne animo male pareat.

¹⁰) I, 13, 1 ἐσθίειν ἐγκρατῶς. II, 10, 17 der Ehebrecher verliert den (Charakter des) ἐγκρατής. En. 10 du hast eine Kraft gegen die Versuchung der Schönen, die ἐγκράτεια. II, 16, 45 entferne aus deinem Herzen — μαλακία und ἀκρασία. III, 1, 8 wen lobst du, wenn du es δίχα πάθους thust, τοὺς σώφρονας ἢ τοὺς ἀκολάστους; τοὺς ἐγκρατεῖς ἢ τοὺς ἀκρατεῖς; IV, 1, 10 was helfen dich vornehme Ahnen, wenn sie ἐγκρατεῖς waren, während du ἀκόλαστος bist? — Auch hinsichtlich der Mässigkeit im Essen begnügt sich Epictet mit der allgemeinen Forderung, die jedenfalls nicht strenger war als die des Zeno, der nach flor. I, 287 auch als Rekonvaleszent nichts Feineres essen wollte, indem er sich auf den Sklaven berief, der ja auch ohne dies gesund werde, und überhaupt jegliche Ueppigkeit in der Nahrung verbot, da man durch einmaliges Nachgeben leicht immer verwöhnter werde.

¹¹) Eingehend und scharfsinnig hat diese Frage erörtert v. Arnim in seinen „Quellenstudien zu Philo von Alexandrien", Berlin 1888.

¹²) En. 33, 7 τὸ περὶ σῶμα, μέχρι τῆς χρείας ψιλῆς παραλάμβανε οἷον τροφὰς πόμα etc. frag. 28 ist unzweifelhaft unecht.

¹³) Hilty in seinem vortrefflichen Buche „Glück" (Leipzig 1891) hat auch dem Epictet eine längere Abhandlung gewidmet und damit den ersten anerkennenswerten Versuch gemacht, für dessen seit einem Jahrhundert in Deutschland fast vergessene Moral wieder in weiteren Kreisen das Interesse zu erwecken. Wenn er dem Stoizismus gerade auch für unsere Zeit einen grossen pädagogischen Wert zuschreibt und ihn gewissermassen als Seitenstück zum Christentum betrachtet, so bin ich darin ganz mit ihm einig. Trotz des richtigen Gesamturteils über die Bedeutung der stoischen Moral ist Hiltys Urteil aber doch in manchen einzelnen Punkten unrichtig und einseitig. So ist mir z. B. seine Anmerkung zu obiger Stelle über den geschlechtlichen Verkehr nicht recht klar („hier ist der Heide sichtbar, der keine rechte Vorstellung von der ganzen Wichtigkeit dieser Sache hat"). Hilty konnte freilich die Meinung Epictets nicht recht verstehen, da er — ich weiss nicht aus welchem Grunde — die wichtigen Worte πρὸ γάμου ausgelassen hat. Dieselben sind durch den Kommentar des Simplicius als authentisch erwiesen. Ihr Fehlen giebt aber eine ganz falsche Vorstellung von Epictets Ansicht über diese Sache.

¹⁴) D. L. 113 ἔρως = ἐπιβολὴ φιλοποιίας διὰ κάλλος ἐμφαινόμενον. Tusc. IV, 72.

¹⁵) D. L. 130 μὴ εἶναι συνουσίας (ἐπιβολὴν τὸν ἔρωτα) ἀλλὰ φιλίας. — Cic. fin. III, 68 ne amores quidem sanctos a sapiente alienos arbitrantur.

¹⁶) Diese Aeusserung Epictets ist in doppelter Hinsicht interessant. Einmal zeigt sie in drastischer Weise, wie die Stoiker, obwohl sie in der Theorie den Eros als Pathos verwarfen, doch nicht umhin konnten, ihm in praxi eine gewisse Berechtigung zuzuerkennen. Sodann aber lässt sie doch deutlich durchscheinen, dass Epictet die Ehe nicht als ein auf Liebe, auf gegenseitiger Neigung beruhendes, sondern mehr als ein pflichtmässiges, aus rein verständigem Entschliessung hervorgehendes Verhältnis aufgefasst hat: die aus Eros gegründete Ehe erscheint ihm als Ausnahme. Dies ist ja wohl auch der Hauptmangel der stoischen Ethik, dass sie die natürlichen Bedürfnisse und Wünsche des menschlichen Herzens verkennt: was wir Gemüt nennen, ist den Stoikern eigentlich unbekannt, ihre Idealität ist eine einseitig intellektualistische und hat deshalb bei aller Erhabenheit und Reinheit doch eine gewisse Trockenheit und Kälte.

¹⁷) Auch hierin zeigt sich Epictet als echter Hellene, dass er eigentlich nur

eine Liebe zu „Schönen" kennt: sie beruht ihm nur auf ästhetischem Wohlgefallen, nicht auf der inneren Anziehungskraft der Gemüter. Aber auch diese ästhetische Neigung soll doch ohne leidenschaftliche Erregung sein: man darf die Schönheit seines Weibes nicht bewundern, dann wird man auch dem Ehebrecher nicht zürnen (I, 18, 11). — Ad vocem bewundern ist daran zu erinnern, dass Epictet (damit stets ein leidenschaftliches Hängen an etwas meint. Weil dies gewöhnlich nicht beachtet wird, so wird das Horazische nil admirari meist missverstanden.

[18]) Sen. ep. 94, 26 improbus est, qui ab uxore pudicitiam exigit, ipse alienarum corruptor uxorum. — Seneca unterscheidet genau zwischen libido und voluptas oder cupiditas: ersteres bedeutet den rein physischen Geschlechtstrieb, dessen Befriedigung er bald unbedingt (tranq. an. 9, 2 libido qua necesse est fluat) bald nur zum Zweck der Kinderzeugung, also in der Ehe, gestattet (ad Helv. 13, 3). In keinem Falle aber darf die libido zur cupiditas, zur Leidenschaft werden, sonst ist sie sündhaft. Nach frag. 433, 81 hat Seneca auch die sinnliche Liebe (amor formae) verworfen als rationis oblivio und foedum vitium.

[19]) III, 7, 21 es darf dir kein Weib schön erscheinen als das deine. II, 8, 13 der Gott in uns wird befleckt durch unsaubere Gedanken und schmutzige Handlungen. II, 4, 8 verwirft Epictet das unzüchtige Wesen überhaupt, auch wo es nicht zu thatsächlicher Uebertretung kommt. II, 18, 15 wer ein Weib ansieht mit unreiner Lust, der preist ihren Verführer glücklich. — Ant. 3, 2 τὸ ἐν παισὶν ἐπαφρόδιτον σώφροσιν ὀφθαλμοῖς ὁρᾶν. cfr. IV, 9, 5 μετ' ἐπιθυμίας καλῇ συγκαθεύδειν.

[20]) Seneca drückt diesen Gedanken in seiner knappen, geistreichen Weise so aus: in aliena uxore omnis amor turpis est, in sua nimius — nihil est foedius quam uxorem amare quasi adulteram (frag. 434, 84).

[21]) Eins der häufigsten Worte bei Epictet ist das Wort αἰδώς, τὸ αἰδῆμον: beim Essen, beim Gehen, im Verkehr mit den Menschen, kurz überall gilt es τὸ αἰδῆμον, κόσμιον, εὔσχημον, κατεσταλμένον zu wahren. — Cic. off. I, 128 status incessus, sessio accubitio, vultus oculi manuum motus teneat illud decorum. Vergl. auch das Idealbild, das Zeno von einem Jüngling entwirft, bei Clemens Al. paed. III, 74, 296. Ant. 7, 60 δεῖ καὶ τὸ σῶμα πεπηγέναι καὶ μὴ διερρίφθαι μήτε ἐν κινήσει μήτ' ἐν σχέσει.

[22]) IV, 3, 2. frag. 52. — Seneca (frag. 466, 120): turpia ne dixeris; paulatim enim pudor rerum per verba dediscitur. — Dies hält ihn übrigens nicht ab, ein ziemlich derbes Wort des Demetrius „fein" (elegans) zu finden (ep. 91, 19). — Für den Salonmoralisten Panätius ist es bezeichnend, dass er auch das ernsthafte Reden über geschlechtliche Dinge für obscön erklärt (Cic. off. I, 127). Hierin denkt selbst der Kirchenvater Clemens freier, der meint, wenn Gott sich nicht schämte, die Geschlechtsorgane zu schaffen, so sei es auch keine Schande, sie „zu Frommen der Hörer" zu nennen (paed. II, 92, 225). Dass die Kyniker und etwaige fast kynische Stoiker, gegen die Cicero a. a. O. namentlich sich wendet, die Freimütigkeit hierin zu weit getrieben haben, soll natürlich nicht bestritten werden. Epictet scheint jedoch nicht zu ihnen gehört zu haben. Wenn er auch gelegentlich derbe Ausdrücke nicht verschmäht (III, 22, 77 κακόρυγχα παιδία — 80 πόρδωνες — En. 41 ὀχεύειν — ein Wort, das übrigens auch der vornehme M. Aurel unbedenklich gebraucht, 10, 19), so ist doch seine Diktion durchaus anständig und frei von aller kynischen Schamlosigkeit, als deren erklärten Gegner er sich bekennt (III, 22, 80).

[23]) III, 16, 5 wie aber, wenn der Ton der Unterhaltung ein ausgelassener, frivoler oder boshafter ist? hat einer von euch die Gabe, wie der Kitharist, der, wenn er die Leier zur Hand nimmt und in die Saiten greift, sofort die unreinen Töne bemerkt und das Instrument zu stimmen vermag? die Gabe, die Socrates hatte, der bei jeder Gelegenheit die Anwesenden seinem Geist unterzuordnen wusste?

[24]) III, 24, 118. III, 21, 2. II, 20, 33. IV, 6, 23. IV, 8, 27. En. 26 zeige den Leuten nicht die Theoreme, sondern ἀπ' αὐτῶν πεφθέντων τὰ ἔργα.

[25]) III, 12, 7 ἑτεροκλινῶς ἔχω πρὸς ἡδονήν· ἀνατοιχήσω ἐπὶ τὸ ἐναντίον ὅπερ τὸ μέτρον, τῆς ἀσκήσεως ἕνεκα etc.

[26]) Stob. ecl. II, 108 wird das εἰρωνεύεσθαι und σαρκάζειν als etwas des Gebildeten Unwürdiges bezeichnet. — Es scheint jedoch, dass diese strenge Ansicht nicht allgemein in der Stoa galt. Nicht bloss Panätius unterschied ein doppeltes genus jocandi, unum illiberale, petulans, flagitiosum, obscenum, alterum elegans, urbanum, ingeniosum, facetum (off. I, 104), sondern auch Seneca (frag. 472, 83) hält sales sine dente und joci sine vilitate für erlaubt (cfr. tranqu. 17, 4). Und wenn Athenodorus eine Schrift περὶ σπουδῆς καὶ παιδιᾶς geschrieben hat, so ist darin ohne Zweifel auch die Frage, wann und wie weit Scherz und Spott gestattet sei

behandelt worden. Es ist gar nicht unmöglich, dass Epictet a. a. O. auf diese Schrift anspielt. — Vgl. v. Arnim, Quellenstudien zu Philo von Alexandrien, p. 130.

[27]) M. Aurel dachte hierin strenger (11, 2 ᾠδῆς ἐπιτερποῦς ὀρχήσεως παγκρατίας καταφρονήσεις).

[28]) Seneca steht in dieser Frage im ganzen auf Epictets Standpunkt: er verwirft ebenso allen eitlen Prunk und Luxus wie jede zwecklose Kasteiung. Der Natur darf man nichts versagen — sie fordert ihr Recht (ep. 119, 2. — cfr. ep. 5, 4. 8, 5). Auch für die Reichen ist es nötig, dass sie sich daran gewöhnen, mit wenigem sich zu begnügen (ep. 123, 3). Das will noch nichts heissen, wenn man auf die auserlesensten Delikatessen verzichten kann; so weit muss man kommen, dass man auch das trockne Brot nicht verachtet, wenn's nötig ist, auch mit Wasser und Aehren vorlieb nimmt (ep. 110, 12). — Wir würden aber sicherlich fehl gehen, wenn wir annähmen, Seneca habe die Frugalität in dieser extremen Weise geübt. So schön er die Fröhlichkeit der Armen zu schildern weiss (ad Helv. 12, 1. ep. 80, 6), so hat er sich doch ohne Zweifel in seinem Reichtum nicht unbehaglich gefühlt. Wenn er alles, was über die primitivsten Bedürfnisse hinaus geht, als lasterhaft verdammt (ad Helv. 10, 2), wenn er das Gold als etwas Schädliches bezeichnet (ep. 110, 10), wenn er im Gegensatz zu Posidonius den ganzen Reichtum der industriellen und kulturellen Entwicklung aus der Sittenverderbnis herleitet (ep. 90), so dürfen wir das nicht als den Ausdruck seiner ernsthaften Meinung, sondern nur als sentimentale Anwandlung betrachten. In Wahrheit hält er es schon für etwas Ausserordentliches, dass er von ganz wenigen Dienern begleitet auf die Reise geht (ep. 87, 2. cfr. tranq. an. 9, 3). Und während er in ep. 90, 15 den Gedanken ausspricht, man könnte ganz gut ohne Steinhauer und Zimmerleute leben, bedauert er ep. 91, 2 aufs tiefste den Untergang der herrlichen Bauwerke beim Brand von Lyon. Ungerecht wäre es jedoch, zu verkennen, dass er im Verhältnis zu seiner Stellung mit löblichem Eifer der Einfachheit sich befliss, und köstlich berührt uns sein Bekenntnis, dass er die falsche Scham noch nicht ganz überwunden habe, da er auf seinem Bauernwagen (in der Sommerfrische) immer noch erröte, wenn er besseren Leuten begegne (ep. 87, 4).

[29]) Da die sittliche Festigkeit nicht so rasch erworben und jedenfalls von vielen nur annähernd erreicht wird, so ist es immerhin denkbar, dass auch die Askese so ziemlich das ganze Leben hindurch beibehalten wird. In der Regel aber denkt sich Epictet dieselbe als etwas Temporäres. Sehr zu beachten ist dabei, dass er nachdrücklich einschärft, man solle diese Askese im Stillen treiben und sich ja nicht damit brüsten (III, 12, 17. IV, 8, 17 etc. En. 47). — Vergl. Seneca ep. 103, 4 licet sapere sine pompa, sine invidia).

[30]) Oft empfiehlt Epictet, man solle stets das Beispiel eines Socrates, Zeno, Kleanthes sich vor Augen halten und sich fragen, wie sie im gleichen Falle gehandelt hätten (En. 33, 12. III, 23, 32 u. ö.); cfr. Seneca ep. 6, 5 viva vox et convictus nützt mehr als oratio — longum iter est per praecepta, breve et efficax per exempla — ep. 25, 5 es ist gut, sich einen custos zu setzen — ep. 52, 7 adiuvare nos possunt non tantum qui sunt sed etiam qui fuerunt. — Aehnlichen Rat hat übrigens auch Epikur gegeben (ep. 11, 8).

[31]) Es ist mir aus der älteren Stoa keine Aeusserung bekannt, die den Eid verbieten oder nur auch einschränken würde. Vielmehr darf man aus dem, was uns Stobäus über die Ansichten der Stoiker vom Meineid berichtet (flor. I, 355 u. 356), schliessen, dass dieselben an dem Eidschwur an sich keinen Anstoss genommen haben. Dies gilt auch von dem Stoiker, welchem Cicero off. III, 104 folgt. Dagegen finden wir den Gedanken, dass der Eid entbehrlich und nach Möglichkeit zu meiden sei, nicht bloss bei Epictet, sondern auch bei Seneca (frag. 474, 4 nihil tibi intersit adfirmes an iures: de religione et fide scias agi ubicumque de veritate tractatur) und M. Aurel (3, 5 μήτε ὅρκου δεόμενος μήτε ἀνθρώπου τινὸς μαρτυρίας). Es ist nicht unmöglich, dass die jüngeren Stoiker diese Gedanken von den Pythagoreern angenommen haben (cfr. Hierocles, aur. carm. II, 2, 35 etc. M.). Uebrigens ersieht man aus obigen Aeusserungen deutlich, dass diese Stoiker den Eid missbilligten weniger aus religiösen Gründen, als infolge ihrer tieferen Fassung der Wahrhaftigkeitspflicht, im Interesse der gravitas des Weisen (vergl. auch off. III, 104 ist der Eid eine affirmatio religiosa; er muss gehalten werden nicht aus Furcht vor dem Zorn der Götter, der gar nicht existiert, sondern aus Achtung vor — der Fides). Jedoch wie Epictet sich trotzdem der üblichen Beteuerungsformeln, die ja doch nichts anderes sind, als verkürzte Schwüre, in ausgedehntem Masse bedient, so sprechen sich auch Seneca und M Aurel zuweilen wieder so aus, als ob das Schwören ganz in der Ordnung wäre (Seneca ad Polyb. 17, 1;

Ant. 6, 44). Was uns bei Stobäus über die Ansicht des Kleanthes und Chrysipp vom Meineid überliefert ist, hat kaum eine prinzipielle Bedeutung. Bemerkenswert ist, dass beide nur den promissorischen, nicht den assertorischen Eid im Auge gehabt zu haben scheinen. Chrysipp unterscheidet auch beim promissorischen Eid in scholastischer Weise zwischen ἀληθορκεῖν und εὐορκεῖν einerseits und ψευδορκεῖν und ἐπιορκεῖν andrerseits, indem er behauptet, dass die moralische Qualität des Eides im Zeitpunkt des Schwörens eigentlich noch verborgen sei und sich erst dann offenbare, wenn die Zeit der Erfüllung des Versprechens gekommen sei. Kleanthes dagegen kennt jene spitzfindige Unterscheidung noch nicht, sondern hält den Meineid für akut, sobald er geleistet wird mit dem Vorsatz, das Versprochene nicht zu erfüllen.

[32]) Strenge Wahrhaftigkeit, Offenheit und Lauterkeit des Charakters (ἁπλότης) ist namentlich bei M. Aurel eine der gewichtigsten Forderungen (3, 12 τῇ ὢν λέγεις καὶ φθέγγῃ ἡρωικῇ ἀληθείᾳ ἀρχόμενος. 4, 33 λόγος οἷος μήποτε διαψεύσασθαι. 4, 49 ἀδιάψευστος aktiv und passiv zugleich). Fein und von psychologischem Scharfblick zeugend ist die Bemerkung, es sei bedenklich, wenn man dem andern zuvor ankündige, man wolle ganz offen gegen ihn sein: Aufrichtigkeit und Wohlwollen, wo sie vorhanden sind, müssen aus den Augen leuchten und können nicht verborgen bleiben (11, 15).

[33]) Stob. ecl. II, 111. Sext. VII, 45. Quint. inst. XII, 1. Sen. de ira III, 39, 4 quaedam non nisi decepta sanantur.

[34]) Man erweist dem Christentum einen schlechten Dienst, wenn man ihm Verdienste zuschreibt, die es nicht oder doch nicht ausschliesslich hat: denn es verrät dies die Furcht, es könnte seine einzigartige Bedeutung verlieren, wenn man das Grosse und Ideale, was ausserhalb desselben vorhanden ist, rückhaltslos anerkennt. Das Evangelium Christi braucht jedoch die unparteiische Vergleichung mit allen anderen Geistesmächten nicht zu scheuen, sondern kann nur gewinnen, wenn man ihm nur das zuschreibt, was es wirklich hoch über alle heidnische Philosophie erhebt. Der Gedanke, dass die Arbeit nicht entehrt, ist unstreitig vorchristlich. Aber durchschlagenden Erfolg und praktische Bedeutung hat er allerdings erst durch das Christentum gewonnen; denn das Evangelium Christi verstand es, was auch die stoische Philosophie nicht fertig brachte, eine Gemeinschaft von Menschen des verschiedensten Standes zu bilden, und dadurch erst gelangte die Idee der Gleichheit aller vor Gott, der Unwesentlichkeit aller äusseren Unterschiede zu praktischer Verwertung im grossen Stil und damit zu weltgeschichtlicher Wirkung. (Vergl. R. Eucken, Lebensanschauungen d. g. D. p. 145.)

[35]) Wenn der stoische Weise bei Diog. L. 118 ἀπράγμων genannt wird, so ist darunter nur das Gegenteil der πολυπραγμοσύνη, die stets einen tadelnden Sinn hat, zu verstehen, nämlich die Enthaltung von unnötig geschäftigem, in anderer Angelegenheiten einmischendem, prozesslustigem Treiben. Es ist so ziemlich dasselbe Ideal wie das von Paulus in I. Thess. 4, 11 vorgezeichnete (ἡσυχάζειν καὶ πράσσειν τὰ ἴδια καὶ ἐργάζεσθαι ταῖς χερσίν). Seneca tranq. 2, 11 natura humanus animus agilis est et pronus ad motus. — ep. 8, 1 es ist eine stoische Vorschrift in actu mori. — cfr. Ep. IV, 10, 11 ἐπεὶ δεῖ πάντως ἀποθανεῖν ἀνάγκη τί ποτε ποιοῦντα εὑρεθῆναι. — Ant. 5, 1: sage für jeden Morgen ἐπὶ ἀνθρώπου ἔργον ἐγείρομαι, denn ich bin nicht geboren zum Geniessen oder Ruhen, sondern zur Thätigkeit. — 9, 5 auch der μὴ ποιῶν sündigt oft. — Nach Aug. civ. d. VI, 11 tadelte Seneca die Juden wegen der Sabbatfeier, weil sie auf diese Weise den siebenten Teil ihres Lebens durch Müssiggang verlieren.

[36]) Nach st. rep. 2 hat Chrysipp den Ausspruch gethan, der βίος σχολαστικός unterscheide sich nicht von dem β. ἡδονικός. Wenn ihm der Gegner vorwirft, er wie die andern Häupter der Stoa haben diesem Grundsatz zuwider gehandelt, indem sie selbst den β. σχολαστικός gewählt und bis zu ihrem Alter beibehalten haben, so ist dies ein Vorwurf, der an intellectuellem und moralischem Wert erheblich unter dem Durchschnitt seiner sonstigen Polemik steht. Denn es ist ja klar, dass die Thätigkeit des Lehrens, welche jene Stoiker ausübten, von ihnen als jeder anderen „praktischen" Thätigkeit gleichwertig geachtet wurde. Auch Epictet, so sehr er die Unthätigkeit überhaupt und speziell auch die prinzipielle Ablehnung praktischer Berufsthätigkeit verwirft, scheut sich doch nicht, an den hohen Beamten die Forderung zu stellen, er müsse mit unserem σχολαστικός werden, τοῦτο τὸ ζῷον οὗ πάντες καταγελῶσι (I, 11, 39). Also wenn es sogar für denjenigen, der einen praktischen Beruf ergreifen und ausüben will, notwendig ist, eine Zeit seines Lebens der Theorie, dem Studium und in diesem Sinne der Musse zu widmen, so muss es doch notwendig auch solche Menschen geben, welche eben die philosophische Unterweisung anderer sich zum Berufe machen.

[37]) Musonius (flor. II, 72) οἱ γεννικοὶ καὶ φιλόπονοι καὶ συνετοὶ κἂν ὅποι ποτὲ ἔλθωσιν εὐπορoῦσι καὶ διάγουσιν ἀνενδεῶς. — Als Römer ist Musonius insbesondere für die landwirtschaftliche Arbeit eingenommen: sie preist er als den schönsten, männlichsten und freiesten Beruf, der — falls die Anstrengung nicht übertrieben wird — auch für die Ausbildung der Seele und des Charakters am geeignetsten sei. Ja er begeistert sich für den Gedanken, dass der Philosoph Bauer wäre und seinen Schülern neben dem Unterricht in der Philosophie, der freilich nur das Nötigste und Nützlichste zu geben hätte, auch das Vorbild zweckmässiger körperlicher Arbeit böte. Besonders gut, meint er, wäre dieses ländliche Leben auch aus dem Grunde, weil die jungen Leute da den städtischen Uebeln entzogen und in ihrer sittlichen Aufführung beständig kontrolliert wären.

[38]) IV, 4, 42 Loben und tadeln darf man die Menschen nicht nach dem äusseren Schein, sondern erst wenn man die Zweckbeziehung (ἀναφορά), die δόγματα erkannt hat, kraft welcher sie handeln. cfr. Sen. tranq. 12, 5 omnis labor aliquo referatur, aliquo respiciat.

[39]) Cic. leg. II, 28 virtutes non vitia consecrare decet. Araque vetusta in Palatio Febris et altera Esquiliis Malae Fortunae detestataque omnia eius modi repudianda sunt.

[40]) Lehrs, Populäre Aufsätze, p. 129 etc.: „Auch der Stoiker ist kein Monotheist. — Wenn er die Einheit der göttlich schöpferischen und vernünftigen Substanz — Zeus, Gott, der Gott — erfasste, so erfasste er gleichfalls, und es war vorzüglich geeignet, die Wärme seiner Phantasie und seines Gefühls zu erregen, ihre Entfaltung in Individualitäten, die eine jede nach ihrer Aufgabe zum Ganzen wirken. — Darf man es eine Unwahrheit, eine Heuchelei nennen, wenn diejenigen, die so empfanden, auf dem Boden der nationalen Religion sich fühlten? Waren es nicht die alten Faktoren Moira und Kosmos, Zeus und die Götter?"

[41]) IV, 12, 11: ich weiss, wem ich gefallen, wem ich unterthan sein und gehorchen. muss, τῷ θεῷ καὶ τοῖς μετ' ἐκείνου. — Wenn Seneca und M. Aurel zuweilen von den „unsterblichen Göttern" reden (Ant. 7, 70. Sen. prov. 2, 12. 4, 6. ben. II, 29, 6), so haben sie wohl damit nur die relative Unsterblichkeit (bis zum Weltbrand) gemeint. Denn Seneca lehrt, ganz übereinstimmend mit Epictet, dass beim Weltbrand nur Zeus übrig bleibe (ep. 9, 16 resoluto mundo et dis in unum confusis . . .), und Marc Aurel nennt die Allnatur die älteste der Gottheiten (9, 1), denkt sich also auch die Götter als in der Zeit entstanden. Freilich scheint Seneca die Vorstellung des Weltbrandes nicht immer festgehalten zu haben, wenigstens schildert er in ben. VI, 22 etc. den Zusammenbruch der Welt als etwas Abenteuerliches und Undenkbares und spricht dem gegenüber von einer aeterna voluntas der Götter, speziell der Gestirne. Uebrigens scheint es mir sehr leicht erklärlich, dass die Stoiker die Vergänglichkeit der Götter nicht so unverblümt aussprechen mochten, sondern ein Interesse daran hatten, deren Unsterblichkeit, soweit sie in ihr System passt, zu behaupten. Dies schliesse ich u. a. auch aus Athenagoras, der, statt sich auf direkte Aussprüche der Stoiker zu berufen, vielmehr erst durch eine mühsame Argumentation aus ihren sonstigen Lehren zu dem Schlusse gelangt, dass bei der Ekpyrosis die ὀνόματα, d. h. die einzelnen Götter mit untergehen und nur das πνεῦμα τοῦ θεοῦ übrig bleibe — womit er mir den wahren Sinn der stoischen Lehre ganz richtig getroffen zu haben scheint (supplic. 19 etc.).

[42]) I, 12, 25: Zeus mit den Moiren bestimmt das Schicksal der Menschen. En. 31: die Götter regieren das All. — In ethischem Sinn ist, wie wir sahen, auch der Weise, besonders der Kyniker, ein Mitregent Gottes (III, 22, 95. En. 15).

[43]) In ethischer Hinsicht ist dagegen der Mensch Gott ebenbürtig, da er zur vollkommenen Vernunft und Tugend gelangen kann (I, 12, 26). Seneca geht sogar soweit, dem Menschen eine gewisse ethische Ueberlegenheit über die Götter zuzuschreiben (ep. 53, 11 deus beneficio naturae non timet, suo sapiens. ep. 124, 14 unius bonum natura perficit, dei, alterius cura, hominis. prov. 6, 6 hoc est, quo deum antecedatis: ille extra patientiam malorum est, vos supra. cfr. Clem. Al. strom. II, 471 ἀνενδεὲς τὸ θεῖον καὶ ἀπαθές, ὅθεν οὐδὲ ἐγκρατὲς κυρίως).

[44]) Wenn Epictet vom Kyniker sagt, sein Inneres müsse reiner sein als die Sonne (III, 22, 93), so ist dies natürlich eine rhetorische Uebertreibung: denn die Sonne gehört ja auch zu den Göttern und von diesen heisst es ganz im allgemeinen, sie seien von Natur rein und zwar lauter (IV, 11, 3).

[45]) So hat Augustin (civ. d. VII, 6) bezw. Varro den stoischen Pantheismus aufgefasst: Gott sei nach den Stoikern allerdings nur die Seele der Welt, aber diese selbst sei auch Gott, nur werde Gott gewöhnlich a parte potiori verstanden,

wie z. B. der Weise auch nur von der geistigen Seite seines Wesens benannt werde, während er doch eigentlich aus Körper und Geist bestehe.

⁴⁶) Mit viel grösserem Rechte könnte man sagen, die Begriffe Gott und Natur seien dem Epictet gleichbedeutend. Denn während beim Kosmos zunächst an die Gesamtheit der materiellen Dinge zu denken ist und erst in zweiter Linie an das geistige Prinzip, das dieselbe geordnet hat und durchwaltet, ist die φύσις ein rein geistiger Begriff. Epictet versteht darunter nie das materielle Sein, die sichtbare Welt, wie wir unter der Natur, sondern stets nur die unsichtbare Kraft, den immanenten Trieb und das Gesetz, das in den Dingen waltet, kurz die natura naturans Spinozas. So kann er denn von einem Willen der Natur (I, 17, 13 etc. II, 20, 15. III, 20, 13. En. 26) und von ihren Werken reden wie von den Werken Gottes (I, 29, 60. I, 16, 9); und wenn er sagt, die Natur habe dem Menschen nicht bloss die sinnlichen Triebe (fr. 94), sondern auch die Fähigkeit und Ausrüstung zur Erkenntnis gegeben (I, 20, 5 den λόγος. II, 20, 21. IV, 1, 51. IV, 5, 14. II, 11, 6), das Ziel des Menschen sei, die φύσις zu erkennen und ihr zu folgen (En. 49), so könnte man da überall unbedenklich statt Natur auch Gott sagen, wie er denn auch z. B. die äusseren Kennzeichen des Geschlechtsunterschieds im selben Zusammenhang Stimmen der Natur und σύμβολα τοῦ θεοῦ (I, 16, 9) und das Gesetz, dass das Stärkere stets des Schwächeren Herr wird, bald ein Gesetz der Natur, bald ein Gesetz Gottes oder der Pronoia nennt (I, 29, 13 u. 19. III, 17, 6). Aber an anderen Stellen hält er die Begriffe wieder deutlich auseinander, so namentlich I, 20, 16, wo er auch eine φύσις ἐπὶ μέρους und eine φύσις τῶν ὅλων unterscheidet. Man könnte nun wohl sagen, dieser Unterschied decke sich mit der Unterscheidung des einen höchsten Gottes und der einzelnen Götter. Doch wird man auch zugeben müssen, dass der Begriff Natur immerhin eine andere Färbung hat, als der Begriff Gott, und zwar nicht bloss insofern die φύσις auch jenes Scheins der Persönlichkeit ermangelt, den der stoische Gott besitzt, sondern auch insofern dieselbe mehr an die Dinge selbst gebunden erscheint, als der mehr frei über den Dingen schwebende und in denselben waltende Gott. — Vergl. übrigens Sen. ben. IV, 7, 1 quid aliud est natura quam deus et divina ratio toti mundo partibusque ejus inserta und IV, 8, 3 naturam voca, fatum, fortunam, omnia ejusdem dei nomina sunt varie utentis sua potestate.

⁴⁷) Die bekannte stoische Unterscheidung zwischen dem πᾶν und dem ὅλον (Sext. IX, 332) ignoriert Epictet, wie er sich überhaupt für metaphysische Fragen wenig interessierte.

⁴⁸) Siehe Exkurs V.

⁴⁹) I, 6, 40 Gott ist ἀγαθὸς βασιλεὺς καὶ ταῖς ἀληθείαις πατήρ. I, 3, 1 u. III, 22, 82 κοινὸς πατήρ. I, 9, 7 πατὴρ καὶ κηδεμών (cfr. Dio Chrys. II. 99 R κηδεμὼν καὶ κοινὸς πατὴρ ἀνθρώπων καὶ θεῶν). III, 24, 3 ὁ κηδόμενος ἡμῶν καὶ πατρικῶς προϊστάμενος. — 15 kein Mensch ist Waise, Gott sorgt für alle. III, 26, 27. IV, 1, 98. III, 26, 37: wer wird mich pflegen, wenn ich krank bin? Gott und die Freunde. — Auch wenn es Epictet nicht ausdrücklich gelehrt hätte (I, 12, 1 etc.), so ginge doch aus den angeführten Stellen deutlich hervor, dass er an eine providentia specialis, ja sogar specialissima geglaubt hat, weshalb ich Zellers Urteil (III, 1, 744) nicht ganz billige. Gerade die applicatio ad hominem gilt auch dem christlichen Apologeten Justin (Dial. 1) als das Merkmal der eigentlichen Vorsehungsglaubens, und diese findet sich bei Epictet so deutlich als möglich. Justin freilich spricht aller heidnischen Philosophie diesen Vorsehungsglauben rundweg ab. Aber in seiner Bekehrungsgeschichte zeigt er auch deutlich genug, dass er, die Lehre der Stoa nur sehr oberflächlich kannte. Nichtsdestoweniger versteht es sich von selbst, dass der epictetische Vorsehungsglaube den christlichen an Wärme und Innigkeit nicht erreicht, um von anderem abzusehen, schon deshalb, weil ihm das äusserliche Wohlergehen in viel höherem Grade gleichgültig ist, als dem gläubigen Christen.

⁵⁰) Schon Kleanthes in seinem berühmten Hymnus ruft Gott als Vater an. Von Chrysipp an hat in der Stoa, Hand in Hand mit der dogmatischen Ausbildung und scholastischen Verknöcherung des Systems, wenngleich der Gedanke, dass Gott seiner Natur nach ein gütiges, segenspendendes, wohlthätiges Wesen ist, allezeit zu Recht bestand, die Wärme des religiösen Gefühls unstreitig abgenommen. Eine Reaktion in dieser Richtung trat, von einem platonisierenden Standpunkt aus, mit Posidonius ein. Musonius nennt wie Epictet den Zeus κοινὸς ἁπάντων πατὴρ ἀνθρώπων καὶ θεῶν (flor. III, 94). Seneca preist oft die Güte und Milde der Götter (clem. I, 7, 2. ben. IV, 19, 1. VII, 31. ep. 95, 49. — cfr. Clem. Al. strom. I, 369). Wenn er zuweilen von erzürnten Göttern redet

(ad Marc. 13, 2. ep. 18, 7. 110, 2), so ist dies nur bildlich zu nehmen. Er nennt Gott auch den parens magnificus (prov. 1, 3) und betont an dem väterlichen Wirken Gottes besonders das Moment der ernsten, strengen Erziehung (prov. 1, 8. 2, 6 fortiter amat). Aber die Töne warmer, kindlicher Frömmigkeit fehlen ihm, der ja auch vorwiegend eine reflektierende und kritische als innig empfindende Natur war. Das Gefühl wird bei ihm leicht zur Phrase. Bei M. Aurel wiederum entspricht es seiner echt römischen Strenge und Gemessenheit, dass er Gott nie „Vater" nennt. Von der Vorsehung spricht er nicht selten (2, 3. 11. 4, 3. 27. 6, 10. 44), aber immer skeptisch, da es ihm daran gelegen ist, auch für den Fall, dass es keine Götter und kein sinnvolles göttliches Walten giebt, einen Trost zu haben und das Haupt aufrecht halten zu können.

[51]) II, 16, 17 „wer hat je um seines Seelenheils willen einen Mantis befragt?" Nun wissen wir, dass Epictet die Befragung des Orakels in ethischen Fragen geradezu verbietet. Folglich gebraucht er alle diese kultischen Begriffe nur, um den Gedanken der angelegentlichen Sorge und Bemühung drastisch auszudrücken. — Deutlich erkennen wir dies aus II, 18, 20: wenn dich verführerische Vorstellungen umgaukeln, so gehe — sagt Plato — zu den Altären der θεοὶ ἀποτρόπαιοι; es genügt aber auch, wenn du — im Geiste — zu Socrates oder sonst einem sittlichen Vorbild deine Zuflucht nimmst.

[52]) cfr. Clem. strom. II, 502 γάμος = σύνοδος ἀνδρὸς καὶ γυναικὸς ἡ πρώτη κατὰ νόμον ἐπὶ γνησίων τέκνων σπορᾷ. paed. II, 83, 220 etc. Musonius bei Stob. flor. III, 5 ohne γάμος giebt es keine γένεσις δικαία καὶ νόμιμα.

[53]) flor. III, 26 συμβίωσις καὶ κηδεμονία ἀνδρὸς καὶ γυναικὸς πρὸς ἀλλήλους. cfr. Dio Chrys. III, 138 R γυναῖκα — βουλῆς καὶ ἔργων καὶ τοῦ σύμπαντος βίου συνεργόν. — Seneca verleiht dagegen auch einer anderen nicht minder wahren Anschauung Ausdruck: soror recuperari bona non potest nec mater, uxor adventicium bonum est. (frag. 9.)

[54]) Clem. strom. IV, 621 χρὴ τὸν εὐδαίμονα γάμον οὔτε πλούτῳ ποτὲ οὔτε κάλλει κρίνεσθαι ἀλλ᾽ ἀρετῇ.

[55]) const. sap. 14, 1 imprudens animal est — ferum, cupiditatum incontinens; ira III, 24, 3 puerum aetas excuset, feminam sexus. frag. 4 omnium quidem imperitorum animus maxime tamen in lubrico muliebris est, nihil est tam mobile quam feminarum voluntas, nihil tam vagum.

[56]) ad Marc. 16, 1 quis dixit naturam maligne cum muliebribus ingeniis egisse et virtutes illarum in artum retraxisse? par illis, mihi crede, vigor, par ad honesta, libeat, facultas est.

[57]) II, 10, 11 ἀεὶ γὰρ ἕκαστον τῶν τοιούτων ὀνομάτων εἰς ἐπιλογισμὸν ἐρχόμενον ὑπογράφει τὰ οἰκεῖα ἔργα. — Vergl. Epictets Lehre von den προλήψεις, Band I, 188 etc.

[58]) II, 22, 16. IV, 5, 30. III, 3, 6 εἰ τοῦ καλοῦ καὶ δικαίου τὸ ἀγαθὸν ἕτερόν ἐστιν, οἴχεται καὶ πατὴρ καὶ ἀδελφὸς καὶ πατρὶς καὶ πάντα τὰ πράγματα. Epictet vertritt auch hier genau den stoischen Standpunkt, vergl. D. L. 120: τὴν πρὸς τὰ τέκνα. φιλοστοργίαν φυσικὴν καὶ ἐν φαύλοις μὴ εἶναι.

[59]) Musonius bekundet auch in seinen Aeusserungen über das Familienleben seinen gesunden, gemütvollen Realismus. Unter scharfer Verwerfung der Abtreibung der Leibesfrucht etc. und der Aussetzung der Kinder preist er den Kinderreichtum als besonderes Glück: ein kinderreicher Vater ist mächtiger als ein kinderarmer, für Götter und Menschen giebt es kein erfreulicheres Schauspiel, als einen Vater umgeben von zahlreichen wohlgeratenen Kindern; einer kinderreichen Familie wünscht jedermann Gottes Segen und ist ihr nach Kräften behilflich (flor. III, 74). In ähnlicher Weise redet er von dem Glück, viele durch Eintracht verbundene Geschwister zu besitzen (flor. III, 120). Ob er die Aussetzung der Kinder unter allen Umständen verworfen hat, ist aus den citierten Ausführungen nicht deutlich zu erkennen. Seneca scheint die Ertränkung schwächlicher und missgebildeter Kinder zu billigen (ira I, 15, 2).

[60]) I, 11, 17. I, 23, 4. — Seneca ben. IV, 17, 1 nulla lex amare parentes, indulgere liberis jubet supervacuum est enim in quod imus impelli. — ibid. 15, 4 liberis parvis (pravis?) indulgere naturale est.

[61]) Sen. ep. 104, 11: gravissimum judicabis malum aliquem ex his quos amabis amittere, cum interim hoc tam ineptum erit quam flere, quod arboribus amoenis et domum tuam ornantibus decidant folia . . . Den Vergleich der Menschen mit dem Laub liebt besonders auch M. Aurel (10, 34 u. 35. 11, 33). — Die Marcia tröstet Seneca über den Verlust ihres Sohnes u. a. auch durch den Gedanken, dass die Erziehung der Kinder selbst eine Freude sei (12, 2 liberos nutrien-

tibus fructus educationis ipsa educatio est). Sein Stoizismus hindert ihn jedoch nicht, ein gewisses ängstliches Schonen seiner Gesundheit aus Rücksicht auf seine Familie für berechtigt zu halten; fein und treffend formuliert er diese Inkonsequenz in den Worten quoniam ab illa (Paulina) non impetro ut me fortius amet impetrat illa ut me diligentius amem (ep. 104, 2 etc.).

[62]) III, 7, 26 ἔργα προηγούμενα . . . γονέων ἐπιμελεῖσθαι. — D. L. 120 δοκεῖ αὐτοῖς καὶ γονέας σέβεσθαι καὶ ἀδελφοὺς ἐν δευτέρᾳ μοίρᾳ μετὰ τοὺς θεούς. — cfr. 108 γονέων ἀμελεῖν ἐστι παρὰ τὸ καθῆκον.
[63]) III, 11, 5 οὐ μοι θέμις ἔστ' οὐδ' εἰ κακίων σέθεν ἔλθοι πατέρ' ἀτιμῆσαι· πρὸς γὰρ Διός εἰσιν ἅπαντες τοῦ Πατρῴου etc. Nach Odyss. 13, 56.
[64]) D. L. 121 πολιτεύεσθαι τὸν σοφόν. 131. ecl. II, 94. 109 (drei βίοι προηγούμενοι, der βασιλικός, πολιτικός und ἐπιστημονικός). fin. III, 68. Genaueres über die stoische Lehre vom Staat siehe bei Schmekel, Die Philosophie der mittleren Stoa, p. 356 etc.
[65]) Chrysipp bei Stob. flor. II, 208 εἰ μὲν πονηρὰ πολιτεύσεται (sc. ὁ σοφός) τοῖς θεοῖς ἀπαρέσει, εἰ δὲ χρηστὰ τοῖς πολίταις. ecl. II, 111 — wenn hier auch von der Gefahr die Rede ist, die dem Weisen aus dem politischen Leben erwachsen könnte, so ist dies nur als ein nebensächlicher Grund zu betrachten —. Sen. de otio 8, 3 nulla respublica, quae sapientem aut quam sapiens pati possit.
[66]) Cic. fin. III, 64 mundus est quasi communis urbs et civitas hominum et deorum. leg. I, 60 civis totius mundi. Stob. flor. II, 70 κοινὴ πατρὶς ἁπάντων ὁ κόσμος — πολίτης τῆς τοῦ Διὸς πόλεως. Seneca ep. 28, 4 patria mea totus hic mundus. ira II, 31, 7 hic in maiore tibi urbe civis est. ad Marc. 18, 1 urbs dis hominibusque communis. Ant. 2, 16 πρεσβυτάτη πόλις 4, 3. 10, 15 πανταχοῦ ὡς ἐν πόλει τῷ κόσμῳ. 3, 11 πολίτης τῆς ἀνωτάτης πόλεως, ἧς αἱ λοιπαὶ πόλεις ὥσπερ οἰκίαι εἰσίν. Philo de gig. 13 κοσμοπολίτης.
[67]) Epict. II, 5, 26. Ant. 6, 44 πόλις καὶ πατρὶς ὡς μὲν Ἀντωνίνῳ μοι ἡ Ῥώμη ὡς δὲ ἀνθρώπῳ ὁ κόσμος. Seneca de otio 4, 1 einige dienen beiden Staaten, dem grossen und kleinen zugleich, einige nur dem grossen, einige nur dem kleinen. Dem grossen Staat kann man auch in otio dienen.
[68]) D. L. 130 der Weise ist bereit, für das Vaterland das Leben zu opfern. Cic. fin. III, 64 non magis est vituperandus proditor patriae quam communis utilitatis aut salutis desertor propter suam utilitatem aut salutem. Dass Chrysipp, wie es st. rep. 20 hingestellt wird, die politische Thätigkeit nur als Mittel zum Gelderwerb empfohlen habe, ist nicht glaubhaft. Und wenn er, nach st. rep. 2 den βίος σχολαστικός mit dem ἡδονικός auf dieselbe Linie gestellt, dagegen anderswo (st. rep. 20) den βίος ἀπράγμων gepriesen hat, so erkennt jeder Einsichtige, dass eben Chrysipp offenbar eine doppelte Musse, eine fleischliche und geistige, unterschieden hat.
[69]) I, 29, 44 λάβε ἡγεμονίαν, λαμβάνω καὶ λαβὼν δεικνύω πῶς ἄνθρωπος ἀναστρέφεται πεπαιδευμένος. II, 10, 10 εἰ βούλευτής πόλεώς τινος ἢ ὅτι βούλευτής. II, 23, 38 τὰ τοῦ πολίτου ποιεῖν, γῆμαι, παιδοποιεῖσθαι, ἄρξαι τὰς νομιζομένας ἀρχάς.
[70]) I, 23, 1 φύσει ἐσμὲν κοινωνικοί. III, 13, 5 φύσει κοινωνικοῦ εἶναι καὶ φιλαλλήλου καὶ ἡδέως συναναστρέφεσθαι ἀνθρώποις. IV, 11, 1. II, 20, 6 φυσικὴ κοινωνία ἀνθρώπων πρὸς ἀλλήλους. — D. L. 123 u. 124. ecl. II, 108 der Weise ist κοινωνικός und πρακτικός, ὁμιλητικός und εὐάρμοστος. ecl. II, 59 u. 75 der Mensch ist φύσει πολιτικός. fin. III, 63 natura sumus apti ad coetus concilia civitates. III, 65 (vergl. off. I, 12). fin. V, 66. leg. I, 33 ad participandum alium alio communicandumque inter omnes jus nos natura esse factos. leg. I, 43 natura propensi sumus ad diligendos homines. off. I, 22 Stoicis placet homines hominum causa esse generatos (cfr. Ant. 9, 18 u. 4, 3 wir sind ἀλλήλων ἕνεκα da). off. I, 158. leg. I, 32 omne genus hominum sociatum inter se — quae natio non comitatem, non benignitatem — diligit? Seneca ep. 95, 52 natura nobis amorem indidit mutuum et sociabiles fecit. ira I, 5, 2 die Menschen sind in adjutorium mutuum geboren. Corn. 128, V der Mensch ist ὠφελητικός. Musonius (flor. III, 6) φιλόπολις, φιλάνθρωπος und κοινωνικός. Epict. IV, 1, 120 der Mensch ist ein ἥμερον ζῷον III, 24, 64 (cfr. ecl. II, 115 πρᾷος καὶ ἡσύχιος). Sen. ep. 120, 13 placidus et lenis). Ant. 4, 24 der Mensch ist φύσει πολιτικός, ein νοερὸν πολιτικὸν ζῷον (3, 7), zur συνεργία geboren (2, 1); sein eigenstes Gut ist die κοινωνία (5, 16. — cfr. 9, 21 κοινωνικὸν τέλος. 3, 11 κοινωνίας φυσικὸς νόμος. 9, 9), er hat eine καθολικὴ καὶ πολιτικὴ ψυχή (6, 14).
[71]) Der Widerlegung dieses Vorwurfs, dass die Philosophen contumaces ac refractarii, Verächter der Obrigkeit seien, ist Senecas 73. Brief gewidmet. Doch hebt er eigentlich nur den einen Gedanken hervor, dass gerade die Philosophen der Regierung, die ihnen ein ruhiges Leben in der Musse verschafft, um so dank-

barer sind, je grösser die Güter sind, die sie unter dem Schutz des Friedens geniessen. Seneca vergisst hiebei, dass nach stoischer Lehre der Weise in unruhigen Kriegszeiten sein inneres Glück im selben Masse geniesst, wie im Frieden. Einer ähnlichen Inkonsequenz, doch in entgegengesetztem Sinne, macht sich Musonius schuldig, wenn er das Leben in der Verbannung für ein οὐ δεινόν erklärt, da man in der Verbannung gerade so gut, ja noch besser für seine Seele sorgen und seine sittliche Bestimmung erfüllen könne, weil man da nicht von dem „scheinbaren" Vaterland zu politischen Dienstleistungen herangezogen werde (flor. II, 70).

[72]) Wenn die Stoiker den Weisen für den wahren König und Herrscher, Priester und Seher, Staatsmann und Feldherrn etc. erklärten (D. L. 122. ecl. II, 99. 102. 103. flor. II, 277. fin. III, 75. Sext. XI, 170) — Behauptungen, die nicht verfehlen konnten, ihnen mannigfachen Spott einzutragen (flor. II, 330. Plut. tranq. an. 12. De adul. et am. 16) — so geht daraus klar hervor, dass sie die Aufgabe und Thätigkeit der empirischen Obrigkeit und Regierung nicht gehörig zu würdigen vermochten, so gewiss es andrerseits ist, dass auch in diesen paradoxen Behauptungen eine bedeutende Wahrheit liegt. — Vergl. auch Dio Chrys. II, 246—251, wo zwar das Herrschen (im gewöhnlichen Sinne) als etwas weder Unangenehmes noch Schweres bezeichnet, aber doch zugleich das ἄρχειν in der grössten Polis, das natürlich nur dem Weisen zukommt, als das eigentliche Herrschen bezeichnet wird.

[73]) M. Aurel bekennt, dass er seinem Bruder Severus verdanke die Idee einer πολιτεία ἰσόνομος κατ' ἰσότητα καὶ ἰσηγορίαν διοικουμένη, und einer βασιλεία τιμώσῃ πάντων μάλιστα τὴν ἐλευθερίαν τῶν ἀρχομένων (1, 14). — Musonius (flor. III, 74) nennt die Nomotheten θεῖοι καὶ θεοφιλεῖς ἄνδρες.

[74]) ecl. II, 94 das Recht ist φύσει, nicht θέσει. leg. I, 28 non opinione sed natura constitutum est ius. ecl. II, 96 u. 103 der νόμος wie die πόλις ist etwas an sich Gutes (σπουδαῖον), nämlich = λόγος ὀρθὸς προςτακτικὸς μὲν ὧν ποιητέον ἀπαγορευτικὸς δὲ ὧν οὐ ποιητέον. rep. III, 33 lex = vera ratio naturae congruens, diffusa in omnes, constans, sempiterna, quae vocet ad officium iubendo, vetando a fraude deterreat. Aehnlich leg. I, 18 u. II, 8. Vergl. Dio Chrys. I, 68. Clem. Al. strom. I, 420 u. II, 438. Cornut. 75.

[75]) Sen. ben. III, 28, 1. ep. 44, 1. ep. 95, 93 homo sacra res homini. Ep. I, 13, 4.

[76]) cfr. Clem. Al. paed. III, 288 οὐ πράξει καὶ μόνῃ δοῦλος γιγνώσκεται ἀλλὰ τῇ γνώμῃ τῇ ἀνελευθέρᾳ.

[77]) Sen. ben. III, 18, 2 nulli praeclusa virtus est, omnibus patet. ep. 31, 11 animus rectus, bonus, magnus — in servum potest cadere.

[78]) Sen. vit. beat. 24, 3 hominibus prodesse natura me jubet et servi liberine sint hi — quid refert? ubicunque homo est, ibi beneficii locus est. ben. III, 18, 2 servum qui negat dare aliquando domino beneficium, ignarus est juris humani.

[79]) II, 23, 24 spricht Epictet von Dienern (Sklaven), Bürgern und Herrschern, ganz als ob er diese Standesunterschiede billigte.

[80]) Der Mensch soll ἥμερος, πρᾷος, ἀνεκτικός, ἀόργητος, εὔγνωμος, ἐπιεικής sein. III, 20, 9. II, 22, 35. IV, 1, 120. IV, 5, 17. En. 42 u. ö. Gegen Schmähungen muss man unempfindlich sein (I, 25, 29. En. 20), nach dem Beispiel des Socrates (II, 12, 14 — vergl. von Kleanthes D. L. 173), auch thätliche Beschimpfungen sind erträglich (I, 22. En. 43), durch Rache würde man nur sich selbst schaden (II, 10, 26), cfr. Sen. const. sap. 10, 3 etc. clem. I, 5, 5. M. Aurel erklärt das ἀνέχεσθαι für ein Stück der Gerechtigkeit (4, 3); etwas Grosses sei es μετ' ἀληθείας καὶ δικαιοσύνης εὐμενῇ τοῖς ψεύσταις καὶ ἀδίκοις διαβιοῦν (6, 47). Es ist Pflicht, auch die Sünder zu lieben (7, 22). Hat man ein Unrecht erlitten, so soll man zunächst ruhig prüfen, ob der Nächste wirklich gefehlt hat (cfr. Sen. ira III, 29, 2); sodann, wenn dies fest steht, soll man daran denken, dass der Fehlende unser Bruder ist (2, 1 u. 13 τὰ ἐξ ἀνθρώπων φίλα διὰ συγγένειαν. 3, 11), ferner an die Unwissenheit und Verblendung, die ihn gleichsam zur Sünde zwingt (cfr. ira I, 14, 2. II, 10, 1); auch der Gedanke an die eigene Sünde und an das kurze Leben wird uns die Fehler anderer milder beurteilen lassen (11, 18. cfr. Sen. ira II, 28, 2).

[81]) Auch Panätius rät, von seinem Recht oft abzugehen und Prozesse möglichst zu vermeiden (off. II, 64). In der Sühnung und Bestrafung von Vergehen soll man Mass halten: es genügt, wenn der Strafe — denn so ist die Stelle zu verstehen — den Sünder zur Bereuung seiner That bringt (ib. I, 33). Ob Panätius im Gegensatz zur Stoa das Recht der persönlichen Rache anerkannt hat, hängt von der Erklärung der Stelle off. I, 20 ab (justitiae primum munus est, ne cui quis noceat nisi lacessitus iniuria). Die letzten drei Worte hat Klohe in seiner

schätzenswerten Dissertation über die Quellen der Schrift de officiis (Greifswald 1889) für einen Zusatz des Cicero erklärt und Schmekel (a. a. O. p. 31)[2]) hat sich ihm angeschlossen. Welches aber die „guten Gründe" sein sollen, sehe ich nicht. Klohe meint, weil off. 1, 20 der Hass, den die Stoiker als libido puniendi etc. (Tusc. IV, 21) definierten, verworfen werde, könne Panätius nicht ein Reagieren gegen die injuria gestattet haben. Nun haben aber 1. die Stoiker nicht den Hass, sondern den Zorn als Trieb zur Rache für vermeintliches Unrecht definiert (Tusc. IV, 21. D. L. 113. Stob. ecl. II, 91. Nemes. 234. Andron. π. παθῶν). 2. ist es nicht bloss unerwiesen, sondern sogar unwahrscheinlich, dass Panätius sich diese stoischen Definitionen der Affekte ohne weiteres angeeignet hat, da er über das Wesen des Affekts ganz anders dachte als die Stoa. 3. wird in jener Definition nicht die Sühnung des Unrechts überhaupt, sondern nur die ohne ruhige Prüfung des Sachverhalts in leidenschaftlicher Erregung erfolgende Rächung oder Bestrafung für fehlerhaft erklärt. Dies sagt deutlich der Zusatz οὐ προσηκόντως, der sich nur auf die τιμωρία, nicht auf das ἠδικηκέναι beziehen kann, da es ein geziemendes ἀδικεῖν nicht giebt. Dass man also für ein erlittenes Unrecht keine Genugthuung fordern dürfe durch Bestrafung, sagt jene Definition gar nicht, vielmehr geht das Gegenteil eben aus dem Zusatz οὐ προσηκόντως hervor, wie denn Seneca in seiner ganz von stoischem Geiste getränkten Schrift de ira es für eine Pflicht des Guten erklärt, den Mord des Vaters zu rächen: nur soll nicht der Zorn, sondern die Pietät das Motiv sein (I, 12, 1 u. 5). Dies ist's allein, worauf es den Stoikern ankam. Diese rechtmässige, leidenschaftlose, nur im Interesse der bürgerlichen Ordnung geübte Bestrafung ist freilich keine Rache, sondern Sühnung; auch erblickt der Stoiker darin kein nocere, da ja die Strafe nur nützen soll. (Cic. fin. III, 71 alienum est a sapiente non modo iniuriam cui facere verum etiam nocere. D. L. 123 der Weise ist ἀβλαβής, im passiven und aktiven Sinn.) Ich glaube deshalb allerdings, dass die fraglichen Worte im Munde eines echten Stoikers kaum denkbar sind. Damit ist aber noch nicht gesagt, dass sie auch Panätius nicht gebraucht haben kann. Jedenfalls sind die Gründe, die Klohe angiebt, sehr ungenügend.

[82]) D. L. 111 u. 123. ecl. II, 92. Andron. π. παθῶν. Tusc. IV, 18. Sen. clem. II, 4, 4. Epictet stellt das Mitleid auf eine Stufe mit dem Zorn, Hass und Neid, kurz mit den unvernünftigen Affekten, von welchen eben die Philosophie befreien soll. III, 22, 13. IV, 1, 4 u. ö.

[83]) Die oben erwähnten Definitionen des Mitleides stimmen insofern nicht ganz überein, als das ἀναξίως κακοπαθεῖν bald als ein wirkliches, bald als ein bloss vermeintliches hingestellt wird. Das erstere ist sicher bei Cicero Tusc. IV, 18 der Fall, wo das Mitleid definiert wird als aegritudo ex miseria alterius iniuria laborantis: denn der Zusatz „niemand wird durch die Hinrichtung eines Vatermörders oder Hochverräters von Mitleid bewegt" zeigt, dass Cicero an ein unschuldiges Leiden gedacht hat. Jedoch diese Auffassung Ciceros scheint mir auf einem Missverständnis des ἀναξίως zu beruhen. Ob der Bemitleidete nach juridischen Begriffen rechtmässig oder unrechtmässig leide, darauf kam es den Stoikern gar nicht an; man bemitleidet ja auch nicht bloss diejenigen, die von Menschen, sei's mit Recht oder Unrecht, leiden. Sondern nach stoischer Ansicht bildet sich jeder, der den Schmerz für ein Uebel hält, ein, er leide Unrecht, nämlich vom Standpunkt der göttlichen Weltregierung aus. Wer nun diese (falsche und unfromme) Ansicht mit dem Leidenden teilt, der wird ihn auch bemitleiden. Dass dies der wahre Sinn des stoischen Verbots des Mitleids ist, erhellt deutlich aus Epictet En. 16.

[84]) Sen. ep. 105, 4 reconciliatio tua et facilis sit et certa.

[85]) ira I, 15 etc.: in quibus nihil lene aut spei bonae capax est. cfr. Musonius bei Stob. flor. I, 303. Sen. ep. 39, 6 consummata est infelicitas, ubi turpia non solum delectant sed etiam placent et desinit esse remedio locus, ubi quae fuerunt vitia, mores sunt. — dagegen ben. IV, 17, 3 meint Seneca, niemand verleugne den Menschen so sehr, dass er animi causa böse wäre.

[86]) ben. VII, 31, 1 vincit malos pertinax bonitas nec quisquam tam duri infestique adversus diligenda animi est, ut etiam in iniuriam bonos non amet.

[87]) off. I, 45 in beneficentia dilectus sit dignitatis — et mores eius erunt spectandi et animus erga nos et communitas ac societas vitae et ad nostras utilitates officia ante collata. 50 ut quisque erit coniunctissimus, ita in eum benignitatis plurimum conferetur. 51 quicquid sine detrimento commodari possit, id tribuatur vel ignoto. — Ich lege jedoch hierbei weniger Wert auf einzelne Aeusserungen dieser Art — denn es lassen sich denselben andere, eine edle Uneigen-

nützigkeit atmende gegenüberstellen — als auf den Geist, der die ganze Schrift durchzieht.

[88]) D. L. 32. 123. 124. Stob. ecl. II, 108. Sen. ben. VII, 12, 2.

[89]) Epict. II, 22, 30 ποῦ γὰρ ἀλλαχοῦ φιλία ἢ ὅπου πίστις ὅπου αἰδὼς ὅπου δόσις (Wertschätzung, cfr. Hirzel II, 565) τοῦ καλοῦ τῶν δ' ἄλλων οὐδενός. — Auf dem Standpunkt Epikurs giebt es daher nach Epictet keine wahre Freundschaft (II, 20, 20).

[90]) Stob. ecl. II, 102. Cic. nat. d. I, 121 Stoici censent sapientes sapientibus etiam ignotis esse amicos. — Musonius (flor. II, 70) stellt den „scheinbaren" Freunden, von denen man froh sein muss los zu werden, die wahren Freunde gegenüber, die der Weise überall hat und findet.

[91]) cfr. Sen. ep. 35, 4 illud (sc. die absolute Festigkeit und Unveränderlichkeit des guten Willens) sapienti perfecto contigit, aliquatenus et proficienti provectoque.

[92]) II, 16, 44 u. III, 24, 14 Heracles erwarb sich viele Freunde. III, 13, 5 φίλος ᾧ προςανεπαυόμεθα. IV, 13, 16 τίς ἀτιμάζει σύμβουλον εὔνουν καὶ πιστόν; τίς οὐκ ἄσμενος δέξεται τὸν ὥσπερ φορτίου μεταληψόμενον τῶν αὑτοῦ περιστάσεων. III, 24, 47 u. 49. III, 26, 37. Ench. 24, 2. — cfr. Sen. ep. 78, 4 nihil aeque aegrum reficit quam amicorum affectus. ep. 105, 5. ben. VI, 29, 2.

[93]) tranqu. 7, 3 si te ad studia revocaveris — multos in amicitiam adtrahes adfluetque ad te optimus quisque (dagegen frag. 97 amicum ubique inveniri sine ullo labore? — non tam in alto latet aurum argentumque — und ben. VI, 33, 3 amicus = res non domibus tantum sed seculis rara). ep. 9, 5 amissum aequo animo fert — in sua potestate habet, quam cito reparet. ep. 63, 11 satius est amicum reparare quam flere. ep. 104, 11. ep. 99, 3. 74, 25 non facit adlectio amici sapientiorem, non stultiorem detractio.

[94]) Die Schrift Ciceros de amicitia entwickelt ganz dieselbe Anschauung über die Freundschaft, wie sie in der Schrift de officiis vorliegt. Wenn Cicero in der letzteren Schrift bemerkt (II, 9), über die Freundschaft wolle er sich hier nich weiter verbreiten, da er diesen Gegenstand im Lälius behandelt habe, so gewinnt dadurch auch äusserlich die Vermutung, dass er auch in der letzteren den Panätius benutzt hat, eine gewisse Stütze. Denn wenn die dort entwickelte Lehre von der Freundschaft hineinpassen soll in die dem Panätius entnommene Darstellung, so muss das in beiden Schriften über die Freundschaft Gesagte wenigstens in den Prinzipien übereinstimmen. Bei der bekannten Hinneigung des Panätius zu Plato und Aristoteles würden sich auch die Beziehungen, die Thiaucourt (les sources des traités philosophiques de Cicéron, Paris 1885) zwischen dem Lälius und den Nikomachischen Ethik VIII und IX gefunden hat, leicht erklären.

[95]) Läl. 6, 22. 20, 74 Kameradschaft in der Jugend und Freundschaft ist zweierlei. Epict. II, 22, 13 u. 32.

[96]) off. II, 30 familiaritates fidas amantium nos amicorum et nostra mirantium. Läl. 8, 27 si aliquem nacti sumus, cuius cum moribus et natura congruamus, quod in eo quasi lumen aliquod probitatis et virtutis perspicere videamur.

[97]) leg. I, 34 tum illud effici — ut nihilo sepse plus quam alterum diligat — quodsi interesse quippiam tantulum modo potuerit — amicitiae nomen jam occiderit.

[98]) Die Kehrseite dieses schönen und wahren Gedankens bildet der bedenkliche, früher schon erwähnte Grundsatz, dass man dem Freund zulieb auch gegen Recht und Gewissen handeln dürfe, wenigstens innerhalb gewisser Grenzen. 17, 61.

[99]) Läl. 15, 52 wer wollte, ohne zu lieben und geliebt zu werden, leben, auch wenn er alles sonst in Hülle und Fülle hätte? 13, 47 wer die Freundschaft aufhebt, nimmt die Sonne aus dem Leben weg. 9, 31 Freundschaft begehren wir nicht wegen eines Lohnes, sondern weil ihre ganze Frucht in der Liebe selbst enthalten ist. 23, 88 natura solitarium nihil amat. — Nach Stob. ecl. II, 94 gehört die Freundschaft zu den ἀγαθὰ ψυχῆς.

Dritter Abschnitt.

Das naturgemässe Urteilen (die intellektuelle Geistesausbildung).

Das Urteil (συγκατάθεσις) bildet bei Epictet die dritte Stufe der philosophischen Bildung, welche, wie im I. Band eingehend gezeigt worden ist (p. 23 etc.), sich speziell mit der Logik beschäftigt und dem Menschen die dialektische Sicherheit und Festigkeit verleiht, welche sowohl an sich selbst zum Begriff der vollkommenen Menschennatur gehört, als auch namentlich die auf den zwei ersten Stufen angeeigneten moralischen Grundsätze vollends ganz fest und unverlierbar macht. Wir können nun unter diesen dritten Topos, obwohl er speziell nur mit der Dialektik zu thun hat, alles das subsumieren, was Epictet über die Pflicht der intellektuellen Ausbildung im engeren Sinn, d. h. über die Pflege der Wissenschaft und der geistigen Interessen überhaupt lehrt. Bei der ausgeprägt ethischen und paränetischen Tendenz der Epictetschen Vorträge ist natürlich für diesen Gegenstand keine reiche Ausbeute zu erwarten. Doch wird das, was Epictet gelegentlich hierüber bemerkt, genügen, um seinen wesentlichen Unterschied vom Kynismus darzuthun und die Behauptung von einem Hinneigen Epictets zum Kynismus zu widerlegen resp. auf ihr richtiges Mass zurückzuführen.

Gehen wir aus von dem 175. Fragment, an dessen Echtheit nicht gezweifelt werden kann. „Was kümmert's mich, ob die Welt aus Atomen oder Homöomerieen oder aus Feuer und Erde besteht? Genügt es nicht, das Wesen von Gut und Bös etc. zu können? das, was über uns ist, aber zu lassen, was vielleicht überhaupt vom menschlichen Verstand nicht begriffen werden kann, wenn aber auch, doch keinen Nutzen bringt." Diese Aeusserung erinnert uns allerdings sofort an Aristo, der die Physik als das menschliche Fassungsvermögen übersteigend und die Logik als unnütz verwarf, dagegen nur die Ethik gelten liess[1]). Ehe wir aber aus dieser vereinzelten Aeusserung weitere Schlüsse ziehen, müssen wir untersuchen, ob dieselbe zu den sonstigen Ansichten Epictets stimmt. Da ist nun vor allem, was die Logik betrifft, zu konstatieren, dass er deren Notwendigkeit und Nutzen oft und entschieden behauptet. Mehrere Reden handeln ausschliesslich von diesem Thema[2]). Er lehrt hier mit allem Nachdruck, dass die Kenntnis der Logik für den Philosophen und Gebildeten unentbehrlich, also ihre Aneignung eine Pflicht sei. Dabei hat er zweierlei Gegner im Auge, einmal die grosse Menge der gewöhnlichen Leute, welche natürlich geneigt sind, die Logik für etwas Unnützes zu halten (I, 7, 1), sodann diejenigen, die gleich mit der ethischen Heilung beginnen und diese als einzige Aufgabe des Philosophen betrachten wollen (I, 17, 4). Offenbar meint er damit eine gewisse philosophische Sekte, und das kann kaum eine andere sein, als der vulgäre, heruntergekommene Kynismus, gegen dessen Unkultur er auch sonst eifert (z. B. III, 22, 80). Durchweg verrät Epictet eine grosse Hochachtung vor der Kunst der Dialektik und legt ihr, besonders wenn sie mit rhetorischer Gewandtheit verbunden ist, einen grossen Wert bei³). Freilich fast noch mehr als gegen die Geringschätzung der Dialektik muss er gegen ihre Ueberschätzung eifern, eine Gefahr, die natürlich den Studenten der Philosophie sehr nahe lag: ihnen gegenüber wird er nicht müde, zu betonen, dass sie doch die Logik nicht als Selbstzweck betrachten, sondern, wie überhaupt bei allem theoretischen Studium, das Hauptziel, die ethische Besserung, nicht aus den Augen verlieren sollen⁴). Grossen Wert habe es freilich, mit den Waffen der Wissenschaft die Gegner, besonders die Skepsis, widerlegen zu können, aber darin sollen sich doch nur diejenigen üben und ausbilden, die sittlich gefördert resp. ausgebildet sind und die besondere Fähigkeit dazu besitzen⁵). Er selbst bekennt seine Ignoranz bezüglich der schwierigeren Probleme der Logik und Erkenntnistheorie und glaubt wenigstens gegen die Grundlehre der Skepsis durch seinen gesunden Menschenverstand gewappnet zu sein⁶). Dies ist aber nicht so gemeint, als ob man mit demselben überhaupt und überall auch auskommen könne, sondern die Kenntnis der wesentlichen Gesetze der Logik und ein gewisses Mass von dialektischer Fertigkeit gehört zur philosophischen und auch speziell zur moralischen Bildung, weil nur der logisch Gebildete seine persönliche Würde auch im Gespräch und in der Unterhaltung zu behaupten vermag. Es ist schon im I. Band, p. 21 etc., nachgewiesen worden, dass Epictet hinsichtlich der Notwendigkeit der dialektischen Bildung sich etwas schwankend ausdrückt; bald erlaubt er die Beschäftigung mit der Logik nur dem sittlich Durchgebildeten und verlegt dieselbe ausschliesslich in den dritten Topos (III, 2, 6 und 17. III, 21, 10. IV, 24, 78. IV, 6, 15), bald spricht er von derselben (und zwar hat er dabei ebenfalls die Metapiptonten etc., also die schwierigeren Fragen der Logik im Auge), als von einer Pflicht, die jeder zu erfüllen habe, und deren Versäumung Sünde sei (II, 23, 41. IV, 12, 12. I, 7), und tadelt nur das, wenn die Schüler sich ausschliesslich oder vorwiegend mit der Theorie beschäftigen, wenn sie dieselbe um ihrer selbst willen statt unter steter Vergegenwärtigung des eigentlichen Ziels der ethischen Vollkommenheit treiben. Ebenso stellt er die Fähigkeit, die Sophismen zu widerlegen, bald als etwas hin, was sich jeder Philosophenschüler erwerben müsse (III, 8, 1. I, 7, 3), bald als ein besonderes Charisma, das nicht notwendig zur sittlichen Bildung gehöre. Die wahre Ansicht Epictets wird wohl in der Mitte liegen: bis zu einem gewissen Grad gehört die Uebung in der Logik und die Fähigkeit über seine Lebensanschauung jedem Gegner Rede und Antwort zu stehen zur sittlichen Bildung, während die vollkommene Beherrschung der Dialektik die Sache weniger moralisch geförderter und besonders dazu veranlagter Menschen ist. — Seneca steht hinsichtlich der Schätzung der Dialektik hinter Epictet erheblich zurück. Unverhohlen spricht er seinen Widerwillen aus gegen die Sophismen, die mehr schaden als nützen und der Widerlegung nicht wert sind (ep. 45, 3. 48, 6), nennt die ganze Dialektik ein Possenspiel, für das ihm seine Zeit zu gut sei (ep. 49, 5 etc.), spottet bei jeder Gelegenheit über die Syllogismen Zenos und der Stoiker, durch welche die sittliche Ueberzeugung viel weniger geweckt werde, als durch kräftigen Appell an das sittliche Gefühl und an die Erfahrung des Lebens (ep. 82, 21. 83, 9. 87, 41), und erklärt in allem Ernst die ganze Erkenntnistheorie für einen überflüssigen Ballast (ep. 88, 42 etc.). Bei ihm könnten wir mit Recht von einer Hinneigung zum Kynismus sprechen (cfr. ben. VII, 1), wenn wir nicht wüssten, dass diese Abneigung gegen alle nicht unmittelbar praktisch zu verwertende Wissenschaft seiner römischen Denkart entspringt. In der Mitte zwischen Seneca und Epictet steht hier Musonius, der den Wust der Theorie (ὄχλος θεωρημάτων) überhaupt, also nicht bloss, wenn das Theoretische zur Hauptsache gemacht wird, verwirft, dabei aber das wissenschaftliche Beweisverfahren, und zwar ganz in der Weise der Stoiker und des Epictet, für notwendig hält, indem er nur rät, man solle sich mit einem oder mit wenigen Beweisen begnügen und diese recht wirksam gestalten (flor. III, 339. flor. II, 14. ecl. II, 31).

Aehnlich wie zur Logik ist Epictets Stellung zur Physik: es kann für den Philosophen durchaus nicht gleichgültig sein, welche Anschauung er von Gott und Welt und Natur hat; denn die Geltung der ethischen Grundsätze beruht durchweg auf einer bestimmten Welt- und Lebensanschauung. Dies spricht Epictet oft und nachdrücklich aus, dass man ohne richtige Erkenntnis Gottes und der Natur nicht zu einer sittlichen Ueberzeugung gelangen könne [7]). Um nur eines herauszugreifen, Epictets Ethik steht und fällt mit dem Glauben an eine Gottheit und an eine göttliche Weltordnung, und wir haben schon öfter Gelegenheit gehabt, zu sehen, dass er hierin gegen Andersgläubige ziemlich unduldsam und schroff ist. Wie kann nun dieser selbe Mann es für gleichgültig erklären, ob die Welt aus Atomen etc. oder aus einem Urstoff bestehe, da doch unstreitig bei ersterer Annahme ein wirklicher Gottes- und Vorsehungsglaube und die Ueberzeugung von einer sinnvollen, zweckmässigen Einrichtung der Welt hinfällig wird. Wir können also über jene Aeusserung in frag. 175 nicht anders urteilen, als dass sie entweder durch den ganzen Zusammenhang, den wir nicht mehr haben, gegen Missverständnis geschützt war oder einer momentanen Anwandlung entsprang, wobei Epictet sich nicht bewusst war oder nicht daran dachte, welche Konsequenzen aus jener weitgehenden Indifferenz in der Physik sich auch für die Ethik ergäben. Also eine gewisse wissenschaftliche Weltanschauung und Naturerkenntnis ist auch nach Epictet für den Philosophen unerlässlich.

Eine andere Frage ist freilich die, ob er für die Kunde und Erforschung der Natur und ihrer Gesetze im einzelnen ein Verständnis und Interesse gehabt hat: dafür wüsste ich allerdings kaum ein anderes Zeugnis beizubringen, als den schon früher erwähnten Satz, dass der Mensch ein forschungslustiges Wesen sei (I, 29, 58), und etwa noch die Bemerkung, dass dem Menschen der Wandertrieb im Herzen sitze (III, 24, 12. cfr. Sen. ad Helv. 6, 6): denn dieser schliesst doch auch eine gewisse Freude an der Welt- und Naturkenntnis ein. Auch der von Epictet so oft und begeistert ausgesprochene Gedanke, dass es des Menschen Aufgabe sei, die Werke Gottes zu schauen und mit ihm zu festen, führt eigentlich folgerichtig auf die Pflicht, die Natur und ihre Gesetze gründlich zu erforschen. Jedoch es scheint, dass Epictet diese Konsequenz nicht gezogen hat und dass es ihm wirklich an dem lebendigen Interesse für die Naturwissenschaft und an dem Vertrauen auf die Erforschbarkeit der Naturgesetze fehlte, weshalb denn auch seine Aufforderung zu frommer Betrachtung der Welt und ihrer Wunder etwas Einförmiges und Langweiliges hat.

Während Seneca in ben. VII, 1, 5 es für gleichgültig erklärt, die Ursachen der Ebbe und Flut zu kennen und noch in ep. 58, 25 ruhig einräumt, dass die Wissenschaft eigentlich nichts nütze, sondern höchstens den Wert habe, uns eine Erholung und Ergötzung zu gewähren, erklärt er in den nat. quaestiones, in welcher Schrift er sich bekanntlich ganz auf den Standpunkt des die Wissenschaft als Selbstzweck, ja als höchstes Gut betrachtenden Posidonius stellt, — siehe besonders nat. quaest. praef. — es gebe nichts Grösseres, als die Natur zu kennen (VI, 4, 2. V, 18, 14 deus dedit ventos ad ulteriora noscenda etc.). Seine Bekehrung zur Wertschätzung der Wissenschaft, und zwar der Spekulation gleichermassen wie der Naturwissenschaft, wird ja schon durch die Thatsache der 7 Bücher naturalium quaestionum bewiesen. Und dass diese Bekehrung eine gründliche und nachhaltige war, zeigen seine treffenden, oft wahrhaft prophetischen Bemerkungen über die Entwicklung, den Fortschritt und das Ziel der Wissenschaft, sowie sein ernstgemeinter Tadel der wissenschaftlichen Flachheit und Stumpfheit der Zeit[8]. — M. Aurel bekundet ein lebhaftes Interesse und Verständnis für die Spekulation und Physik; wenn er sich selbst darüber trösten muss, dass er kein Dialektiker und Physiker geworden ist, so beweist dies eben, dass er von der Wissenschaft nicht gering denkt und vielleicht doch im Stillen einen Ehrgeiz darein setzt, in derselben nicht so ganz unbewandert zu erscheinen (7, 67). — Wenn Chrysipp zu vorsichtiger Zurückhaltung des Urteils rät gegenüber willkürlichen Hypothesen oder Phantasieen und statt dessen Erfahrung und Forschung (ἐμπειρία und ἱστορία) fordert, so wird ihm jedermann beistimmen. Höchst thöricht ist es, wenn sein Gegner ihn des Widerspruchs gegen diesen Grundsatz beschuldigt, weil er die Zahl der möglichen Kombinationen von 10 Sätzen auf Treue und Glauben annahm, ohne sie selbst ausgerechnet zu haben (st. rep. 29).

Noch weniger als für die Naturforschung war Epictets Sinn ausgebildet für die Philologie und für die Geschichte[9]. Den Wert der Grammatik als der Grundlage der Logik und Dialektik verkennt er zwar nicht (I, 12, 13. II, 7, 7), aber allen bloss philologischen und historischen Betrieb der Philosophie und der Wissenschaft überhaupt verspottet und verwirft er: den Chrysipp oder Archedem philologisch verstehen und interpretieren können sei nichts Grosses, aber nach ihren Lehren leben, das sei eine Leistung (II, 1, 30. III, 2, 13. Ench. 49). Schon Zeno hatte ja unterschieden zwischen echten und unechten Philologen (Stob. flor. II, 40 φιλόλογος und λογόφιλος), und eine Anspielung darauf darf man vielleicht darin erkennen, dass Arrian, offenbar im Sinne Epictets, von den sogenannten Philologen redet (II, 4, 1). — Ueber den Wert der sogenannten encyklischen Wissenschaften[10] haben wir kein Urteil Epictets zu verzeichnen, auch nicht darüber, wie er über Kunst und Poesie gedacht hat[11]. Was die letztere betrifft, so zeigt er jene den Stoikern mit den Kynikern gemeinsame Anschauung, nach welcher die Werke der alten Dichter nur als mehr oder weniger verschleierte Darstellungen der richtigen Lebensweisheit gewürdigt werden, zu welchem Behuf sie sich auch nötigenfalls die weise Korrektur der Philosophen vom Fach gefallen lassen müssen. Im ganzen wird man sagen können, dass bei Epictet nicht bloss gegenüber Panätius und Posidonius, welche die eigentlichen wissenschaftlichen Grössen der

Stoa sind, sondern auch gegenüber den ältesten Häuptern der Schule das wissenschaftliche und namentlich das spekulative Interesse einen erheblichen Rückgang zeigt. Aber es findet dies einerseits in der spezifisch ethischen und religiösen Veranlagung des Epictet, andrerseits in der Thatsache, dass die synkretistische Richtung seiner Zeit überhaupt der Selbständigkeit des Denkens und der Konzentrierung auf eine scharf ausgeprägte Theorie hinderlich war, seine zureichende Erklärung. Von einer eigentlichen Annäherung an den Kynismus kann deshalb nicht gesprochen werden: in seiner Wertung der Logik und der Wissenschaft überhaupt unterscheidet er sich deutlich von den Kynikern und steht in dieser Hinsicht der alten Stoa jedenfalls näher als Aristo [1,2]).

Anmerkungen.

[1]) D. L. 160 τὸν φυσικὸν τόπον καὶ τὸν λογικὸν ἀνῄρει λέγων τὸν μὲν εἶναι ὑπὲρ ἡμᾶς τὸν δὲ οὐδὲν πρὸς ἡμᾶς. Stob. ecl. II, 1, 10. 8. flor. III, 104. Sext. VII, 12. Cic. acad. II, 123 Socrates et Aristo, qui nihil istorum (Physik) sciri putat posse. cfr. Philo quod omnis probus liber 12: die Logik überlassen wir den λογοθήραι, die Physik (ausser soweit sie dem Gottesbeweis dient) den μετεωρολέσχαι. Dagegen Migr. Abr. 24 wird das ἀερομυθεῖν nur relativ, d. h. denen, die nicht schon sittlich gebessert sind resp. noch daran arbeiten, untersagt. Aehnlich congr. erud. grat. 14. mut. nom. 10. — M. Aurel, der bekanntlich häufig skeptische Anwandlungen zeigt, bemerkt, dass sogar den Stoikern die Dinge schwer erkennbar scheinen (5, 10).

[2]) I, 7 Ueber den Wert der Metapiptonten etc., überhaupt der Logik I, 17 ὅτι ἀναγκαῖα τὰ λογικά, desgl. II, 25; II, 12 über die Dialektik; II, 23 über die Kunst des Redens.

[3]) I, 8. 7 μεγάλη ἐστὶ δύναμις ἡ ἐπιχειρητικὴ καὶ πιθανολογικὴ — μάλιστ' εἴ τινα καὶ εὐπρέπειαν ἀπὸ τῶν ὀνομάτων προςλάβοι. II, 21, 21 die Syllogismen sind nützlich. II, 23, 25 auch die φραστικὴ δύναμις hat einen Wert, doch nicht denselben wie die προαιρετική. cfr. III, 23, 25. II, 26, 4 δεινὸς ἐν λόγῳ, προτρεπτικὸς καὶ ἐλεγκτικός muss der Philosoph sein, der andere bekehren will.

[4]) I, 4, 5 etc.: nicht darin besteht der Fortschritt (προκοπή), dass man viele Schriften Chrysipps gelesen hat und interpretieren kann, sondern dass man sich der ἀπάθεια und εὔροια annähert. II, 4, 11 was hilft's dich, den Archedem zu verstehen und dabei ein Ehebrecher zu sein? II, 1, 30 das bloss theoretische Studium nützt nichts. II, 9, 15 (τεχνολογεῖν). IV, 4, 40 alles Lernen muss dem Hegemonikon dienen. — cfr. Ant. 2, 2 ἄφες τὰ βιβλία· μηκέτι σπῶ. 2, 3 τὴν βιβλίων δίψαν ῥίψον. Sen. ep. 2, 2.

[5]) I, 27, 20 wie? soll man nicht auch darauf aus sein, die Wirklichkeit (συνήθεια) zu verteidigen und gegen die Skepsis gewappnet zu sein? Gewiss! aber nur wer es kann, wer Musse hat. — Unter dem σχολάζειν (auch εὐσχολῶν, III, 2, 16. III, 9, 19) versteht er aber diejenigen, die bereits von allen Leidenschaften sich befreit haben, die ἀπάθεια und ἀταραξία besitzen (II, 1, 33).

[6]) I, 27, 15. II, 18, 18. II, 19, 6 die Kunst der Rede spricht er sich selbst ab, indem er in köstlichem Humor den Eindruck schildert, den alle diejenigen von seinen Reden bekommen werden, die bloss aus Neugier kommen: sie werden sagen οὐδέν ἦν Ἐπίκτητος, ἐσολοίκιζεν, ἐβαρβάριζε (III, 9, 14). — Solözismen und Barbarismen warf man bekanntlich den Stoikern überhaupt vor. Zeno verteidigt sie (D. L. 18); auch Chrysipp, bei aller Schätzung der Rhetorik als der τέχνη περὶ κόσμου καὶ εἰρημένων λόγων τάξιν, zeigt sich keineswegs pedantisch, indem er auf die pünktliche Vermeidung des Hiatus und anderer Unebenheiten keinen allzu grossen Wert legt (st. rep. 28). In den beiden Sätzen Chrysipps, die hier gegen einander gehalten werden, finde ich keinen Widerspruch, sondern genau dieselbe Anschauung wie die des Epictet und ein lehrreiches Beispiel von der die Stoa sowohl in ihrer inneren Verwandtschaft, als auch in ihrem Unterschied von Kynismus charakterisierenden Verbindung einer gewissen Schätzung der äusseren Form und der gewöhnlichen Lebenswerte mit innerer Erhebung über alles bloss Aeussere und für das wahre Glück und Lebensziel Unwesentliche.

Anmerkungen.

⁷) Philosoph wird man nicht en passant, sondern es gehört viel Zeit und ernstes Studium dazu: I, 17, 13 νοῆσαι τὸ βούλημα τ. φύσεως. Wie man, nach Zeno, die στοιχεῖα τοῦ λόγου, d. h. die Grundgesetze des Denkens kennen lernen muss (IV, 8, 12. III, 9, 6), so auch, was Gott, was die Natur etc. ist (I, 20, 16. II, 14, 13), man muss ein σχολαστικός werden. — Die Notwendigkeit der Physik zum Zweck gründlicher Aneignung der sittlichen Wahrheit wird besonders deutlich und treffend bei Cic. fin. III, 73 dargethan. cfr. Ant. 12, 5.

⁸) VI, 5 die wissenschaftlichen Leistungen der Alten seien zwar primitiv, aber nicht zu unterschätzen. VII, 25, 5 veniet tempus, quo posteri nostri tam aperta nos nescisse mirentur. VII, 30, 6 rerum natura sacra sua non semel tradit — in vestibulo eius haeremus. VII, 32.

⁹) Eine sehr banausische Ansicht über den Wert der Geschichtskunde äussert Seneca nat. qu. praef. 5. Die Philologie, z. B. die Untersuchung über das Alter der Ilias und Odyssee, erklärt er für eine Krankheit der Griechen (brev. v. 13, 2).

¹⁰) Die Verachtung der ἐγκύκλια μαθήματα ist für Zeno nur aus der Zeit, da er noch im Kynismus stack, bezeugt (D. L. 32); nach dem floril. Monacense hat er den Ausspruch gethan, die Seele bekomme Licht von den μαθήματα. Chrysipp hat ihren Nutzen anerkannt (D. L. 129), und Seneca giebt offenbar die allgemein stoische Ansicht wieder, wenn er in ep. 88 zwar einen direkten ethischen Nutzen der liberalia studia in Abrede zieht und auf die Gefahren aufmerksam macht, welche die einseitige Betreibung derselben für den Charakter habe, insofern das Wissen aufblähe, aber doch ihren propädeutischen Wert anerkennt. Vergl. noch fin. III, 16 u. ecl. II, 7.

¹¹) Den Wert der poetischen Form, die er ja auch selbst übte, hat nach Sen. ep. 108, 10 schon Kleanthes anerkannt und durch ein treffendes Bild veranschaulicht. Während nun Seneca a. a. O. die didaktische Poesie gebührend würdigt, scheint er von der eigentlichen, speziell der lyrischen Poesie, sehr gering gedacht zu haben, da er Ciceros Aeusserung, wenn er auch noch so lange lebte, hätte er doch niemals Zeit, die Lyriker zu lesen, beifällig berichtet (ep. 49, 5). — Wenn Zeno sagt, man solle die Stadt lieber mit der Tugend der Bewohner, als durch Weihgeschenke schmücken, so blickt offenbar durch diese Aeusserung eine dem berechtigten Lebensschmuck wie der Kunst gleich abgeneigte Gesinnung durch (flor. II, 98). Chrysipp hat wenigstens die in gemeinen Realismus versinkende Kunst getadelt (st. rep. 21 „wir sind nahe daran, Misthäufen zu malen". Die Prophezeiung hat sich in unseren Tagen erfüllt!

¹²) Während Epictet, wie wir sahen, den Nutzen der Logik energisch behauptet, verglich Aristo die λόγοι διαλεκτικοί mit Spinngeweben, die auch eine gewisse Kunst offenbaren, aber unnütz seien (ecl. II, 1 W. 8 — cfr. Plut. de aud. 8 οὔτε βαλανείου — sagt Aristo — οὔτε λόγου μὴ καθαίροντος ὄφελός ἐστιν). Ob er die ἐγκύκλια μαθήματα ganz verworfen oder nur als nebensächlich bezeichnet hat, lässt sich aus seinem treffenden Vergleich von den Freiern Penelopes nicht mit Sicherheit erkennen (flor. I, 109).

III. Teil.

Die Aneignung der Tugend.

Erster Abschnitt.
Die sittliche Anlage.

Da die Stoiker das naturgemässe Leben für das sittliche Ziel des Menschen erklärten; so mussten sie selbstverständlich auch eine natürliche Anlage und Ausrüstung zur Tugend annehmen. Und zwar verstehen sie dieselbe durchaus in positivem Sinne, d. h. so, dass der Mensch von Natur aus nur den Trieb zum Guten in sich habe. Die Annahme einer gegen Gut und Bös neutralen oder gleichmässig hinneigenden Anlage oder gar eines angebornen Hangs zum Bösen[1]) widerstreitet völlig dem optimistischen Monismus der stoischen Schule und tritt deshalb auch nur bei späteren, anderweitig beeinflussten Stoikern auf. Nach der echten stoischen Lehre giebt die Natur nur gute Fähigkeiten (D. L. 89 ἀφορμὰς ἀδιαστρόφους)[2]). „Zur Tapferkeit und Seelengrösse," so ruft Epictet aus, „hast du Anlage und Ausrüstung, das will ich dir zeigen, aber welche Anlagen du zum Klagen und Schelten hast, das zeige du mir (I, 6, 43)!" Wir können die zahlreichen und mannigfachen Aeusserungen Epictets über die sittliche Anlage des Menschen folgendermassen rubrizieren.

1. Der Mensch hat von Natur die Fähigkeit zur Auffindung und Erkenntnis der Wahrheit, nämlich vermöge der angeborenen Begriffe (ἔμφυτοι ἔννοιαι, φυσικαὶ προλήψεις) einerseits und der Denkkraft (λόγος, διάνοια) andrerseits, welche jene entwickelt und unter Zuhilfenahme der Erfahrung zu brauchbaren Massstäben (κανόνες, κριτήρια, μέτρα) für die Beurteilung der Wirklichkeit verarbeitet (IV, 1, 51. II, 11, 6. IV, 12, 12 u. ö. Vergl. Band I, p. 188 etc.). Auch ohne Verarbeitung durch den Logos befähigen die natürlichen Prolepseis den Menschen zu einer allgemeinen Erkenntnis der sittlichen Wahrheit. Dies ist der sogenannte Allgemeinverstand (III, 6, 8 ὁ κοινὸς νοῦς. En. 26). An dieses angeborene sittliche Urteilsvermögen appelliert Epictet, wenn er z. B. einem Jüngling auf seine Frage, worin die Tugend des Menschen bestehe, erwidert: „achte darauf, wen du lobst, wenn du dies gänzlich unbefangen und unparteiisch (δίχα πάθους) thust, den Gerechten oder Ungerechten, den Mässigen oder Unmässigen" (III, 1, 8)[3]).

2. Der Mensch hat die Fähigkeit zur Tugend. (I, 6, 43. I, 29, 39. III, 24, 3 Gott hat uns die Mittel zum Glück und zum Frieden [εὐσταθεῖν] gegeben. IV, 11, 1 in der Natur des Menschen liegt der Trieb zur Gemeinschaft, zur Reinlichkeit. IV, 1, 120 die Natur des Menschen ist Wohlthun etc. II, 20, 34 Keime des Edelmuts)[4].

3. Oft drückt sich Epictet so aus, als ob der Mensch nicht bloss die Kraft zum Guten sondern das Gute, die Tugend selbst von der Natur habe. Hierher gehören folgende Gruppen von Aussagen:

a) Der Mensch ist von Natur edel, hochherzig, treu, schamhaft und züchtig, gesellig, liebreich, aufs Wohlthun bedacht. (III, 24, 12. IV, 7, 8. III, 13, 5. II, 1, 11. I, 18, 20. III, 7, 27. II, 10, 22. II, 8, 23 bewahre deinen Dämon, wie er ist von Natur. Cfr. Sen. ep. 22, 15. I, 25, 4 bewahre das Deine, den Treuen etc. IV, 5, 16 bewahre die Grundzüge [χαρακτῆρες], die du von Natur in deiner Seele hast. III, 8, 6 Gott hat dich hochherzig etc. gemacht. Cfr. Sen. ep. 104, 23.)

b) Der Mensch hat von Gott (oder von der Natur) Hochherzigkeit, Geduld, Tapferkeit etc. bekommen. (I, 6, 28. I, 12, 30. I, 9, 32 ich kann Hochherzigkeit etc. von mir selbst haben — ich bin nicht so vergessen [ἀναίσθητος] meines Besitzes [τῶν ἐμῶν κτημάτων]. I, 29, 4. IV, 4, 47. En. 46. I, 23, 3 die Verwandtenliebe [φιλοστοργία] ist natürlich)[5].

c) Der Mensch hat ein unmittelbares Gefühl für das Sittliche (I, 5, 3 τὸ ἐντρεπτικὸν καὶ αἰδῆμον. III, 7, 27 welches andere Geschöpf errötet? welches fasst die Vorstellung des Schimpflichen? frag. 52 die Natur gab mir das Schamgefühl [αἰδώς] und ich eröte, wenn ich etwas Schimpfliches zu reden glaube. Vergl. Band I, 304 etc.)

Es ist nun aber klar, dass diese Aeusserungen Epictets nicht so zu verstehen sind, als ob der Mensch wirkliche Tugenden, fertige sittliche Eigenschaften auf die Welt bringe. Auch die angeborenen Prolepseis sind ja, wie im I. Band p. 187 etc. gezeigt wurde, noch keine festen und deutlichen Begriffe, sondern werden erst durch denkende Verarbeitung und Entwicklung zu wirklichen Massstäben der Wahrheit und zu Quellen der Erkenntnis. Ebenso kommen die sittlichen Anlagen den Menschen nicht unmittelbar sondern nur durch Nachdenken resp. durch Belehrung und Unterricht zum Bewusstsein. Allerdings, wenn Epictet es den Leuten zum Vorwurf macht, dass sie ihre sittlichen Kräfte nicht kennen und spüren (s. o.), so scheint er dies für etwas Abnormes und dagegen das unmittelbare Bewusstsein derselben für das Normale gehalten zu haben. Und bis zu einem gewissen Grad ist dies auch zweifellos der Fall. Er erklärt es für möglich, dass jemand ganz aus eigener Kraft rein von den natürlichen Begriffen aus zur Erkenntnis der Wahrheit gelange (IV, 1, 51), und die grossen Heroen der Philosophie, die Entdecker der (sittlichen) Wahrheit, ein Socrates, Zeno etc., sind ja auf keinem anderen Wege dazu gelangt. Die grosse Menge der Menschen aber, zumal da sie meist in verkehrten Anschauungen aufwächst, gelangt in Wirklichkeit zur Erkenntnis der sittlichen Kräfte und Aufgaben in der Regel nur durch Belehrung (IV, 5, 10 wann hat er denn gelernt und von wem, dass er ein sanftes, liebreiches Wesen ist etc? Cfr. I, 29, 52). Die sittlichen Kräfte sind also im Menschen zunächst nur latent vorhanden, sie werden erst durch Erziehung und Unterricht geweckt und durch Uebung und Bildung zu sittlichen Eigenschaften gemacht (I, 4, 18 man muss die Proairesis ausbilden, dass sie naturgemäss, frei etc. werde. III, 20, 9 der Beleidiger übt meine Geduld etc.). Darum kann Epictet sogar dem Anfänger in der Philosophie vorschreiben, er solle zunächst alles Begehren lassen, da er doch noch kein Gut in sich habe, nach dem er streben könnte (III, 13, 21. IV, 1, 84. En. 2, 2)[6]).

Ueberblicken wir diese verschiedenen Aeusserungen Epictets über die sittliche Anlage des Menschen, so wäre es leicht, die schroffsten Widersprüche darin zu finden; denn einerseits betrachtet er die Tugend als etwas von Natur Vorhandenes, andererseits als etwas, das erst nach Abschluss der philosophischen Bildung dem Menschen zufällt. Wir erkennen jedoch in diesem scheinbaren Widerspruch nichts anderes als das Bestreben, die beiden Thatsachen des sittlichen Bewusstseins, nämlich dass die Tugend eigentlich etwas Einfaches, im Menschen selbst Liegendes ist, aber andererseits auch wieder nur durch beständige Arbeit und Selbstzucht erreicht werden kann, festzuhalten und beiden gleichermassen gerecht zu werden. Die Wahrheit liegt eben auch hier in der Mitte; am nächsten entspricht ihr der Ausdruck, der bei Epictet auch sich findet, dass wir nämlich zwar nicht mit aber zur Tugend geboren sind (II, 4, 1; cfr. Musonius bei Stob. flor. IV, 88). An diese seine sittliche Bestimmung muss man freilich glauben und dieser Glaube kann keinem aufgezwungen werden (I, 3, 4). Woher es kommt, dass so viele Menschen diesen Glauben nicht besitzen, sagt Epictet nicht (siehe übrigens im Folgenden), er nimmt die Thatsache einfach als eine gegebene hin. Aber auch diejenigen, welche ihre sittliche Bestimmung erkennen, haben es doch nötig sich fort und fort daran zu erinnern und sich dieselbe Tag für Tag neu zu vergegenwärtigen (En. 10. frag. 71). Epictet verfolgt also nur einen pädagogischen Zweck, wenn er, wie wir sahen, die sittlichen Kräfte oft als etwas hinstellt, was jeder Mensch bereits besitze: eben darin besteht ja die Kunst des Erziehens und sittlichen Bildens, dass man das Gute dem Menschen nicht als etwas Ausserordentliches, sondern als etwas ihm Naheliegendes und eigentlich von ihm selbst Gewolltes und oft unbewusst Geübtes darzustellen versteht, wobei freilich auch andrerseits der Hinweis auf das immer noch nicht erreichte Ideal beständig nebenher gehen muss.

Wir finden aber bei Epictet auch noch in anderer Hinsicht eine dem wirklichen Leben gerecht werdende Vermittlung jener beiden extremen Anschauungen, nämlich den bereits angedeuteten Gedanken, dass die sittlichen Vorstellungen teilweise, d. h. soweit sie die elementaren Forderungen des Sittengesetzes betreffen, so ziemlich allen Menschen ohne besondere Bildung bekannt und geläufig sind, während eine tiefere und umfassende Erkenntnis des Sittlichen allerdings nur durch die Philosophie vermittelt wird. Hieher gehört eigentlich auch das, was Epictet von dem Koinos Nus sagt (siehe oben). Besonders bezeichnend ist hiefür aber folgende Ausführung: „Gewisse Eigenschaften gestehen die Menschen gerne ein, andere aber um keinen Preis. Zum Beispiel dumm will keiner sein, auch unmässig nicht leicht, ungerecht schon gar nicht, ebensowenig neidisch oder dergl.; dagegen Feigheit geben sie schon leichter zu und sagen etwa: ich bin etwas feig (furchtsam), ich geb' es zu, aber im übrigen wirst du mich nicht dumm finden. Mitleidig vollends lassen sich die meisten gerne nennen" (II, 21, 1 etc.). Epictet zieht hieraus den richtigen Schluss, dass die Menschen eben das, was sie für schimpflich halten, nicht eingestehen wollen, dass sie aber vieles fälschlicherweise nicht für schimpflich halten und deshalb auch gegen Vorwürfe in dieser Richtung unempfindlich sind. Der Wert, den Epictet auf diese halbe, oberflächliche Sittlichkeit legt, ist allerdings kein grosser: denn auch die Tugenden, welche diese Leute sich gerne beilegen und worauf sie sich sogar vielleicht etwas zu gut thun, sind nach Epictets Ansicht eben keine Tugenden, da ihnen das Merkmal der Beständigkeit und Zuverlässigkeit fehlt, die eben nur durch die prinzipiell richtige Lebensanschauung gewonnen werden kann. Aber es liegt darin doch das Zugeständnis, dass ein gewisses Mass von sittlichen Vorstellungen und Strebungen fast allen eigen ist, und diese bilden dann wenigstens einen gewissen Anknüpfungspunkt für die sittliche Belehrung. Fast überschätzt wird dieser Anknüpfungspunkt von Epictet, wenn er von einem elegant geputzten Jüngling sagt, es zeige sich bei ihm doch ein gewisses Streben nach dem Schönen und Wohlanständigen, und man brauche ihm nur zu sagen: Jüngling, du suchst das Schöne und thu'st wohl daran, aber du suchst es am unrechten Platz (IV, 11, 25 etc.). Ja Epictet geht sogar so weit, dass er nicht bloss bei den Ungebildeten eine Art Vorstufe der Sittlichkeit anerkennt, sondern sogar bei den nach seiner Ansicht Verbildeten und moralisch Verirrten eine unwillkürliche Aeusserung und Bethätigung der angeborenen und unausrottbaren sittlichen Triebe annimmt. Epicur, der doch in der Theorie den nackten Egoismus vertritt, liefert durch den unermüdlichen Fleiss, mit dem er sich durch Verfassung von Schriften die Verbreitung seiner Grundsätze angelegen sein lässt, den Beweis, dass der Mensch die in ihn gelegten sittlichen Triebe (τὰς κινήσεις καὶ προθυμίας τὰς ἀνθρωπικάς, II, 20, 19) nicht gänzlich verleugnen kann. (Vgl. III, 7, 18: ihr lehret das Schlechte und thut das Gute. Cic. fin. II, 58: die Epicureer beweisen durch ihr Handeln, dass die recta natura stärker ist, als die prava ratio.)

Aus allem Bisherigen ist ersichtlich, dass Epictet prinzipiell allen Menschen die gleiche sittliche Anlage, die gleiche Fähigkeit zur Tugend zuschreibt. Doch fehlt es nicht an einzelnen Aeusserungen, welche einen Unterschied der sittlichen Beanlagung und Begabung anzuerkennen scheinen. Nicht bloss um ein Diogenes zu werden, braucht man eine besondere, ausserordentliche Begabung (I, 2, 35), sondern auch wer ein Philosoph werden will, muss zuvor seine Natur erforschen, was er tragen kann, denn nicht alle sind zu Einem geschaffen (III, 15, 9). Epictet macht unter seinen Schülern einen Unterschied zwischen edel Beanlagten (εὐφυεῖς) und Stumpfen oder Weichlichen (I, 9, 18. III, 6, 9). Die letzteren, meint er, seien schwer anzufassen, die ersteren dagegen werden, auch wenn man ihnen von der Philosophie abrät, sie demütigt und ihnen die Schwierigkeit und den Ernst eines wahrhaft sittlichen Lebens vor Augen malt, nur um so eifriger sich ihr hingeben. Während Epictet sonst es bei allen Ungebildeten für selbstverständlich erklärt, dass sie, vermöge ihrer falschen Sinnesrichtung, allen Wert auf das Aeussere und Leibliche legen, nennt er eben dies in En. 41 ein Zeichen von Stumpfheit (ἀφυΐας σημεῖον), und nach I, 6 gehören, um die göttliche Vorsehung recht preisen zu können, zwei, wie es scheint, nicht bei allen vorhandene Erfordernisse dazu, nämlich Einsicht und Dankbarkeit (δύναμις συνορατική und τὸ εὐχάριστον). Und während er sonst immer die Lehre verficht, dass, wenn man dem Sünder nur seinen Irrtum recht deutlich zeige, er von seiner Sünde lassen werde (siehe darüber später), so spricht er doch auch wieder von solchen, die sich keine Raison beibringen lassen, und fertigt sie kurzerhand ab als Esel (IV, 5, 21). Anderswo freilich nennt er diese Unzulänglichkeit des Logos eine Schande und erklärt sie damit also für etwas Selbstverschuldetes (III, 24, 116). Alle diese Bemerkungen jedoch, so gewiss sie zeigen, dass Epictet zuweilen von seinem Optimismus herabsteigt, die Welt und das Leben nüchterner betrachtet und die thatsächliche Beschaffenheit der Menschen berücksichtigt, vermögen seine wahre Ansicht von der natürlichen Güte und gleichen Veranlagung aller nicht wesentlich zu beeinträchtigen.

Auch Seneca erkennt Unterschiede hinsichtlich der Beanlagung zur Tugend an, ohne jedoch damit den weniger Veranlagten die Möglichkeit, zur Tugend zu gelangen, benehmen zu wollen. Der rechte Adel besteht nach ihm darin, dass man eine edle geistige und sittliche Anlage besitzt (ben. III, 28, 1); er sagt aber auch, dass alle Menschen von Natur diesen Adel besitzen (ep. 44, 2 bona mens omnibus patet, omnes ad hoc sumus nobiles). Auch in dem Schlechten ist die gute Naturanlage nicht erloschen, nur getrübt und verdeckt (ep. 94, 31). Es giebt glücklich veranlagte Geister, die rasch und von selbst die Tugend ergreifen, und ein unverdorbener Jüngling mit lebendigem Geiste wird ohne alle Belehrung für das Edle und Tugendhafte begeistert sein (ep. 71, 25), ein geeignetes Gemüt (idonea mens, ep. 38, 2) lässt sich durch wenige Vorschriften bestimmen. Aber auch diese glücklich Begabten bedürfen doch der Philosophie, denn erst durch diese erhält die Tugend das rechte Fundament und das Merkmal der Festigkeit (ep. 95, 36. cfr. Clem. strom. I, 336). Wenn uns daher aus dem Kreis der älteren Stoa Aeusserungen begegnen, wornach die Tugend nur einer kleinen Zahl von besonders Beanlagten zugänglich wäre (D. L. 8 φύσις εὐγενής — die Echtheit dieses Briefes Zenos an Antigonus bestreitet Wilamowitz, a. a. O. p. 110, wohl mit Recht — Cic. Tusc. II, 11 idonea natura. V, 68 ingenium eximium — Musonius bei Stob. flor. II, 271 φύσις διαφέρουσα), so sind dieselben sicherlich nur so zu verstehen, dass jene allerdings weit leichter zur Tugend gelangen, nicht aber als ob der grossen Menge der mittelmässig Veranlagten der Weg zur Tugend von vornherein abgeschnitten wäre. In off. III, 16 wird jedoch die Anlage zur Tugend auf einen Teil der Menschheit, wohl auf die sogenannten Kulturvölker, beschränkt.

Anmerkungen zu Abschnitt I.

[1]) Wenn Stob. ecl. II, 80 die Seele φαντασιῶν ψευδῶν δεκτική genannt wird, so soll damit nur die abstrakte Möglichkeit der Sünde, nicht eine positive Empfänglichkeit für dieselbe behauptet werden. Denselben Sinn hat die Bemerkung Senecas, das Geborenwerden sei an und für sich kein Glück, sondern boni malique communis materia.

[2]) Vergl. die schon früher erwähnten Aeusserungen der Stoiker über den angeborenen Trieb zur Verwandtenliebe, zur Gesellgkeit und Mitteilung, zur Ge-

rechtigkeit und zur Menschenliebe (Stob. ecl. II, 59. 75. 128. D. L. 120. st. rep. 12. Cic. fin. III, 62 u. 65. leg. I, 28. 33. 43. II, 13. off. III, 20. Sen. ep. 95, 35 u. 52. Ant. 3, 11. 11, 20. Philo de praem. et poen. 16). Betreffend die Anlage zur Tugend im allgemeinen siehe D. L. 87 (Zeno: ἄγει πρὸς τὴν ἀρετὴν ἡμᾶς ἡ φύσις) 89 (Kleanthes?: die Seele ist gemacht zur ὁμολογία παντὸς τοῦ βίου). ecl. II, 62 u. 65 (alle haben φύσει ἀφορμάς zur Tugend, zur Findung des καθῆκον, zur εὐστάθεια τῶν ὁρμῶν); flor. IV, 88 (Musonius: ἄγει ἡ ἑκάστου φύσις ἕκαστον πρὸς ἀρετὴν τὴν ἐκείνου). Sen. ira II, 13, 2 (facilis est ad beatam vitam via — multo difficilius est facere ista [das Böse] quae facitis); ep. 31, 9 (natura te instruxit — sc. ad summum bonum capessendum — dedit tibi illa, quae si non deserueris par deo surges); ep. 22, 15 (peiores morimur quam nascimur — quales intrastis exite); ep. 90, 1 (facultatem philosophiae di omnibus tribuerunt); ep. 49, 11 (dociles natura nos edidit etc.). Ant. 9, 1 (wir haben ἀφορμάς von der Natur empfangen zur Unterscheidung des Guten und Bösen). Philo decal. 4. quod omnis pr. 11 (ἀφορμαὶ πρὸς τὸ εὖ ζῆν — ἀρετήν).

[3]) Vergl. Band I, 187 etc. über die ἔννοιαι und προλήψεις φυσικαί. — Justinus M. ap. II, 14 in der φύσις liegt τὸ γνωριστικὸν καλοῦ καὶ αἰσχροῦ.

[4]) ecl. II, 9 u. 31 (Musonius: σπέρμα ἀρετῆς ἑκάστῳ ἡμῶν ἐνεῖναι — ὄρεξις καὶ οἰκείωσις φύσει πρὸς ἀρετήν). Cic. leg. I, 33 (igniculi virtutis). Tusc. III, 2 (ingeniis nostris semina innata sunt virtutum, quae si adolescere liceret, ipsa nos ad beatam vitam natura perduceret). fin. V, 43 (parvi virtutum in se habent semina). Sen. ep. 108, 8 (omnibus natura fundamenta dedit semenque virtutum). ep. 94, 29 (omnium honestarum rerum semina animi gerunt, quae admonitione excitantur — wie Funken, die der Wind anfacht). ep. 120, 4 (semina nobis scientiae dedit, scientiam non dedit). ben. IV, 6, 6 (insita sunt nobis omnium artium semina etc.).

[5]) Stob. flor. I, 155 das Bestreben des Sünders, seine That zu verheimlichen, ist ein stilles Eingeständnis der Sünde. Sen. ep. 97, 12 omnes peccata dissimulant, non ignoratur turpe sed neglegitur. D. L. 177 das Schamgefühl bei schlechten Handlungen ist ein Zeichen, dass der Mensch das sittlich Gute kennt. — Die Thatsache, dass dem Menschen ein gewisses Schamgefühl angeboren ist, schliesst natürlich nicht aus, dass dasselbe durch die Erziehung genährt und gekräftigt, ja oft erst geweckt werden muss (Sen. ep. 25, 1. Musonius bei Stob. ecl. II, 31. W. 238).

[6]) Seneca, der es ep. 22, 5 als höchstes Ziel bezeichnet, die Welt so zu verlassen, wie man in sie eingetreten ist, lässt auch wieder den scheidenden Weisen zur Natur sagen: nimm meine Seele zurück, besser, als du sie gegeben hast! (tranqu. 11, 3). Die Frage, ob Natur oder Kunst die Tugend wirke (de otio 4, 2), beantwortet er entschieden im letzteren Sinne (ep. 90, 44 etc.: non natura dat virtutem, ars est bonum fieri — virtus non contingit animo nisi instituto et edocto et ad summum assidua exercitatione perducto; ad hoc quidem, sed sine hoc nascimur et in optimis quoque, antequam erudias, virtutis materia, non virtus est — de moribus liber 2 educatio et disciplina mores facit — ep. 123, 6 discenda virtus. ep. 108, 8 ein irritator muss die bona animi quasi sopita wecken. ep. 94, 29). Vergl. Cic. leg. I, 29. 59 (sapientia duce). Stob. flor. IV, 89. ecl. II, 31. Sext. III, 251 (πεῖρα und μάθησις). Philo de praem. et poenit. 11 (ἀγαθὴ φύσις, παίδευσις und ἄσκησις). de somn. I, 27.

Zweiter Abschnitt.

Die Sünde.

Wie weiss nun aber Epictet und die Stoa überhaupt die Sünde und ihren Ursprung zu erklären? Die allgemeine Verbreitung und Herrschaft der Sünde erkennt Epictet uneingeschränkt an. Die Masse der Menschen neigt sich dem mit den Tieren verwandten Teil ihres Wesens zu, nur wenige leben dem höheren, göttlichen Teil, dem Geiste (I, 3, 3. II, 9, 5). Wenn Gott alle Menschen strafen wollte, so müsste er fast das ganze Menschengeschlecht vernichten (III, 4, 7). Aehnlich wie Seneca klagt Epictet über die allgemeine Sittenverderbnis: „wo ist Treue zu finden in unserer Zeit? zeiget mir einen, der nur nach dem wahrhaft Guten strebt, ums andere aber sich nicht bekümmert" (IV, 13, 24). Jedoch finden sich bei Seneca diese Klagen ungleich häufiger als bei Epictet, bei dem die optimistische Auffassung der Welt durchaus vorherrscht, während jener oft mehr, als die Stoa erlaubt, sich pessimistischen Betrachtungen überlässt[1]).

Würden wir freilich die im Eifer der Paränese gesprochenen Worte buchstäblich fassen und streng logisch die Konsequenz daraus ziehen, dann wäre die Menschheit auch nach Epictet total schlecht und verdorben. Wie die Stoiker einen tiefen Graben zogen zwischen Weisen und Unweisen und jenen alles Gute, diesen alles Schlechte beilegten, so betont auch Epictet oft genug den absoluten Gegensatz zwischen sittlich Gebildeten (πεπαιδευμένοι) und Ungebildeten (ἰδιῶται). Das schroffe Entweder-Oder, entweder Fleisch oder Geist, entweder verloren oder bekehrt, vernehmen wir bei Epictet nicht weniger deutlich und kräftig als im neuen Testament. Scharf verwirft er jene sittliche Halbheit, jenes unschlüssige Schwanken zwischen Gut und Bös, jenes auf beiden Schultern Wassertragen (ἐπαμφοτερίζειν), dem gegenüber ihm die kecke Sicherheit der Schlechten fast noch als löblich erscheint, und verlangt von jedem eine volle und ganze Hinwendung zum Guten, eine gründliche Bekehrung[2]). Aber wenn er nun Umschau hält in seiner Umgebung, ja unter seinen eigenen Schülern, da findet er eigentlich keinen einzigen wirklichen Stoiker, keinen einzigen wirklich Bekehrten, ja er selbst schliesst sich meistens von der Zahl der Guten und Vollkommenen aus[3]). So begreiflich und berechtigt nun solche Stimmungen sind, so versteht es sich doch andrerseits von selbst, dass dieselben nicht andauern konnten, sondern immer wieder der nüchterneren Betrachtung weichen mussten, die zwar jene Wahrheit, dass zur sittlichen Vollkommenheit kaum einer gelangt, festhält, dabei aber doch auch bei den nicht Vollkommenen eine entschiedene und grundsätzliche Richtung auf das Gute als möglich anerkennt, welche sich von dem haltlosen und charakterlosen Hin- und Herschwanken zwischen Fleisch und Geist wesentlich unterscheidet[4]). Immerhin bleibt aber auch so der Satz bestehen, dass die Sünde in der Menschheit herrscht und dass verhältnismässig nur wenige ein sittliches Leben führen.

Worin besteht nun die Sünde? Epictet weiss ihr Wesen in der mannigfachsten Weise zu bezeichnen und zu schildern, als ein Verfehlen des Menschentums und Herabsinken auf die Stufe der Tiere resp. als Zurückbleiben auf der Stufe der Kindheit, als fleischlichen Sinn, als Unnatur, als Krankheit oder Unreinheit der Seele, als Knechtschaft und ganz besonders als Unwissenheit und Selbstbetrug[5]). Er eignet sich den bekannten stoischen Satz an, dass alle Nichtweisen verrückt seien, zeigt uns aber auch, dass dieses stoische Paradoxon, das so gerne als heillose Uebertreibung hingestellt wird, eigentlich nur ein scharfer Ausdruck ist für den ganz richtigen Gedanken, dass die sittliche Unbildung eben darin besteht, dass der Mensch ohne vernünftige Prüfung und Selbstbesinnung seinen jeweiligen Lüsten und Meinungen folgt[6]). Wie der Mensch im Wahnsinn thut, was ihm schädlich ist und was er bei gesunden Geisteskräften nicht thun würde, so befindet sich jeder Sünder in einem Wahn, insofern er, durch den Schein des Guten verführt, in Wahrheit nur sein eigenes Unglück schafft. „Jede Sünde enthält einen Widerspruch; denn da der Sündigende nicht sündigen, sondern recht handeln will (man beachte übrigens hiebei die Konfundierung der Begriffe ‚sündigen‘ und ‚seinen Vorteil verfehlen‘, ‚recht thun‘ und ‚glücklich sein‘), so thut er also nicht das, was er will" (II, 26, 1. III, 23, 34) [7]). Und insofern ist alles Sündigen unfreiwillig, da, wie Epictet meint, die Seele des Menschen von Natur die Wahrheit liebt und deshalb, sobald sie die Täuschung, in der sie sich befindet, erkannt hat, der Sünde entsagt [8]). Wie Epictet neben dieser Anschauung doch andrerseits die Freiheit des Willens und der Selbstbestimmung aufrecht zu erhalten sucht, wird das Folgende zeigen.

Zunächst leitet uns diese Lehre, dass der Mensch unfreiwillig sündigt, naturgemäss über auf die Betrachtung des Ursprungs und der Ursachen der Sünde. Wenn das eigentliche Wesen der Sünde in der Selbsttäuschung besteht, so ist damit zugleich auch schon die Ursache der Sünde angegeben; die Sünde entspringt nämlich aus der Unwissenheit, aus der Unkenntnis dessen, was wahrhaft gut und schlecht, nützlich und schädlich ist, aus den falschen Dogmata. Ebenso oft, wie Epictet die Sünde als Unwissenheit bezeichnet, nennt er diese auch den Grund der Sünde [9]). Das hinreichende Motiv zum Stehlen z. B. ist nach Epictet die Meinung, dass das zu Stehlende etwas Gutes sei (I, 18, 13. III, 7, 12). Hinsichtlich des Ursprungs der Sünde ist aber, wie man sieht, damit noch nichts gewonnen: wir fragen weiter, woher kommt denn diese Unwissenheit, woher kommt es, dass die Menschen das Gleichgiltige oder Wertlose für ein Gut, das einzig Wertvolle aber für gleichgiltig halten? Die Stoiker geben hiefür im wesentlichen zwei Gründe an, erstens die falsche Gewöhnung und Erziehung, das böse Beispiel der Umgebung etc., kurz die bereits vorhandene Verbreitung falscher Grundsätze und Gesinnungen [10]). Es ist klar, dass auch hierin keine Erklärung der Sünde liegt, denn wir müssen weiter fragen, woher kommt es denn, dass diese falschen Vorstellungen sich so verbreiten, ja dass sie überhaupt entstehen konnten. Darauf giebt uns der zweite Grund, den die Stoiker anführen, eine Antwort: es ist der Reiz, die Scheinbarkeit der Dinge selbst ($\pi\iota\vartheta\alpha\nu\acute{o}\tau\eta\varsigma$ $\tau\tilde{\omega}\nu$ $\pi\rho\alpha\gamma\mu\acute{\alpha}\tau\omega\nu$), wodurch das falsche Vorurteil und mittelbar die Sünde erzeugt wird; dadurch erklärt sich auch erst, warum die Sünde eine so ansteckende Macht besitzt und sich trotz der guten Anlage jedes einzelnen so leicht dem andern mitteilt [11]). Dieser Reiz der Dinge ist in der That der letzte und einzige Grund, den die Stoiker für die Sünde anzugeben vermochten. Und hier ist es wieder Epictet, der uns über diesen merkwürdigen Begriff nähere Auskunft giebt. Wie die Sophismen der Skeptiker etwas Blendendes und Berückendes an sich haben, wodurch der dialektisch Ungebildete oder der Unvorsichtige gefangen wird, so liegt auch in den Dingen selbst ein gewisser Reiz oder verführerischer Schein, wonach sie uns als etwas Gutes oder Uebles erscheinen, während sie's doch nicht sind (I, 27, 3. III, 8, 1. III, 7, 22 $\pi\rho\acute{\alpha}\gamma\mu\alpha\tau\alpha$ $o\ddot{\upsilon}\tau\omega$ $\pi\iota\vartheta\alpha\nu\grave{\alpha}$ $\pi\rho\grave{o}\varsigma$ $\tau\grave{o}$ $\dot{\alpha}\gamma\alpha\gamma\epsilon\tilde{\iota}\nu$ $\varkappa\alpha\grave{\iota}$ $\nu\iota\varkappa\tilde{\eta}\sigma\alpha\iota$) [12]).

Die Gegner der Stoa verfehlten nun nicht die Frage aufzuwerfen, woher es denn komme, dass z. B. die Lust dem Menschen stets als etwas Gutes, der Schmerz dagegen als etwas Schlimmes erscheine, und suchten sie zu dem Eingeständnis zu zwingen, dass im Menschen selbst eine natürliche Hinneigung zur Lust und damit also auch eine gewisse Ursache zur Sünde liege (Galen 462). Was die Stoiker hierauf erwidert haben, wissen wir nicht. Jedenfalls haben sie unter keinen Umständen irgend eine angeborene Neigung zum Bösen zugegeben, sondern die Ursache der Sünde aus dem Menschen hinausverlegt[13]. Dies wird schon dadurch bewiesen, dass sie die Lust, wie wir sahen, nicht zu den ursprünglichen Naturtrieben (den πρῶτα κατὰ φύσιν) rechneten, folglich eben das, was ihre Gegner aus der Theorie der Scheinbarkeit der Dinge folgern wollten, dass nämlich der Mensch eine natürliche Hinneigung (οἰκείωσις) zur Lust habe, bestritten. Auch Epictet ist weit entfernt davon, in dem Schein der Dinge auch nur die geringste Nötigung zur Sünde zu erblicken: es ist des Menschen eigene Schuld, wenn ihn dieser Schein gefangen nimmt und fortreisst, er hat ja eine hinreichende Gegenwehr in seinen Prolepseis, durch deren verständige Benutzung er den Trug sofort erkennt[14]. Freilich müssen diese Prolepseis, wenn sie sichere Kriterien des Guten und Schlechten sein sollen, entwickelt, d. h. wissenschaftlich zurecht gemacht sein, und da hiezu, wenigstens bei den meisten, eine Belehrung und Unterweisung erforderlich ist, überdies nach stoischer Lehre der Mensch erst mit dem 14. Lebensjahre in den Vollbesitz der Vernunft gelangt, so könnte man sagen, dass mindestens für die Zeit vor dem 14. Lebensjahr die Scheinbarkeit der Dinge mit Notwendigkeit falsche Anschauungen erzeuge. Insofern wäre also die Sünde wenigstens für die Zeit der Unmündigkeit unvermeidlich, und die sittliche Bildung hätte überall mit der Bekämpfung falscher Vorstellungen und Urteile zu beginnen[15]. Dies war auch ohne Zweifel die Ansicht der Stoiker, nur müssen wir bedenken, dass sie auf der Stufe der Unmündigkeit die Sünde gar nicht für möglich hielten resp. gar nicht Sünde nannten: denn die Sünde ist nach ihnen etwas die Vernunft Betreffendes (ein λογικόν), nämlich ein Verfehlen oder eine Verkehrung der Vernunft (λόγος ἡμαρτημένος oder διεστραμμένος, st. rep. 18), kann also nur bei denen vorkommen, welche schon einen Logos besitzen.

Ob es nun der Wahrheit entspricht, dass der Logos gleich von erreichter Mündigkeit an die Macht hat, allen Versuchungen der Dinge zu trotzen und sich nie zu einem falschen Werturteil hinreissen zu lassen, mag dahingestellt bleiben. Man wird es mindestens sehr fraglich nennen dürfen, ob die Thatsache, dass die meisten Menschen, auch nachdem sie vernünftig (im physischen Sinn, d. h. λογικοί) geworden sind, sich vielfach ja immer wieder von jenem Schein der Dinge bestricken und verführen lassen, erklärlich ist ohne Annahme einer dem menschlichen Wesen inhärierenden Neigung zum Bösen[16]. Aber unbestreitbar ist es, dass die Stoiker, ohne ihren Monismus einerseits und ihren ethischen Idealismus andrerseits aufzugeben, unmöglich eine im Menschen selbst liegende Nötigung oder Anlage zur Sünde einräumen konnten. Dass sie eine die Vernunft befriedigende Erklärung der Sünde nicht zu geben vermochten, liegt auf der Hand, aber es ist ungerecht, dies ihnen als einen Mangel ihres Systems anzurechnen (z. B. Wellmann in den Jahrb. f. Phil. 107, 1873, p. 453 etc.): eine befriedigende Erklärung der Sünde habe ich noch nirgends gefunden, sie scheint mir überhaupt möglich nur da, wo man die Notwendigkeit der Sünde behauptet und eben damit den Begriff der Sünde eigentlich aufhebt. Dies findet sich auch in der That bei Epictet einmal ausgesprochen, I, 12, 16: Gott hat Sommer und Winter — Tugend und Sünde und alle diese Gegensätze geordnet zum Zweck der Harmonie des Alls. Auch Kleanthes nimmt einerseits die Sünde von der göttlichen Kausalität aus, betrachtet sie aber doch wieder echt pantheistisch als etwas in die Weltökonomie von Anfang an Aufgenommenes, als eine Unebenheit, die durch Gottes Weisheit beständig ausgeglichen wird (Hymnus). Dieselbe Ansicht vertritt Chrysipp (st. rep. 35 γίνεται καὶ αὕτη — sc. die κακία — πως κατὰ τὸν τῆς φύσεως λόγον): die Sünde ist an und für sich betrachtet etwas Schlechtes, gehört jedoch auch zum Ganzen wie der Hofnarr zum Hof und der Lachvers zur Komödie (comm. not. 13. 14. Ant. 6, 42). Trotzdem dürfen wir getrost behaupten, dass, wo bei stoischen Schriftstellern eine Konzession in der Richtung sich findet, dass im Menschen selbst eine gewisse Neigung zur Sünde vorhanden sei, die Linie des echten Stoizismus überschritten ist, so z. B., wenn Seneca die Verblendung des Sinnes und die Liebe zum Irrtum für eines der Uebel der Sterblichkeit erklärt (ira II, 10, 1)[17]), oder wenn bei Cicero (leg. I, 47), obwohl zuvor (31) der Irrtum des Denkens (error mentis) dafür verantwortlich gemacht wurde, die Lust etwas den Sinnen selbst tief Innewohnendes, als eine Vorspieglerin des Guten und Mutter aller Uebel (imitatrix boni und malorum mater omnium) genannt wird. Man sieht, es ist dies nichts anderes, als die stoische Lehre von der Scheinbarkeit der Dinge, aber was eben die Stoiker nicht wollten, nach innen gewendet und subjektiv gefasst[18]).

Es scheint nun aber doch, dass auch die alten Stoiker einen gewissen Hang zur Sünde, ja ein gewisses Angeborensein der Sünde angenommen haben; denn von Kleanthes wie von Chrysipp wird uns berichtet, dass sie, um die Körperlichkeit der Seele bezw. ihre Entstehung durch die Zeugung zu beweisen, die Aehnlichkeit der Kinder mit den Eltern nach Sinnesart und Neigungen ins Feld geführt haben (Nemes. d. n. h. 76. st. rep. 41 und comm. not. 46). Die Sinnesart, die sich von den Eltern auf die Kinder vererbt, muss nun ja nicht gerade sündhaft sein; aber wenn auch die Affekte resp. die Leidenschaften sich vererben, wie Kleanthes gesagt haben soll, so ist damit in der That die Ursache der Sünde in die Natur des Menschen selbst verlegt. Freilich bliebe dann immer noch die Frage übrig, wie denn die πάθη, die sündigen Leidenschaften und Neigungen, in die ersten Menschen gekommen seien. Aber für die empirische Menschheit wäre eben doch, wenigstens für die überwiegende Mehrheit, eine angeborene Verderbnis vorausgesetzt. Die Stoiker hätten zwar sagen können, dass diese angeerbten Leidenschaften nicht den Namen Sünde verdienen, da sie noch nicht im Logos selbst ihren Sitz haben, und sobald dieser vorhanden sei und seiner Kraft sich bewusst werde, verschwinden. Jedenfalls passt diese Annahme einer Erbsünde in das stoische System hinein, und wenn Kleanthes von einer Vererbung der πάθη gesprochen hat, so kann er darunter nicht wohl die eigentlichen sündhaften πάθη verstanden haben, da ja dieselben auf einem Urteil, auf einer freien Abwendung des Menschen vom Logos beruhen. Wir dürfen auf diese vereinzelten Aeusserungen um so weniger Gewicht legen, als wir ja gerade von Kleanthes aus seinem berühmten Hymnus wissen, dass er die Sünde von der göttlichen, also auch natürlichen Kausalität ausdrücklich ausgenommen und auf den Unverstand resp. auf die freie Abwendung von der Vernunft und ihrem Gesetz zurückgeführt hat. Und Chrysipp ist es ja gerade, der die Theorie, dass die Leidenschaften auf einer freien Verkehrung des Urteils beruhen, ausgebildet hat und eben deshalb von Galen resp. Posidonius so heftig bekämpft wird, welcher eine ursprüngliche unvernünftige Seelenkraft (ein ἐπιθυμητικόν und θυμοειδές, eine παθητικὴ ὁλκή) und einen ethisch bestimmenden Einfluss der körperlichen Konstitution angenommen hat (Ps. Galen 24 D. 614. Galen 442. 463). Wenn die Stoiker also im Ernste von einer Vererbung der Sinnesart gesprochen haben, so waren sie sich der Konsequenz dieser Annahme für die Ethik nicht recht bewusst, oder aber haben sie die Wirkung dieser seelischen Vererbung auf die noch nicht vernünftige Periode des Menschen beschränkt. Denn die Sinnesart und Denkrichtung im moralischen Sinne beginnt für die Stoiker erst mit der Vollendung des Logos und ist durchaus von der Selbstbestimmung des Menschen abhängig: ethisch betrachtet giebt es für die Stoiker keine Mannigfaltigkeit der Gemütsart (des ἦθος), sondern nur ein gutes und ein schlechtes Ethos, das der Mensch selbst sich bildet. Der Gegensatz zwischen Moralität und Immoralität ist nach stoischer Lehre absolut, aber nicht in der Naturanlage begründet, sondern von der freien Selbstbestimmung des Menschen abhängig. Dass die Sünde auf der freien Entscheidung des Menschen beruhe, darin waren alle Stoiker einig: der Grundgedanke der stoischen Ethik, dass jeder Mensch zur Glückseligkeit gelangen könne und dass dieselbe von allem Aeusseren und Zufälligen unabhängig sei, fordert ja mit Notwendigkeit die Annahme der Willensfreiheit. Andrerseits führt ihr intellektualistischer Charakter mit Notwendigkeit auf den Determinismus und die Leugnung der eigentlichen Willensfreiheit: denn wenn die Tugend auf dem Wissen beruht, so kann von einer wirklich freien Selbstbestimmung nicht die Rede sein. Sagt man nämlich, der Mensch ist für die Aneignung des richtigen Wissens selbst verantwortlich (so suchte Heine, de Stoic. fato doctrina p. 11 den Widerspruch zu lösen), so beruht eben die Tugend im letzten Grund auf dem Wollen und nicht auf dem Wissen, und der Intellektualismus ist aufgegeben. Diese Antinomie zieht sich durch die ganze Lehre der Stoa hindurch. Schon Chrysipp hat sich bekanntlich redlich damit abgemüht, die Allwirksamkeit des Fatums und die menschliche Freiheit miteinander zu vereinigen (siehe insbesondere st. rep. 23. 47. Diogenian frag. I u. II. IV. Cicero de fato); stets sehen wir ihn bestrebt, die Freiheit des menschlichen Handelns zu retten[19]). Bei Epictet tritt diese Antinomie besonders flagrant zu tage: es stehen sich da die beiden Sätze „niemand sündigt freiwillig" und „du darfst nur wollen, so bist du gut" (II, 18, 19. IV, 1, 176. IV, 7, 40. IV, 9, 16) schroff gegenüber. Eine wirkliche, theoretisch befriedigende Lösung dieser Antinomie ist nicht denkbar. Wollte man nämlich sagen, die Unwissenheit, unter deren Druck und Zwang der Sündigende handelt[20]), sei eine selbstverschuldete, oder der Zwang sei nur die Folge eines früheren Entschlusses einer vorhergegangenen einmaligen Entscheidung für das Böse, so müsste ja auch ein blosser Entschluss genügen, um diesen Zwang wieder aufzuheben; die Besserung oder Bekehrung des Sünders hinge dann nicht, wie Epictet so oft sagt, lediglich davon ab, dass man ihm seinen Irrtum zeigte (I, 18, 4 u. ö.). In der Theorie also stehen diese beiden Anschauungen unvermittelt nebeneinander. In der Praxis aber rechnet Epictet einfach mit der Sünde als mit einer Thatsache, die er nicht weiter zu erklären braucht, und betrachtet sie wesentlich als eine Verblendung, die nur durch Belehrung verschwindet, wobei er freilich zugleich auch dem Willen des Menschen, der diese Belehrung ergreifen und annehmen muss, eine wichtige Stelle einräumt und sich oft an diesen als den eigentlich entscheidenden Faktor wendet.

Mit der Lehre von dem absoluten Gegensatz zwischen Tugend und Sünde, Weisen und Unweisen hängt nun auch das bekannte, in alter und neuer Zeit vielfach missdeutete stoische Paradoxon von der Gleichheit aller Sünden zusammen. Der Grundgedanke dieses Satzes ist zweifellos der, dass in jeder Sünde, sei sie auch anscheinend noch so unbedeutend, eine verkehrte Richtung des Willens sich offenbare, und insofern, als Zeugnisse der noch nicht völlig überwundenen Verkehrtheit des Willens und der Lebensanschauung sind allerdings alle Sünden gleich. Es giebt also keine Grade der Sünde. Verschieden sind die Sünden nur hinsichtlich des Objekts, auf das sie sich beziehen, aber nicht vom Standpunkt des sittlichen Urteils aus: denn „sie fliessen alle aus derselben Quelle (der κακία, Stob. ecl. II, 106) und das Urteil ist bei allen Sünden das gleiche" — nämlich verkehrt (Sext. VII, 422. Sen. clem. II, 4, 4 par error a veritate recedentium). Sündigen heisst die Schranken übertreten: wie weit man über dieselben hinausgeht, ändert an der Schuld nichts, die eben in dem Ueberschreiten besteht (Cic. parad. III, 20 etc.). Wie der Begriff des Rechten und Wahren keine Steigerung zulässt, so auch derjenige der Sünde (Cic. fin. III, 48. Sen. ep. 66, 8. D. L. 120. 127). Wenn eine Saite verstimmt ist, so kommt es auf den Grad der Verstimmung nicht an, sie ist eben verstimmt (fin. IV, 75). Antiochus hat dieses stoische Paradoxon heftig bekämpft (acad. II, 133); er wirft den Stoikern vor, sie verwechseln die begriffliche und die quantitative Gleichheit: die Saiten seien wohl gleichermassen verstimmt, aber nicht im gleichen Grade verstimmt (fin. IV, 75). Aber die Stoiker behaupteten eben gerade, dass es bei der Sünde (wie bei der Tugend) gar keine quantitativen Unterschiede gebe. Jede Sünde ist ein Zeichen und Ausfluss der sittlichen Schwäche und Haltlosigkeit, diese aber hat keine verschiedenen Grade, folglich auch nicht die Sünde. Die Polemik des Antiochus setzt nun aber auch an diesem Punkte ein, indem er eben das bestreitet, dass bei allen Nichtweisen die sittliche Schwäche dieselbe sei, und hier giebt ihm die Erfahrung selbstverständlich recht. Aber der grosse und tiefe Gedanke, den Antiochus nicht erkannt hat, bleibt deshalb jenem stoischen Paradoxon doch, dass nämlich alle Sünden aus einer innerlichen Verkehrtheit, aus einer falschen Sinnesrichtung hervorgehen, und dass diese, nicht aber die einzelnen Sünden für die Beurteilung des Wertes eines Menschen das Massgebende und Entscheidende sind. Wie der Weise alles, auch das Unbedeutendste, kraft seiner Weisheit thut und nicht einmal den Finger ausstreckt, ohne dass seine Tugend dabei wirksam wäre [21]), so ist auch bei allem, was der Schlechte thut, seine Verkehrtheit gleichermassen wirksam, in jeder fehlerhaften Handlung ist gleichsam seine ganze Schlechtigkeit darin. Dem Schüler, der seine Unaufmerksamkeit im collegium logicum für ein entschuldbares, leichtes Vergehen erklärt und, als ihn der Lehrer tadelt, sagt: „ich habe doch nicht meinen Vater getötet", erwidert Epictet in allem Ernst: „wo war denn hier der Vater, den du hättest töten können? was hast du also gethan? die einzige Sünde, die du gerade jetzt und hier begehen konntest" (I, 7, 31). So schärft es auch M. Aurel oft ein, dass man stets das προκείμενον, d. h. die jeweils vorliegende sittliche Aufgabe ins Auge fassen und erfüllen müsse (9, 42). Ich erblicke demnach in diesem Paradoxon gerade den stärksten Beweis für den Ernst und die Tiefe der stoischen Auffassung von der Sünde: dasselbe Paradoxon, nur religiös gewendet, haben wir im Christentum, und zwar nicht bloss in dem des Paulus, wornach alles, was nicht aus dem Glauben (stoisch: aus den δόγματα ὀρθά) kommt, Sünde ist, sondern auch in dem Evangelium Jesu selbst, der die Worte sprach: „wer nicht für mich ist, der ist wider mich". Diese tiefe und ernste Auffassung der Sünde zeigt sich — und es ist dies eigentlich nur die Anwendung jenes Paradoxons — auch darin, dass die Stoiker einerseits die böse Lust, die ungöttlichen Regungen der Seele, den Willen zur Sünde, auch wenn derselbe sich nicht in Thaten äussert, weil ihm die Gelegenheit zur Bethätigung fehlt, und andrerseits auch die Unterlassung des Guten als Sünde betrachteten [22]). (Vergl. Ziegler, Ethik I, p. 172.)

Stoa und Christentum sind sich nun aber auch darin ähnlich, dass beide in der Anwendung auf die Wirklichkeit die Giltigkeit jenes Satzes erheblich einschränken mussten. Erstlich wollten die Stoiker mit ihrem Satz von der Gleichheit der Sünden so wenig wie Paulus die Abstufung der von der menschlichen Obrigkeit festgesetzten Strafen der Gesetzesübertretungen beseitigen: der Vatermörder verdient eine grössere Strafe als wer einen Sklaven getötet hat, nicht weil er eine grössere Sünde verübt hätte, sondern weil er eigentlich eine ganze Reihe von Sünden begangen hat, nämlich gegen den Erzeuger, Ernährer, Erzieher etc. (Cic. parad. III, 25). Auf diese Weise suchten sie der thatsächlichen Verschiedenheit der Schuld gerecht zu werden. Es ist dies natürlich nur eine sophistische Auskunft. In richtiger Konsequenz ihrer Anschauungen durften sie eigentlich bloss eine Strafe für alle Schlechten gerecht finden, nämlich die Vernichtung. Aber auf dem Gebiet des sittlichen Lebens darf man nun einmal die Grundsätze, wenn sie gleich noch so richtig sind, nicht bis in ihre äussersten Konsequenzen verfolgen.

Aber nicht bloss vor dem menschlichen Gericht, auch in den Augen Gottes sind nicht alle Sünden gleich. Der Gläubige, dessen Wille grundsätzlich auf das Gute und Göttliche gerichtet ist, verdient zwar das Prädikat des Gerechten nicht, weil ihm noch allerlei sündige Schwachheit anhaftet, aber er bekommt den Titel des Gerechten als Geschenk der göttlichen Gnade, d. h. er ist gerecht im Vergleich zu denen, die jenen ernsten, lebendigen Glauben nicht haben. Aehnlich verhält es sich mit dem stoischen „Fortgeschrittenen", er verdient den Titel des Weisen noch nicht und gehört also formell noch zu den Unweisen, aber in Wirklichkeit ist doch zwischen ihm und den Ungebildeten ein prinzipieller, tiefgreifender Unterschied. Es mag dies wohl für den rein logischen Verstand ein Widerspruch sein, aber er ist in der Natur des Menschen, ja in dem Wesen der Sittlichkeit selbst begründet. Die Sünden des Unwiedergeborenen sind in der That alle gleich, da es keine Grade des Verloren- oder Verdammtseins giebt; die Sünden der Wiedergeborenen dagegen sind eigentlich gar keine Sünden mehr, sie sind gleichsam nur noch begleitende Erscheinungen des im innersten Kern guten Willens und darum, religiös ausgedrückt, zum voraus vergeben.

Anmerkungen zu Abschnitt II.

¹) Sen. ben. I, 10, 1 regnare nequitiam, in deterius res humanas et omne nefas labi; III, 15, 3 fraus ac nequitia publica; V, 15, 2 publica querela est beneficia perisse et paucissimos esse, qui de bene merentibus non invicem pessime mereantur; VI, 30, 4 exstincta libertas et fides in obsequium servile submissa etc.; VII, 3 die Undankbarkeit ist so gewöhnlich, dass derselben sogar der sich schuldig macht, der darüber klagt. vit. b. 2, 1 argumentum pessimi turba est — ira II, 28, 3 nicht einmal im legalen Sinne sind wir unschuldig. ep. 95, 34 in hac morum perversitate. ep. 97, 7. Cic. Tusc. V, 78 nos umbris, deliciis, otio, languore, desidia animum infecimus, opinionibus maloque more delenitum mollivimus. Ant. 5, 33 πίστις καὶ αἰδὼς καὶ δίκη καὶ ἀλήθεια πρὸς ὄλυμπον. 4, 32 die Schlechtigkeit der Menschen bleibt sich zu allen Zeiten gleich. Dagegen Sen. ep. 14, 11 nunquam in tantum convalescet nequitia — ut non philosophiae nomen venerabile et sacrum maneat. — Vergl. den Ausspruch des Kleanthes bei Sext. IX, 88, dass der Mensch zeitlebens in der Sünde wandle und, wenn je, erst an der Neige seines Lebens zur Tugend gelange, und den fast gleichlautenden des Chrysipp (st. rep. 14).

²) II, 2, 12 μὴ ἀντισπῶ — ἀλλ' ἁπλῶς καὶ ἐξ ὅλης τῆς διανοίας ἢ ταῦτα ἢ ἐκεῖνα ἢ ἐλεύθερος ἢ δοῦλος. III, 15, 6 ὅλῃ τῇ ψυχῇ οὐδείς (cfr. Ant. 3, 6 ἐξ ὅλης τῆς ψυχῆς ἐπ' ἐκεῖνο τραπόμενος). IV, 2, 4 οὐδεὶς ἐπαμφοτερίζων δύναται προκόψαι· — ἄφες ἅπαντα τἆλλα. IV, 10, 24 ἔργον ἔργῳ οὐ κοινωνεῖ. En. 1, 4 οὐ δεῖ οὐδὲ μετρίως κεκινημένον ἅπτεσθαι αὐτῶν (cfr. Sen. ep. 59, 9 toto impetu ad salutem niti). En. 13 τὸν ἑτέρου ἐπιμελούμενον τοῦ ἑτέρου ἀμελῆσαι πᾶσα ἀνάγκη. — III, 16, 7 ἐκεῖνοι μὲν τὰ σαπρὰ ταῦτα ἀπὸ δογμάτων λαλοῦσιν· ὑμεῖς δὲ τὰ κομψὰ ἀπὸ τῶν χειλῶν· διὰ τοῦτο ἄτονά ἐστι καὶ νεκρά. — Gewiss wollten die alten Stoiker mit ihren viel angefochtenen paradoxen Sätzen, dass zwischen ἀρετή und κακία nichts in der Mitte liege (D. L. 127. ecl. II, 65, const. sap. 9, 1 aliorum omnium non consilia sed fraudes et insidiae et motus animorum inconditi sunt), und dass, wer eine κακία habe, alle habe (ecl. II, 106. Sen. ben. V, 15, 1), nur den ganz richtigen Gedanken ausdrücken, dass der moralische Wert oder Unwert eines Menschen und aller seiner Handlungen von seiner prinzipiellen Willensrichtung abhängt, die allerdings nur entweder gut oder schlecht sein kann.

³) II, 19, 20 die meisten von euch sind Epicureer, einige wenige Peripatetiker und das keine rechten — zeiget mir aber einen Stoiker, wenn ihr einen habt! III, 7, 17 Lehre und Leben stimmt bei uns nicht überein. En. 49. IV, 1, 167. — cfr. Sen. ep. 120, 22 praeter sapientem nemo unum hominem agit: ceteri multiformes sumus; ep. 27, 1 tanquam in eodem valetudinario jaceam de communi tecum malo conloquor. vit. b. 17, 3 non sum sapiens nec ero -- nin alto vitiorum omnium sum. ep. 57, 3 multum ab homine tolerabili nedum a perfecto absum. — ep. 87, 5 parum adhuc profeci, nondum audeo frugalitatem palam ferre. — ira III, 26, 4 omnes mali sumus. — Ant. 5, 10 den χαριέστατος, ja sich selbst kann man kaum ertragen. 10, 36. 11, 18 wenn ich auch etlicher Sünden mich enthalte, so habe ich doch noch die ποιητικὴ ἕξις. cfr. Sen. ira III, 26, 5.

⁴) Sen. ep. 75, 8 qui proficit, in numero quidem stultorum est, magno tamen intervallo ab illis diducitur. Cic. Tusc. IV, 29 non omne vitium pares habet dissensiones, ut eorum, qui non longe a sapientia absunt, adfectio est illa quidem discrepans sibi ipsa, dum est insipiens, sed non distorta nec prava.

⁵) I, 3, 3. II, 9, 3 ὅρα μή τι πως ὡς θηρίον ποιήσῃς· εἰ δὲ μὴ ἀπώλεσας τὸν ἄνθρωπον, und oft ähnlich (vergl. Kleanthes bei Stob. ecl. II, 212 die Ungebildeten unterscheiden sich nur durch ihre Gestalt von den Tieren). — I, 29, 32 wenn sich einer nicht bekehren lässt, so betrachte ihn als ein Kind. — I, 9, 26 ἡμεῖς ὡς κοιλίαι ὡς ἔντερα ὡς αἰδοῖα περὶ αὐτῶν διανοούμεθα. — I, 11, 7 das Sündigen ist nicht κατὰ φύσιν, obwohl wir fast alle oder wenigstens die meisten sündigen. I, 18, 9 χαλεπαίνειν ist — παρὰ φύσιν διατίθεσθαι (Sen. ep. 122, 5 omnia vitia contra naturam pugnant etc. Ant. 11, 20 alle ἀδικήματα und ἀκολαστήματα etc. sind nichts anderes

als ἀφίστασις τῆς φύσεως). — II, 13, 13 u. II, 14, 22 ὄρεξις φλεγμαίνουσα etc. II, 15, 17 μανικοὶ τόνοι, ἀσθενὴς ψυχή. III, 26, 23 der Anspruchslose, Genussüchtige ist eigentlich ein ἄρρωστος. En. 48 (cfr. Sen. clem. I, 17, 1 et hic morbus est animi; ira II, 13, 1 sanabilibus aegrotamus malis). IV, 11, 8 ψυχῆς ἀκαθαρσία δόγματα πονηρά. — IV, 1, 52 etc. alle Unzufriedenen, von Leidenschaften Erfüllten sind unfrei — die falschen δόγματα, das sind unsere Tyrannen (cfr. Sen. ep. 106, 10 quicquid facimus aut malitiae aut virtutis gerimus imperio. D. L. 124 alle ἄφρονες sind Knechte). — Religiös betrachtet ist jede Sünde eine Asebie (ecl. II, 105 — Ant. 10, 25 der Unzufriedene etc. ist ein δραπέτης). — Stob. ecl. II, 93 Sünde ist τὸ παρὰ τὸν ὀρθὸν λόγον πραττόμενον ἢ ἐν ᾧ παρείληπταί τι καθῆκον. cfr. ecl. II, 86. st. rep. 18 λόγος ἡμαρτημένος. flor. IV, 50 ἄφρων wird der Sünder genannt, nicht als ob er ohne **φρένες**, sondern weil er ohne einen bestimmten νοῦς, d. h. ohne ὀρθὸς λόγος ist (cfr. Ep. I, 5, 9 τὸ λογικὸν οὐκ ἀποτέτμηται, sondern τὸ αἰδῆμον, jenes ist nur verwildert).

[6]) I, 11, 14 ἄγνοια II, 22, 36 (D. L. 93 ecl. II, 68 ἄγνοια πτοιώδης — vergl. die Lehre von der δόξα πρόσφατος) — I, 21, 4. I, 29, 33 wie nennt man die, welche jedem Einfall folgen? μαινόμενοι. IV, 12, 6 ταῖς ῥοπθυμίαις ἀκολουθεῖς. II, 11, 12 ὁ μαινόμενος ἄλλα τινὰ ποιεῖ ἢ τὰ δοκοῦντα οἱ καλά; III, 9, 5. fr. 178 περὶ τοῦ μαίνεσθαι ὁ ἀγὼν ἢ μή (cfr. D. L. 124. st. rep. 31. Tusc. III, 11. IV, 54. Seneca ira I, 1, 2 der Zorn ist brevis insania — Clem. Al. protr. X, 29).

[7]) Stob. ecl. II, 106 πᾶσα ἁμαρτία κατὰ διάψευσιν πράττεται.

[8]) I, 17, 14 πάντες ἄκοντες ἁμαρτάνουσιν. I, 28, 4 u. II, 22, 36 πᾶσα ψυχὴ ἄκουσα στερεῖται τῆς ἀληθείας. II, 1, 23 saget mir, Menschen, wollt ihr leben ἁμαρτάνοντες? nein! also ist kein Sünder frei.

[9]) I, 26, 6 τί ἐστι τὸ αἴτιον τοῦ ἁμαρτάνειν με; ἡ ἄγνοια. II, 22, 22. II, 24, 20. I, 4, 19. I, 19, 16. III, 9, 2 παντὶ αἴτιον τοῦ πράσσειν τι δόγμα. IV, 1, 42. En. 42 καθήκειν αὐτῷ οἰόμενος ποιεῖ (bemerke hier wieder die Konfundierung der Begriffe καθήκει und συμφέρει!) — D. L. 110 ἐκ τῶν ψευδῶν ἡ διαστροφή. Cic. leg. I, 31 voluptas errore mentis tanquam salutare aliquid adsiscitur. Sen. ep. 94, 68 die Tugend muss die mendacia et contra verum placentia ausrotten. Stob. flor. I, 303. Ant. 2, 11 ἐλεεινὰ δι' ἄγνοιαν. 3, 11. 7, 62 ἀκουσίως πταίοντες.

[10]) III, 16, 1 böse Beispiele verderben gute Sitten. IV, 2, 1. (Sen. ep. 7, 7, convictor delicatus paullatim enervat et emollit). III, 19, 4 von Kindheit auf wird die Begehrlichkeit genährt statt unterdrückt. III, 12. 6 τὸ ἔθος ἰσχυρὸν προηγεῖται πρὸς μόνα ταῦτα (sc. τὰ ἀπροαίρετα) εἰθισμένων ἡμῶν χρῆσθαι ὀρέξει καὶ ἐκκλίσει. IV, 1, 138. — Vergl. Cic. leg. I, 29 opinionum vanitas, depravatio consuetudinis. Tusc. III, 2 simul atque editi in lucem — sumus, in omni continuo pravitate et in summa opinionum perversitate versamur .... accedunt etiam poëtae etc. Sen. ep. 115, 11 admirationem nobis parentes auri argenticae fecerunt .... deinde totus populus (ep. 108, 7 populus honesti dissuasor) — accedunt deinde carmina poëtarum. ep. 41, 8 rem facillimam, secundum naturam suam vivere — difficilem facit communis insania. ep. 75, 16 praeoccupati sumus, ad virtutem contendimus inter vitia districti. ep. 94, 13 entweder ist die Seele falsis occupatus oder ad falsa proclivis. ep. 95, 36 illis aut hebetibus et obtusis aut mala consuetudine obsessis diu robigo animorum effricanda est. De mor. lib. 2 bona consuetudo excutere debet quod mala instruxit. Musonius bei Stob. flor. II, 14 οἱ φιλοσοφεῖν ἐπιχειροῦντες ἐν διαφθορᾷ γεγενημένοι πρότερον πολλῇ καὶ ἐμπεπλησμένοι κακίας οὕτως μετίασι τὴν ἀρετήν und brauchen deshalb um so mehr Uebung. cfr. Clem. Al. strom. II, 487 ἅτε προεκκακωμένοις ἀσθενείᾳ πολλῇ καὶ προδιαστροφῇ κακῆς ἀγωγῆς etc.

[11]) D. L. 89 διαστρέφεσθαι τὸ λογικὸν ζῴον ποτὲ μὲν διὰ τὰς τῶν ἔξωθεν πραγμάτων πιθανότητας ποτὲ δὲ διὰ τὴν κατήχησιν τῶν συνόντων. Dass dies die Lehre Chrysipps ist, bezeugt Galen 461 etc. Sen. ep. 94, 13 ad falsa proclivis et cito specie quo non oportet trahente corrumpitur. — Wenn zu dieser πιθανότης hin, ruft Epictet aus, auch noch eine Philosophie erfunden wird (die epicureische), welche dazu hintreibt und jenen Schein bestärkt, was soll dann werden? (III, 7, 23).

[12]) Wenn Epictet gelegentlich auch von den πιθανότητες τῶν φαντασιῶν redet (II, 22, 6), so ist φαντασία hier im objektiven Sinne zu verstehen. Vergl. Band I, p. 141.

[13]) Galen 461 die eine Ursache zur Sünde — ausser dem bösen Beispiele etc. — liege in der Natur der Dinge selbst (also nicht im Menschen).

[14]) I, 27, 6 ἀντίθες τῷ ἔθει τὸ ἐναντίον ἔθος· πρὸς τοὺς σοφιστικοὺς λόγους τὰ λογικὰ καὶ τὴν ἐν τούτοις γυμνασίαν καὶ τριβήν· πρὸς τὰς τῶν πραγμάτων πιθανότητας τὰς ἐναργεῖς προλήψεις ἐσμιλευμένας καὶ προχείρους ἔχειν δεῖ.

[15]) Sen. ep. 50, 7 malitia nos jam tenet, quod diu in possessione nostri est: ad neminem ante bona mens venit quam mala. omnes praeoccupati sumus. vir-

tutes discere est vitia dediscere. Nach ep. 94, 13 dagegen sind nicht alle Menschen vorher schon, ehe sie zur Philosophie sich wenden, lasterhaft, sondern viele sind noch unverdorben, aber doch zum Schlechten geneigt. cfr. Stob. ecl. II, 104.

[16]) Seneca äussert sich öfters dahin, dass der Mensch eine Disposition zur Sünde besitze (ep. 97, 10 ad deteriora faciles sumus. ep. 73, 16 bonus und malus cultor. ira II, 20. clem. I, 24, 2 natura contumax est animus et in contrarium — nitens. ben. II, 26, 1 insitum mortalitati vitium se suaque mirandi. cfr. nat. qu. III, 30, 8 sine magistro vitia discuntur. ep. 90, 44. Sext. IX, 28. Philo opif. m. 47. 52), betont aber andrerseits auch die natürliche Scheu vor dem Bösen (ib. 18 infixa aversatio. ep. 50, 8). Nach Plut. quaest. conv. I, 9, 1 hat Chrysipp eine gewisse Geneigtheit des Menschen, sich durch den Schein (εἰκότα) blenden zu lassen, angenommen.

[17]) Diesen Gedanken, dass der Mensch seine Sünde liebt und sich wohl darin fühlt, spricht Seneca öfters aus (ep. 47, 10 tranqu. 1, 3 tam malorum quam bonorum longa conversatio amorem induit — vergl. Stob. ecl. II, 105 ὁ ἄνθρωπος ἡδέως σύνεστι τῇ αὑτοῦ κακίᾳ — Nemesius de nat. h. 264. Wenn Seneca daneben auch dem anderen Gedanken Ausdruck giebt, dass der Sünder eigentlich wider seinen Willen sündigt und kein Sünder sein will (ep. 50, 8 — cfr. Ep. II, 21, 4 keiner will ἀκρατής etc. sein. Ant. 11, 18 ἄχθονται γοῦν ἀκούοντες ἄδικοι — καὶ καθάπαξ ἁμαρτητικοὶ πρὸς τοὺς πλησίον), so bildet dies keinen Widerspruch zu dem vorigen; denn es ist eben thatsächlich beides wahr: der Sünder liebt seine Sünde, sofern er sie nicht als solche erkennt resp. erkennen mag und sich gleichsam ein Recht auf sein sündiges Leben anmasst; aber er hasst sie auch zugleich und seufzt unter ihr, insofern er doch zuweilen sie als Verkehrtheit und als Widerspruch gegen seine wahre Bestimmung empfindet. So setzt M. Aurel, wiewohl er oft genug sagt, dass der Sünder unfreiwillig und gleichsam unwissentlich sündige, doch auch wieder bei den Schlechten, in der Regel wenigstens, ein gewisses Schuldgefühl voraus (7, 24). Seneca aber spricht die Synthese beider Gedanken geradezu aus (ep. 112, 4 homines vitia sua et amant simul et oderunt).

[18]) Cic. leg. I, 29 wird neben der depravatio consuetudinum und opinionum vanitas auch die imbecillitas animi als Ursache der Sünde angeführt, und 31 wird die voluptas hingestellt als etwas, wodurch mit einer gewissen Notwendigkeit alle gefangen werden. Tusc. IV, 80 etc. wird ganz offen von einer angeborenen vitiositas im Unterschied von einer auf Schuld beruhenden geredet (animus alius ad alia vitia propensior — natura iracundi misericordes, invidi etc.). — Dass Posidonius eine natürliche Disposition zur Sünde annahm, versteht sich bei seiner dualistischen Psychologie von selbst, ebenso dass der Jude Philo in dieser Frage von der Stoa abwich und die Sünde, abgesehen von den aposteriorischen Ursachen, auch aus einer angeborenen Neigung und Anlage bezw. aus bösem Willen ableitete (vit. Mos. III, 17 das Sündigen ist jedem συμφυές — quis her. 59. de sobr. 6. de praem. et poen. 11. leg. alleg. II, 13 φύσει μισεῖται παρὰ τῷ θνητῷ ἡ ἀρετή — ähnlich de sacr. 5. 11. quod det. pot. 32 — vergl. Simplic. zu Ench. 30).

[19]) Gellius Noct. Att. VII, 2, 7 sua saevitate et voluntario impetu in assidua delicta et in errores se praecipitant. Stob. ecl. II, 93: jeder sündigt παρὰ τὴν αὑτοῦ κακίαν. Sen. de mor. l. 1 voluntarium est omne peccatum — nemo peccat invitus. ira I, 14, 3 nemo qui se possit absolvere. Musonius bei Stob. flor. III, 94 die διάνοια ist ἀνάγκης πάσης ἐκτός, ἐλεύθερος καὶ αὐτεξούσιος. Epict. En. 1. II, 19, 32 u. ö. die Tugend ist ἐφ' ἡμῖν.

[20]) III, 3, 13 ἄλλος αὐτὸν ἀναγκάζει ἔσωθεν ὁ τὸ νόμισμα τοῦτο τεταχως — dieser andere, meint Schweighäuser, sei Gott; ich möchte aber lieber an den Charakter, an den Dämon des Menschen denken, so wie er ihn gestaltet, d. h. depraviert hat. Ant. 8, 14. 10, 30. 11, 18 οἵας ἀνάγκας δογμάτων ἔχουσιν.

[21]) Ep. II, 11, 17. frag. 52. Ant. 2, 16 δέον καὶ τὰ μικρότατα κατα τὴν ἐπὶ τὸ τέλος ἀναφορὰν γίνεσθαι. Cic. fin. III, 57.

[22]) Epict. II, 8, 13 μολύνων σαυτὸν ἀκαθάρτοις διανοήμασιν. Cic. fin. III, 32 ut peccatum est patriam prodere etc. quae sunt in effectu, sic timere, sic maerere, sic in libidine esse peccatum est etiam sine effectu — sic ea, quae proficiscuntur a virtute, susceptione prima non perfectione recta sunt iudicanda. Sen. const. sap. 7, 4 omnia scelera etiam ante effectum operis, quantum culpae satis est, perfecta sunt. Cic. off. III, 37 in ipsa dubitatione facinus inest, etiamsi ad id non pervenerit (cfr. Römerbr. 14, 23 ὁ διακρινόμενος κατακέκριται). Stob. ecl. II, 111 Lüge ist es, wenn man fälschlich und zum Zweck böswilliger Täuschung des Nächsten die Unwahrheit sagt. Epict. IV, 1, 58 wenn einer auch nichts dergleichen thut, so nenne ihn deshalb noch nicht frei: sieh' auf seine δόγματα, ob diese nicht doch

ihren Herrn haben; und findest du's so, dann nenne ihn einen Sklaven, der die Saturnalien feiert, sage, sein Herr ist nur abwesend etc. Sen. ep. 42, 3 multorum — latent vitia. instrumenta illis explicandae nequitiae desunt. ben. IV, 26, 2 omnes malos dicimus, intemperantes etc. non quia omnia ista singulis magna et nota vitia sunt, sed quia esse possunt: et sunt, etiamsi latent. Cic. Tusc. IV, 54 nunc autem ita disserunt (Stoici), sic se dicere omnes stultos insanire, ut male olere omne caenum. At non semper. Commove, senties. Philo (de sobr. 8) unterscheidet eine κακία (und ἀρετή) ἠρεμοῦσα und κινουμένη. Ant. 9, 5 ἀδικεῖ πολλάκις ὁ μὴ ποιῶν τι· οὐ μόνον ὁ ποιῶν τι.

Dritter Abschnitt.

Der sittliche Fortschritt und die Vollkommenheit.

Der Gegensatz des Bösen und des Guten, des Thoren und des Weisen ist nach der stoischen Lehre ein absoluter. Aber in der Praxis mussten sich die Stoiker, wie wir schon bisher zur Genüge sahen, auf einen anderen Standpunkt stellen. Dass überhaupt von einer Aneignung der Tugend gesprochen werden kann seitens derer, welche sie noch nicht haben, ist schon ein Beweis dafür, dass die totale Verkehrtheit, in der sich die Sünder befinden, cum grano salis zu verstehen ist. Denn würde sie streng buchstäblich genommen, so könnte ein Uebergang von der Sünde zur Tugend nicht stattfinden. Es müssen in dem Sünder notwendig gewisse Anknüpfungspunkte für das Gute angenommen werden. Dass alle Menschen die Fähigkeit haben, die Tugend zu erwerben, ist gerade von den Stoikern nachdrücklich behauptet worden. Ausnahmen haben freilich auch sie zugegeben: es giebt einen Zustand sündiger Verstocktheit, wo die Möglichkeit einer Besserung und Bekehrung so gut wie verschwunden ist, Leute, deren Schamgefühl völlig abgestumpft und ertötet ist, oder bei denen die sittliche Verkehrtheit sich eben darin äussert, dass sie grundsätzlich jeglicher Belehrung und Ermahnung sich verschliessen und alle Wahrheit überhaupt, also auch die sittliche, leugnen[1]). Auch solche Leute darf jedoch der Philosoph, ausser, wenn sie wie der, den Epictet keiner Ansprache würdigte (II, 24), durch ihr ganzes Gebahren ihm die Lust gründlich benehmen, nicht gleich aufgeben, sondern muss ihnen das Gewissen zu schärfen suchen, so aussichtslos es auch scheint. Apollo wusste auch, dass Laios seinem Rat nicht folgen werde und mahnte ihn doch, denn darum ist er Apollo: „wie vielmehr muss ich dich zum Guten anhalten, obwohl ich fast weiss, dass es vergeblich ist" (III, 1, 16). Erst wenn man alles versucht hat, mag man sie ihrem Verderben überlassen![2]) Nicht einmal Zeus kann alle Menschen bekehren, wie viel weniger also wir! (IV, 6, 5).

Bilden nun aber immerhin diese gänzlich desperaten Menschen, deren Schamgefühl ertötet ist, eine Ausnahme, so geht daraus hervor, dass in den Menschen gewöhnlichen Schlags trotz ihrer verkehrten Sinnesrichtung noch ein gewisses sittliches Gefühl vorhanden ist. Und wenn selbst jene nicht absolut verloren sind, sondern die Möglichkeit zur Bekehrung prinzipiell immer noch haben[3]), ja sogar, wie wir sahen, unbewusst in mancher Hinsicht den angeborenen sittlichen Trieben

Folge leisten, so muss es auch in der grossen Masse der Sünder unbeschadet der Gleichwertigkeit ihres Gesamtcharakters gewisse Unterschiede in sittlicher Hinsicht geben, so dass die einen weniger verabscheuungswürdig und — was sich übrigens nicht decken muss — der sittlichen Belehrung und Bildung zugänglicher sind, als die anderen. So billigt Epictet das Urteil des Socrates, der den Mitleidsthränen seines Wärters einen relativen sittlichen Wert beilegte und darin ein Zeichen von natürlicher Herzensgüte erblickte (I, 29, 65); ja sogar der entsetzlichen That der Medea will er einen gewissen grossen Zug nicht abstreiten, da sie in der formell richtigen Ansicht gehandelt habe, dass es kein grösseres Unglück gebe, als seinen Willen nicht durchsetzen zu können (II, 17, 19). Auch eine gewisse Pflichterfüllung, natürlich nur im Sinn der Legalität, hält er bei den Unweisen für möglich (II, 14, 18), in Uebereinstimmung mit seiner Schule, der die Gegner namentlich auch dies als grossen Widerspruch vorgehalten haben, dass sie trotz ihres Satzes von der Verrücktheit der Unweisen doch thatsächlich die einen als passable (μέτριοι), die anderen (die προκόπτοντες) sogar als vorbildliche Menschen betrachte und behandle (Plut. de prof. virt. 1. comm. not. 10). Und wie die Stoiker in der Praxis mit einer relativen sittlichen Güte der Thoren rechneten, so konnten sie natürlich auch ihren Satz von der Gleichheit aller Sünden angesichts des wirklichen Lebens nicht aufrecht erhalten. So haben sie denn auch mannigfache Unterschiede unter den Sünden zugegeben[4]). Zeno selbst hat nach Cic. fin. IV, 56 erträgliche und unerträgliche Sünden unterschieden. Auch die von Chrysipp aufgebrachte spitzfindige Unterscheidung zwischen Wachstum und Ausdehnung der Tugenden und Sünden (st. rep. 14 αὔξεσθαι καὶ διαβαίνειν; fin. III, 48 fundi quodam modo et dilatari, non crescere — Cicero berichtet hier offenbar genauer), d. h. zwischen intensiver (moralischer) und extensiver (nur die äussere Wirkung betreffender) Steigerungsfähigkeit, so unklar und anfechtbar sie ist, zeigt doch um so deutlicher, dass die Stoiker bestrebt waren, einerseits die prinzipielle Gleichheit jeder Sünde als einer Abweichung von der Vernunft und eines Ausflusses der verkehrten Sinnesrichtung festzuhalten, dabei aber doch andrerseits dem gewöhnlichen sittlichen Urteil möglichst gerecht zu werden, was sich ja auch dadurch kundgiebt, dass sie vom Gesetz bestimmten Strafen, deren Mass den einen Unterschied der Verschuldung voraussetzt, im allgemeinen als gerecht angesehen haben. Auch die stoische Unterscheidung von Leidenschaft, Hang und Sucht (πάθος, νόσημα und ἀρρώστημα) enthält die Anerkennung von Graden der Sünde. Noch weiter geht Seneca, wenn er von einer nur oberflächlichen und einer tief sitzenden Schlechtigkeit redet (ira I, 19, 5); wenn er sagt, man müsse unterscheiden, ob einer nicht kann oder nicht will (ira III, 29, 2), und, allerdings nur hypothetisch, erklärt, wer einen Fehler gründlich habe, sei besser daran, als wer alle Fehler einigermassen besitze (ep. 85, 7).

Fehlt es also nicht an direkten Aeusserungen der Stoiker, welche eine gewisse Abstufung des sündigen Verderbnis und einen Rest von sittlicher Güte auch bei den Thoren anerkennen, so ist noch viel grösserer Wert zu legen auf den indirekten Beweis, der in der Thatsache liegt, dass die Stoiker den Uebergang von der Sünde zur Tugend für möglich, ja sogar oft für leicht erklärt haben[5]). Wenn auch alle anderen

Menschen um uns der Sünde dienen, sagt Epictet, so können doch wir tugendhaft leben (I, 12, 29). Man darf nur ernstlich wollen, so gelangt man zur Tugend [6]). Woher soll aber dieser ernstliche Wille kommen? In der Regel stellt es Epictet allerdings so dar, dass erst durch die philosophische Belehrung die Erkenntnis der Sünde und der wahren Bestimmung des Menschen und damit auch ein Verlangen nach der Tugend geweckt werde. Aber diese Belehrung wirkt ja nicht in mechanischer Weise, sondern ihr Erfolg ist eben in letzter Linie von dem inneren Zustand des Hörers, von seiner geistigen und moralischen Disposition abhängig [7]). Dies geht unwiderleglich daraus hervor, dass dieselbe Belehrung auf den einen überzeugend und bekehrend wirkt, während sie bei dem anderen fruchtlos ist. Ja Epictet macht sogar, wie wir sahen, den Erfolg von vornherein abhängig davon, dass der Schüler oder Zuhörer durch sein ganzes Auftreten dem Lehrer Lust zum Sprechen (den platonischen Eros) und Vertrauen erweckt [8]). Ist also schon der Anfang der Bekehrung schliesslich sein eigenes Werk, so nicht minder auch ihr Fortgang: haben einmal die Lehren und Ermahnungen des Philosophen eine gewisse Aufnahme bei ihm gefunden, so muss er sich dieselben weiterhin im wesentlichen durch eigene Zucht und Arbeit zu eigen machen. Mehrfach spricht Epictet diesen Gedanken aus, man müsse sich selbst überzeugen, und das sollte doch, meint er, leicht gehen, da man ja sich selbst am ehesten glaubt und vertraut und folgt, eher als einem anderen (IV, 6, 5. IV, 9, 13) [9]). Damit setzt er aber eben voraus, dass der Mensch, wenigstens teilweise, und zwar nach seiner besseren Hälfte, gute Triebe und Strebungen hat, denen die aus dem seitherigen Leben nachwirkenden bösen ohne Schwierigkeit weichen. Es geht also der stoischen Ethik gerade so wie der christlichen: beide haben ein Interesse daran, den Zustand der Sünde mit möglichst starken Farben zu schildern, und treffen damit, wenigstens dem grossen Grundgedanken nach, das Richtige; aber in der Soteriologie findet jene schroffe Lehre von der totalen Verderbnis ihre notwendige Modifikation und Korrektur, weil sonst die Allgemeinheit des Heils und die Verantwortlichkeit des einzelnen für dessen Verfehlung nicht behauptet werden könnte. Die tiefste Einsicht in diesen Sachverhalt zeigt auch hier wieder wie bei so vielen feineren Fragen der Ethik Seneca, der, übrigens auf Grund stoischer Vorgänger, die Ansicht ausspricht, dass in dem Streben nach der Tugend diese selbst schon ideell vorhanden und wirksam sei, mit anderen Worten, dass zum Erwerb der Tugend selbst schon Tugend gehöre [10]).

Wie die Stoiker, speziell Epictet, den Prozess der Bekehrung aufgefasst haben, ist in der Hauptsache schon im I. Band p. 6 etc. ausgeführt worden. Es handelt sich also nur darum, die dort gegebene Darstellung hier kurz zusammenzufassen und entsprechend zu ergänzen. Die erste Station auf dem Weg zur Tugend ist, abgesehen von der schon mitzubringenden inneren Disposition, die Erkenntnis der Sünden, die Erkenntnis des Irrtums und der Verblendung oder Unklarheit, in der man sich bisher über das Wichtigste und Notwendigste befunden hat [11]). Diese Erkenntnis ist mit einem gewissen Unbehagen, ja Schmerz verbunden, der zwar an sich als Pathos verwerflich, aber doch relativ notwendig und heilsam ist [12]). Es gilt, den Dünkel, der gewissermassen eine natürliche Folge der angeborenen sittlichen Begriffe ist, abzulegen, und sodann den richtigen Massstab zur Unterscheidung des Guten und Bösen sich anzueignen[13]). Diese Aneignung der sittlichen Wahrheit erfordert aber lange Zeit: zum ernstlichen Studium (μάθησις) muss die beständige innere Verarbeitung des Gelernten[14]) (μελέτη) und die äussere praktische Uebung (ἄσκησις) desselben treten, welche von dem Leichteren zum Schwereren aufsteigen soll[15]). In täglicher Selbstprüfung und beständiger Achtsamkeit auf sich selbst muss man den Kampf gegen die fehlerhaften Neigungen und die Versuchungen zur Sünde führen[16]) und sich ängstlich vor Verfehlungen hüten, weil durch jede Verfehlung der sündige habitus wieder gestärkt wird[17]), jedoch ohne durch etwaige Misserfolge und Niederlagen sich entmutigen zu lassen. Den Umgang mit den früheren Gesinnungsgenossen muss man in dieser Zeit möglichst vermeiden und sich von allen Beschäftigungen und Vergnügungen, denen die sittliche Kraft noch nicht gewachsen ist, fernhalten[18]). Auch auf das an sich Erlaubte soll man verzichten, sofern es die gewonnenen sittlichen Anschauungen und Strebungen wieder ins Wanken bringen könnte, und überhaupt soll in dieser Zeit, die ja ganz der Heilung der Seele von den früheren Leidenschaften gewidmet ist, der Wille sich weniger positiv als negativ bethätigen: man soll leben wie ein Rekonvaleszent, der sich ängstlich hütet vor allem, was ihm einen Rückfall bringen könnte[19]). Dabei ist es nützlich, sich eine sittlich vorbildliche Persönlichkeit, wie den Socrates, zu vergegenwärtigen, nach der man sein eigenes Thun und Benehmen prüft und richtet, misst und bestimmt[20]). Da in dieser Periode die frühere Sinnesrichtung immer noch ihre Ansprüche erhebt, die doch nicht befriedigt werden dürfen, lebt man gleichsam in beständigen Wehen, und da man noch nicht mit rechter Zuversicht und Freudigkeit das Gute wählt, sondern zwischen dem Guten und Bösen noch haltlos hin und her schwankt, macht man sich selbst und anderen den Eindruck eines Irren; doch ist dieses Irren nicht mehr das des früheren Sündenlebens, sondern verschwindet mehr und mehr vor der sich täglich kräftigenden sittlichen Ueberzeugung. Hat diese einmal fest im Innern Wurzel gefasst, dann ist das Schwerste überwunden, die Tugend entwickelt sich mühelos von Stufe zu Stufe, man ist ein „Fortschreitender" (προκόπτων).

Der Begriff des „Fortschreitenden", der zwischen dem Weisen und Unweisen in der Mitte steht resp. die Stelle des ersteren vertritt, ist als terminus technicus wahrscheinlich von Chrysipp in die Stoa eingeführt worden (Hirzel II, 291). Denn der Sache nach war dieser Begriff von Anfang an vorhanden; nach Plut. de prof. in virt. 12 hat schon Zeno ein Kennzeichen des Fortschreitenden angegeben, und zwar ist es genau dasselbe, das Epictet als Wirkung des dritten Topos bezeichnet, nämlich die Reinheit des Traumlebens. Wenn Kleanthes (Sext. IX, 90. Philo, quis rer. div. her. 61) sagt, man müsse zufrieden sein, wenn man am Ende des Lebens zur Tugend gelange, so wollte er damit ohne Zweifel das sittliche Ideal als etwas bezeichnen, dem man nur in allmählichem Fortschritt näher kommen könne, um es, im günstigsten Fall, endlich zu erreichen (cfr. Stob. flor. III, 233. st. rep. 14). Und wenn die Stoiker selbst den Stifter ihrer Schule nicht einmal einen Weisen nannten (Sext. VII, 432), so hätten sie dies doch schwerlich gethan, wenn von ihm selbst nicht entsprechende Aeusserungen bekannt gewesen wären. Er wird es in dieser Hinsicht wohl gehalten haben wie Epictet, der hie und da freimütig sich den Weisen an die Seite stellt, aber andrerseits — und dies viel häufiger — den Abstand demütig betont, der auch ihn noch vom höchsten Ziel trenne [21]. Indes auch angenommen, dass diese ältesten Stoiker sich selbst für Weise erklärt hätten, so konnten sie trotzdem ihren Satz, dass zwischen Tugend und Schlechtigkeit nichts in der Mitte liege (D. L. 127), in der Praxis nicht aufrecht erhalten haben. Denn damit hätten sie ja eigentlich aller pädagogischen Thätigkeit den Boden entzogen. Sie mussten einen Prozess der sittlichen Entwicklung annehmen, bei welchem selbstverständlich verschiedene Stufen zu unterscheiden waren: ihre ethischen und paränetischen Schriften (ἠθικά und προτρεπτικοί) müssten sich sonst wunderlich genug ausgenommen haben.

Auch das scheint mir über allen Zweifel erhaben zu sein und aus den bereits erwähnten Aeusserungen des Zeno und Kleanthes hervorzugehen, dass sie die vollendete Weisheit als etwas nur selten und wenigen Erreichbares und demgemäss die grösstmögliche Annäherung an das sittliche Ideal als relativ höchstes Ziel betrachtet haben [22]. Festzuhalten ist nur das, dass die Stoiker die Möglichkeit sittlicher Vollkommenheit in der Theorie nie geleugnet haben, sondern überzeugt waren, dass dieselbe von einzelnen Menschen, mögen es nun mehr oder weniger sein, erreicht worden sei [23] und prinzipiell von jedem erreicht werden könne [24]. Eine Ausnahme macht hievon eigentlich nur Panätius (vielleicht auch Posidonius), der, wie Hirzel mit Recht hervorgehoben hat, das stoische Tugendideal prinzipiell aufgegeben hat. Ich wüsste zwar keine bestimmte Aeusserung von ihm anzuführen, dass die Weisheit überhaupt unerreichbar sei; aber aus dem ganzen Ton, wie er von dem Weisen spricht und ihm das empirische Tugendideal gegenüberstellt, geht deutlich hervor, dass ihm der stoische Weise als unerreichtes Urbild galt, dessen schwachen Abglanz nur die Tugend der Besten und Edelsten darstellt. Nicht den Fortschreitenden (προκόπτων) hat er an die Stelle des Weisen gesetzt, sondern den vir bonus: der Begriff des Prokopton ist ihm fremd, und ohne Zweifel hat er es auch verschmäht, diesen Ausdruck zu gebrauchen, wie er das Wort Proegmenon und andere monströse oder geschmacklose stoische Ausdrücke perhorreszierte. Wer vom Prokopton sprach, der musste zugleich die Erreichbarkeit der Tugend im Prinzip aufrecht halten [25]. Der Begriff des Prokopton bildet gleichsam die Brücke zwischen dem empirischen Menschen und dem idealen, während nach Panätius zwischen beiden eine unüberbrückbare Kluft besteht. Eine wahre Musterkarte von Ansichten über diesen Punkt bietet uns Philo. Oft behauptet er, ganz korrekt biblisch und platonisch, weise und sittlich vollkommen sei allein Gott (Cherub. 25. quis r. d. her. 24. cfr. Clem. Al. paed. I, 153); dann erklärt er wieder die Weisheit resp. die Unentreissbarkeit der Tugend für ein Ehrengeschenk Gottes, für den Preis, den Gott den wackeren Kämpfern zahlt (leg. all. I, 28. confus. ling. 9. de prof. 8. 31), resp. für etwas, das nur Gott und höchstens ein göttlicher Mann besitzen könne (poenit. 1). Oft aber spricht er von dem Weisen (oder σπουδαῖος) ganz in stoischer Weise, als ob an seiner Realität gar kein Zweifel wäre (de sacr. 10. post. Cain. 22. leg. all. III, 86 und 88. somn. II, 34 und 36). Anderswo macht er aber wieder einen Unterschied zwischen solchen, die allezeit weise sind, und solchen, die es erst auf Grund der Bekehrung werden, indem er jene ununterbrochene Weisheit bald als etwas nur Gott Zukommendes (prof. 28), bald als etwas auch den Menschen Mögliches bezeichnet (Abraham 9). Er stimmt mit Kleanthes überein, dass man froh sein müsse, die Tugend am Ende des Lebens zu erreichen (quis r. d. her. 61), setzt aber auch den umgekehrten Fall, dass einer von Kindheit auf in tiefem Frieden lebe und zuletzt noch Schiffbruch leide (somn. II, 21), preist den glücklich, der wenigstens den grössten Teil seines Lebens dem besseren, göttlichen Los sich zuneige (mut. nom. 34), und erklärt es bald für zweifelhaft oder unwahrscheinlich, dass man alle Tugenden erlangen könne (mut. nom. 40. de agric. 27), bald leugnet er es rundweg und hält das Abwerfen der κακία für das höchste Ziel (mut. nom. 6); bei dem allem eignet er sich auch den Satz Zenos an, dass auch in dem Bekehrten noch Spuren und Narben der früheren Sünden zurückbleiben (monarch. II, 8).

Wir haben bisher unter dem Prokopton denjenigen verstanden, der die Weisheit annähernd erreicht hat resp. ihr immer näher kommt (I, 4, 4 συνεγγισμὸς πρὸς τελειότητα). So gebraucht auch Epictet dieses Wort, wenn er dem Schüler zuruft: halte dich einmal für wert, als Vollkommener und Fortschreitender zu leben (En. 50, 2): man sieht, dass hier die beiden Begriffe fast gleichwertig sind, jedenfalls ist der Fortschreitende dem Vollkommenen möglichst nahe gerückt. Andrerseits giebt aber Epictet auch dem, der eigentlich erst ein Anfänger ist in der sittlichen Bildung, das Prädikat des Fortschreitenden[26]. Nach anderen Aeusserungen wieder ist der Prokopton derjenige, welcher die zwei ersten Stufen hinter sich hat und dem dritten Topos obliegt (III, 2, 5). So bezeichnet denn Epictet sowohl den in den beiden ersten Stufen sich Uebenden als den in der dritten Stehenden, ja sogar den völlig Ausgebildeten als Prokopton. Jedoch die wahre Meinung Epictets lässt sich deutlich erkennen: Fortschreitender ist der Mensch von dem Augenblick an, da er sich grundsätzlich dem Guten zuwendet und mit entschlossener Preisgabe des früheren verkehrten Strebens nur noch der Ausbildung seiner Seele obliegt[27]. Von da an schreitet er mit psychologischer Notwendigkeit täglich vorwärts (IV, 8, 40 etc.), und die ganze Stufenleiter der sittlichen Entwicklung vom Anfang, von der Bekehrung an bis zur Annäherung an die Vollkommenheit fällt unter den Begriff des Fortschritts (προκοπή). Es ist gewiss auch ein Beweis für die Innerlichkeit und Tiefe der ethischen Anschauung Epictets, dass er die Stadien der sittlichen Entwicklung nicht zu klassifizieren versucht, wie z. B. Seneca und die Stoiker, denen dieser folgt. Denn das sittliche Leben ist beständig im Fluss, der jeweils erreichte sittliche Zustand lässt sich daher nicht begrifflich genau fixieren, womit jedoch die Berechtigung einer Klassifikation der Menschen nach ihrer sittlichen Beschaffenheit nicht ganz geleugnet werden soll, sofern man sich nur bewusst bleibt, dass dadurch der sittliche Gesamtzustand eines Menschen nur annähernd bestimmt werden kann[28]. Epictet erklärt es schon für etwas Erfreuliches und Grosses, wenn man nur wenige Sünden ablegt (IV, 12, 19); andrerseits bezeichnet er es als Schande, wenn man nicht zur Aphobie und Alypie, d. h. zur Ablegung aller Leidenschaften durchdringe (III, 24, 116). Zwischen diesen beiden

Grenzpunkten bewegt sich seine Paränese frei hin und her, je nach Bedarf und Stimmung, und jeder, der sich selbst kennt und beobachtet, wird es in der Ordnung finden, dass Epictet bald die allerhöchsten Anforderungen an sich und andere stellt, als wäre mit wenigerem so gut wie nichts erreicht, bald in demütiger Selbstbeschränkung mit einem bescheidenen Mass von sittlichem Fortschritt vorlieb nimmt. Ein Blick in die Dissertationen genügt, um zu erkennen, dass er die sittliche Aufgabe des Menschen so hoch als möglich spannt, bei aller Anerkennung der menschlichen Schwachheit doch nie müde wird, zum Streben nach dem höchsten Ziel anzuspornen [29]), und von nichts mehr entfernt ist als davon, der sittlichen Trägheit oder der selbstgerechten Zufriedenheit mit dem jeweils erreichten sittlichen Zustand irgend welchen Vorschub zu leisten. Und damit ist dem sittlichen Bedürfnis des Menschen Genüge gethan.

Anmerkungen zu Abschnitt III.

[1]) I, 5 ἀπολίθωσις (νέκρωσις, ἐκτομή) τοῦ ἐντρεπτικοῦ oder αἰδήμονος. IV, 5, 21 frag. 106 (übrigens wahrscheinlich unecht) οἱ ἀπερυθριάσαντες. II, 15, 13 das Sprichwort hat Recht μωρὸν οὔτε πεῖσαι οὔτε ῥῆξαί ἐστι — niemand ist schwerer zu behandeln als ein σοφὸς μωρός. II, 20, 37 leichter ist ein Kinäde zu bekehren, als ein Gottes- und Wahrheitsleugner. frag. 17 wie es Kranke giebt, denen der Arzt nichts mehr verschreibt, so giebt es auch Menschen, die der Seelenarzt (Philosoph) aufgegeben hat. — Seneca ep. 94, 31 si illam (naturalem indolem) diutina pestis non infecit nec enecuit: hanc enim ne disciplina quidem philosophiae toto impetu suo connisa restituet. ep. 112, 3 emarcuit et induruit, non potest recipere rationem. Stob. ecl. II, 113 ἴσων ὄντων τῶν ἁμαρτημάτων εἶναί τινας ἐν αὐτοῖς διαφοράς καθ᾽ ὅσον τὰ μὲν αὐτῶν ἀπὸ σκληρᾶς καὶ δυσιάτου διαθέσεως γίνεται τὰ δ᾽ οὔ.

[2]) Sen. ep. 29, 3 ab his, quos desperavit (sapientia) recedat, non tamen cito relinquat et in ipsa desperatione extrema remedia temptet. Zuweilen zieht Epictet allerdings die Grenzen seiner Bekehrungslust ziemlich eng, z. B. wenn er sagt, denjenigen, welcher die Lust für einen Grund zur Freude erkläre, achte er keines weiteren Wortes für würdig (II, 11, 22); denn dies muss eigentlich jeder thun, der das wahre Gut noch nicht erkannt hat.

[3]) Sen. ep. 50, 6 nec indurata despero. nihil est, quod non expugnet per tinax opera et intenta ac diligens cura. Anders freilich Cic. fin. IV, 56.

[4]) Nach flor. II, 77 hat Kleanthes die Verleumdung für die ärgste Sünde erklärt. Seneca und M. Aurel machen einen Unterschied zwischen sthenischen und asthenischen Sünden und erklären diese für ärger (brev. vit. 7, 1. Ant. 2, 10). Letzterer zählt 2, 16 fünf Kapitalsünden auf. Seneca unterscheidet verschiedene Stufen der Sündenknechtschaft (vit. b. 16, 3), nämlich adligati, adstricti, districti und progressi, welche die Kette noch lose nachschleppen und nur noch nicht ganz frei sind. Der freieren Stellung des Panätius entspricht es, wenn er sagt, es komme für die Beurteilung der Gesetzesübertretungen viel darauf an, ob sie in der Leidenschaft oder mit Vorbedacht begangen worden seien (off. I, 27). Auf dem Standpunkt der orthodoxen Stoa existiert dieser Unterschied nicht.

[5]) Sen. ep. 50, 5 nemo difficulter ad naturam reducitur, nisi qui ab illa defecit: erubescimus discere bonam mentem: — laborandum est et ne labor quidem magnus est — ira II, 13, 2 facilis est ad beatam vitam via.

[6]) IV, 9, 12 θελῆσαι δεῖ καὶ γέγονε. II, 13, 11. En. 1. IV, 12, 8 u. ö. Sen. ira II, 12, 4 quodcunque sibi imperavit animus obtinuit — ibid. 13, 1 sanabilibus aegrotamus malis ipsaque nos in rectum genitos natura si emendari velimus iuvat. Ant. 5, 10 ἔξεστί μοι μηδὲν πράττειν παρὰ τὸν ἐμὸν θεὸν καὶ δαίμονα. 8, 29 ἐπ᾽ ἐμοί ἐστιν ἵνα ἐν ταύτῃ τῇ ψυχῇ μηδεμία πονηρία ᾖ. 8, 47. 55. 12, 11. — Wenn Zeller von Seneca sagt, jenes stolze Vertrauen auf die Macht des sittlichen Willens und der Einsicht, von welchem die stoische Ethik ausging, sei bei ihm tief erschüttert, so ist dies nur teilweise richtig. Seneca vertritt eben auch in dieser Frage wie in so vielen andern die grössten Gegensätze in einer Person. Gerade Seneca ist es, der am allernachdrücklichsten die stoische Ethik gegen den Vorwurf vertei-

digt, als stelle sie an den Menschen unerfüllbare Forderungen (ep. 104, 25 aiunt nos loqui maiora quam quae humana natura sustineat — non quia difficilia sunt, non audemus, sed quia non audemus, difficilia sunt — cfr. dagegen ira II, 10, 6). Uebrigens ist jenes stolze Vertrauen auf die Macht des sittlichen Willens auch in den älteren Stoikern keineswegs immer gleich stark und lebendig gewesen, wie die schon öfters zitierten Aeusserungen des Zeno und Kleanthes beweisen. Jedenfalls ist bei Epictet und selbst bei M. Aurel ein wesentlicher Nachlass dieses Selbstvertrauens nicht zu erkennen. Auch Musonius behauptet die Perfektionabilität des Menschen mit allem Nachdruck (Stob. ecl. II, 183 φύσει πεφύκαμεν οὕτως ὥστε ζῆν ἀναμαρτήτως καὶ καλῶς. flor. IV, 89 καὶ μὴν οὐκ ἀδύνατον γενέσθαι τοιοῦτον ἄνθρωπον· οὐ γὰρ ἑτέρωθέν ποθεν ταύτας ἐπινοῆσαι τὰς ἀρετὰς ἔχομεν ἢ ἀπ' αὐτῆς τῆς ἀνθρωπίνης φύσεως ἐντυχόντες ἀνθρώποις τοιοῖςδέ τισιν οἵους ὄντας αὐτοὺς θείους καὶ θεοειδεῖς ὠνόμαζον).

[7]) Zum Teil freilich auch von dem Lehrer; denn, wie Epictet oft betont, es ist keine leichte Sache, die Ungebildeten richtig anzufassen und sie von ihrem Irrtum zu überzeugen, es gehört vielmehr eine grosse Kunst und geistige Kraft dazu, die z. B. Socrates in hohem Masse besass und die Epictet sich selbst zuweilen abspricht (II, 12, 6. I, 9, 19. III, 23).

[8]) II, 24, 15. III, 23, 27 wie die Sonne oder die Speise die Geschöpfe selbst an sich lockt, so auch der Philosoph τοὺς ὠφεληθησομένους — cfr. D. L. 23 Dionys der Abtrünnige erhielt auf seine Frage, warum er ihn nicht bessere, von Zeno die Antwort: οὐ γάρ σοι πιστεύω.

[9]) Sen. ep. 50, 6: quanto facilius animus accipit formam flexibilis et omni humore obsequentior (πνεῦμα διάπυρον).

[10]) ep. 98, 8 Tugend und Streben darnach verhält sich nicht wie Ziel und Weg, sind nicht äusserlich getrennt, sondern innerlich zusammengehörig: ad virtutem venitur per ipsam.

[11]) II, 11, 1 ἀρχὴ φιλοσοφίας συναίσθησις τῆς αὑτοῦ ἀσθενείας καὶ ἀδυναμίας περὶ τὰ ἀναγκαῖα. I, 4, 10. frag. 3. — Sen. ep. 28, 8 (initium salutis notitia peccati — Ausspruch Epicurs); ep. 53, 8 somnium narrare vigilantis est et vitia sua confiteri sanitatis indicium est — sola nos philosophia excitabit. Ant. 1, 7 χρῄζειν διορθώσεως καὶ θεραπείας τοῦ ἤθους. 6, 21. 8, 16 (die richtige μετάνοια).

[12]) Cic. Tusc. III, 77 es giebt auch eine Trauer über das wahre Uebel. — Siehe Band I, 301 etc.

[13]) II, 11, 6 ἀφ' ὧν ὁρμώμενοι καὶ τὴν οἴησιν προςειλήφαμεν. II, 17, 1. III, 14, 8. — D. L. 23 (Zeno).

[14]) III, 21, 3 die δόγματα verdauen, III, 9, 6 ἐπισκέπτεσθαι, III, 10, 1 sie auf Schritt und Tritt zur Hand haben und auf alles Begegnende anwenden (χρηστικῶς κατέχειν. cfr. Ant. 3, 13) und auf diese Weise üben (III, 3, 14. III, 8, 1. IV, 6, 16. frag. 72). cfr. Demetrius bei Sen. ben. VII, 1, 3 pauca sapientiae praecepta in promtu et in ueu sint. Aehnlich Musonius bei Stob. flor. II, 337.

[15]) I, 18, 18. IV, 1, 111. En. 3, 1. 12, 2 man soll damit anfangen, sich an kleine Entbehrungen und das Verschmerzen kleiner Verluste zu gewöhnen.

[16]) III, 16, 15 οὔτε προςοχὴ οὔτ' ἐπιστροφὴ ἐφ' ἑαυτὸν καὶ παρατήρησις. En. 48 ὡς ἐχθροῦ ἑαυτοῦ παραφυλάσσει καὶ ἐπίβουλον. IV, 12 περὶ προςοχῆς. IV, 9, 16. III, 25, 4. III, 4, 9. III, 5, 14. II, 1 εὐλάβεια. IV, 6, 34 tägliche Selbstprüfung (IV, 4, 7 namentlich auch aus Anlass der Fehler anderer) und Selbstaneiferung. cfr. Sen. ira III, 36, 1. brev. vit. 10, 3 alles sub censura sua. II, 18, 15 den bösen Gedanken nicht nachhängen, sondern sie niederkämpfen durch den Logos (III, 24, 108). I, 27, 4 dem schlechten ἔθος steuern durch das entgegengesetzte. III, 12, 6 ὅπου ὁ πολὺς ὀλισθὸς τῶν φαντασιῶν ἐκεῖ ἀντιτιθέναι τὸ ἀσκητικόν (cfr. Sen. ep. 123, 13 in contrarium pugnemus et ab invitantibus recedamus, adversus petentia concitemur). En. 4 sich vor jeder Situation die mit ihr verbundenen Umstände, Versuchungen oder Gefahren vergegenwärtigen, aber ebenso auch sich die sittlichen Kräfte, die man von der Natur gegen das Böse empfangen hat, stets ins Gedächtnis rufen. (En. 19. Ant. 2, 1. 8, 12).

[17]) III, 25, 8. II, 9, 10. II, 18, 1. En. 39. IV, 12, 6 ἐπειδὰν ἀφῇς τὴν γνώμην οὐκ ἔτι ἐπὶ σοί ἐστιν ἀνακαλέσασθαι αὐτήν. IV, 3, 4 μικρᾶς ἀποστροφῆς τοῦ λόγου χρεία ἐστὶ πρὸς τὴν ἀπώλειαν τὴν πάντων. En. 50, 2 παρὰ μίαν ἧτταν καὶ ἔνδοσιν ἢ ἀπόλλυται προκοπὴ ἢ σώζεται.

[18]) IV, 2, 1 etc. III, 12, 12 φεῦγε μακρὰν ἀπὸ τῶν ἰσχυροτέρων. Sen. ep. 7, 1 turbam (vitaveris): nondum illi tuto committeris — nihil tam damnosum bonis moribus quam in aliquo spectaculo desidere.

[19]) I, 4, 1. En. 2, 2 u. ö. die ὄρεξις gänzlich lassen, die ἔκκλισις nur im

Gebiet der προαιρετικά und auch die ὁρμὴ κούφως καὶ μεθ' ὑπεξαιρέσεως καὶ ἀνειμένως gebrauchen. III, 13, 21 μελέτησον διαγωγήν ὡς ἄρρωστος ἵνα ποτ'· ὡς ὑγιαίνων διαγάγῃς. En. 48, 2. cfr. Plut. de coh. ira 2 stets als θεραπευόμενος leben.
   [20]) III, 23, 32 u. ö. Sen. ep. 11, 8 u. 25, 5 (als Vorschrift Epicurs). 52, 7 (adiuvare nos possunt non tantum qui sunt sed qui fuerunt). — Kleanthes soll einem Freund auf dessen Frage, wie er am leichtesten sich vor Sünden bewahre, geantwortet haben: wenn du bei allem, was du thust, denkst, ich sei dabei (Stob. ecl. II, 212).
   [21]) I, 2, 36 „Epictet ist nicht besser als Socrates, wenn nur nicht schlechter, so ist's mir genug". Dagegen III, 1, 24 bin ich ein solcher (ἐξαίρετος, wie die Purpurverbrämung am Kleid. cfr. Philo de praem. et poen. 20 die σπουδαῖοι bilden den Kopf der Menschheit)? Woher auch! IV, 8, 43 νῦν οὔπω ἔχω (die παρασκευή) des ἀνὴρ ἀγαθός. II, 8, 25 οὔπω θαρρῶ οἷς ἔμαθον καὶ συγκατεθέμην· ἔτι τὴν ἀσθένειαν τὴν ἐμαυτοῦ φοβοῦμαι (Sen. tranqu. 2, 2 illud ultimum, ut fidem tibi habeas et recta ire te via credas). IV, 1, 151 bist du frei? ich will's wahrhaftig und wünsche es; aber noch — ehre ich den Leib und gebe viel darauf, meine geraden Glieder zu haben etc. I, 8, 15 wenn ich ein Philosoph wäre, müsstet ihr darum auch lahm sein? — Seneca vit. b. 17, 3 sapiens non sum nec ero. Ant. 8, 1 meint, die δόξα eines Philosophen sei für ihn nicht mehr zu erreichen. — Nach st. rep. 31 bildete sich auch Chrysipp nicht ein, σπουδαῖος zu sein, beiläufig gesagt, ein Beweis, dass es vergebliche Mühe ist, zwischen den Begriffen σοφός, σπουδαῖος, ἀστεῖος, καλὸς καὶ ἀγαθός einen wesentlichen Unterschied herauszuklügeln.
   [22]) Seneca, in augenscheinlicher Reminiszenz an das Wort des Kleanthes, sagt: bene agitur cum senectute, si ad illud longo studio intentoque pervenit (ep. 124, 12). — ep. 111, 5 vix tota vita sufficit ut hoc unum discas vitam contemnere. ep. 88, 33 magna et spatiosa res est sapientia. clem. I, 6, 3 non deliquimus tantum sed usque ad extremum aevi delinquemus. Etiam si quis tam bene iam purgavit animum, ut nihil obturbare eum amplius possit ac fallere, ad innocentiam tamen peccando pervenit (cfr. ep 1, 1. 8, 3). Ant. 7, 12 ἢ ὀρθὸς ἢ ὀρθούμενος. 5, 9 ἐκκρουθέντι πάλιν ἐπανιέναι καὶ ἀσμενίζειν εἰς τὰ πλείω ἀνθρωπικώτερα καὶ φιλεῖν τοῦτο ἐφ' ὃ ἐπανέρχῃ.
   [23]) Diogenian fr. 2, 23 Chrysipp selbst sage, es habe nur einen oder zwei Weise gegeben. Sen. ep. 42, 1 der wahre Weise ist so rar wie der Phönix. Sext. VII, 432 ὁ σοφὸς ἀνεύρετος. Clem. Alex. strom. II, 438 δυςεύρετος. — Philo de mut. nom. 4 ἀνύπαρκτος.
   [24]) Cic. nat. d. II, 36 homo sapiens fieri potest. ibid. 37 der Mensch ist nicht vollkommen (metaphysisch), und doch bringt er die Tugend hervor. leg. I, 29 nec est quisquam gentis ullius, qui ducem nactus ad virtutem pervenire non possit. Ant. 5, 1 bei anderen Dingen magst du sagen: „ich habe das Zeug nicht dazu", aber bei der Tugend kannst du das nicht sagen. Längst könntest du die Sünde abgelegt haben; und wenn du je von der Natur stiefmütterlich bedacht bist, so ist es deine Pflicht, diesen Abmangel der Natur durch Uebung auszugleichen. 6, 19 denke nicht, wenn dir etwas schwer wird, es sei überhaupt für Menschen unmöglich; vielmehr wenn etwas einem Menschen möglich und seinen Kräften angemessen ist, so halte es auch dir für erreichbar. 8, 34 erkenne Gottes Güte, womit er den Menschen geehrt hat: er hat es nicht bloss in seine Macht gegeben, nicht nicht vom All loszureissen (durch Sünde), sondern auch nach dem Abfall sich wieder in dasselbe einzufügen und seine Stelle darin wieder einzunehmen. — Der Akademiker Cotta bei Cic. nat. d. III, 79 meint freilich, es sei kein Unterschied, ob man sage, es gebe keinen Weisen (dies ist jedoch eine Uebertreibung, siehe Sen. const. sap. 7, 1 unser Weiser ist zwar selten, aber nicht unwirklich), oder es könne keinen geben.
   [25]) Ich glaube nicht, dass irgend ein Stoiker den „Fortschreitenden" an die Stelle des Weisen setzen wollte (wie z. B. Wellmann a. a. O. p. 462 von Chrysipp behauptet), vielmehr fordert der Begriff des Prokopton mit Notwendigkeit den Glauben an die wenigstens theoretische Möglichkeit des vollkommenen Weisen, während dies von dem Begriff „vir bonus", der nicht über sich hinaus auf ein definitives Ziel weist, sondern selbst definitiv ist, nicht gilt. Ein Zeugnis dafür, dass προκοπή und ἀρετή sich gegenseitig fordern, könnte man in der bei D. L. 91 freilich unklar überlieferten Bemerkung des Posidonius erblicken: τεκμήριον τοῦ ὑπαρκτὴν εἶναι τὴν ἀρετήν — τὸ γενέσθαι ἐν προκοπῇ τοὺς περὶ Σωκράτην u.s.
   [26]) III, 19, 3 wer nur einmal dahin gelangt ist, dass er den Grund seiner Unseligkeit in sich selber sucht, ist ein προκόπτων. I, 4, 1 etc. Prokopton ist schon der, welcher alle ὄρεξις abstellt und die ἔκκλισις einzig auf die προαιρετικά bezieht

— also wer die erste Regel, die für den Philosophenschüler (den ἐσόμενος καλὸς καὶ ἀγαθός, III, 2, 1) gilt, beobachtet. En. 48 der Prokopton benimmt sich wie ein ἄρρωστος, εὐλαβούμενός τι κινῆσαι τῶν καθισταμένων πρὶν πῆξιν λαβεῖν.

[27]) I, 4, 18 ποῦ οὖν ἡ προκοπή; εἴ τις ὑμῶν ἀποστὰς τῶν ἐκτὸς ἐπὶ τὴν προαίρεσιν ἐπέστραπται τὴν ἑαυτοῦ ταύτην ἐξεργάζεσθαι καὶ ἐκπονεῖν etc. cfr. III, 6, 4. IV, 2, 4 οὐδεὶς ἐπαμφοτερίζων δύναται προκόψαι (dieses grundsätzliche Schwanken ist wohl zu unterscheiden von dem auch beim Prokopton noch stattfindenden Kampf und Zwiespalt zwischen dem Guten und Bösen). Dieser ernstliche Vorsatz, gut zu werden, die entschiedene Hinwendung des Willens zur Tugend, worauf Epictet bei seinen Schülern so nachdrücklich dringt (I, 12, 8. II, 21, 5. III, 15, 7 nicht εἰκῇ καὶ κατὰ ψυχρὰν ἐπιθυμίαν. IV, 8, 35. En. 50 wolle wenigstens leben als τέλειος und προκόπτων, wie Socrates!), bildet die Grundlage der προκοπή, ja ist ihr erstes und wichtigstes Stück. — Dies spricht auch Seneca öfters aus, z. B. ep. 71, 35 magna pars est profectus velle proficere. ep. 34, 3 pars magna bonitatis est velle bonum fieri. vit. 6, 20, 1 multum (philosophi) praestant quod loquuntur, quod honesta mente concipiunt (Philo leg. all. III, 15 schon die ὁρμαὶ ἐπὶ τὰ καλά machen Freude). ep. 10, 3 non est unus de populo, ad salutem spectat.

[28]) Sen. ep. 72: 1. sapientiae alludens, 2. qui habet bonam voluntatem, habet profectum, sed cui multum desit a summo. 3. imperitus ac rudis (dieser letztere würde also allerdings nicht zu den proficientes gehören). ep. 75, 9: 3 Klassen der proficientes, nämlich 1. qui in vicinia sapientiae constiterunt — bono suo fruuntur, sed nondum confidunt — dies ist der eigentliche Sinn des stoischen Paradoxons, vom σοφὸς διεληλυθώς (st. rep. 19. comm. not. 8. Philo de agric. 37. de praem. et poen. 11 μιᾷ ὁλκῇ) — qui morbos animi effugerunt, adfectus nondum — adhuc in lubrico stant. 2. qui maxima animi mala et adfectus deposuerunt, sed ita, ut non sit illis securitatis suae certa possessio (sie sind objektiv unsicher, jene nur subjektiv). 3. qui extra mala multa et magna sunt, sed non extra omnia: effugerunt avaritiam, sed iram adhuc sentiunt etc. — Oft freilich unterscheidet auch Seneca einfach die Guten und die Werdenden, so ep. 92, 29 non est bonus, sed in bonum fingitur; ben. II, 18, 4 sapientes und imperfecti honestam viam sequi volentes. ep. 35, 4 proficiens provectusque commovetur quidem, non tamen transit, sed suo loco nutat, ille (sapiens) ne commovetur quidem. Philo unterscheidet φαῦλοι, νήπιοι, τέλειοι (leg. all. I, 30), ἀρχόμενοι, προκόπτοντες, τέλειοι (leg. all. III, 53); auch teilt er das menschliche Leben in vier Perioden ein, eine gegen Sünde und Tugend indifferente, eine sündige, eine Periode der Heilung und der Befestigung (qum r. d. her. 59). Wir finden übrigens bei Seneca auch den panätianischen Begriff des Weisen zweiter Klasse. ep. 42, 1.

[29]) IV, 12, 19 kann ich schon sündlos sein? nein, aber das kannst du, πρὸς τὸ μὴ ἁμαρτάνειν τετάσθαι δηνεκῶς. III, 25, 2 οὐ γὰρ ἀποκνητέον τὸν ἀγῶνα τὸν μέγιστον ἀγωνιζομένοις (cfr. Ant. 5, 9 μὴ ἀπαυδᾶν) — οὐ γὰρ ὑπὲρ πάλης — ὁ ἀγὼν πρόκειται — ἀλλ' ὑπὲρ αὐτῆς εὐτυχίας καὶ εὐδαιμονίας. cfr. frag. 178. I, 10, 1 εἰ οὕτω σφοδρῶς συνετετάμεθα περὶ τὸ ἔργον ὡς οἱ ἐν Ῥώμῃ γέροντες περὶ ἃ ἐσπουδάκασι τάχα ἄν τι ἠνύομεν καὶ αὐτοί. — Sen. ep. 20. 6 preme ergo quod coepisti: et fortasse perduceris aut ad summum aut eo, quod summum nondum esse solus intellegas. ep. 110, 8 lucescere, si velimus, potest (cfr. Ant. 2, 4 ἀπαιθριάζειν. 10, 1 ἔσῃ ποτέ ἄρ' ᾧ ψυχὴ ἀγαθὴ καὶ ἁπλῆ καὶ μία καὶ γυμνή φανερωτέρα τοῦ περικειμένου σοι σώματος etc.); ep. 79, 11 ad virtutem nos conemur educere — nec enim bonitas est pessimis esse meliorem. Anders freilich sagt er ep. 75, 15 intelleges satis nos consequi, si inter pessimos non sumus. cfr. ep. 14, 11 non dico apud bonos sed apud mediocriter malos. tranqu. 7, 4 pro optimo est minime malus. vit. b, 17, 3.

Schlussbetrachtung.

Die Vorzüge und Mängel der Ethik Epictets sind im ganzen Verlauf der Darstellung in der Hauptsache von selbst ersichtlich geworden, zum Teil wurden sie auch ausdrücklich hervorgehoben. Doch scheint es mir geboten, die in der Darstellung der einzelnen Lehren zerstreuten Urteile zu einer Gesamtcharakteristik zusammenzufassen.

Was zunächst die Form der Ethik Epictets betrifft, so imponiert vor allem die grossartige Einheitlichkeit und Geschlossenheit seines Gedankensystems: alles, was er vorträgt, ist aus einem Guss, es entspringt aus einer festen, klaren, mächtigen Ueberzeugung. Dem entspricht die Einfachheit und Klarheit des Stils, die Lebendigkeit der Darstellung, die Kraft und Plastik der Ausdrucksweise, lauter Vorzüge, welche die Lektüre seiner Dissertationen zu einem wirklichen Genuss machen. Da finden wir keine trockenen Auseinandersetzungen, keine scholastischen Distinktionen, keine phrasenhaften Deklamationen, sondern überall spüren wir den Pulsschlag warmen Lebens und ernster, persönlicher Ueberzeugung. So wenig Epictet die Theorie verachtet, vielmehr meistens die stoischen Lehren in ihrer stereotypen Fassung zur Grundlage seiner Reden macht, so verlässt er doch alsbald den doktrinären Ton, um zur lebendigen Entwicklung und eindringlichen Applikation derselben überzugehen. Wer ohne Vorurteil an diese Reden Epictets herantritt und sich ihrem Eindruck hingiebt, wird sicherlich das Urteil Arrians, eines der schönsten Zeugnisse, das je ein dankbarer Schüler seinem Lehrer ausgestellt hat, bestätigen: „wenn jemand seine Reden verachtete, so würde sich Epictet nicht darum kümmern; zeigte er doch, als er sie hielt, klar und deutlich, dass es ihm um nichts anderes zu thun war, als die Herzen seiner Hörer zum Guten zu lenken. Wenn diese Aufzeichnungen auch diesen Erfolg hätten, so besässen sie, wie ich denke, eben das, was philosophische Reden haben sollen. Wo nicht, so mögen die Leser wenigstens das wissen, dass, wenn er selbst sprach, die Zuhörer notwendig von ihm ergriffen und in den Gemütszustand versetzt wurden, in den er sie versetzen wollte". Vierhundert Jahre später giebt der Neuplatoniker Simplicius folgendes Urteil über Epictets Reden ab: „sie sind äusserst wirkungsvoll und beweglich, so dass, wer nicht ganz erstorben ist, durch dieselben im Innersten getroffen und zur Erkenntnis seiner Sünden und zur Besserung erweckt wird — wer von diesen Reden nicht ergriffen wird, den vermag nur noch das Gericht im Hades zu bessern" (Comm. z. Ench. praef. 7). In der That spricht aus ihnen, wie die Darstellung zur Genüge gezeigt haben wird, ein tiefer, sittlicher Ernst und ein erhebender Idealismus.

Blicken wir nun genauer auf den Inhalt, so sind es im Grunde genommen drei Hauptsätze, auf denen sich die ganze Ethik Epictets aufbaut und aus denen sie sich mit innerer Notwendigkeit in alle Einzelheiten hinein entwickeln lässt. 1. Jedes Wesen, also auch der Mensch, strebt naturnotwendig stets nach dem, was ihm nützlich und zuträglich ist. 2. Das wahre Wesen des Menschen besteht im Geiste, durch den er mit Gott verwandt ist. Somit findet der Mensch, wenn er sein Streben ausschliesslich auf das Geistige richtet, das allein absolut wertvoll und frei ist, das wahre, unfehlbare Glück. 3. Der Geist oder die Vernunft des Menschen ist nicht von Natur schon fertig und entwickelt, sondern kann nur durch ernste, systematische Ausbildung zur vollen Höhe seiner Kraft gelangen.

Das Prinzip des Eudämonismus, das im ersten Satz ausgesprochen ist und das niemand klarer und energischer verfochten hat als Epictet, ist nach meiner Ueberzeugung die einzig richtige Begründung des sittlichen Handelns, auf die auch die entschiedensten Vertreter eines unbedingt verpflichtenden Sittengesetzes schliesslich mit logischer Notwendigkeit hingedrängt werden. Es giebt in der That keine andere Anschauung, durch welche dem Menschen das sittliche Handeln wirklich einleuchtend und zur zweiten Natur gemacht werden kann, als die, dass dasselbe einzig und allein seinem wahren Vorteil, seinem Glücke dient. Und es ist nicht zufällig, dass in unserer Zeit, wo gegenüber Skepsis und Materialismus einerseits und unfreier Bindung des menschlichen Geisteslebens an ein historisch Gegebenes andrerseits das Verlangen nach einer tieferen Begründung der christlichen Wahrheit auf die Grundgesetze der menschlichen Natur und auf die Bedürfnisse des Subjekts sich wieder mächtig regt, immer lauter die Forderung erhoben wird, dass aller Glaube und alle Weltanschauung ihre Wahrheit und Giltigkeit in letzter Linie dadurch erweisen müssen, dass sie dem wahren Interesse der menschlichen Persönlichkeit dienen. (Vergl. besonders Walter, Die christliche Glaubenslehre als Wissenschaft vom Lebensmut, Stuttgart 1893.) Alles sittliche Handeln ist im Grunde nichts anderes als richtig verstandene Selbsterhaltung und Selbstbehauptung, alle Sünde und Unsittlichkeit Selbstzerstörung, Preisgebung und Verlust der eigensten Menschennatur — dieser Satz ist schon von der Stoa und besonders von Epictet mit aller Klarheit aufgestellt und konsequent durchgeführt worden. Bekanntlich ist auch die Ethik des Spinoza ganz und gar von diesem Grundgedanken beherrscht, die Tugend ist ihm nichts anderes als die Kraft der Selbsterhaltung. Ueberhaupt ist seine Ethik, abgesehen natürlich von dem grossartigen spekulativen Untergrund, auf dem sie sich aufbaut und wodurch sie sich hoch über die in dieser Hinsicht dürftig veranlagte Stoa erhebt, fast ganz stoisch, so dass sich fast zu jedem Satz eine Parallele aus der Stoa beibringen liesse. Aus der Reihe neuerer Philosophen nenne ich nur den durch seine geschickte, anregende Behandlung philosophischer Fragen hervorragenden H. Sommer (Preuss. Jahrb. Bd. 59, 1887) und besonders auch Zeller, der in seiner geradezu klassischen Abhandlung über die Willensfreiheit (Abhdl. der Berl. Akad. d. Wiss. 1882, philos.-histor. Kl. II) sich durchaus auf den Boden des Eudämonismus stellt, indem er das Interesse, das heisst das Gefühl dessen, was man sich selbst schuldig ist, für das einzig naturgemässe Motiv des sittlichen Handelns erklärt. Durch den Eudämonismus wird die sittliche Aufgabe und Leistung keineswegs auf ein niedrigeres Niveau herabgedrückt; denn es ist wohl zu unterscheiden zwischen dem niederen und höheren Eudämonismus: die allgemeine Form der Willensbestimmung ist in beiden Fällen die gleiche, aber der Inhalt und die Richtung des Willens sind total verschieden.

Epictet vertritt nun selbstverständlich den Eudämonismus in jenem höheren Sinn, und zwar in der entschiedensten, ja schroffsten Weise: sein Eudämonismus ist zugleich vollendeter Idealismus. Nur das Geistige hat absoluten Wert (vergl. Zeller a. a. O. p. 29), in der ganzen Welt wie beim einzelnen Menschen, der aus Körper und Geist zusammengesetzt ist. Die Wahrheit dieses Satzes hat Epictet freilich, wie dies auch Simplicius bemerkt (praef. 12), nicht wissenschaftlich zu begründen versucht. Sie ergiebt sich ihm ohne weiteres aus seinem Gottesbegriff: Gott ist das absolute Gute, nun ist Gott Geist und Vernunft, folglich ist auch beim Menschen nur das Geistige und Vernünftige ein wahres Gut, ein Selbstzweck (προηγούμενον). Daneben finden sich jedoch wenigstens Ansätze zu einer psychologischen Begründung auf die innere Erfahrung, so, wenn er sagt, jeder Mensch verlange im Grund seines Herzens nach geistiger Unabhängigkeit und innerer Freiheit (IV, 1, 46). Mag aber auch die Begründung mangelhaft sein, der Satz selbst ist unbestreitbar richtig und wird von Epictet mit der grössten Strenge und Konsequenz durchgeführt. Ist das Geistige von absolutem Wert, so kann es von gar nichts anderem abhängig sein und durch nichts, was ausser ihm liegt, irgend eine Hemmung, Störung oder Beeinträchtigung erleiden. Der Geist ist frei: das Gute und das Freie ist identisch, absolute Freiheit und Glück ist eins und dasselbe. Epictets Philosophie ist eine Philosophie der Freiheit κ. ε.: er schwelgt förmlich in dem Gedanken der Selbstherrlichkeit des Geistes und des vernünftigen Willens. Während neben ihm das aufstrebende Christentum die durch Jesum errungene herrliche Freiheit der Kinder Gottes verkündigte, erscholl aus dem Munde Epictets auf heidnischem Boden auch wie ein Evangelium die Lehre, dass der Mensch, als Sohn Gottes, frei erschaffen sei und durch sich selbst zu wahrer Freiheit, zum Frieden der Seele und zu vollem Glück gelangen könne.

Dies geschieht dadurch, dass der Mensch sein Glück ausschliesslich in der geistigen Seite seines Wesens, in der freien Selbstbestimmung, in der geistig-sittlichen Selbstbehauptung erkennt und sucht. Zu diesem Zweck muss er sein Herz völlig losreissen von allem Aeusseren und Unfreien (ἀπόστασις τῶν ἀπροαιρέτων), darf seine Wünsche und Begierden nie auf etwas richten, was ausserhalb der Machtsphäre des Geistes und des freien Willens liegt. Wie das Christentum, so verlangt auch er die Fähigkeit gänzlichen Verzichtes auf alle äusseren und irdischen Güter und Freuden: denn nur durch Ausrottung der leidenschaftlichen Begierde nach den scheinbaren Gütern wird Friede und Freiheit errungen (IV, 1, 175). Alle den Frieden der Seele störenden und untergrabenden Affekte kommen in letzter Linie davon her, dass man Dinge begehrt und von ihnen Glück und Befriedigung erwartet, über deren Erlangung und Erhaltung wir keine Macht besitzen (I, 27, 10).

Mit der Ausrottung der falschen Begierde, des leidenschaftlichen Hängens am Aeusseren (προσπάσχειν ταῖς ὕλαις) verschwindet dann von selbst aller Grund zur Furcht und Trauer gegenüber den sogenannten Uebeln des Daseins. Da sie nur den Leib, also die unfreie, äussere Seite unseres Wesens treffen, so können sie kein wirkliches Uebel sein, folglich das Glück des geistig Freien in keiner Weise beeinträchtigen. Aber, möchte jemand einwenden, bedeutet nicht eben das doch eine gewisse Unfreiheit und Unvollkommenheit des menschlichen Geistes, dass es überhaupt ein Gebiet giebt, über welches derselbe keine Macht hat, dass es ihm nicht möglich ist, auch das äussere Naturgeschehen nach seinem Sinn und Willen zu lenken und zu gestalten? Hierauf antwortet Epictet fürs erste damit, dass ja auch Gott selbst in gewissem Sinn von der Natur der stofflichen Welt abhängig ist und sie nicht ändern kann: „wenn die Götter gekonnt hätten, so würden sie auch das Aeussere unserem Willen unterstellt haben, aber sie konnten nicht" (I, 1, 8). Wenn also die Freiheit Gottes dadurch, dass die Materie eine gewisse Selbständigkeit und Sprödigkeit dem Geiste gegenüber besitzt, keinen Eintrag leidet, so kann auch die menschliche Freiheit dadurch nichts einbüssen, dass die Materie von ihr unabhängig ist. Hiebei erinnere ich daran, dass die Stoa von Anfang an trotz ihrer ausgesprochen monistischen Tendenz durch die Nebeneinanderstellung zweier Urprinzipien (πνεῦμα und ὕλη, τὸ δρᾶν und τὸ πάσχον) einem metaphysischen Dualismus Raum gelassen hat.

Jedoch in Wahrheit hat der menschliche Geist auch Macht über die Materie: nämlich erstens dadurch, dass er ihre relative Selbständigkeit als einen notwendigen Faktor der Weltordnung erkennt und eben durch diese Anerkennung sie sich innerlich unterordnet; denn stets ist das Erkennende ein Herr des Erkannten (I, 1). Zweitens aber — und dies ist die Hauptsache — beweist der freie Geist seine Macht über die Materie dadurch, dass er sie zum Stoff und Mittel des sittlichen Handelns und Verhaltens macht und dadurch gewissermassen in die Sphäre des Geistigen erhebt, indem er nämlich einerseits in der umsichtigen Wahl des Naturgemässen, in der gewissenhaften Respektierung der in den äusseren Dingen liegenden relativen Werte (ἀξίαι) seine vernünftige und freie Uebereinstimmung mit der Naturordnung bekundet, andrerseits das Widrige, das er nicht abhalten kann, zu einem Mittel der sittlichen Uebung und Bethätigung gestaltet. In diesem Sinne übt denn der Mensch eine volle Herrschaft über die Materie aus, insofern er an ihr sowohl seine verständige Schätzung des relativ Wertvollen und damit seine Treue und Sorgfalt im Kleinen und Fremden wie auch seine innere Erhebung über alles nicht absolut Wertvolle und in beidem seine innere Einigung mit Gott und dem Weltall erweist. Wie kurz und treffend weiss Epictet diese Gedanken zu formulieren, wenn er sagt: „sorge auch für das Aeussere, aber nicht als für das Höchste, sondern um des Höchsten willen!" (II, 23, 35 — ibid. 5 ἄνθρωπε, μήτ' ἀχάριστος ἴσθι μήτε πάλιν ἀμνήμων τῶν κρεισσόνων), und: „von allem, was geschieht, kannst du Nutzen ziehen; die Vernunft ist der Hermesstab, der alles Widrige in ein Gut verwandelt" (III, 20). Dieser vollendete Optimismus gehört zu dem Schönsten und Anmutendsten an den Epictetischen Reden: er hat unstreitig etwas Stärkendes und Erfrischendes.

Aus dem Satz, dass das Geistige allein einen wahren und unbedingten Wert hat, folgt ferner von selbst die von Epictet so nachdrücklich verfochtene Wahrheit, dass die Tugend ihren Lohn ganz in sich selbst trägt und ebenso die Sünde ihre Strafe; denn ein grösseres Gut als die geistige Freiheit giebt es nicht, und es liegt im Wesen dieses Gutes, dass es durch alle äusseren Güter nicht den geringsten Zuwachs erhalten kann. Fast spöttisch fragt deshalb Epictet, wenn er seinen Zuhörern den herrlichen Lohn der Tugend auseinandergesetzt hat: „dünkt euch das wenig oder nichts zu sein?" (I, 1, 13 u. ö.). Andrerseits lässt sich auch kein grösseres Uebel denken als der Verlust des einzig wahren Gutes: somit sind die Schlechten eben dadurch, dass sie dieses verscherzen, genug gestraft, womit jedoch natürlich die im Interesse der Gesamtheit erfolgende gesetzliche Bestrafung der Uebertretungen keineswegs als ungerecht oder entbehrlich bezeichnet werden soll. Auch der Gedanke, dass der Wert einer moralischen Handlung lediglich in der Gesinnung liegt und dass deshalb der ernstliche Wille zur That genügt, wo diese durch äussere Umstände verhindert wird, sowie der andere, dass das wahre Glück auch nicht von der Zeitdauer des irdischen Lebens oder von der Hoffnung einer persönlichen Unsterblichkeit abhängt, sondern jederzeit in sich selbst vollkommen ist, folgt aus jenem obersten Grundsatz der absoluten Freiheit und Selbstgenügsamkeit des Geistes.

Aus demselben lässt sich aber auch ungezwungen die Pflicht der Menschenliebe ableiten, wenigstens im passiven Sinn, d. h. sofern sie die Enthaltung von aller Ungerechtigkeit und Lieblosigkeit in sich schliesst. Denn wo man nur das Geistige schätzt und erstrebt, alle äusseren Güter aber gering achtet, da fällt jegliches Motiv zur Feindseligkeit gegen den Nächsten, zu Bosheit, Neid, Zorn, Rachsucht u. dergl. weg, abgesehen davon, dass diese Affekte die geistige Freiheit stören, also um des eigenen Vorteils willen vermieden werden müssen. Die Pflicht der Sanftmut, Nachsicht und Versöhnlichkeit folgt von selbst aus dem Grundsatz, dass der Mensch durch einen andern überhaupt nicht geschädigt werden kann (I, 9, 34 ἄλλος δι' ἄλλον οὐ δυστυχεῖ).

Eine andere Frage ist es aber, ob und wie Epictet aus seinen Prinzipien die positiven Pflichten der Menschenliebe, also den Drang zum Helfen, zum Wohlthun, zur thätigen Förderung des Nächsten abzuleiten vermag. Es ist klar, dass die Pflicht selbstloser Liebe mit dem Eudämonismus nur dann zusammen bestehen kann, wenn die Liebe als eine wesentliche Qualität des Geistigen selbst erkannt wird, so dass die Uebung der Liebe nur als ein Stück der geistigen Selbsterhaltung erscheint. Dies spricht nun eben Epictet so deutlich als möglich aus, indem er den Eudämonismus vom Egoismus (φίλαυτον) scharf unterscheidet, die altruistischen Pflichten unter die im höheren Sinn egoistischen subsumiert und den Satz aufstellt: Gott hat die Natur des Vernunftwesens so eingerichtet, dass es keines der ihm eigentümlichen Güter erlangen kann, wenn es nicht zugleich gemeinnützig ist (I, 19, 13). Das Wirken zum Wohle des Nächsten ist ihm also nicht ein bloss accidentelles oder fakultatives Stück der Sittlichkeit, sondern die unerlässliche Bedingung für die Erlangung der eigenen Glückseligkeit. Wie Gott nicht anders kann, als nützen und wohlthun, so liegt der Trieb dazu auch in der menschlichen Natur, eben weil sie vernünftig ist:

denn alles Vernünftige und Gute ist zugleich Nutzen bringend (II, 8, 1 τὸ ἀγαθὸν ὠφέλιμον). Auch auf die Gleichheit der Menschen als der Kinder eines himmlischen Vaters gründet Epictet, wie fast noch mehr nach ihm M. Aurel, die Pflicht der Nächstenliebe und kommt dadurch der christlichen Idee des Reiches Gottes als einer Gott und Menschen umfassenden Gemeinschaft der Liebe sehr nahe.

Trotz alledem müssen wir zugeben, dass die positive und aktive Nächstenliebe bei Epictet hinter der passiven sehr zurücktritt und keine rechte Kraft und Wärme gewinnt. Der Trieb zu thatkräftiger hingebender Arbeit an der Beseitigung des menschlichen Elends wird notwendig geschwächt durch die übertriebene Verachtung aller irdischen Glücksgüter. Aber auch die Pflicht, zur Hebung der moralischen Not beizutragen, kann nicht vollkräftig zur Geltung kommen, weil die sittliche Besserung der Menschen infolge des einseitigen Intellektualismus teils als zu leicht, teils als zu schwer vorgestellt wird, insofern die ausserhalb der intellektuellen Sphäre liegenden, die ethische Einwirkung teils erschwerenden, teils erleichternden Faktoren der menschlichen Natur in ihrer Bedeutung verkannt werden.

Dies wird noch deutlicher zutage treten, wenn wir auch auf den dritten Hauptsatz der Epictetischen Ethik einen Blick werfen. So gewiss nach Epictet die sittlichen Forderungen in der Einrichtung der menschlichen Natur selbst begründet und insofern angeboren sind, so entschieden betont er andrerseits, dass dieselben nicht unmittelbar, sondern erst infolge gründlicher theoretischer Ausbildung erkannt werden können. Die Tugend beruht ganz und gar auf dem richtigen Wissen, das, wie Epictet oft bemerkt, nicht leichthin und nebenher, sondern nur durch methodisches Studium und praktische Uebung wirklich angeeignet werden kann. Der Gedanke, dass die menschliche Vernunft nicht von selbst das richtige praktische Urteil liefert, sondern erst nachdem sie systematisch ausgebildet ist, enthält unleugbar eine grosse Wahrheit: ein gewisses Mass von geistiger Bildung ist, in der Regel wenigstens, zur Aneignung einer selbständigen Lebensanschauung und zur Ausbildung eines sittlichen Charakters unerlässlich.

Jedoch jene Wahrheit ist bei der Stoa und auch bei Epictet entschieden überspannt, und daraus ergeben sich die verschiedensten und gewichtigsten Mängel. Epictet verkennt oder wenigstens unterschätzt bedeutend das unmittelbare sittliche Gefühl und Unterscheidungsvermögen des Menschen. Zwar fehlen gegenteilige Aeusserungen, wie wir sahen, bei ihm nicht ganz: ich erinnere nur an den Begriff des Koinos Nus, des „inneren Mantis", des natürlichen Schamgefühls (αἰδώς und ἐντρεπτικόν). Aber diese Anschauung wird doch weit überwogen, ja ganz zurückgedrängt durch die andere, dass der unsittliche Mensch unwissend sündigt und über seine wahren Pflichten in völliger Unkenntnis sich befindet. Damit hängt unmittelbar zusammen die andre Unwahrheit, dass es keinen berechtigten Zorn über die Sünde giebt, wodurch dem Kampf gegen die moralischen Schäden der Menschheit und dem Drang nach bessernder Einwirkung auf dieselbe die Flügel beschnitten werden. Epictet fällt zwar hie und da aus der Rolle, indem er z. B. den Ehebrecher im Tone höchster sittlicher Entrüstung brandmarkt und dabei augenscheinlich seinen sonstigen Grundsatz, dass jeder Sünder unfreiwillig fehle und eher Mitleid als

Zorn, ja gar noch Lob verdiene, weil er's nicht noch ärger gemacht, augenscheinlich vergisst (II, 4. Vergl. I, 28, 9. II, 24. III, 26, 26. IV, 5, 21. frag. 16). Im allgemeinen aber tritt bei ihm an die Stelle des Kampfes gegen das Schlechte die συμπεριφορά, das gleichmütige Dulden und Betrachten der Thorheiten der Menschen, die selbstgenügsame Indolenz.

Ein weiterer aus dem einseitigen Intellektualismus der stoischen Ethik entspringender Mangel ist die Missachtung der Kindesnatur, die ja als noch nicht vernünftig und somit auch noch nicht sittlich ganz auf gleiche Linie mit dem Tier gestellt wird. Kaum irgendwo ist der Gegensatz zwischen Stoa und Christentum und die überlegene Wahrheit des letztern in die Augen fallender als in der Schätzung der Kindesseele: während Jesus ausruft: werdet wie die Kinder! sagt Epictet: „was ist ein Kind? nichts als Unwissenheit und Unvernunft" (II, 1, 16).

Ueber die sittliche Bildung und Erziehung stellt Epictet im ganzen sehr verständige Grundsätze auf, wie er überhaupt als Pädagog und Methodiker der Seelenleitung im ganzen Altertum wohl von keinem erreicht wird: Seneca übertrifft ihn zwar an psychologischer Feinheit, aber steht weit hinter ihm zurück an Kraft und Tiefe der ethischen Paränese. Was er über die Notwendigkeit des beständigen Kampfes gegen sündige Neigungen und unlautere Vorstellungen, über die schwächende Wirkung, welche jeder Rückfall in die Sünde auf den Willen ausübt — wobei jedoch die jederzeitige Möglichkeit der Besserung durch kräftigen Willensentschluss ausdrücklich anerkannt wird —, was er über die Pflicht steter Wachsamkeit und Vorsicht gegenüber den Versuchungen der Welt, über die tägliche Selbstprüfung und Selbsterneuerung sagt, sein Dringen auf gründliche Bekehrung, seine Mahnung, dieselbe nicht immer hinauszuschieben, seine Verwerfung aller sittlichen Halbheit und Unentschiedenheit (ἐπαμφοτερίζειν): das alles berührt sich oft bis aufs Wort mit der neutestamentlichen Moral und hat heute noch wie damals eine packende Gewalt und Wahrheit. Dabei lässt sich aber nicht leugnen, dass die sittliche Bildung und Selbstzucht, wie sie Epictet empfiehlt, manchmal in peinliche Pedanterie und mechanische Aeusserlichkeit auszuarten droht, so, wenn er verlangt, der Tugendkandidat solle die Tage zählen, an denen er nicht in Zorn geraten sei (II, 18, 12) und sich in der Apathie systematisch üben, indem er zuerst leichtere, dann schwerere Verluste mit Gleichmut tragen lerne — als ob die Wirklichkeit des Lebens sich gerade nach der ethischen Fähigkeit des Menschen richten könnte. Ueberhaupt ist der Gedanke ja durchaus unhaltbar, dass die sittliche Bildung für sich, losgelöst von aller Berührung mit dem Leben, in einer bestimmten Lebensperiode wie ein wissenschaftlicher Kursus gleichsam absolviert werden könnte. Nur in und mit der natürlichen Lebensentwicklung und äusseren Lebensstellung, mit ihren nach Alter, Stand und Beruf stets wechselnden Aufgaben kann die sittliche Bildung vor sich gehen, die eben deshalb niemals als vollendet angesehen werden kann. Das ist nun eben ein weiterer Mangel der stoischen Ethik, dass sie, prinzipiell wenigstens, die vollkommene Weisheit und Tugend für erreichbar hält. Die sittliche Arbeit wird unnatürlicher Weise auf einen einzigen Lebensabschnitt zusammengedrängt, das ganze fernere

Leben ist dann gleichsam nur der Selbstdarstellung und dem Selbstgenuss der sittlichen Persönlichkeit gewidmet. Die Stoiker haben ja allerdings ihre prinzipielle Ueberschätzung der sittlichen Kraft des Menschen notgedrungen selbst modifiziert durch die Lehre von der Seltenheit des Weisen und die hieraus folgende Ausdehnung des Begriffs des Fortschritts ($\pi\rho o \kappa o \pi \acute{\eta}$) über die eigentliche Bildungszeit hinaus auf die ganze Dauer des Lebens. Schon Kleanthes hat, wie wir sahen, es für ein Glück erklärt, wenn man nur wenigstens am Abend des Lebens zur Vollkommenheit gelange. Und Epictet zeigt sich nicht nur in seinen Aeusserungen über sich selbst ganz frei von sittlichem Hochmut, sondern stellt auch öfter die sittliche Bildung als einen über das ganze Leben sich erstreckenden Prozess dar und erklärt sich schon zufrieden damit, wenn seine Schüler wenigstens unablässig nach sittlicher Vollkommenheit streben (I, 2, 34. IV, 12, 19). Dabei setzt er aber doch stets voraus, dass dieselbe prinzipiell wirklich erreichbar sei und diese falsche Meinung muss notwendig auf das Selbstgefühl dessen, der eben immer nur der Vollkommenheit sich annähert, drückend wirken.

Wie die Bedeutung der sittlichen Uebel so ist auch die der natürlichen Uebel des Lebens bei Epictet unterschätzt. Dass die stoische Philosophie mit ihrer Lehre von der Verwerflichkeit und Unvernünftigkeit der Trauer und des Schmerzes den unleugbaren Thatsachen und Bedürfnissen des menschlichen Herzens nicht gerecht wird, liegt auf der Hand. In dieser Entfernung aller schmerzlichen Regungen aus der Seele des Weisen verrät sich in Wahrheit ein falscher, mechanischer Begriff von Glück, als ob dasselbe darin bestünde, dass in jedem Moment des Lebens das volle Glücksgefühl vorhanden ist. Dies ist aber eine psychologische Unmöglichkeit. Zwar darin haben die Stoiker Recht, dass, wenn es überhaupt ein gewisses menschliches Glück giebt, dasselbe durch keine noch so schwere Schickung einen wirklichen Stoss erleiden kann: der Mensch muss im stande sein, auch im ärgsten Unglück den Gedanken, als ob sein Glück nun dahin und sein Leben verfehlt wäre, fernzuhalten. Aber damit, dass der Mensch z. B. beim Tod eines geliebten Angehörigen sich dem natürlichen Gefühl des Schmerzes hingiebt, fühlt und beurteilt er sich noch keineswegs als unglücklich. Vielmehr, je mehr er wahrhaft gebildet ist, desto sicherer bleibt ihm auch im Schmerze das Bewusstsein seines unverlierbaren Glückes, seines von allen Wechselfällen des Lebens unberührten inneren Besitzes. Das wahre Glück besteht nicht in der absoluten Freiheit von schmerzlichen Empfindungen, sondern in der Fähigkeit, dem Leid seine die Kraft und Freudigkeit der sittlichen Arbeit lähmende Wirkung zu nehmen.

Alle diese nicht unerheblichen Mängel, welche die Ethik Epictets mit der altstoischen teilt, werden aber weit aufgewogen durch ihre grossen Vorzüge. Gedanken wie die, dass das wahre Glück nicht von den äusseren Verhältnissen abhängt, sondern auf dem Willen beruht und daher prinzipiell von jedem, ohne Unterschied des Volkes, Standes und Geschlechtes erlangt werden kann; dass nicht die äussere That, sondern die Gesinnung und gesamte Willensrichtung dem Handeln des Menschen seinen Wert oder Unwert verleiht; dass eine richtige Erfüllung der beruflichen und sozialen Pflichten nur durch Ueberwindung des selbstischen Wollens und Wünschens möglich ist; dass die Sünde eine traurige Knechtschaft ist und in sich selbst ihre hinlängliche Strafe enthält, während die ungeteilte Hingabe an den geistigen Lebenszweck frei und glücklich macht; dass die Moralität nicht in einzelnen Leistungen, sondern in der vernunftgemässen und gottgefälligen Gestaltung des ganzen Lebens besteht und deshalb im Kleinsten so gut wie im Grössten und Wichtigsten sich offenbaren kann und muss; dass nichts Aeusseres und Unfreiwilliges den Menschen entehrt, vielmehr die innere Güte und Grösse auch den geringsten Sklaven adelt (vgl. Apelt, Beitr. z. Gesch. d. gr. Phil. 1891, p. 354 etc.) — alle diese und noch manche andere Gedanken und Grundsätze, die zwar so ziemlich alle altstoisch, aber von Epictet mit besonderer Kraft und Wärme gepredigt worden sind, bilden einen unveräusserlichen Bestandteil jeder wahrhaft moralischen Lebensanschauung und sichern dem Sklaven aus Hierapolis einen ehrenvollen Platz unter den hervorragendsten Ethikern aller Zeiten.

Anhang.

Excurs I.
Die stoischen Telosformeln.

1. Chrysipp, Panätius, Posidonius.

Ausser den bereits besprochenen allgemein stoischen Definitionen des Telos, die inhaltlich nicht voneinander verschieden sind und jedenfalls nicht auf einer wesentlich verschiedenen Auffassung der Tugend beruhen (κατ' ἀρετὴν ζῆν, ὁμολογουμένως ζῆν, ὁμολογουμένως oder ἀκολούθως τῇ φύσει ζῆν), berichten uns die Quellen noch eine Anzahl weiterer, die mehr oder weniger von jenen einfacheren abzuliegen scheinen. Zwar Cicero stellt es öfters so dar, als ob diese anderen Formeln nur eine nähere Erläuterung des Begriffs „naturgemässes Leben" geben und geben sollten; ja er schreibt sogar eine derselben dem Zeno selbst zu. Es ist dies die Formel: vivere adhibentem scientiam earum rerum, quae natura evenirent (fin. IV, 14) = ζῆν κατ' ἐμπειρίαν τῶν φύσει συμβαινόντων (D. L. 87). Dieselbe wird jedoch von Diogenes a. a. O. und bei Stobäus ecl. II, 76 dem Chrysipp zugeschrieben. Hiernach ist es sehr zweifelhaft, ob Zeno schon diese Formel gebraucht hat; es ist auch unwahrscheinlich, dass der Stifter der Schule neben seiner kurzen und charakteristischen Formel noch eine längere, doch etwas unklare und verkünstelte, erfunden haben sollte, während es bei seinen Nachfolgern, besonders einem Chrysipp begreiflich ist, dass er das Bedürfnis fühlte, auch eine eigene Definition zu geben, wie er ja auch z. B. die zenonische Definition der φαντασία nicht gerade zu ihrem Vorteil verändert hat (Bd. I, 150). Dass nun in der That die in Frage stehende Telosformel keine Verbesserung der einfachen alten ist, springt in die Augen. Sie bringt wohl den Gedanken hinein, dass das tugendhafte Leben auf einem Wissen beruht, aber andrerseits ist der Ausdruck τὰ κατὰ φύσιν συμβαίνοντα nicht so erschöpfend wie das einfache und doch vielsagende Wort φύσις, da man bei jenem vorzugsweise an die Gesetzmässigkeit des äusseren Naturlebens denken muss, so dass dadurch die Tugend mehr nur passiv, als Ergebung in den Naturlauf bestimmt wäre. Jedenfalls aber enthält diese chrysippische Formel keine sachliche Abweichung von der seiner Vorgänger, wie denn auch Posidonius dieselbe billigt und als der alten gleichwertig anerkennt (Galen 470).

Eine Art von Telosformel stellt auch die an anderer Stelle bereits besprochene chrysippische Definition der Glückseligkeit dar (D. L. 88 ὅταν πάντα πράττηται κατὰ τὴν συμφωνίαν τοῦ παρ' ἑκάστῳ δαίμονος πρὸς τὴν τοῦ τῶν ὅλων διοικητοῦ βούλησιν)[1]. Mag man den Ausdruck κατὰ τ. σ. auffassen wie man will, modal oder final, jedenfalls wird als das oberste Gesetz der Wille Gottes oder der Allnatur bezeichnet, dem sich der Mensch bezw. sein Dämon anzupassen hat. Wenn also Chrysipp (nach D. L. 89) unter der φύσις, der man folgen soll, nicht bloss die allgemeine, sondern auch die menschliche verstanden wissen wollte, so hat er diese letztere nicht sowohl in ihrer individuellen Verschiedenheit als vielmehr nach ihrer gemeinsamen göttlichen Anlage und Bestimmung ins Auge gefasst. Dasselbe geht auch aus den Worten Chrysipps bei D. L. 88 hervor (μέρη γάρ εἰσιν αἱ ἡμέτεραι φύσεις τῆς τοῦ ὅλου· διόπερ τέλος γίνεται τὸ ἀκολούθως τῇ φύσει ζῆν, ὅπερ ἐστὶ κατὰ τὴν αὑτοῦ καὶ κατὰ τὴν τῶν ὅλων οὐδὲν ἐνεργοῦντα ὧν ἀπαγορεύειν εἴωθεν ὁ νόμος ὁ κοινός etc.), so dass wir uns nicht wundern, wenn Galen a. a. O. die chrysippische Telosformel in folgender Fassung referiert: κατ' ἐμπειρίαν τῶν κατὰ τὴν ὅλην φύσιν ζῆν. Eine weitere Bestätigung liegt in der Telosformel des Posidonius, die uns Galen 469 berichtet (κατὰ πᾶν ἕπεσθαι τῷ ἐν αὐτῷ δαίμονι συγγενεῖ τε ὄντι καὶ τὴν ὁμοίαν φύσιν ἔχοντι τῷ τὸν ὅλον κόσμον διοικοῦντι); denn die Aehnlichkeit derselben mit der Chrysippischen Definition der Glückseligkeit liegt auf der Hand. Der Unterschied des Posidonius von Chrysipp besteht einerseits darin, dass jener eine unvernünftige Seelenkraft annahm (Galen a. a. O.: κατὰ μηδὲν ἄγεσθαι ὑπὸ τοῦ ἀλόγου τῆς ψυχῆς) und andrerseits der θεωρία eine selbständige Bedeutung im Begriff des Telos beimass. Beides kommt deutlich zur Geltung in der bei Clem. Al. strom. II, 497 dem Posidonius zugeschriebenen Definition: ζῆν θεωροῦντα τὴν τῶν ὅλων ἀλήθειαν καὶ τάξιν καὶ συγκατασκευάζοντα αὐτὸν κατὰ τὸ δυνατὸν κατὰ μηδὲν ἀγόμενον ὑπὸ τοῦ ἀλόγου μέρους τῆς ψυχῆς. Dass Posidonius daneben auch die alte einfache Formel gebraucht hat (D. L. 87), wäre durchaus glaubhaft, auch wenn es nicht durch Galen 470 bestätigt würde. Nur dürfen wir nicht vergessen, dass dieselbe in seinem Munde, seinem platonisierenden Standpunkt gemäss, einen etwas anderen Sinn hatte (vergl. Hirzel II, 518).

Auch Panätius soll die alte Definition des Telos gebraucht haben (Stob. ecl. II, 64). Doch wird ihm auch eine eigene zugeschrieben: ζῆν κατὰ τὰς δεδομένας ἡμῖν ἐκ φύσεως ἀφορμάς (Clem. strom. II, 497). So sehr dieselbe mit dem Begriff des naturgemässen Lebens übereinstimmt, so hat doch Hirzel wohl Recht, wenn er in ihr die den Panätius charakterisierende Betonung des individuellen Faktors angedeutet findet (II, 430). Ich möchte hierfür nicht bloss auf die offenbar von ihm aufgebrachte Lehre von der doppelten persona (off. I, 107 etc.), sondern auch darauf verweisen, dass gerade in den zwei ersten Büchern de officiis, die bekanntlich nach der gleichnamigen Schrift des Panätius gearbeitet sind, die Formel secundum naturam vivere, die doch sonst bei Cicero so häufig erscheint, sich nicht findet. Sie genügte ihm offenbar nicht, da es ihm darauf ankam, den Begriff der mensch-

---

[1] Dieselbe etymologisierende Definition, nur abgekürzt, haben wir Ant. 7, 17 (εὐδαιμονία = δαίμων ἀγαθός).

lichen Natur und zwar nicht in der idealistischen Verallgemeinerung der orthodoxen Stoa, sondern nach ihrer wirklichen Beschaffenheit seiner Telosdefinition zu Grunde zu legen. Möglich, dass auch die „jüngeren" Stoiker des Clemens (a. a. O.) die κατασκευή τοῦ ἀνθρώπου im Sinne des Panätius verstanden haben. Antiochus, dieser Stoicus perpauca balbutiens (Cic. ac. II, 138), hat jedenfalls, wie aus fin. IV und V zur Genüge hervorgeht, seine Definition des Telos (fin. V, 26 vivere ex hominis natura undique perfecta et nihil requirente) so aufgefasst wissen wollen, dass dasselbe nicht bloss in der geistig sittlichen Vollkommenheit besteht, sondern auch das leibliche und äussere Wohlbefinden in sich schliesst. Vielleicht haben wir also unter den „jüngeren" Stoikern des Clemens eben solche von der Richtung des Antiochus zu verstehen.

Mit dem zuletzt Gesagten soll nun freilich nicht behauptet werden, dass Panätius über das Telos gerade so gedacht habe wie Antiochus. Diogenes bezeugt allerdings, dass nicht bloss Panätius, sondern auch Posidonius die Autarkie der Tugend geleugnet und gewisse äussere Güter, wie Gesundheit, Kraft u. dergl. für unentbehrlich zum vollen Glück erklärt habe (128). Von besonderem Gewicht hierfür ist D. L. 103: nachdem hier die bekannte stoische Einteilung der Dinge in ἀγαθά, κακά und ἀδιάφορα erwähnt und auch die üblichen stoischen Beweise dafür, dass Gesundheit und Reichtum etc. keine Güter seien, angeführt worden sind, wird fortgefahren: „Posidonius aber sagt, dass auch diese Dinge zu den Gütern gehören." Dem scheint nun aber entgegenzustehen die bestimmte Versicherung des Cicero, dass Panätius oft in echt stoischer Weise die Identität des honestum und des utile behaupte. Jedoch dies kann Panätius gethan haben, ohne die Notwendigkeit der äusseren Güter zum vollen Glück damit leugnen zu wollen. Denn auch auf dem Standpunkt des Antiochus ist das honestum in dem Falle, dass ihm ein sonst Nützliches geopfert werden muss, stets das einzige und wahre Nützliche, und einen eigentlichen Konflikt des utile mit dem honestum kann es darum auch für ihn nicht geben. Nur dies aber will Cicero für seinen Panätius in Anspruch nehmen (off. III, 34). Wenn aber dieser der Ansicht war, dass des Jünglings erstes Streben auf den Ruhm gerichtet sein müsse (off. II, 45 — vergl. dagegen Chrysipp und Diogenes in fin. III, 57), wenn Cicero, gewiss in seinem Sinn, die Lust zu den corporis commoda rechnet (off. II, 88, cfr. Sext. XI, 73), während die meisten Stoiker sie von den πρῶτα κατὰ φύσιν ausschlossen (fin. III, 17), Antiochus dagegen ihre Aufnahme wenigstens für unbedenklich erklärt (fin. V, 45); wenn wir weiter bedenken, das Panätius das Buch Crantors περὶ λύπης ein goldenes Buch, das man auswendig kennen sollte, genannt hat (acad. II, 135) und uns an das Gesamturteil Ciceros über Panätius erinnern, wonach er nicht bloss die theoretische Spitzfindigkeit und scholastische Trockenheit der Stoa, sondern auch die Strenge ihrer Anschauungen (acerbitatem sententiarum, fin. IV, 79) verwarf und stets den Plato und Aristoteles und deren Nachfolger im Munde führte: so werden wir, meine ich, mit Notwendigkeit zu dem Urteil gedrängt, dass Panätius, in dessen Ethik bei aller vornehmen Idealität doch ein stark realistischer Zug herrscht, in der That die leiblichen und äusseren Güter erheblich höher gewertet und ihnen einen wenn auch noch so bescheidenen Einfluss auf das

Glück zuerkannt hat. Denn worin anders bestand eigentlich die ganze Acerbität der stoischen Ethik als eben in dem Satz, dass nichts ausser der Tugend den Namen eines Gutes verdiene? Dagegen hat sich, wie wir aus Ciceros philosophischen Schriften deutlich genug sehen, die Polemik der Gegner hauptsächlich gerichtet und dieser Satz steht jedenfalls unter den acerbae sententiae der Stoa in vorderster Reihe. Es wäre also in der That auffallend, wenn Panätius gerade hierin keine Milderung der stoischen Rigorosität vorgenommen hätte. (Vergl. Ziegler, Ethik I, p. 190.) Vielleicht lassen sich die widersprechenden Angaben über die Stellung des Panätius zur stoischen Güterlehre auch durch die Annahme ausgleichen, dass er entweder, wo er von der Identität des utile und honestum redete, nur das absolute, für ihn nur in der Idee existierende, nicht aber das secundum honestum verstand, oder dass er zwar auch auf dieses jenen Satz anwandte, aber dabei den Begriff desselben so erweiterte, dass auch solche Dinge, welche den Stoikern nur als Proegmena gelten, z. B. der Ruhm und ein gewisses Mass von äusserem Besitz, darunter fielen. Ein Mann, der alle Lohnarbeit für ehrlos hielt, folglich bei dieser ganzen Menschenklasse kein honestum anerkennen konnte, musste eigentlich den Begriff des honestum in dieser Weise erweitern.

Eine etwas andere Bewandtnis hat es mit Posidonius. Ueber seine Stellung zu der stoischen Güterlehre haben wir nicht bloss wie über die des Panätius allgemeine und deshalb immerhin verschieden deutbare Aeusserungen, sondern das ganz bestimmte, authentische Zeugnis des Seneca. Derselbe teilt uns in ep. 87 die stoischen Beweise für die absolute Identität des bonum und des honestum in extenso mit. Er berichtet uns, dass Posidonius diese Beweise mangelhaft befunden und korrigiert habe, indem er z. B. den Reichtum nicht als causa efficiens des Uebels, sondern nur als causa praecedens fasste, wobei er jedoch ausdrücklich erklärte, dass der Reichtum im wesentlichen Unterschied von der Tugend, welche als neidweckend auch gewissermassen eine causa praecedens des Uebels enthalte, eine φαντασία πιθανή eines ἀγαθόν darbiete und dadurch die Menschen zum Bösen veranlasse. Sein eigener Beweis lautet folgendermassen: was der Seele weder Grösse (Hochsinnigkeit), noch Vertrauen, noch Sicherheit verleiht, ist kein Gut: Reichtum und Gesundheit aber bewirkt nichts derart, folglich sind sie keine Güter. Es geht nun nicht an, die Sache so aufzufassen, als ob Posidonius den Stoikern mit diesem Beweis gleichsam nur hätte zu Hilfe kommen wollen, während er selbst die strenge Ansicht derselben gar nicht geteilt hätte. Vielmehr lässt die Darstellung Senecas gar keinen Zweifel darüber, dass Posidonius in der That jenen stoischen Satz acceptiert und selbst mit Nachdruck vertreten und verteidigt hat. Dadurch bekommt auch die Anekdote Ciceros (Tusc. II, 61) von dem gichtkranken Posidonius, der unter den heftigsten Schmerzen über den Satz, dass nur das honestum ein bonum, also der Schmerz kein Uebel sei, sich unterhalten habe, erst ihr volles Gewicht, während Panätius in seinem Brief an Tubero de dolore patiendo offenbar absichtlich diese Lehre ignoriert hat (fin. IV, 23). Aber andrerseits bezeugt uns Galen wiederholt und in mindestens ebenso glaubhafter und authentischer Weise wie Seneca, dass Posidonius im Gegensatz zu Chrysipp in allem dem παλαιὸς λόγος, d. h. dem Plato folge (377). Dies bezieht sich zunächst allerdings nur auf die Lehre von den Affekten. Aber Galen will diesem Urteil offenbar eine viel weitere Geltung geben, wenn er sagt, Posidonius, in der Mathematik geschult und mehr als die anderen Stoiker an wissenschaftliche Beweisführung gewöhnt, habe sich des Kampfes gegen das augenscheinlich Gewisse und der für Chrysipp unvermeidlichen Widersprüche geschämt und versucht nicht nur sich selbst, sondern auch den Zeno den Platonikern zu nähern (390). Dieses Lob hätte Galen dem Posidonius kaum spenden können, wenn dieser an derjenigen stoischen Lehre, die am allermeisten von den Akademikern wie von den Peripatetikern bekämpft wurde, nämlich dass die äusseren „Güter" rein gar nichts zum Glück beitragen, festgehalten hätte. In Wahrheit muss denn auch Posidonius bei seiner notorischen Annahme eines natürlichen Triebs nach Lust und Macht (Galen 424. 472) eine gewisse Befriedigung dieser Triebe für notwendig und darum auch zum vollen Glück gehörig betrachtet haben. Er verwahrt sich zwar dagegen, dass man das, was den unvernünftigen Seelenkräften gemäss (οἰκεῖον) ist, nämlich τὸ ἥδεσθαι καὶ κρατεῖν τῶν πέλας, für etwas absolut Naturgemässes (ἁπλῶς οἰκεῖον) halte, denn auf Lust und Macht gehe bloss die ὄρεξις des tierischen Teils der Seele (τοῦ ζῳώδους τῆς ψυχῆς, Galen 472). Aber wenn Posidonius im Gegensatz zum psychologischen Monismus der Stoa eine natürliche Begierde nach Lust etc., gleichviel ob dieselbe nur dem unvernünftigen Seelenteil eigen ist, angenommen hat, so muss er als der wissenschaftliche Mann, wofür er mit Recht von Galen gehalten wird, auch eine gewisse Befriedigung dieser Begierden für einen integrierenden Bestandteil des Normalzustands, somit auch des Glücks der menschlichen Gesamtnatur gehalten haben. Wohl setzt er das Glück darein, dass man in keiner Weise von dem niederen, widergöttlichen Seelenteil, sondern durchaus nur von dem vernünftigen und göttlichen sich treiben (φέρεσθαι, 469) und in seinem Handeln bestimmen lässt. Dies ist aber doch nicht so gemeint, dass die niederen Begierden ganz ausgerottet werden sollen, wie Epictet verlangt, sondern nur, dass sie von der Vernunft richtig geleitet und im Zaum gehalten und damit ihr dienstbar gemacht werden. Einen Trieb zur Lust haben die orthodoxen Stoiker nun einmal nicht zugegeben, sondern die Lust lediglich als begleitende Erscheinung der naturgemässen Thätigkeit betrachtet. Den Trieb zum Herrschen vollends haben sie in seiner sinnlichen Bedeutung gar nicht anerkannt, sondern ganz auf das Gebiet des sittlich vernünftigen Wollens beschränkt. Man wird also nicht leugnen können, dass Posidonius eben durch seine dualistische Psychologie genötigt war, den sinnlichen Elementen der menschlichen Natur mehr als die alten Stoiker Rechnung zu tragen. Dabei konnte er aber recht wohl das bonum auf die vernünftige Seele beschränken, ja er musste es sogar, da das ἄθεον τῆς ψυχῆς selbstverständlich kein wahres Gut enthalten oder anstreben kann. Wir werden deshalb nicht fehlgehen, wenn wir annehmen, dass er Lust und Macht und in abgeleiteter Weise auch den Reichtum für ein ἀγαθόν des niederen Seelenteils erklärt hat, das aber natürlich kein wahres ἀγαθόν ist, genau dem entsprechend, dass er diese Dinge wohl als jenem niederen Seelenteil gemässe (οἰκεῖα), aber nicht als ἁπλῶς οἰκεῖα gelten lassen wollte. So erklärt sich uns sowohl die Thatsache, dass er in Uebereinstimmung mit der Stoa nur das Vernünftige und

Sittliche ein Gut genannt hat, wie auch die immerhin beachtenswerte Notiz des Diogenes, wonach er auch die äusseren und sinnlichen Güter als zur Glückseligkeit erforderlich erachtete. Ethisch betrachtet stand seine Anschauung jedenfalls der orthodox stoischen näher, als die des Panätius, der in dieser Frage und überhaupt in seiner ganzen Denkart im wesentlichen Peripatetiker war und auch die Ansichten des Plato sich mehr in peripatetischer Richtung aneignete, während Posidonius als der tiefere und ernstere Geist mehr diejenige Seite des Plato vertrat, die der Stoa kongenial war.

2. Diogenes, Antipater, Archedem etc.

Während Chrysipps Definition des Telos noch keinerlei sachliche Abweichung von der Lehre seiner Vorgänger enthielt, und selbst Panätius und Posidonius die alte Formel des naturgemässen Lebens, freilich nach ihrem besonderen Standpunkt zurechtgelegt, gebrauchten, ist mit Diogenes innerhalb der Stoa eine wirklich neue Fassung der Telosformel aufgetreten, die auch inhaltlich eine erhebliche Neuerung darzustellen scheint. Sie lautet nach D. L. 88 und Stob. ecl. II, 76 εὐλογιστεῖν ἐν τῇ τῶν κατὰ φύσιν ἐκλογῇ (καὶ ἀπεκλογῇ, Stob.) und wird von beiden dem Diogenes zugeschrieben. Aehnlich ist die Formel des Antipater: ζῆν ἐκλεγομένους μὲν τὰ κατὰ φύσιν, ἀπεκλεγομένους δὲ τὰ παρὰ φύσιν διηνεκῶς (Clem. strom. II, 497 διηνεκῶς καὶ ἀπαραβάτως ἐκλέγεσθαι μὲν τὰ κατὰ φύσιν, ἀπεκλέγεσθαι δὲ τὰ παρὰ φύσιν) oder πᾶν τὸ καθ' αὑτὸν ποιεῖν διηνεκῶς καὶ ἀπαραβάτως πρὸς τὸ τυγχάνειν τῶν προηγουμένων κατὰ φύσιν (Galen 470 ἔνιοι .... πᾶν τὸ ἐνδεχόμενον ποιεῖν ἕνεκα τῶν πρώτων κατὰ φύσιν). Am eingehendsten berichtet uns über diese Art der Telosformeln der Verfasser der Schrift de comm. not. c. 26 und 27, wo sie förmlich durchgehechelt werden. Wir entnehmen dieser Stelle folgende Formulierungen: εὐλόγιστος ἐκλογή καὶ λῆψις τῶν πρώτων κατὰ φύσιν — πάντα ποιεῖν τὸ παρ' αὐτὸν ἕνεκα τοῦ τυγχάνειν τῶν πρώτων κατὰ φύσιν — ἐκλέγεσθαι καὶ λαμβάνειν (τὰ πρῶτα κ. φ.) φρονίμως — εὐλογιστεῖν ἐν τῇ ἐκλογῇ τῶν ἀξίαν ἐχόντων πρὸς τὸ εὐδαιμονεῖν. Schliesslich ist noch Cicero zu erwähnen, der — um von off. III, 13 zunächst abzusehen — zweimal jene ersterwähnte antipatrische Definition anführt (fin. II, 34 eligentem ea, quae essent secundum naturam rejicientemque contraria. fin. III, 31 seligentem, quae secundum naturam et quae contra naturam sint rejicientem). Beidemal bildet dieselbe den Anhang zu der chrysippischen Definition (ζῆν κατ' ἐμπειρίαν etc.) und soll als nähere Erläuterung oder Ausführung dieser gelten, die ihrerseits wieder nur eine Interpretation des consentire naturae sein soll. Einer ähnlichen Vermengung verschiedener Formeln begegnen wir auch bei Clem. Al. a. a. O., der dem Kleanthes folgende Definition zuschreibt: ὁμολογουμένως τῇ φύσει ζῆν ἐν τῷ εὐλογιστεῖν ὃ ἐν τῇ τῶν κατὰ φύσιν ἐκλογῇ κεῖσθαι διελάμβανεν.

Würden wir uns bei dieser Darstellung des Cicero und des Clemens beruhigen, so hätte unter allen Stoikern von Zeno und Kleanthes an bis auf dessen γνώριμος (! Clemens a. a. O.) Antipater bezüglich der Telosfrage volle Einmütigkeit geherrscht. Zunächst ist es aber jedenfalls unsere Aufgabe, den in die Augen springenden Unterschied der

Definition des Diogenes und seiner Nachfolger von der älteren zu beachten und festzustellen. Er besteht einmal in der Einführung des Begriffs der ἐκλογή resp. der εὐλογιστία ἐν τῇ ἐκλογῇ, sodann darin, dass an die Stelle der φύσις der Ausdruck τὰ κατὰ φύσιν, also an die Stelle der Natur die naturgemässen Dinge treten. Es kommt nun vor allem darauf an, die Bedeutung dieses Ausdrucks τὰ κατὰ φύσιν klarzulegen. Derselbe hat, wie aus den angeführten Stellen ersichtlich ist, teilweise eine nähere Bestimmung durch Hinzutritt des Wortes προηγούμενα oder πρῶτα. Nun könnte ja das erste dieser beiden Attribute allerdings zu der Meinung verleiten, dass unter den naturgemässen Dingen das an sich gute Naturgemässe, das sittlich Gute zu verstehen wäre. Damit würde es auch stimmen, dass Cicero (s. o.) die in Frage stehende Definition als identisch mit der des Chrysipp und Zeno hinstellt; denn diese haben, wie wir sahen, unter der Natur, der man folgen soll, ohne Zweifel das Geistige und Göttliche in ihr, das Naturgesetz verstanden, das für den Menschen mit dem Vernunftgesetz (dem κοινὸς νόμος oder λόγος ὀρθός) gleichbedeutend ist. Jedoch da in comm. nat. 26 und 27 durchweg von den πρῶτα κατὰ φύσιν die Rede ist (auch bei Galen 470) und gerade auch mit Beziehung auf Antipater, der nach ecl. II, 76 den Ausdruck προηγούμενα gebraucht haben soll, so wird schon hierdurch fast zur Gewissheit erhoben, dass dieser letztere nichts anderes bedeuten soll, als der Ausdruck πρῶτα κ. φ. — weshalb wohl mit Hirzel (II, 805 etc.) statt προηγουμένων vielmehr προηγμένων zu lesen ist —, und dass überhaupt alle diese Stoiker unter den κατὰ φύσιν die πρῶτα κ. φ. verstanden haben. Der eigentliche Beweis hierfür liegt aber in dem Begriff ἐκλογή, der nach dem feststehenden und besonders auch bei Epictet vorliegenden Sprachgebrauch stets die ἀδιάφορα zu seinem Korrelat hat. Noch klarer wird dies, wenn wir den in comm. not. a. a. O. als synonym mit ἐκλογή gebrauchten Ausdruck λῆψις und λαμβάνειν ins Auge fassen: denn die ληπτά oder sumenda gehören, wiederum nach festem stoischem Sprachgebrauch, im Unterschied von den αἱρετά oder expetenda in die Kategorie der ἀδιάφορα, nicht der ἀγαθά. Gar kein Zweifel aber kann mehr übrig bleiben, wenn wir bedenken, dass nach der übereinstimmenden Darstellung bei Plutarch und Cicero die Stoiker ausdrücklich erklärt haben, dass nicht in dem Erreichen, sondern lediglich in der vernünftigen Wahl dieser naturgemässen Dinge das Telos bestehe (comm. not. 26 und 27. fin. III, 22. V, 20 Carneades: facere omnia, ut adipiscamur, quae secundum naturam sunt, etiamsi ea non assequamur, id esse et honestum et solum per se expetendum et solum bonum, Stoici dicunt). Wären diese naturgemässen Dinge ἀγαθά, so könnte es nicht als gleichgültig bezeichnet werden, ob man sie hat resp. erlangt oder nicht[1]). Angesichts dieses Sachverhaltes

---

[1]) A. Döring hat in seiner übrigens recht schätzenswerten Abhandlung über die Telosformeln (Zeitschr. f. Phil. u. phil. Kritik 1893, Bd. 101, 2) die letzterwähnte Definition offenbar missverstanden, wenn er die Weisheit, also das sittliche Ziel selbst als dasjenige auffasst, das nicht erreicht werde, wobei er an die „stoische Lehre vom Nichtvorhandensein des Weisen" denkt. Das Naturgemässe ist jedoch, wie die folgende Untersuchung zeigen wird, in obiger Definition lediglich das Proegmenon, das nur die Materie des sittlichen Handelns bildet und an sich selbst gleichgültig ist, während die an dieser Materie sich bethätigende Vernünftigkeit das wahre, recht wohl, ja allein sicher erreichbare Gut bildet. Wenn auch die

ist es fast überflüssig, daran zu erinnern, dass Diogenes ganz korrekt stoisch den Reichtum und die Gesundheit unter die προηγμένα, nicht unter die ἀγαθά gerechnet hat (fin. III, 49. 56); diese Dinge aber, wenigstens die Gesundheit, müssen wir jedenfalls unter den κατὰ φύσιν oder πρῶτα κ. φ. inbegriffen denken. Wir haben also unter den „naturgemässen Dingen" die πρῶτα κ. φ. oder jedenfalls eben das Naturgemässe niederer Ordnung, das an der Vernunft nicht teil hat und kein ἀγαθόν ist, zu verstehen. Es wird bei diesem Anlass nicht zu umgehen sein, die stoische Lehre von den ἀγαθά und ἀδιάφορα kurz darzustellen.

3. Die stoische Güterlehre.

Die ἀδιάφορα zerfallen in absolute (καθάπαξ ἀδιάφορα), die keinerlei Reiz auf den Willen ausüben (Cic. ac. I, 36 in quibus nihil omnino est momenti) und in relative, die den Willen positiv oder negativ erregen (ὁρμῆς καὶ ἀφορμῆς κινητικά. Stob. ecl. 79. 82. D. L. 104. fin. III, 50)[1]. Die relativen Adiaphora werden ληπτά (sumenda oder seligenda) genannt. Dieselben sind wohl zu unterscheiden von den αἱρετά (expetenda), mit welchem Ausdruck nur wirkliche Güter bezeichnet werden, während die ληπτά für das wahre Glück indifferent sind (comm. not. 23: dieselben Dinge nennen sie ληπτά und doch nicht αἱρετά, οἰκεῖα und doch nicht ἀγαθά, εὔχρηστα und doch nicht ὠφέλιμα. fin. IV, 62. 72 itaque illa non dico me expetere sed legere nec optare sed sumere, contraria autem non fugere sed quasi secernere). Diesen grundlegenden schon von Zeno aufgestellten Unterschied (fin. IV, 47) hat auch Zeller nicht genügend beachtet, was ihn an der richtigen Beurteilung der stoischen Lehre vom προηγμένον sowie vom καθῆκον hinderte. Wenn Chrysipp wirklich, wie Zeller glaubt (III, 1, 263), es für verrückt erklärt hätte, den Reichtum nicht zu „begehren", so hätte er damit aufgehört ein Stoiker zu sein, denn er hätte dann den Reichtum als ein Gut anerkannt. Er sagt aber nur, es wäre verrückt, den Reichtum als absolutes Adiaphoron zu betrachten: denn das Verbum ἀντέχεσθαί τινος (st. rep. 30) war bei den Stoikern terminus technicus zur Bezeichnung des Verhaltens gegenüber den προηγμένα (Stob. ecl. II, 83 δι' αὐτὰ ληπτά = προτρεπτικὰ ἐφ' ἑαυτὰ ἢ ἐπὶ τὸ ἀντέχεσθαι αὐτῶν, z. B. Gesundheit etc. — der Reichtum wird hier allerdings nicht zu den primären [δι' αὐτά], sondern zu den sekundären ληπτά gerechnet).

Die ληπτά (Gegensatz ἄληπτα) werden auch ἀξίαν ἔχοντα oder

Stoiker im Blick auf das empirische Leben die volle Verwirklichung der Weisheit für etwas äusserst Seltenes erklärt haben, so hielten sie doch prinzipiell an der Realisierbarkeit derselben fest und hätten sich nie dazu verstanden, jener Konzession einen massgebenden Einfluss auf ihre Definition des Telos zu gestatten.

[1]) Wenn gewisse Stoiker noch eine dritte Art von ἀδιάφορα heraustiftelten, nämlich solche, die zwar ein Verlangen erregen, aber, weil sie einander ganz gleich sind, kein speziell auf das eine oder das andere gerichtetes (z. B. 2 Eier, 2 gleiche Geldstücke), so ist das nur eine Spielerei; denn das einzelne Stück als solches ist im genannten Fall ein relatives Adiaphoron, ein Proegmenon, und nur im Vergleich zu dem anderen Stück und falls statt seiner das andere genommen werden darf, ist es absolut gleichgiltig.

aestimabilia genannt. Den Gegensatz dazu bilden die ἀπαξίαν ἔχοντα (inaestimabilia, fin. III, 20), was wir eigentlich mit „Misswert" wiedergeben müssen, da „Unwert" etwas anderes bezeichnet. Cicero freilich weiss sich hierin nimmer zurecht zu finden, indem er das konträre Gegenteil mit dem kontradiktorischen verwechselt und von nulla aestimatione digna redet, wo er reiectione digna sagen müsste, fin. III, 50 (ebenso übrigens Sext. hyp. III, 191 und Schmekel, Die Philosophie der mittleren Stoa, p. 275 und 357), ja die ἀποπροηγμένα (reiecta) als minoris aestimanda gar unter die aestimabilia subsumiert (ac. I, 36). Seneca bezeichnet den Gegensatz zwischen ἀξίαν ἔχοντα und ἀγαθά mit den Worten pretium und dignitas (ep. 71, 33) [1]).

Diese ληπτά oder ἀξίαν ἔχοντα werden nun aber wiederum eingeteilt und zwar in doppelter Weise. Erstens in δι' αὐτὰ ληπτά (z. B. Gesundheit) und δι' ἕτερα ληπτά oder ποιητικά (z. B. Reichtum) und in δι' αὐτὰ καὶ δι' ἕτερα ληπτά (Beispiele siehe bei den προηγμένα). Die ersteren sind identisch mit den κατὰ φύσιν (fin. III, 20), die δι' αὐτὰ ἄληπτα mit den παρὰ φύσιν. Doch werden die ληπτά oder ἀξίαν ἔχοντα auch eingeteilt in πολλὴν ἀξίαν ἔχοντα (= προηγμένα, Gegensatz ἀποπροηγμένα) [2]) und in βραχεῖαν ἀ. ἔ. (= einfache ληπτά) (ecl. II, 84. vergl. 80). Aber auch die προηγμένα zerfallen analog wie die einfachen ληπτά in δι' αὐτὰ προηγμένα und δι' ἕτερα προηγμένα und δι' αὐτὰ καὶ δι' ἕτερον προηγμένα (D. L. 107 — z. B. ἰσχύς etc.). Das Verhältnis dieser verschiedenen Begriffe ist also folgendes: die ληπτά und ἀξίαν ἔχοντα sind identisch, die προηγμένα und die κατὰ φύσιν sind Spezies der ληπτά, aber nach anderer Richtung: für jene ist massgebend die Grösse des Wertes, für diese die Unmittelbarkeit, mit welcher sie den Trieb erregen. Diese beiden Begriffe decken sich also nicht, sondern gleichen zwei sich schneidenden Kreisen: es giebt προηγμένα, die nicht κατὰ φύσιν sind (z. B. der Reichtum), und andrerseits κατὰ φύσιν, die nicht προηγμένα sind (kleinere körperliche oder geistige Normalitäten). Diese Dinge können allerdings auch als etwas absolut Gleichgültiges aufgefasst werden; doch zeigt die Analogie der Definition derjenigen Aussendinge, die weder προηγμένα noch ἀποπρ. sind (ὅσα μικρὰν παντελῶς ἔχει τὴν ἀφ' αὐτῶν χρείαν — also nicht οὐδεμίαν), dass sie immerhin noch ληπτά und· also auch κατὰ φύσιν im weitesten Sinne genannt werden können.

---

[1]) Nach D. L. 105 und Stob. ecl. II, 83 und 84 unterschieden die Stoiker drei Bedeutungen des Wortes ἀξία. 1. Das an sich Wertvolle (Diog. συμβλησις πρὸς τὸν ὁμολογούμενον βίον ἥτις ἐστὶ περὶ πᾶν ἀγαθόν — Stob. 84 καθ' ἣν φαμεν ἀξίωμά τινα ἔχειν καὶ ἀξίαν, ἥπερ περὶ ἀδιάφορα οὐ γίνεται ἀλλὰ περὶ μόνα τὰ σπουδαῖα). 2. Der Tausch- oder Handelswert oder Preis (ἡ ἀμοιβὴ τοῦ δοκιμαστοῦ). 3. Die ἐκλεκτικὴ ἀξία (Stob: Antipater), welche den προηγμένα zukommt (Diog.: μέση τις δύναμις ἢ χρεία συμβαλλομένη πρὸς τὸν κατὰ φύσιν βίον). In letzterer Bedeutung ist das Wort ἀξία oben durchgängig zu verstehen. Es wird nicht nötig sein zu bemerken, dass, wenn ecl. II, 100 das ἀγαθόν ein πολλοῦ ἄξιον genannt wird, dies etwas ganz anderes ist als das προηγμένον, das als πολλὴν ἀξίαν ἔχον bezeichnet wird. Uebrigens stimmen die Berichte insofern nicht überein, als bei Diogenes und Stob. 83 der Begriff δόσις (καὶ τιμή) auf die erste, bei Stob. 84, wo der Stoiker Diogenes als Autor erwähnt wird, auf die dritte Bedeutung angewendet wird (τὴν δόσιν κρίσιν εἶναι ἐφ' ὅσον κατὰ φύσιν ἐστὶν ἢ χρείαν τῇ φύσει παρέχεται).

[2]) Cicero gebraucht dafür die Worte producta, promota, praeposita, praecipua, commoda, bezw. remota und rejecta; Seneca: producta und commoda (ep. 74, 17). Vergl. auch die stoische Unterscheidung zwischen ὠφελήματα und εὐχρηστήματα (fin. III, 69).

Unter den προηγμένα selbst endlich lassen sich natürlich auch wieder verschiedene Stufen des Wertes unterscheiden, insofern z. B. die psychischen κατὰ φύσιν und προηγμένα wertvoller sind, als die somatischen und äusserlichen (ecl. II, 82. Cic. off. II, 88). Einen gewissen Wertunterschied repräsentiert übrigens auch die Unterscheidung der προηγμένα in δι' αὑτά und δι' ἕτερα und es deckt sich dieselbe nicht mit dem Unterschied der psychischen und somatischen προηγμένα, da auch die letzteren zu den δι' αὑτά προηγμένα gehören.

Ich bemerke nun, dass diese Darstellung nirgends in den Quellen genau so durchgeführt ist: aber so müsste sie lauten, wenn alle die Unterscheidungen und Kombinationen, die sich zerstreut in den Quellen finden, zu einem System zusammengefasst würden. Sicher ist, dass Zeno die ἀδιάφορα noch nicht in so komplizierter Weise eingeteilt hat. Nach ac. I, 36 teilte er die ἀδιάφορα ein in naturgemässe, naturwidrige und absolut gleichgültige (media). Die naturgemässen identifizierte er einfach mit den ληπτά und auch zwischen ληπτά und προηγμένα scheint er keinen Unterschied gemacht zu haben. Dieselbe einfache Einteilung, ebenfalls unter Ignorierung des Unterschieds zwischen ληπτά und προηγμένα, liegt ecl. II, 82 vor, wo dann freilich die κατὰ φύσιν selbst in πρῶτα und μετέχοντα und wiederum in δι' αὑτά ληπτά und δι' ἕτερα eingeteilt werden, so dass wir ein völliges Durcheinander bekommen. Insbesondere wird die Einteilung der ληπτά und προηγμένα in δι' αὑτά und δι' ἕτερα erst von späteren Stoikern, nicht vor Chrysipp, stammen. Wenn aber Hirzel (p. 821) die Vermutung aufstellt, der Begriff κατὰ φύσιν sei ursprünglich identisch gewesen mit κατ' ἀρετήν, so kann ich dem nicht beistimmen: denn eben aus ac. I, 36 geht hervor, dass Zeno gerade die ἀδιάφορα (abgesehen von den absoluten) naturgemäss resp. naturwidrig genannt hat. Die φύσις als solche, d. h. sofern sie geistig und vernünftig ist, ist freilich ein ἀγαθόν und identisch mit der ἀρετή, denn sie ist ὀρθὸς λόγος und wer κατὰ φύσιν lebt, lebt auch κατ' ἀρετήν. Dieser Begriff der φύσις war aber nicht bloss dem Zeno, sondern allen Stoikern eigen[1]). Dagegen anders verhält es sich mit dem Ausdruck τὰ κατὰ φύσιν: darunter verstand schon Zeno wie seine Nachfolger das Naturgemässe niederer Ordnung, Dinge, die zwar, sofern kein höheres Interesse auf dem Spiel steht, gewählt werden dürfen, ja müssen, und zwar eben um der Tugend willen, die aber inhaltlich für das Vernunftwesen gleichgültig sind und zu seinem Glück nichts beitragen.

Es ist nun aber leicht erklärlich, dass auch die späteren Stoiker die mannigfachen und verwickelten Distinktionen des Begriffs ἀδιάφορον nicht immer beachtet und konsequent durchgeführt haben. Denn da diejenigen naturgemässen Dinge oder ληπτά, die nicht προηγμένα sind, sich dem Begriff der absoluten Adiaphora sehr nähern, so dass sie für die ἐκλογή eigentlich kaum mehr in Betracht kommen, so begreift man es, dass unter den ληπτά in der Regel eben die προηγμένα verstanden wurden, besonders wenn die letzteren nicht als πολλήν oder μεγάλην (ecl. II, 75. 84), sondern nur als ἱκανὴν ἀξίαν ἔχοντα (Sext. hyp. III, 191. XI, 62. Cic. fin. III, 51 satis causae .... 53 satis aestimabile) definiert

---

[1]) Es ist daher ein Irrtum oder eine Verdrehung, wenn der Verf. von comm. not. den Stoikern als Widerspruch vorwirft, dass sie die φύσις als ἀδιάφορον, das φύσει ὁμολογεῖν dagegen als grösstes Gut erklären (5).

wurden. Denn wenn etwas keinen hinreichenden Grund bietet, warum es einem anderen vorgezogen wird, so ist es zu schwach, um den Trieb zu erregen, ist also für mein Handeln und Wählen absolut gleichgültig. Daher kommt es auch, dass dieselben Dinge bald zu den ληπτά, bald zu den προηγμένα gerechnet wurden: es standen den Stoikern eben zur Illustration der einfachen ληπτά keine signifikanten Beispiele zu Gebot. Hirzel hat deshalb gewiss recht, wenn er meint, die προηγμένα und ἀξίαν ἔχοντα seien ursprünglich identisch gewesen (II, 90[2]). Bei D. L. 105 und Sext. hyp. III, 191 wenigstens werden beide Begriffe einander gleich gesetzt; über Zeno siehe Cic. ac. I, 36.

Andrerseits ist es ebenfalls leicht begreiflich, dass die Unterscheidung von primären und sekundären προηγμένα meist nicht berücksichtigt wurde: denn da die letzteren (z. B. der Reichtum) nur deshalb vernünftig gewählt werden, weil sie ein primäres προηγμένον (z. B. die Gesundheit) verursachen resp. Mittel zur Erlangung desselben sind — denn wer den Reichtum wählt als Mittel zum Sinnengenuss, handelt unsittlich —, so kann man auch sie in weiterem Sinn naturgemäss nennen. Dies thut auch Epictet, indem er den Reichtum neben der Gesundheit und dem langen Leben für relativ naturgemäss erklärt (II, 5, 25). Dabei hat er aber dem Reichtum nicht im geringsten einen grösseren Wert beigemessen, sondern als Stoiker vom reinsten Wasser ihm jegliche Bedeutung für das Glück aberkannt. Somit ist ein erheblicher Unterschied zwischen den drei Begriffen ληπτόν oder ἀξίαν ἔχον, προηγμένον und τὸ κατὰ φύσιν in der That nicht vorhanden.

Der Vollständigkeit halber darf jedoch nicht unerwähnt bleiben, dass der Begriff des κατὰ φύσιν streng genommen auch in einer anderen als der schon besprochenen Hinsicht mit dem des ἀξίαν ἔχον sich nicht deckt. Sextus spricht nämlich an einer für die Kenntnis der stoischen Lehre wichtigen, schon Band I, 314 behandelten Stelle von der Ansicht der Stoiker über die ἡδονή. Von den Stoikern im allgemeinen sagt er, sie halten die Lust für ein ἀδιάφορον καὶ οὐ προηγμένον. Hiermit soll natürlich nicht das προηγμένον von der Klasse der ἀδιάφορα ausgeschlossen und etwa als gleichbedeutend mit ἀγαθόν gesetzt werden; denn Sextus berichtet ja selbst, dass die Stoiker unter den Adiaphora προηγμένα und ἀποπροηγμένα unterschieden haben (hyp. III, 91). Wenn er hinzufügt, dass etliche den Begriff προηγμένον überhaupt nicht anerkannt, sondern einfach nur ἀδιάφορα und ἀγαθά unterschieden haben, so sind wir glücklicherweise in der Lage, aus einer anderen Stelle des Sextus (XI, 64) zu ersehen, dass er dabei den Aristo, welcher uns nicht als Stoiker gilt, und seine etwaigen Anhänger im Auge hat. Fraglich ist nun aber, ob Sextus sagen will, dass die Stoiker die Lust zu den absoluten ἀδιάφορα oder zu den ληπτά (nur eben nicht zu den προηγμένα) gerechnet haben. Da Sextus, wie wir sahen, die ἀδιάφορα nur in προηγμένα etc. einteilt, also den Mittelbegriff der ληπτά nicht zu kennen scheint, jedenfalls nicht berücksichtigt, so spricht die Wahrscheinlichkeit für die erstere Annahme. Und in der That, wenn wir bedenken, welch instinktiven Widerwillen die strengen Stoiker gegen jegliche Schätzung der ἡδονή hatten, dass sie dieselbe nicht als etwas Naturgemässes anerkannten (nach Sextus a. a. O. wenigstens Kleanthes — vergl. Epictet, frag. 52, der sich offenbar auch selbst zu den δυσχερεῖς φιλόσοφοι rechnet), so lässt sich kaum annehmen, dass sie der Lust irgend eine ἀξία beigelegt haben. Sextus selbst bezeugt dies ja von Kleanthes, und wenn Archedem der Lust eine gewisse Naturgemässheit zuerkannte, dagegen die ἀξία absprach, so soll seine Ansicht offenbar als die weniger strenge bezeichnet werden: folglich kann Kleanthes mit seinen Gesinnungsgenossen vollends nicht der Lust eine ἀξία beigelegt haben. Um so befremdlicher ist es freilich, dass bei D. L. 102 die Lust sogar unter die προηγμένα gerechnet wird. Ich kann mir dies nur aus einer Gedankenlosigkeit des Schreibers erklären. Nicht bloss lässt er hernach, wo er die Einteilung der Adiaphora genauer giebt (106), die ἡδονή bei der Aufzählung der προηγμένα wohlweislich weg, sondern er hat auch zuvor (86) die streng stoische Ansicht von der ἡδονή berichtet, wonach dieselbe nichts Naturgemässes ist, sondern nur ein ἐπιγέννημα. Bei Stob. ecl. II, 81 wird ganz korrekt die ἡδονή zu den μήτε προηγμ. μήτε ἀποπρ. gezählt. Sollten, wie oben vermutet wurde, die hier aufgezählten Dinge nicht zu den absoluten Adiaphora, sondern zu den ληπτά im weiteren Sinne gehören, so wäre der Lust hiermit doch nur eine ganz geringfügige, verschwindende ἀξία beigelegt. Uebrigens kann man auch annehmen, dass diese Dinge als absolute Adiaphora hingestellt werden sollen: als κατὰ φύσιν im Sinn des Archedem könnte die Lust darum doch betrachtet werden. Denn eben dies lernen wir aus der Sextusstelle, dass es Stoiker gab, welche den Begriff des Naturgemässen auch auf solche Dinge ausdehnten, welche nicht einmal ληπτά, sondern absolute Adiaphora sind, wie dies auch aus dem von Archedem gebrauchten Beispiel hervorgeht. Es giebt Dinge, die naturgemäss sind, aber von so winziger Bedeutung, dass sie zum naturgemässen Verhalten (im niederen Sinn) nichts beitragen, sondern ebensogut fehlen könnten. Seneca meint offenbar etwas Aehnliches, wenn er von pusilla secundum naturam redet (ep. 118, 12). Freilich nach Stob. ecl. II, 83 haben alle naturgemässen Dinge auch eine ἀξία. Eben darüber scheinen also die Stoiker nicht ganz einig gewesen zu sein: immerhin bleibt es dabei, dass alle Stoiker in der Regel die Begriffe τὰ κατὰ φύσιν und ἀξίαν ἔχοντα oder προηγμένα so ziemlich als gleichwertig behandelt haben.

In engstem Zusammenhang mit dem Begriff der κατὰ φύσιν steht die bereits angeregte Frage über die stoische Wertung der ἡδονή. Doch kann dieselbe nicht erledigt werden, ehe wir über den Begriff der πρῶτα κατὰ φύσιν uns klar geworden sind. Denn darüber, ob die ἡδονή ein Gut sei oder nicht, konnte unter Stoikern kein Streit sein: selbst Hecato, dem man am ehesten eine Abweichung nach der epikureischen Seite hin zutrauen möchte, hat doch gerade wie Chrysipp die Lust von der Kategorie des bonum ausgeschlossen, mit der Begründung, dass es auch αἰσχραὶ ἡδοναί gebe (ecl. II, 103). Der Streit drehte sich vielmehr nur darum, ob die Lust unter die πρῶτα κ. φ. aufzunehmen sei oder nicht. Darauf haben, wie Cicero bezeugt (fin. III, 17) die meisten Stoiker eine verneinende Antwort gegeben. Nach allgemein stoischer Lehre ist die πρώτη ὁρμή nicht auf die Lust, sondern auf die Selbsterhaltung gerichtet (D. L. 85). Auch bei Cicero wird überall, wo von dem ersten Trieb der Natur die Rede ist, die Lust nicht erwähnt (fin. II, 33 ut se ipse diligat, ut integrum se salvumque velit — III, 16 ipsum sibi conciliari et commendari ad se conservandum et ad suum statum eaque, quae conservantia sunt eius status, diligenda etc.). Sogar Antiochus scheint sie von den πρῶτα κ. φ. ausgeschlossen zu haben (fin. IV, 16 omnis natura vult esse conservatrix sui, ut et salva sit et in genere conservetur suo. V, 18 prima secundum naturam, in quibus numerant incolumitatem conservationemque omnium partium, valetudinem, sensus integros, doloris vacuitatem, vires, pulchritudinem etc.); von den Stoikern unterschied er sich nur dadurch, dass er ihre thörichte Angst nicht teilte, es werde die Hoheit der Tugend beeinträchtigt, wenn man der Lust eine Stelle unter den πρῶτα κ. φ. einräume (fin. V, 45). Unter die πρῶτα κ. φ. hat wohl auch Panätius die Lust nicht gerechnet (off. I, 11 etc.): seine Abweichung von der stoischen Lehre zeigt sich jedoch deutlich darin, dass er, ähnlich wie Posidonius, den Trieb nach Herrschaft für naturgemäss erklärt und in der Weise des Antiochus unter die πρῶτα κ. φ. auch die Keime der Tugend befasst.

4. Die πρῶτα κατὰ φύσιν.

Was bedeutet nun der Ausdruck πρῶτα κ. φ.? Hirzel hat meines Erachtens überzeugend nachgewiesen, dass derselbe nicht ursprünglich stoisch, sondern von der Akademie aus in die Stoa gekommen ist (II, 829 etc.). Den Hauptbeweis erblicke ich darin, dass dieser Ausdruck sich bei Diog. L. gar nicht findet und bei Stobäus ebenfalls nicht mit Sicherheit nachzuweisen ist. An der einzigen Stelle, wo er sich findet (ecl. II, 82), ist er in einem anderen als dem gewöhnlichen Sinne gebraucht: der Unterschied, der nämlich dort zwischen πρῶτα κ. φ. und κατὰ μετοχὴν κ. φ. gemacht wird, ist ein rein logischer, und wenn wir uns auf diese Stelle berufen wollten, so wären die πρῶτα κ. φ. von den einfachen κατὰ φύσιν sachlich gar nicht verschieden. Auch darin pflichte ich Hirzel bei, dass die älteren Stoiker statt πρῶτον κ. φ. den Ausdruck πρῶτον οἰκεῖον gebraucht haben werden. Dagegen hat er die Verschiedenheit der πρῶτα κ. φ. und der πρῶτα οἰκεῖα zu stark betont. Gewiss macht Cicero resp. Antiochus einen Unterschied zwischen beiden Begriffen (fin. V, 18 etc.). Es war eine allen philosophischen Systemen der nacharistotelischen Zeit gemeinsame Frage, was das πρῶτον οἰκεῖον des Menschen sei: daraus suchten sie alle den Begriff des Telos abzuleiten. Da gab es nun im wesentlichen drei Antworten: die einen erklärten die Lust, die anderen die Analgesie, die dritten die πρῶτα κ. φ. für das πρῶτον οἰκεῖον. Zur letzteren Klasse gehörten nicht bloss die Stoiker, sondern auch die Akademiker und Peripatetiker, ja auch Karneades. Aber wer nicht zu den beiden ersten Parteien gehörte (Aristipp und Epikur einerseits, Hieronymus andrerseits), musste darum keineswegs die Lust oder die Analgesie von den πρῶτα κ. φ. ausschliessen: er unterschied sich von jenen, wie Cicero deutlich sagt, nur dadurch, dass er nicht eins von diesen beiden, Lust oder Analgesie, ausschliesslich und einseitig zum πρῶτον οἰκεῖον erhob, sondern in erster Linie andere Dinge, nämlich die leibliche und seelische Integrität, Gesundheit, Kraft, Schönheit u. dergl. darunter befasste (fin. II, 34 nihil vero putare esse praeter voluptatem [et vacuitatem doloris], non membra, non sensus, non ingenii motum, non integritatem corporis, non valetudinem summae mihi videtur inscitiae). Er konnte aber unbedenklich die Lust oder die Analgesie oder beides auch zu den πρῶτα κ. φ. rechnen, das war ihm freigestellt. So hat denn auch wirklich Antiochus wenigstens die Analgesie dazu gezählt (fin. V, 16) und betreffs der Lust hat er erklärt, dass, wenn man auch sie dazu zählen wolle, der unterscheidende Standpunkt gegenüber Aristipp oder Hieronymus durchaus nicht alteriert werde (fin. V, 45). Dies muss auch unbedingt zugegeben werden; denn es springt in die Augen, dass alle diese Philosophen bestrebt waren, jenen einseitigen Richtungen gegenüber den Begriff des πρῶτον οἰκεῖον umfassender, reicher und tiefer zu fassen, wodurch er auch für die Bestimmung des Telos und der Tugend sich besser eignete. Bedenken wir nun weiter, dass Cicero wohl bezüglich der Lust, aber nie bezüglich der Analgesie behauptet, es seien die Stoiker hinsichtlich ihrer Aufnahme unter die πρῶτα κ. φ. nicht einig gewesen, so steht der Annahme gar nichts im Wege, dass dieselben auch die Analgesie darunter rechneten. Somit können wir es auch nicht befremdlich finden, dass bei Stobäus die ἀπονία zu den κατὰ φύσιν, speziell den καθ' αὑτὰ ληπτά gezählt wird (ecl. II, 83). Denn die Freiheit von Schmerzen konnte doch weit eher als die Lust für ein ursprüngliches Naturbedürfnis gehalten werden. Wenn bei Stobäus kurz zuvor (81) der Schmerz gerade so wie die Lust zu den μήτε προηγμένα μήτε ἀποπρ. gerechnet wird, so möchte ich darin nicht gerade einen positiven Widerspruch erblicken (Schuchardt, Andron. 37. Hirzel II, 565). Denn es erscheint mir als ganz natürlich, dass die Stoiker viel weniger daran Anstoss nahmen, die Schmerzlosigkeit zu den Proegmena, als den Schmerz zu den Apoproegmena zu rechnen: das Gefühl ist in solchen Fällen oft stärker als die logische Konsequenz. Ebenso begreiflich wie die Verschiedenheit der inneren Stellung der Stoiker zu ἀπονία und πόνος dünkt es mir, dass sie offenbar die Begriffe πόνος und ἡδονή nicht streng analog behandelten, sondern eine weit stärkere Abneigung dagegen hatten, die Lust für etwas Naturgemässes, als den Schmerz für etwas Naturwidriges zu erklären.

Somit können wir unser Urteil über die πρῶτα κ. φ. dahin zusammenfassen: sie sind für diejenigen, die diesen Begriff überhaupt gebrauchen (Akademie, Peripatos, spätere Stoa) allerdings identisch mit den πρῶτα οἰκεῖα, aber es sind darunter in erster Linie andere Dinge zu verstehen als Lust oder Analgesie, welche dem Aristipp bezw. Hieronymus als πρῶτον οἰκεῖον galten. Jedoch konnte auch die Lust und die Analgesie unter die πρῶτα κ. φ. aufgenommen werden; und während die Lust fast von allen Stoikern davon ausgeschlossen wurde, scheint doch die Analgesie von den meisten dazu gerechnet worden zu sein. Was sollen wir uns aber nun unter den einfachen κατὰ φύσιν im Unterschied von den πρῶτα κ. φ. denken? Offenbar nichts anderes als einmal die unbedeutenderen leiblichen oder seelischen Normalitäten, welche die ὁρμή entweder gar nicht oder doch nur sehr schwach erregen, sodann solche ληπτά oder προηγμένα, welche, wie z. B. der Reichtum, wohl im weiteren Sinne naturgemäss sind, aber nicht unmittelbar, sondern nur indirekt (ἀνετικῶς ἐφ' ἕτερον, d. h. als Mittel zur Erlangung eines πρῶτον κ. φ.) den Trieb erregen. Der Reichtum wird deshalb wohl ein προηγμένον, nie aber ein πρῶτον κ. φ. genannt: denn nur die δι' αὑτὰ προηγμένα sind mit den πρῶτα κ. φ. identisch, wie aus der völligen Uebereinstimmung der für beides angeführten Beispiele (bei Diogenes, Stobäus und Cicero) erhellt. Als κατὰ φύσιν, obwohl nicht zu den πρῶτα κ. φ. gehörig, haben wir also zu betrachten:

1. Die unbedeutenden körperlichen oder geistigen Normalitäten (vergl. das Beispiel bei Sextus XI, 73; die pusilla secundum naturam des Seneca; die μήτε προηγμ. μήτε ἀποπροηγμ. des Stobäus, ecl. II, 81: λευκότης χαροπότης. Die Schönheit wird zwar stets als πρῶτον κ. φ. bezeichnet, doch scheinen die letzterwähnten Eigenschaften nicht zur Schönheit gerechnet worden zu sein. Freilich konnten sie auch als absolute Adiaphora angesehen werden, wie überhaupt diese ganze Kategorie.

2. Die Lust, sofern dieselbe nicht als παρὰ φύσιν betrachtet oder unter die πρῶτα κ. φ. aufgenommen wurde. Ob der Stoiker, der nach off. III, 120 der Lust den Wert einer gewissen Würze, aber keinen Nutzen zuerkannt hat, dieselbe unter die πρῶτα κ. φ. oder nur unter die einfachen κ. φ. rechnete, will ich nicht entscheiden. Wahrscheinlicher ist mir das letztere, denn der Nutzen konnte doch keinem πρῶτον κ. φ. abgesprochen werden. Vielleicht ist es Archedem, welchem Cicero hier folgt (Sext. XI, 73). Ebensowenig lässt sich sicher entscheiden, ob der Stoiker in off. III, 24 die Lust zu den πρῶτα κ. φ. gerechnet hat: jedenfalls aber zu den κατὰ φύσιν.

3. Diejenigen ληπτά und προηγμένα, die nicht δι' αὐτὰ ληπτά sind, z. B. der Reichtum (über den Ruhm waren die Ansichten verschieden; cfr. fin. III, 57. off. I, 13).

5. Die mittelstoische Telosformel.

Die Feststellung des stoischen Begriffs der κατὰ φύσιν und πρῶτα κ. φ. war notwendig, um die Telosdefinitionen des Diogenes und seiner Nachfolger richtig beurteilen zu können. Denn dieselben haben es, wie wir sahen, sämtlich mit dem Begriff der πρῶτα κ. φ. zu thun. Wenn das Wort πρῶτα fehlt, so wissen wir nun, dass dies für die Beurteilung des Sinnes der Telosformel wenig zu bedeuten hat, da in der Hauptsache unter den κατὰ φύσιν stets die πρῶτα verstanden werden. Welches ist nun der Sinn dieser Telosformel und wie verhält sie sich zu den früheren? Hirzel hat dieselbe trotz alles aufgebotenen Scharfsinns entschieden unrichtig aufgefasst. Wie er schon der Lehre Zenos von den προηγμένα irrtümlich eine erkenntnistheoretische Bedeutung beimisst, da er meint, Zeno habe damit auf ein Handeln mit stets sicherem Wissen verzichtet und gelegentlich mit der Wahrscheinlichkeit sich behelfen müssen (II, 54), so erblickt er nun, von jener Ansicht aus allerdings ganz folgerichtig, in dem von Diogenes eingeführten Begriff der εὐλογιστία das Bestreben, das tugendhafte Handeln ganz und gar auf die Wahrscheinlichkeit statt auf die Wahrheit und das Wissen zu begründen (II, 250 etc.). Ich verstehe wohl die Gründe, welche Hirzel zu dieser Ansicht bewogen: es ist hauptsächlich die bekannte Definition des καθῆκον = ὃ πραχθὲν εὔλογόν τιν' ἴσχει ἀπολογισμόν, welche Cicero folgendermassen wiedergiebt: quod ita factum est, ut eius facti probabilis ratio reddi possit (fin. III, 58). Hirzel meint nun, das εὔλογον könne hier nicht „vernünftig", sondern nur „wahrscheinlich" bedeuten, denn würde die Erfüllung des καθῆκον auf Vernunft und Wissen beruhen, so müsste es ein bonum sein, während es ausdrücklich als medium bezeichnet wird. Ob Hirzel diese Definition des καθῆκον richtig beurteilt hat, wird sich später zeigen. Zunächst ist es einleuchtend, dass, wenn in jener das Wort εὔλογον die Wahrscheinlichkeit bedeutet, auch der Begriff εὐλογιστεῖν in der fraglichen Telosformel diese Bedeutung haben wird, zumal da das Objekt desselben die κατὰ φύσιν oder προηγμένα sind und von Archedem, der dem Diogenes und Antipater mutmasslich nahesteht, eine Telosformel überliefert ist, die sich lediglich auf die Erfüllung der καθήκοντα beschränkt (D. L. 88. ecl. II, 76 πάντα τὰ καθήκοντα ἐπιτελοῦντα ζῆν; cfr. fin. IV, 16).

Doch hier erhebt sich sofort auch der Einwurf: wenn Archedem die Tugend lediglich in die Erfüllung desjenigen officium gesetzt hätte, von dem Cicero redet und das er ein medium, also ein Adiaphoron nennt, so wäre ja die Tugend selbst kein Gut, so gäbe es ja für diese Stoiker gar kein κατόρθωμα, kein vollkommen tugendhaftes Handeln. Man müsste höchstens annehmen, Archedem definiere hier nur das Telos des Unweisen, sein Telos entspreche also etwa der ὑποτελίς des Herill (D. L. 165). Dieser hat ja allerdings zwei τέλη aufgestellt, ein niederes für die Unweisen, das ohne Zweifel in der Erfüllung der καθήκοντα im gewöhnlichen Sinne besteht, und ein höheres für die Weisen, das er als μετ' ἐπιστήμης ζῆν bezeichnet. Auf ihn mag deshalb das Urteil Hirzels zutreffen, dass er die Erfüllung der καθήκοντα, bezw. das Handeln, das auf die Erlangung der gewöhnlichen Güter gerichtet ist, auf die Wahrscheinlichkeit gegründet hat. Aber von den orthodoxen Stoikern ist uns eine solche Trennung der τέλη nicht nur nicht berichtet, sondern sie, und zwar gerade diejenigen, die hier in Frage kommen, haben sich ausdrücklich gegen den Vorwurf gewehrt, als ob sie zwei τέλη aufstellen (fin. III, 22), abgesehen davon, dass wir doch überall da, wo uns eine stoische Definition des Telos berichtet wird, ohne dass dasselbe ausdrücklich als ὑποτελίς bezeichnet wäre, selbstverständlich an das höhere und höchste Telos denken müssen. Ist es nun aber denkbar, dass ein Stoiker, zu dessen Natur eben der Glaube an ein absolut sicheres Wissen und ein darauf gegründetes untrügliches Glück gehört, das Handeln nach Wahrscheinlichkeit für das höchste Ziel erklärt hätte? Welcher Unterschied wäre dann noch zwischen ihnen und den Skeptikern gewesen? Davon kann also gar keine Rede sein. Vielmehr müssen die fraglichen Stoiker ihre Definition so aufgefasst haben, dass das Ziel des Menschen als ein wirkliches ἀγαθόν und als vollkommen vernünftig erschien. Dies wird schon dadurch zur Genüge bewiesen, dass Antiochus nirgends bei Cicero, so scharf er auch die stoische Definition des höchsten Gutes bekämpft, ihr den Vorwurf macht, dass sie etwa dem Ideal der Tugend zu nahe trete; im Gegenteil, nur das setzt er an ihr aus, dass sie dasselbe überspanne, indem sie die leibliche Seite des Menschen völlig ignoriere (fin. IV, 26 quaero igitur, quomodo hae tantae commendationes a natura profectae subito a sapientia relictae sint?). Was Antiochus dem Chrysipp nicht müde wird vorzuwerfen, dass er nämlich sein höchstes Gut so gefasst habe, als ob der Mensch nichts als Seele wäre (fin. IV, 28. cfr. ac. II, 139 Zeno, quasi corporis simus expertes, animum solum complectitur), dasselbe tadelt er an den Stoikern überhaupt (fin. IV, 34 u. ö.), dass sie nämlich bei der Definition des Telos die πρῶτα κ. φ., von denen doch auch sie ausgehen, auf einmal verlassen und ihnen gar keine Bedeutung für das höchste Gut einräumen. Um diesen Punkt dreht sich der ganze Streit in Cic. fin. IV—V: beständig kommt Antiochus wieder darauf zurück, dass er in Wahrheit die unvergleichliche Erhabenheit der Tugend über alle äusserlichen Interessen ebenso sehr anerkenne, wie die Stoiker, welche eigensinnigerweise und im Widerspruch mit ihrem Ausgangspunkt (der πρώτη ὁρμή oder den principia naturalia) das Telos gleichsam durch einen Sprung vom Niederen aufs Höhere, anstatt wie er durch Entwicklung der in den principia naturalia selbst liegenden Tugendkeime, gewinnen wollen. Niemals aber deutet er auch nur an, dass die Stoiker das Ziel weniger hoch und ideal fassen, als die Alten. Dies wäre aber der Fall, wenn Hirzel mit seiner Erklärung der εὐλογιστία recht hätte: denn einem solchen Telos wäre allerdings das des Antiochus bedeutend über.

Ganz denselben Eindruck gewinnen wir aus der Polemik in comm. not. 26 und 27: auch hier wird von dem Gegner offen anerkannt, dass die betreffenden Stoiker das Telos lediglich in die vernünftige Thätigkeit selbst setzten und jeden Gedanken daran, dass die äusseren Güter resp. ihr Besitz mit ein Gegenstand des Strebens sein dürften, ängstlich fernhielten. Auch für ihn würde ja jeder Grund zur Fehde wegfallen, wenn sie das letztere eingeräumt hätten. Aber deshalb bekämpft er sie und sucht sie lächerlich zu machen, weil sie die äusseren Güter zum Objekt des Handelns machen, ohne doch ihren Wert für das Glück zuzugeben. Es wäre gerade so, meint er, wie wenn man sagen wollte, das höchste Ziel des Kranken sei, die Verordnungen des Arztes zu befolgen, anstatt gesund zu werden. Schon Karneades hat dieses Beispiel sowie das von der Steuerkunst gegen die Stoiker angewendet und den allgemeinen Satz aufgestellt, dass keine Kunst, folglich auch nicht die Lebenskunst oder Weisheit, ihr Ziel in sich selber habe (fin. V, 16 nullam artem ipsam in se versari sed esse aliud artem ipsam aliud quod propositum sit arti). Aber eben dies gaben die Stoiker nicht zu, indem sie den Vergleich der Weisheit mit der Heil- oder Steuerkunst als unzutreffend ablehnten und statt dessen den mit der Tanz- und Schauspielkunst gebrauchten: denn auch bei dieser liege das Ziel nicht ausserhalb der Kunstübung, in der Erlangung irgend eines Objektiven, sondern lediglich in jener selbst (fin. III, 24 ut in ipsa insit, non foris petatur extremum, id est artis effectio, cfr. Sen. ep. 77, 20. 101, 15). Uebrigens sei auch dieser Vergleich nicht ganz zutreffend, insofern bei jenen Künsten die Vollkommenheit sich in einzelnen Teilen zeigen könne, während sie in den anderen nicht notwendig vorhanden sein müsse: bei der Weisheit aber sei in jeder einzelnen Handlung die ganze Kunst vorhanden (recte facta omnes numeros virtutis continent. Sola enim sapientia in se tota conserva est, quod idem in ceteris artibus non fit). Die Weisheit nimmt also unter allen Künsten eine Sonderstellung ein, insofern sie ihr Ziel, und zwar in jeder einzelnen Funktion ihr ganzes Ziel, in sich selbst hat. Es liegt in dieser Entgegnung der Stoiker auf die Einwände des Karneades und seiner Genossen entschieden ein tieferer Sinn, und es war höchst kurzsichtig, wenn die Gegner nichts als thörichten Eigensinn und offenen Widerspruch darin erblickten.

Die Darstellung in comm. not. 26 etc. enthält nun aber auch noch in anderer Hinsicht eine schlagende Widerlegung der Hirzelschen

Ansicht. Es heisst dort, die Stoiker sagen allerdings, das Streben nach den naturgemässen Dingen muss ein vernünftiges sein (τῇ ἐφέσει τὸ εὐλογίστως καὶ τὸ φρονίμως πρόσεστι), und — so müssen wir ihre Ansicht ergänzen — nur diese Vernünftigkeit, die sich in der Sphäre der äusseren Güter bethätigt, ist das wirkliche Gut und das Ziel. Der Gegner bemerkt dazu: ist das vernünftig, wenn man alles thut, um etwas zu erlangen, dessen Erlangung doch gar nichts Grosses und Glückbringendes ist? Damit hat er allerdings einen wunden Punkt der stoischen Telosformel blossgelegt, auf den wir nachher zu sprechen kommen. Zunächst aber geht daraus klar hervor, dass der Gegner selbst die stoische Formel weder so aufgefasst hat, als ob dadurch den äusseren Dingen ein Wert für das Glück beigemessen, noch dass die auf ihre Erlangung gerichtete Thätigkeit als ein Handeln nach blosser Wahrscheinlichkeit dargestellt werden sollte. Denn das φρόνιμον bedeutet im Munde der Stoiker stets das intellektuell und ethisch Vollkommene. Auch im Folgenden gebraucht der Verfasser φρόνησις und εὐλογιστία durchaus als gleichbedeutend, und es fällt ihm nicht ein, diese Stoiker etwa zu beloben dafür, dass sie durch Einführung des Begriffs der εὐλογιστία die äusseren Güter hätten mehr zum Rechte kommen lassen, sondern sieht im Gegenteil darin, dass sie, obwohl sie den Worten nach den πρῶτα κ. φ. eine wichtige, sogar zentrale Bedeutung für das Telos einzuräumen scheinen, dennoch ihnen eben so wenig Wert zuerkennen, wie die alten Stoiker, nichts als puren Eigensinn und unerhörte Verblendung. Dass das εὐλογιστεῖν als eine vollkommene Bethätigung der Vernunft und darum als wirkliches Gut aufgefasst wurde, beweist endlich auch folgende Ausführung Senecas, der freilich zuweilen, den streng stoischen Standpunkt verlassend, den äusseren Gütern eine gewisse Bedeutung für das Glück beimass (vit. b. 22, 3 adiciunt tamen aliquid ad perpetuam laetitiam et ex virtute nascentem). „Gesundheit u. dergl. wähle ich, d. h. ziehe sie gegebenen Falls (cfr. Antipater bei Stob. ecl. II, 83 διδόντων τῶν πραγμάτων) dem Gegenteil vor, nicht weil es Güter sind, sondern weil sie naturgemässe Dinge sind et quia bono judicio a me sumentur etc.; das Gute daran ist lediglich das bene eligi" (ep. 92, 11). Dies ist die echte, allgemein stoische Anschauung, die wahrlich deutlicher kaum mehr angegeben werden kann. Wer aber möchte behaupten, das bonum judicium sei nur ein auf Wahrscheinlichkeit Beruhendes? nennt es doch Seneca ausdrücklich ein wirkliches Gut! Hirzels Fehler in der Beurteilung dieser ganzen Frage liegt darin, dass er den Erfolg der Handlung und die Handlung selbst nicht genügend auseinanderhält. Warum soll Zeno durch Statuierung der προηγμένα auf ein Handeln mit stets sicherem Wissen verzichtet haben? Was der Weise nicht weiss, wenn er irgend einen auf das äussere Wohl bezüglichen Plan fasst, das ist ja nur der Erfolg; der ist für ihn allerdings nur wahrscheinlich resp. ganz ungewiss. Aber darauf kommt's ihm auch gar nicht an: gerade der Stoiker ist in dieser Beziehung am allerwenigsten neugierig oder ungeduldig, er wartet ruhig und kaltblütig ab, ob sein Handeln den geplanten Erfolg hat oder nicht, und lässt sich im letzteren Fall an dem Bewusstsein, dass er vernünftig gehandelt, alle in Betracht kommenden Umstände wohl erwogen und keine sonstige Pflicht versäumt hat, genügen. Dieses Bewusstsein aber, dass er vernünftig und insofern tugendhaft gehandelt hat, ist ihm nicht bloss wahrscheinlich, sondern unbedingt gewiss: also ruht auch sein auf die Proegmena gerichtetes Handeln auf einem festen Wissen. Wie sehr die hier vorgetragene Auffassung durch Epictet, der gerade in diesem Stück besonders klar ist, bestätigt wird, mag man aus dem Abschnitt „Die Bemühung um die äusseren Güter" ersehen. Durch dieselbe werden natürlich auch alle Folgerungen, welche sich aus Hirzels Ansicht für das Verhältnis der Begriffe καθῆκον und προηγμένον sowie für den Gegensatz zwischen Chrysipp und den Späteren bezüglich der Güterfrage ergeben, hinfällig.

Durch Epictet aber erhält auch andrerseits die fragliche Telosformel der Mittelstoa ihre verdiente Kritik resp. Korrektur. Denn darüber kann, glaube ich, ein Zweifel nicht bestehen, dass diese Formel, um das auszudrücken, was diese Stoiker doch wollten, nämlich die Autarkie der Tugend, den alleinigen Wert des konstant vernünftigen Verhaltens, so ungeschickt als möglich war, und dass sie ihre Existenz lediglich der Polemik der Gegner, besonders des Karneades, verdankt, die sie zwangen, sich mit dem Begriff der πρῶτα κ. φ. auseinanderzusetzen, wie dies denn auch bezüglich des Antipater in comm. not. 27 bezeugt ist[1]). In den verschiedenen Telosdefinitionen des Epictet haben wir überall das als den Hauptgedanken gefunden, dass der Mensch sein Hegemonikon, seinen Logos ausbilden und naturgemäss bewahren müsse; das Schwergewicht lag also ganz auf der Seite des Geistes, die Beziehung auf das Aeussere trat zurück. Wohl definiert er das Ziel auch als ὀρθὴ χρῆσις τῶν φαντασιῶν, und dieser Ausdruck mag als eine Umschreibung des Begriffs εὐλογιστία angesehen werden, aber nie sind als Objekt oder gar als einziges Objekt dieser vernünftigen Be-

---

[1]) Es ist unsicher, ob diese Bemerkung, dass die Polemik nur dem Antipater, nicht der Schule gelte, sich auf das Ganze oder nur auf die zuletzt genannte Fassung der Formel bezieht: εὐλόγιστος ἐκλογὴ τῶν ἀξίαν ἐχόντων πρὸς τὸ εὐδαιμονεῖν. Es könnte zunächst scheinen, als ob damit den äusseren Dingen ein Wert für das Glück beigelegt würde, während doch gerade dagegen die Stoiker so sehr sich wehrten, indem sie ausdrücklich die beata vita und die appetitio rerum oder das κατὰ φύσιν ζῆν (im weiteren Sinne) unterschieden und den Proegmena wohl eine Bedeutung für letzteres, nicht aber für das Glück zuerkannten (Stob. ecl. II, 80 etc. fin. IV, 47). Konnte nun Antipater wirklich diese Konzession machen? Man könnte auf Senecas Notiz verweisen, wonach „selbst Antipater den äusseren Dingen einen Wert beilegte, aber einen äusserst geringen" (ep. 92, 5). Dass Seneca hiemit eine Abweichung Antipaters vom streng stoischen Standpunkt behaupten will, ist unzweifelhaft. Aber sie war doch offenbar nicht so gross, dass wir annehmen könnten, er habe rundweg den Wert dieser Dinge für das Glück anerkannt (vergl. ep. 87, 38). Sonst läge ja kein Grund vor, warum Antipater in comm. not. a. a. O. auch zugleich mit den anderen Stoikern bekämpft wurde: er hätte vielmehr gerühmt und den anderen als Beispiel vorgehalten werden sollen, weil er so verständig war, eine unhaltbare Position aufzugeben. Dies geschieht aber nicht. Sondern gerade die Definition des Antipater wird ad absurdum geführt, indem an die Stelle des εὐδαιμονεῖν das Wort εὐλογιστεῖν gesetzt wird, woraus unwiderleglich hervorgeht, dass auch dieser Stoiker das Glück ganz und gar in die εὐλογιστία, also in das Geistige, verlegt hat. Wenn er nun aber doch jene Definition gebrauchte, so enthielt sie also nur ein scheinbares Entgegenkommen, indem er offenbar dabei den Vorbehalt machte, dass diese Dinge einen Wert für das Glück haben nur, sofern sie vernünftig gewählt, nicht sofern sie erlangt werden. Dies war die εὑρησιλογία, die der Gegner tadelte und lächerlich machte, und gewiss mit Recht. Ich glaube also, dass nur diese letztere den Gegnern scheinbar am weitesten entgegenkommende Formel, nicht aber die ganze Definition überhaupt dem Antipater speziell zugeschrieben werden soll.

thätigung die κατὰ φύσιν oder προηγμένα genannt. Nichtsdestoweniger kennt auch Epictet recht wohl den Begriff der κατὰ φύσιν sowie den der εὐλόγιστος ἐκλογή: auch er erklärt es für eine sittliche Aufgabe des Menschen, in der Wahl der äusseren Dinge, sofern eine Wahl gelassen resp. nicht durch andere unmittelbar sittliche Motive vorgeschrieben ist, sich vernunftgemäss zu bethätigen, „denn auch dazu sind wir geboren" (II, 10, 6). Aber dieses vernunftgemässe Verhalten hinsichtlich der Proegmena ist ihm nicht die ganze Tugend, sondern nur ein Teil davon. Die erste Aufgabe des Menschen ist τὰ ἴδια τηρεῖν, erst in zweiter Linie kommt die vernünftige Bethätigung in dem Gebiet der Aussendinge (τῶν ἄλλων χρῆσθαι ὡς πέφυκεν — dazu gehört namentlich auch die εὐλόγιστος ἐκλογή τῶν κ. φ.). Auch bei Epictet finden wir den Begriff der εὐλογιστία in Verbindung mit dem καθῆκον oder der ὁρμή: aber diese ist nur ein Stück der Sittlichkeit (III, 2, 2: ὁ περὶ τὰς ὁρμὰς καὶ ἀφορμὰς καὶ ἁπλῶς ὁ περὶ τὸ καθῆκον ἵνα τάξει, ἵνα εὐλογίστως ἵνα μὴ ἀμελῶς). Der Begriff εὐλογιστία bildet also auch bei Epictet ein wichtiges Merkmal in der Definition der Tugend, wenigstens soweit dieselbe in der ὁρμή, d. h. im Wollen und Handeln, besteht. Hiemit sind wir der Lösung des Rätsels nähergerückt. Bedenken wir, dass die Stoa allgemein die vier Kardinaltugenden der φρόνησις, δικαιοσύνη, ἀνδρεία und σωφροσύνη unterschieden hat, so ist ersichtlich, dass die mittelstoische Telosformel vornehmlich resp. ausschliesslich die erste dieser vier Haupttugenden, die φρόνησις, in sich begreift. Denn diese ist die ἐπιστήμη ὧν ποιητέον καὶ οὐ ποιητέον καὶ οὐδετέρων (Stob. ecl. II, 59), und wenn sie im Unterschied von den drei anderen Tugenden ein eigentümliches Gebiet haben soll — denn im weiteren Sinn gefasst gehören natürlich auch die Funktionen der δικαιοσύνη etc. zu den ποιητέα¹) —, so kann man eben nur die Stellung zu den προηγμένα oder κατὰ φύσιν darunter verstehen, wie dies auch bei Cicero fin. III, 31 deutlich ausgesprochen wird (si selectio nulla sit — earum rerum quae secundum naturam sunt, tollitur omnis — prudentia). So wird auch Stob. ecl. II, 60 der φρόνησις als spezielles Gebiet das καθῆκον zugewiesen, und zwar ist unter diesem καθῆκον, wie aus den daselbst aufgezählten Unterarten der φρόνησις und ihren Definitionen (εὐβουλία, εὐλογιστία, ἀγχίνοια, νουνέχεια etc.) klar hervorgeht, speziell dasjenige καθῆκον zu verstehen, das in der vernünftigen Wahl des Naturgemässen besteht. Denn im weiteren Sinne ist ja, wie wir sehen werden, auch das δίκαιον, das ἀνδρεῖον u. s. w. ein καθῆκον. Nun haben aber die Stoiker die φρόνησις auch anders definiert, nämlich als ἐπιστήμη ἀγαθῶν καὶ κακῶν καὶ οὐδετέρων (ecl. II, 59. D. L. 137. Sext. XI, 110. Musonius bei Stob. flor. II, 13). Jedermann sieht, dass so gefasst die φρόνησις eigentlich die ganze Tugend in sich begreift: denn wenn sie die Kenntnis der wahren Güter und Uebel ist, so ist sie ja ebendamit zugleich auch ἀνδρεία, δικαιοσύνη und σωφροσύνη, welche ja ihrerseits auch lediglich auf der richtigen Erkenntnis der wahren Güter und Uebel beruhen resp. selbst die wahren Güter sind. Das auch von anderen Forschern bemerkte Schwanken, das bei den

---

¹) Stob. ecl. II, 63 φρονήσεως μὲν κεφάλαιά ἐστι θεωρεῖν καὶ πράττειν ἃ ποιητέον προηγουμένως (in erster Linie), κατὰ δὲ τὸν δεύτερον λόγον (in zweiter Linie), θεωρεῖν καὶ ἃ δεῖ ἀπονέμειν καὶ ἃ δεῖ ὑπομένειν etc.

Stoikern herrscht hinsichtlich der Bestimmung der φρόνησις und ihres Verhältnisses zur σοφία einerseits und zu den drei anderen Kardinaltugenden andrerseits, erklärt sich also einfach dadurch, dass die φρόνησις bald in diesem weiteren Sinne, wornach sie eigentlich die ganze Tugend umfasst und mit der Weisheit identisch ist, bald in jenem engeren Sinne aufgefasst wurde, wornach sie es speziell mit den Proegmena und den hierauf sich beziehenden καθήκοντα zu thun hat.

Die Mittelstoa hat nun ohne Zweifel eben diese φρόνησις im engeren Sinn durch das Wort εὐλογιστία bezeichnet, und indem sie das Telos ganz in dieser aufgehen liess, dasselbe fälschlich auf ein einzelnes Gebiet der Tugend beschränkt.

Nun erhebt sich aber sofort die Frage: wollten diese Stoiker denn wirklich nur die so begrenzte φρόνησις als Tugend gelten lassen und die δικαιοσύνη etc. von dem Begriff der Tugend ausschliessen? Es genügt die Frage zu stellen, um sie sofort zu verneinen. Ohne Zweifel haben dieselben Stoiker, die jene Telosformeln aufstellten, auch die überlieferten Definitionen der anderen Kardinaltugenden gebraucht und weitergebildet: denn die Mittelstoa, die allerdings auf den Schultern des Chrysipp ruht, repräsentiert ja gerade die Periode der scholastischen Ausbildung des Systems. Gänzlich überflüssig wäre es, mit einzelnen Beispielen es zu belegen, dass auch diese Stoiker selbstverständlich die Gerechtigkeit und Tapferkeit und Selbstbeherrschung gefordert haben. Aber in ihrer Telosformel suchen wir diese Tugenden vergeblich, resp. wir können sie dort nur unterbringen durch die Annahme, dass sie ihre Formel mit einem gewissen Vorbehalt gebrauchten und auf diese Weise auch die anderen Tugenden in Gedanken hineingelegt haben. Ein Beispiel möge es veranschaulichen: εὐλογίστως handelt, wer einen sich darbietenden pekuniären Vorteil benützt; wenn nun aber dieser Vorteil an die Bedingung des Verrats eines Freundes oder einer sonstigen unmoralischen Handlung geknüpft wird, so ist es selbstverständlich nicht εὐλόγιστον, das Geld trotzdem zu nehmen, sondern vielmehr es zu verschmähen. Die εὐλογιστία muss sich also in diesem und in einer Menge von anderen Fällen gerade darin zeigen, dass man die ἀπαξία statt der ἀξία wählt. So musste jeder Stoiker denken und urteilen, falls er nicht ganz und gar in das Lager Epicurs oder der moralitätslosen Skepsis übergehen wollte. Haben doch selbst die Akademiker und Peripatetiker, und zwar gerade, je mehr sie sich der Stoa annäherten, desto energischer erklärt, dass sämtliche äusseren Güter miteinander für die sittliche Entscheidung nicht in Betracht kommen, wenn auch nur eine geringe Pflicht dadurch verletzt würde. Es lässt sich aber dafür auch ein förmlicher Beweis erbringen. In dem Vortrag über die φιλοστοργία führt Epictet aus, dass das φιλόστοργον und εὐλόγιστον nie mit einander streiten könne, da beides etwas Naturgemässes und moralisch Gutes sei (I, 11, 17 etc. Vergl. Sen. ep. 95, 37). Aus dieser Stelle ergiebt sich erstens mit absoluter Sicherheit, dass das εὐλόγιστον, nach Epictet wenigstens, so wenig wie das εὔλογον die Wahrscheinlichkeit, also etwas intellektuell Inferiores, sondern die volle Vernünftigkeit bedeutet; sodann dass das εὐλόγιστον nur so lange vernünftig ist, als es mit den anderen aus der Natur des Menschen sich ergebenden sittlichen Forderungen nicht kollidiert, bezw. dass es eben durch die anerkannten Sittengebote seine Regulierung findet. Dass dies nicht bloss Epictets Privatansicht ist, sondern von jedem Stoiker als selbstverständlich vorausgesetzt werden musste, scheint mir ohne weiteres klar. Doch fehlt auch dafür der Beweis nicht. Bei Cicero off. III, 13 lesen wir eine sich als Interpretation des convenienter naturae vivere gebende Telosformel, die meines Erachtens die beste von allen ist und mit den bei Epictet sich findenden eine merkwürdige innere Verwandtschaft hat; sie lautet: cum virtute congruere semper, cetera autem, quae secundum naturam essent, ita legere, si ea virtuti non repugnarent.

Wir haben auch hier den Begriff der ἐκλογή τῶν κατὰ φύσιν, aber nur als einen, und zwar sekundären, Bestandteil der Tugend, und zugleich ist es darin deutlich ausgesprochen, dass die Wahl der sogenannten naturgemässen Dinge oder Proegmena an der Tugend, d. h. an den unmittelbaren Forderungen der praktischen Vernunft, ihre Grenze finde. Nach Hirzels Vermutung folgt Cicero im dritten Buch der Pflichten dem Stoiker Athenodor, und auch Thiaucourt weiss neben Posidonius, wogegen jedoch Hirzel gewichtige Gründe geltend gemacht hat, nur diesen zu nennen. Athenodor war ein Schüler des Posidonius. Dieser aber hat, wie wir aus Galen (470) wissen, die Telosformel des Diogenes und Antipater getadelt und darin eine Verkürzung der altstoischen des naturgemässen Lebens erblickt (τὸ ὁμολογουμένως ζῆν συστέλλουσιν εἰς τὸ πᾶν τὸ ἐνδεχόμενον ποιεῖν ἕνεκα τῶν πρώτων κατὰ φύσιν); ja er sagt nicht mit Unrecht, dieselbe unterscheide sich eigentlich kaum von der Ansicht derer, welche die Lust oder etwas der Art zum Telos machen.

Natürlich will Posidonius nicht sagen, dass diese Stoiker epikureischen Grundsätzen huldigten und solche in ihrer Telosformel zum Ausdruck bringen wollten; sondern als wohlwollender, für das Ansehen seiner Schule besorgter Kritiker weist er hin auf die Missdeutung, welche jener Formel zu teil werden konnte, ja musste. Der Stoiker in off. III will nun aber augenscheinlich die Einseitigkeit und Missverständlichkeit jener Formel vermeiden, indem er die Gesamttugend wieder in ihr Recht einsetzt. Dass die Wahl der κατὰ φύσιν normiert werden muss durch die aus der menschlichen Natur unmittelbar resultierenden sittlichen Pflichten, zeigt er noch deutlicher durch die Ausführung in off. III, 21 etc.: „einem andern etwas nehmen und sich auf seine Kosten bereichern ist mehr naturwidrig als Tod, Armut, Schmerz u. s. w. — Hochherzigkeit, Freundlichkeit, Gerechtigkeit, Freigebigkeit ist mehr naturgemäss als Lust, Leben und Reichtum". Hier haben wir also zugleich die deutliche Unterscheidung eines niederen und eines höheren Naturgemässen: ohne Zweifel ist dieselbe aber nicht so zu verstehen, als ob dieselben nur dem Grade nach verschieden wären; sondern auch das niedere Naturgemässe wird ja gewählt nur um des höheren willen (Epict. II, 23, 35 οὐχ ὡς κράτιστον ἀλλὰ διὰ τὸ κράτιστον), eben deshalb kann die Wahl des niederen Naturgemässen nicht mehr vernünftig sein, sobald eine unmittelbare sittliche Pflicht im Wege steht.

Dieser offenbar absichtliche Rückgang von dem durch Diogenes und Antipater ungebührlich in den Vordergrund gestellten Begriff der κατὰ φύσιν auf den des höheren Naturgemässen ist vielleicht auch in der dem Archedem zugeschriebenen, bisher noch nicht besprochenen Telosformel zu erkennen: ἐκλέγεσθαι τὰ κατὰ φύσιν μέγιστα καὶ κυριώτατα οὐχ οἷόν τε ὄντα ὑπερβαίνειν (Clemens Al. a. a. O.)[1]). Diese μέγιστα κ. φ. sind wohl nicht identisch mit den πρῶτα κ. φ., sondern der Ausdruck ist absichtlich gewählt, um das höhere Naturgemässe als die letzte Instanz erscheinen zu lassen. Auch diese Definition zeichnet sich also, falls unsere Auffassung richtig ist, wie die in off. III, 13 und 21 etc. dadurch aus, dass sie die πρῶτα κ. φ. mit dem höheren Naturgemässen (perfecte secundum naturam — Seneca) in Verbindung zu bringen sucht, und stellt sich als Korrektur der Formel des Diogenes dar.

Es bleibt uns jetzt nur noch übrig zu erklären, wie denn die fraglichen Stoiker dazu kommen konnten, eine so missdeutbare und der eigentlichen Intention ihrer Ethik so wenig gerecht werdende Formel aufzustellen. Dass sie die Tugend inhaltlich nicht verkürzen oder auf ein niedrigeres Niveau herabdrücken wollten, steht fest: denn die Polemik gegen diese Formel bei Cicero de finibus erhebt nirgends auch nur den leisesten Vorwurf gegen irgend einen Stoiker in dieser Beziehung, vielmehr werden sämtliche Stoiker ohne Unterschied durchgängig als diejenigen bezeichnet, welche das Telos und das Glück gänzlich in das honestum und decorum verlegen (fin. II, 35. IV, 60. Tusc. V, 84. acad. II, 131. acad. I, 35)[2]). Nun wissen wir aus Cicero de fin., dass die Stoiker mit den Anhängern der „Alten" darin übereinstimmten, dass die Pflichten und Tugenden nur gefunden werden können, indem man von den Grundtrieben der menschlichen Natur ausgehe, und dass ohne Annahme einer natürlichen Hinneigung des Menschen zu gewissen Dingen die Lehre von der Tugend in der Luft schwebe (fin. III, 12. IV, 47). Dies war nach comm. not. 23 schon Chrysipps Ansicht, die er gegen Aristos' Lehre von der ἀδιαφορία geltend machte (πόθεν οὖν ἄρξομαι καὶ τίνα λάβω τοῦ καθήκοντος ἀρχὴν καὶ ὕλην τῆς ἀρετῆς ἀφεὶς τὴν φύσιν καὶ τὸ κατὰ φύσιν). Ist nun diese Ansicht richtig? verliert die Tugend wirklich jeglichen Ausgangspunkt und jedes Feld der Bethätigung, wenn man lehrt, Reichtum, Gesundheit, Leben etc. seien voll-

---

[1]) Die letzten Worte sind zweifellos nur eine Umschreibung des Ausdrucks ἀπαραβάτως, den Antipater gebraucht hat (Stob. ecl. II, 76); ὑπερβαίνειν ist also absolut zu fassen.

[2]) Nach Ciceros Darstellung giebt es, da die des Pyrrho, Aristo und Herillus als abgethan gelten, sieben verschiedene Auffassungen des Telos, von denen jede ihre Vertreter hat, nämlich drei solche, bei denen das honestum ausgeschlossen ist (Aristipp und Epicur: Lust — Hieronymus: Analgesie — Karneades: prima naturae), drei solche, bei denen das Telos in der Tugend je mit Hinzutritt der eben genannten Begriffe besteht und die deshalb auch mixtae oder junctae gegenüber den vier simplices heissen (Callipho — Diodorus — Aristoteles und Polemo resp. veteres Academici et Peripatetici), endlich die des Zeno und der Stoiker, welche das Telos ausschliesslich in die Tugend verlegen (fin. II, 34. Tusc. V, 85, wo Dinomachus dem Callipho zur Seite tritt, Aristipp aber weggelassen ist. ac. II, 131). Karneades fügte noch der logischen Vollständigkeit halber zwei weitere, in Wirklichkeit nicht vertretene Auffassungen hinzu, indem er es für denkbar erklärte, dass wie die Stoiker die auf die prima naturae, so auch andere Philosophen die auf die Lust oder Analgesie gerichtete Thätigkeit als solche zum Telos stempeln könnten, was natürlich dazu dienen sollte, die betreffenden Stoiker lächerlich zu machen (fin. V, 16 etc.). Chrysipp hat nach ac. II, 138 nur drei diskutierbare τέλη zugegeben, nämlich entweder die honestas oder die voluptas oder beides, indem er die Analgesie und die πρῶτα κ. φ., gewiss nicht ohne gutes Recht, auf die Lust als das in beiden Fällen schliesslich gesuchte Ziel zurückführt, wodurch zwei simplices und zwei mixtae sententiae in Wegfall kommen.

ständige ἀδιάφορα, welche die ὁρμή ebensowenig erregen, als ihr Gegenteil? Offenbar nicht! denn fin. IV, 47 wird ja selbst zugegeben, dass Aristo einen Unterschied, und zwar einen tiefgreifenden, zugab, nämlich zwischen der Tugend und der Sünde. Kann z. B. derjenige nicht auch tapfer sein, der den Tod für ein absolutes Adiaphoron hält? Gewiss eben so gut wie der, welcher ihn für ein Apoproegmenon erklärt. Wir werden nun ja allerdings die Ansicht des Aristo für unnatürlich erklären müssen. Aber wenn die Stoiker hartnäckig auf ihrem Satz beharrten, dass Tod oder Leben für das Glück völlig irrelevant sei, so sind sie mit Aristo in derselben Verdammnis: nur die Todesverachtung dessen werden wir für etwas wahrhaft Moralisches halten, der damit auf ein Moment des Glückes, nach dem er strebt, verzichtet und dasselbe dem Höheren, ohne welches ein wahres Glück nicht denkbar ist, zum Opfer bringt. Antiochus hat deshalb ganz recht, wenn er die Waffe, welche die Stoiker gegen Aristo gebrauchten, gegen sie selbst kehrt und ihnen entgegenhält, dass auch sie mit ihrer Lehre, dass die κατὰ φύσιν zum Glück nichts beitragen, von der Natur abfallen und in Wahrheit keine Grundlage für die Statuierung von Pflichten und Tugenden besitzen (fin. IV, 43). Ein anderes Beispiel. Wenn die Gerechtigkeit darin besteht, dass man jedem das Seine (natürlich an äusseren Gütern) zuteilt, so kann man allerdings sagen, dass Aristo, weil er die äusseren Güter für völlig gleichgiltig erklärt, nicht gerecht sein kann, da ihm gar nichts daran gelegen sein kann, dem Mitmenschen zu geben, was ihm gebührt, ja da ihm sogar die Unterscheidungsgabe dafür fehlt. Aber für die Stoiker besteht genau dieselbe Schwierigkeit: sie erkennen zwar den Wertunterschied der äusseren Dinge an, aber, da dieselben zum Glück des Nächsten nichts beitragen, so fehlt auch ihnen das eigentliche Motiv zur Uebung der Gerechtigkeit. Wenn sie nun dennoch die Gerechtigkeit fordern, so können sie dies nur, indem sie dieselbe als einen angeborenen sittlichen Trieb anerkennen. Dies konnte auch Aristo thun und hat es ohne Zweifel gethan, sonst hätte er gar nicht von Tugenden reden können. Nur das könnte man mit einigem Recht vom stoischen Standpunkt aus an Aristos Lehre aussetzen, dass für die φρόνησις in derselben kein Raum vorhanden ist, soweit dieselbe in der praktischen Berücksichtigung der äusseren Wertunterschiede für das eigene Leben und die eigene Person besteht. Aber konnte nicht darauf Aristo einfach erwidern: „eben das gilt mir als φρόνησις, dass ich diese Unterschiede, die für mich nicht bestehen, vollständig in meinem Handeln ignoriere?" Es würde den Stoikern schwer werden, dagegen etwas Begründetes vorzubringen. Die älteren Stoiker haben, wenn sie das naturgemässe Leben zum Ziel erhoben, die Tugend in der φύσις oder dem κοινὸς νόμος eingeschlossen und mitgesetzt gedacht, sie haben eine ursprüngliche Anlage zur Gerechtigkeit, zur Tapferkeit etc. angenommen[1]); die vernünftige Wahl der Proegmena galt ihnen nur als eine Funktion der Tugend neben anderen. Chrysipp aber, obwohl in der Hauptsache hierin mit seinen Vorgängern einig, hat doch andrerseits, soweit wir urteilen können, den ersten Grund zu jener schlechten, von seinen Nachfolgern unter dem Druck der akade-

---

[1]) Die Belege hiefür siehe in dem Abschnitt über die sittliche Anlage.

mischen Polemik ausgebildeten Lehre gelegt, dass die Pflichten und Tugenden lediglich aus den πρῶτα κ. φ. resp. der πρώτη ὁρμή abgeleitet werden müssen. Diese Lehre wäre ganz richtig, wenn diese Stoiker, wie es die Anhänger der „Alten" und Antiochus gethan haben[1]), die moralischen Triebe selbst unter die πρῶτα κ. φ. aufgenommen hätten. Das haben sie aber nicht gethan, sondern sie haben die Tugend rein empirisch aus dem Handeln nach natürlichen Motiven abgeleitet.

Der klassische Beweis hiefür ist Cic. fin. III, 20 etc. Fünf Stufen des im weitesten Sinne pflichtmässigen Handelns werden hier unterschieden: 1. die blosse Selbsterhaltung (Bewahrung des Lebens, des Leibes und seiner Teile); 2. das Aufsuchen des diesem Zweck Dienlichen und das Meiden des ihm Unzuträglichen; 3. die καθήκουσα ἐκλογή (cum officio selectio), d. h. wohl die unter Berücksichtigung der allgemeinen moralischen Grundsätze und der geltenden Sitte erfolgende Wahl des Naturgemässen; 4. die ununterbrochene und 5. die durchaus unfehlbare, innerlich gesetzmässige Wahl des Naturgemässen. Auf dieser fünften Stufe kommt nun erstmals das wahrhaft Gute, die Homologie, zum Vorschein. Auf den vier unteren Stufen handelt der Mensch noch nicht wahrhaft sittlich, da sein Streben noch ganz auf das Aeussere und Natürliche gerichtet ist[2]). Erst wenn er die unfehlbare Gleichmässigkeit des Handelns, die Homologie, für sich selbst erfasst und sie zum eigentlichen Zweck alles Handelns erhebt, handelt er sittlich. In diesem Sinne entsteht also das honestum erst später (post oritur), nach einer lediglich den niederen natürlichen Zwecken gewidmeten Lebensperiode, die noch nichts Sittliches in sich birgt (in primis naturae conciliationibus non inest honesta actio). Die Homologie als Selbstzweck ist nun aber das wahre honestum: auch sie ist naturgemäss im höheren und höchsten Sinn (fin. III, 22 est tamen ea secundum naturam) und ihr gegenüber verliert alles, was man zuvor geliebt hatte, d. h. die πρῶτα κ. φ., seinen Wert. Das Fehlerhafte dieser Deduktion springt

---

[1]) Auf diesen wichtigen Unterschied in der Fassung des Begriffs der πρῶτα κ. φ. hat schon Madvig (Excurs IV, 815 etc.) hingewiesen, sodann Hirzel (II, 829 etc.); cfr. Cic. fin. V, 18 virtutum igniculi et semina.

[2]) Man könnte allerdings darüber streiten, ob nicht auch die fünfte Stufe, die selectio constans consentaneaque naturae, noch als untersittlich betrachtet werden muss. Wenn diese selbst das wahre bonum und honestum repräsentiert, warum sagt dann Cicero nicht einfach: diese selectio constans etc. ist das vere bonum, sondern drückt so geschraubt aus (in qua primum inesse incipit et intelligi, quid sit, quod vere bonum possit dici)? Auch das Folgende scheint für diese Auffassung zu sprechen; denn die Ordnung und Uebereinstimmung des Handelns (rerum agendarum ordinem et — concordiam), durch deren Wahrnehmung (an anderen) der Mensch zur Erfassung eben dieser concordia oder ὁμολογία als des wahren Gutes geführt wird, entspricht offenbar nicht der vierten (perpetua), sondern der fünften Stufe (constans etc. selectio). Man müsste alsdann annehmen, es gebe eine Homologie des Handelns, die noch nicht sittlich ist, weil sie nicht als Selbstzweck, sondern nur als Mittel zur Erreichung der prima naturae betrachtet und geübt wird. Aber es scheint mir durchaus unglaublich, dass die Stoiker bei dem Nichtweisen eine concordia und convenientia des Handelns überhaupt für möglich hielten; diese rührt doch nach stoischer Anschauung eben auf der κατάληψις ἀσφαλής καὶ ἀμετάπτωτος ὑπὸ λόγου, d. h. auf der ἐπιστήμη, kann also bei gewöhnlichen Menschen gar nicht vorkommen; diese können es höchstens zur perpetua selectio, d. h. zu einer äusserlich stetigen, auf Erfahrung gegründeten, nicht zu einer innerlich unfehlbaren, um ihrer selbst willen geübten Verständigkeit in der Wahl des Naturgemässen bringen.

in die Augen: das höchste Tugendideal, die Homologie, erscheint von jeglicher Beziehung zu den positiven Tugenden der Gerechtigkeit etc. losgelöst, es ist ein rein formales und vorwiegend ästhetisches. Gewiss glaubten diese Stoiker, dass die Homologie als Selbstzweck nur unter Wahrung aller Pflichten der Gerechtigkeit, der Tapferkeit etc. beobachtet werden könne; aber den Beweis hiefür sind sie offenbar schuldig geblieben, und er konnte auch nicht erbracht werden, denn theoretisch wenigstens lässt sich die Möglichkeit eines mit vollendeter Homologie auf das Böse gerichteten und eben in dieser Homologie seine Befriedigung findenden Willens nicht bestreiten. Und da nun diese Stoiker die Idee der Homologie lediglich aus der Sphäre des natürlichen Wollens und Handelns entstehen lassen, so sind sie freilich genötigt, das Bethätigungsgebiet derselben auch auf die πρῶτα κατὰ φύσιν einzuschränken (cum illa — officia — proficiscantur ab initiis naturae, necesse est ea ad haec referri, ut recte dici possit omnia officia eo referri, ut adipiscamur principia naturae, nec tamen ut hoc sit bonorum ultimum — nämlich das Erreichen, sondern die Homologie).

Die Einseitigkeit, in welche diese Stoiker mit ihrer Fassung des Telos sich verirrt hatten, ist indes, wie wir sahen, bald innerhalb der Stoa erkannt und überwunden worden. Posidonius hat sie, freilich von seinem eigentümlichen Standpunkt aus, doch im Interesse der orthodoxen Stoa, bekämpft, Athenodor und wohl schon Archedem hat die missverständliche Telosformel im Einklang mit den Grundanschauungen der Schule modifiziert, bei Seneca findet sich kaum mehr eine Reminiscenz an dieselbe, und Epictet hat auch den tiefsten Grund dieser einseitigen Ueberschätzung der πρῶτα κ. φ. als des einzigen Feldes für die Bethätigung der Tugend beseitigt, indem er, auch hierin auf die ältesten Häupter der Schule zurückgreifend, die angeborenen sittlichen Triebe wieder mehr zur Geltung brachte.

Excurs II.

Die stoische Lehre vom Selbstmord.

Die Ansichten der Stoiker über die Berechtigung des Selbstmords sind zum Theil schon im Text zur Vergleichung beigezogen worden. Wir besitzen hierüber, besonders was die ältere Stoa anbelangt, nur spärliche und dürftige Notizen, aus denen sich nicht leicht eine Gesamtanschauung konstruieren lässt. Jedoch scheint in der mittleren Stoa, vielleicht schon von Chrysipp, eine förmliche Theorie des freiwilligen Todes ausgebildet worden zu sein, die mit der Lehre von den πρῶτα κ. φ. einerseits und von den καθήκοντα andrerseits eng zusammenhängt, weshalb sie auch hier zwischen dem Exkurs über das Telos und dem über das καθῆκον ihre passendste Stelle findet [1].

---

[1] st. rep. 18 οὔτε μονὴν ἐν τῷ βίῳ τοῖς ἀγαθοῖς οὔτε ἐξαγωγὴν τοῖς κακοῖς παραμετρεῖν ἀλλὰ τοῖς μέσοις κατὰ φύσιν· διὸ καὶ τοῖς εὐδαιμονοῦσι γίνεταί ποτε καθῆ-

Am vollständigsten ist uns diese Lehre bei Cicero fin. III, 59 etc. überliefert. Es wird da unterschieden zwischen vollkommenen und mittleren Pflichten. Das officium perfectum (τέλειον καθῆκον) ist ein recte factum (κατόρθωμα) und kann nur vom Weisen geübt werden; es giebt aber auch media officia (μέσα καθήκοντα), welche dem Weisen und Unweisen gemein sind. Diese mittleren Pflichten bestehen in der Hauptsache darin, dass man überall und beständig darauf aus ist, die πρῶτα κατὰ φύσιν, d. h. Gesundheit, Kraft, Tüchtigkeit der Sinne etc., zu erhalten resp. zu erringen und das entsprechende Gegenteil zu meiden oder zu beseitigen. Diese πρῶτα κατὰ φύσιν sind zwar Adiaphora, bilden jedoch die Grundlage alles Handelns und sind deshalb auch für den Weisen massgebend, insofern er (wo keine höhere Pflicht im Wege steht) sein richtiges Urteil auch in der Wahl des Naturgemässen zeigen muss. Da nun das Leben selbst ein Adiophoron ist, so kann, für den Weisen wie für den Unweisen, der Fall eintreten, dass das Leben selbst zu beseitigen ist, weil das Naturwidrige das Naturgemässe darin überwiegt. So kann es vorkommen, dass der Weise, obgleich er (moralisch) glücklich ist, sich tötet, während der Unweise, der (moralisch) unglücklich ist, keinen Grund zum Selbstmord, vielmehr die „Pflicht" des Weiterlebens hat.

Um diese merkwürdige Lehre richtig zu beurteilen, müssen wir vor allem die Frage aufwerfen: ist jenes commune officium sapientis et insipientis wirklich ganz gemein, d. h. handeln beide ganz gleich und aus denselben Motiven? Diese Frage ist rundweg zu verneinen. Ich könnte mich hiefür auf die bekannte Theorie berufen, dass der Weise alles richtig, der Unweise alles unrichtig thut. Doch ich will darauf verzichten, da die Stoiker selbst jenen prinzipiellen Gegensatz zwischen Weisen und Unweisen nicht selten ausser acht gelassen haben. Aber wenn sich's um den freiwilligen Austritt aus dem Leben handelt, so konnten doch unmöglich die Stoiker diese letzte Handlung des Weisen als eine moralisch indifferente betrachten, und noch viel weniger konnten sie den Entschluss des Unweisen, wegen der pluria naturalia sein sündiges Leben fortzusetzen, als eine moralische That ansehen. Deutlich sagt ja auch Cicero (a. a. O. 61), dass unter gewissen äusseren Umständen die Weisheit selbst dem Weisen gebiete, sie durch Austritt aus dem Leben zu verlassen. Wenn also der Weise diesem Gebote der Weisheit folgt, so vollbringt er, wie immer, ein κατόρθωμα. Würde er jenem Gebot zuwider weiterleben, so würde er die Weisheit selbstverständlich auch verlieren, aber in diesem Fall mit eigener Schuld. Giebt er aber die Weisheit hin im Gehorsam gegen ihr Gebot, so büsst er damit nichts ein an seinem Glück, da ja dessen Grösse durchaus unabhängig ist von der zeitlichen Dauer seines Besitzes (Sen. ep. 70, 4 non vivere bonum est sed bene vivere. ep. 77, 4 vita non est imperfecta, si honesta est: ubicunque desines, si bene desieris, tota est. ep. 101, 15 quam bene vivas refert, non quam diu: saepe autem in hoc est bene, ne diu. Epict. IV, 1, 165 ὁ ἀγαθὸς ὑποκριτὴς παυόμενος ὅτε δεῖ σώζεται). Wenn bei Stob. flor. I, 127 der Weise sagt: „ich

---

κον ἐξάγειν αὐτοὺς καὶ μένειν αὖθις ἐν τῷ ζῆν τοῖς κακοδαιμονοῦσι. Ebenso comm. not. 11. An beiden Stellen wird diese Lehre dem Chrysipp zugeschrieben. — Vergl. Sen. ep. 77, 4 saepe autem et fortiter desinendum est et non ex maximis causis, nam nec maximae sunt quae nos tenent.

gehe, obgleich ich noch glücklich sein kann", und unmittelbar darauf Socrates gelobt wird, dass er nicht, um sein Leben zu retten, aus dem Gefängnis entfloh, so ist es klar, dass die Möglichkeit ferneren Glückes eben nur für den Fall behauptet werden soll, dass die äusseren Umstände, die den Selbstmord fordern, nicht eingetreten wären. Denn kein Stoiker konnte im Ernste sagen, Socrates hätte seine Tugend und damit sein Glück nicht verloren, wenn er wider sein Gewissen und den Wink der Gottheit entflohen wäre. Die Weisheit ist unter allen Umständen das höchste, einzig wahre Gut, das selbstverständlich allen andern relativen Gütern vorgezogen werden muss. Dem widerspricht auch nicht der Ausspruch des Chrysipp, dass der Mensch, wenn er die Wahl hätte, weise zu sein in Eselsgestalt oder unweise als Mensch, das letztere wählen müsste (comm. not. 11). Denn wenn Chrysipp, die Weisheit sagen lässt ἄφες με καὶ καταφρόνησον ἀπολλυμένης ἐμοῦ καὶ διαφθειρομένης εἰς ὄνου πρόσωπον, so will er damit offenbar nur sagen, dass die Weisheit ihrer Natur nach im Menschen (und den Göttern) wohnen kann, und dass ein Weiser in Tiergestalt eine schlechthin unvollziehbare Vorstellung ist. Auch darin liegt kein Widerspruch, wenn Chrysipp erklärt, das unweise Leben sei dem Nichtleben vorzuziehen (comm. not. 12. st. rep. 18): denn nicht die κακία (also ein wirkliches κακόν) wird dadurch über das Adiaphoron (das Leben) gestellt, sondern das Leben als Vernunftwesen über das Leben im allgemeinen, also ein wertvolleres Adiaphoron über ein weniger wertvolles (μετὰ λόγου βιοῦν ἐπιβάλλει μᾶλλον καὶ εἰ ἄφρονες ἐσόμεθα). Es fällt dem Chrysipp nicht ein, dieses rein formal vernünftige Leben des Schlechten für ein Gut zu erklären: ein wirkliches Gut ist nicht das μετὰ λόγου βιοῦν, sondern das μετὰ λόγου ὀρθοῦ βιοῦν; aber im Vergleich zum blossen βιοῦν (z. B. des Tieres) ist das erstere immerhin wertvoller. Da aber nach stoischer Lehre auch die Unweisen den Logos, d. h. das formale Denkvermögen, besitzen und gebrauchen und infolge dessen die Werte der relativen Güter (der προηγμένα) zu beurteilen vermögen, während sie anderseits nicht im stande sind, den Unwert des ἀφραίνειν und den Wert der φρόνησις (d. h. des inhaltlich vernünftigen Lebens) zu erkennen, so ist es ganz konsequent und „geziemend" — freilich nur auf ihrem Standpunkt —, dass sie das formell vernünftige Leben dem Nichtleben vorziehen [1]).

So wenig also der Weise ein wirkliches Gut verliert, wenn er aus formell vernünftigen Gründen sein Leben endet, so wenig gewinnt der Unweise ein wirkliches Gut, wenn er, äusserlich betrachtet, aus denselben Gründen sich tötet. Denn das innere Motiv ist bei beiden grundverschieden. Der Weise endet sein Leben, wenn etwa der in Tusc. V, 117 geschilderte Fall eintritt, nicht, weil er die naturwidrigen Umstände für ein Uebel hält, sondern weil er Gott gehorcht und stets das Vernunftgemässe wählt, der Unweise aber, weil er mit Gott hadert,

---

[1]) Es wird im nächsten Excurs noch genauer von dieser für die Beurteilung der stoischen Ethik so überaus wichtigen Unterscheidung des λόγος als der formellen und des λόγος ὀρθός als der materiellen Vernünftigkeit die Rede sein. Besonders deutlich liegt diese Unterscheidung bei M. Aurel vor, der von der λογικὴ ψυχή, die auch der Schlechte hat, als höhere Stufe die καθολικὴ καὶ πολιτικὴ ψυχή unterscheidet. (Vergl. Bd. I, p. 111.)

der ihm nach seiner Meinung die Bedingungen des Glückes entzieht, das er stets in den Adiaphora gesucht hat [1]). Jeder Zweifel an der Richtigkeit dieser Auffassung wird beseitigt durch den Satz, dass der Unweise, ob er scheidet oder bleibt, gleich elend ist (Cic. a. a. O.). Wäre auch nur die einzige Handlung, dass er wegen des Ueberwiegens des Naturwidrigen sein Leben endet, eine sittliche, so könnte er nicht mehr miser genannt werden, denn im selben Augenblick, da er ein κατόρθωμα vollbringt, wäre er nach der bekannten stoischen Lehre beatus geworden. Kurzum der Unweise handelt bei allem, was er thut, auch wenn es καθηκόντως geschieht, nicht nach sittlichen, sondern nur nach natürlichen Zwecken, der Weise dagegen stets, auch wo das Natürliche die Veranlassung seines Handelns bildet, nach sittlichen Zwecken.

Diesen Sachverhalt haben die Gegner der Stoa nicht erkannt, weshalb ihre ganze Polemik gegen die stoische Theorie des Selbstmords in die Luft streicht und jedenfalls den Kernpunkt nicht trifft. Es ist wirklich betrübend anzusehen, wie die Verfasser der Streitschriften gegen die Stoa, die dem Plutarch zugeschrieben werden, sich vergeblich abmühen, dem Chrysipp, der offenbar der Urheber jener Lehre ist, alle möglichen Widersprüche nachzuweisen und dabei den wunden Punkt, den sie unstreitig hat, gänzlich übersehen. Ihre Polemik kommt immer wieder darauf hinaus, dass es ein Unsinn sei, wenn der Weise die Tugend, also das grösste Glück, preisgebe um solcher Dinge willen, die er doch als indifferent für Glück und Tugend ansehe. Die Antwort der Stoiker auf diesen Vorwurf war natürlich die, dass eben der Weise, wenn er jene Pflicht des Scheidens nicht erfüllen würde, dann auch nicht mehr weise, folglich auch nicht mehr glücklich wäre. Und dies ist ja auch einleuchtend, denn wie könnte einer noch glücklich und tugendhaft sein, der auch nur einmal mit Bewusstsein das unterlassen hätte, was ein Gebot der Weisheit ist! Alle folgenden tugendhaften Handlungen, wenn sie denkbar wären, könnten in der That diese eine Sünde nicht aufwiegen. Und umgekehrt der Schlechte wird dadurch keineswegs im letzten Augenblick gut, dass er „pflichtgemäss" aus dem Leben scheidet, wenn er nicht mehr im Genusse der pluria naturalia steht. Er gewinnt dadurch nur, dass er nicht mehr so unglücklich fühlt: da jedoch nicht die κακία, sondern nur die Entbehrung der äusseren, scheinbaren Güter ihn unglücklich macht, so ist es seine „Pflicht", im Leben zu bleiben, solange er jene nicht entbehrt. So ist denn in der That vom stoischen Standpunkt aus der Satz ganz konsequent, dass weder die Tugend dem Menschen unbedingt das Bleiben, noch die Untugend das Scheiden zur Pflicht macht: sondern es richtet sich beides nach den πρῶτα κατὰ φύσιν, doch mit dem grossen Unterschied, dass beim Weisen das Bleiben wie das Scheiden, wenngleich zunächst durch äussere Umstände bedingt, stets zugleich ein Ausfluss seiner Weisheit,

---

[1]) Es ist daher eine Verdrehung der stoischen Lehre, wenn comm. not. 22 den Stoikern vorgeworfen wird, sie verwerfen den Vers des Theognis (χρὴ πενίην φεύγοντα etc.) und sagen doch in Prosa dasselbe, dass man nämlich sich töten dürfe, um einem hoffnungslosen Siechtum zu entgehen: der Stoiker, der sich tötet, flieht nicht die Krankheit als Uebel, sondern die Unvernunft, und er folgt nicht dem Verlangen der sinnlichen Natur, sondern dem Gebot der Weisheit oder Gottes.

eine moralische Handlung, beim Unweisen aber, wenngleich formell vernünftig und pflichtgemäss (oder besser: geziemend), doch unmoralisch ist. Wenn dem Chrysipp vorgeworfen wird, dass er im Widerspruch mit seinem Satz, wonach Tugend und Untugend an sich keine Beziehung habe zur Pflicht des Lebens oder Sterbens, bisweilen sich dahin ausspreche, dass der Nichtbesitz der Tugend die Pflicht des Selbstmords in sich schliesse (comm. not. 11), so löst sich dieser scheinbare Widerspruch bei genauerer Betrachtung auf. Ich kann von einem mit Glücksgütern gesegneten unmoralischen Menschen — von der Möglichkeit seiner Besserung zunächst ganz absehend — mit dem gleichen Rechte sagen: er thut gescheit daran, im Leben zu bleiben, und: er thut gut, sich umzubringen. Im ersteren Fall stelle ich mich ganz auf den Standpunkt seiner eigenen Lebensanschauung und muss von dieser aus sein Bleiben für vernünftig halten, und nichts anderes meinten die Stoiker, wenn sie sagten, es gezieme sich für ihn zu bleiben. Beurteile ich aber sein Leben nach meiner eigenen sittlichen Lebensanschauung, so muss ich das entgegengesetzte Urteil fällen, da ich sein Leben nicht bloss für wertlos, ja für positiv unglücklich, sondern auch für gemeinschädlich halten muss.

Lässt sich also gegen die Chrysippsche Theorie des Selbstmords, was die formelle Konsequenz betrifft, kein begründeter Einwand erheben, so ist sie nichtsdestoweniger in hohem Grade sittlich bedenklich und zwar deshalb, weil sie das Leben abhängig macht von dem plus oder minus der Adiaphora. Der Entschluss, ob ich unter gewissen widrigen Verhältnissen weiterleben soll oder nicht, wird so zum reinsten Rechenexempel, und zwar erst noch zu einem höchst unsicheren, weil die Werte, mit denen man rechnet, gar nicht genauer bestimmt sind und selbstverständlich auch nicht genau und in allgemein giltiger Weise bestimmt werden können. Denn wer will z. B. sagen, ob die Gesundheit weniger naturgemäss ist als die Taubheit naturwidrig, ob der körperliche Schmerz weniger naturwidrig ist als die Körperkraft naturgemäss. Die Stoiker haben allerdings, wie wir sahen, auch bei den Proegmena und Apoproegmena gewisse Unterschiede angenommen, z. B. die psychischen Proegmena den somatischen vorgezogen und jenen einen grösseren Wert für das naturgemässe Leben beigelegt als diesen (ecl. II, 82). Aber erstens haben sie diese Wertvergleichung offenbar nicht streng durchgeführt, zweitens aber sich namentlich nicht darüber erklärt, ob eine grössere Anzahl von wertloseren Proegmena ein einziges wertvolleres Proegmenon aufwiege. Und eben deshalb, weil sie für die Abwägung der naturalia und contraria keinen sicheren Massstab anzugeben wussten, können wir auch nicht zugeben, dass in einem bestimmten Falle die Vernunft genötigt sei, wegen des Ueberwiegens der contraria den Tod zu wählen. Die Stoiker beabsichtigten allerdings und bildeten sich ein, den Selbstmord zu einer sittlich notwendigen Handlung zu stempeln, aber das Kriterium, das sie aufstellten, müssen wir unbedingt als ein unbrauchbares bezeichnen und damit die ganze Lehre als eine schlechte Lehre verwerfen. Was uns allein zu einer milderen Beurteilung derselben bewegen kann, ist der Umstand, dass sie, in der Regel wenigstens, nur bei sehr bedeutendem Ueberwiegen der contraria den Selbstmord für berechtigt und vernünftig hielten. War nun aber auch durch diese stillschweigende Modifizierung die

Gestattung des Selbstmordes für die Moralischen auf die Fälle äusserster Not beschränkt, so gab jener Kanon doch den Unmoralischen oder Halbmoralischen das formelle Recht, in jeder unangenehmen Lebenslage ihrem Leben ein Ende zu machen. Und dies scheint mir das Verderblichste an der ganzen Lehre zu sein, dass sie den Unmoralischen, anstatt ihre sittliche Kraft zu wecken und an ihr sittliches Bewusstsein zu appellieren, vielmehr jeden Antrieb der Besserung benahm, indem sie ihren Austritt aus dem Leben sogar noch mit dem Schein der Tugend umgab. Was Zeller mit Recht an der stoischen Lehre vom Selbstmord bedenklich findet, dass sie das Leben als etwas absolut Gleichgiltiges behandelt, möchte ich noch näher dahin bezeichnen: die Erkenntnis, dass das Leben eine sittliche Entwicklung ist und dass die Pflicht der sittlichen Entwicklung auch für die derzeit Unsittlichen niemals aufhört, sondern für jeden die höchste Pflicht bildet, der gegenüber alle anderen Pflichten zurücktreten müssen, fehlt den Stoikern oder kommt doch viel zu wenig bei ihnen zur Geltung. Wir finden zwar bei Chrysipp diesen Gedanken angedeutet, wenn er sagt, dass die Erreichung des sittlichen Ziels bei allen erst nach einem langen Leben in der Sünde möglich sei (st. rep. 14). Aber wenn er diesen Gedanken festgehalten hätte, so wäre er entweder zur völligen Verwerfung des Selbstmords oder doch zu einer das sittliche Gefühl mehr berücksichtigenden Einschränkung des Rechtes dazu gelangt. Auch an Epictets Lehre vom Selbstmord mussten wir eben dies als den hauptsächlichsten Mangel tadeln, dass er es zu leicht damit nimmt, den Unzufriedenen oder sittlich Schwachen die Thüre zu weisen, während er den Gebildeten den Selbstmord so gut wie verbietet und insbesondere keine Spur von jenem heillosen Hochmut zeigt, der ältere und jüngere Stoiker den Selbstmord an und für sich als etwas Grosses und Lobenswertes, ja als höchste Bethätigung der geistigen Freiheit preisen hiess.

Excurs III.

Das καθῆκον und κατόρθωμα.

1. καθῆκον und Wahrscheinlichkeit.

Einer der schwierigsten und bis heute noch wenig aufgeklärten Begriffe der stoischen Philosophie ist der des καθῆκον, besonders in seinem Verhältnis zum κατόρθωμα. Nach Stobaeus (ecl. II, 85) und Diogenes (107) haben die Stoiker das καθῆκον definiert als τὸ ἀκόλουθον ἐν ζωῇ ὃ πραχθὲν εὔλογον ἀπολογίαν ἔχει. Dieselbe Definition, nur abgekürzt, giebt der Stoiker Ciceros in fin. III, 58: est autem officium, quod ita factum est, ut eius facti probabilis ratio reddi possit (vergl. off. I, 8). Aus Sextus VII, 158 erfahren wir, dass schon Arcesilaus dieselbe gekannt und angewendet hat, jedoch nicht als Definition des καθῆκον, sondern des κατόρθωμα. Hirzel nimmt nun ohne weiteres an, dass dieses εὔλογον, das Arcesilaus zum praktischen Kriterion machte, das Wahrscheinliche bedeute, und erblickt deshalb den Unterschied der skeptischen und stoischen Ethik darin, dass jene alles Handeln auf die blosse Wahrscheinlichkeit gründete, während die Stoiker die Handlungen des Weisen, die κατορθώματα, auf ein festes Wissen, auf die ἐπιστήμη, zurückführten. Das καθῆκον dagegen beruhe auch nach stoischer Ansicht auf der Wahrscheinlichkeit, es umfasse alle diejenigen Handlungen, mit welchen nicht die sichere, sondern nur die wahrscheinliche Aussicht auf einen daraus erwachsenden Vorteil verbunden sei (II, 341 etc.). Diese Auffassung, wonach der Unterschied von καθῆκον und κατόρθωμα schliesslich auf einen erkenntnistheoretischen Unterschied hinauskommt, vermag manches für sich anzuführen und wirkt durch ihre Neuheit und Einfachheit unleugbar bestechend. Wenn Cicero den Ausdruck εὔλογος ἀπολογισμός durch probabilis ratio wiedergiebt, so spricht dies zunächst allerdings dafür, dass auch die Stoiker unter dem εὔλογον das Wahrscheinliche verstanden haben, obwohl probabilis auch „des Beifalls wert, einleuchtend" heissen kann. Jedoch wir haben eben auch noch andere Definitionen des καθῆκον, in welchen der Begriff der Wahrscheinlichkeit mit keiner Silbe ausgedrückt, ja nicht einmal angedeutet ist. Wenn Zeno, der den Begriff καθῆκον erstmals in die Ethik eingeführt haben soll (D. L. 25. 108. Cic. ac. I, 37), denselben etymologisch erklärt hat durch κατά τινας ἥκειν (D. L. 108), wenn er das καθῆκον definiert hat als ἐνέργημα ταῖς κατὰ φύσιν κατασκευαῖς οἰκεῖον (ibid.), so wird es doch sehr fraglich, ob das καθῆκον ursprünglich die Bedeutung des Handelns nach Wahrscheinlichkeit gehabt hat. Da Arcesilaos ein Zeitgenosse Zenos war und von diesem nirgends bezeugt ist, dass er den Ausdruck εὔλογος ἀπολογισμός gebraucht habe, so scheint es mir zweifellos, dass derselbe von der Akademie aus in die Stoa gekommen ist. Ob er hier wirklich die Bedeutung gehabt hat, die Hirzel meint, wird sich später zeigen. Zuvörderst müssen wir schon aus dem Grund daran zweifeln, dass auch da, wo derselbe gebraucht wird, doch das καθῆκον zugleich definiert wird als τὸ ἀκόλουθον ἐν τῇ ζωῇ (D. L. 107. ecl. II, 85), eine Definition, die augenscheinlich der oben erwähnten des Zeno sehr nahe steht und viel zu allgemein klingt, als dass wir glauben könnten, dass das stoische καθῆκον eine so spezielle Bedeutung haben sollte. Bedenken wir ferner, dass Hirzel die Einführung des Begriffs προηγμένον durch Zeno fälschlich so gedeutet hat, als ob dieser damit auf ein Handeln mit stets sicherem Wissen verzichtet habe (II, 54), und dass durch diese Deutung des προηγμένον seine Auffassung des καθῆκον von vornherein bestimmt ist, so werden wir gegen dieselbe noch mehr misstrauisch sein müssen.

Prüfen wir nun dieselbe genauer! Hirzel beruft sich für seine Auffassung besonders auch auf Epictet, vor allem auf die Stelle II, 10, 6. Epictet führtd aselbst aus: „wenn wir wüssten, dass uns Krankheit bestimmt ist, so müssten wir selbst dazu mithelfen, krank zu werden; da wir es aber nicht voraus wissen, so ist es angemessen (καθήκει), sich an das relativ Naturgemässe (τὰ πρὸς ἐκλογὴν εὐφυέστερα) zu halten (d. h. in diesem Falle, für die Erhaltung der Gesundheit Sorge zu tragen): denn auch dazu sind wir geboren". Aus dem letzten Satz sowie aus dem Zusammenhang und der ganzen Anschauung Epictets geht klar hervor, dass der Mensch für seine Gesundheit sorgen soll nicht wegen des wahrscheinlichen Vorteils, den er davon hat, sondern weil er dies, sofern nicht besondere Umstände vorliegen, als eine Forderung der Vernunft, als ein Gebot Gottes erkennt. Nicht die Erwartung eines wahrscheinlichen Vorteils bildet für den Stoiker das Motiv zur Sorge um die Gesundheit, sondern die ganz sichere Erkenntnis, dass die Gesundheit an sich, salva virtute, d. h. sofern nicht ausserordentliche Rücksichten ins Spiel kommen, naturgemässer als die Krankheit und deshalb ihr vorzuziehen ist (αἱρετώτερον, I, 2, 5). Um den äusseren Erfolg (die ὕλη) seines pflichtmässigen Handelns ist's dem Stoiker, wie Epictet unzähligemal sagt, gar nicht zu thun, eben deshalb, weil derselbe ein unsicherer ist, das Glück aber gerade darin besteht, dass man stets erreicht, was man will. Das geschieht dann, wenn man nur in dem richtigen Wollen und Handeln selbst, nicht aber in irgendwelchem äusseren Erfolg das höchste Ziel erkennt. Da nun aber auch die vernünftige Wahl des Naturgemässen im niederen Sinn, d. h. der Proegmena, zu den Pflichten des Weisen gehört, so ist derselbe auch in diesem Fall seines Erfolges stets sicher, da eben das richtige Wollen und Handeln selbst sein einziger Zweck ist. Wenn also der Stoiker unter regulären Verhältnissen für seine Gesundheit sorgt, so bringt ihm dies nicht bloss einen wahrscheinlichen Vorteil, sondern ein ganz sicheres Gut, dasselbe, das in jeder vernunftgemässen Handlung unmittelbar enthalten ist. Dass sich Epictet hiemit ganz in Uebereinstimmung mit der Lehre seiner Schule befand, ersehen wir aus Stob. ecl. II, 86: παραμετρεῖσθαι δὲ τὸ μέσον καθῆκον ἀδιαφόροις τισί, ἐκλεγομένοις δὲ παρὰ φύσιν καὶ κατὰ φύσιν, τοιαύτην δ' εὐθηνίαν [1]) προςφερομένοις, ὥστ' εἰ μὴ λαμβάνοιμεν αὐτὰ ἢ διωθοίμεθα ἀπεριστάτως μὴ ἂν εὐδαιμονεῖν. Das καθῆκον bezieht sich somit allerdings auf Adiaphora, aber deren Wahl oder Nichtwahl ist keineswegs gleichgiltig, sondern ein integrierender Bestandteil des tugendhaften Verhaltens und damit des Glückes: wer ohne besonderen Grund (ἀπεριστάτως) das sich ihm darbietende Proegmenon verschmäht oder das drohende Apoproegmenon nicht abwendet, der handelt unvernünftig, folglich seinem wahren Glück zuwider.

Am meisten scheint für Hirzels Wahrscheinlichkeitstheorie die Stelle Sen. ben. IV, 33 zu sprechen, in welcher er denn auch geradezu eine Erläuterung der fraglichen Definition des καθῆκον erblickt (II, 54). Veranlasst durch die Frage, ob man einem, von dem man nicht wisse, ob er sich dankbar zeigen werde, Wohlthaten erweisen solle, führt Seneca aus, dass wir bei allen officia uns von der Wahrscheinlichkeit leiten lassen, da wir nicht wissen können, ob unsere Handlungen von äusserem Erfolg begleitet sein werden. Wir würden jedoch den Seneca ganz falsch verstehen, wenn wir meinten, er habe die Wahrscheinlichkeit des äussern Erfolges als das eigentliche Motiv des betreffenden Handelns betrachtet. Das Motiv des Wohlthuns ist ja nach Senecas Meinung keineswegs die erhoffte Dankbarkeit des Empfängers, sondern der innere Trieb der menschlichen

---

[1]) Wachsmut scheint mir das Richtige getroffen zu haben, wenn er das unverständliche εὐθηνίαν in εὐφυίαν korrigiert. Diese Vermutung wird besonders auch durch den dem Epictet geläufigen und schon von Chrysipp angewendeten Begriff τὰ πρὸς ἐκλογὴν εὐφυέστερα gestützt (II, 10, 6. II, 6, 9).

Natur, die Stimme der Vernunft oder des Gewissens. Die voraussichtliche Dankbarkeit des Empfängers bildet nur die Bedingung, unter der das Wohlthun überhaupt als ein vernünftiges angesehen werden kann: denn einem grundsätzlich Undankbaren kann man nach Seneca gar keine Wohlthat erweisen, bezw. die Wohlthat wäre für ihn eher, wenn dies überhaupt möglich wäre, ein Schaden als ein Nutzen. Das Gleiche gilt nun von allen sogenannten pflichtmässigen Handlungen überhaupt. Die Wahrscheinlichkeit des Erfolgs bildet nicht das Motiv, sondern nur die Bedingung, unter welcher das Handeln allein als vernunft- und pflichtgemäss betrachtet werden kann. Wenn der Stoiker eine Seereise unternimmt um irgendwelcher äussern Zwecke willen, so ist es für ihn ein Gebot der Vernunft, alle diejenigen Massregeln zu treffen, welche ein Gelingen der Reise wahrscheinlich machen. Hat er hierin alle Sorgfalt angewendet, so ist beim Antritt der Reise deren moralischer Zweck bereits erfüllt: er sieht dem Verlauf derselben ruhig entgegen und hat den Zweck seiner Reise keineswegs verfehlt, wenn er auch Schiffbruch leidet und dabei untergeht: denn der oberste Zweck alles Handelns ist eben die Vernünftigkeit des Handelns selbst. Seneca will also nicht sagen: wir thun die officia, weil der äussere Erfolg wahrscheinlich ist, sondern: wir thun die officia, sofern nur der äussere Erfolg wahrscheinlich ist, trotzdem, dass er möglicherweise ausbleibt, weil es die Vernunft und die sittliche Selbstbehauptung fordert, in diesen Dingen das Wahrscheinlichere (εὐφυέστερα) zu wählen. Der Wert dieses pflichtmässigen Handelns liegt in ihm selber und ist vom äussern Erfolg gänzlich unabhängig. Dies spricht Seneca ben. VI, 11 ebenso deutlich als kurz aus mit den Worten: voluntas est, quae apud nos ponit officium. Man beachte das apud nos, woran man sieht, dass Seneca hier im Namen seiner Schule spricht, wie er denn auch unmittelbar zuvor diesen Grundsatz durch ein Urteil des Kleanthes illustriert hat, der den Knaben, welcher den Plato trotz eifrigen Suchens nicht gefunden hatte, belobt, dagegen den, welcher ihn, ohne zu suchen, durch einen glücklichen Zufall gefunden, tadelt. Fast noch schärfer spricht Seneca diesen Gedanken, dass das pflichtmässige Handeln seinen Lohn in sich selbst habe, in ben. IV, 12, 5 aus. Beim Wohlthun soll man nicht fragen: was wird mir dafür? Wie es das officium der Sonne ist, überall Licht und Heil zu spenden ohne Belohnung, so ist es des Mannes Pflicht, unter anderem auch wohlzuthun: quare ergo dat? ne non det, ne occasionem benefaciendi perdat. Dies ist aber ein allgemeiner Grundsatz der stoischen Ethik, wie wir namentlich aus Ciceros Schrift de finibus ersehen. Hier wird der Unterschied der stoischen und epikureischen Ethik treffend darein gesetzt, dass, während der Epikureer bei allem die Lust als Lohn verlange, der Stoiker im pflichtmässigen Handeln selbst seinen Lohn suche und finde: id enim volumus, id contendimus, ut officii fructus sit ipsum officium (II, 72. vergl. leg. I, 48 u. o. omne honestum sua sponte est expetendum). Hier wird das sittliche Handeln mit dem Werfen nach einem Ziel verglichen und ausdrücklich gelehrt, dass nicht das Treffen des Ziels, d. h. die Erlangung der πρῶτα κατὰ φύσιν, auf welche ja die mittleren Stoiker einseitigerweise alles tugendhafte Handeln bezogen haben, sondern das richtige, kunstgerechte Werfen das höchste Gut sei (III, 22. 39). Im selben Sinne ruft Epictet aus: δότε μοι ἕνα ᾧ μέλει πῶς τι ποιήσει; ὃς ἐπιστρέφεται οὐ τοῦ τυχεῖν τινος ἀλλὰ τῆς ἐνεργείας τῆς αὐτοῦ; (II, 16, 15. vergl. III, 24, 50).

Aus alledem ist ersichtlich, dass Hirzel, wenn er die Erfüllung der καθήκοντα auf die blosse Wahrscheinlichkeit, statt auf ein sicheres Wissen gegründet sein lässt, eine ganz fremdartige Anschauung in die stoische Lehre eingetragen hat. Dass insbesondere der Unterschied des καθῆκον und des κατόρθωμα sich keineswegs auf den Gegensatz des Handelns nach Wahrscheinlichkeit zu dem Handeln auf Grund des Wissens zurückführen lässt, zeigt eben die Seneca-Stelle, von der wir ausgingen. Das Wohlthun wird nämlich dort auf dieselbe Linie gestellt mit denjenigen Handlungen, die gewöhnlich als καθήκοντα im engeren Sinn, als μέσα καθήκοντα bezeichnet werden (militare, navigare, uxorem ducere, liberos tollere etc.). Nun haben aber die Stoiker merkwürdigerweise die Uebung der Wohlthätigkeit nicht zu den καθήκοντα, sondern zu den κατορθώματα oder κατορθώσεις gerechnet (ecl. II, 96 φρονεῖν... χαίρειν εὐεργετεῖν etc. st. rep. 19 Chrysipp: χαρὰ εὐεργεσία und andere κατορθώσεις). Will also Hirzel die Ansicht, die Seneca an fraglicher Stelle ausspricht, als Beweis für seine Auffassung des καθῆκον gebrauchen, so muss er auch das mit in den Kauf nehmen, dass Seneca ein notorisches κατόρθωμα, nämlich das εὐεργετεῖν, ganz ebenso auf die blosse Wahrscheinlichkeit gründet wie die sogenannten καθήκοντα. Somit kann, selbst wenn es richtig wäre, dass Seneca die καθήκοντα auf die Wahrscheinlichkeit gründet, der Unterschied zwischen dem καθῆκον und κατόρθωμα jedenfalls nicht hierin bestehen.

Wie nun hier die Vollbringung eines κατόρθωμα in gewissem Sinne auf die Wahrscheinlichkeit gegründet wird, so fehlt es andrerseits nicht an Stellen, wo die Erfüllung des officium oder καθῆκον ausdrücklich auf ein festes, sicheres Wissen zurückgeführt wird. In Ciceros acad. II verteidigt Lucullus bezw. Antiochus, der hierin ganz auf Seiten der Stoiker steht, gegenüber der Skepsis die Möglichkeit einer sicheren Erkenntnis. Ganz besonders macht er geltend, dass die Thatsache des tugendhaften Handelns ohne Annahme einer wirklichen, giltigen Erkenntnis gar nicht zu begreifen wäre: „der edle Mann, der entschlossen ist, lieber alle Qualen zu erdulden, als seine Pflicht zu verletzen oder die Treue zu brechen (aut officium prodat aut fidem), warum sollte er sich so schwere Gesetze auferlegen, wenn er gar keine gewisse Erkenntnis davon hätte, warum er so handeln muss?" (ac. II, 23). Hier wird also geradezu behauptet, dass der Mensch ohne festes, sicheres Wissen seine Pflichten gar nicht erfüllen kann.

Man wird nun freilich sofort einwenden, dass an dieser Stelle augenscheinlich nur die Pflichterfüllung im höheren Sinn, also das κατόρθωμα, gemeint sei, worauf schon der Umstand hinweise, dass Cicero hier von der virtus rede und speziell den vir bonus (den wir einstweilen als sapiens ansehen wollen) im Auge habe. Wir können dies zunächst zugeben, müssen aber um so mehr darauf bestehen, dass, wenn das officium auch eine tugendhafte Handlung, also ein κατόρθωμα, bezeichnen kann, unmöglich der Begriff officium oder καθῆκον selbst einen Gegensatz zu dem wahrhaft tugendhaften, auf festes Wissen gegründeten Handeln enthalten kann.

Es kann übrigens dem Leser nicht verborgen geblieben sein, dass schon in den seither aus Cicero und Seneca angeführten Stellen der Begriff des officium in einer Weise gebraucht ist, dass eigentlich ein höheres sittliches Handeln nicht denkbar ist, bezw. dass eine Unterscheidung von officium und κατόρθωμα nicht vorzuliegen scheint. So namentlich in fin. II, 72: denn wenn das officium selbst der Lohn des officium ist, so muss es als ein wirkliches Gut betrachtet werden, ist also mit virtus oder κατόρθωμα identisch. Dasselbe gilt von Senecas Ausspruch: voluntas — ponit officium (ben. IV, 11); denn hiemit ist das officium gekennzeichnet als eine aus dem richtigen Wollen, aus der guten Gesinnung hervorgehende Handlung, als eine Bethätigung des wahrhaft sittlichen Wollens, folglich als κατόρθωμα. Ebenso ist in ben. IV, 12, 5 das Wohlthun, das, wie erwähnt, von den Stoikern zu den κατορθώματα gerechnet wurde, als viri officium bezeichnet. Es drängt sich also von allen Seiten die Frage auf, ob denn überhaupt, wenigstens in der späteren Stoa, zwischen καθῆκον und κατόρθωμα ein wesentlicher Gegensatz stattfindet.

2. καθῆκον und Legalität.

Nachdem sich die Ansicht Hirzels, welcher den Gegensatz zu einem erkenntnistheoretischen macht, als unhaltbar erwiesen hat, haben wir die Ansicht Zellers zu prüfen, der in den beiden Begriffen teils den Unterschied der unbedingten und bedingten Pflichten, teils den der Moralität und Legalität ausgedrückt findet (III, 1, 266). Was nun zunächst das letztere anbetrifft, so ist dies, wie wir sehen werden, nur in sehr beschränktem Masse richtig. De ira II, 28, 2 macht Seneca einen deutlichen Unterschied zwischen Legalität und Moralität, aber gerade die Moralität wird dort durch den Begriff officium repräsentiert (quam angusta innocentia est ad legem bonum esse? quanto latius officiorum patet quam iuris regula? quam multa pietas, humanitas, liberalitas, iustitia, fides exigunt, quae omnia extra publicas tabulas sunt?). Der Zusammenhang zeigt deutlich, dass Seneca die Erfüllung der officia hier so aufgefasst hat, dass mit derselben die volle und wahre Sittlichkeit gegeben ist; denn eine weitere Klimax officium — κατόρθωμα (recte factum) findet nicht statt. Dagegen an einer anderen Stelle schildert Seneca die Weltmenschen, die in geschäftiger Hast ihren „Pflichten" obliegen, als Thoren, die nie zum wahren Lebensgenuss kommen, und stellt ihnen die Weisen gegenüber, die den wahren Pflichten sich widmen (in veris officiis morantur), indem sie der Philosophie leben und durch dieselbe zur echten Humanität und zum wahren Glück gelangen (brev. v. 14, 2 etc.). Hier werden also deutlich die wahren Pflichten von den vermeintlichen oder gewöhnlichen Pflichten unterschieden, und die letzteren repräsentieren so ziemlich das, was man Legalität nennt. Noch deutlicher ist dies der Fall bei Epictet, der in II, 14, 18 einen vornehmen Römer also anredet: „Du bist zu mir gekommen als einer, dem nichts mangelt. Was solltest du auch meinen, dass dir fehle? Du bist reich, hast wohl auch Kinder, ein Weib und eine Menge Sclaven. Der Kaiser kennt dich; du hast in Rom viele Freunde, erfüllst die Pflichten (τὰ καθήκοντα ἀποδιδῶς), verstehst es, Gutes mit Gutem und Böses mit Bösem zu vergelten. Was fehlt dir also? Wenn ich dir nun zeige, dass dir gerade das fehlt, was zum Glück am nötigsten und wichtigsten ist, und dass du bis daher um alles mehr als um das Gehörige (τῶν προςηκόντων) dich gekümmert hast, dass du, mit einem Wort, weder weisst, was Gott ist, noch was der Mensch, noch was gut und schlecht — so wirst du voll Unmuts von dannen gehen." Hier ist das Wort καθῆκον offenbar im gewöhnlichen Sinne gebraucht und bedeutet die Legalität oder die weltliche Klugheitsmoral, die in den Augen Epictets eigentlich gar keine Moral ist. Denn dies geht aus dem Zusammenhang und namentlich aus dem Schluss des Abschnitts deutlich hervor, wo Epictet dem Manne zuruft: „Deine Begierden sind entzündet, deine Strebungen sind nicht im Einklang mit der Natur". Mit Unrecht schliesst Hirzel aus dieser Stelle, das καθῆκον bedeute bei Epictet die mittleren oder niederen, προςῆκον dagegen die höheren Pflichten (II, 405). Dies ist schon deshalb unrichtig, weil προςῆκον bei Epictet wie bei der Stoa gar kein terminus technicus ist. Wenn Epictet hier, wo er das Wort καθήκοντα im populären Sinne gebraucht, die wirklichen Pflichten mit προςήκοντα bezeichnet, so ist dies sehr erklärlich, obwohl er auch wie Seneca diesen vermeintlichen καθήκοντα die wahren (vera officia) hätte gegenüberstellen können und die Antithese hiedurch an Schärfe gewonnen hätte. In Wahrheit gebraucht Epictet das Wort προςῆκον, das übrigens selten vorkommt, ganz gleichbedeutend mit καθῆκον (vergl. I, 7, 1 mit I, 8, 3, und III, 22, 77, wo es ebensogut παρὰ τὸ καθῆκον heissen könnte), wie auch die Ausdrücke τὸ πρέπον und τὸ κατάλληλον (IV, 4, 16 τὰ ἔργα ἀποδιδόναι τὰ κατάλληλα = τὰ καθήκοντα ποιεῖν).

Die besprochene Stelle ist nun aber merkwürdigerweise die einzige bei Epictet, wo das καθῆκον die blosse Legalität oder Klugheitsmoral bezeichnet oder überhaupt einen Gegensatz zur Moralität bildet. Ueberall sonst versteht Epictet unter dem καθῆκον das wahrhaft Pflichtgemässe, das echt Sittliche, das zum κατόρθωμα keinen Gegensatz bildet, sondern jedenfalls materiell mit ihm identisch ist. Der Ausdruck κατόρθωμα kommt nur einmal vor, nämlich II, 26, 5, wo Epictet den Gedanken ausführt, dass der Sünder eigentlich nicht thut, was er will: er will nämlich nicht sündigen, sondern recht thun (κατορθοῦν), und thut folglich das Böse in der Meinung, ein κατόρθωμα zu vollbringen. Dass dieser Ausdruck im alten stoischen Sinne zu verstehen ist, geht daraus hervor, dass auch bei Epictet wie bei der Stoa das ἁμάρτημα den konträren Gegensatz zum κατόρθωμα bildet (vergl. I, 28, 20 κατορθοῦν ἢ ἁμαρτάνειν), wobei jedoch nicht nachdrücklich genug betont werden kann, dass die Begriffe κατόρθωμα und ἁμάρτημα (wie auch ἀγαθόν und κακόν) keine ausschliesslich moralischen Begriffe sind, sondern stets jene für die antike Philosophie charakteristische Vermengung des Sittlichen und Natürlichen an sich tragen. So bedeutet denn bei Epictet das Wort κατορθοῦν sowohl das sittliche Rechtverhalten (I, 17, 14; vergl. II, 23, 28) oder die brave That (I, 27, 7) als auch das rein äusserliche Prosperieren (III, 9, 2, wo es sich um die Gewinnung eines Prozesses handelt) im Gegensatz zum Misslingen (ἀποτυγχάνειν). Vergleichen wir nun aber obige Stelle (II, 26, 5) mit En. 42, wo ganz derselbe Gedanke ausgesprochen wird (ὅταν τίς σε κακῶς τι ποιῇ — μέμνησο ὅτι καθήκειν αὐτῷ οἰόμενος ποιεῖ), so ergiebt sich, dass Epictet die Begriffe καθῆκον und κατόρθωμα promiscue gebraucht, jedenfalls dieselben nicht als wesentlich verschieden oder gar als Gegensätze behandelt. Dasselbe zeigt auch eine Vergleichung von I, 7, 1 etc. und II, 3, 4: die κατορθοῦντες ἐν τοῖς συλλογισμοῖς sind augenscheinlich dieselben, welche in der Logik τὴν διέξοδον καὶ ἀναστροφὴν καθήκουσαν beobachten.

3. Das καθῆκον bei Epictet.

Was nun schon aus dieser Thatsache des synonymen Gebrauchs der Begriffe κατόρθωμα und καθῆκον deutlich erhellt, nämlich dass das Wort καθῆκον an sich, ausser wenn es im populären Sinn gebraucht wird, niemals bei Epictet etwas sittlich Minderwertiges, sozusagen eine Sittlichkeit zweiten Ranges bezeichnet, das bestätigt sich durchweg, wenn wir nun die Bedeutung des καθῆκον bei Epictet genauer untersuchen. Die philosophische Bildung verläuft bekanntlich nach Epictet in drei Stufen (τόποι), deren zweite es mit der ὁρμή oder dem καθῆκον zu thun hat. Auf der zweiten Stufe soll der Mensch das naturgemässe Wollen und Handeln oder die richtige Pflichterfüllung lernen. Bedenken wir nun, dass auf der ersten Stufe schon die Aneignung der richtigen Lebensauffassung erfolgen soll, dass hier schon eine gründliche Bekehrung, die völlige Losreissung des Herzens von allem selbstischen Wünschen und Begehren gefordert wird, so liegt es auf der Hand, dass Epictet mit der Beobachtung des καθῆκον eine Pflichterfüllung im idealsten Sinne verlangt. Dies ist denn auch in der That der Fall. Es ist einer der wichtigsten und grossartigsten Gedanken Epictets, den er oft genug ausführt, dass auch die gewöhnlichsten und allgemein anerkannten Pflichten ohne philosophische Bildung, d. h. ohne eine echt sittliche, ideale Lebensanschauung nicht erfüllt werden können. Die Verehrung der Götter ist nach Epictet nur dem möglich, der die richtige Ansicht von den Gütern und Uebeln hat, d. h. der weiss, dass das Glück lediglich im Innern des Menschen liegt und von allen äusseren Schicksalen unabhängig ist (I, 22, 15 etc.). So wenig gilt ihm die blosse Legalität, die äusserliche Gottesverehrung, dass er dieselbe ohne die rechte innere Gesinnung für durchaus wertlos und widerspruchsvoll erklärt: der nicht philosophisch Gebildete, der sein Glück im Aeusseren sucht, muss folgerichtig Gott hassen, und es ist widersinnig, wenn er den Göttern Tempel baut und Bildsäulen errichtet; nur der Philosoph kann das καθῆκον gegen die Götter wahren. Ebenso ist's mit den Pietätspflichten, mit dem καθῆκον gegen Eltern, Geschwister u. s. w., es kann bloss dann wahrhaft erfüllt werden, wenn alles selbstische Wollen überwunden ist; andernfalls wird das selbstische Interesse stets das Pflichtgefühl besiegen und die (vermeintliche) Liebe in Hass verkehren (II, 22, 9). Auch die elterliche Liebe kann nur durch philosophische Bildung vor Verirrungen bewahrt bleiben; denn nur der Philosoph weiss die Liebe mit der Vernunft in Einklang zu bringen und beiden gleichermassen gerecht zu werden: das φιλόστοργον und das εὐλόγιστον sind beide naturgemäss, können daher, richtig verstanden, nie in Widerstreit geraten (I, 11)[1]. Ja Epictet leugnet

---

[1] Diese Ausführung beweist zugleich aufs schlagendste, dass für Epictet das εὔλογον oder εὐλόγιστον keineswegs, wie Hirzel meint, das Wahrscheinliche oder

nicht nur, dass der nicht Gebildete die καθήκοντα gegen Götter, Eltern etc. erfüllen könne, sondern er behauptet sogar, dass man ohne philosophische Bildung diese καθήκοντα gar nicht kenne. Der Tyrann kann nicht darüber urteilen, ob einer sich der Asebie schuldig gemacht hat oder nicht: „denn, woher weiss er, was εὐσεβές und ἀσεβές ist? hat er sich damit abgegeben? von wem hat er's gelernt? er weiss so wenig davon, wie der musikalisch Ungebildete von der Musik oder der Laie in der Geometrie von der Kreislehre (I, 29, 52)" [1]). Wohl liegen die Keime dieser sittlichen Begriffe von Natur in jedem Menschen, aber ohne denkende Verarbeitung und Entwicklung (II, 20, 21 προςφιλοτεχνεῖν) gelangt man nicht zu einer klaren und sicheren Erkenntnis ihres Wesens, ihres Inhalts und Umfangs. Die καθήκοντα ergeben sich nur aus der Erkenntnis der wahren Bedeutung der σχέσεις (IV, 12, 16. En. 30): aber diese wahre Bedeutung der ὀνόματα, der Begriffe Gott, Vater, Bruder etc. enthüllt sich nur dem σχολαστικός, dem ernsten und eifrigen Jünger der Philosophie (I, 11, 39. I, 17, 12). Und zwar ist, wie bereits bemerkt, das Studium der σχέσεις oder καθήκοντα die Sache des zweiten Topos, nachdem man bereits die ἀπάθεια und ἀταραξία sich angeeignet hat. So lässt denn Epictet einmal einen Jüngling, der nach seinem Herzen ist und mit dem rechten Ernste ans Studium der Philosophie herantritt, folgendermassen sprechen: ich möchte frei sein von Leidenschaft und Furcht (ἀπαθής καὶ ἀτάραχος), aber auch als frommer, philosophischer und gewissenhafter (ἐπιμελής) Mensch wissen τί μοι πρὸς θεούς ἐστι καθῆκον, τί πρὸς γονεῖς — ἀδελφούς — πατρίδα — ξένους (II, 17, 31).

Wenn also schon zur richtigen Erkenntnis und Uebung der allgemein giltigen καθήκοντα die philosophische Bildung unerlässlich ist, so gilt dies in noch höherem Grade für diejenigen Pflichten, die dem gewöhnlichen sittlichen Bewusstsein ferner liegen oder ganz fremd sind, d. h. für die Pflichten der Nächstenliebe im weitesten und höchsten Sinn des Wortes, der unbeschränkten Wohlthätigkeit, der nachsichtigen und vergebenden Milde, der Sanftmütigkeit und Versöhnlichkeit gegen Beleidiger, der Feindesliebe [2]). Diese Pflichten können ihrer Natur nach bloss von Menschen mit reinem Herzen und selbstloser Gesinnung erfüllt werden. Es ist deshalb ganz bezeichnend, dass die Stoiker die Wohlthätigkeit nicht unter die καθήκοντα (d. h. unter die μέσα καθήκοντα), sondern unter die κατορθώματα gerechnet haben, sie hatten offenbar das ganz richtige Gefühl, dass zur Uebung der Wohlthätigkeit der Besitz der wahren Tugend, der echt sittlichen Gesinnung er-

---

überhaupt etwas intellektuell Minderwertiges, sondern das Vernunftgemässe im vollen und höchsten Sinn bedeutet.

[1]) Dass übrigens Epictet hiemit die Macht des natürlichen sittlichen Bewusstseins bedeutend unterschätzt, liegt auf der Hand. Er widerspricht sich damit auch selbst. Denn er weiss sonst gar wohl zu unterscheiden zwischen den moralischen und praktischen Begriffen, die der Mensch wenigstens in primitiver Weise von Natur inne hat, und den eigentlich wissenschaftlichen Begriffen, die erst durch Unterricht angeeignet werden (II, 11, 2 etc.). Somit kann, nach Epictets eigenen Grundsätzen, der Tyrann und jeder beliebige Mensch über das εὐσεβές und ἀσεβές immerhin mit erheblich grösserem Rechte urteilen, als ein ἄμουσος über Rechteck und Dreieck und andere wissenschaftliche Dinge.

[2]) IV, 5, 10 πότε γὰρ ἔμαθεν — ὅτι ἥμερόν ἐστι ζῷον, ὅτι φιλάλληλον, ὅτι μεγάλη βλάβη τῷ ἀδικοῦντι αὐτὴ ἡ ἀδικία;

forderlich ist. Die Wohlthätigkeit gegen Freunde, die auf Gegenleistungen wartet, oder überhaupt die Wohlthätigkeit im konventionellen Sinne, die schliesslich doch nur in egoistischer Absicht geübt wird, rechnet auch Epictet zu den populären καθήκοντα, die auch der Weltmensch erfüllen kann. Diese Wohlthätigkeit hat aber in seinen Augen gar keinen sittlichen Wert und verdient den Namen gar nicht, da sie mit der Rachsucht gegen Feinde und Beleidiger wohl zusammenbestehen kann (II, 14, 18 τὰ καθήκοντα ἀποδίδως, οἶδας τὸν εὖ ποιοῦντα ἀντευποιῆσαι καὶ τὸν κακῶς ποιοῦντα κακῶς ποιῆσαι; vergl. Lucas 6, 31 καὶ οἱ ἁμαρτωλοὶ τοὺς ἀγαπῶντας αὐτοὺς ἀγαπῶσιν). Auch diese höchsten Pflichten der Nächstenliebe rechnet Epictet zu den καθήκοντα, wie aus der Stelle IV, 10, 12 etc. deutlich hervorgeht. Denn das ἔργον ἀνθρωπικὸν εὐεργετικὸν κοινωφελὲς γενναῖον, in dessen Ausübung er am liebsten vom Tode betroffen werden möchte, fällt noch in den Bereich des zweiten Topos, also des καθῆκον. Epictet macht dabei allerdings einen gewissen Unterschied unter den καθήκοντα hinsichtlich ihres sittlichen Wertes, indem er der That uneigennütziger Aufopferung für das Gesamtwohl, bei welcher auch jeder Schein eines egoistischen Motivs ausgeschlossen ist, den Vorzug giebt vor der Erfüllung der καθήκοντα im engeren Sinn (ταῖς σχέσεσι τὰ ἴδια ἀποδιδόναι). Es wird jedoch kaum nötig sein zu bemerken, dass Epictet auch für das letztere, falls es von sittlichem Wert sein soll, eine lautere, selbstlose Gesinnung voraussetzt, sowie dass er auch die κατ' ἐξοχὴν „menschliche" That im letzten Grunde aus der richtigen Erfassung der σχέσεις (gegen Vaterland und Menschheit) herleitet, dass ihm also nichts ferner liegt, als die Wahrung der σχέσεις als blosse Legalität oder überhaupt als sittliche Bethätigung zweiten Rangs zu beurteilen. So stellt er auch an einer anderen Stelle die selbstlose Aufopferung für einen Freund als ein καθῆκον dar, welches dem Menschen der innere Mantis, der ihn über das Wesen des Guten und Schlechten belehrt, nahelegt (II, 7, 3) —, wiederum eine schlagende Widerlegung der Behauptung Hirzels, dass Epictet die καθήκοντα auf die blosse Wahrscheinlichkeit gründe. Denn was kann gewisser sein, als die Stimme des inneren Mantis, das Gebot der praktischen Vernunft? Dagegen könnte man an der Stelle das auffällend finden, dass Epictet hier, wie es scheint, die Kenntnis selbst der höchsten Pflichten aus dem unmittelbaren, natürlichen sittlichen Gefühl herleitet. Inwieweit dies richtig ist, wurde in dem Abschnitt über die sittliche Anlage ausgeführt. Im ganzen jedoch ist, wie aus den besprochenen Stellen und der Gesamtanschauung Epictets hervorgeht, seine Meinung eben die, dass der Mensch daran gewöhnt werden muss, die Stimme des inneren Mantis zu vernehmen, und dass dies eben der Zweck der Philosophie ist.

Eine Klasse von Handlungen, die auch unter den Begriff des καθῆκον fallen, ist bis jetzt noch nicht berührt worden. Es sind dies diejenigen Handlungen, die nach unseren Begriffen keinen spezifisch sittlichen Charakter tragen, sondern dem Anschein nach lediglich egoistischen Klugheitsrücksichten entspringen und die Förderung des rein natürlichen Lebenszwecks und der äusseren Wohlfahrt im Auge haben. Diese Art von καθήκοντα, also z. B. die Pflicht des Erwerbs, hat offenbar Zeller gemeint, wenn er es für den bedenklichsten Mangel der stoischen Lehre vom καθῆκον erklärt, dass hier Dinge von sehr verschiedenem sittlichen Charakter unter dem Begriff der Pflicht zusammengefasst werden. „Wurde einmal dasjenige, was bloss bedingten Wert hat, in den Kreis des pflichtmässigen Handelns mit aufgenommen, so konnte wohl keine Distinktion der Schule verhindern, dass demselben in der praktischen Anwendung der stoischen Lehre nicht selten eine Berechtigung zuerkannt wurde, auf die es bei der strengen Verfolgung der sonst geltend gemachten Grundsätze keinen Anspruch hatte" (III, 1, 266 etc.). Zeller hat hiemit treffend diejenige Seite der stoischen Lehre vom καθῆκον bezeichnet, die uns am meisten auffallen und am fremdartigsten berühren muss. Aber der Vorwurf, den er damit gegen die stoische Lehre erhebt, lässt die Thatsache unberücksichtigt, dass die Stoiker mit dem Wort καθῆκον keineswegs dasselbe bezeichnen wollten, was wir Pflicht nennen. Wir denken, wenn wir von Pflicht reden, unwillkürlich an einen Gegensatz zu denjenigen Handlungen, welche die Befriedigung der natürlichen Neigungen und egoistischen Interessen zum Zwecke haben. Aber das ist eben die nicht genug zu betonende Eigentümlichkeit der stoischen Ethik, dass sie zwischen diesen auf das eigene natürliche Wohlsein gerichteten Handlungen und den spezifisch sittlichen, dem Wohle anderer dienenden Handlungen keinen prinzipiellen Unterschied statuiert. Die Stoa kennt, wie besonders auch von Ziegler hervorgehoben worden ist, den imperativischen Pflichtbegriff nicht, sie weiss von keinem Gegensatz zwischen Pflicht und Neigung, sondern es ist ihr alles, was überhaupt der Vernunft und der richtig erkannten Menschennatur gemäss ist, gleich sittlich, mag es nun dem Anschein nach dem gewöhnlichsten Egoismus entspringen oder die höchste Selbstlosigkeit und Selbstverleugnung darstellen. Die Handlungen ersterer Art betrachtet sie eben nicht als Handlungen eines niederen Egoismus, sondern als Handlungen der vernunftgemässen Selbstbethätigung; die Handlungen der letzteren Art dagegen sind ihr auch schliesslich nichts anderes als egoistische im höchsten Sinn des Wortes. Dass die Idealität der ethischen Anschauung durch die Einreihung der dem äusseren Vorteil dienenden Handlungen in den Kreis des pflichtmässigen Handelns durchaus keine Beeinträchtigung erleidet, sehen wir zunächst deutlich an Epictet. Klassisch ist hiefür die Stelle IV, 4, 41 etc., wo er sagt: wenn ich von einem höre, dass er Tag und Nacht eifrig arbeitet, so kann ich ihn darum allein noch nicht fleissig (φιλόπονος) nennen, solange ich seinen leitenden Zweck (τὴν ἀναφοράν) nicht kenne; sondern wenn er es des Ruhmes halber thut, so nenne ich ihn ruhmsüchtig, wenn des Geldes halber, habgierig, wenn aus blosser gelehrter Liebhaberei (δι' ἐπιθυμίαν λόγου), einen φιλόλογος. Erst dann nenne ich ihn fleissig, wenn ich sehe, dass er arbeitet, um sein ἡγεμονικόν naturgemäss zu bewahren, d. h. um seiner geistigen Selbstbehauptung willen. Hiemit ist doch deutlich genug ausgesprochen, dass alles Handeln, auch wenn es scheinbar nur äusseren und natürlichen Zwecken dient, doch nur dann sittlich wertvoll und pflichtgemäss ist, wenn der Mensch dabei nicht den äusseren Vorteil als einzigen oder höchsten Zweck verfolgt, sondern die vernunftgemässe Thätigkeit als solche. Die ἐκλογή τῶν κατὰ φύσιν, d. h. die verständige und sorgfältige Benutzung aller rechtmässigen Mittel zur Erhaltung des Lebens und der Gesundheit, zum Erwerb äusserer Güter u. dergl., gehört so gut wie das tugendhafte Handeln im engeren Sinne zur sittlichen Lebensaufgabe des Menschen und hat vollen sittlichen Wert, sobald sie nicht um des äusseren Vorteils willen, sondern in dem Gedanken, dass die Vernunft dieses Handeln gebietet, geübt wird (II, 10, 6). Jede scheinbar noch so unwichtige Handlung, wie z. B. das περιπατεῖν, wird sittlich wertvoll dadurch, dass man sie nicht, weil's einen gerade gelüstet, aus irgend welcher Laune oder auf bloss sinnlichen Antrieb hin, sondern in der Erkenntnis vollbringt, dass sie zur gegebenen Zeit das einzig Vernünftige ist. Jeder Entschluss, den man fasst, und bezöge er sich auch auf noch so geringfügige Dinge, ist sittlich, wenn man dabei seine Befriedigung nicht in dem äusseren Gelingen des Gewollten, sondern einzig und allein in dem Bewusstsein, alles Einschlägige vernünftig erwogen zu haben, sucht (II, 16, 15 τίς, περιπατῶν, τῆς ἐνεργείας τῆς αὐτοῦ ἐπιστρέφεται; τίς, βουλευόμενος, αὐτῆς τῆς βουλῆς, οὐχὶ δὲ τοῦ τυχεῖν ἐκείνου περὶ οὗ βουλεύεται;). Man mag über die Richtigkeit dieser Theorie denken, wie man will, aber man wird doch nicht leugnen können, dass es ein grossartiger Gedanke ist, alle Handlungen des Menschen von einem obersten Gesichtspunkt aus zu betrachten und an dem einen Massstab, ob sie aus einer richtigen Erkenntnis des menschlichen Wesens fliessen und die vernunftgemässe Bethätigung des Willens als höchsten Zweck verfolgen, zu messen. Jedenfalls wird man zugeben müssen, dass Epictet das καθῆκον dadurch, dass er auch scheinbar geringfügige oder egoistische Handlungen darunter befasst, nicht in eine inferiore sittliche Sphäre herabgezogen hat.

Fassen wir das Bisherige zusammen, so können wir also drei Arten des καθῆκον bei Epictet unterscheiden.

1. Diejenigen Pflichten, welche in der erlaubten Befriedigung der natürlichen Bedürfnisse und in der verständigen Verfolgung des eigenen Vorteils bestehen. Diese können auch von den Ungebildeten materiell in gleicher Weise beobachtet werden, sind jedoch bei ihnen ohne sittlichen Wert, weil die Beziehung derselben auf den geistig-sittlichen Gesamtzweck (ἵνα τὸ ἡγεμονικὸν κατὰ φύσιν ἔχῃ) fehlt.

2. Die durch Gesetz und Sitte zu allgemeiner Geltung gelangten Pflichten der Legalität (äusserliche Rechtlichkeit, Verehrung der Götter, Uebung der Pietät, Erfüllung der Pflichten gegen den Staat durch Ehe und Familiengründung, Beteiligung am öffentlichen Leben etc.). Diese Pflichten werden im allgemeinen auch von den Ungebildeten in materiell gleicher Weise, aber wie die vorigen ohne die rechte Gesinnung und Zweckbeziehung, nur aus Gewohnheit oder äusseren Rücksichten erfüllt. Dazu kommt nun aber hier noch ein weiterer Unterschied. Der Ungebildete kennt nicht den vollen Inhalt und Umfang dieser Pflichten (z. B. gegen die Eltern, vergl. II, 17, 31 u. En. 30), kann sie deshalb nur oberflächlich und mangelhaft erfüllen: seine Pflichterfüllung steht nicht bloss qualitativ, sondern auch quantitativ hinter derjenigen des Gebildeten zurück. Ueberdies handelt er, soweit er diese Pflichten erfüllt, eigentlich inkonsequent, da seine Lebensanschauung folgerichtig auf die Verwerfung aller Pflichten, z. B. jeglichen Götterkultes, führen würde (I, 22, 15). Jedoch auch wenn er dies nicht thut, weil er der Inkonsequenz seines Handelns sich nicht bewusst ist, so ist doch seine Pflichterfüllung, auch in dem begrenzten Umfang, in dem er sie übt, eine durchaus unzuverlässige und schwankende, welche den vielfachen praktischen und theoretischen Versuchungen gegenüber

nicht stichhält: die Rücksicht auf den eigenen Vorteil (II, 22, 9) oder die Kunst einer frivolen Sophistik wird den Ungebildeten leicht zur Verletzung und Verleugnung aller Pflichten verführen.

3. Pflichten, die dem gewöhnlichen sittlichen Bewusstsein ganz fremd sind, ja sogar widersprechen, wie z. B. die Pflicht der unbegrenzten, uneigennützigen Wohlthätigkeit, des Verzichtes auf Rache und Wiedervergeltung des Bösen, der Feindesliebe. Diese Pflichten sind dem Ungebildeten so sehr fremd, dass er sogar das Gegenteil derselben (z. B. die Rache) in gutem Glauben als ein καθῆκον betrachtet (II, 14, 18). Für den Gebildeten aber sind diese Pflichten nicht wesentlich verschieden von denen der vorigen Art, da er auch zur richtigen und vollen Erfüllung dieser (z. B. der gegen die Eltern) dieselbe ideal selbstlose und leidenschaftsfreie Gesinnung nötig hat, die ihn zur Uebung der Nächstenliebe im weitesten und höchsten Sinn befähigt. Nur deshalb, weil bei diesen letzteren Pflichten jene ideale Gesinnung deutlicher und mächtiger sich offenbart, mögen dieselben noch über die der zweiten Art gestellt werden (IV, 10, 12).

Die gegebene Einteilung der καθήκοντα kommt zwar bei Epictet nicht wörtlich vor, ergiebt sich aber ungezwungen aus seinen mannigfachen Aeusserungen über Wesen und Inhalt des καθῆκον und entspricht ohne Zweifel seiner moralischen Gesamtanschauung. Es findet sich bei Epictet allerdings eine Einteilung der καθήκοντα, die jedoch zweifellos von einem älteren Stoiker stammt, und deren Bedeutung nicht ganz klar ist. In einem Zusammenhang, der von dem προηγούμενον (im Gegensatz zur ὕλη oder οὐσία) handelt, steht, scheinbar ganz unvermittelt, der Satz: οὐκοῦν καὶ καθήκοντα τρισσά · τὰ μὲν πρὸς τὸ εἶναι, τὰ δὲ πρὸς τὸ ποῖα εἶναι · τὰ δ'αὐτὰ τὰ προηγούμενα (III, 7, 25). Im Folgenden wird dann gesagt, dass dürfe man auch beim Menschen nicht die äussere Materie (ὕλη) wertschätzen, sondern nur das eigentliche Wesen (τὰ προηγούμενα). Was sind diese προηγούμενα? πολιτεύεσθαι, γαμεῖν, παιδοποιεῖσθαι, θεὸν σέβειν, γονέων ἐπιμελεῖσθαι, καθόλου ὀρέγεσθαι — ὁρμᾶν — ὡς πεφύκαμεν. Es lässt sich nun nicht leugnen, dass der etwas dunkle Satz über die καθήκοντα den Zusammenhang stört, jedenfalls für die Beweisführung völlig entbehrlich ist und höchstens den Wert einer erläuternden Parenthese beanspruchen kann. Der einzig mögliche Sinn scheint mir der zu sein, dass die erste und zweite Art der καθήκοντα sich auf das Dass und Wie der äusseren Existenz, die dritte auf die geistig-sittliche Existenz bezieht. So hat schon Schweighäuser die Stelle zu erklären versucht, indem er zugleich auf die von selbst zur Vergleichung sich darbietende Stelle Cic. fin. III, 20 hinweist. Hier werden fünf Stufen des καθῆκον unterschieden, das erste ist die Pflicht der äusseren Selbsterhaltung (πρὸς τὸ εἶναι), das zweite die vernünftige Wahl des Naturgemässen resp. die Förderung des eigenen äusseren Wohlseins (πρὸς τὸ ποιὰ εἶναι), das dritte die cum officio selectio. Es ist klar, dass hier der Begriff officium im engeren, spezifisch moralischen Sinne gebraucht ist und dasselbe bedeutet, was Epictet mit dem Ausdruck τὰ προηγούμενα bezeichnet. Die vierte Stufe repräsentiert, wie wir früher sahen, die extensiv vollständige Pflichterfüllung des ἐπ' ἄκρον προκόπτων (Chrysipp nach Stob. flor. IV, 5), die fünfte die intensiv vollkommene, innerlich gewisse und konstante Pflichterfüllung des Weisen. Dass die beiden verglichenen Stellen auf dieselbe Quelle zurückgehen, ist meines Erachtens zweifellos. Ist also der Satz bei Epictet keine Interpolation, so würden die beiden ersten Arten der καθήκοντα etwa unserer ersten entsprechen (Nr. 1 oben), die es eben noch nicht mit dem spezifisch sittlichen, sondern nur mit dem rein natürlichen Lebenszweck zu thun hat, obwohl selbstverständlich der sittlich Gebildete auch diese καθήκοντα in sittlichem Sinne, um des geistigen Gesamtzwecks willen erfüllt. Die dritte Art, die καθήκοντα προηγούμενα, deckt sich, wie die Beispiele zeigen, mit Nr. 2 und weiterhin auch mit Nr. 3. Es kommt übrigens auf die Frage, ob diese Einteilung der καθήκοντα hier an ihrem richtigen Platze steht und wie sie genauer zu erklären ist, nicht so viel an: die Hauptsache, die auch ohne diesen Satz feststeht und namentlich auch durch I, 4, 20 (ἐφ᾽ ἑκάστης ὕλης τὰ προηγούμενα ἐκπονεῖν) bestätigt wird, ist die, dass Epictet auch diejenigen Pflichten, welche allgemein gelten und geübt werden (πολιτεύεσθαι, γαμεῖν etc.), zu den προηγούμενα des Menschen, d. h. zu seiner eigentlichen, höchsten Lebensaufgabe rechnet. Dadurch ist unwiderleglich bewiesen, dass Epictet, weit entfernt, das καθῆκον an sich als etwas sittlich Inferiores zu betrachten, vielmehr auch die vulgären Pflichten den höchsten Pflichten des Weisen als ebenbürtig an die Seite gestellt hat. Die ganze Sittlichkeit besteht ja nach Epictet darin, dass der Mensch seine ὄρεξις, ὁρμή und συγκατάθεσις vernünftig gestaltet. Alle die einzelnen Pflichten, die er hier aufführt, sind nichts anderes als Bethätigungen der naturgemässen ὁρμή. Selbstverständlich sind diese Pflichthandlungen προηγούμενα, d. h. entsprechen in Wahrheit dem höchsten Lebenszweck des Menschen nur dann, wenn sie in der oben geschilderten Weise, d. h. auf Grund der richtigen ὄρεξις — die deshalb natürlich auch zum προηγούμενον gehört —, vollbracht werden. Dass die συγκατάθεσις a. a. O. neben der ὄρεξις und ὁρμή fehlt, kann Zufall sein; falls es Absicht wäre, wird dieselbe im Folgenden ihre Erklärung finden.

Völlig verkehrt wäre es hiernach, wenn man in dem einmal bei Epictet sich vorfindenden Ausdruck ἰδιωτικὰ καθήκοντα (III, 22, 69) die Meinung angedeutet sähe, als ob die Pflichten des gewöhnlichen Mannes an sich von geringerem moralischem Werte wären. Der ἰδιώτης kommt nämlich hier nicht als Gegensatz zum παιδευθείς, sondern nur zum Kyniker, nicht nach seiner ethischen Qualität, sondern nur nach seiner äusseren Berufsstellung und Lebensführung in Betracht. Nur der Kyniker darf, um seine ausserordentliche Mission zu erfüllen, nicht an die gewöhnlichen καθήκοντα gebunden und in familiäre Beziehungen verflochten sein: denn wenn er die hieraus erwachsenden Pflichten vernachlässigt, so verliert er die Qualifikation des Kalokagathos; erfüllt er sie aber, so geht er seines besonderen Berufes, ein Bote und Herold der Götter zu sein, verlustig. Die Ausnahme bestätigt also gerade die Regel und beweist von neuem, dass Epictet auch die gewöhnlichen καθήκοντα als vollwertige sittliche Pflichten aufgefasst hat. Für alle andern Menschen ausser dem Kyniker ist die Eingehung der Ehe ein προηγούμενον, d. h. eine in dem Wesen des Menschen selbst begründete Pflicht, von welcher nur ganz besondere Umstände dispensieren können. Wenn an einer andern Stelle (IV, 5, 6) Epictet ausdrücklich sagt, das Heiraten sei nicht das eigentliche Ziel (προκείμενον) des Kalokagathos, so erklärt sich, wie früher schon bemerkt wurde, dieser scheinbare Widerspruch daraus, dass das Heiraten eine gewisse Sonderstellung unter den καθήκοντα einnimmt, insofern es unter einem doppelten Gesichtspunkt betrachtet werden kann, nämlich als Ausübung einer Pflicht gegen Staat und Gesellschaft sowie als Erlangung eines äusseren Lebensgutes. In letzterem Sinne ist es hier zu verstehen, wie man deutlich aus dem andern Beispiel ersieht: denn das πολιτεύεσθαι ist wohl eine Pflicht, nicht aber das ἄρχειν oder στρατηγεῖν, dies ist vielmehr eine von besonderen Fähigkeiten und äusseren Umständen abhängige Würde, ein äusseres Gut, das selbstverständlich niemals ein allgemeines Ziel des Strebens werden kann. Man versuche einmal an die Stelle des γῆμαι ein anderes καθῆκον zu setzen (etwa θεὸν σέβειν), und man wird sofort erkennen, dass dies nicht in den Zusammenhang passen würde: denn niemals könnte Epictet sagen, die Verehrung Gottes sei kein Ziel des Kalokagathos.

4. καθῆκον und προηγμένον.

Diesen Sachverhalt hat nun aber Hirzel nicht erkannt, indem er durch Berufung auf die ganz ähnliche Stelle En. 15 seine Behauptung zu stützen sucht, dass die Stoiker mit dem Ausdruck καθῆκον das von aussen an den Menschen Herantretende im Gegensatz zu den Pflichten, die in unserem eigensten Wesen, in der Vernunft ihren Ursprung haben, bezeichneten (II, 406 etc.) Und doch ist es in En. 15 noch viel klarer, dass hier die Ehe nicht als pflichtmässige Handlung sondern als ein äusseres Gut in Betracht kommt. Um diese äusseren Güter, zu denen der Reichtum, Aemter und Würden und auch Weib und Kind gehören, soll man sich nicht leidenschaftlich bemühen, als ob es das Höchste wäre, sondern warten, bis es an einen kommt. Hirzel gesteht zwar selber zu, dass hier zunächst von den προηγμένα die Rede sei, aber da mit den προηγμένα auch die καθήκοντα gegeben seien, so gelte auch von diesen das Gleiche. Darin liegt aber eben der Grundirrtum Hirzels, dass er die καθήκοντα ausschliesslich auf die προηγμένα bezieht. Das trifft jedoch für Epictet wenigstens durchaus nicht zu: die καθήκοντα προηγούμενα sind ja, wie wir sahen, eben solche Pflichten, die aus dem innersten Wesen des Menschen, aus seiner wahren Natur sich ergeben. Wie Hirzel dazu kam, die ausführlich erörterte Stelle III, 22, 68 als Beleg für seine Ansicht herbeizuziehen, ist mir völlig unbegreiflich: eben dort ist ja deutlich gelehrt, dass das γαμεῖν ein προηγούμενον ist; Hirzel hat also wohl die Begriffe προηγούμενον und προηγμένον verwechselt, die in diesem Fall so verschieden sind wie Tag und Nacht. Als Beweis dafür, dass bei Epictet das καθῆκον keineswegs nur auf die προηγμένα sich bezieht, d. h. in der ἐκλογῇ τῶν κ. φ. besteht, seien zum Ueberfluss noch zwei Stellen erwähnt, wo der Begriff des καθῆκον auf solche Handlungen angewendet wird, die im höchsten Sinne aus dem innersten, geistig-sittlichen Wesen des Menschen entspringen. Epictet stellt da den Satz auf τὰ κακὰ ἐκκλίνειν καθήκει (I, 27, 7; vergl. IV, 1, 134): diese κακά, deren Meidung Pflicht ist, sind keine Apoproegmena sondern die wirklichen Uebel, die das innerste Wesen des Menschen betreffen. Das ist es ja, was Epictet fast auf jedem Blatte lehrt, dass man nur die wahren, sittlichen Uebel meiden und die wahren, sittlichen Güter begehren dürfe. Wie kann man also angesichts dieser Stellen behaupten, das καθῆκον habe zu seinem Korrelat stets ein Proegmenon oder Apoproegmenon? Vielmehr wird hier gerade die höchste Bethätigung des sittlichen Willens ein καθῆκον genannt. Auf Epictet durfte sich also Hirzel mit seiner Erklärung des καθῆκον als des von aussen Herangebrachten am allerwenigsten berufen. Aber diese Erklärung ist überhaupt unhaltbar, wie schon Stein und Schmekel dargethan haben. Der Ausdruck κατά τινας ἥκειν bedeutet offenbar nicht anderes als das, was einem Wesen gemäss ist, das οἰκεῖον oder ἀκόλουθον, welche Begriffe ja an der betreffenden Stelle bei Diogenes (108) unmittelbar vorher und nachher zur Erklärung des καθῆκον verwendet werden: das Wort ἥκειν haben wir dabei einfach als Umschreibung für εἶναι zu betrachten, ein Sprachgebrauch, der gerade auch aus Epictet sich reichlich belegen lässt.

Hirzel verwickelt sich nun aber infolge seiner unrichtigen Erklärung der Worte κατά τινας ἥκειν in weitere Schwierigkeiten. Da das καθῆκον Zenos einen Gegensatz zu den spezifischen sittlichen Pflichten darstellen soll, so kann die Einteilung der καθήκοντα in ἀεί und οὐκ ἀεί κ. nicht von Zeno stammen, sondern erst später in der Stoa aufgekommen sein. Denn das ἀεὶ καθῆκον wird ausdrücklich mit dem tugendhaften Handeln, also mit der absoluten Sittlichkeit, identifiziert. Wenn also Zeno das καθῆκον als etwas sittlich Inferiores auffasste, so kann er unmöglich diesen nämlichen Begriff als Gesamtbegriff zur Bezeichnung aller, auch der höchsten Pflichten verwendet haben. Jedoch es gilt dann auch der andere Schluss: wenn Zeno, der den Begriff καθῆκον in die Philosophie einführte, damit die Vorstellung eines Gegensatzes zu den wahrhaft sittlichen Pflichten verbunden hätte, so hätten seine Nachfolger unmöglich das Charakteristische dieses Begriffs so sehr vergessen oder verleugnen können, dass sie auch die vollendete Tugend unter denselben befassten. Bedenken wir ferner, dass Zeno das sittliche Ziel des Menschen in das naturgemässe oder mit sich selbst übereinstimmende Leben setzte, so muss entweder seine Definition des καθῆκον als des ἀκόλουθον ἐν τῇ ζωῇ im wesentlichen dieselbe Bedeutung gehabt, folglich auch das höchste sittliche Handeln in sich befasst haben, oder müssen wir auch diese dem Zeno absprechen und als Erzeugnis späterer Stoiker betrachten. Ich vermag wenigstens nicht einzusehen, warum die stete Befolgung des ἀκόλουθον ἐν τῇ ζωῇ etwas wesentlich anderes sein soll als das ὁμολογουμένως (oder ἀκολούθως) ζῆν, oder, wenn wir die andre Definition des Telos ins Auge fassen, das ἐνέργημα ταῖς κατὰ φύσιν κατασκευαῖς οἰκεῖον etwas anderes als das ὁμολογουμένως τῇ φύσει ζῆν.

5. Das καθῆκον als μέσον.

Darin mag allerdings Hirzel recht haben, dass die ausdrückliche Unterscheidung von μέσα und τέλεια καθήκοντα erst der späteren Stoa angehört. Denn wir haben gewichtige Zeugnisse dafür, dass Zeno das καθῆκον an sich als ein μέσον bezeichnet hat, das zwischen κατόρθωμα und ἁμάρτημα in der Mitte steht[1]). Es fragt sich nur, in welchem

---

[1]) Cic. ac. I, 36 — sic inter recte factum atque peccatum officium et contra officium media locabat quaedam, recte facta sola in bonis actionibus ponens, prave,

Sinn er dies gethan hat. Wenn Cicero mit Recht die Stellung des officium zwischen recte factum und peccatum in Parallele setzte mit der Stellung der Proegmena zwischen bona und mala, so müssten wir allerdings annehmen, dass Zeno in der That die Erfüllung und Versäumung der officia für etwas moralisch Indifferentes hielt. Denn wie das Proegmenon nie ein bonum, das Apoproegmenon nie ein malum, sondern beides ein Adiaphoron ist, so könnte auch die Beobachtung des officium nie ein recte factum, die Verletzung desselben nie ein peccatum sein. Nun widerspricht dies aber nicht bloss allem gesunden Menschenverstand, sondern auch den deutlichen Aussagen der Quellen. Nach D. L. 118 vermeidet es der Weise, etwas wider das καθῆκον zu thun: der Weise meidet aber nur wirkliche Uebel (Epict. I, 27, 7), folglich ist die Versäumung der Pflicht für ihn ein peccatum. Dies finden wir denn auch bei Stobaeus ecl. II, 86 geradezu ausgesprochen (πᾶν παρὰ τὸ καθῆκον ἐν λογικῷ ζῴῳ γινόμενον ἁμάρτημα εἶναι)[1]). Vergleichen wir damit ecl. II, 93 (und 96), wo das ἁμάρτημα definirt wird als τὸ παρὰ τὸν ὀρθὸν λόγον πραττόμενον ἢ ἐν ᾧ παραλέλειπταί τι καθῆκον ὑπὸ λογικοῦ ζῴου, so ist klar, dass die Versäumung des καθῆκον im selben Sinne ein ἁμάρτημα ist wie alles, was gegen den ὀρθὸς λόγος verstösst. Ja wir hätten alles Recht, aus dieser Stelle gleich zu folgern, dass auch das καθῆκον dem ὀρθὸς λόγος gemäss und von ihm geboten ist.

Jedoch bleiben wir vorerst noch bei dem negativen Teil unserer Argumentation! Ist es nicht völlig undenkbar, dass Zeno die Versäumung der καθήκοντα für moralisch irrelevant gehalten haben sollte? Er muss doch, wie alle Stoiker nach ihm, zu den καθήκοντα u. a. auch die Verehrung der Götter, die Pietät gegen die Eltern etc. gerechnet haben. Hätte er nun behauptet, die Versäumung dieser καθήκοντα sei keine Sünde, so würden ihm die Athener wohl den Prozess gemacht, jedenfalls aber keinen goldenen Kranz und kein Denkmal aus Erz ἀρετῆς ἕνεκα καὶ . σωφροσύνης gewidmet haben.

Aber dürfen wir den Cicero nicht vielleicht so verstehen, dass er mit dem Ausdruck officia praetermissa nicht die Verletzung, sondern nur die Nichtübernahme der καθήκοντα meinte? Epictet sagt ja a. a. O. deutlich, dass der Kyniker sündigt, wenn er die übernommene eheliche Pflicht nicht erfüllt, aber nicht, wenn er sie überhaupt nicht auf sich nimmt. Es ist dies in der That ein Unterschied, der wohl zu beachten ist: es ist etwas anderes, gegen ein bestehendes καθῆκον zu handeln, als ein solches überhaupt nicht zu übernehmen. Wohl ist ja nach Epictet bloss der Kyniker von gewissen καθήκοντα dispensirt. Aber wenn überhaupt die καθήκοντα derart sind, dass einzelne Menschen unbeschadet ihrer sittlichen Vollkommenheit davon befreit werden können, so könnte man immerhin mit einem gewissen Rechte sagen, sie seien sittlich adiaphor. Jedoch abgesehen davon, dass es nach Epictet für alle anderen Menschen ausser dem Kyniker keineswegs gleichgiltig ist, wie sie sich zu diesen Pflichten stellen, auch der

---

id est peccata, in malis; officia autem servata praetermissaque media putabat. fin. III, 58 cum, quod honestum sit, id solum bonum esse dicamus, consentaneum tamen est fungi officio, cum id officium nec in bonis ponamus nec in malis.
[1]) Epict. III, 22, 69 wer die καθήκοντα nicht beobachtet, verliert den καλὸς καὶ ἀγαθός.

Bonhöffer, Die Ethik des Stoikers Epictet.

Kyniker kann selbstverständlich nur von der Uebernahme der σχέσεις ἐπίθετοι (z. B. γάμος πολιτεία etc.) dispensiert werden, die φυσικαί σχέσεις (II, 14, 8), z. B. gegen Eltern und Götter, bestehen auch für ihn und dürfen von ihm nicht verletzt werden. Mag sein, dass Epictet dem Kyniker auch hierin grössere Freiheit gewährte, aber ganz ignorieren durfte er sie jedenfalls nicht. Wenn also auch Zeno je die grundsätzliche Verschmähung der Ehe und der πολιτεία für moralisch gleichgiltig erklärt hätte, so konnte er die grundsätzliche Versäumung der Pflichten der Pietät gegen Götter, Eltern etc. sicherlich nicht ebenso beurteilen. Somit ist es auch mit dieser Auskunft nichts, die überdies auch durch die Thatsache so gut wie hinfällig wird, dass bei Cicero dem praetermissa nicht suscepta oder ein ähnlicher Begriff, sondern servata gegenübersteht.

Es ist also grundfalsch und wieder einmal ein Zeichen der heillosen Oberflächlichkeit Ciceros, dass er dem Zeno die Lehre zuschiebt, er habe die Versäumung der officia für sittlich gleichgiltig erklärt. Aber ebensowenig kann Zeno die Beobachtung der officia schlechtweg für gleichgiltig erklärt haben. Wir wissen, dass Zeno eine Schrift περὶ καθήκοντος geschrieben hat. Es wäre nun sinnlos, anzunehmen, Zeno habe dies bloss gethan, um die sittliche Wertlosigkeit der καθήκοντα nachzuweisen; vielmehr wird er in dieser Schrift auch, wie Chrysipp in seinen Büchern über das καθῆκον (Sext. III, 248 etc.), in positiver, paränetischer Weise über die Pflichten geredet haben. Dass die Stoiker die Erfüllung der καθήκοντα durchaus nicht als etwas betrachtet haben, was der Weise auch unterlassen dürfte, zeigt evident das Idealbild der stoischen Weisen, das, wenn auch nicht in der detaillirten Ausführung, so doch jedenfalls in der Konzeption und den Grundzügen auf Zeno selbst zurückgeht. Da heisst es nun übereinstimmend bei Diogenes (119 etc.) und Stobäus (ecl. II, 94 etc.), dass der Weise den Göttern opfere und die Eltern ehre, dass er sich am öffentlichen Leben beteilige und zur Ehe und Familiengründung sich herbeilasse. Wollte man sagen, der Weise thue dies alles nicht, weil er es als pflichtmässig erkenne, sondern nur aus Anpassung (κατὰ συμπεριφοράν), so würde dies im Widerspruch stehen mit der ausdrücklichen Lehre Epictets, die auch Stobäus für die Stoa bestätigt, dass diese Handlungen προηγούμενα seien (III, 7, 26. vergl. ecl. II, 111 πολιτεύεσθαι τὸν σοφὸν κατὰ τὸν προηγούμενον λόγον). Epictet macht aber einen deutlichen Unterschied zwischen dem, was προηγουμένως und was κατὰ συμπεριφοράν gethan wird (III, 14, 7). Uebrigens auch diese letzteren Handlungen, worunter z. B. die Teilnahme an Symposien und dergleichen fällt, sind für den Weisen keineswegs sittlich adiaphor, da er bekanntlich alles recht thut (D. L. 125 u. Stob. ecl. II, 65 etc. πάντα εὖ ποιεῖν τὸν σοφόν — κατὰ τὸν ὀρθὸν λόγον — κατὰ πάσας ἀρετάς). Sogar diejenigen Handlungen, welche zunächst nur dem eigenen äusseren Vorteil dienen, vollbringt der Weise als κατορθώματα, und ihre nicht durch ausserordentliche Umstände entschuldigte resp. gebotene Versäumung oder Vernachlässigung würde ihm das Glück und damit den Charakter des Weisen entziehen (ecl. II, 86).

Auf Grund aller dieser Erwägungen müssen wir zu dem Urteil gelangen, dass Cicero in ac. I, 36 die Lehre Zenos falsch dargestellt hat, weil er den Begriff des μέσον nicht verstand. In derselben Schrift kurz nachher (42) sagt Cicero, dass Zeno die κατάληψις als medium zwischen die scientia und inscientia gestellt habe. Es wurde nun früher (Bd. I, p. 183 etc.) nachgewiesen, dass diese κατάληψις, welche zwischen Wissen und Nichtwissen in der Mitte steht, in Wahrheit gar nicht existiert, sondern eine rein logische Abstraktion ist: die κατάληψις ist nicht etwas Substanzielles neben scientia und inscientia, sondern sie ist entweder (im Weisen) scientia oder (im Unweisen) inscientia. Genau ebenso verhält es sich nun mit dem καθῆκον: es giebt kein καθῆκον für sich (als Handlung betrachtet), sondern es ist entweder, beim Weisen, ein κατόρθωμα oder, beim Unweisen — unglaublich, aber wahr! — ein ἁμάρτημα, denn was sollte der φαῦλος anders können als sündigen? (Stob. ecl. II, 65 etc. ἀρετῆς καὶ κακίας οὐδὲν μεταξύ — τὸν φαῦλον πάντα ὅσα ποιεῖ κακῶς ποιεῖν. vergl. 106). Guten und Schlechten gemein — auch das übrigens nur in beschränktem Masse — ist nur die Materie, die äussere Erscheinung der „pflichtgemässen" Handlung, aber ihrem wahren Wesen und moralischen Werte nach ist sie bei beiden toto coelo verschieden.

Dies lässt sich im einzelnen an dem Idealbild des stoischen Weisen deutlich aufzeigen. Nur der Weise erfüllt wirklich die Pflichten gegen die Götter, er ist εὐσεβής und ὅσιος, während alle φαῦλοι und ἄφρονες gottlos sind, da sie πολλὰ τῶν πρὸς θεοὺς δικαίων übertreten (ecl. II, 68. D. L. 119). Nur der Weise ist wahrhaft φιλόστοργος, der Unweise aber kann weder die Pietätspflichten (D. L. 120) noch die Freundschaftspflichten erfüllen, da zwischen Schlechten gar keine Freundschaft möglich ist (D. L. 124. ecl. II, 102. 108. fin. III, 70). Auch die politischen Pflichten kann nur der Weise recht üben, denn er allein ist frei, der Unweise ein Knecht; er allein ist ἀρχικός δικαστικός ῥητορικός, während der ἄφρων weder das ἄρχειν noch das ἄρχεσθαι versteht. Seine Pflicht- oder Berufserfüllung, obgleich äusserlich der des Weisen ähnlich, ist doch in Wahrheit nur eine Karikatur dessen, was die betreffenden Namen besagen, weshalb sie es auch eigentlich nicht verdient, mit dem gleichen Ausdruck benannt zu werden: der φαῦλος kann nicht ἄρχειν etc., sondern nur δημοκοπεύειν, σοφιστεύειν, συγγράφειν ἐπὶ βλάβῃ (D. L. 121. ecl. II, 94. 102). Ja sogar die technischen und ökonomischen Thätigkeiten können nur von dem Weisen recht ausgeübt werden: er allein ist βασιλικός und στρατηγικός, οἰκονομικός und χρηματιστικός (ecl. II, 99. 108). Dass diese abgeschmackt klingenden Behauptungen nicht verfehlen konnten, den Spott der Nichtstoiker auf sich zu ziehen, ist begreiflich (cfr. Stob. flor. II, 330). Und doch werden wir ihnen eine gewisse Berechtigung und einen tiefen Sinn nicht absprechen können. Selbstverständlich meinten die Stoiker nicht, der Weise verstehe kraft seiner Weisheit alle Künste ohne jegliche technische Bildung und Uebung: aber diese vorausgesetzt — das wollten sie sagen — kann nur der Weise den betreffenden Beruf richtig, in sittlicher und wahrhaft erspriesslicher, gemeinnütziger Weise ausüben. Und dass sie damit recht hatten, bestätigt so mancher hochbegabte Feldherr und Staatsmann alter und neuer Zeit: denn auch das grösste Talent und Geschick kann schliesslich nur schädlich wirken, wenn es nicht auf dem Grunde einer klaren, idealen Lebensanschauung ruht, wenn es nicht mit Weisheit und Liebe gepaart ist. Auch Fleiss und echte Wissenschaftlichkeit kommt dem φαῦλος nicht zu (ecl. II, 105), ja selbst die gewöhnlichste Thätigkeit, z. B. das περιπατεῖν (auch dies rechneten ja die Stoiker zum καθῆκον), wird nur vom Weisen φρονίμως, vom Unweisen ἀφρόνως geübt (ecl. II, 69). Es giebt also nur Sittlichkeit auf der einen, Unsittlichkeit auf der andern Seite; die Menschen zerfallen nach Zeno und seinen Anhängern in zwei γένη, τὸ μὲν τῶν σπουδαίων, τὸ δὲ τῶν φαύλων — τὸ μὲν ἀεὶ κατορθοῦν ἐν ἅπασιν — τὸ δὲ ἁμαρτάνειν (ecl. II, 99. Plut. de aud. poët. 7 πάντως μὲν ἐν πᾶσιν ἁμαρτωλὸν εἶναι τὸν ἀμαθῆ, περὶ πάντα δ᾽ αὖ κατορθοῦν τὸν σοφόν).

Die volle Uebereinstimmung dieser Grundsätze mit denjenigen Epictets springt in die Augen und braucht nicht im einzelnen aufgezeigt zu werden; nur darauf möchte ich hinweisen, dass auch Epictet die Pflichterfüllung des Ungebildeten für positiv sündhaft erklärt und ebenfalls schon durch andere Benennung die Immoralität derselben kennzeichnet (IV, 4, 41 φιλόπονος — φιλάργυρος etc. cfr. ἄρχειν — δημοκοπεῖν etc.). Das schroffe Entweder — Oder, entweder gut oder schlecht, entweder aufs Innere oder aufs Aeussere bedacht, entweder φιλόσοφος oder ἰδιώτης, vernehmen wir aus Epictets Munde so entschieden wie von irgend einem der älteren Stoiker (III, 15, 13. IV, 2, 9 etc.).

So unnatürlich und überspannt diese Theorie von dem absoluten Gegensatz zwischen Weisen und Unweisen auch erscheinen mag, so liegt doch eben in ihr nicht bloss überhaupt ein guter Sinn, sondern der tiefste Gedanke der stoischen Ethik, dass nämlich das Leben des Menschen nicht als eine Summe von einzelnen guten und schlechten Handlungen, sondern als eine innere Einheit aufzufassen ist, die von einem einheitlichen Prinzip, dem guten oder schlechten Willen, von dem göttlichen oder weltlichen Sinn, vom Geist oder vom Fleisch beherrscht ist. Hierin ist die stoische Ethik der christlichen vollständig kongenial (statt vieler Stellen siehe nur Röm. 14, 23: πᾶν δ᾽ οὐκ ἐκ πίστεως ἁμαρτία); und es ist eine grosse Ungerechtigkeit, dieselbe Lehre, die man am Christentum, allein auf die Wahrheit der Idee blickend, mit Recht gross und erhaben findet, bei der Stoa, an der äusseren Form sich stossend, als unwahre Uebertreibung und als Verirrung lächerlich zu machen.

6. Das καθῆκον τέλειον.

Die stoische Lehre vom καθῆκον kann also nur von diesem Gedanken aus, dass die Prinzipien des Handelns beim Weisen und Unweisen absolut entgegengesetzt sind, richtig verstanden werden. Das καθῆκον ist ein μέσον nicht in dem Sinne, dass seine Beobachtung an sich sittlich gleichgiltig wäre, sondern nur deshalb, weil es in der That eine Reihe von Handlungen giebt, welche sowohl der Unweise als auch der Weise als zweckmässig und geboten erachtet, jeder aber in seiner Art, jener von nicht sittlichen, dieser von sittlichen Anschauungen und Grundsätzen aus. Dies bestätigt sich uns durch eine Menge weiterer Zeugnisse. Dieselben Handlungen, sagt Seneca in ep. 95, 43 etc., sind entweder unsittlich (turpia) oder sittlich (honesta), es kommt nur darauf an, aus welchem Grunde und wie sie geschehen. Der Mensch muss sich eine sittliche Ueberzeugung erwerben, die sein ganzes Leben beherrscht und aus der alle seine Handlungen und Entschlüsse fliessen: wer eine solche nicht besitzt, der kann auch die καθήκοντα nicht oder wenigstens nicht recht erfüllen [1]). Dass nach allgemein stoischer Lehre nur der Weise die καθήκοντα richtig, d. h. ὡς δεῖ und εὐκαίρως, erfüllen kann, und dass eben durch diese Attribute das καθῆκον zum κατόρθωμα wird, ersieht man deutlich aus stoic. rep. 11, wo eben diese Lehre bestritten und gesagt wird, wenn der Weise seinem Diener einen Auftrag gebe, so setze er auch voraus und verlange, dass derselbe ὡς δεῖ etc. ausgeführt werde (vergl. Seneca a. a. O. quemadmodum debet. Epictet III, 2, 2 ὁ περὶ τὸ καθῆκον, ἵνα τάξει, εὐλογίστως, μὴ ἀμελῶς. III, 21, 14 παρὰ τόπον καὶ παρὰ καιρόν). Ein anderes, in dem vorigen schon implicite enthaltenes Merkmal der rechten Pflichterfüllung ist das εὐλογίστως (vergl. oben Epictet) und φρονίμως. Dadurch allein bekommt, wie wir früher sahen, die auf Erlangung der πρῶτα κατὰ φύσιν gerichtete Thätigkeit ihren sittlichen Wert und wird das καθῆκον zum κατόρθωμα (comm. not. 26). Nach Sextus (XI, 200 etc.) lehrten die Stoiker, die ἔργα der Philosophen und ἰδιῶται seien (äusserlich) κοινά, unterscheiden sich aber dadurch voneinander, dass jene ἀπὸ φρονήσεως geschehen, diese nicht. Dasselbe, nur in allgemeinerer Fassung, sagt Philo: auch der Schlechte thut etliche καθήκοντα, aber nicht ἀφ᾿ ἕξεως καθηκούσης (leg. all. III., 74). Von dieser ἕξις καθήκουσα, d. h. von der rechten Gesinnung, hängt so sehr aller sittliche Wert der Pflichterfüllung ab, dass sie den Menschen berechtigt, ja verpflichtet, etwas wider das (reguläre) καθῆκον zu thun. Man kann das δέον οὐ δεόντως und umgekehrt das μὴ καθῆκον καθηκόντως thun (Philo, Cherub. 5. de plant. 22). Das stereotype Beispiel für den ersten Fall ist die Zurückgabe eines anvertrauten Gutes, die an sich natürlich pflichtgemäss ist, aber, wenn sie dem Eigentümer zum Schaden gereichen würde, unsittlich wäre (Cic. fin. III, 59 ut si juste depositum reddere in recte factis sit, in officiis ponatur depositum reddere. Seneca ben. IV, 10, 1). Jedes καθῆκον muss eben so erfüllt werden, dass dadurch der höchste moralische Zweck erreicht, die Idee der Tugend (im vorliegenden Falle die der Gerechtigkeit) verwirklicht wird. Dieses Beispiel zeigt zugleich wieder deutlich, dass das καθῆκον als sittlich gleichgiltige Handlung gar nicht existiert: denn wer das depositum nicht iuste zurückgiebt, handelt in Wirklichkeit unsittlich, weil er die Pflicht der Gerechtigkeit verletzt. Ebenso wie die Erfüllung einer Pflicht unter Umständen unsittlich ist, kann zuweilen das Gegenteil der gewöhnlichen Pflicht zur Pflicht werden, z. B. die Lüge gegenüber dem Kranken, wenn dessen Zustand durch rückhaltslose Mitteilung der Wahrheit sich verschlimmern würde: es kommt eben alles darauf an, dass die Gesinnung gut und lauter ist (Philo a. a. O.: διάνοια ὑγιαίνει καὶ καθαρεύει).

Wenn so gerade der Besitz der φρόνησις und ἀρετή den Menschen

---

[1]) ep. 95, 43 etc.: infigi debet persuasio ad totam pertinens vitam, hoc est, quod decretum voco. qualis haec persuasio fuerit, talia erunt, quae agentur, quae cogitabuntur — haec (z. B. die Pflichten der Pietät) nemo faciet, quemadmodum debet, nisi habuerit, quo perferat (vergl. Epictets ἀναφορά). proponamus oportet finem summi boni, ad quem nitamur, ad quem omne factum nostrum dictumque respiciat.

befähigt, die καθήκοντα mit einer gewissen Freiheit zu handhaben, und ihn verpflichtet, zuweilen ein reguläres καθῆκον zu unterlassen resp. zu suspendieren oder παρὰ τὸ καθῆκον zu handeln, so unterscheidet sich der Tugendhafte von dem Schlechten andrerseits dadurch, dass er die καθήκοντα mit jener unfehlbaren Sicherheit und Stetigkeit erfüllt, die eine Folge der entschiedenen und energischen Richtung des Willens auf das sittlich Gute ist. Wie der Künstler vom Laien sich dadurch unterscheidet, dass, was dieser nur selten und zufällig, jener mit gleichmässiger Sicherheit zustande bringt, so ist das Kennzeichen des φρόνιμος die Sicherheit und Gleichmässigkeit in der Erfüllung der Pflichten (Sext. XI, 207 τὸ ἐν τοῖς κατορθώμασι διομαλίζειν [1]). cfr. Stob. flor. IV, 5). Dazu kommt schliesslich noch die rasche Erfassung und taktvolle Herausfindung dessen, was im gegebenen Falle καθῆκον ist (vergl. oben Epictet III, 2, 2. III, 21, 14). Nach ecl. II, 62 ist die καθήκοντος εὕρεσις die eigentliche Aufgabe der φρόνησις. Vergleicht man damit die kurz darauf folgende Bemerkung φρονήσεως εἶναι κεφάλαια τὸ θεωρεῖν καὶ πράττειν ὃ ποιητέον, so bestätigt es sich durchaus, dass das καθῆκον nicht etwa nur sittliche Handlungen zweiten Rangs bedeutet, sondern das ganze Gebiet des sittlichen Handelns umfasst (vergl. ecl. II, 60 τὴν φρόνησιν περὶ τὰ καθήκοντα γίνεσθαι. 46 τέλος = οὗ ἕνεκα πάντα πράττεται καθηκόντως [2]). Wie hier die φρόνησις im allgemeinen auf das καθῆκον bezogen erscheint, so wird die ἀγχίνοια, welche eine Spezies derselben bildet, definiert als ἕξις εὑρετικὴ τοῦ καθήκοντος αὐτόθεν (D. L. 93. ecl. II, 61. Andron. ed. Schuch. p. 20. Platon. defin. 412. vergl. Cic. off. I, 16. prudentissimus est, qui acutissime et celerrime perspicit, quid ... verissimum sit — wo es sich übrigens nicht speziell um das καθῆκον handelt).

Fassen wir nun kurz die Merkmale zusammen, welche die Pflichterfüllung des Weisen und Unweisen unterscheiden, so sind es deren wesentlich vier:

1. Dem ἄφρων fehlt die Fähigkeit, das καθῆκον in jeder Lebenslage rasch und sicher zu erkennen, er wird also schon aus diesem Grunde viele καθήκοντα versäumen (vergl. Philo leg. all. III, 74 ὁ φαῦλος δρᾷ ἔνια τῶν καθηκόντων).

2. Die καθήκοντα, die er kennt, erfüllt er nicht ὡς δεῖ, d. h. weder in der rechten Art und Weise noch in ihrem vollen Umfang (z. B. die Pflichten gegen die Eltern).

3. Auch wo er, äusserlich betrachtet, ganz dasselbe thut wie der φρόνιμος, fehlt ihm doch die richtige Gesinnung und Zweckbeziehung, welche dem Handeln erst seinen sittlichen Wert geben.

---

[1]) Der Ausdruck κατόρθωμα ist hier ungenau resp. proleptisch gebraucht, da die Pflichterfüllung des Unweisen eben wegen ihrer Unbeständigkeit kein κατόρθωμα ist, wozu sie erst durch das διομαλίζειν wird.

[2]) Die φρόνησις ist allerdings nur eine der vier Haupttugenden; aber nach der bekannten Lehre der Stoa sind diese vier Haupttugenden nur verschiedene Aeusserungen der einen, unteilbaren Tugend, welche meist σοφία, zuweilen aber auch φρόνησις (im weiteren Sinn) genannt wird. Wer eine Tugend hat, hat alle, und jede Tugend enthält eigentlich alle anderen in sich. So ist die φρόνησις in erster Linie das θεωρεῖν καὶ πράττειν ὃ ποιητέον, in zweiter Linie aber auch τὸ θεωρεῖν ἃ δεῖ ἀπονέμειν etc. (ecl. II, 63). Wie die φρόνησις also sich über das ganze Gebiet der Tugend erstreckt, so auch das καθῆκον.

4. Aus demselben Grunde ist seine Pflichterfüllung unbeständig und unzuverlässig und gegenüber den mancherlei praktischen und theoretischen Versuchungen nicht stichhaltig.

Auf alle diese Punkte werden wir wohl den Ausdruck beziehen dürfen, den die Stoiker zur Charakterisierung des κατόρθωμα gebrauchten, dass es nämlich alle Momente (ἀριθμοί) der Tugend in sich enthalte [1]). Dass schon Zeno den Ausdruck τέλειον καθῆκον angewendet habe, halte ich, wie bereits erörtert, mit Hirzel für unwahrscheinlich; aber sachlich hat er das Verhältnis des καθῆκον zum κατόρθωμα sicherlich nicht anders aufgefasst als seine Nachfolger. Wenn Zeno das καθῆκον definiert hat als das Naturgemässe (Zeller III, 1, 265), so muss er ja allerdings darunter nicht, jedenfalls nicht in erster Linie, das Naturgemässe im höheren Sinn, d. h. das Sittliche, verstanden haben. Aber der Begriff war doch von Anfang an so weit und allgemein gefasst, dass das der sittlichen Natur Gemässe potentiell auch darin enthalten war und eigentlich mit logischer Notwendigkeit in denselben einbezogen werden musste. Ferner wenn nach Zeno das καθῆκον ein medium ist in dem Sinne, dass es, vom Weisen vollbracht, ein κατόρθωμα, beim Unweisen ein ἁμάρτημα ist, so ist ja damit klar ausgesprochen, dass das καθῆκον zum κατόρθωμα werden kann. Von hier aus ist aber zu der Vorstellung des τέλειον καθῆκον nur noch ein kleiner Schritt. Dass Kleanthes ganz ähnlich wie Epictet mit dem Wort καθῆκον das ganze Gebiet des sittlichen Handelns bezeichnet hat, darf man schliessen aus seinem Urteil, das er über Arkesilaos fällte (D. L. 171 εἰ καὶ λόγῳ τὸ καθῆκον ἀναιρεῖ τοῖς γοῦν ἔργοις αὐτὸ τιθεῖ): das καθῆκον ist hier nichts anderes als das Sittengesetz oder die Sittlichkeit. Dieses Urteil des Kleanthes erinnert uns zudem lebhaft an die Polemik des Epictet gegen die Lehre Epicurs, von der er gleichfalls oft und mit grossem Pathos behauptet, sie untergrabe alle und jede Sittlichkeit, wobei er aber auch hervorhebt, dass Epikur durch sein Leben seine Lehre Lügen strafte und dass überhaupt die Epikureer besser seien als ihre Theorie.

Von Chrysipp ist es zwar auch nicht ausdrücklich bezeugt, dass er den Ausdruck τέλειον καθῆκον gebraucht habe. Hirzel glaubt aus den Worten Chrysipps bei Stobäus (flor. IV, 5) beweisen zu können, dass auch ihm dieser Begriff fremd gewesen sei. Diese in mehrfacher Hinsicht bedeutsamen Worte lauten: ὁ ἐπ᾽ ἄκρον προκόπτων (d. h. der im letzten Stadium der προκοπή Befindliche) ἅπαντα πάντως ἀποδίδωσι τὰ καθήκοντα καὶ οὐδὲν παραλείπει· τὸν δὲ τούτου βίον οὐκ εἶναί πω φησὶν εὐδαίμονα, ἀλλ᾽ ἐπιγίνεσθαι αὐτῷ τὴν εὐδαιμονίαν, ὅταν αἱ μέσαι πράξεις αὗται προσλάβωσι τὸ βέβαιον καὶ ἑκτικὸν καὶ ἰδίαν πῆξίν τινα λάβωσιν.

---

[1]) Stob. ecl. II, 93 κατόρθωμα = καθῆκον πάντας ἀπέχον (nicht ἐπέχον!) τοὺς ἀριθμοὺς ἢ τέλειον καθῆκον. D. L. 100 καλὸν = τὸ τέλειον ἀγαθὸν παρὰ τὸ πάντας ἀπέχειν τοὺς ἐπιζητουμένους ἀριθμοὺς ὑπὸ τῆς φύσεως ἢ τὸ τελέως σύμμετρον. Cic. fin. III, 24 recta (κατορθώματα) omnes numeros virtutis continent. off. III, 14 illud officium, quod rectum idem appellant, perfectum atque absolutum est et — omnes numeros habet nec praeter sapientem cadere in quemquam potest. Sen. ep. 71, 16 virtus non crescit: habet numeros suos, plena est. Ant. III, 1 τοὺς τοῦ καθήκοντος ἀριθμοὺς ἀκριβοῦν. VI, 26 πᾶν καθῆκον ἐξ ἀριθμῶν τινων συμπληροῦται. Das Bild von den ἀριθμοί ist von der Orchestik genommen, wie man aus fin. III, 24 deutlich ersieht. (Vergl. auch off. I, 119 in nullo officio claudicare.)

Hirzel folgert nun hieraus, dass hier die κατορθώματα nicht unter den καθήκοντα begriffen sein können, da ja sonst der προκόπτων ein σοφός wäre, dass also Chrysipp den Begriff καθῆκον noch nicht in jener allgemeineren Bedeutung gekannt und gebraucht habe, in welcher er auch die κατορθώματα in sich befasst (II, 413 etc.). Hirzel hat aber dabei übersehen, dass Chrysipp von μέσαι πράξεις redet und von diesen sagt, dass sie durch den Hinzutritt des βέβαιον und ἐκτικόν (vergl. Philo leg. all. III, 74) zu κατορθώματα werden: denn diejenigen Handlungen, welche εὐδαιμονία bewirken, sind κατορθώματα[1]). Wenn er nun den Ausdruck μέση πρᾶξις gebraucht, so muss er auch von τέλειαι πράξεις gewusst und die κατορθώματα eben als solche betrachtet haben. Ferner beweist dieser Ausdruck μέση πρᾶξις, dass Chrysipp auch den Begriff des μέσον καθῆκον gekannt hat, welcher als notwendige Ergänzung den des τέλειον καθῆκον fordert. Somit ist diese Stelle gerade umgekehrt ein Beweis, dass der Begriff des τέλειον καθῆκον zum mindesten schon dem Chrysipp geläufig war.

7. Das καθῆκον des προκόπτων.

Zugleich ersehen wir aber daraus auch deutlich, dass selbst der Prokopton κ. ε., der auf dem Gipfel resp. am Ziel der προκοπή angelangt ist, noch keine κατορθώματα vollbringen kann. Dies führt uns zur Erörterung der wichtigen Frage, ob denn zwischen der Pflichterfüllung des Prokopton und des φαῦλος wirklich gar kein Unterschied besteht. Nach dem Buchstaben der stoischen Theorie müssen wir diese Frage unbedingt bejahen: ihm zufolge giebt es ja allerdings nichts zwischen ἀρετή und κακία in der Mitte Stehendes, wer die ἀρετή nicht besitzt, lebt noch in der κακία. Darum ist auch der Prokopton theoretisch betrachtet noch ein φαῦλος, μαινόμενος und κακοδαίμων, denn Glück und Tugend sind Dinge, die man nicht teilweise, sondern nur entweder ganz oder gar nicht besitzen kann (Sext. VII, 432. st. rep. 31. Diogenian fr. 2, 23 G.). Wo überhaupt noch Sünde vorkommt, da ist auch die volle Harmonie der Seele und damit das Glück nicht vorhanden: was noch nicht ganz gerade ist, ist eben krumm, so unbedeutend auch die Krümmung sein mag; wer nur noch ein Stadium von Canopus entfernt ist, ist eben noch nicht am Ziel, so gut wie der 100 Stadien Entfernte (D. L. 120. 127). Diese Lehre, mit welcher die Theorie vom σοφὸς διεληλυθώς zusammenhängt, diente ja den Gegnern der Stoa in besonderem Masse zur Zielscheibe ihres Spottes. Sie machen sich darüber lustig, dass nach den Stoikern der Mensch im Augenblick, wo er in den Besitz der Weisheit eintritt, aus dem αἴσχιστος und θηριώδης βίος zum κάλλιστος βίος gelangt und aus einem Tier zum Gott wird (Plut. st. poët. abs. 2. de prof. in virt. 1. st. rep. 19). Sogar die προκόπτοντες im letzten Stadium haben laut stoischer Lehre noch keine Abnahme ihrer Thorheit, keine Verringerung ihrer Fehler

---

[1]) Vergl. Sen. ep. 118, 11: sunt quaedam neque bona neque mala, tamquam militia, legatio, iurisdictio, haec cum honeste administrata sunt, bona esse incipiunt et ex dubio in bonum transeunt. bonum societate honesti fit, honestum per se bonum est.

aufzuweisen (comm. not. 19. Cic. fin. IV, 67). Versteht man nun diese Lehre buchstäblich, so ist allerdings die Moralität des προκόπτων um kein Haar besser als die des φαῦλος, d. h. auch er besitzt noch keine Spur von Moralität, auch seine Erfüllung der καθήκοντα ist wertlos, ja Sünde. Der Uebertritt aus dem Stand der Unweisen in den der Weisen wäre dann in der That, wie es die Gegner darstellen, ein unbegreifliches Rätsel, ja völlig undenkbar, und es könnte überhaupt von praktischer Ethik, von Pädagogik und Paränetik in der Stoa gar keine Rede sein. Einen solchen Unsinn werden wir nun aber doch der Schule am allerwenigsten zutrauen, die unter allen antiken Philosophieen auf dem Gebiet der Ethik und Pädagogik unstreitig am meisten geleistet und die Forderung der beständigen Selbstzucht und sittlichen Vervollkommnung am entschiedensten erhoben und am schärfsten durchgeführt hat. Wenn die Stoiker zwischen dem φαῦλος und προκόπτων wirklich keinen Unterschied statuiert hätten, so wäre uns ihre ganze vorwiegend ethische Schriftstellerei und das Pathos, mit dem sie die Menschen zur Bekehrung aufforderten, völlig unerklärlich.

Dass dem nicht so ist, beweist schon der Begriff προκοπή und προκόπτων, der ja notwendig die Vorstellung einer zunehmenden Entfernung von dem Zustand des φαῦλος und Annäherung an den des Weisen erweckt. Es fehlt uns aber auch nicht an deutlichen Winken, ja an bestimmten Zeugnissen dafür, dass die Stoiker sich den Zustand des φαῦλος und προκόπτων als wesentlich verschieden gedacht haben. Die Gegner selbst bezeugen es, dass die Stoiker Männer, die sie nicht für perfekte Weise hielten, sondern nur für προκόπτοντες, als nachahmenswerte Vorbilder hinstellten (comm. not. 10): sie sehen darin natürlich bloss einen Widerspruch zu der anderen Behauptung, wornach die προκόπτοντες noch ganz in der κακία stecken. Ob es ein Widerspruch ist, wird sich nachher zeigen: zunächst müssen wir in der Thatsache, dass die Stoiker einen προκόπτων als moralisches Vorbild betrachten, zum mindesten ein unwillkürliches Zugeständnis dessen erblicken, dass denn doch der προκόπτων ein ganz anderer Mensch ist, als der φαῦλος[1]).

---

[1]) Die sonderbare Notiz bei D. L. 91, wornach Posidonius als Beweis für die Realität der Tugend die Thatsache betrachtet habe, dass die Schüler (οἱ περὶ) des Socrates, Diogenes etc. ἐν προκοπῇ waren, lässt sich wegen ihrer Unklarheit zu obigem Nachweis nicht verwenden. Hirzel findet darin eine Bestätigung seiner Ansicht, dass Posidonius zuerst an die Stelle des Weisen, dessen Existenz er leugnete, den προκόπτων gesetzt habe (II, 286 etc.). Er schliesst anscheinend ganz richtig: wenn die προκοπή ein Beweis für die Realität der ἀρετή ist, so kann diese nicht etwas wesentlich Höheres sein als jene, d. h. mit der ἀρετή ist nicht die des σοφός, die σοφία gemeint, sondern nur das honestum secundae notae. Aber auffallend bleibt bei dieser Erklärung: 1. dass vor und nachher der Laertier das Wort ἀρετή immer im vollen und höchsten Sinn (= ἐπιστήμη oder σοφία) als das absolut Gute gebraucht; 2. dass es heisst οἱ περὶ τὸν Σωκράτη, nicht τὸν Σωκράτην. Dies deutet doch wohl vielmehr darauf hin, dass Posidon den Socrates, Diogenes als eigentliche Weise betrachtet hat. Aber dann wäre es freilich sinnlos, die προκοπή der Schüler als Beweis für die Realität der Tugend anzuführen, wenn die Meister diese selbst besessen hätten: es hätte doch genügt, einfach auf diese Thatsache zu verweisen. Vielleicht ist die Stelle korrupt und statt ὑπαρκτήν vielmehr διδακτήν zu lesen. Auch in diesem Falle wäre übrigens Hirzels Ansicht unhaltbar: denn wenn die Thatsache des Fortschritts ein Beweis für die Lehrbarkeit der Tugend ist, so muss diese selbst auch vollkommen erreichbar sein. Ueberhaupt ist der Schluss von der Realität des sittlichen Fortschritts auf diejenige der sittlichen Vollendung gar nicht

Aber die Stoiker haben dies nicht bloss unwillkürlich, gleichsam gegen ihre wahre Meinung, zugestanden, sondern ausdrücklich behauptet. Wenn Chrysipp von dem ἐπ' ἄκρον προκόπτων sagt, dass er alle καθήκοντα erfülle und sich vom Weisen eben nur dadurch unterscheide, dass seinen Handlungen noch das βέβαιον fehle, so ist doch klar, dass er eben dies, nämlich die lückenlose Erfüllung aller καθήκοντα (vergl. Cic. fin. III, 20 perpetua selectio), als das charakteristische Merkmal des προκόπτων gegenüber dem φαῦλος (resp. ἀρχόμενος, siehe nachher!) bezeichnen will. Selbstverständlich setzt aber Chrysipp dabei voraus, dass der προκόπτων seine καθήκοντα auch in wesentlich anderem Sinn und Geiste, als der φαῦλος, erfülle. Denn sonst hätte er auch dies, ja dies in erster Linie als Unterschied zwischen der Pflichterfüllung des Weisen und des προκόπτων hervorheben müssen; er hätte sagen müssen, dass das Handeln des letzteren gar keinen moralischen Wert habe, da es nicht aus der richtigen Gesinnung fliesse. Statt dessen machen aber seine Worte unstreitig den Eindruck, dass die Moralität des Prokopton materiell eigentlich ganz vollkommen ist und dass ihr nur noch die formale Vollendung, die absolute Festigkeit und Unerschütterlichkeit fehlt. Ganz im selben Sinn spricht sich auch Epictet über seinen eigenen Zustand aus, er bekennt, dass ihm zur Vollkommenheit des Weisen noch die absolute Selbstgewissheit und das unanfechtbare Selbstvertrauen fehle (II, 8, 24 ἔτι γὰρ οὐ θαρρῶ οἷς ἔμαθον καὶ συγκατεθέμην· ἔτι τὴν ἀσθένειαν τὴν ἐμαυτοῦ φοβοῦμαι[1]);· vergl. IV, 1, 151 σὺ οὖν ἐλεύθερος εἶ; θέλω νὴ τοὺς θεοὺς καὶ εὔχομαι· ἀλλ' οὔπω δύναμαι ἀντιβλέψαι τοῖς κυρίοις etc.). Diese Aeusserungen sind ebenso lehrreich für die Beurteilung der stoischen Lehre vom Prokopton wie bezeichnend für die Demut und Selbsterkenntnis des Epictet. Epictet giebt unumwunden zu, dass er noch nicht vollkommen sei, aber er ist weit davon entfernt, die Erreichbarkeit dieses Zieles zu leugnen (vergl. Hirzel II, 297) und den wirklichen moralischen Wert der προκοπή zu bezweifeln. Der προκόπτων steht hoch über dem ἀπαίδευτος, denn er besitzt nicht bloss, im wesentlichen Gegensatz zu diesem, die ὀρθὰ δόγματα, sondern ist auch ernstlich und unermüdlich bestrebt, dieselben praktisch zu üben und zu bethätigen: er ist eigentlich, moralisch betrachtet, schon gut (καλὸς καὶ ἀγαθός), es fehlt ihm nur noch die theoretische Vollkommenheit des dritten Topos.

Man kann ja nun allerdings mit gewissem Rechte sagen, damit fehle dem Menschen eben die Hauptsache, nämlich gerade das, was ihn zum Weisen und seine Handlungen zu κατορθώματα im strengen Sinn macht. Aber dieses Urteil hat genau so viel Wahrheit, als in der christlichen Ethik die Lehre, dass auch der Bekehrte noch ein Sünder ist, da er die vollkommene Gerechtigkeit vor Gott noch nicht besitzt. Wer wollte aber auf christlichem Standpunkt den tiefgreifenden Unterschied zwischen dem Bekehrten und dem Unbekehrten in Abrede stellen? beseelt nicht jenen ein ganz anderes Prinzip als diesen, das

---

so absurd und wird z. B. vom christlich-apologetischen Standpunkte aus mit Vorliebe angewendet, um die Notwendigkeit einer persönlichen Unsterblichkeit darzuthun.

[1]) Auch der Begriff der πῆξις, der absoluten Festigkeit und inneren Selbstgewissheit, kommt im Verlauf der Stelle vor: πέπηγεν αὐτοῦ τὸ βλέμμα.

Prinzip der Gottesliebe im Gegensatz zur Weltliebe? Genau so ist's aber auch mit dem stoischen προκόπτων: er ist thatsächlich ein Bekehrter, ein neuer Mensch, und wenn die Stoiker ihn dennoch zur Kategorie der Thoren oder Sünder rechnen, so liegt diesem scheinbaren Widerspruch dieselbe tiefe Idee und Tendenz zu grunde, wie der analogen christlichen Lehre und Predigtpraxis, nämlich die, den Menschen stets in der Demut zu erhalten, ihn vor Selbstzufriedenheit zu bewahren und ihm die sittliche Arbeit als eine beständige, in diesem Leben nie aufhörende Pflicht vor Augen zu stellen, wie dies Seneca schön und kräftig zum Ausdruck bringt, wenn er die Losung ausgiebt: instemus itaque et perseveremus. plus, quam profligavimus, restat: sed magna pars est profectus velle proficere (ep. 71, 35). Ein weiterer Beweis dafür, dass die Stoiker einen wesentlichen Unterschied gemacht haben zwischen dem προκόπτων und φαῦλος, ist die interessante chrysippische Unterscheidung von δεῖσθαι und ἐνδεῖσθαι, die in comm. not. 20 erwähnt wird (vergl. st. rep. 12). Dem φαῦλος spricht Chrysipp jegliches δεῖσθαι und χρείαν ἔχειν ab, da er — in seiner bekannten Vergewaltigung des Sprachgebrauchs — den Begriff δεῖσθαι nur auf die naheliegenden und leicht erreichbaren Güter (ἕτοιμα καὶ εὐπόριστα), d. h., kurz gesagt, auf die wahren Güter anwendet. Es ist nun hier freilich nicht der προκόπτων, sondern der ἀστεῖος oder Weise dem φαῦλος gegenübergestellt: von diesem könne man sagen δεῖται oder χρείαν ἔχει, da er nach den wahren Gütern trachte, die er sich jederzeit verschaffen könne. Jedoch auch da kann uns Epictet wieder über die wahre Meinung Chrysipps aufklären. Er schildert in IV, 1, 81 etc. die befreiende Wirkung der Philosophie, wie sie alle Furcht und Trauer, auch alle böse Lust wegnehme: ἐπιθυμήσεις δὲ τίνος ἔτι; τῶν μὲν προαιρετικῶν, ἅτε καλῶν ὄντων καὶ παρόντων, σύμμετρον ἔχεις καὶ καθισταμένην τὴν ὄρεξιν etc. Man bemerkt sofort die auffallende Uebereinstimmung dieses Gedankens mit jenem Satze des Chrysipp. Es kann gar keinem Zweifel unterliegen, dass auch dieser unter den ἕτοιμα καὶ εὐπόριστα die proairetischen, d. h. die wahren Güter verstanden hat, und dass seine Unterscheidung von ἐνδεῖσθαι und δεῖσθαι ganz genau der epiktetischen Unterscheidung von ἐπιθυμία und ὄρεξις entspricht: das ἐνδεῖσθαι bezieht sich auf die ἀλλότρια, d. h. auf die äusseren Güter, die dem Menschen fernliegen, weil es nicht in seiner Macht liegt, sie zu erwerben; das δεῖσθαι aber auf die οἰκεῖα und ἴδια, auf die inneren Güter, die jeder haben kann, wenn er nur will. Der ἐνδεόμενος verfehlt oft das Ziel seiner unruhigen Begierden, und jedenfalls geht er der wahren Güter verlustig, der δεόμενος dagegen erlangt sicher und stets, was er in ruhigem, klarem Wollen erstrebt. Bedenken wir nun, dass Epictet jene Freiheit von ἐπιθυμία keineswegs nur den vollendeten Weisen zuerkennt, sondern als Frucht des ersten Topos schildert, somit als etwas, das auch dem προκόπτων zukommt, so werden wir sicherlich nicht fehlgehen, wenn wir annehmen, dass Chrysipp das δεῖσθαι auch auf den προκόπτων angewendet hat: denn von ihm konnte er im Ernste nicht behaupten, dass ihm die wahren Güter fremd, ebenso fremd und ausserhalb seines Strebens liegend seien, wie dem φαῦλος; vielmehr sind dieselben auch für den προκόπτων, wenn auch noch nicht ganz ἕτοιμα, d. h. ein stetiger Besitz, so doch εὐπόριστα, d. h. relativ leicht und sicher zu erwerben, **nachdem** er einmal grundsätzlich sich dem Guten zugewendet hat.

Absichtlich habe ich die mehr indirekten, aber meines Erachtens nicht weniger beweiskräftigen Argumente vorangestellt, weil dieselben mit Sicherheit auf die ältere Stoa, wenigstens auf Chrysipp, zurückzuführen sind. Nun besitzen wir aber auch noch andere und zwar ganz direkte Argumente, die allerdings möglicherweise erst aus der späteren Stoa stammen, deren Uebereinstimmung mit der Anschauung der älteren Stoiker aber eben durch das Bisherige erheblich an Wahrscheinlichkeit gewinnt. Nach Ciceros Zeugnis hat schon Zeno zwischen προκόπτοντες und φαῦλοι einen deutlichen Unterschied gemacht, indem er erklärte, Plato, obwohl kein Weiser, befinde sich doch nicht in derselben Verdammnis wie der Tyrann Dionysius: für diesen sei der Tod das beste, da ihm alle Hoffnung abgeschnitten sei, weise zu werden, für jenen aber das Leben, weil er diese Hoffnung haben könne. Was heisst das anders, als dass Plato ein προκόπτων, d. h. ein ernstlich nach Weisheit strebender Mann war, dem eben dieses ernste, ideale Streben das Leben wertvoll machte, wenn er auch nicht zum vollen Glück gelangte? Auch Plato ist noch insipientes und insofern dem φαῦλος gleich; aber es giebt unter den insipientes solche, welche durchaus nicht zur Weisheit gelangen können, und solche, welchen, wenn sie sich's angelegen sein lassen, dies möglich ist. Cicero resp. Antiochus betrachtet diese Lehren Zenos wie auch die Einführung der προηγμένα und die Unterscheidung von peccata tolerabilia und non tolerabilia als Zeugnisse des Abfalls von seiner ursprünglichen Intention und der notgedrungenen Anpassung an die Thatsachen des menschlichen Lebens. Aber wir sind ja aus Ciceros Schriften diesen Vorwurf gegen die Stoa gewöhnt: er beweist bloss die Kurzsichtigkeit ihrer Gegner, die nicht zu unterscheiden vermochten zwischen Begriffen, die nur theoretische und regulative Bedeutung haben, und solchen, die unmittelbar auf das praktische Leben Anwendung finden und der Wirklichkeit adäquat sind. Die Stoiker wussten recht gut, was sie wollten, wenn sie den προηγμένα hartnäckig den Charakter der ἀγαθά absprachen und den noch nicht Weisen theoretisch zu den ἄφρονες rechneten: sie wollten dadurch die Absolutheit des sittlichen Gutes wahren, während sie daneben im Gegensatz zum Kynismus den Thatsachen des sittlichen Lebens möglichst gerecht zu werden sich bestrebten. Und damit haben sie unstreitig das Richtige getroffen; denn es liegt ebensowohl im Wesen der Sittlichkeit, dass sie absolut ist und es dem Menschen nicht erlaubt, bei einer relativen Sittlichkeit sich zu beruhigen, wie es im Wesen des Menschen liegt, dass er der Idee der Sittlichkeit und des höchsten Gutes nur annähernd entspricht. Darin besteht eben der grosse Unterschied zwischen der stoischen und peripatetischen Ethik, dass diese mit einer relativen Sittlichkeit sich begnügt, während jene an die sittliche Selbstbeurteilung stets den höchsten Massstab der absoluten Sittlichkeit angelegt wissen will. Nur so erklärt es sich, dass die Stoiker behaupteten, zwischen ἀρετή und κακία sei nichts in der Mitte, während die Peripatetiker die προκοπή als ein Mittleres zwischen beiden betrachteten (D. L. 127. ecl. II, 65). Auch die Stoiker haben thatsächlich die προκοπή als ein Mittleres zwischen ἀρετή und κακία betrachtet, aber in einem anderen Sinn als die Peripatetiker: für diese hat die προκοπή an sich selbst sittlichen Wert, für jene nur als Uebergangsstadium, insofern der προκόπτων unaufhörlich nach der Weisheit strebt und von der Hoffnung, sie zu erreichen, beseelt ist. Für den peripatetischen Stoiker ist das καθῆκον ein wirkliches, substanzielles μέσον zwischen ἀρετή und ἁμαρτία, für ihn giebt es einen wirklichen μέσος βίος, eine ἕξις μεταξὺ ἀνοσιότητος καὶ ἀνωνύμου [1]) (ecl. II, 145), während der echte Stoiker auch denjenigen, der fast alle oder alle καθήκοντα erfüllt, noch theoretisch und prinzipiell den φαῦλοι beizählt, weil seine Handlungen noch nicht den Charakter der absoluten Sittlichkeit haben, noch der ἐπιστήμη und des daraus fliessenden unbedingten Selbstvertrauens (θάρρος) entbehren.

Dass die stoische Auffassung die tiefere ist, wird man nicht bestreiten können, so sehr man auch zugeben muss, dass es der Stoa nicht gelungen ist, ihre eigentliche und unterscheidende Intention zu einem völlig klaren und formell befriedigenden Ausdruck zu bringen. Es liegt dies freilich auch an der Mangelhaftigkeit der Quellen. Seneca bringt die stoische Ansicht bündig und treffend zur Geltung, wenn er sagt: qui proficit, in numero quidem stultorum est, magno tamen intervallo ab illis diducitur (ep. 75, 8). Also thatsächlich ist der προκόπτων über den φαῦλος moralisch weit erhaben, aber vom Standpunkt der absoluten Sittlichkeit aus, von dem aus er sich selbst zu beurteilen hat, ist er noch ein Sünder. Er ist noch nicht gesund, aber rekonvaleszent (ep. 72, 6. cfr. Philo quis her. 59), er ist nicht unus e populo, ad salutem spectat (ep. 10, 3); und wenn auch die volle Sicherheit und Festigkeit des moralischen Verhaltens nur dem vollkommenen Weisen zukommt, so ist sie doch bis zu einem gewissen Grad auch dem proficiens und provectus, d. h. dem προκόπτων ersten Ranges, eigen: commovetur quidem non tamen transit sed suo loco nutat. ille (sapiens) ne commovetur quidem (ep. 35, 4). Wir sehen also, immer ist es der Begriff der absoluten Festigkeit des moralischen Urteils und Verhaltens, welcher den Weisen im Unterschied vom προκόπτων charakterisiert: von dieser Sicherheit abgesehen ist der letztere nach seiner moralischen Qualität dem Weisen so ziemlich gleich. Und somit kommen wir zu dem Ergebnis, dass der provectus die καθήκοντα in wesentlich anderer Weise erfüllt, als der φαῦλος: sämtliche vier Kriterien, die wir für die Pflichterfüllung des Weisen im Gegensatz zu der des Unweisen aufgestellt haben, gelten auch für die des προκόπτων ersten Rangs und für den προκόπτων überhaupt mehr oder weniger. Nach aussen ist zwischen dem Handeln des ἐπ' ἄκρον προκόπτων und dem des Weisen gar kein Unterschied; was jenem fehlt, ist nur die innere Selbstgewissheit und absolute Sicherheit der Tugend. Der προκόπτων hat die rechte Lebensanschauung, ist frei von Leidenschaften, erfüllt alle Pflichten tadellos, ja er ist sogar fähig, eine edle, hochherzige That der Aufopferung für das Gesamtwohl zu vollbringen, und Epictet misst, wie wir sahen, einer solchen That gewissermassen den allerhöchsten Wert bei, wenn er bekennt, er möchte am liebsten in Ausübung einer solchen That vom Tode betroffen werden (IV, 10, 12). Nichtsdestoweniger fehlt ihm noch jenes βέβαιον, jene κριμάτων ἀσφάλεια, welche erst die φιλοσοφία zur σοφία und die καθήκοντα zu κατορθώματα im eigentlichen Sinne macht. Seine Pflichterfüllung gleicht einem auf gutem Grunde regelrecht und solid aufgeführten Bau, dem nur

---

[1]) Statt des sinnlosen ἀνωνύμου ist wohl zu lesen ἀμώμονος oder ἀμωμήτου (tadellos).

noch der Schlussstein fehlt, der dem Ganzen sein Ansehen giebt und ihm den Charakter des Vollkommenen verleiht: während die des φαῦλος oder ἀπαίδευτος einem auf schlechtem Grunde unregelmässig und lückenhaft aufgeführten Bau gleicht, der, obwohl einzelne gute Steine sich darin befinden mögen, im ganzen durchaus den Eindruck des Verfehlten und Unbrauchbaren macht[1]).

8. Das καθῆκον des φαῦλος.

Letztere Bemerkung führt uns nun noch auf einen weiteren wichtigen Punkt. Wenn der προκόπτων, wie wir sahen, nicht in dem Sinne zu den φαῦλοι gehört, als ob sein Handeln gar keinen moralischen Wert hätte, vielmehr thatsächlich und materiell fast dieselbe moralische Qualität besitzt wie der Weise, so fragt es sich nun, ob denn der φαῦλος oder ἄφρων in dem Sinne moralisch schlecht ist, dass alle seine Handlungen gleichermassen und durchaus unmoralisch wären. Wenn wir bloss an den Wortlaut der stoischen Lehre uns halten, so müssen wir diese Frage unbedingt bejahen. Aber wir werden finden, dass die Stoiker selbst nicht gewillt und im stande waren, jene Theorie von der absoluten Schlechtigkeit des Unweisen in praxi festzuhalten. Nach Stob. ecl. II, 96 haben sie die ἐνεργήματα eingeteilt in κατορθώματα, ἁμαρτήματα und οὐδέτερα. Erinnern wir uns, dass Zeno die καθήκοντα zwischen die recta und peccata in die Mitte gestellt hat (Cic. ac. I, 36), so muss es uns auffallen, dass bei Stobäus a. a. O. der Begriff καθῆκον gar nicht erwähnt wird, während dies doch hier notwendig hätte geschehen müssen, wenn wirklich das καθῆκον die moralisch indifferente Handlung bedeuten würde. Sehen wir nun aber auf die Beispiele von οὐδέτερα, die Stobäus anführt (λέγειν ἐρωτᾶν ἀποκρίνεσθαι περιπατεῖν ἀποδημεῖν), so sind dies allerdings Dinge, die gewöhnlich zu den καθήκοντα gezählt werden (D. L. 109). Aber warum fehlt das θεοὺς σέβεσθαι, γονέας τιμᾶν, πατρίδα φιλεῖν etc., warum sind diese Handlungen, die doch auch zu den καθήκοντα gehören (D. L. 108), nicht mit einem einzigen Beispiel vertreten? Dies ist sicherlich nicht zufällig. Jedermann sieht, dass die καθήκοντα letzterer Art, auch wenn sie formell unsittlich, d. h. aus unlauteren, niedrigen Motiven geübt werden, doch materiell und objektiv ein sittliches Moment enthalten, während die ersterwähnten καθήκοντα wirklich völlig neutrale, an sich sittlich indifferente Handlungen sind. Allerdings geschehen auch diese Handlungen, wie früher betont wurde, nach stoischer Ansicht nie als sittlich indifferente, sondern sie sind, da auch die unwichtigsten Thätigkeiten in die sittliche Beurteilung hineingezogen wurden, beim Weisen κατορθώματα (Stob. a. a. O. φρονίμως περιπατεῖν), beim Unweisen ἁμαρτήματα. Dessenungeachtet konnten aber die Stoiker sich dem Eindruck nicht verschliessen, dass es mit den moralischen καθήκοντα — so mögen die der letzteren Art genannt werden — eine andere Bewandtnis habe, als mit den neutralen. Nicht nur die begründete Furcht, ihre Lehre als sittengefährlich bei der Welt in Misskredit zu bringen, sondern

---

[1]) Ein ähnliches Bild gebraucht in derselben Sache Philo de agric. 37.

gewiss auch ihr eigener moralischer Instinkt hielt sie davon ab, die moralischen καθήκοντα, z. B. die Verehrung der Götter, als etwas moralisch Indifferentes zu bezeichnen. Wohl hat die Erfüllung dieser καθήκοντα nach ihrer Ansicht keinen sittlichen Wert, ja muss theoretisch als Sünde gefasst werden, wenn sie nicht aus der richtigen Gesinnung und sittlichen Bildung fliesst. Aber wenn sie diese καθήκοντα als etwas Mittleres zwischen Rechtthat und Sünde bezeichnet hätten, wie leicht konnte ihnen dies dahin missdeutet werden, dass sie auf die Beobachtung der heiligsten Pflichten keinen grossen Wert legen, ja sogar deren Verletzung nicht einmal als Sünde betrachten. Es ist bereits nachgewiesen worden, dass Cicero, wenn er die Beobachtung und Verletzung der officia im Unterschied von den recte facta einerseits und den peccata andrerseits media nannte (ac. I, 36), die Lehre der Stoiker falsch verstanden hat: denn die Verletzung der moralischen καθήκοντα haben sie nie ein μέσον, sondern stets ein ἁμάρτημα genannt. So erscheint auch bei Stobäus a. a. O. das Stehlen als ἁμάρτημα und nicht als οὐδέτερον, obschon das Gegenteil des κλέπτειν, d. h. die Respektierung fremden Eigentums, nicht zu den κατορθώματα gehört (Cic. fin. III, 59). Jedoch die Besonderheit der moralischen καθήκοντα zeigt sich nicht bloss darin, dass deren Gegenteil unter die ἁμαρτήματα gerechnet wurde, was bei den neutralen καθήκοντα nicht geschah und auch keinen Sinn hatte (denn es wäre lächerlich gewesen, z. B. das μὴ λέγειν oder σιωπᾶν als ἁμάρτημα zu bezeichnen), sondern auch darin, dass die Stoiker offenbar Bedenken trugen, diese καθήκοντα selbst resp. ihre Erfüllung ein οὐδέτερον oder μέσον zu nennen. Selbst bei Cicero a. a. O., der das officium ausdrücklich als ein medium, d. h. als etwas weder an sich Gutes, noch an sich Schlechtes bezeichnet, wird doch das depositum reddere nicht ein medium, sondern ein inchoatum officium genannt und damit dem κατόρθωμα oder perfectum officium nicht negativ gegenübergestellt, sondern mehr in positive Beziehung zu ihm gesetzt, als das elementar Sittliche im Unterschied vom perfekt Sittlichen.

Die Stoiker haben also — und es ist dies sehr zu beachten —, wenn sie von μέσα καθήκοντα redeten, in der Regel speziell nur die neutralen καθήκοντα im Sinne gehabt. Dies geht auch aus einer andern Stelle bei Stobäus hervor: ecl. II, 86 werden die μέσα καθήκοντα den τέλεια gegenübergestellt und zu den ersteren das γαμεῖν, πρεσβεύειν, διαλέγεσθαι etc. gerechnet. Auch hier fehlen also die moralischen καθήκοντα; denn das γαμεῖν kann, wie wir früher sahen, unter einem doppelten Gesichtspunkt betrachtet werden, als moralisches καθῆκον und als egoistisches (neutrales). Auch nachher, wo gesagt ist, dass das μέσον καθῆκον auf Adiaphora sich beziehe (παραμετρεῖσθαι — ἀδιαφόροις τισί), können wir füglich nur an die καθήκοντα der zweiten Art denken, die nicht in der Beobachtung der σχέσεις, sondern in der klugen Wahl des Naturgemässen bestehen (ἐκλεγομένοις παρὰ φύσιν καὶ κατὰ φύσιν ὥςτ᾽ εἰ μὴ λαμβάνοιμεν αὐτὰ ἢ διωθοίμεθα ἀπεριστάτως μὴ ἂν εὐδαιμονεῖν). Man sieht deutlich, dass bei dieser Definition des μέσον καθῆκον die moralischen Pflichten (Götter ehren etc.) gänzlich ausser acht gelassen sind. Welcher Unsinn wäre es auch, die Götter unter die ἀδιάφορα zu rechnen und sie oder ihre Verehrung als etwas zu bezeichnen, was naturgemäss gewählt wird: es ist klar, dass das μέσον καθῆκον ·nur das bedeutet, was Epictet nach Chrysipp die ἐκλογή τῶν κατὰ φύσιν nennt und von dem moralischen καθῆκον, das ihm als προηγούμενον gilt, deutlich unterscheidet. Auch Seneca führt, sicherlich nicht ohne Absicht, als Beispiele für das medium, das an sich weder bonum noch malum ist, ausschliesslich neutrale καθήκοντα an (militia legatio iurisdictio, ep. 118, 11). Nur diese meint er, wenn er sagt, dass man bei den officia sich von der Wahrscheinlichkeit, nicht von der Wahrheit leiten lasse (ben. IV, 3, 3). Ja man kann sogar behaupten, dass jene Definition des καθῆκον, wonach es diejenigen Handlungen umfasst, die sich vernünftig rechtfertigen lassen (D. L. 107. ecl. II, 85. Cic. fin. III, 58), nur auf diese eine Art der καθήκοντα gemünzt ist. Denn es wäre zum mindesten kurios, z. B. die Pietätspflichten als solche zu bezeichnen, deren Beobachtung vor dem Forum der Vernunft eben noch Gnade findet. Freilich wenn jene Definition das besagen wollte, dass alle Pflichten, auch die gewöhnlichen und allgemein geübten, in der Vernunft des Menschen begründet sind und seiner vernünftigen Bestimmung entsprechen, so wäre der Gedanke durchaus nicht absurd und nichts weniger als unstoisch: denn gerade die Stoiker haben ja den Grundsatz so nachdrücklich verfochten, dass Recht und Sittlichkeit nicht durch willkürliche Satzung, sondern aus der eigensten Natur des Menschen heraus entstanden seien und Geltung haben. Aber diesen Gedanken kann man in jener Definition unmöglich angedeutet finden: abgesehen davon, dass sie dazu viel zu geschraubt wäre und dass der ganze Ton der Definition, besonders auch das restringierende τινα, deutlich anzeigt, dass nicht das höchste, vollwertige sittliche Handeln gemeint sein kann, ist es eben Thatsache, dass der Begriff des εὔλογος ἀπολογισμός gerade das Merkmal bildet, welches das καθῆκον vom κατόρθωμα unterscheidet (Cic. fin. III, 58. off. I, 8). Dass das letztere nach stoischer Ansicht im höchsten Sinne der menschlichen Vernunft und der wahren Bestimmung des Menschen gemäss ist, liegt auf der Hand; aber eben deshalb kann jene Definition des καθῆκον nicht denselben Gedanken ausdrücken wollen.

Die Lösung des Rätsels liegt nun meines Erachtens darin, dass wir, wie schon früher angedeutet wurde, zwischen dem ὀρθὸς λόγος und dem einfachen λόγος unterscheiden müssen: das κατόρθωμα ist eine Handlung, die dem ὀρθὸς λόγος gemäss ist, während die Beobachtung des καθῆκον schon vom blossen λόγος geboten wird. Man kann die stoische Ethik nicht recht verstehen, wenn man diese Unterscheidung zwischen dem blossen λόγος und dem ὀρθὸς λ. nicht berücksichtigt. Dieselbe entspricht genau der früher besprochenen Unterscheidung eines niederen und höheren Naturgemässen. Gut im engeren Sinn ist nicht alles, was naturgemäss, nur was perfecte secundum naturam ist (Sen. ep. 118, 12); ebenso ist nur dasjenige wahrhaft gut, was κατὰ τ. ὀ. λ., nicht was überhaupt κατὰ λόγον ist. Nur die perfecta ratio ermöglicht das wahrhaft tugendhafte Handeln resp. ist mit der Tugend identisch (Cic. leg. I, 45. cfr. 25 virtus = perfecta et ad summum perducta natura). Gerade so nun, wie κατόρθωμα und ὀρθὸς λόγος einerseits, sind auch καθῆκον und λόγος andrerseits korrelate Begriffe. Nach D. L. 108 haben die Stoiker alle diejenigen Handlungen, welche die Vernunft anrät (ὅσα λόγος αἱρεῖ ποιεῖν), als καθήκοντα bezeichnet. Merkwürdigerweise sind aber bei Diogenes a. a. O. als Beispiele der καθήκοντα nur solche erwähnt, die ich als moralische bezeichnet habe (Eltern ehren, Vaterland lieben etc.). Andrerseits ist aber auch keines der Beispiele derart, dass wir denken könnten, es seien auch die κατορθώματα mit gemeint (siehe Stob. ecl. II, 86 und 96)[1]). Somit können wir keinen andern Schluss ziehen als den, dass die Ausdrücke ὅσα ὁ λόγος αἱρεῖ und ἃ εὔλογον ἔχει ἀπολογισμόν im allgemeinen identisch sind, wie sie denn auch beide zur Definition der καθήκοντα verwendet wurden, nur mit dem Unterschied, dass der erstere Begriff einen weiteren Umfang hat, insofern er das ganze Gebiet der καθήκοντα, und zwar die moralischen κ. speziell und zunächst, in sich schliesst, während der letztere eigentlich nur auf die neutralen κ. angewendet werden kann. Ich meine, man fühle diesen Unterschied den betreffenden Ausdrücken sofort an: das, was die Vernunft rät, ist doch nicht ganz dasselbe wie das, was sich vernünftig rechtfertigen lässt. Im ersten Fall ist die Vernunft sozusagen viel direkter beteiligt als im zweiten: dass ich die Eltern ehren muss, das ist doch ein ursprünglicheres und deutlicheres Gebot der Vernunft, als dass ich zu einer gewissen Zeit im Interesse meiner Gesundheit spazieren gehen muss.

Es fragt sich nun nur noch, wie wir das Verhältnis des λόγος zum ὀρθὸς λόγος in ethischer Hinsicht aufzufassen haben. Von einem Dualismus zwischen beiden kann nicht die Rede sein. Alles, was die Vernunft rät und sich vor ihr rechtfertigen lässt, muss auch der Weise thun. Darüber kann gar kein Zweifel bestehen, dass die Stoiker keine doppelte Sittlichkeit, eine für den Weisen und eine für den Unweisen, statuieren wollten. Der Weise muss um der Tugend willen alle καθήκοντα erfüllen, sowohl die moralischen als auch die neutralen. Wenn schon der ἐπ' ἄκρον προκόπτων alle καθήκοντα beobachtet, wie viel mehr muss dies der Weise thun! Wenn der Weise den freiwilligen Tod wählt, so thut er's aus denselben Gründen wie der Unweise, nämlich weil das Scheiden aus dem Leben einen εὔλογος ἀπολογισμός hat (Cic. fin. III, 60. comm. not. 11). Aber dennoch ist dies für ihn zugleich eine Forderung der Weisheit, also ein κατόρθωμα (Cic. fin. III, 61). Besonders deutlich ersieht man dies aus Seneca ep. 77, 19, wo gar kein Zweifel darüber bestehen kann, dass dieses letzte officium, das der Weise erfüllt, indem er sich tötet, hinsichtlich seines moralischen Wertes allen seinen früheren Handlungen, die doch κατορθώματα sind, völlig ebenbürtig ist (vergl. auch Cic. fin. III, 68). Jedes καθῆκον, vom Weisen vollbracht, ist ein κατόρθωμα, weil in ihm der λόγος immer zugleich ὀρθὸς λόγος ist. Was der λόγος rät oder fordert, ist stets auch dem ὀρθὸς λ. gemäss, es kann deshalb nie ein Konflikt zwischen beiden eintreten. Dies lehrt Epictet an verschiedenen Stellen deutlich genug. „Niemals rät die Vernunft (III, 24, 58 αἱρεῖ ὁ λόγος), verzagt und gebrochen zu sein, von andern sich abhängig zu machen und Gott und Menschen anzuklagen." Speziell die Pflichten der Pietät können nie der höchsten Pflicht der persönlichen sittlichen Ausbildung und Bethätigung widersprechen (vergl. I, 11). Wenn also — um die Sache durch ein Beispiel klar zu machen — der Weise seinem Vater nicht gehorcht, falls ihn dieser von der Erfüllung der höchsten Pflicht abhalten will, so kann man nicht sagen, er thue zwar, was der ὀρθὸς λ.

---

[1]) Auffallend ist es allerdings, dass bei D. L. der Ausdruck κατόρθωμα gar nicht vorkommt.

gebiete, versäume aber, was der λόγος fordere: vielmehr thut er allein wirklich, was der λόγος rät, während der Unweise, der aus Gehorsam gegen den Vater lügt oder stiehlt, weder κατὰ λόγον noch καθηκόντως handelt. Es ist also nicht so, als ob das Gebot des λόγος eine weitere und umfassendere Geltung hätte als das des ὀρθὸς λόγος: vielmehr ist beides in Wahrheit identisch, aber wer den ὀρθὸς λόγος nicht besitzt, kennt und thut vieles, was der λόγος verlangt, nicht, ferner thut er vieles in der falschen Meinung, es sei καθῆκον und εὔλογον, endlich, auch was er κατὰ λόγον thut, thut er nicht ὀρθῶς. So erklärt es sich, dass nicht selten, namentlich auch bei Epictet, der einfache λόγος als die höchste Richtschnur des sittlichen Handelns erscheint, dem entsprechend, dass auch das καθῆκον meist im höhern Sinn, als τέλειον κ., verstanden wird. So ist bei Philo (sacr. Abel 11) der αἱρῶν λόγος identisch mit dem λόγος ὀρθός, der kurz nachher (12) der κυβερνήτης καὶ ὑφηγητὴς τῶν καλῶν genannt wird (vergl. Ant. 5, 14). Besonders lehrreich ist hiefür Clemens Al. paed. I, 101, 159 P etc. Hier wird zuerst ganz korrekt stoisch die Sünde als das παρὰ τὸν λόγον τὸν ὀρθόν definiert, im folgenden aber der Ungehorsam gegen den λόγος ebenfalls als Sünde und der Gehorsam gegen ihn als Tugend bezeichnet. Hiebei ist, worauf besonders geachtet werden muss, das καθῆκον als durchaus gleichbedeutend mit dem κατορθούμενον behandelt, und es bestätigt sich uns so die bei Epictet gemachte Wahrnehmung, dass wie der λόγος, recht verstanden, mit dem ὀρθὸς λόγος, so auch das καθῆκον, recht verstanden, mit dem κατορθούμενον identisch ist. Um den λόγος und seine Forderungen recht und voll zu verstehen, muss der eigene λόγος ausgebildet, ὀρθός werden. Dies ist ja nach Epictet das Ziel der Philosophie (IV, 8, 12 ὀρθὸν ἔχειν τὸν λόγον), und genau so wird auch bei Clemens die Philosophie definiert als ἐπιτήδευσις λόγου ὀρθότητος. Unmittelbar zuvor aber wird die Tugend, gleichfalls echt stoisch, definiert als διάθεσις ψυχῆς σύμφωνος ὑπὸ τοῦ λόγου περὶ ὅλον τὸν βίον. Selbstverständlich kann die Harmonie der Seele nur da sich finden, wo der λόγος ὀρθός ist, folglich ist hier der λόγος im prägnanten Sinn = λόγος ὀρθός zu verstehen, genau so wie in der bekannten Definition der ἐπιστήμη als ἕξις ἐν φαντασιῶν προςδέξει ἀμετάπτωτος ὑπὸ λόγου (D. L. 47). Auch hier ist natürlich der ὀρθὸς λ. gemeint, wie dies noch zum Ueberfluss durch die unmittelbar zuvor erwähnte Definition der ἀματαιότης als ἕξις ἀναφέρουσα τὰς φαντασίας ἐπὶ τὸν ὀρθὸν λόγον bewiesen wird.

Von einem Dualismus und somit von der Möglichkeit eines Konfliktes zwischen λόγος und ὀρθὸς λ. kann also nicht die Rede sein. Der Logos hat in jedem Menschen die Bestimmung und Tendenz, sich zum ὀρθὸς λ. zu entwickeln, aber die Wenigsten erkennen diese Aufgabe und liegen ihr ernstlich ob. Die Menge der Menschen bleibt somit auf dem Standpunkt des blossen, unentwickelten Logos zurück, der sich in doppelter Hinsicht geltend macht, einmal als Prinzip der egoistischen Klugheit (verständige Wahl der Proegmena), sodann als Prinzip der elementaren, nach Sitte und Gesetz sich richtenden Moralität. Alles, was nach diesen beiden Richtungen der Logos rät, verlangt auch von dem Weisen sein ὀρθὸς λόγος, nur dass durch diesen seine Handlungen aus der Region des niederen Egoismus auf den des wahren, sittlichen Egoismus und aus der blossen Legalität zur wahren Moralität erhoben werden. Ausserdem macht der ὀρθὸς λόγος dem Menschen manche Pflichten kund, welche der blosse, unentwickelte Logos nicht kennt, z. B. die Pflicht der Wohlthätigkeit und Vergebung und überhaupt das im höchsten Sinn tugendhafte Verhalten (σωφρονεῖν, χαίρειν, φρονίμως περιπατεῖν etc.) [1]. So wenig demnach daran zu zweifeln ist, dass die Stoiker dem Handeln desjenigen, der nach dem Gebot des blossen Logos sich richtet, keinen eigentlich sittlichen Wert zuerkannt haben, so gewiss konnten sie doch der Anerkennung des relativen sittlichen Wertes dieser niederen Pflichterfüllung sich nicht ganz verschliessen. Wir haben bestimmte Zeugnisse dafür. Nach st. rep. 18 hat Chrysipp behauptet, auch wenn der Mensch in seiner κακία verharre und nie ein φρόνιμος werde, sei gleichwohl das Weiterleben für ihn besser als das Sterben, nämlich wegen des Logos μεθ' οὗ βιοῦν ἐπιβάλλει μᾶλλον καὶ εἰ ἄφρονες ἐσόμεθα (vergl. comm. not. 12). Es wird dies dem Chrysipp als grosser Widerspruch ausgelegt, da ja nach seiner eigenen Lehre die κακία nichts anderes sei als λόγος ἡμαρτημένος; folglich lebe der κακός nicht μετὰ λόγου, sondern eigentlich ohne λόγος. Offenbar jedoch hat Chrysipp unter dem Logos beidemal nicht das Gleiche verstanden: wenn die κακία als λόγος ἡμαρτημένος bezeichnet wird, so ist der ὀρθὸς λόγος gemeint. Dagegen den blossen λόγος als Denkkraft und Prinzip der natürlichen Klugheit besitzt auch der κακός und diese Vernunft als rein

---

[1] Eine wesentlich andere Anschauung vom καθῆκον und seinem Verhältnis zum Logos und zur Tugend hatten die peripatetisierenden Stoiker. Bei ihnen zeigt sich die Tendenz, die vollkommene Tugend in unerreichbare Ferne zu rücken und dadurch eigentlich illusorisch zu machen, wogegen sie dann das μέσον καθῆκον auf eine höhere Stufe heben, indem sie es ein secundum honestum, ein Abbild des honestum (off. III, 15. I, 46. III, 69) oder ein vicinum honesto nennen (Sen. ben. II, 18, 2). Nur dieses secundum oder communiter honestum geht eigentlich die gewöhnlichen Sterblichen etwas an (off. III, 17 in nostram intelligentiam cadit). Während die orthodoxen Stoiker diejenigen, welche das μέσον καθῆκον beobachten, prinzipiell als φαῦλοι betrachten, wird nach den peripatetisierenden Stoikern dieses μέσον καθῆκον als etwas bezeichnet, das nur von denen gepflegt wird, die für boni viri gelten wollen (off. III, 17), und seine Erfüllung als eine Moralität geschildert, bei der sich jeder recht wohl beruhigen kann (off. I, 46. III, 69). Sachlich betrachtet, verstanden sie unter diesem secundum honestum allerdings so ziemlich dasselbe, worin die Moralität des stoischen προκόπτων besteht. Aber dieser προκόπτων steht doch wesentlich höher als der bonus vir des Panätius, erstens weil er nur durch die Philosophie, also durch die Aneignung der theoretisch richtigen Lebensanschauung, zu seiner relativen Vollkommenheit gelangt, während man ein bonus vir auch durch glückliche Naturanlage und weltliche Bildung werden kann (off. III, 14. Philo de sacr. 10); zweitens weil der προκόπτων sich nie mit der erreichten Stufe der Moralität begnügt, sondern stets von dem höchsten Streben nach der wahren Weisheit und Tugend beseelt und geleitet ist. Es entspricht ganz der nüchternen, auf Aussöhnung der Wissenschaft mit dem wirklichen Leben gerichteten Tendenz des weltmännischen Panätius, dass er die absolute Weisheit und Tugend in das Reich der Illusion verweist (Lälius 5, 18), während er andrerseits die Moralität des ἰδιώτης weit höher wertet, als die echten Stoiker. Dieser Standpunkt bringt es dann von selbst auch mit sich, dass die Vernunft als solche, d. h. wie sie jeder von Natur besitzt ohne philosophische Bildung, viel höher taxiert wird, da der ὀρθὸς λόγος eigentlich von niemand erreicht wird. So sagt Seneca, offenbar nach Hecato dass, wer sich von dieser (unphilosophischen) Vernunft leiten lässt, es wenigstens zu einem vicinum honesto bringt (ben. II, 18, 2). Im übrigen kann im Rahmen der vorliegenden Untersuchung der abweichende Standpunkt der peripatetisierenden Stoiker nicht genauer erörtert werden.

formelles Vermögen schätzt Chrysipp allerdings insoweit, als er das Leben μετὰ λόγου, wenn auch in prinzipieller Unseligkeit, dem Nichtleben vorzieht. Die Unterscheidung des λογικόν als der bloss formellen Denkkraft — das auch νοητικόν oder νοῦς genannt wird — vom λόγος im materiellen Sinne, d. h. von dem λόγος als sittlich-vernünftigem Prinzip, wie er keimhaft in jedem, vollkommen im Weisen vorhanden ist, war überhaupt in der Stoa geläufig. Epictet unterscheidet eine Ertötung des νοητικόν (oder λογικόν) und des ἐντρεπτικόν (oder αἰδῆμον); letzteres entspricht dem λόγος ὀρθός: wenn dieser ertötet ist, kann doch der λόγος noch unverletzt bestehen, wofern er nicht auch, wie bei den Skeptikern, verwildert ist (I, 5, 1 etc. IV, 5, 21). Nach M. Aurel haben auch die Gottlosen und Uebelthäter den νοῦς als ἡγεμὼν ἐπὶ τὰ φαινόμενα καθήκοντα. Diesen, wie überhaupt die formellen Seelenvermögen (φαντασία und ὁρμή), hat der Gute mit jenen gemein; aber der νοῦς an sich rein formell betrachtet ist nichts wahrhaft Gutes (12, 31: das διανοεῖσθαι ist ein μέσον), erst wenn er mit dem rechten Inhalt erfüllt, erst wenn er νοῦς und δαίμων (d. h. gutes, göttliches Prinzip) zugleich ist (3, 3). Ebenso ist die λογικὴ ψυχή an sich noch nicht das eigentliche ἴδιον, das wahre Gut des Menschen, sondern erst, wenn sie zugleich καθολικὴ ψυχή ist, d. h. wenn der Logos, der seine Handlungen bestimmt, mit dem κοινός und ὀρθὸς λόγος übereinstimmt. Der νοῦς oder der blosse λόγος wird also auch von M. Aurel mit dem Begriff καθῆκον in Verbindung gebracht; aber es ist klar, dass hier das καθῆκον nur im niederen Sinn gemeint ist, sofern es die Handlungen egoistischer Klugheit und höchstens noch der Legalität in sich begreift. Dass nicht das καθῆκον an sich auf dieses Gebiet beschränkt ist, beweist nicht bloss der Zusatz φαινόμενα, sondern der ganze Sprachgebrauch M. Aurels, der unter dem καθῆκον meist wie Epictet das wahrhaft Sittliche versteht (6, 22. 12, 17) und echt stoisch es aus gewissen ἀριθμοί bestehen lässt, deren vollständige Beobachtung ihm den Charakter der κατόρθωσις verleiht (3, 1. 6, 26). Deutlich unterscheidet er die blosse Legalität oder konventionelle Moralität von der wahren Pflichterfüllung, indem er die Wohlthätigkeit, die als blosses πρέπον geübt wird, derjenigen gegenüberstellt, die von Herzen kommt und aus der Erkenntnis fliesst, dass das Wohlthun nur dem eigenen Glücke dient (7, 13).

Einen wirklich sittlichen Wert hat also allerdings dieses Handeln nach dem blossen λόγος, und zwar sowohl das Handeln aus bloss egoistischer Klugheit als auch das legale Handeln, nicht. Denn wenn es auch nicht bewussternassen nieder egoistischer Art ist, so erfolgt es doch nicht auf Grund wirklicher Erkenntnis der sittlichen Bestimmung. Aber nichtsdestoweniger konnten und wollten die Stoiker dieses bloss scheinbar moralische Handeln mit der rücksichtslosen Verachtung und Verletzung aller Pflichten nicht auf dieselbe Linie stellen. Nach st. rep. 11 haben sie den Satz aufgestellt, das Gesetz (ὁ νόμος, hier im idealen Sinn = vera lex) verbiete den Schlechten vieles, gebiete ihnen aber nichts, da sie nicht recht thun (κατορθοῦν) können. Dieser Satz wird mit Recht von dem Gegner angefochten, der darauf hinweist, dass ja nach stoischer Lehre jeder, der nicht recht handeln kann, sündigen müsse, dass es also völlig zwecklos sei, wenn das Gesetz den Schlechten etwas verbiete. Wir können uns jedoch über diesen theoretischen Widerspruch nur freuen, denn er beweist uns, dass die Stoiker ihre schroffe Theorie von der absoluten Verwerflichkeit des Thuns der Unweisen in praxi erheblich modifiziert haben, indem sie zugaben, dass dieselben wenigstens negativ dem Gesetz bis zu einem gewissen Grad zu gehorchen vermögen und durch dasselbe einigermassen in Schranken gehalten werden. Wie uns von Chrysipp bezeugt wird, dass er trotz der behaupteten prinzipiellen Gleichheit der κατορθώματα (st. rep. 13) doch auch wieder einen Unterschied derselben hinsichtlich ihres sittlichen Wertes zugab (comm. not. 6), so haben die Stoiker offenbar auch die Handlungen des φαῦλος in praxi nicht buchstäblich für gleich unmoralisch gehalten, obwohl dadurch die Gesamtbeurteilung seines Lebens als eines prinzipiell schlechten und unseligen Lebens keineswegs aufgehoben werden sollte.

9. Schlussurteil.

Nachdem nun die Bedeutung des καθῆκον und sein Verhältnis zum κατόρθωμα einerseits und ἁμάρτημα andrerseits allseitig beleuchtet worden ist, werden wir sagen müssen, dass sowohl die Auffassung Zellers wie die Hirzels nur teilweise richtig ist. Das καθῆκον bedeutet nicht an sich ein Sittliches zweiten Ranges, sondern fasst von Anfang an, ob nun der Begriff des τέλειον καθῆκον schon von Zeno geprägt oder erst späteren Ursprungs ist, auch das vollkommen Sittliche potentiell in sich. Denn wenn es definiert wurde als das der menschlichen Natur Gemässe (τὸ ἀκόλουθον, ἐνέργημα ταῖς κατὰ φύσιν κατασκευαῖς οἰκεῖον), so konnte das vollkommen Naturgemässe, d. h. das sittlich Gute, unmöglich a priori ausserhalb seines Bereichs liegen. Da es nun aber für den Menschen ein doppeltes Naturgemässes giebt, ein untersittliches, vom blossen, unentwickelten Logos bestimmtes, und ein sittliches, das dem ὀρθὸς λόγος entspricht, so giebt es auch ein doppeltes καθῆκον, ein μέσον und τέλειον. Jenes umfasst diejenigen Handlungen, die in der rein egoistischen Wahl des (nieder) Naturgemässen und in der Beobachtung der elementaren und allgemein giltigen sittlichen Vorschriften bestehen, dieses ist identisch mit dem κατόρθωμα, d. h. dem korrekt und bewusst sittlichen Handeln, welches äusserlich mit dem μέσον καθῆκον identisch ist, insofern auch der Weise alle καθήκοντα kraft seiner Weisheit erfüllen muss. Aber weil er diese Handlungen auf Grund des ὀρθὸς λόγος und diesem gemäss thut, sind sie bei ihm etwas absolut anderes, als die pflichtgemässen Handlungen des Unweisen; überdies kennt und übt er auch solche καθήκοντα, die dem Unweisen ganz fremd sind und als Thorheit erscheinen. Von den beiden Arten des μέσον καθῆκον hat Hirzel mehr die erste, Zeller mehr die zweite im Auge gehabt, wenn der erstere die Wahrscheinlichkeit des Erfolgs, der letztere die Legalität als das Merkmal des καθῆκον gegenüber dem κατόρθωμα bezeichnet. Beide zusammen haben also den Umfang des μέσον καθῆκον richtig angegeben, aber darin gefehlt, dass sie annahmen, das Merkmal der Wahrscheinlichkeit bezw. der blossen Legalität hafte dem Begriff des καθῆκον als solchem an. Der sittlich Gebildete ist ebenso klug und sorgfältig und sozusagen interessiert in der Wahl der Proegmena wie der Ungebildete, aber er wählt sie nicht um ihrer selbst (also nicht um des Erfolgs willen), sondern weil er in der Ergreifung und Benützung jedes äusseren Vorteils ein Gebot der Vernunft erkennt: er thut also das καθῆκον auf Grund völliger Gewissheit von dessen Notwendigkeit. Ebenso erfüllt der Gebildete die allgemein giltigen Pflichten, soweit sie nicht der Forderung des ὀρθὸς λόγος zuwider, sondern in ihm selbst begründet sind, aber er erfüllt sie nicht im Sinne der Legalität, sondern der Moralität.

Die Ansicht Zellers, mit den Ausdrücken καθῆκον und κατόρθωμα haben die Stoiker nicht bloss den Gegensatz der Legalität und Moralität, sondern auch den der bedingten und unbedingten Pflichten bezeichnet, beruht auf einem Missverständnis. Zeller meint mit den unbedingten Pflichten die ἀεὶ καθήκοντα (D. L. 109), mit den bedingten die οὐκ ἀεὶ καθήκοντα. Dabei scheint er die andere bei Diog. erwähnte Einteilung der καθήκοντα in περιστατικά und ἄνευ περιστάσεως ausser Acht gelassen zu haben. Ich finde nun schon die Bezeichnung unbedingte und bedingte Pflicht hier nicht ganz passend, sie liesse sich eher auf die letzte als auf die erste der erwähnten Einteilungen anwenden. Wir werden besser thun, die ἀεὶ καθήκοντα als chronische, die οὐκ ἀεὶ κ. als temporäre, die περιστατικά und ἄνευ περιστάσεως dagegen als irreguläre und reguläre Pflichten zu bezeichnen [1]). Chronische Pflicht ist nun allerdings nur das τέλειον καθῆκον; denn es giebt keine einzige bestimmte Handlung, von der man sagen könnte, sie müsse immerfort und ununterbrochen gethan werden. Dies kann man bloss von dem tugendhaften vernunftgemässen Verhalten im allgemeinen sagen: dieses soll ein konstantes und kontinuierliches sein. Dass dieses tugendhafte Verhalten ein τέλειον καθῆκον oder ein κατόρθωμα ist, versteht sich von selbst. Man sieht aber sofort, dass dieses ἀεὶ καθῆκον eigentlich nur eine abstrakte Pflicht ist: jede einzelne Handlung — und aus einer Kette von Handlungen besteht ja das Leben — ist ein οὐκ ἀεὶ καθῆκον, denn bald ist dieses Pflicht, bald jenes. Dieses οὐκ ἀεὶ κ. ist aber deshalb keineswegs eine unvollkommene Pflicht, sondern im gegebenen Falle die einzige Pflicht, die, sobald sie richtig geübt wird, ein κατόρθωμα ist. Auch das περιπατεῖν, das ὑγιείας ἐπιμελεῖσθαι, das πηροῦν ἑαυτόν etc. sind, wo sie überhaupt von der Vernunft geboten werden, vollkommene Pflichten, und wenn sie φρονίμως erfüllt werden, vollkommene Handlungen. Gerade die irregulären Pflichten, die den gewöhnlichen widersprechen und nur in seltenen Fällen (περιστάσεις) eintreten, wie z. B. die Selbstverstümmelung und die Preisgebung von Hab und Gut, tragen, wie sofort einleuchtet, sogar in hervorragendem Masse den Charakter der vollkommenen Pflichten an sich; denn, um etwas derartiges zu thun, muss man eben die rechte sittliche Gesinnung und Willensrichtung haben. Das ἀεὶ καθῆκον ist also gar nichts Besonderes neben oder über den sonstigen Pflichten, sondern es wird aktuell nur in der Ausübung der verschiedenen und mannigfaltigen, mehr oder weniger rasch wechselnden konkreten Pflichten, wofern sie nämlich in wahrhaft sittlicher Weise vollbracht werden. Wollen wir dem ἀεὶ

---

[1]) Eine Mittelstellung zwischen chronischen und temporären Pflichten nimmt der Gehorsam gegen den παιδαγωγός ein, der für das unmündige Alter wenigstens ein ἀεὶ καθῆκον ist. Selbstverständlich ist dies aber kein κατόρθωμα, da es ein solches nur bei Mündigen giebt.

καθῆκον je ein besonderes Gebiet anweisen, so können wir darunter nur die inneren Stimmungen und Strebungen der Seele, das konstante Wollen des Guten, abgesehen von allem Handeln, verstehen. Z. B. ein ἀεὶ καθῆκον ist die unerschütterliche Gemütsruhe und Ergebung, die der Weise stets sich bewahrt: aber zur Aeusserung kommt diese innere Tugend doch nur in der Erfüllung einzelner οὐκ ἀεὶ καθήκοντα, z. B. darin, dass er Gott dankt und opfert, selbst wenn er die grössten äusseren Verluste erlitten hat, oder Schmerzen duldet, resp. in der Enthaltung von allem pflichtwidrigen Reden und Thun. Da die Stoiker nicht bloss wirkliche Handlungen, sondern auch blosse Gemütszustände und Willenseigenschaften κατορθώματα genannt haben (z. B. χαίρειν, σωφρονεῖν), so ist allerdings das ἀεὶ καθῆκον mit dem κατόρθωμα identisch: aber es gilt nicht auch das Umgekehrte, dass nämlich die οὐκ ἀεὶ καθήκοντα keine κατορθώματα sein können; vielmehr gelten sämtliche konkrete καθήκοντα auch für den Weisen und sind, von ihm vollbracht, sittlich vollwertige Handlungen oder κατορθώματα.

In der ganzen Erörterung über das καθῆκον und κατόρθωμα ist bisher absichtlich die sprachliche Inkongruenz beider Ausdrücke, auf welche Hirzel mit Recht aufmerksam gemacht hat (II, 416 etc.), ausser acht gelassen worden: κατόρθωμα bedeutet eine Handlung als geschehene (recte factum), κατόρθωσις die Handlung als solche, d. h. als Thätigkeit, καθῆκον aber, besonders wenn wir es mit „Pflicht" übersetzen, scheint eine Handlung als sein sollende zu bezeichnen. So meint denn Hirzel, κατόρθωμα habe ursprünglich nur die moralisch gelungene Handlung bedeutet, καθῆκον dagegen nur die Pflicht. Die späteren Stoiker haben dann beides zusammengefasst unter dem Hauptbegriff des allgemeinen καθῆκον, so dass κατόρθωμα den Begriff einer Pflicht annahm, nämlich den der unbedingten, das καθῆκον aber die Bedeutung einer Handlung, nämlich der unvollkommenen, bekam. Hiegegen ist zu sagen, dass καθῆκον von Anfang an wie auch später niemals die Bedeutung Pflicht gehabt hat, einfach deshalb, weil die Stoiker diesen Begriff der Pflicht im strengen, imperativischen Sinne gar nicht kannten. Das καθῆκον ist nichts anderes als das dem Menschen Anstehende, seinem Wesen Entsprechende, seiner Natur Gemässe[1]). In diesem Sinne haben natürlich auch die Stoiker Pflichten des Menschen anerkannt: da alle Menschen im wesentlichen dieselbe Organisation haben, so giebt es auch eine allgemeine menschliche Bestimmung, und wer dieser gemäss lebt, handelt sittlich, erfüllt seine Pflicht. Ohne den Begriff einer sittlichen Bestimmung ist ja überhaupt keine Ethik denkbar, und mit demselben ist auch die Idee von Pflichten gegeben. Diese Pflichten sind aber nach stoischer Meinung nicht absolute sittliche Vorschriften, deren Verbindlichkeit sich jedem Menschen unmittelbar und deutlich an seinem Gewissen bezeugt, sondern Forderungen der Vernunft, die nur demjenigen voll zum Bewusstsein kommen, der seine Vernunft ausbildet durch Philosophie. Mit dem Ausdruck καθῆκον wird nun eine Handlung als geziemend und der menschlichen Natur

---

[1]) Der Begriff καθῆκον konnte deshalb auch auf die Tiere angewendet werden (D. L. 107. Stob. ecl. II, 85). Selbstverständlich dachte man aber in der Regel dabei an die Menschen.

gemäss bezeichnet, gleichviel ob sie schon geschehen ist, eben geschieht oder erst geschehen soll: er bedeutet also nicht bloss die Pflicht, sondern ebensogut auch die sittliche Handlung, und zwar sowohl die κατόρθωσις wie auch das κατόρθωμα. So wurden denn auch von den Stoikern nicht bloss die Pflichten, sondern auch die moralischen Handlungen καθήκοντα genannt (D. L. 108 ἐνέργημα δ'αὐτὸ εἶναι — — τῶν καθ' ὁρμὴν ἐνεργουμένων τὰ μὲν καθήκοντα εἶναι), wie die κατορθώματα als τὰ κατ' ἀρετὴν ἐνεργήματα definiert wurden (ecl. II, 85). Andrerseits konnte auch das κατόρθωμα, obwohl es zunächst nur die vollbrachte sittlich korrekte Handlung bedeutet, als Pflicht aufgefasst und dargestellt werden: denn jede Rechtthat, einmal vollbracht, ist selbstverständlich auch Pflicht für alle Zukunft. Somit brauchte das κατόρθωμα seine Bedeutung gar nicht zu ändern, wenn es als τέλειον καθῆκον unter den Begriff des καθῆκον subsumiert wurde; denn das letztere umfasste von Anfang an auch die sittlichen Thätigkeiten und Handlungen. Der Stoiker empfand also in der Nebeneinanderstellung der Begriffe καθῆκον und κατόρθωμα gar keine Inkongruenz. Wenn aber Hirzel meint, das καθῆκον habe später die Bedeutung einer unvollkommenen Handlung angenommen, so ist dies doppelt unrichtig: denn auch später bedeutete es wie früher sowohl die Pflicht als auch die Handlung, und niemals hat es an sich die Bedeutung einer unvollkommenen Handlung gehabt. Der Ausdruck τέλειον καθῆκον wäre ja dann die reinste contradictio in adjecto gewesen! Nicht an sich, sondern nur, insofern es von Unweisen geübt wird, ist es eine unvollkommene, ja sogar unmoralische Handlung; sofern es aber von Weisen geübt wird — und das ist doch die eigentliche Bestimmung des καθῆκον — ist es ein κατόρθωμα.

Die Auffassung Hirzels verbietet sich aber auch noch von anderen Erwägungen aus. Wenn καθῆκον ursprünglich rein als Pflicht gefasst wurde, bezeichnete es dann alle Pflichten, die höheren und niederen, die vollkommenen und die unvollkommenen? dann müsste die Unterscheidung von τέλεια und μέσα καθ. schon ursprünglich vorhanden gewesen sein, was ja Hirzel bestreitet. Bezeichnete es nur die vollkommenen Pflichten, so wäre es unbegreiflich, wie es später als unvollkommene Handlung in einen Gegensatz zum κατόρθωμα treten konnte. Bezeichnete es aber nur die niederen Pflichten, so fragt man billig, mit welchem Worte dann ursprünglich die höheren Pflichten benannt worden sind; denn wenn es moralisch perfekte Handlungen giebt, so muss es auch perfekte Pflichten geben, und wiederum, wenn es unvollkommene Pflichten giebt, so muss es auch unvollkommene moralische Handlungen geben, für beides hätten aber so die Stoiker kein Wort gehabt! In Wahrheit umfasste der Begriff καθῆκον von Anfang an das ganze Gebiet des pflichtmässigen oder sittlichen Handelns, also auch die vollkommenen Pflichten und Handlungen. Da jedoch das Wort auch im populären Sprachgebrauch üblich war und hier die gewöhnliche Moralität bezeichnete, welcher die Stoiker keinen eigentlichen sittlichen Wert zuerkannten, so wählten sie zur Bezeichnung des vollkommenen moralischen Handelns einen besonderen Ausdruck, den des κατόρθωμα, der jedoch von Anfang an nichts anderes bedeuten sollte, als das wahre, auf richtiger Erkenntnis der menschlichen Natur beruhende und ihr gemäss geübte καθῆκον. In der späteren Stoa scheint vermöge der auch sonst wahrnehmbaren Tendenz, die auffallenden sprachlichen Neubildungen möglichst zu vermeiden, der Ausdruck τέλειον καθῆκον mehr und mehr an die Stelle des κατόρθωμα getreten zu sein. Die spätesten Stoiker sodann, von Seneca an, obwohl sie den Ausdruck κατόρθωμα und κατορθοῦν auch noch zuweilen anwenden, gebrauchen doch in der Regel nur das einfache Wort καθῆκον, indem sie, wo es nicht gerade im populären Sinne steht, durch die ganze Art und Weise, wie sie davon reden, keinen Zweifel darüber lassen, dass sie die volle sittliche Aufgabe des Menschen darunter verstehen.

Excurs IV.
Die Ansichten der Stoiker über den Erwerb.

Eine Ethik, welche als obersten Grundsatz aufstellt, dass der Mensch nur durch völlige Ueberwindung des niederen, selbstischen Begehrens glücklich werden kann, deren Wahlspruch ist: „ertrage und entsage", wird nicht wohl in den Verdacht geraten, als ob sie dem Geiste niedriger Habsucht Vorschub leiste. Vielmehr giebt es keine Lebensanschauung, innerhalb welcher das Streben nach dem Erwerb äusserer Güter so wenig Aufmunterung und Berechtigung findet, wie in der des Epictet: will er doch sogar demjenigen, der um des Erwerbs willen Tag und Nacht anstrengend arbeitet, nicht einmal das Prädikat eines Fleissigen zuerkennen, sondern nennt ihn einfach einen Geldgierigen. Um so mehr muss es uns auffallen, dass die älteren Stoiker, wie es nach manchem scheinen könnte, die Erwerbsucht nicht bloss nicht verdammt, sondern sogar gebilligt und begünstigt haben. Nach Hirzels Urteil (II, 597 etc.) hat Chrysipp die Erwerbsucht in alle Verhältnisse hineingetragen; Diogenes und Hecaton haben sich dessen Krämermoral angeeignet, während die grossherzige Auffassung des Antipater auf Panätius übergegangen sei.

Dieser schwere Vorwurf, schon an sich überaus unwahrscheinlich, erweist sich bei genauerer Prüfung als durchaus unbegründet. Unter den Widersprüchen, welche dem Chrysipp von seinen Gegnern vorgehalten wurden, befindet sich auch der, dass er den Reichtum und überhaupt die äusseren Glücksgüter bald für völlig wertlos erkläre, bald diejenigen verrückt nenne, die sich nicht um dieselben bekümmern (st. rep. 30). Es ist nun bereits hervorgehoben worden (p. 170), dass Chrysipp im letzteren Fall nur die völlige Adiaphorie des Aristo und anderer verwerfen und die äusseren Güter als Proegmena bezeichnen will. Das war allgemeine stoische Lehre, dass es nicht bloss thöricht, sondern auch sündhaft sei, den sich darbietenden Vorteil nicht zu ergreifen. Damit ist aber keineswegs der Grundsatz, dass im Innern allein das Glück zu suchen sei, verlassen, vielmehr nur die Treue und Sorgfalt in der Wahl des Naturgemässen als ein Stück der sittlichen Aufgabe bezeichnet. Der Stoiker strebt niemals nach dem Besitz äusserer Güter um ihrer selbst willen, sondern lediglich, um sich auch hierin vernunftgemäss zu bethätigen. Chrysipp wollte mit jenem Ausdruck keineswegs den Reichtum als ein Gut bezeichnen, vielmehr scheint das Wort ἀντέχεσθαί τινος in der Stoa gerade mit Beziehung auf die Proegmena gebraucht worden zu sein (ecl. II, 83). Folglich beruht der Vorwurf, der gegen Chrysipp erhoben wird, lediglich auf einem Missverständnis, auf der Verkennung des prinzipiellen Unterschieds von ἀγαθόν und προηγμένον. Wie sollte auch ein Philosoph die äusserste Geringschätzung des Reichtums gepredigt, den Verlust des grössten Vermögens für etwas Gleichgültiges erklärt (st. rep. 20) und doch zugleich die Sucht nach Geld und Gut entschuldigt und gebilligt haben! Wo solche diametrale Widersprüche uns berichtet werden, haben wir doppelt vorsichtig zu sein und dürfen schon zum voraus ein Missverständnis als wahrscheinlich annehmen. Und wenn wir zwischen der Geringschätzung des Reichtums und der Empfehlung der Erwerbsucht die Wahl haben, so versteht es sich von selbst, dass wir nach dem ganzen Geiste der stoischen Ethik uns für das erstere entscheiden und dies allein als die wahre Ansicht Chrysipps gelten lassen müssen. Offenbar hat auch der Gegner Chrysipps im stillen dies wohl gefühlt, jedenfalls hat er ihn noch gerechter beurteilt als Hirzel, indem er wenigstens einen Widerstreit zwischen edleren und unedleren Anschauungen bei ihm zugiebt, während Hirzel die unedle als die eigentliche Ansicht Chrysipps erscheinen lässt.

Auch das andere Hauptzeugnis, auf welches Hirzel seine Anklage gegen Chrysipp stützt, giebt nicht das mindeste Recht dazu. Drei Arten des Gelderwerbs (χρηματισμός) hat Chrysipp für berechtigt erklärt, ἀπὸ βασιλείας, φιλίας und σοφίας oder σοφιστείας (D. L. 189. st. rep. 20). Wenn man dies so oberflächlich hinliest, so kann man allerdings den Eindruck bekommen, als ob Chrysipp die Erwerbsucht in alle Verhältnisse hineingetragen habe. Aber erstens stand Chrysipp mit jener Ansicht nicht allein, sie wird uns vielmehr als die allgemein stoische berichtet (ecl. II, 109), wodurch ja freilich nicht ausgeschlossen ist, dass dieselbe in ihrer theoretischen Formulierung und Ausgestaltung ihn zum Urheber hat. Fassen wir nun zunächst die dritte der genannten Erwerbsarten, ἀπὸ σοφίας oder σοφιστείας, ins Auge, so wird uns bei Stobäus a. a. O. ausdrücklich bezeugt, dass über die prinzipielle Frage, ob es erlaubt und anständig sei, für den Unterricht in der Philosophie Bezahlung anzunehmen, unter den Stoikern völlige Uebereinstimmung geherrscht habe (διωμολογήσαντο). Nur darüber sein sie nicht einig gewesen, ob man den ernsthaften systematischen Unterricht in der Philosophie σοφιστεία nennen dürfe, also über die Bezeichnung (περὶ τὸ σημαινόμενον). Während die einen den Ausdruck σοφιστεία harmlos auffassten und darin eben nur das Lehren um Lohn ausgedrückt fanden, erblickten die andern in der σοφιστεία etwas sittlich Anrüchiges, der Würde der Philosophie Unangemessenes, indem sie dieselbe als ein Handeln mit Wissen (λόγους καπηλεύειν) betrachteten, wobei es — dies ist das punctum saliens — nicht sowohl auf die Leistung einer ernsthaften, ersprieslichen Arbeit, als vielmehr auf die eigene Bereicherung abgesehen sei. Die Darstellung bei Stobäus ist allerdings etwas unklar, insofern dieser Gegensatz nicht durchaus festgehalten wird, so dass es scheint, als ob jene dissentierenden Stoiker das Lehren um Lohn (ἀπὸ παιδείας χρηματίζεσθαι) überhaupt für verwerflich gehalten hätten.

Doch widerspricht dies ganz und gar der zu Anfang ganz klar und unzweideutig ausgesprochenen Behauptung, dass alle Stoiker das Lehren um Lohn prinzipiell für berechtigt hielten. Wenn dies im weiteren Verlauf der Darstellung wieder zweifelhaft wird, so beruht dies offenbar auf der ungenauen und nachlässigen Ausdrucksweise des Berichterstatters.

Dies lässt sich durch die Vergleichung von ecl. II, 94 beweisen. Hier wird das νομοθετεῖν, παιδεύειν und συγγράφειν als ein dem Guten anstehendes Geschäft dem δημοκοπεῖν, σοφιστεύειν und συγγράφειν ἐπιβλαβῆ gegenübergestellt. Das σοφιστεύειν erscheint hier also im Gegensatz zum παιδεύειν als eine unsittliche Art der Beschäftigung und des Erwerbs. Es ist nun zwar nicht gesagt, dass der σπουδαῖος seine Unterrichts- und Erziehungsarbeit sich bezahlen lassen dürfe; aber aus der Analogie des δημοκοπεῖν und συγγράφειν ἐπιβλαβῆ geht deutlich hervor, dass das Unsittliche der σοφιστεία nicht etwa in der Annahme des Lohns erblickt wird, sondern in der schädlichen Wirkung oder jedenfalls in dem Mangel einer wahrhaft nützlichen, sittlich und geistig fördernden Tendenz. Ausschlaggebend ist für die Stoiker bei der Beurteilung der sittlichen und unsittlichen Beschäftigungsarten lediglich der Gesichtspunkt, ob dieselbe dem Nutzen der Menschen dient und auf denselben berechnet ist (συγγράφειν τὰ δυνάμενα ὠφελεῖν ...). Wo dies zutrifft, da ist die Beschäftigung sittlich und des Guten würdig. Ob er dafür Bezahlung nimmt oder nicht, ist dabei völlig nebensächlich und untergeordnet und für den sittlichen Charakter der Beschäftigung ohne Belang. Dass jedoch die Stoiker die Annahme eines Lohns für die Arbeit, auch für die geistige, für berechtigt gehalten haben, wird durch das Zeugnis in ecl. II, 109 zur Gewissheit erhoben, und wir werden darin sicherlich nicht einen Defekt, vielmehr einen Vorzug ihrer Ethik, ein Zeichen ihrer Emanzipierung von allen nationalen und gesellschaftlichen Vorurteilen zu erblicken haben. Hat doch sogar Panätius, der sonst noch tief in diesen Vorurteilen befangen war und alle körperliche Lohnarbeit für ehrlos erklärte, die doctrina rerum honestarum als anständigen Erwerbszweig gelten lassen (off. I, 151). Dies ist eine weitere Bestätigung dafür, dass die Stoiker das σοφιστεύειν, sofern sie daran Anstoss nahmen, nicht wegen der Annahme einer Bezahlung, sondern wegen des unsittlichen Inhalts oder des Mangels der sittlich bildenden Tendenz der „verkauften Lehre" verwarfen[1]). Zugleich sehen wir daraus, dass was diese dritte Erwerbsart (ἀπὸ σοφίας) betrifft, Panätius kein bischen grossherziger gedacht hat, als die andern Stoiker.

Wie steht es aber mit den beiden ersten Erwerbsarten (ἀπὸ βασιλείας und φιλίας)[2])? Auch diese verlieren alles sittlich Bedenkliche,

---

[1]) Dies ist auch in ecl. II, 109 trotz der obwaltenden Unklarheit noch deutlich zu erkennen; denn das ἐπὶ μισθῷ μεταδιδόναι τῶν τῆς φιλοσοφίας δογμάτων ist doch etwas anderes als das λόγους καπηλεύειν. Bei jenem ist an einen fortlaufenden systematischen Unterricht zu denken, wobei es den φιλομαθοῦντες ohne Zweifel mehr oder weniger freigestellt war, ob und wie sie sich erkenntlich zeigen wollten (μισθούς ποτε λήψεσθαι, vergl. die Praxis des Zeno. D. L. 13), bei diesem aber an eine mehr der Befriedigung der Neugier dienende Feilbietung des Wissens, an eine gewinnsüchtige Ausbeutung der jeweiligen Hörer (ἀπὸ τῶν ἐπιτυχόντων χρηματίζεσθαι).

[2]) An die Stelle der φιλία tritt ecl. II, 109 die πολιτεία, welche mit der βασιλεία so ziemlich zusammenfällt, wie andrerseits der χρηματισμὸς ἀπὸ βασιλείας sich

wenn wir zweierlei im Auge behalten, erstens, dass die Stoiker natürlich dem Weisen nicht erlauben wollten, sich vor Königen und mächtigen Freunden durch bettelhafte Schmeichelei zu erniedrigen, sondern die Annahme von Geschenken seitens derselben nur durch den geistigen Gewinn rechtfertigten, den sie durch ihren Umgang jenen bieten; zweitens, dass sie dabei als selbstverständlich voraussetzten, dass der Weise solche Geschenke annimmt, nur soweit er sie zu seinem Lebensunterhalt braucht, bezw. was er übrig hat, zum Besten der Mitmenschen verwendet. In diesem Sinn hat ja schon Zeno den χρηματισμὸς ἀπὸ βασιλείας oder φιλίας betrieben: er hat von Antigonus erhebliche Geschenke angenommen, aber ohne sich je dadurch in dessen Achtung etwas zu vergeben (D. L. 15). Eben darum konnte er diese Geschenke ohne jegliches Gefühl der Demütigung annehmen, weil er sich wohl bewusst war, dieselben nicht für sich zu brauchen und zu begehren, kurz, weil er sich von aller Gewinnsucht frei wusste. Bedenken wir nun weiter, dass Zeno ein sprichwörtlich mässiges Leben führte (D. L. 24) und wegen der völligen Uebereinstimmung seines Lebens mit seiner Lehre nach seinem Tode von den Athenern hoch geehrt wurde (D. L. 10), so ist es einfach undenkbar, dass er darauf aus gewesen wäre, sich durch die Freundschaft der Mächtigen zu bereichern. Denn wir werden doch den Begründer der Lehre, dass alle äusseren Güter zum Glück lediglich nichts beitragen, uns nicht als einen grämlichen Geizhals denken können. Wir haben aber allen Grund anzunehmen, dass die Nachfolger Zenos sich ihn, was die Geringschätzung des Reichtums betrifft, theoretisch und praktisch zum Vorbild genommen haben; wenigstens ist mir nicht bekannt, dass gegen irgend einen im Ernst der Vorwurf erhoben worden wäre, dass er im Leben seine Grundsätze verleugne.

Von Panätius und Posidonius berichtet uns Plutarch (praec. ger. reip. 18), dass sie von ihrer Freundschaft mit Scipio viel profitierten für ihre Vaterstadt. Welches Recht haben wir nun, dem Chrysipp bei seiner Empfehlung des χρηματισμὸς ἀπὸ φιλίας ein anderes, unedles Motiv unterzuschieben? Niemals konnte ein Stoiker, ohne sich selbst preiszugeben, die gewinnsüchtige Ansammlung von Schätzen billigen. Es mag sein, dass sie in ihrer rücksichtslosen Verwerfung der geltenden Begriffe von Anstand und Ehre öfters über das Ziel hinausschossen und sich darin dem Kynismus annäherten, dessen Losung es war, die gewöhnlichen Anschauungen auf den Kopf zu stellen (παραχαράττειν). Dahin gehört die Behauptung des Chrysipp, der Weise werde um ein Talent unbedenklich auf dem Markte tanzen (st. rep. 30), und es passt auf dieselbe die klassische Beurteilung, welche Zeller allen derartigen

---

mit dem ἀπὸ φιλίας decken kann, falls nämlich der Freund ein βασιλεύς ist (ἢ αὐτὸς βασιλεύσει ἢ μοναρχικῶν χρημάτων εὐπορήσει). Ueberhaupt hat man bei dem χρηματισμὸς ἀπὸ φιλίας vorzugsweise an hochgestellte, mächtige Freunde zu denken (ἐν ὑπεροχαῖς ὄντων). Auch die dritte Art des χρηματισμός kann unter dem Gesichtspunkt der Freundschaft aufgefasst werden, da der Lehrer der Weisheit, wie wir dies bei Epictet besonders anschaulich vor Augen haben, zu seinen Schülern in einem Freundesverhältnis steht, auf welches die Stoiker wohl denselben Grundsatz angewendet haben, den der Apostel Paulus ausspricht: εἰ ἡμεῖς ὑμῖν τὰ πνευματικὰ ἐσπείραμεν, μέγα εἰ ἡμεῖς ὑμῶν τὰ σαρκικὰ θερίσωμεν; (I. Kor. 9, 11. cfr. Röm. 15, 27).

Extravaganzen der Stoiker hat angedeihen lassen [1]). So ist es auch durchaus nicht unwahrscheinlich, dass die Stoiker über die Ausnützung der Freundschaft der Mächtigen Grundsätze aufgestellt und auch vielleicht befolgt haben, die für ein feineres sittliches Gefühl damals wie heute etwas Anstössiges hatten. Aber dies alles erklärt sich zur Genüge aus dem der Stoa von Haus aus eigenen kynischen Zug: gerade in dem Bewusstsein, innerlich völlig frei zu sein von Habsucht und eigennütziger Liebedienerei, setzten sie sich trotzig hinweg über die Rücksichten, welche ein feiner entwickeltes Ehrgefühl auch bei der lautersten Absicht zu nehmen hat. So billigt auch Epictet das θεραπεύειν der Mächtigen, falls die Vernunft es rät, um des Vaterlandes und des Nächsten willen es zu thun (III, 24, 44), und es ist nicht unmöglich, dass er in dieser Richtung weiter zu gehen erlaubte, als mit einem feineren Ehrgefühl verträglich ist. Und doch ist er über den Verdacht, einer gewinnsüchtigen Hofierung der Grossen das Wort zu reden, schlechthin erhaben! Dasselbe dürfen wir sicherlich von den Stoikern überhaupt annehmen: das Motiv, aus welchem sie die pekuniäre Fruktifizierung der Freundschaft erlaubten, war gewiss kein nieder egoistisches. Es gab übrigens auch Stoiker, welche hierin sehr feinfühlig und skrupulös waren, mehr als die philosophischen Freunde des Scipio. Von Athenodor erzählt uns Plutarch (Cato minor 10), dass er grundsätzlich alle freundschaftlichen Beziehungen zu politischen Grössen mied, ohne Zweifel, weil er eine Gefahr für den Charakter und die sittliche Unabhängigkeit darin erblickte, bis ihn der jüngere Cato eines Besseren belehrte.

Auch der χρηματισμὸς ἀπὸ πολιτείας war von den Stoikern offenbar nicht so gemeint, als ob der Weise eine einflussreiche Stellung im Staat dazu benützen dürfte, sich zu bereichern, und das Urteil Hirzels, die Stoiker haben die Uneigennützigkeit nicht zu den wesentlichen und notwendigen Eigenschaften des Staatsmannes gerechnet (a. a. O.), ist entschieden ungerecht. Hirzel hat offenbar den Ausdruck χρηματίζεσθαι zu sehr premiert und in demselben ohne weiteres das Streben nach Bereicherung ausgedrückt gefunden. Dies ist aber unrichtig und wird durch die Darstellung in ecl. II, 109 vollständig widerlegt. Es werden dort drei προηγούμενοι βίοι unterschieden, der βασιλικός, πολιτικός und ἐπιστημονικός. Diese Lebens- und Berufsarten heissen die bevorzugten natürlich nicht, weil sie viel Geld eintragen, sondern weil sie dem Weisen am meisten angemessen sind. Dass den Weisen auch die Handarbeit nicht entehrt, bleibt dabei selbstverständlich bestehen; doch werden wir den Stoikern Recht geben, wenn sie die genannten βίοι als diejenigen bezeichnen, welche dem sittlich Gebildeten am angemessensten

---

[1]) III, 1, 282: Eine Moral, welche zwischen dem Inneren und Aeusseren so schroff trennte, welche nur jenes als wesentlich, dieses als durchaus gleichgültig betrachtete, musste unvermeidlich an allen den Punkten ins Schwanken geraten, wo die sittliche Aufgabe gerade darin besteht, dass die Sinnlichkeit zum Werkzeug und zur Erscheinung des Geistes gemacht wird; und wenn ihr vorherrschender Zug hierbei dahin ging, der Sinnlichkeit weniger Rechte einzuräumen, als ihr naturgemäss zukommen, so konnte es doch nicht fehlen, dass in einzelnen Fällen auch umgekehrt solches, dessen Zusammenhang mit der Gesinnung nicht unmittelbar auf der Hand liegt, in seiner sittlichen Bedeutung verkannt und als ein Gleichgültiges behandelt wurde.

sind und die er deshalb auch in erster Linie wählen wird. Wenn es nun weiter heisst: „ebenso giebt es drei χρηματισμοὶ προηγούμενοι", so ist klar, dass der χρηματισμός den Stoikern nicht als Mittel der Bereicherung, sondern als Mittel zum Lebensunterhalt in Betracht kam: den drei βίοι entsprechen drei χρηματισμοί, resp. die drei βίοι sind mit diesen identisch, nur dass das Wort βίος den Beruf nach der Seite der Beschäftigung, das Wort χρηματισμός dagegen als Mittel des Lebensunterhalts bezeichnet. Das Folgende zeigt noch deutlicher, dass die Stoiker dem Weisen die πολιτεία empfahlen, nicht etwa weil er dabei viel verdienen oder gar sich auf Kosten der Menge bereichern könnte, sondern weil die Beteiligung am Staatsleben aus den sozialen Prinzipien der Stoa sich als eine Hauptpflicht ergiebt, wie denn auch neben dem πολιτεύεσθαι sofort das γαμεῖν etc. genannt wird. Dies alles aber wird ausdrücklich begründet auf die soziale Natur des Vernunftwesens (ἀκολουθεῖν ταῦτα τῇ τοῦ λογικοῦ ζῴου καὶ κοινωνικοῦ καὶ φιλαλλήλου φύσει). Wäre es nicht der reinste Hohn, den βίος πολιτικός und den χρηματισμὸς ἀπὸ τῆς πολιτείας zu empfehlen durch Berufung auf den im Wesen des Menschen liegenden Trieb nach Gemeinschaft und Bruderliebe, wenn doch dieser βίος eigentlich nur der gewinnsüchtigen Bereicherung dienen sollte?

Und ist nicht überhaupt von den Stoikern der Grundsatz des uneigennützigen Wirkens und der selbstlosen Hingabe an die Gesamtheit am allernachdrücklichsten verkündigt worden? Wenn Epictet sagt, Gott habe das Vernunftwesen so eingerichtet, dass es nicht sein Glück erlangen könne, ohne zugleich gemeinnützig zu sein, so ist dies nicht ein von ihm entdeckter, sondern ein der Stoa von Haus aus eigener Gedanke. In dem Abriss der stoischen Ethik bei Cicero fin. III, der ohne Zweifel die Lehre des Chrysipp und Diogenes wiedergiebt, wird die Pflicht der Uneigennützigkeit und der Sorge für das Gemeinwohl aufs angelegentlichste eingeschärft[1]). Auch Panätius ist ja unleugbar ein begeisterter Verfechter der gemeinnützigen Gesinnung; aber er bleibt dabei, wie wir schon früher sahen, durchaus auf dem Boden der althellenischen Anschauung, weshalb seine Ethik zwar in manchem, nämlich überall da, wo bei der Stoa der Kynismus hereinspielt, einen nobleren Charakter hat, als die der orthodoxen Stoiker, und dem gewöhnlichen sittlichen Gefühl besser zusagt, aber dafür jenes universalistischen Zuges und jenes weltüberwindenden Idealismus entbehrt, der die Lehre jener auszeichnet. Wenn Panätius die Verachtung des Geldes als die höchste Blüte der Tugend preist und die Unbestechlichkeit geradezu die Feuerprobe eines sittlichen Charakters nennt (off. I, 68), so ist dies gerade ein Beweis, dass seine Anschauung nicht auf der Höhe des altstoischen und epictetischen Idealismus steht, dem die Freiheit von Habsucht nicht die Krone sondern eher die unterste Stufe der Sittlichkeit bedeutet, wie diese denn auch in der That noch erheblich schwerere Proben zu be-

---

[1]) 64 vir bonus — utilitati omnium plus quam — suae consulit — cariorem nobis esse patriam quam nosmet ipsos — 65 impellimur natura, ut prodesse velimus quam plurimis — 67 Chrysippus: homines natos esse communitatis et societatis suae causa — 68 ad tuendos conservandosque homines nati sumus — und dies wird genau so wie ecl. II, 108 als Grund dafür geltend gemacht, dass der Weise sich aktiv am Staatsleben beteiligen und in die Ehe treten will.

stehen hat als die Versuchung zur Habgier. Ueberdies dürfen wir nie vergessen, worauf schon früher hingewiesen wurde, dass die Ethik des Panätius eigentlich nur auf die besseren, wohlhabenderen Kreise gemünzt ist. Wenn er diese vor Gewinnsucht und Habgier warnt und zur Genügsamkeit mahnt, so gehört dazu nicht eben viel Idealismus, wie er denn auch diejenigen, die sich auf ihr Landgut zurückziehen und sich am ländlichen Stillleben ergötzen, Leute nennt, die „mit wenigem zufrieden sind" (off. I, 70). Mit diesem Eindruck eines gemässigten Idealismus, den uns die Ethik des Panätius in Ciceros Büchern de officiis durchgängig macht, stimmt die Notiz des Laertiers, dass gerade er nebst Posidonius die Autarkie der Tugend geleugnet und die Notwendigkeit eines respektabeln Masses von äusseren Gütern zum Glück behauptet habe, vollkommen zusammen, während dieselbe doppelt auffallend, ja geradezu unerklärlich wäre, wenn Panätius und Posidonius, wie Hirzel meint, hinsichtlich der Geringschätzung des Reichtums weit idealere Grundsätze gehabt hätten als Chrysipp und seine orthodoxen Nachfolger.

Dass die chrysippische Lehre vom χρηματισμός den allgemein stoischen Grundsatz, dass die äusseren Güter für das Glück wertlos und daher auch nicht erstrebenswert sind, keineswegs alteriert, bestätigt sich auch noch von andrer Seite her. Zu den Eigenschaften, die der stoische Weise nach dem bekannten Idealbild besitzt, gehört auch die des οἰκονομικός und χρηματιστικός. Der stoische Weise versteht bekanntlich alles am besten, bezw. allein recht: er ist der rechte Herrscher, Feldherr etc., er ist auch der richtige Oekonom und das echte Finanzgenie. Man mag über diese Behauptungen lachen, sofern man sich nur an die barocke Form hält, in der sie auftreten; aber geht man denselben auf den Grund, so sind sie nichts weniger als lächerlich. Die Stoiker wollten damit schliesslich nichts anderes sagen, als dass der Weise, der sittlich Gebildete allein jedes Geschäft und jede Kunst richtig, d. h. im rechten Geist und in sittlicher Weise, mit Wahrung der Tugend und zum Wohl der Menschen auszuüben vermöge. Der Weise hat allein die rechte Gesinnung und deshalb kann er allein alles in der rechten Weise thun und anwenden. Selbstverständlich waren die Stoiker nicht der Meinung, als ob der Weise als solcher unmittelbar auch diejenigen Künste verstehe, die besondere Kenntnisse und Uebung erfordern. Sondern nur das wollten sie sagen, dass, wo die speziellen Erfordernisse einer Kunst vorhanden sind, nur der Weise diese Kunst in sittlichem Sinne und somit richtig auszuüben verstehe. Ein Beispiel möge dies erhärten. Der Weise ist allein ein (rechter) Priester: „denn der Priester muss der Gesetze über die Opfer und Gebete und Reinigungen etc. kundig sein, dazu aber bedarf er auch Heiligkeit und Frömmigkeit und Kenntnis der (wahren) Anbetung der Götter und innere Gemeinschaft mit Gott" (ἐντὸς εἶναι τῆς φύσεως τῆς θείας, ecl. II, 68). Die speziellen Berufskenntnisse muss sich also auch der Weise aneignen, aber diese allein sind doch nur Nebensache, Hauptsache ist und bleibt die innere Tüchtigkeit, die sittliche Gesinnung, welche jeder Thätigkeit und Berufsübung ihren wahren Wert verleiht. Ich bestreite nicht, dass die Stoiker dabei die betreffenden Begriffe vielfach umgedeutet, ihrer wörtlichen Bedeutung entkleidet und ihnen einen allgemeinen Sinn gegeben haben, so dass sie auf den Weisen auch ohne den Besitz der speziellen, technischen

Kenntnisse und Fertigkeiten angewendet werden konnten. So ist z. B. der Weise nach stoischer Ansicht ein Priester, auch wenn er die Opfertechnik nicht kennt, allein wegen seiner inneren Stellung zur Gottheit; er ist ein Herrscher, auch wenn er keine Unterthanen hat, weil er allein von keinem Menschen abhängig ist und alle Menschen recht, d. h. nach sittlichen Grundsätzen und zu ihrem wahren Wohl zu gebrauchen und zu behandeln versteht (fin. III, 75). Aber wo zu einem Beruf spezielle, technische Kenntnisse erforderlich sind, muss der Weise sich dieselben natürlich auch aneignen; nur ist das Haupterfordernis für jeden Beruf immer und überall die richtige sittliche Bildung und Lebensanschauung, die ideale Gesinnung, ohne die nichts wahrhaft Erspriessliches gewirkt werden kann. Und damit haben die Stoiker, wie mir dünkt, einen grossen Gedanken von bleibender Wahrheit ausgesprochen. Auch heute noch gilt es und bewährt es sich, dass nur der Weise, d. h. der sittlich Gebildete ein rechter Staatsmann sein kann, da die grösste diplomatische Kunst ohne wahrhafte Sittlichkeit und ideale Lebensansicht nichts bleibend Gutes schaffen kann.

Von hier aus fällt nun auch das rechte Licht auf die seltsam klingende Behauptung, der Weise sei allein χρηματιστικός. Das heisst natürlich nicht, er verstehe es am meisten Geld zu erwerben und sich zu bereichern, sondern er verstehe sich allein auf den rechten, sittlichen Erwerb, da er allein zu unterscheiden vermag, was sittlich und unsittlich ist (ecl. II, 95 ἐμπειρία περιποιήσεως χρημάτων ἀφ᾽ ὧν δέον — der σπουδαῖος γιγνώσκει ἀφ᾽ ὧν χρηματιστέον καὶ πῶς καὶ μέχρι πότε). Darin liegt sowohl, dass er sich nötigenfalls, wie Kleanthes, nicht schämt zum Erwerb seines Lebensunterhalts niedrige Arbeit zu verrichten, als auch namentlich, dass er viele Möglichkeiten des Erwerbs unbenützt lässt, weil er sie als unsittlich und seiner unwürdig erkennt. Wenn es ferner heisst, der Weise wisse auch allein, wie weit der χρηματισμός gehen dürfe, so ist damit offenbar angedeutet, dass er, auch wo er es könnte, nicht in sinnloser Weise Schätze auf Schätze häuft, sondern seinen Besitz und Erwerb stets nach seinen mässigen Bedürfnissen regelt und den Ueberfluss ebenfalls in sittlicher, vernünftiger Weise zu verwenden weiss. Wenn also der Weise χρηματιστικός genannt wird, so soll ihm damit nicht gestattet werden, irdische Reichtümer auf sittlich zweifelhaftem Wege zu erwerben und in massloser Habsucht anzusammeln, sondern wird im Gegenteil alles leidenschaftliche, masslose Trachten nach Reichtum und vollends jede unsittliche Art des Erwerbs als mit dem Begriff des Weisen absolut unvereinbar ausgeschlossen. Der Reichtum des Weisen besteht ja, wie in derselben Schilderung betont wird, in seinem inneren, geistigen Besitz; dieser macht ihn wahrhaft reich (vergl. Sext. XI, 170): somit ist es durchaus undenkbar, dass derselbe auch nach dem Reichtum im gewöhnlichen Sinne trachten, dass er der Erwerbsucht fröhnen dürfte.

Das Hauptargument, auf welches, wenigstens gegen die Stoiker Diogenes und Hecato, der Vorwurf der Krämermoral sich stützt, ist bisher absichtlich noch nicht berührt worden, weil es eine eingehendere Besprechung erfordert. Im dritten Buch der Pflichten, das von dem Konflikt des Nutzens und der Pflicht handelt, teilt uns Cicero die Differenzen mit, die in dieser Hinsicht unter den Vertretern der Mittelstoa herrschten. Dieselben waren veranlasst durch die Behauptung des

Karneades, dass Weisheit und Moralität miteinander nicht vereinbar seien, insofern, wer moralisch handle, seinem Vorteil zuwider handle, folglich unweise sei, während der Weise, um seinen Vorteil zu wahren, die moralischen Gebote ignorieren müsse. Wer ein Haus dem Verkauf aussetzt, ohne seine Fehler anzugeben, ist klug, aber nicht gut; wer sie angiebt, ist gut, aber ein Thor (rep. III, 29 etc.). Die Stoiker waren nun selbstverständlich bemüht, dieser Behauptung des Karneades gegenüber die Identität der Weisheit und Tugend zu erweisen. Dies konnte in doppelter Weise geschehen, indem sie entweder bestritten, dass der Verzicht auf den äusseren Vorteil um der Tugend willen Thorheit sei, oder aber, dass die Tugend den Verzicht auf den äusseren Vorteil fordere. Jene Antwort gab Antipater, diese Diogenes. Er behauptete, der Verkäufer müsse die Fehler angeben, nur soweit es das bürgerliche Recht verlange, dürfe aber innerhalb dieser Schranken darauf aus sein, sein Eigentum so gut als möglich zu verkaufen. Antipater dagegen verlangt, dass der Verkäufer alle Fehler gewissenhaft angebe, und beruft sich dafür auf die sittliche Bestimmung des Menschen, dem Nächsten zu dienen (off. III, 51 etc. und 91). Dass die Ansicht des Antipater uns sympathischer ist als die des Diogenes, welche entschieden etwas sittlich Bedenkliches hat, ist zweifellos. Jedoch bei genauerer Prüfung zeigt sich, dass die Entscheidung des Diogenes keineswegs auf eine grössere Schätzung der äusseren Güter und somit auf eine minder ideale ethische Gesamtanschauung schliessen lässt. Vor allem ist der Standpunkt, den Diogenes in der betreffenden Frage einnimmt, ein wesentlich anderer als der des Karneades: dieser, wie er überhaupt alle sittliche Verpflichtung leugnet, sagt, man dürfe den andern um des Nutzens willen täuschen. Diogenes aber leugnet eben mit aller Entschiedenheit, dass die Handlungsweise, die er empfiehlt, einen Betrug enthalte, also unsittlich sei (51 sine insidiis agere — 55 ubi judicium emptoris est, ibi fraus venditoris quae potest esse?). Dagegen sei es lächerlich und widerspruchsvoll, die Fehler des verkäuflichen Gegenstandes öffentlich bekannt zu machen. Die Ansicht des Antipater führe folgerichtig zur Aufhebung alles Handels; denn wenn für den Verkäufer der Nutzen des Nächsten in erster Linie massgebend sei, so wäre es eigentlich seine Pflicht, gar nicht zu verkaufen, sondern zu schenken. Dies ist eine ganz treffende Bemerkung, gegen die eigentlich nichts zu sagen ist: wer das Prinzip der Nächstenliebe als obersten Grundsatz des Handelns aufstellt, kann nur infolge einer Inkonsequenz sein Eigentum, sofern er es nicht notwendig zum eigenen Unterhalt braucht, behalten. Darum haben auch die ersten Christen, als der Geist der Bruderliebe noch mächtig war, ihre Güter als Gemeingut betrachtet und behandelt. Wir sehen also, es sind gar keine so üblen Gründe, mit welchen Diogenes seine Ansicht zu verteidigen wusste. Er sagt, entweder macht man völligen Ernst mit dem Grundsatz, dass der Mensch für seine Mitmenschen auf der Welt ist, dann giebt es überhaupt kein Eigentum, jedenfalls nur so viel, als zur eigenen Lebensfristung unumgänglich notwendig ist. Oder aber man stellt sich auf den Boden des wirklichen Lebens, indem man das Recht des Eigentums anerkennt [1]), dann ist es

---

[1]) Das Recht des Privateigentums haben alle Stoiker anerkannt. Von Natur freilich gehört keinem etwas besonders; aber nachdem er „seinen Platz im Theater

auch erlaubt, ja Pflicht, dasselbe zu mehren auf jede nicht durch das öffentliche Recht verbotene Weise, sofern dieselbe natürlich der Forderung der Tugend nicht widerstreitet. Wir werden nun freilich sagen müssen, dass die von Diogenes vorgeschlagene Handlungsweise eben mit der Tugend, mit der sittlichen Selbstachtung nicht verträglich ist, da sie, wenn auch nicht im rechtlichen, so doch im sittlichen Sinn eine fraus allerdings enthält. Und insofern ist die Entscheidung des Diogenes fraglos sittlich verwerflich. Aber es entschuldigt ihn einigermassen der Uebereifer der Polemik gegen Karneades. Denn dadurch schien dieser erst recht widerlegt, wenn man zeigte, dass der stoische Weise auch im Sinne des Karneades klug handeln und doch dabei moralisch bleiben könne, da gerade durch seine moralischen Grundsätze auch diese Klugheit gefordert werde. Dass letzteres die Ansicht des Diogenes und seiner Anhänger war, sagt Cicero ganz deutlich (56 ex altera parte defenditur honestas — d. h. im gewöhnlichen Sinn — ex altera ita de utilitate dicitur, ut id, quod utile videatur, non modo facere honestum sit, sed etiam non facere turpe). Also Diogenes wollte keineswegs dem Nutzen zulieb die Tugend preisgeben, sondern war fest überzeugt, dass in dem betreffenden Fall die Berücksichtigung des Nutzens durch die Tugend nicht bloss nicht verboten, sondern sogar geboten sei.

Dies war eine theoretische Verirrung seines sittlichen Urteils, aber sicherlich nicht ein Ausfluss einer habsüchtigen Gesinnung oder auch nur das Zeichen einer höheren Wertung der äusseren Güter. Das Ganze war ein reiner Schulstreit, bei dem gleichsam nur der Kopf, nicht das Herz beteiligt war. Dasselbe gilt im wesentlichen auch von den allerdings zum Teil noch bedenklicher lautenden kasuistischen Entscheidungen des Hecato (off. III, 89 etc.). Dass Diogenes in der Güterlehre ganz auf dem Boden der streng stoischen Anschauung stand, wird durch das, was uns Cicero in fin. III über ihn berichtet — wahrscheinlich ist das Ganze aus Diogenes —, ausser Zweifel gesetzt. Ein Mann, der den absoluten Wert und die Unvergleichlichkeit des sittlich Guten so energisch betont (33 etc.), der die Weisheit das einzige Gut nennt und dem Reichtum dieses Prädikat auch für den Fall abspricht, dass er das Mittel zur Erlangung der Weisheit wäre, da diese ihrer Art nach von allen sogenannten Gütern verschieden sei (49. 56), kann unmöglich der Erwerbsucht auch nur die geringste Berechtigung eingeräumt haben. Nicht zu verachten ist auch das Zeugnis des Epictet, wonach Diogenes in seiner „Ethik" in völliger Uebereinstimmung nicht bloss mit Chrysipp, sondern auch mit Kleanthes die Tugend für das einzige Gut, den Reichtum aber für ein Adiaphoron erklärt hat (II, 19, 14).

Dasselbe gilt auch von Hecato. Wenn er bei D. L. 101 etc. neben Chrysipp und Apollodor als Vertreter der streng stoischen Güterlehre namhaft gemacht und unmittelbar danach von Posidonius be-

---

eingenommen hat" — denselben Vergleich gebraucht Epictet zur Ablehnung der Weibergemeinschaft (II, 4, 9), — darf er ihm nicht streitig gemacht werden. — Auch Panätius leugnet, dass es ein Privateigentum von Natur gebe, erklärt es dagegen für ein Recht des Menschen, das ihm zugefallene Eigentum zu behaupten, und für die erste Pflicht des Staates, seinen Bürgern den Besitz ihres Eigentums zu sichern (off. I, 21. II, 73). — Posidonius glaubt an ein goldenes Zeitalter, wo Gütergemeinschaft herrschte, und leitet das Einzeleigentum von der Habsucht ab (Sen. ep. 90).

richtet wird, er habe den Reichtum etc. auch zu den Gütern gerechnet, so darf man doch daraus den Schluss ziehen, dass, wenn es überhaupt Stoiker gab, die in der Schätzung des Reichtums prinzipiell von der alten Lehre abwichen, nicht Hecato, wohl aber Panätius und Posidonius zu diesen gehört haben muss (D. L. 128). Wenn Hirzel seine Geringschätzung des Hecato u. a. damit begründet, dass ihm Seneca eine banausische Gesinnung vorwerfe (ben. II, 21, 4), so hat er den Sachverhalt nicht ganz richtig dargestellt. Seneca will nämlich a. a. O. dem Hecato keineswegs widersprechen, vertritt vielmehr, wie überhaupt die ganze Schrift nach Hecato gearbeitet ist, dessen Ansicht, dass man ein beneficium nicht annehmen dürfe, wenn dasselbe dem Wohlthäter selbst Schaden bringen würde. Nur das tadelt er an Hecato, dass er ein unpassendes Beispiel zur Illustrierung dieses Satzes gebrauche. Mit der Frage, wie Hecato über den Gelderwerb dachte, hat diese Stelle ohnehin nichts zu thun. Der einzige Punkt, wo Seneca ihm sachlich eine minder edle Ansicht zu imputieren scheint, ist die Wertung des Sklaven, wobei es aber erst noch unsicher ist, wie Hecato in Wirklichkeit geurteilt hat (p. 98 und 99). Aber sonst überall gilt er dem Seneca als geachtete Autorität (ep. 5, 7 Hecato noster), was nicht erklärlich wäre, wenn der ganze Charakter seiner Moral ein unedler gewesen wäre. Drei Aussprüche von ihm legt er seinem Lucilius als goldene Worte zu weiterem Nachdenken ans Herz (ep. 5, 7. 6, 7. 9, 6). Dieselben bekunden auch wirklich alle eine hochideale Gesinnung; der erste derselben (desines timere si sperare desieris) beweist, dass er gerade so wie Epictet das wahre Glück in der Abwerfung aller auf das Aeussere gerichteten Wünsche und Begierden erblickt hat, eine Anschauung, mit der ein gewinnsüchtiges Trachten nach Vermehrung des irdischen Besitzes schlechthin unvereinbar ist. In dem Munde des weltfreudigen Panätius lässt sich ein solcher Ausspruch nicht wohl denken. Dabei lässt sich übrigens nicht leugnen, dass Hecato, als Hauptvertreter der Kasuistik innerhalb der Stoa, manche Entscheidungen getroffen hat, die den ursprünglichen Geist der Schule kaum mehr erkennen lassen, wie es überhaupt eine allgemeine Erfahrung ist, dass die Ausbildung der Kasuistik mit dem Herabsinken von der Höhe des Ideals Hand in Hand geht.

Excurs V.

Der stoische Pantheismus.

Ueber den pantheistischen Grundcharakter der stoischen Gottesvorstellung herrscht unter den Gelehrten so ziemlich Uebereinstimmung und es kann derselbe auch nicht wohl ernstlich in Frage gezogen werden. Denn so gewiss die Stoiker, und zwar, wie es scheint, alle ohne Unterschied, häufig in Ausdrücken sich ergehen, die auf eine spiritualistische Auffassung der Gottheit hindeuten, so ist es doch Thatsache, dass sie andrerseits in so naturalistischer Weise von Gott zu reden pflegten, dass ihnen die Vorstellung eines rein geistigen Wesens und Wirkens offenbar fremd gewesen ist. Wer Gott als Pneuma bezeichnet, das durch alle Dinge, auch durch das Hässliche, hindurchgeht, oder als Logos, der durch die Materie (οὐσία) des Alls sich erstreckt, wer die göttliche Pronoia ein αἰθέριον σῶμα nennt, welches den Samen aller Dinge bildet, der ist seiner Grundanschauung nach ein Pantheist, wenn er gleich daneben Ausdrücke gebraucht, die eigentlich nur da einen rechten Sinn haben, wo man Gott als persönliches Wesen auffasst. Denn wer diese Vorstellung wirklich vollzieht, dem ist es psychologisch absolut unmöglich, in pantheistischer oder gar naturalistischer Weise von Gott zu reden, er wird jeden Ausdruck perhorreszieren, der irgendwie Gott mit der Materie vermengt oder als untrennbar mit ihr verbunden erscheinen lässt, während umgekehrt der Gebrauch theistischer Ausdrücke auf pantheistischem Standpunkte sich aus der Anpassung an die populäre, anthropomorphistische Gottesvorstellung wohl begreifen lässt.

So gewiss nun aber die pantheistische Grundanschauung der Stoa über jeden Zweifel erhaben ist, so unklar und vieldeutig ist dieselbe doch im einzelnen. Mir scheint es unmöglich, die mannigfachen Aeusserungen der Stoiker über das Wesen Gottes zu einer klaren, widerspruchslosen Vorstellung zu verbinden. Und für diese Unklarheit dürfen wir nicht etwa nur die Mangelhaftigkeit der Quellen verantwortlich machen, sondern sie haftete offenbar den Stoikern selbst an und ist meines Erachtens eine notwendige Folge davon, dass in der Stoa von Anfang an zwei sehr verschiedene Grundrichtungen, der Materialismus und der Rationalismus, gleich mächtig hervortraten, ohne dass es den Stoikern gelungen wäre, dieselben in wissenschaftlich befriedigender Weise miteinander auszugleichen. Daher kommt es denn auch, dass neben der pantheistischen und monistischen Grundrichtung gewisse dualistische und spiritualistische Vorstellungen unvermittelt einhergehen. Eine gründliche und eingehende Untersuchung der stoischen Theologie und Metaphysik könnte allerdings, wenn auch nicht alle Rätsel lösen, so doch erheblich mehr Klarheit schaffen, als zur Zeit darüber besteht. Jedoch würde mich dies hier zu weit führen; ich habe mir deshalb nur vorgenommen, die hauptsächlichsten problematischen Punkte kurz hervorzuheben und an dem Beispiel der jüngeren Stoiker zu zeigen, wie das Schwanken zwischen Naturalismus und Spiritualismus der ganzen stoischen Weltanschauung von Haus aus eigen ist.

Unklar ist vor allem, wie sich die Stoiker das Verhältnis der beiden ἀρχαί (θεός und ὕλη, τὸ ποιοῦν und τὸ πάσχον) gedacht haben. Es ist ja gewiss einleuchtend und kommt wohl der Wahrheit am nächsten, wenn man annimmt (wie z. B. Schwegler, Heinze, Bernays), dass die Stoiker diese ἀρχαί nur begrifflich getrennt, in Wirklichkeit aber als unzertrennlich miteinander verbunden gedacht haben. So hat es schon Proclus aufgefasst, der von dem Gott des Chrysipp sagt, er sei ψυχὴ καὶ φύσις ἀχώριστος τῶν διοικουμένων (in Tim. p. 126, 297 Schn.). Aber das Missliche ist eben dies, dass wir keine einzige dahin zielende Erklärung aus dem Munde der Stoiker selbst besitzen. Dagegen fehlt es nicht an solchen Aussagen, die dieser Auffassung entgegenstehen, indem sie entweder der Urmaterie eine gewisse Selbständigkeit Gott gegenüber beilegen (vergl. Krische, Die theol. L. 462, über den Gegensatz zwischen εἱμαρμένη und ἀνάγκη) oder Gott auch die Materie aus sich erzeugen lassen (D. L. 137) und zur alleinigen ἀρχή des Alls machen (Doxogr. 571).

Damit hängt eine weitere Unklarheit zusammen, nämlich das Verhältnis der vier στοιχεῖα zu den beiden ἀρχαί und zu einander. Manches deutet darauf hin, dass die vier στοιχεῖα als Entfaltung der beiden ἀρχαί zu betrachten sind, und zwar so, dass die beiden ἀνωφερῆ στοιχεῖα (Feuer und Luft) das Wesen Gottes, die beiden κατωφερῆ (Wasser und Erde) das der Urmaterie (ἄποιος ὕλη) enthalten. So wenn Nemesius berichtet (164), die Stoiker haben jene στοιχεῖα als δραστικά von diesen als παθητικά unterschieden, oder wenn es heisst, von Gott und Hyle kommen die vier στοιχεῖα her (Doxogr. 289). Demgemäss hat Heinze die Ansicht geäussert, nur die beiden unteren στοιχεῖα repräsentieren die eigentliche ὕλη (Logos p. 98; vergl. Zeller III, 1, 184). Jedoch nach anderen Zeugnissen bilden die vier στοιχεῖα zusammen die ὕλη gegenüber der göttlichen Kraft des Logos (D. L. 136).

Unter den vier στοιχεῖα aber nimmt das Feuer eine Sonderstellung ein (Doxogr. 458 etc.) als das Urelement, aus dem sich die andern bilden und in das sie wieder sich auflösen. Die Stoiker haben allerdings, wie längst bemerkt wurde, einen Unterschied gemacht zwischen dem reinen Urfeuer oder Aether und dem gewöhnlichen Feuer, zwischen dem ignis plane artifex und artificiosus, jedoch soll dieser Unterschied nach der ausdrücklichen Verwahrung der Stoiker nicht qualitativ, als ob sie ein fünftes Element statuieren wollten, sondern nur quantitativ aufgefasst werden (Zeller III, 1, 183). Da nun aber dieses Urfeuer das eigentliche Wesen Gottes repräsentiert, so ist schwer zu sagen, wo wir dann die ἄποιος ὕλη unterzubringen haben. Denn dieses πῦρ αἰθερῶδες kann doch nicht das eigentliche, unterscheidende Wesen Gottes im Gegensatz zur ἄποιος ὕλη bezeichnen und gleichzeitig diese in sich enthalten. Jedoch wenn die Stoiker dieses πῦρ αἰθερῶδες oder σῶμα αἰθέριον als das σπέρμα der ganzen Weltentfaltung bezeichnen (Doxogr. 468)[1]) und andrerseits auch von der ὕλη ἄποιος erklären, dass sie alle ποιότητες in sich enthalte (comm. not. 50), wodurch auch sie gewissermassen zum σπέρμα der Welt gestempelt wird; wenn sie sowohl von Gott selbst als auch von der πρώτη ὕλη aussagen, sie habe die Fähigkeit, sich in alle möglichen Gestaltungen zu wandeln (Doxogr. 306. 617. — 307. D. L. 150): so scheint die einzig mögliche Lösung die zu sein, dass Gott und Hyle in Wahrheit identisch und nur verschiedene Namen für dieselbe Sache sind, wie denn auch Sextus die Dogmatiker zu dem Eingeständnis bringen will, dass ποιοῦν und πάσχον eigentlich identisch seien (IX, 249). Aber dann begreift man in der That nicht, warum die Stoiker überhaupt von zwei ἀρχαί redeten, und wie Chrysipp sagen kann, beim Weltbrand werde der Kosmos ganz und gar zur Seele und zum Hegemonikon und zehre die ὕλη gänzlich in sich auf (st. rep. 39). Dieser Widerspruch ist auch den Gegnern nicht verborgen geblieben, wie denn in comm. not. 48 treffend bemerkt wird: entweder sei Gott und ὕλη identisch, dann dürfen die Stoiker die letztere nicht ἄλογος nennen; oder aber seien sie verschieden, dann sei Gott als νοῦς ἐν ὕλῃ

---

[1]) D. L. 136 wird freilich das göttliche σπέρμα oder der σπερματικὸς λόγος von der ὕλη unterschieden.

kein einfaches, sondern ein zusammengesetztes Wesen und eigne sich folglich nicht zur ἀρχή des Alls.

Diese Widersprüche, die der stoischen Gottesvorstellung von Haus aus anhaften, treten auch bei den jüngeren Stoikern deutlich zu Tage.

Bei M. Aurel finden wir einesteils die Trennung zwischen Vernunft und Materie energisch durchgeführt. Gott ist der νοῦς oder die διάνοια des Alls (5, 30. 9, 28), der Logos, der durch die οὐσία hindurchgeht (5, 32), nicht identisch mit dem Kosmos, sondern das Beste in ihm (5, 21). Gott (oder Logos) und οὐσία sind die beiden Bestandteile des Kosmos (7, 9); das Stoffliche (ἔνυλον) wird in die οὐσία des Alls, das Wirkende, Geistige (αἴτιον) in den Logos des Alls aufgenommen (7, 10). Wie hier deutlich die Allmaterie und der Logos des Alls unterschieden werden, so wird der περιέχων ἀήρ, den wir einatmen, an dem wir also mit der stofflichen Seite unseres Wesens teilnehmen, abgegrenzt von dem περιέχον νοερόν, der geistigen Atmosphäre, die gleichsam das Element unsres Nus bildet (8, 54). Andrerseits lässt aber M. Aurel auch das Stoffliche (das στερέμνιον und πνευματικόν) in den Logos des Alls sich auflösen, so dass entweder das Geistige als das einzig wahre, ursprüngliche und definitive Sein erscheint oder Stoffliches und Geistiges ursprünglich eine ungeschiedene Einheit zu bilden scheinen. Auf die erstere Annahme werden wir geführt, wenn er das ganze Sein auf eine πηγή νοερά zurückführt (9, 39), oder wenn er Gott die λογική ψυχή nennt, welche den ganzen Kosmos samt dem Leeren umspannt (11, 1); auf die letztere, wenn er von einer Seele oder von dem νοερόν Gottes redet (5, 34. 12, 2), woraus notwendig die Vorstellung von einem Leibe Gottes folgt, welcher dann nichts anderes wäre, als die durch ihn gebildete Materie. Dabei bleibt es aber auch bei M. Aurel völlig unklar, ob diese Materie oder οὐσία ursprünglich zum Wesen Gottes selbst gehört, oder ihm als etwas Selbständiges gegenübersteht, das von ihm nur ergriffen und gestaltet wird. Die letztere Vorstellung liegt zu Grunde, wenn er Gott die Allnatur nennt, welche aus der ὅλη οὐσία die Dinge bildet (7, 23. 9, 1. 9, 35). Ueberhaupt überwiegen bei M. Aurel diejenigen Aussagen, die auf eine spiritualistische Fassung des Gottesbegriffs hinführen: gewöhnlich versteht er unter Gott das Hegemonikon des Alls, die Weltvernunft (7, 75. 9, 22). Auch findet sich bei ihm die Unterscheidung einer Weltseele von der Weltvernunft, worin sich das Streben nach einer grösseren Trennung zwischen Gott und Materie verrät. Der Kosmos ist ein ζῷον, bestehend aus οὐσία, ψυχή und νοερά ψυχή (12, 30 und 32), nur das letztere ist identisch mit Gott. Jedoch wie M. Aurel beim Menschen zwischen Dichotomie und Trichotomie beliebig abwechselt, so macht er es auch beim Kosmos, indem er offenbar das seelische Moment der Welt bald zur οὐσία, bald zum λόγος rechnet. Im ersteren Fall bekommen wir einen mehr spiritualistischen, im zweiten einen mehr naturalistisch-pantheistischen Gottesbegriff. Wenn er den Kosmos ein mit αἴσθησις und ὁρμή begabtes Lebewesen nennt (4, 40), so könnte man als Trägerin dieser Funktionen die Weltseele betrachten, über welche Gott als Weltvernunft erhaben wäre. Doch spricht er auch von einer ὁρμή Gottes oder der Weltvernunft, so dass also für eine besondere Weltseele eigentlich kein Raum mehr bleibt (7, 75 ἡ τῶν ὅλων φύσις ἐπὶ τὴν κοσμοποιίαν ὥρμησε —

ibid. ἰδίαν ὁρμὴν ποιεῖται τὸ τοῦ κόσμου ἡγεμονικόν — 9, 1 ὁρμῇ τινι ἀρχαίᾳ τῆς προνοίας — 9, 28 ἢ ἐφ' ἕκαστον ὁρμᾷ ἡ τοῦ ὅλου διάνοια ἢ ἅπαξ ὥρμησε). Fassen wir das Gesagte kurz zusammen, so finden wir bei M. Aurel folgende Vorstellungen über Gott nebeneinander:
1. Gott ist identisch mit der Welt: die Gesamtheit der Dinge bildet seinen Leib, während seine Seele der geistige Grund und Halt des Weltalls ist.
2. Gott ist nur das Geistige, das in dem Weltall wirkt, das Hegemonikon der Welt.
3. Gott trägt ursprünglich auch die Materie in sich und nimmt sie in regelmässigen Weltperioden wieder in sich zurück.
4. Gott steht der seinem Wesen fremden Materie als rein geistiges Wesen gegenüber, das jedoch diese beherrscht und in der Weltbildung sich dienstbar macht.

Man sieht, dass die erste und dritte Ansicht und die zweite und vierte einander korrespondieren: dort haben wir einen entschiedenen Pantheismus, hier einen spiritualistischen Theismus. Eine Ausgleichung der beiden Vorstellungsreihen scheint mir, sofern sie überhaupt möglich ist, nur in der Annahme zu liegen, dass M. Aurel und die Stoiker überhaupt, sofern sie die Welt als fertige und gegebene ins Auge fassten, nur das Geistige in ihr als das eigentliche Wesen Gottes, als den Gott κ. ε. betrachtet haben; sofern sie aber an die Entstehung der Welt dachten, galt ihnen Gott im weiteren Sinne als der gemeinsame Grund des geistigen und stofflichen Daseins, als die noch ungeschiedene Einheit von Kraft und Stoff[1]).

Senecas Aussagen über Gott bewegen sich im allgemeinen in demselben Rahmen, wie die des M. Aurel, nur dass er, wie auch sonst, die Extreme viel schärfer gefasst und zum Ausdruck gebracht hat. Sowohl die Identität Gottes mit der Welt als auch seine Erhabenheit über dieselbe hat er so deutlich wie kein anderer Stoiker ausgesprochen. „Gott selbst ist das All, das du siehst, seinen Teilen innewohnend und sich und das Seinige erhaltend" (nat. qu. II, 45). Auch sonst wird Welt und Gott als das vollkommenste Wesen einfach gleichgesetzt (z. B. ira II, 16, 21. vit. beat. 8, 4 mundus quoque cuncta complectens rectorque universi deus in exteriora quidem tendit sed tamen in totum undique in se redit). Die letztere Stelle zeigt freilich zugleich deutlich, dass die Identifizierung Gottes und der Welt nicht so gemeint ist, als ob Gott einfach die Summe aller sichtbaren Dinge wäre: vielmehr hat Gott, obwohl er in allen Dingen ist und lebt, doch daneben auch sozusagen ein intensives Für-sich-sein[2]). Wird nun mehr dieses geistige Prinzip der Welt für sich ins Auge gefasst, so ist Gott mit diesem identisch, ist also nicht mehr die ganze Welt, sondern nur das Beste an ihr, die Weltvernunft (Helv. 8, 3 divinus spiritus per omnia maxima

---

[1]) Dieser Auffassung steht freilich entgegen die Notiz des Diogenes, wonach die beiden ἀρχαί, im Unterschied von den gewordenen στοιχεῖα, ewig seien (134). Es ist deshalb unrichtig, wenn Stein (I, 22) sagt, nach stoischer Anschauung seien Kraft und Stoff dem Urpneuma entsprungen. Gerade darüber, ob und wie dieses Urpneuma oder Gott auch den Stoff in sich enthalte, lassen uns die Stoiker völlig im unklaren.

[2]) Man pflegt das den dynamischen Pantheismus zu nennen.

ac minima aequali intentione diffusus. ben. IV, 7 divina ratio toti mundo partibusque eius inserta. ep. 90, 29 aeterna ratio toti indita).

Aber auch diese Anschauung ist durchaus keine eindeutige; denn sie kann entweder so verstanden werden, dass Gott mit der Weltvernunft identisch ist nur eben a parte potiori, so dass die materielle Welt im weiteren Sinn auch ein Bestandtheil Gottes wäre, sozusagen sein Leib oder Gewand, oder aber, dass Gottes Wesen ganz und gar Geist und Vernunft ist. Beide Ansichten sind bei Seneca vertreten. Wenn er Gott den grössten und besten Teil seines Werkes (der Welt) nennt (nat. qu. VII, 30, 3), so führt dies folgerichtig auf die Anschauung, dass Gott im weiteren Sinne mit seinem Werk identisch ist, wenn er auch im engeren Sinne nur die vernünftige Potenz der Welt bedeutet. Denn wenn Gott ein Teil seines Werkes ist, so ist er zugleich sein eigenes Werk, d. h. er schafft und bethätigt sich selbst eben dadurch, dass er die Welt bildet und regiert: die Welt ist nichts anderes als die Erscheinung, die sichtbare Verwirklichung Gottes selbst. Dies ist wohl auch der tiefere Sinn des von Lactanz nur als Zeugnis für die Ewigkeit Gottes betrachteten Wortes: deus ipse se fecit (frag. 15, 421 H.). Gott ist ohne Welt gleichsam nur potentiell vorhanden und wird aktuell nur in und mit der Weltbildung selbst.

Anderswo erklärt aber Seneca so deutlich als möglich, dass Gott von der Welt verschieden sei und mit dem Grobstofflichen nichts zu thun habe. Er ist ganz und gar Vernunft; während der Mensch aus Leib und Seele besteht, ist er ausschliesslich Seele (nat. qu. I praef. 14)[1]). Aehnlich spricht er sich aus ep. 65, 23, wo er ebenfalls zwischen Materie und Gott schroff scheidet: Gott ist in der Welt, was im Menschen die Vernunft. Also nicht Gott, sondern das All gleicht dem Menschen: dieses ist zusammengesetzt aus materia und deus, Gott aber ist einfach Vernunft. Zöge man hieraus die Konsequenz, so wäre das All mehr als Gott und dieser ein Teil des Alls. Dies will jedoch Seneca wieder nicht gelten lassen: in einem und demselben Atem nennt er Gott die Vernunft des Alls und sagt dann doch wieder, Gott sei allein alles, er trage sein Werk in sich und ausser sich. Er ist das All, das wir sehen und doch noch mehr als dieses sichtbare All, nämlich der unsichtbare geistige Grund des Alls, der ihm vorangeht und immer in ihm gegenwärtig ist und es zusammenhält (nat. qu. a. a. O.). Während die Götter — numina vicinam sortita potentiam — zwischen der Sichtbarkeit und Unsichtbarkeit in der Mitte stehen (oculos nostros et implent et effugiunt), ist Gott selbst unsichtbar und nur durchs Denken zu erfassen (nat. qu. VII, 30, 3).

---

[1]) Dass Gottes Wesen ausschliesslich in der Vernunft besteht, sagt auch Epictet (II, 8, 2). Damit ist der Boden der stoischen Metaphysik noch nicht verlassen, und ich stimme im allgemeinen mit Zeller und Brolén (De philosophia Senecae, Upsala, 1880) überein, wenn sie urteilen, dass Senecas Aeusserungen über Gott keine Abweichung von der stoischen Grundanschauung enthalten. Anders liegt die Sache jedoch, wenn Seneca von einer incorporalis ratio redet (ad Helv. 8, 3). Diese Vorstellung ist mit der Stoa nicht mehr zu vereinigen. Uebrigens spricht dies Seneca nicht als eine feste Meinung aus, sondern nur als eine Möglichkeit unter vielen, wie er ja überhaupt oft genug sich skeptisch und eklektisch ausdrückt und sich eine freiere Stellung gegenüber dem stoischen Dogma wahren will. Solche Aeusserungen dürfen dann natürlich nicht als Beweise für die Umbildung der stoischen Lehre verwendet werden.

Zeigt sich in diesen Aeusserungen das deutliche Bestreben, die Transzendenz und Absolutheit Gottes neben der Immanenz zu wahren[1]), so wird diese Absolutheit Gottes wieder zweifelhaft, wenn Seneca die Materie als eine Gott gewissermassen selbständig gegenüberstehende Macht schildert, durch die er in seinem Schaffen gleichsam gebunden ist. Die Uebel des Daseins rechtfertigt er durch die Bemerkung, der Künstler könne die Materie nicht ändern; Gott habe aus ihr gemacht, was zu machen war (prov. 5, 9. cfr. Epict. I, 1, 8). Wie wenig sich Seneca über das Wesen Gottes klar war, sehen wir auch daran, dass er bald Gott und Fatum identifiziert (nat. qu. II, 45: Jupiter, fatum, providentia, natura, mundus sind nur verschiedene Namen für ein und dasselbe), bald die Vorstellung des Fatums, von dem Glauben an einen Gott, der als arbiter universi alles ordnet, schroff unterscheidet (ep. 16, 5). Ohne Zweifel deutet dieser Ausdruck arbiter universi auf die Anschauung hin, dass der Wille Gottes sich im Weltlauf fortwährend unmittelbar bethätigt und jederzeit in denselben einzugreifen im stande ist. Für gewöhnlich freilich neigt sich Seneca der anderen Anschauung zu, wonach Gottes Wille von Ewigkeit feststeht und unveränderlich sich gleich bleibt (prov. 5, 8 deus scripsit fata sed sequitur. semper paret semel jussit. ben. VI, 23, 5 cogitavit nos ante natura quam fecit. cfr. Ant. 7, 75 πᾶν τὸ γινόμενον κατ' ἐπακολούθησιν γίνεται — 9, 28 lässt er es freilich wieder unentschieden). Ja er verteidigt diese Ansicht gegen die Meinung, als ob sie Gottes Macht und Hoheit zu nahe trete, in ganz moderner Weise mit der Bemerkung: das ist erst der rechte Wille, der in dem Grad gewiss ist, dass er ewig ist (ben. VI, 21, 4). Der christliche Apologet Justinus dagegen macht gerade die beständige Beweglichkeit des göttlichen Willens als Kriterium des wahren Gottesglaubens aller heidnischen und philosophischen Religiosität gegenüber geltend (apol. I, 19). — Wie leicht im Bewusstsein der Stoiker naturalistisch-pantheistische und geläutert theistische Vorstellungen sich nebeneinander vertrugen, zeigt besonders auch Musonius, der Gott den Vater der Menschen, den Demiurgen nennt (flor. III, 94, 7) und den Göttern intellektuelle und ethische Vollkommenheit zuschreibt (flor. IV, 88), dabei aber doch sie von den Dünsten der Erde und des Meeres sich nähren lässt (flor. I, 285).

---

[1]) Skeptisch drückt er sich hierüber aus de otio 4, 2 utrum (deus) extrinsecus illi (mundo) circumfusus sit an toti inditus.

Griechisches Sachregister.

A.

ἀγαπᾶν, zufrieden sein, sich ergeben, I, 287.
ἀγάπησις, Zufriedenheit, Ergebung (Spezies der βούλησις), I, 285—288. II, 48. 57.
ἁγνεία, religiöse Scheu (Spezies der εὐλάβεια), I, 291—293.
ἄγνοια (inscientia), Gegensatz zur ἐπιστήμη = συγκατάθεσις μεταπτωτική, I, 179. 180. 185. 186. 235. Als Ursache der Sünde II, 95. 103. 142.
ἀγχίνοια, Besonnenheit, Takt (Spezies der φρόνησις = ἕξις εὑρετικὴ τοῦ καθήκοντος αὐτόθεν), II, 182. 214.
ἀγωγή, κακή, schlechte Erziehung oder Gewöhnung, als Ursache der πάθη und der Sünde, I, 274. II, 142.
ἀγωνία, Spezies des φόβος, I, 245. Als Schmerz über die Sünde relativ berechtigt, I, 302. 303.
ἀγωνιᾶν, II, 48. 57.
ἀδιάστροφος, s. ἀφορμή.
ἀδιαφορία, Adiaphorie, gleichgiltiges Verhalten gegen das Aeussere, II, 17. 185. 233.
ἀδιάφορον, α, Adiaphora (= μήθ' ὁρμῆς μήτ' ἀφορμῆς κινητικά, I, 252), I, 38. 115 u. ö. II, 21. 22 u. ö. **169—174.** 177 etc. passim.
ἀδοκίμαστος s. φαντασία.
ἀδόξαστος, ὁ σοφὸς α. I, 181.
ἀθεώρητος, ἀρετή, I, 1.
ἄθροισμα, der Logos ein ἀ. ἐκ προλήψεων, I, 193. 207.
αἰδῆμον, τό, das angeborene sittliche Gefühl, I, 109. 305. II, 6. 129. 142. 150. 228. Die Sittsamkeit, I, 120. 292. II,112.
αἰδώς, Schamgefühl, Scheu vor sittlichen Verfehlungen (Spezies der εὐλάβεια), Sittsamkeit, I, 86. 206. 286. **291—293.** 300. 304. II, 112. 121. 129. 159.
αἵρεσις, Wahl, Entschluss (Spezies der πρακτικὴ ὁρμή), I, 257. 260.
αἱρετόν, expetendum (im Unterschied von ληπτόν) = das wahrhaft Wertvolle und Erstrebenswerte, I, 185. 189. 254. 276. II, 169. 170. 195.
αἰσθάνεσθαι, wahrnehmen (sinnlich oder geistig), I, 99. 102. 109. 137. 194. 265.
= beachten, sich kümmern um, I, 138.
αἴσθησις, Sinn, Sinnesvermögen, Sinnesauffassung, sinnliche Wahrnehmung, I, 7. 8. 86. 88—94. 98—109. 111. 117. **122—138.** — Sinnesempfindung, sinnliches Gefühl, I, 32. 81. 154. 311. 312.
— Geistige Wahrnehmung, I, 4. 96. 117. 277. 283. — Gefühl, Bewusstsein, I, 61. — ἀ. und φαντασία, I, 148. 149. 164—167. — ἀ. und διάνοια, I, 141. 154—157. 175. 192. — ἀ. und συγκατάθεσις, I, 178. — ἀ. und κατάληψις, I, 182. — ἀ. als Erkenntnisquelle und Kriterion neben διάνοια, πρόληψις, ὀρθὸς λόγος, I, 115. 152—157. 194—197. 203. 207. 210. 213. 220. 222—232 passim.
— ἀ. der Tiere, I, 68—76. 88. 244.
— τοῦ κόσμου (II, 246).
αἰσθητήριον, Sinnesorgan, I, 98. 100. 102. 122—124. 133. 134. 152. 158.
αἰσθητικόν, τό, = αἴσθησις, das Sinnesvermögen als Seelenteil, I, 86. 90. 91.
— ἀ. sc. ζῷον, das sinnliche Wesen, I, 41.
αἰσθητικός, s. ἀναθυμίασις, ἀντιτυπία, δύναμις, ἐνέργεια, κίνησις, οὐσία, πεῖσις, τόνος, φαντασία. — αἰσθ. ψυχή I, 71.
αἰσθητικῶς, ὁ θεὸς διήκει ἀ. διὰ πάντων, I, 138. — ἀ. κινεῖσθαι (= αἰσθάνεσθαι), I, 114. 129. 174.
αἰσθητόν, ἀ, das sinnlich Wahrnehmbare, Objekt der αἴσθησις, I, 74. 123. 128. 133. 139. 144. 147. 152. 154. 155. 160. 166. 195. 231.
αἰσχύνη, Spezies des φόβος (= φόβος ἀδοξίας), I, 291. 292. 304.
αἰτία, metaphysisch (Gegensatz zur ὕλη), I, 33. logisch, ἀ. αὐτοτελὴς und προκαταρκτική (cfr. Sen. ep. 87, 33 causa efficiens und praecedens), I, 156. 178.
αἰτιῶδες oder αἴτιον (Gegensatz ὑλικόν), I, 31. II, 246.
ἀκατάληπτον, τό, das nicht kataleptisch Wahrgenommene (δόξα = ἀκαταλήπτῳ συγκατάθεσις), I, 179.
ἀκατάληπτως, s. φαντασία.
ἀκατάλληλος, s. ἐφαρμογή.
ἀκόλουθον, τό, das Sinnvolle, Zweckmäs-

sige, Naturgemässe (τὸ καθῆκον = τὸ ἀ. ἐν ζωῇ), II, 193. 194. 208. 229.
ἀκολούθως τῇ φύσει, τῇ ἀνθρωπίνῃ κατασκερῇ, II, 14. 163. 208.
ἀκοή, Gehör, I, 102. 136.
ἀκώλυτος, s. ὄρεξις, ὁρμή, προαίρεσις.
ἀκωλύτως ὀρέγεσθαι, I. 240.
ἀληθορκεῖν, im Unterschied von εὐορκεῖν, II, 114.
ἄληπτα, τά, Gegensatz ληπτά, II, 170. 171.
ἀλλοίωσις, αἴσθησις = διάγνωσις ἀλλοιώσεως, I, 99. 123. 126. 128. φαντασία = ἀλλοίωσις ψυχῆς, I, 149—151.
ἄλογος, 1. = vernunftlos (Gegensatz λογικός), τὰ ἄλογα (ζῷα), I, 68. 69. 72. 73. 76. 160. 255. 312. ἀ. ψυχή, I, 67. 68. 158. ἀ. δύναμις τῆς ψυχῆς, I, 93. ἀ. μέρος τ. ψυχῆς (τὸ ἄλογον), I, 90—93. 136. 234. II, 164. ἀ. φαντασία, I, 73. 2. = vernunftwidrig (Gegensatz εὔλογος), s. ἔκκλισις, ἔπαρσις, κίνησις, ὄρεξις, ὁρμή, συστολή; τὸ ἄλογον καὶ ὡστικόν etc. (Umschreibung für πάθος) I, 93. 243. II, 51.
ἀλυπία, I, 292. 296. 303. II, 47.
ἀμαθία, als Ursache der πάθη, I, 274.
ἁμάρτημα, Gegensatz κατόρθωμα, I, 169. 292. II, 13. 150. 199. 208. 209. 211. 215. 222. 223. 229.
ἁμαρτία, I, 276. II, 12. 142. 212. 221.
ἀματαιότης = ἕξις ἀναφέρουσα τὰς φαντασίας ἐπὶ τὸν ὀρθὸν λόγον, I, 226. II, 226.
ἀμεταπτωσία, unerschütterliche Sicherheit des Urteils, I, 18. 23. 25. 181. 182. 184. II, 12.
ἀμετάπτωτος, der Weise ist ἀ. ἐν λόγῳ, I, 18. ἐν συγκαταθέσει, I, 23. ἐν κρίσεσιν, I, 169. s. ἐπιστήμη und κατάληψις.
ἀναγραφή (von der Entstehung der Begriffe) I, 154. 194.
ἀναθυμίασις, die Seele ist ἀ. ἀφ' αἵματος, I, 41. 44. 111. ἀ. αἰσθητική, I, 45, 138.
ἀ. ἀπὸ γῆς, als Nahrung der abgeschiedenen Seelen, I, 58.
ἀναισθησία, fühlloser Zustand (nach dem Tod), I, 61.
ἀνακλητικόν, τό, Rückzugssignal, göttlicher Wink zum Scheiden, I, 37. II, 52.
ἀναλογία (collatio rationis), Art der Begriffsbildung, I, 195. 214. 215.
ἀνάλυσις, der Tod ist ἀ. εἰς τὰ στοιχεῖα, I, 65.
ἀναμάρτητος, ἐν ὁρμῇ καὶ ἀφορμῇ, I, 22 bis 24. 251.
ἀναμαρτήτως ζῆν, II, 151.
ἀνανεύειν, verneinend urteilen, I, 23. 168.
ἀνάνευσις, I, 23. 168. 169.
ἀνανευστικῶς κινεῖσθαι (= ἀνανεύειν), I, 168. 174.
ἀναπότευκτος, ἐν ὀρέξει, I, 23. 24. 240. 241. II, 50. s. ὄρεξις.
ἀναποτεύκτως ὀρέγεσθαι, II, 50.
ἀνεικαιότης, Synon. v. ἀμεταπτωσία und ἀματαιότης, I, 23. 182. II, 47.

ἀνεξαπατησία, desgl., I, 18. 23. 182.
ἀνεξαπάτητος, der Philosoph oder der Weise ist ἀ., I, 21.
ἀνεξέταστος, φαντασία, I, 135. 143.
ἀνεπιτεχνήτως (von der Begriffsbildung) I, 194—196.
ἀνία, Spezies der λύπη, I, 306.
ἀνομολογούμενος, ἐπιβολή, I, 258.
ἀντέχεσθαί τινος, t. t. für die erlaubte oder pflichtmässige Bemühung um die Proegmena, II, 170. 234.
ἀντιλαμβάνεσθαι, wahrnehmen, I, 135.
ἀντιληπτικός, I, 161. δύναμις ἀ.. ή, I, 123.
ἀντίληψις, αἴσθησις = ἀ. τῶν αἰσθητῶν, I, 123. 128. 136.
ἀντιτυπία, der Tod ist das Aufhören der αἰσθητικὴ ἀ., I, 37.
ἀξία, 1. = relativer Wert (pretium); τὰ ἀξίαν ἔχοντα (aestimabilia), I, 314. II, 43. 44. 157. 168. 170—174. 181. 183.
2. = absoluter Wert (dignitas), II, 171.
ἀξίωμα, die bejahende Aussage (term. log.), I, 176. 177. 231. = ἀξία, II, 171.
ἀπαγορευτικός, λόγος ἀ. = ἀφορμή, I, 252.
ἀπάθεια (Apathie), Freiheit von πάθη, I, 7. 23. 93. 199. 242. 248. 280. 283. 284. 292. 296. 303. 311. 312. II, 41. 46—49. 58. 110. 126. 160. 201.
ἀπαθής, I, 22. 284. II, 46. 58. 110. 201. — 312. (Stilpo). — τὸ θεῖον ἀπαθές, II, 115.
ἀπαίδευτος, Gegensatz πεπαιδευμένος oder φιλόσοφος, I, 3. II, 218. 222.
ἀπαιθριάζειν (M. Aurel), I, 61. II, 153. Vergl. die Ausdrücke γαλήνη καὶ εὐδία ἐν ἡγεμονικῷ.
ἀπαξία (inaestimabile), Gegensatz ἀξία, II, 43. 44. 170. 183.
ἀπάτη (= ψευδὴς συγκατάθεσις), I, 134. 173. 178. 179. Das Wesen der Sünde ist ἀ., I, 283. 305. II, 18.
ἀπεκλέγεσθαι, Gegensatz ἐκλέγεσθαι,II,168.
ἀπεκλογή, Gegensatz ἐκλογή, II, 168.
ἀπερίπτωτος, ἔκκλισις ἀ., ἐν ἐκκλίσει ἀ., I, 23. 240. 241. II, 50.
ἀπεριπτώτως ἐκκλίνειν, II, 50.
ἀπερίσπαστος, gesammelt, frei von Irrung und Pathos; διάνοια, I, 24. 113. φαντασία, I, 133.
ἀπεριστάτως = ἄνευ περιστάσεως (s. καθῆκον), ohne besondere Umstände, II, 195. 223.
ἀπιστία (Gegensatz οἴησις), ethischer Pessimismus, I, 4. II, 20.
ἁπλότης, Lauterkeit, Wahrhaftigkeit, II, 114.
ἀπόδειξις, Beweis, II, 55. — ὁ τῶν ἀποδείξεων τόπος, I, 19. 20. — als das Mittel der logischen Erkenntnis gegenüber der empirischen (δι' αἰσθήσεως), I, 128. 156. 165. 166 (= καταληπτικῆς φαντασίας συγκατάθεσις), 219. 220. II, 52.

ἀπολίθωσις, Abstumpfung, τοῦ νοητικοῦ und τοῦ ἐντρεπτικοῦ, I, 94. II, 150.
ἀπόλυτος, losgelöst vom Weltzusammenhang, II, 50.
ἀπολύτως, das Leben ἀ. betrachten, II, 21.
ἀπονέκρωσις, Synon. von ἀπολίθωσις, I, 94. II, 76.
ἀπονεύειν = ἀνανεύειν, I, 177.
ἀπονία, Analgesie, als Proegmenon oder πρῶτον κατὰ φύσιν, II, 175. 176. 185.
ἀποπροηγμένον, α, Apoproegmena (reiecta, remota), 187. 245. II, 43. **171—177.** 186. 192. 195. 195. 207—209.
ἀπόρροια, die Seele ist ἀ. θεϊκή, I, 80.
ἀπόσπασμα, die Seele ist ἀ. τοῦ θεοῦ, I, 76. 78. 109.
ἀποστροφή, sittliche Verirrung, I, 40. — Sünde und Pathos ist ἀ. τοῦ λόγου, I, 116. 281. II, 151.
ἀποτευκτικός, ὄρεξις, I, 240. II, 50.
ἀποτευκτικῶς ὀρέγεσθαι, I, 240.
ἀπόφασις = ἀξίωμα, I, 182.
ἀποφυγή = ἀφορμή, I, 115.
ἀπράγμων (Gegensatz πολυπράγμων); der Weise ist ἀ., II, 114.
ἀπροαίρετον, α, Aproaireta = das von dem menschlichen Willen (Proairesis) Unabhängige, I, 40. 93. 119. 167. 182. 198. **239—244.** 247. 279. 280. 284. 287. 291. II, 12. 13. 49. 50. 142. 156. — δυνάμεις ἀπροαίρετοι, II, 24.
ἀπροπτωσία = ἐπιστήμη τοῦ πότε δεῖ συγκατατίθεσθαι ἢ μή, I, 169.
ἀπρόπτωτος, συγκατάθεσις oder ἐν συγκαταθέσει, I, 23. 169. 181.
ἀρετή; Gebrauch des Wortes bei Epictet, II, 16 und 17. Einteilung der ἀ., I, 1. 19. Anlage zur ἀ., I, 289. II, 133. (142. 143) 151. Lohn der ἀ., I, 199. Einheit der ἀρεταί, II, 210. Ausgangspunkt und Objekt der ἀ., II, 185. — ἀρετή und Eros, I, 290. ἀ. und εὐπάθεια, I, 295 bis 297. ἀ. und καθῆκον, II, 213. ἀ. und πνεῦμα, I, 30. 41. ἀ. und προκοπή, II, 152. 217. 220. ἀ. und φύσις, II, 172. ἀ. ἀνθρωπική, I, 12. ἀ. ἠρεμοῦσα und κινουμένη, II, 144. — Telos ist κατ' ἀρετὴν ζῆν, II, 163. κατόρθωμα = κατ' ἀρετὴν ἐνέργημα, II, 232. Die ἀ. ist sinnlich wahrnehmbar, I, 152. Zwischen ἀ. und κακία ist nichts in der Mitte, II, 141. 211. 216. — Zenos ἀ., II, 209.
ἀριθμοί (Momente) des καθῆκον (numeri officii oder virtutis) II, 179. 215. 228.
ἀρρώστημα, aegrotatio, Sucht (= νόσημα μετ' ἀσθενείας), I, **275—277.** 283. II, 145.
ἀρχή, τῆς φιλοσοφίας (Anfang der Ph. ist die Erkenntnis der Sünde), I, 4. II, 151. — ἀ. τῆς ψυχῆς (= Hegemonikon), I, 94. 99. — ἀ. (Ausgangspunkt, Motiv) τοῦ καθήκοντος ist das κατὰ φύσιν, II, 185. — ἀρχή in metaphys. Sinn (= Urprinzip), II, 81. 244 etc. (zwei ἀρχαί, θεός und ὕλη).

ἀρχόμενος, Gegensatz προκόπτων, II, 218.
ἀσέβημα, jede Sünde ist ἀ., II, 6.
ἀσθένεια, moralische (und zugleich intellektuelle) Schwäche, I, 4. II, 142. 151. 152. 218. — ἀ. τῆς ψυχῆς, als Ursache der πάθη, I, 275—278.
ἀσθενής; δόξα (oder ἄγνοια) = συγκατάθεσις oder ὑπόληψις ἀ., I, 170. 179. 180. — ἀ. ψυχή, I, 180. 276. II, 142.
ἄσκησις, Askese, praktische Uebung und Aneignung der ethischen Grundsätze, neben μάθησις und μελέτη Hauptstück der philosophischen Bildung, I, 8. 10. 21. 27. 241. II, 71. 112. 133. 147.
ἀσκητικόν, τό, = ἄσκησις, I, 142. II, 52. 61. 151.
ἀσόφιστος, ὁ σοφὸς ἀ., I, 21.
ἀσπάζεσθαι, Synon. von ἀγαπᾶν, I, 287.
ἀσπασμός, Synon. von ἀγάπησις, I, 285 bis 288. II, 48. 57.
ἀστεῖος = σοφός, I, 181. 236. II, 97. 152. 219.
ἀσύμφωνος, ὁρμὴ ἀ. τῇ φύσει, I, 250. 251. 258.
ἀσφάλεια, τῶν κριμάτων, I, 23—26. II, 221. τῆς χρήσεως τῶν φαντασιῶν, I, 75, 182.
ἀσφαλής, I, 24. II, 48. s. κατάληψις.
ἀταραξία, I, 242. II, 47. 110. 126. 201.
ἀτάραχος, I, 22. 280. 296. II, 46. 56. 58. 201.
ἀτελής, s. ὄρεξις.
ἀτονία, ψυχῆς, als Ursache des Irrtums und der πάθη, I, 180. 275. 277. 278.
ἄτονος, ψυχή, I, 180.
ἀφαίρεσις, Art der Begriffsbildung, I, 74. 214.
ἀφή, Tastsinn, I, 99. 103. 104. 223. ἐντὸς ἀφή (tactus interior) = sinnliches Gefühl, I, 135. 136. 311.
ἀφοβία, I, 118. 292. II, 47.
ἀφορμᾶν, negatives ὁρμᾶν, I, 109. 245. II, 110.
ἀφορμή, 1. negative ὁρμή (recessus), I, 23. 70. 115. 202. 245. **250—252.** 263. 264. 272. II, 35. 170. 182.
2. = Ausgangspunkt (ἀ. εὑρέσεως, I, 282), Mittel, Ausrüstung: der Mensch hat von Natur ἀφορμαὶ ἀδιάστροφοι zur Erkenntnis der Wahrheit und zur Tugend, I, 114. **201. 202.** 225. 238. 275. II, 128. 133. 164. — κοιναὶ ἀφορμαί (= κοιναὶ ἔννοιαι), I, 224.

B.

βασιλικός, βίος, II, 118. 237. Der Weise allein ist βασιλικός (II, 211); er, bezw. der Kyniker, hat die βασιλικὴ καὶ ἐπιπληκτικὴ χώρα, I, 8. 66. II, 52.
βέβαιον, τὸ β. καὶ ἑκτικὸν macht die μέσαι πράξεις zu τέλειαι, II, 215—217. 221. Vergl. I, 214: τὸ ἀγαθόν muss β. sein.

Griechisches Sachregister.

βλάμμα, τό (Gegensatz ώφέλημα) = wirkliches Uebel, z. B. die Sünde, II, 13.
βούλημα, τῆς φύσεως, I, 17. 248. **261.** II, 13. 127.
βούλησις, 1. allgemein = Wille. β. τοῦ διοικητοῦ (Gottes), I, 83. II, 164. τὴν β. συναρμόζειν τοῖς γιγνομένοις, I, 10. 261. II, 51.
 2. t. t. = εὔλογος ὄρεξις (eine der drei εὐπάθειαι, mit den Unterarten ἀγάπησις, ἀσπασμός, εὐμένεια und εὔνοια), I, 235. 245. 255—257. 261. 263. 285—291. 295. 296. — β. ἐξ ἀναλογισμοῦ (Defin. der αἵρεσις), I, 260.

Γ.

γαλήνη, ἐν ἡγεμονικῷ, I, 42. 96. 113. II, 47.
γενικός, (Gegensatz εἰδικός); τὸ γενικὸν ἠδὺ νοητόν, I, 154. 160. γενικαὶ φαντασίαι (Allgemeinvorstellungen), I, 159.
γεννητικόν, τό, Synon. von σπερματικόν, I, 92.
γνώμη, Verstand, Wille, Gesinnung, Herz, I, 30. 36. 68. 92. **120. 121.** 181. 194. 223. 249. 261. II, 51. 119. 151.

Δ.

δαιμόνιον, τό, Daimonion, 1. ein göttliches Wesen, ein Geist, I, 80.
 2. die Gottheit, I, 82. II, 79.
 3. die innere Gottesstimme, I, 83. II, 30.
δαίμων, Dämon, I, **81—86.** 1. göttliches Wesen, Schutzgeist (Genius), I, 56. 57. 67. II, 52.
 2. κακὸς δ., II, 76.
 3. Das Göttliche im Menschen, I, 117. 146. II, 3. 4. (Dämon Epitropos). 79. 164.
 4. die Persönlichkeit, der Charakter des Menschen, II, 6. 9. 12. 129. 143.
 — ὁ ἔνδον δαίμων, I, 5. θεὸς καὶ δ., II, 150. νοῦς καὶ δ., I, 31. 121. II, 228.
δεῖσθαι, im Gegensatz zu ἐνδεῖσθαι, II, 119.
δηγμός (morsus), t. t. zur Bezeichnung des unwillkürlichen, affektlosen Seelenschmerzes, I, 248. 265.. 308. 310.
δῆξις, ἐν ταῖς λύπαις, I, 265.
διανόημα, Gedanke. ἀκάθαρτον δ., II, 143.
διανοητικόν, τό, = διάνοια, I, 94. 115.
διανοητικός, s. διέξοδος, κίνησις.
διανοητικῶς κινεῖσθαι (= διανοεῖσθαι), I, 114. 129.
διάνοια, 1. = Verstand, Denkvermögen (im Gegensatz zur αἴσθησις), I, 146 bis 162 u. ö.
 2. = das Innere, der Geist (als Gesamtbezeichnung der menschlichen **Seele**, synon. mit ἡγεμονικόν), I, **113 bis 116** u. ö.
διαρθροῦν, gliedern, entwickeln, τὰς προλήψεις, I, 189. 197. 225 (mit Hilfe des Logos).
διάρθρωσις, τῶν προλήψεων, I, 6. 189. 199. 202. 210 (enodatio).
διαρθρωτικός, τόπος, (der dritte in der Philosophie), I, 19.
διαστατός, die Seele ist τριχῇ διαστατή, I, 105.
διαστροφή, τῆς διανοίας (als Ursache der πάθη und Sünde), I, 115. 116. 119. 141. 274. 275. II, 142.
διάχυσις, τῆς διανοίας, diffusio animi (auch ἔκχυσις) = ἡδονή, meist von der verwerflichen Lust, doch auch von edler Freude gebraucht, I, 113. 264. 296. 299.
διδασκαλικός, τρόπος, χαρακτήρ, χώρα, I, 8. 11. 225 (Zeno und Chrysipp).
διεξαγωγή, σύμφωνος τῇ φύσει (als Ziel des Menschen), I, 12. II, 52.
διέξοδος, διανοητική, die Bewegung der Gedanken, als einer der Bestandteile des menschlichen Lebens), I, 37. II, 200.
διήκειν, t. t. von der Energie, mit welcher Gott im ganzen Weltall und die menschliche Seele mit ihren Pneumata im ganzen Leib präsent ist; I, 100. 103. 105. 122. 138.
διοικεῖν, ἡ τὰ φυτὰ διοικοῦσα (φύσις), I, 67.
 — ὑπὸ φύσεως, ψυχῆς, ἕξεως, καθ᾽ ὁρμήν διοικεῖσθαι, I, 67. 68. 70. — ὁ διοικῶν (διοικητής) τὰ ὅλα, I, 83. 297. II, 79. 80. 164.
διοίκησις, τοῦ θεοῦ, I, 137. II, 51. τ. κόσμου, I, 9.
δίωξις, ἐπιθυμία = δ. προσδοκωμένου ἀγαθοῦ, I, 272. 279.
δόγμα, Meinung, Anschauung, speziell im praktischen Sinn, d. h. Ansicht über den Wert der Dinge und den Zweck des Lebens. — Alles Handeln beruht auf den δόγματα (I, 32. 171. 250. II, 4. 6 u. ö.); sie allein bestimmen den moralischen Wert oder Unwert des Handelns (II, 115. 140. 143) und damit des ganzen Menschen (1, 33. cfr. I, 30. 79). Die falschen δόγματα sind Ursache der Affekte und Sünden und aller Unseligkeit (I, 247. II, 20. 142 u. ö.). Aufgabe und Ziel der Philosophie ist es deshalb, die falschen δ. auszurotten und die richtigen (ὀρθά) an ihre Stelle zu setzen (I, 10. 12. I, 12 u. ö.), woraus von selbst Glück und Tugend folgt (I, 300. II, 10. 110 u. ö.). — ἀπὸ δογμάτων (= auf Grund fester Ueberzeugung), II, 16. 141. (Gegensatz ἀπὸ χειλῶν).
δογματικός, φιλόσοφος, I, 221. δ. . . . ἡ χώρα (= διδασκαλική), I, 8, 11.
δόκησις; φάντασμα = δ. διανοίας, I, 115. 159.
δόξα (opinio) = ἀκατάληπτος συγκατάθεσις, oder ἀσθενὴς καὶ ψευδὴς συγκ. I, **178—182.** — Das Wesen des πάθος ist δόξα, I, 262—281 passim u. ö., spe-

ziell δόξα πρόςφατος, I, **266—273** u. ö. II, 142.
δοξάζειν, ὁ σοφὸς οὐ δοξάζει (= assentitur rei falsae vel incognitae), I, 179. — I, 267. 271.
δόσις = Wertschätzung, I, 286. 300. II, 121. 171.
δύναμις, αἰσθητική, I, 88. 94. — absolut = geistige Fähigkeit (z. B. dialektische Gewandtheit), I, 25.
δύςροια, Synon. von κακοδαιμονία, II, 55.

E.

ἐγκράτεια = διάθεσις ἀνυπέρβατος τῶν κατ' ὀρθὸν λόγον ἢ ἕξις ἀήττητος ἡδονῶν, I, 253. 254. II, 111.
ἐγχείρησις, Spezies der πρακτικὴ ὁρμή, I, 259.
ἔθος, κακόν, als Ursache der Sünde, I, 274. Es muss durch die Philosophie bekämpft und in ein gutes ἔθος verwandelt werden, I, 8, 10. II, 142, 151.
εἰδικός (Gegensatz γενικός); τὸ εἰδικὸν ἡδὺ αἰσθητόν, I, 154. 160; εἰδικαὶ φαντασίαι, I, 159.
εἴξις; die αἰσθητικαὶ φαντασίαι erfolgen μετὰ εἴξεως καὶ συγκαταθέσεως, I, 164. 165. 177. 178. — Die πάθη sind ῥοπαὶ καὶ εἴξεις .... τοῦ ἡγεμονικοῦ, I, 268. 278.
ἐκκλίνειν (Gegensatz ὀρέγεσθαι), etwas als Uebel meiden, fürchten, I, 109. 189. 244. 245. 279. 295. II, 49. 50. 110. 207.
ἔκκλισις, declinatio (Gegensatz ὄρεξις); ἐ. ἄλογος (τῶν ἀπροαιρέτων) = φόβος (Pathos), ἐ. εὔλογος (τῶν προαιρετικῶν) = εὐλάβεια (Eupatheia), I, 235. 244. 262 u. ö. — ἐ. ἀπερίπτωτος, I, 23 u. ö. II, 50. — δίχα ὀρέξεως καὶ ἐκκλίσεως soll man den Mantis befragen, I, 241. II, 46. — Die ἐ. soll man nur auf die προαιρετικὰ richten (I, 119 u. ö. II, 55 u. ö.), Gott schenken (I, 251).
ἐκλαμβάνειν (Art der Begriffsbildung), I, 214.
ἐκλέγεσθαι, τὰ κατὰ φύσιν, I, 38. II, 168. 184. 195. 223.
ἐκλεκτικός, II, 43. 56. — ἐκλεκτικὴ ἀξία, II, 171.
ἐκλογή (selectio), τῶν κατὰ φύσιν, II, 44. 184. 203. 207. εὐλόγιστος ἐ. (τῶν κατὰ φύσιν), II, 168. 181. 182. καθήκουσα ἐ., II, 187. τὰ πρὸς ἐκλογὴν εὐφυέστερα, II, 56. 194. 195. (vergl. 172).
ἐκπύρωσις, Ekpyrose, Weltverbrennung, I, 115. II, 50. 55. 60. 81.
ἑκτικόν, τὸ ἑ. καὶ βέβαιον macht die καθήκοντα zu κατορθώματα, II, 215—217. — πνεῦμα ἑ. (= die ἕξις bewirkend), I, 70. 106.
ἐλεγκτικός, χαρακτὴρ oder χώρα (Socrates), I, 8. Der Philosoph muss ἐ. sein, II, 126.

ἑλκυσμός, διάκενος ἑ. τῆς διανοίας (motus inanis) = φάντασμα, I, 112. 159.
ἑλκυστικός; die Logik schützt gegen die πιθανὰ καὶ ἑλκυστικά, I, 23.
ἐμπαθής, ἀποστροφὴ τοῦ λόγου, I, 116.
ἐμπειρία = ὁμοειδῶν φαντασιῶν (genauer μνημῶν) πλῆθος, I, 194. — ἐ. τῶν θείων καὶ ἀνθρωπείων, I, 114. II, 53. — Ζῆν κατ' ἐμπειρίαν τῶν φύσει συμβαινόντων (Chrysipps Telos), I, 18. II, 163. 168. — Die Wissenschaft erfordert ἐ. καὶ ἱστορία, II, 125.
ἔμφασις, = φάντασμα (φαντασία ὡς ἀπὸ ὑπαρχόντων), I, 159. 164. — s. ἔρως.
ἐμφιλοτεχνεῖν, ταῖς φαντασίαις, die Vorstellungen kunstvoll, d. h. durch logisches Denken, prüfen und verarbeiten, I, 146.
ἔμφυτος, ἔννοια oder πρόληψις, I, 192 etc. bis 209 passim. II, 128. — ἐ. συνείδησις, I, 83.
ἔμψυχος; ζῷον = οὐσία ἐ. αἰσθητική, I, 68. 73. τὰ ἔμψυχα = τὰ ἄλογα, die Tiere, I, 67. 69. — Ζῷα ἔμψυχα καὶ νοερά (Dämonen), I, 81.
ἐναντίωσις, Art der Begriffsbildung, I, 195. 214.
ἐναπομεμαγμένη, s. φαντασία καταλ.
ἐνάργεια, Sinnenfälligkeit, I, 158. 220. 221.
ἐναργής, τὰ πρὸς αἴσθησιν ἐναργῆ, I, 130. τὰ ἀπὸ τῶν ἐννοιῶν ἐ. I, 166. — s. ἰδίωμα, πρόληψις, φαντασία.
ἐνέργεια, ἑτεροίωσις τοῦ ἡγεμονικοῦ κατ' ἐνέργειαν (Gegensatz κατὰ πεῖσιν), I, 112. 146. 177. — Die ἐ. kann gehemmt werden, nicht die ὁρμή, I, 251. — Der Tod ist ἐνέργεια ἀπόληξις etc., I, 62. — Der Mensch ist λόγος ... ἐνέργεια, I, 33. Sie, nicht der Erfolg, ist der Zweck des sittlichen Handelns, II, 197. 204. — Die ἡδονή ist keine ἐ., I, 315.
ἐνέργημα, Thätigkeit, Handlung, I, 113. 303. Die ἐνεργήματα zerfallen in κατορθώματα (= κατ' ἀρετὴν ἐ.), ἁμαρτήματα und οὐδέτερα, II, 222. 232. — καθῆκον = ἐ. ταῖς κ. φ. κατασκευαῖς οἰκεῖον, II, 194. 208. 229.
ἐνθουσιαστικόν, τό, der göttlichste Seelenteil, I, 80.
ἐννοεῖν (= ἔννοιαν ἔχειν), I, 102. 218.
ἐννόημα, Gedanke, = φάντασμα διανοίας oder ψυχῆς (φαντασία λογική), I, 115. 159. 160. 166. 167. 176.
ἔννοια, Begriff (notio, notitia, cognitio, intelligentia). Sie ist eine Art der φαντασία, nämlich φαντ. λογική, I, 145; ἐ. ἔμφυτος oder φυσική (n. insita, consignata) I, 166. 188. 192. 226 passim. II, 128. 133. — ἐ. κοινή (notio communis) I, 187 etc.
ἔνστημα (impedimentum) = Hindernis der richtigen Sinnesauffassung, I, 132—134. 147.

ἔντονος, s. ἰδίωμα.
ἐντρεπτικόν, τό, das angeborene sittliche Gefühl (vergl. αἰδῆμον und ἀπολίθωσις), I, 94. 97. 109. 115. 120. 177. 305. II, 6. 76. 129. 150. 159. 228.
ἕνωσις des Alls (Gegensatz Atomistik), I, 60. 106.
ἐξάγειν ἑαυτόν (freiwillig sterben), II, 53.
ἐξαγωγή, II, 32. 188. εὔλογος, II, 54.
ἕξις, 1. = die Existenzform des Unorganischen, niederste Stufe des Seins (gegenüber der φύσις, ψυχή und λογικὴ ψυχή). I, 68—70. 111. 138.
2. = Existenzform überhaupt (I, 106 φύσις = ἕξις ἐξ αὑτῆς κινουμένη).
3. = ruhender Zustand (im Gegensatz zu ἐνέργεια oder κίνησις); die αἴσθησις als ἕξις, I, 122. 123.
4. geistiger oder moralischer Zustand, als habitus. μεταβολαὶ τοῦ ἡγεμονικοῦ κατὰ ἕξιν ἢ διάθεσιν, I, 278. — ἑ. καθήκουσα (rechte Gesinnung, moralischer Normalzustand), II, 213. — ἑ. ποιητική (unfehlbare Regelmässigkeit des sittlichen Handelns), II, 141. — Siehe ferner bei ἀγχίνοια, ἀματαιότης, ἐγκράτεια, ἐπιστήμη, νόσημα.
ἐπαγγελία (ἐπάγγελμα), Begriff, Wesen (= das, was ein Wort anzeigt oder verheisst), I, 11. 137. **199.** 239. II, 17.
ἐπαίρεσθαι, s. ἔπαρσις, I, 270. 271. 279. 294. 296. II, 13.
ἐπακολούθημα, die ἡδονή ist ἑ. χρείαις τισὶ φυσικαῖς, I, 315. — κατ' ἐπακολούθησιν (II, 249).
ἐπαμφοτερίζειν (moralische Halbheit), II, 134. 141. 153. 160.
ἔπαρσις, elatio (Gegensatz συστολή); ἑ. ἄλογος = ἡδονή (Pathos), I, 42. 262—279 passim, ἑ. εὔλογος = χαρά (Eupatheia), I, 93. 285—301 passim. II, 57.
ἐπέχειν, das Urteil zurückhalten, I, 168. 177.
ἐπιβάλλειν, εσθαι, s. ἐπιβολή, I, 109. 232. 258.
ἐπιβολή (conatus), Spezies der ὁρμή, I, 174. 232. 251. **257—259.** s. ἔρως.
ἐπιγέννημα, accessio (Gegensatz προηγούμενον); die ἡδονή (als natürliche Lustempfindung, nicht als Pathos) ist ἑ. des naturgemässen Verhaltens (im niederen Sinne), die χαρά ist ἑ. des geistig und sittlich normalen Verhaltens, I, 95. 173. **293—297. 313—316.** II, 13. 174.
ἐπίθετος, s. σχέσις.
ἐπιθυμεῖν, t. t. für das vernunftwidrige Begehren, I, 72. 235 etc. u. ö. II, 47 u. ö.
ἐπιθυμητική, die Tiere haben eine ψυχὴ ἑ. und ὁρμητική, I, 70. 71. 89. δύναμις ἑ., I, 238.
ἐπιθυμητικόν, τό, I, 72. 90. 91.
ἐπιθυμία (libido, cupiditas); der Tiere, I, **71.** 72; als niederster Seelenteil (neben θυμός), I, 89—94; als Pathos (= ἄλογος ὄρεξις), I, 117. 136. 232 etc. — 291 passim. II, 18. 46. 47 u. ö. ἑ. λόγου, II, 203. κατὰ ψυχρὰν ἐπιθυμίαν, II, 153.
ἐπιμέλεια, τῶν δογμάτων, I, 10. cfr. 189. 194. τοῦ ἤθους, I, 19. II, 59. — Bei Epictet t. t. zur Bezeichnung der pflichtmässigen Bemühung um die äusseren Güter (ἀδιάφορα), II, 46. 60.
ἐπινεύειν = συγκατατίθεσθαι, I, 23. 110. 168. 177.
ἐπιορκεῖν, im Unterschied von ψευδορκεῖν, II, 114.
ἐπιπληκτικός, s. βασιλικός.
ἐπιπλοκή, der Mensch hat eine ἑ. und σχέσις πρὸς τὸν θεόν, I, 76. II, 110.
ἐπιστήμη (scientia), 1. die einzelne Erkenntnis als absolut sichere (= κατάληψις ἀσφαλὴς καὶ ἀμετάπτωτος ὑπὸ λόγου), I, 183—187, 235. II, 187. 211.
2. die sichere Erkenntnis als habitus (= ἕξις ἐν φαντασιῶν προσδέξει ἀμετάπτωτος ὑπὸ λόγου). I, 135. 143. 180. 183. 185. 201. 210. 211. 313. II, 226. — Gott ist λόγος und ἑ., I, 121. σοφία = ἑ. τῶν θείων καὶ τῶν ἀνθρωπίνων, I, 2. εὐσέβεια = ἑ. περὶ θεῶν θεραπείας, II, 6. Die Tugend ist ἑ., I, 19. 95. II, 217. μετ' ἐπιστήμης ζῆν (Telos des Herill), II, 178. Die κατόρθωμα ruht auf ἑ., I, 194. 221. — s. ἀπροπτωσία, ἐρωτική, σωφροσύνη, φρόνησις.
ἐπιστήμη, ἡ, I, 186. βίος ἑ., II, 118. 237.
ἐπιτευκτικὴ ὄρεξις, I, 240.
ἐπίτροπος, δαίμων, I, 83.
ἐπιχείρημα, dialektischer Kunstgriff, I, 184. II, 76.
ἐπιχειρητική, ἡ; μεγάλη δύναμις ἡ ἑ., II, 126.
ἐποχή, Zurückhaltung des Urteils, I, 23. 132. 134. 168. 175. 181.
ἔρως, Eros, = ἐπιβολὴ φιλοποιΐας διὰ κάλλους ἔμφασιν, I, **288—290.** 299. 300. II, 62. **56. 66.** 111. 146.
ἐρωτική, ἡ, = ἐπιστήμη νέων θήρας εὐφυῶν ἐπὶ ἀρετήν, I, 290.
ἑτεροίωσις, die φαντασία ist (nach Chrysipp) eine ἑ. ψυχῆς, resp. ἡγεμονικοῦ, I, 106. 112. **149—151.** 176. 177; ebenso die ὁρμή, I, 252.
ἑτεροκλινῶς ἔχειν, einseitig zu etwas hinneigen, z. B. zur ἡδονή, II, 112.
εὐαισθησία, Sinnenschärfe (als Proegmenon), I, 134.
εὐδαιμονία; (Definition Chrysipps I, 33 und II, 164). Gott besitzt ἑ., I, 221. Jeder Mensch sucht ἑ., II, 6. Sie wird nur durch ἀρετή erreicht, I, 199. 314. II, 153. 215. 216. Sie schliesst jedes Gefühl des Mangels aus, II, 50.
εὐδία, γαλήνη καὶ ἑ. ἐν ἡγεμονικῷ, I, 42. 96. II, 47.
εὐθυμία, Spezies der χαρά, I, 296. 297. II, 47.

εὐκαιρία, Spezies der σωφροσύνη, I, 12.
εὐκαταφορία (proclivitas), εἰς πάθος, natürliche Hinneigung zum Bösen (verschieden vom selbstverschuldeten νόσημα), I, 274. 276.
εὐκοσμία, Spezies der σωφροσύνη, II, 12.
εὐλάβεια (cautio), = εὔλογος ἔκκλισις, I, 119. 235. 244. **261—263.** 285 etc. — 302 passim. II, 47. 151.
εὐλογιστεῖν, ἐν τῇ τῶν κ. φ. ἐκλογῇ, II, 43. 44. 168. 178. 180. 181.
εὐλογιστία, desgl., II, 44. 169. 177. 179—183.
εὐλόγιστος ἐκλογὴ τῶν κ. φ., II, 168. 181. 182. τὸ εὐλόγιστον, II, 183. 200.
εὔλογος, vernünftig, einleuchtend (probabilis), I, 313. II. 49. 51. 226. τὸ εὔλογον, II, 183. 200. — ἐ. ἀπολογισμὸς (καθῆκον = ὃ εὔλογον ἔχει ἀπολογισμόν), II, 177. 193. 194. 224. 225. — ἐ. ἐξαγωγή, II, 54. s. ἔκκλισις, ἔπαρσις und ὄρεξις.
εὐμένεια, Spezies der βούλησις, I, 256. **285—288.** 299. II, 48.
εὔνοια, desgl., I, 285—288. 299.
εὐορκεῖν, im Unterschied von ἀληθορκεῖν, II, 114.
εὐπάθεια, Eupatheia (honestus affectus), I, 95 u. ö. **284—315.** II, 47. 49.
εὔροια (tenor vitae placidus et continuus), Synon. von εὐδαιμονία, I, 4. 19. 85 u. ö. II, 12 etc. 47. 126.
εὗρον, τό, dasselbe, I, 190. 199. II, 13.
εὐστάθεια, Synon. von εὐδαιμονία, I, 242. 254. 294. 306. II. 47. 56. 110. 133.
εὐστοχεῖν, das Ziel treffen, reussieren (= κατορθοῦν), II, 49. 110.
εὐταξία, Spezies der σωφροσύνη, II, 12.
εὐτονία, ψυχῆς, I, 45. 107. 180.
εὔτονος, ψυχή, I, 180. 181. (συγκατάθεσις).
εὐφροσύνη, Spezies der χαρά, I, 294—297.
εὐφυής, 1. = edel veranlagt, II, 131.
2. = naturgemäss, geeignet (τὰ πρὸς ἐκλογὴν εὐφυέστερα, II, 56. 194—196).
εὐχρήστημα, im Untersch. von ὠφέλημα, II, 171.
ἐφαρμογή, Anwendung der προλήψεις auf die einzelnen Dinge, auf die konkrete Wirklichkeit, I, 192 (ἀκατάλληλος ἐ.).
ἐφαρμόζειν (accommodare), τὰς προλ. etc., I, 188. 192. 196. 199.
ἐφεκτικῶς, κινεῖσθαι (= ἐπέχειν), I, 168. 174.
ἔφεσις = ὄρεξις, I, 40. 91. 290. II, 180.
ἐφ' ἡμῖν, τό oder τά, was in unsrer Macht steht, von unsrem Willen abhängig ist (= τὰ προαιρετικά), I, 30. 142 u. ö. II, 50. 55 u. ö.
ἐφίεσθαι = ὀρέγεσθαι, I, 90. 236. 249.

Z.

ζῳώδης, δύναμις, I, 88. τὸ ζῳῶδες τῆς ψυχῆς, I, 90. II, 167.
ζωτικὴ δύναμις, I, 88. φύσις, I, 94.

H.

ἡγεμονικόν, τό, der herrschende Seelenteil, das seelische Centrum, I, 94—112. Auch das Tier hat ein ἡγ., I, 75—77. Beim Menschen ist es (als λογικὸν ἡγ., I, 75) identisch mit νοῦς, λογιστικόν, διάνοια etc. und steht überhaupt meist als Gesamtbezeichnung der menschlichen (vernünftigen) Seele, im Gegensatz zum Leib, z. B. I, 29. 32. 49. 75. 76. Das ἡγ. ist das Göttliche im Menschen, I, 77. 85. Irrtum, Affekt und Sünde sind nichts als τροπαί und μεταβολαί des ἡγ., I, 42 u. ö. Sittliches Ziel ist, das ἡγ. naturgemäss zu bewahren, I, 7. II, 13. 47. 203. 204. Sitz des ἡγ., I, 45—47. ἡγ. und αἴσθησις, I, 124—128. — ἡγ. τοῦ κόσμου (II, 246).
ἡδονή (voluptas), 1. als Pathos (= ἄλογος ἔπαρσις) I, 42 u. ö. **261—267.** II. 57. 112.
2. als natürliche Empfindung (= ἐπακολούθημα χρείαις τισὶ φυσικαῖς), I, **312—316.** II, **173—176.** χαρά und ἡ., I, 293—296. — ἡ. ψυχική, I, 93. 109. 293. 295. ἡ. σαρκική, I, 293.
ἡδονικός, βίος, I, 114. 118.
ἠθικός; ἡ ἠθική, I, 13. τὰ ἠθικά, I, 21. 26. ἡ. λόγος, I, 14. ἠθικὴ ἀρετή, I, 1. 19.
ἦθος, Sinnesart, Gemüt, I, 121. ἐπιμέλεια τοῦ ἤθους, I, 19. II, 59. 151. Vererbung des ἠ., I, 49. 52. 274. II, 138. Das ἠ. verrät sich in der äusseren Erscheinung (εἶδος), I, 289.

Θ.

θάρσος (θαρραλεότης, τὸ θαρραλέον), 1. Synon. von εὐθυμία (= Getrostheit, zuversichtliche Ergebung), I, 119. **296.** εὐλάβεια und θ. schliessen einander nicht aus, I, 291. II, **40.** 47. — θαρρεῖν θεῷ, I, 297. II, 56. τὸ ἀγαθόν = ἐφ' ᾧ θαρρεῖν ἄξιον, I, 190. II, 13.
2. t. t. zur Bezeichnung der absoluten ethischen Selbstgewissheit, wodurch der προκόπτων erst zum Weisen wird (vergl. τὸ ἐκτικόν), I, 181. II, 24. 152. 218. 221.
θέλησις, Spezies der βούλησις, I, 261.
θεολογικός, λόγος (Theologie), als τελετή der Philosophie, I, 13 etc. — II, 293.
θεώρημα, philosophische Lehre; ὄχλος θεωρημάτων, I, 7. II, 124. Das Nötigste ist die χρῆσις τ. θ., I, 9. 19. 20. cfr. 42.
θεωρητικὴ und θεωρηματικὴ ἀρετή, I, 1.
θεωρία, denkende Betrachtung, I, 114. 146. 293. II, 53. Ziel des Menschen ist θ. καὶ παρακολούθησις etc. I, 12. II, 164. — θεωρητικὴ θ., I, 16. 18.
θρεπτικόν, τό (ἡ θρεπτική), I, 88. 92.
θυμοειδές, τό, I, 72. 89—91.
θυμός, I, 46. 71. 89—92. 94.

I.

ἰδίωμα, ἐναργὲς καὶ ἔντονον, als Merkmal der φαντ. καταλ., I, 180. 230. 231.
ἰδιώτης, 1. allgemein = Laie in irgend einem Gebiet, II, 56.
2. Laie in ethischer Hinsicht (Gegensatz φιλόσοφος oder πεπαιδευμένος), I, 13. II, 11. 69. 134. 212. 213. 227. — Der ἰ. besitzt wenigstens den κοινὸς νοῦς, I, 224. Er ist dem innerlich schwankenden Jünger der Philosophie überlegen, II, 16.
ἰδιωτικὰ καθήκοντα, Pflichten des gewöhnlichen Lebens (z. B. Ehe), welche für den Kyniker nicht gelten, II, 206.

K.

κάθαρσις, ψυχῆς, besteht in der Aneignung der ὀρθὰ δόγματα, I, 109.
καθῆκον, τό (officium) = ὃ πραχθὲν εὔλογόν τιν' ἴσχει ἀπολογισμόν, II, 177. **193** bis **233**. καθήκοντα μέσα (off. media, inchoata), I, 186. II, 189. 208—212 etc. passim. κ. τέλεια (off. perfecta), II, 189, 212—216 etc. passim. κ. περιστατικά (Gegensatz ἄνευ περιστάσεως), II, 72. 230. — ἀρχή (Ausgangspunkt) τοῦ καθήκοντος, II, 185. Jeder hat ἀφορμαί zur Auffindung des κ., II, 133. — φαντασία τοῦ καθήκοντος, I, 144. 146. 157. — ἐκλογὴ καθήκουσα, II, 187. ἕξις κ., II, 213. — ὁρμή κ., I, 251. — καθῆκον und προηγμένον, II, 181. 207. 208. — τὰ φαινόμενα καθήκοντα, I, 97. 111. — παρὰ τὸ καθῆκον (= Sünde) II, 118. 142. — Auch der Schlechte will eigentlich τὸ συμφέρον καὶ κ., I, 171. 175. — Das κ. bildet den Inhalt des II. Topos in der Philosophie, das Objekt der ὁρμή, I, 22. 26. 250. 251. 256. II, 6. 110. 182; es besteht vornehmlich in der Wahrung der σχέσεις, II, 58. 59. — Das κ. ist das spezielle Gebiet der φρόνησις, II, 182. 183. — πάντα τὰ καθήκοντα ἐπιτελοῦντα ζῆν (Telosformel des Archedem). — Durch den unnötigen Gebrauch der Mantik werden viele καθήκοντα versäumt, II, 57.
καθηκόντως, II, 55. 191. 213. 214. 226.
καθισταμένη, die ὄρεξις des Philosophen ist σύμμετρος καὶ κ., I, 243. 290. II, 219.
καθολικός, 1. logisch: es giebt ein κ… ὂν ἀληθές, I, 166.
2. ethisch: καθολικὴ καὶ πολιτικὴ ψυχή, I, 111. II, 118. 190. 228.
καθόλου, τά: πρόληψις = ἔννοια φυσικὴ τῶν κ., I, 203. 204. 211.
κακία, Gegensatz ἀρετή, I, 116. 234. II, 227, besteht in (falscher) κρίσις, I, 296. Nur auf dem Gebiet der Proairesis giebt es κ. und ἀρετή, II, 17. Sie ist das wahre Uebel, II, 53. 190, der einheitliche Grund aller Sünden, II, 139. 141. 143. Ziel des Menschen ist, die κακία, in der er aufwächst (II, 142) und die er liebt (II, 143. 191), abzuwerfen (II, 149). — Zwischen κ. und ἀρετή giebt es nichts Mittleres, II, 141. 211. 216. Auch der προκόπτων ist theoretisch noch in der κ., II, 217. — In gewissem Sinn ist auch die κ. natürlich und von Gott geordnet, II, 17, 137. — κακία wie ἀρετή ist sinnlich wahrnehmbar, I, 152. — κ. ἠρεμοῦσα καὶ κινουμένη, II, 144.
κακοδαιμονία, II, 55.
καλοκἀγαθία, die Philosophie ist καλοκἀγαθίας ἐπιτήδευσις, I, 1. vergl. I, 24. II, 59.
καλοκἀγαθός, I, 2. 6 u. ö. II, 152 (nicht wesentlich verschieden von σοφός, σπουδαῖος etc.) u. ö.
κανών, Kanon (erkenntnistheoretisch). Es giebt κανόνες der Wahrheit (norma scientiae, I, 213), I, 4. 217, nämlich die προλήψεις διηρθρωμέναι (I, 6. 153. 189. 191. 198. 200. II, 128), und die αἴσθησις (I, 225. 230. 232). — Philosoph sein heisst ἐπισκέπτεσθαι καὶ βεβαιοῦν τοὺς κανόνας, I, 9. An jede φαντασία muss der κ. angelegt werden, I, 146. 147. ὁ φυσικὸς κ., I, 182. 302.
καρδία, I, 121. Sitz der Seele, bezw. des Hegemonikon, I, 46. 100. — κ. δακνομένη (ἐν ταῖς λύπαις), I, 265. — ἀπὸ καρδίας (= ἐξ ὅλης ψυχῆς), I, 110, 247.
καταλαμβάνειν, erkennen, I, 109. 123. 157. 158. 160. 161. 200. — τὸ καταληπτικόν, das unmittelbar Gewisse, das die φαντ. καταλ. an sich hat, I, 228. 229. φαντασία καταληπτική, s. φαντασία. — ὑπόληψις κ., I, 182.
καταληπτικῶς (auf Grund klarer Erkenntnis) εὐφραίνειν, I, 297.
καταληπτός, erkennbar, I, 154. 161—163 (zuweilen = καταληπτικός). 167.
κατάληψις (comprehensio), Erkenntnis (sowohl als Thätigkeit wie als Inhalt), I, 2. 135. 161. 163. 200. 252. 297. Sie ist = καταληπτικῆς φαντασίας συγκατάθεσις, I, 165; eine ἑτεροίωσις τοῦ ἡγεμονικοῦ, I, 112. 128. — κ. διὰ τῶν αἰσθήσεων (= αἴσθησις im höheren Sinne), I, 122—125. 127. 130. 148. 178. 213. Neben der ästhetischen κ. giebt es aber auch eine logische (λόγῳ oder διανοίᾳ), I, 156—158. 186. 220. 221. 229. συγκατάθεσις u. κ., I, 175. 178—182. — ἐπιστήμη und κ., I, 182—187 (die κ. ist ein Mittleres zwischen ἐπιστήμη und ἄγνοια, I, 185. 235. II, 211). — κ. ἀσθενής, I, 186. κ. ἀσφαλής (βεβαία, ἰσχυρά,

258   Griechisches Sachregister.

ἀμετάπτωτος ὑπὸ λόγου) I, 180. 183 bis 186. II, 187.
κατάλληλος, 1. allgemein = entsprechend. τὰς προλήψεις ἐφαρμόζειν ταῖς καταλλήλοις οὐσίαις, I, 192. φαντασία κ. (dem Hang entsprechend), I, 276. — Das sogenannte Uebel ist nur das κατάλληλον (Korrelat) zu den moralischen Kräften, II, 25. 51.
2. speziell = der Natur entsprechend, naturgemäss (Synon. von καθήκων). κ. πόα, I, 72. κατάλληλα ἔργα, I, 250. II, 52. 199.
καταλλήλως τῇ φύσει, I, 189. 192. 199.
κατασκευή, Ausrüstung, Einrichtung (Synonym von φύσις). ζῆν ἀκολούθως τῇ ἀνθρωπίνῃ κατασκευῇ (Telosformel), II, 14. 165. cfr. I, 19. 297. ἡ κατὰ φύσιν κ. (s. ἐνέργημα) II, 194. 208. 229. — ἡ φυτικὴ κ., I, 94. — ἡ περὶ τὰ αἰσθητήρια κ., I, 123, 153.
κατηγόρημα; t. log., Prädikat, I, 176.
κατορθοῦν (Gegensatz ἁμαρτάνειν), korrekt handeln, reüssieren, glücklich sein, II, 6. 199. 200. 212. 228. 233.
κατόρθωμα (recte factum, rectum, τέλειον καθῆκον), Rechtthat, sittlich korrekte und perfekte Handlung, I, 144. 186. II, 178. 189. 191. 193—233 passim.
κατόρθωσις, dasselbe (als Thätigkeit), I, 152. II, 197. 228. 231. 232.
κηδεμονικός, Gott ist φιλάνθρωπος und κ., I, 221.
κινεῖν (psychisch), τὸ ἀγαθὸν ... κινεῖ ἐφ' ἑαυτό, II, 6. s. φανταστόν.
κινεῖσθαι, αἰσθητικῶς, ἀνανευστικῶς, ἐφεκτικῶς, ὀρεκτικῶς, οὐδετέρως (= ἀδιαφόρως ἔχειν), συγκαταθετικῶς, I, 23. 114. 168. 239. absolut (= einen Eindruck, eine Empfindung haben), I, 301. — φύσις = ἕξις ἐξ αὑτῆς κινουμένη, I, 106. — πνεῦμα (oder σάρξ) λείως ἢ τραχέως κινεῖται (Definition des sinnlichen Lust- oder Schmerzgefühls), I, 32. 312.
κίνημα (motus, commotio, I, 262), Regung, τῆς ψυχῆς, I, 147. 252 (φαντασία). 294 (αἰδώς). Gott nimmt jedes κ. der menschlichen Seele wahr, I, 138.
κίνησις, dasselbe, nur mit umfassenderer Bedeutung. — κ. τοῦ αἰσθητηρίου (zum Hegemonikon fortgeleitet, wird αἴσθησις), I, 99. κ. τοῦ παθητικοῦ, I, 253. κ. ἐν σαρκὶ λεία ἢ τραχεῖα, I, 97. 101. 294. 312. — καθ' ὁρμὴν κ., I, 87—89 (cfr. I, 248: alle κ. bei Göttern und Menschen beruht auf der φαντασία ἀγαθοῦ). — κατὰ προαίρεσιν κ., I, 260. — ἀνθρωπικὴ κ. (= προθυμία), I, 248. II, 131. ἄλογος καὶ παρὰ φύσιν κ. τῆς ψυχῆς (Definition des πάθος), I, 93. 233. 262. — αἰσθητικὴ und διανοητικὴ κ., I, 174. — Die Seele ist eine τονικὴ κ., I, 45. 106. — Die Stoiker beschreiben alle κινήσεις der Seele körperartig, I, 42.

κινητικόν, ά. Die ἀδιάφορα sind μηθ' ὁρμῆς μήτ' ἀφορμῆς κινητικά, I, 245. 252. II, 170. — Die πρακτικαὶ ὁρμαὶ haben τὸ κ., I, 255. — Die pathische δόξα (πρόσφατος) hat τὸ ἀτάκτως κ. (τὸ κ. ὁρμῆς βιαίου, I, 281), I, 268. 271. 272.
κλίμα, τῆς ψυχῆς, I, 42. 180.
κοινός, λόγος, I, 111. II, 14. νοῦς, I, 6. 121. 136. 224. II, 228. νόμος, II, 164. 169. 186. κοινὴ αἴσθησις, I, 136. ἀκοή, I, 136. ἀφορμή (= πρόληψις), I, 224. ἔννοια (= πρόληψις), I, 187 etc. — 228 passim. φύσις, I, 17. 21. 26. 203. II, 14.
κοινωνικός, der Mensch ist φύσει κ., II. 56. 118. 228. — τὸ κοινωνικόν, I, 248. — κοινωνικὴ διάνοια, I, 114. ὁρμή, I, 251. πρᾶξις, I, 297.
κόλασις, II, 104.
κοσμοπολίτης, II, 97. 118.
κρᾶσις δι' ὅλων, II, 88 (von der Ehe).
κρίμα, Urteil, I, 280. ἡ τῶν κριμάτων ἀσφάλεια, I, 23. 24. II, 221.
κρίσις, Urteil, I, 231. II, 55. Als Funktion des ἡγεμονικόν oder λογιστικόν, I, 93. 115. 244. 253. Sie ist allein ἐφ' ἡμῖν, I, 121. 171. II, 51. — συγκατάθεσις und κρίσις, I, 168—173. 183. 307. — Das πάθος ist eine κ. πονηρὰ καὶ διημαρτημένη, I, 95. 169. 172. 173. 262 bis 275 passim. — ἀρετὴ und κακία sind κρίσεις, I, 296. — ἀμεταπτωσία ἐν ταῖς κρίσεσιν, I, 181. 184. — δόσις ist eine Art der κρίσις, II, 171. — κρίσις = Urteil im prägnanten Sinn (richtiges Urteil), I, 169.
κριτήριον, Kriterion. κ. τῶν κατὰ φύσιν, I, 6. 120. κριτήρια (Kriterien) der Wahrheit (αἴσθησις und πρόληψις oder ὀρθὸς λόγος, φαντασία καταλ.), I, 129. 164. 203. 213. 222—232 passim, II, 128.
κυνικός, Kyniker, I, 3 etc. u. ö. II, 6. 17 u. ö.
κυνισμός, Kynismus, I, 7 etc. 198. 199. II, 68. 71. 122—127. 220. 236. 238.
κυριεῦον, τὸ = ἡγεμονικόν, I, 75. 94. 110.
κυριεύων, ὁ (sc. λόγος), der Kyrieuon, I, 7. 21.

Λ.

λεκτόν, τό (= τὸ κατὰ φαντασίαν λογικὴν ὑφιστάμενον, I, 176), das unkörperliche und darum unwirkliche (I, 152. 160. 167) Gedankending, im Gegensatz zum realen φανταστόν.
ληπτόν, ά (sumenda, seligenda), t. t. zur Bezeichnung der relativen Adiaphora, s. αἱρετόν, II, 169—177.
λῆψις, εὐλόγιστος ἐκλογὴ καὶ λ. τῶν πρώτων κ. φ., II, 168. 169.
λογιζόμενον, τὸ = λογιστικόν, I, 95. 105.
λογικός, 1. = vernunftbegabt, I, 234. 237. Der Mensch ist ein ζῷον λογικὸν θ νητὸν

I, 29. II, 52. — τὸ λογικὸν ζῷον, τὰ λογικά (sc. ζῷα), I, 69. II, 13. 209. I, 68. 76. 110. 255. 297. II, 142. 238. — Der Mensch wird λογικός im 7. Lebensjahr, I, 205—207: 253. — λογικὴ φύσις, I. 182. — λογικὴ ψυχή, I, 68. 69. 93. 109—111. 116. 294. 312. II, 190. 228. 246 (von Gott). — λογικὸν ἡγεμονικόν, I, 75. 76. 96. 97. 110. 234. 238. 248. 249. 252. II, 24. — λογικὴ δύναμις oder τὸ λογικόν, das Denkvermögen, I, 30, 90. 92 u. ö. II, 6. 50. 142. 228.
2. = zum Vernunftwesen gehörig, nur beim Vernunftwesen stattfindend. λογικὴ ὁρμή (im Unterschied von der tierischen ὁρμή) = φορὰ διανοίας ἐπί τι τῶν ἐν τῷ πράττειν, I, 107. 235. 253. 255. λογικὴ φαντασία, I, 160. — Die Sünde ist ein λογικόν, d. h. kommt nur bei Vernunftwesen vor und besteht in einer Verfehlung oder Verkehrung des λόγος (= λόγος διημαρτημένος), I, 234. II, 136. Das παθητικόν ist nicht substantiell verschieden vom λογικόν, sondern eine μεταβολή καὶ τροπή desselben, I, 92. 278.
3. = nur formal vernünftig (im Gegensatz zur materiellen Vernünftigkeit). λογικὴ ψυχή im Unterschied von der καθολικὴ καὶ πολιτικὴ ψυχή (M. Aurel), II, 190. 228.
4. materiell vernünftig = εὔλογος (unstoisch, Clemens Al.). λογικὸς φόβος, I, 292.
5. logisch, das Denken betreffend, aus dem Denken stammend (Gegensatz αἴσθησις). λογικὴ φαντασία (Gegensatz αἰσθητικὴ φ.), I, 160. 176. λογικὸν κριτήριον, I, 231. λογικὴ κατάληψις (= die auf Grund logischer Bildung erfolgende κ., welche ἐπιστήμη ist), I, 186. — ὁ λογικὸς τόπος (im Gegensatz zum φυσικός und ἠθικός), II, 126. τὰ λογικά (= die Logik), I, 6. II, 126. 142. λογικῶς, χρῆσθαι φαντασίαις λ., I, 29. 139. II, 52.
λογισμός (= λόγος, λογικὴ δύναμις), I. 46. 95. 137.
λογιστικόν, τό, dasselbe, I, 47—49. 86. 111. 253. 262. 274. 312.
λογιστικός = λογικός (2). ὁρμὴ λ. I. 236. 237. 247. 256.
λόγος, Logos. 1. Vernunft als kosmische Potenz. λόγος τοῦ ὅλου, Logos des Alls, I, 60. 61. 63. 82. 244. 246. λόγος τῆς φύσεως, II, 137. λόγος σπερματικός, I, 45. 48. 60. 106. 205. 245.
2. menschliche Vernunft, Denkvermögen, Denken, I, 43. 68 u. ö. II, 127 u. ö. Der λόγος ist das Beste, ja einzig Wertvolle und Wesentliche, das Göttliche am Menschen, das ihn über das Tier erhebt und den Göttern gleich macht, I, 29 etc. 74 etc. u. ö. II, 52.

— Aufgabe der Philosophie ist es, den λόγος auszubilden, ὀρθός oder naturgemäss zu machen, I, 12. 24 u. ö. II, 12 u. ö. — Er wird bald als Funktion des ἡγεμονικόν bezeichnet, bald mit diesem identifiziert, I, 97 etc. 116 bis 118. — Er entsteht im Menschen erst vom 7.—14. Lebensjahr und bildet sich aus den προλήψεις und φαντασίαι, I, 4, 9 u. ö. 205—207. — Der λόγος ist selbständige Erkenntnisquelle neben der αἴσθησις, I, 154—157 u. ö. — λόγος κοινός s. κοινός. — λόγος ὀρθός, I, 1. 12. 84 u. ö. — II, 7. 10. 12. 79 u. ö. — Der ὀρθός λ. als Kriterium, I, 223—228. Sein Verhältnis zum blossen λόγος, II, 224—230.
3. Wissenschaft, Lehre, Theorie, I, 13. Zum λόγος muss das ἔθος kommen, I, 8. — Der Philosoph muss λόγῳ χρηστικός (I, 21), δεινὸς ἐν λόγῳ sein (II, 126); aber die ἐπιθυμία λόγου ist verwerflich (I, 246. II, 203). — λόγοι τῶν φιλοσόφων, I, 207. 242. λ. θεολογικός, φυσικός, περὶ ἀγαθῶν καὶ κακῶν, I, 13. 20. 21. 203. — λόγοι διαλεκτικοί, II, 127. — λ. σοφιστικοί, II, 21. 23. II, 142. — λόγῳ (theoretisch, Gegensatz ἔργῳ), I, 10. 21. II, 215. μέχρι λόγου (bloss theoretisch), I, 9. II, 22.
4. speziell die logische Wissenschaft, die Logik, δεινὸς ἐν λόγῳ, II, 126. — Hieher gehört auch der oft gebrauchte Ausdruck ἀμετάπτωτος ἐν λόγῳ oder ὑπὸ λόγου.
5. Rede, Sprache, Wort. λ. προφορικός, I, 70. 71. λόγος = φωνὴ σημαντικὴ ἀπὸ διανοίας ἐκπεμπομένη (die διάνοια ist ἐκλαλητικὴ ὃ πάσχει ὑπὸ τῶν φαντασιῶν), I, 115.
6. Redekunst (NB.! die Bedeutungen 3., 4. und 6. fliessen meist ineinander über). δεινὸς ἐν λόγῳ, II, 126.
λύπη (aegritudo) = ἄλογος συστολή (Pathos), I, 232 u. ö. II, 46. 47. 57. 165. I, 261—267 etc. passim.
λύσις, Auflösung, τῶν στοιχείων, I, 61. τῆς ψυχῆς = ἡδονή (Synon. von διάχυσις).

M.

μάθησις, bildet mit μελέτη und ἄσκησις zusammen das philosophische Studium, I, 8. 10. II, 133. 147.
μαινόμενος, ist nicht nur der φαῦλος, sondern in gewissem Sinne auch noch der προκόπτων oder ἀρχόμενος, weil er nicht weiss, was er will, I, 4. II, 112. 216.
μανία (insania) = moralische Gestörtheit der Seele, die bei allen φαῦλοι stattfindet, im Gegensatz zur physischen (μελαγχολία, furor), I, 134. II, 50. 52.

μάχη, Widerspruch. — Anfang der Philosophie ist die Wahrnehmung der μ. τῶν ἀνθρώπων πρὸς ἀλλήλους, I, 4, 136. 137. 166. — Jede Sünde enthält eine μ., II, 12. 135. (cfr. 142 κατὰ διάψευσιν πράττεται.)
μέθη, Berauschtheit, im Unterschied von οἴνωσις, I, 134. II, 62. 63.
μελαγχολία (furor), Geistesstörung, I, 159. Der Weise ist auch in μ. und οἴνωσις unerschütterlich, I, 25. 134. 135. II, 56.
μελέτη s. μάθησις, I, 10. 241. II, 147.
μέσος (medius), neutral, adiaphor. — Die κατάληψις ist ein μέσον zwischen scientia und inscientia, I, 185; das καθῆκον ein μ. zwischen recte factum und peccatum, I, 186. — Die διάνοια ist ein μέσον (eine rein formale Fähigkeit, die sowohl ein ἀγαθόν als auch ein κακόν sein kann), I, 116. II, 228. — τὰ μέσα κατὰ φύσιν, II, 188. — τὸ μέσον καθῆκον, II, 195. 197. 201. 208 bis 212. 221. 223. — ὁ μέσος βίος, II, 221.
μετάβασις, t. log., I, 74. 195.
μεταβατικὴ φαντασία, I, 73. 74. (Gegensatz die ἁπλῆ φ. der Tiere).
μεταβολή, 1. physisch (von der Auflösung in die στοιχεῖα oder in den Logos des Alls), I, 31. 60. — χρόας μ., I, 308.
2. psychisch oder moralisch; μ. τοῦ ἡγεμονικοῦ, I, 42. 96. 273. 278.
μετάθεσις, t. log., I, 195. 214.
μεταμέλεια, Reue, als Pathos (Art der λύπη) verwerflich, I, 303.
μετάνοια, Sinnesänderung, als entschiedene Abkehr vom Bösen löblich und notwendig, I, 303. 304. II, 151.
μεταπίπτοντες, λόγοι, Metapiptonten, t. log. I, 7. II, 123. 126.
μεταπτώσεις, τῶν λόγων, t. log., I, 23.
μεταπτωτός (-ικός), wandelbar, unbeständig. συγκατάθεσις μ. (= ἄγνοια), I, 179 bis 182. 184.
μετάστασις (transitus), Entrückung (der abgeschiedenen Seelen in den höheren Luftkreis), I, 60. 61. 63.
μετενσωμάτωσις, Seelenwanderung (unstoisch), I, 54.
μετριοπάθεια (peripatetisch), I, 280.
μέτρον, 1. erkenntnistheoretisch (= κανών, κριτήριον τῆς ἀληθείας), I, 6. 21. 225. II, 128. — φυσικόν μ., I, 177. 182.
2. moralisch: μέτρα τῶν ὀρέξεων, ὁρμῶν, I, 93. 238. 243. 247. 251. μ. πάσης πράξεως τὸ φαινόμενον, II, 6.
μῖγμα, τὸ σπέρμα ist μ. τῶν τῆς ψυχῆς μερῶν, I, 105.
μίξις, im Unterschied von κρᾶσις δι' ὅλων, II, 48.
μνήμη = μόνιμος καὶ σχετικὴ τύπωσις I, 151, Zwischenstufe zwischen φαντασία und ἐμπειρία.

N.

νευροσπαστεῖσθαι, ὁρμητικῶς (M. Aurel), ist Menschen und Tieren gemeinsam, I, 69. 72. 94.
νευροσπαστία, ὁρμητική (Gegensatz διανοητικὴ διέξοδος), I, 37.
νοερός, vernünftig. νοερὰ δύναμις (= νοῦς), I, 88. 94. 121. ν. ψυχή, I, 32. ν. φύσις (= νοῦς), I, 121. (I, 77 φύσις ἀνεμπόδιστος νοερὰ καὶ δικαία = Gott). νοερὸν ὄμμα (= νοῦς), I, 121. ν. μέρος, desgl., I, 31. ν. ζῷον, der Mensch ist ν. πολιτικὸν ζ., I, 113. II, 118. νοερὰ ζῷα (= Dämonen) I, 81. νοερὸν πῦρ (I, 50, als οὐσία des Mondes; I, 59, der Kosmos löst sich in ν. π. auf). τὸ περιέχον νοερόν (II, 246). πηγὴ νοερά des Alls; das νοερόν Gottes; νοερὰ ψυχή, ibid. — Die αἴσθησις ist πνεῦμα νοερὸν ἀπὸ τοῦ ἡγεμονικοῦ μέχρι τοῦ αἰσθητηρίου, I, 99. 100. 122.
νόησις, 1. = φαντασία λογική (im Gegensatz zur tierischen), I, 73. 160.
2. = Begriffsbildung, I, 195. 214.
νοητικόν, ζῷον, I, 41. — τὸ νοητικόν (= νοῦς, διάνοια, im Gegensatz zum ἐντρεπτικόν), I, 94. 97. 109. 115. 120. II, 228.
νοητόν, τό (Gegensatz αἰσθητόν), I, 154. 156. 158. 167. — νοητοὶ πόροι, I, 158. 221.
νόμος, 1. allgemein = Gesetz, I, 86. II, 96.
2. prägnant = vera lex (λόγος ὁρθὸς προστακτικὸς μὲν ὧν ποιητέον, ἀπαγορευτικὸς δὲ ὧν οὐ ποιητέον, II, 119), II, 228. — ν. κοινός, II, 164. 169. 186. ν. φυσικός (κοινωνίας), II, 118.
νουνέχεια, Spezies der φρόνησις, II, 182.
νόσημα (morbus), Hang, Leidenschaft (δόξα ἐπιθυμίας ἐρρυηκυῖα εἰς ἕξιν καὶ ἐνεσκιρωμένη), I, 276. II, 145.
νουθέτησις, II, 104.
νοῦς, I, 120. 121. — Das allein Wertvolle, Göttliche am Menschen (gegenüber σῶμα, I, 31. 32. 34. 77 (ὁ ἑκάστου ν. θεός). 83 (ν. καὶ δαίμων). Entstehung des νοῦς (θύραθεν), I, 48. 49. 79. — νοῦς im Gegensatz zur niederen ψυχή, I, 45. 78. 110 — als Seelenteil neben ὁρμή und αἴσθησις, I, 88. 89. 109. (99 ν. und ὁρμή identisch — beim Menschen). — Wie λόγος bald als bloss formales Denkvermögen (I, 97. 111. 116. II, 142. 228), bald als inhaltlich korrekte Vernunft (= ὀρθὸς λόγος), I, 97. — κοινὸς νοῦς (sensus communis, I, 121) s. κοινός. Gott geht durch das eine als ἕξις ..., durch das andere als νοῦς hindurch, I, 70. 138. Er ist νοῦς ἐν ὕλῃ (II, 245), νοῦς (διάνοια) des Alls (II, 246).

Griechisches Sachregister.

O.

οἴησις, Dünkel, Wahn, Täuschung über die wahren ἀγαθὰ καὶ κακά, I, 3. 4. II, 20. 151. — νόσημα = ὁ. σφόδρα δοκοῦντος αἱρετοῦ, I, 276.

οἰκεῖος, 1. allgemein = der Natur eines Dinges oder Wesens entsprechend (accommodatus ad naturam), II, 7. 167. — οἰκεῖα ἔργα, II, 117. s. ἐνέργημα. τὸ πρῶτον οἰκεῖον (conciliatio prima naturae) II, 175. 176. 187.
2. prägnant = was der wahren, vernünftigen Natur des Menschen angemessen ist, II, 170. 219.
3. = verwandt, eigen. Gott fühlt jedes κίνημα der menschlichen Seele als οἰκεῖον und συμφυές, I, 138.

οἰκειοῦσθαι πρός τινα (von der natürlichen Liebe zu sich und anderen), I, 300. II, 6.

οἰκείωσις (commendatio) (natürliche Hinneigung oder Trieb), zur ἡδονή, I, 275. II, 136; zur ἀρετή, II, 133.

οἰκονομικός, der Weise ist allein ὁ., II, 211. 239.

οἴνωσις, Weinseligkeit (im Unterschied von μέθη), I, 135. II, 56. 62. 63. — s. μελαγχολία.

ὁμογνωμονεῖν θεῷ, I, 109. 120. II, 15. 51.

ὁμοιότης (similitudo), Art der Begriffsbildung, I, 195. 214. 215.

ὁμολογεῖν, τῇ φύσει (consentire naturae), II, 14. 172.

ὁμολογία, Homologie (convenientia, concordia), vollkommene innere Uebereinstimmung des Handelns (stoisches Telos), I, 217. II, 11. 12. 14. 133 (παντὸς τοῦ βίου). 187. 188.

ὁμολογούμενος, βίος (consentiens vita), II, 11. 168. 171. διάθεσις, II, 14.

ὁμολογουμένως, ζῆν, II, 14. 163. 184. ὁ. τῇ φύσει ζῆν; II, 163. 168. 208.

ὄνομα (= πρόληψις, I, 5. 188. 190. 236. II, 117. 201. ἀρχὴ τῆς παιδεύσεως ἡ τῶν ὀν. ἐπίσκεψις, I, 6. 199.

ὀρέγεσθαι, Begehren, teils allgemein, teils speziell das vernünftige Begehren im Gegensatz zu ἐπιθυμεῖν bezeichnend, I, 38 u. ö. 235—246 etc. passim. II, 6, 13 u. ö.

ὀρεκτικός, τόπος (= I. Stufe des philosophischen Studiums, die von der richtigen ὄρεξις handelt), I, 259. — ὀρεκτικὴ δύναμις, I, 72. 78. 92. 236. 238. 248. 262.

ὀρεκτικῶς κινεῖσθαι (= ὀρέγεσθαι), I, 239.

ὀρεκτόν, Objekt der ὄρεξις. — Lust und Macht sind ὀρεκτά der tierischen Seele, I, 90. — Die wahren ὀρεκτά (= ἀγαθά), I, 235. 238. — τὸ ἔσχατον τῶν ὀρεκτῶν (= τέλος), I, 245. II, 14.

ὄρεξις (appetitio, appetitus), Begierde, I, 232—252. 1. allgemein = natürliches Verlangen (desiderium naturae im Gegensatz zu libido), ὁ. der Tiere, I, 68—73. II, 167 (des tierischen Seelenteils).
2. speziell = das Verlangen des Vernunftwesens, als eine der drei Hauptfunktionen der menschlichen Seele neben ὁρμή und συγκατάθεσις, I, 92 u. ö. II, 12 u. ö. ὄρεξις und ἐπιθυμία (= ὁ. ἄλογος), I, 232—246. ὁ. εὔλογος (studium) = βούλησις, s. β. — ἁ. und ὁρμή, I, 255—259. II, 58—60. ὁ. als Inhalt des I. Topos, I, 22—27. — Der Anfänger in der Philosophie muss die ὁ. ganz lassen, I, 10. II, 50. 151. 152. — Sie darf sich nie auf die ἀπροαίρετα, nur auf die προαιρετικά richten, I, 119. II, 46. 142. — Ihr Objekt ist stets das (vermeintliche oder wirkliche) συμφέρον, II, 6. 49. — ὁ. ἀρετῆς, II, 133. — ὁ. ἀκώλυτος, ἀναπότευκτος, ἀποτευκτική, ἀτελής, ἐπιτευκτική, I, 240. II, 50.

ὅρασις, Gesichtssinn, I, 132. 223.

ὀρθότης, τοῦ λόγου, II, 226.

ὁρικόν, τό, die Kunst der Definition (ein Bestandteil der Logik), I, 206. 209. 214.

ὁρμᾶν, ἔργα τῆς (λογικῆς) ψυχῆς sind ὁ., ὀρέγεσθαι und συγκατατίθεσθαι, I, 92 u. ö. II, 12 u. ö. ὁρμή. — II, 247 (von Gott).

ὁρμή (appetitus, appetitio, impetus), Trieb, Entschluss, Wille, I, **250—255.** 1. allgemein = Naturtrieb, Fähigkeit willkürlicher Bewegung. — ὁ. und αἴσθησις (φαντασία) als Functionen der Seele des Tieres (I, 68—74. 88 u. ö.), bezw. des tierischen Teils der Menschenseele (wo ein solcher angenommen wird), I, 87. 94. 109. (καθ᾽ ὁρμὴν κίνησις). — Als Gegensatz zum λόγος (temeritas), I, 253.
2. In der Regel bezeichnet es die λογικὴ ὁρμή (I, 107. 233—237. 247), d. h. eine Funktion der vernunftbegabten Hegemonikon, den aufs Handeln gerichteten Willen (neben ὄρεξις und συγκατάθεσις), oft kaum zu unterscheiden von προαίρεσις, I, 62. 92 u. ö. II, 6. 12. 17 u. ö. — Sie ruht (wie die ὄρεξις) auf einer συγκατάθεσις, auf δόγματα, I, 25. 32. 95. — ὁρμή und ὄρεξις, I, 233—237. 243—245. 255—264. II, 58—60. — Sie ist der Inhalt des II. Topos, I, 22—27. — ὁ. ἀναμάρτητος, I, 23 u. ö. — ὁρμὴ πλεονάζουσα (Definition des πάθος). — ὁρμή Gottes oder des Kosmos (II. 246).

ὁρμητικός, τόπος, I, 27. 259. — ὁρμητικὴ δύναμις, I, 70. 78. 88 u. ö. — ὁ. νευροσπαστία, I, 37. — ὁ. ψυχή, I, 70. 71.

ὁρμητικὰ νευροσπαστεῖσθαι, I, 69. 72.

ὅρισις (ὄρεξις?), Spezies der πρακτικὴ ὁρμή, I, 255.

ὄσφρασια, Geruchssinn, I, 109.

οὐσία, 1. = Wesen, Natur. ὁ. τοῦ ἀγαθοῦ,

I, 6. 116. 118. 238. — ἀνθρώπου, I, 40.
II, 51. — θεοῦ, I, 117. — σελήνης, I, 50. — ψυχῆς, I, 44. — ὁ. ἀσώματος, I, 43 (Seele). — ὁ. ἔμψυχος καὶ αἰσθητική (Definition des ζῷον), I, 68. 73. — ὁ. ψυχική (Dämonen), I, 81.
2. = Ding, Gegenstand. ὁ. κατάλληλος (sc. τῇ προλήψει) und ἀκατάλληλος, I, 192. 218. αἱ ἐπὶ μέρους οὐσίαι, I, 199.
3. = Substanz, Wesen (metaphys.), im Gegensatz zu den ποιότητες, I, 106.
4. Materie (= ὕλη), im Gegensatz zum προηγούμενον oder Geistigen, II, 205. οὐσία des Alls, II, 244. 246 (der Kosmos besteht aus οὐσία, ψυχή und νοερὰ ψυχή).
οὐσιῶδες, τό, das Wesenhafte (= προηγούμενον), I, 33. 38 (oder, wie mir nun wahrscheinlicher ist, = τὸ ὁλικόν).

II.

παθητικόν, τό, nach der Lehre der orthodoxen Stoa kein besonderer Seelenteil neben dem λογισμός (I, 46. 67. 253. 275. 282), sondern eine Verschlimmerung desselben, I, 41. 47. 92. 115. 278.
πάθος, 1. = Eindruck, Einwirkung eines Objektes
a) auf die Sinnesorgane (im Gegensatz zur αἴσθησις, die im Hegemonikon stattfindet), I, 100. 102. 104. 126.
b) auf die ψυχή κ. ε., d. h. das Hegemonikon. Die φαντασία ist πάθος ἐν ψυχῇ, I, 147. 149. 158. 175.
2. = seelischer Vorgang überhaupt. Das φάντασμα ist ein διάκενον πάθος der Seele, I, 112. 159.
3. = sinnliches Gefühl. πάθη τῆς σαρκός (gewöhnlich πείσεις oder κινήσεις genannt), I, 121. 311.
4. = Affekt (affectus, perturbatio), unordentliche, naturwidrige Bewegung der (vernunftbegabten) Seele, I, 109. u. ö. 261—285 etc. passim. II, 145. 156. — Die πάθη sind nicht Regungen oder Wirkungen einer besonderen, unvernünftigen Seelenkraft, sondern verkehrte Zustände, Wandlungen des vernunftbegabten Hegemonikon selbst, I, 28. 47. 49. 110 (τροπαὶ τοῦ ἡγ.). 113. 115. 116. 248. 312. — Im einzelnen wird das πάθος definiert als κίνησις ἄλογος τῆς ψυχῆς, als ὁρμὴ πλεονάζουσα (I, 244), als πονηρὰ κρίσις (συγκατάθεσις) oder δόξα, I, 169. 172. 173. 262. — Ursachen der πάθη, I, 83. 90. 115. 273 etc. — Die 4 Hauptaffekte sind ἐπιθυμία, φόβος, ἡδονή, λύπη, I, 232. 233 u. ö. — Ziel des Menschen ist, von πάθη frei zu werden, I, 84. 97. Dies wirkt die Philosophie (speziell der I. Topos), I, 5. 22. 27. 253. s. ἀπάθεια.

— Gefühle, welche weder πάθη noch εὐπάθειαι sind, I, 298—312 (affectiones naturales, ictus oder motus animorum inevitabiles, rapidi). — δίχα πάθους = leidenschaftslos, unbefangen, II, 128.
παρακολούθησις, Bewusstsein, Selbstbewusstsein, I, 135. π. κ. θεωρία (denkende Betrachtung der Dinge), I, 12. Das Tier hat (nach Epictet) die χρῆσις τῶν φαντασιῶν, d. h. die Fähigkeit, sich durch Sinneseindrücke bestimmen zu lassen, der Mensch aber die παρακολούθησις τῇ χρήσει τ. φ., d. h. die Fähigkeit, die Sinneseindrücke denkend zu erfassen und zu gestalten und mit Bewusstsein und Freiheit auf sie zu reagieren, I, 74. 76. 139. II, 50.
παρακολουθητικὴ δύναμις, II, 50. 56.
παράληψις τεχνική, Gegensatz zur natürlichen Begriffsbildung, I, 193. 194.
παρασκευάζεσθαι, 1. = sich vorbereiten. Philosophieren ist π. πρὸς τὰ συμβαίνοντα, I, 10. II, 51.
2. t. t. als Spezies des ὁρμᾶν, I, 109.
παρασκευή, 1. objektiv = Ausrüstung (φύσις), I, 76. 137. II, 152.
2. subjektiv a) = Vorbereitung: die Philosophie ist π. ἐπὶ τὸ βιοῦν, I, 3.
b) t. t. als Spezies der ὁρμή, I, 257 bis 259 (= πρᾶξις πρὸ πράξεως).
παρατήρησις, Selbstbeobachtung, Selbstprüfung, II, 115.
παραχαράττειν, t. t. cyn. (II, 236).
πάσχειν = φαντασίαν ἔχειν, einen Eindruck, eine Vorstellung haben, meinen, I, 145. 173. 250. 256.
πεῖσις, 1. = leidenschaftliches Verhalten der Seele, im Gegensatz zur ἐνέργεια. ἑτεροίωσις τοῦ ἡγεμονικοῦ κατὰ πεῖσιν, I, 112. 128. 148.
2. t. t. zur Bezeichnung der Gefühle, welche nicht πάθη sind, und zwar sowohl der sinnlichen Gefühle (I, 97. 101. 312), als auch der εὐπάθειαι, I, 293.
περιέχον, τό, der umgebende Luftkreis, I, 57. ἀὴρ περιέχων gegenüber dem περιέχον νοερόν, II, 246.
περίοδος, τοῦ κόσμου, I, 65. II, 51. 78.
περίπτωσις, Anfall (sc. an die Sinne), sinnliche Erfahrung. κατὰ περίπτωσιν νοεῖσθαι (vergl. Cic. fin. III, 33 usu cognitum), I, 195. 215.
περιπτωτικὴ ἔκκλισις, II, 50.
περισπᾶσθαι, περισπασμός, t. t. zur Bezeichnung der Störung der διάνοια durch falsche Vorstellungen, Vorurteile oder πάθη, I, 113. 133.
περίστασις, 1. allgemein = besonderer Fall, Umstand, I, 299. τὰ μὲν προηγουμένως πράττεται τὰ δὲ κατὰ περίστασιν, I, 38. καθήκοντα περιστατικά und ἄνευ περιστάσεως, II, 230.
2. speziell = widriges Begegnis, I, 36. 306. II, 22. 24. 51. 56.

περίψυξις, Abkühlung, Berührung mit der (kalten) Luft, als Ursache der ψύχωσις (Philo de gig. 2), d. h. der Verwandlung der φύσις-artigen Seele des Embryo in eine wirkliche ψυχή bei der Geburt, I, **49—52.**
πῆξις, t. t. zur Bezeichnung der vollkommenen Sicherheit der moralischen Anschauungen und Strebungen, I, 242. II, 153. 215. 218.
πιθανολογική, ἡ, II, 126 (ἐπιχειρητική καὶ π.)
πιθανός, scheinbar, verführerisch. φαντασίαι πιθαναί, I, 142. 277; sie sind nicht αἰτία der συγκαταθέσεις, I, 177. 178. 275. II, 166. — πράγματα πιθανά, II, 135. — τὰ πιθανὰ καὶ ἑλκυστικά, I, 23.
πιθανότης, τῶν φαντασιῶν (objektiv) oder τ. πραγμάτων, I, 141. 142. 144. 184; als Ursache (jedoch nicht als zwingende) des Pathos und der Sünde, I, 274. 275. 278. II, 135. 142.
πλεονάζουσα ὁρμή (Definition des πάθος), I, 70. 233. 244. 262 etc. — 271 passim.
πνεῦμα (spiritus), Pneuma, Prinzip des seelischen und geistigen Lebens. Das Wesen Gottes (im Gegensatz zur ὕλη) ist πν., II, 115. 157. 244 etc. — Die Seele ist Pneuma, I, 29. 30. 32 u. ö. πν. διάπυρον oder ἔνθερμον, I, 30. 42. 43. 44. 111. II, 151. πν. συμφυές (oder σύμφυτον) παντὶ τῷ σώματι διῆκον, I, 45. 105. — Die Sinne sind πνεύματα (νοερά), vom Hegemonikon zu den Organen sich erstreckend, I, 98. 99. 100. 122. 123. — Ursache der πάθη sind αἱ περὶ τὸ πν. (= ἡγεμονικόν) τροπαί, I, 278. — Dieses seelische Pneuma, das übrigens M. Aurel zuweilen vom νοῦς als Mittleres zwischen diesem und dem Leib unterscheidet (I, 32), wirkt im Menschen zugleich als φύσις und ἕξις, I, 70. 106.
πνευματικόν, τό, das Luftartige, I, 31. II, 246 (Gegensatz στερέμνιον).
πνευματώδης, die Seelen sind οὐχ ἧττον πυρώδεις ἢ πνευματώδεις, I, 57.
πολιτικός, βίος, II, 118. 237. πολιτικὴ τέχνη, I, 13. π. ψυχή, I, 111. II, 118. 190.
πολιτικὸν ζῷον, I, 113. II, 118.
πολυπραγμοσύνη (in tadelndem Sinne), II, 114.
πρακτικός, II, 118 (der Mensch ist π.). πρακτικὴ ἀρετή (Gegensatz zur θεωρητική) I, 1. π. ὁρμή, I, 245. 252. 255 bis 257. 260. 261.
πρᾶξις, Handlung, Thätigkeit, II, 54. — Die πράξεις wie die ὁρμαί beruhen auf δόγματα, I, 32. 250. — μέσαι πράξεις, II, 215. 216. κατ' ἀρετήν πρ., I, 295. 296. καλαὶ πρ., I, 293 (haben eine ἡδονή zur Folge). κοινωνικαὶ πράξεις, I, 297.
πρέπον, τό, I, 189. II, 52. 110. 199. 228.
προαίρεσις, 1. Spezies der πρακτικὴ ὁρμή, I, 256. 260.

2. = Willkür, als Merkmal der psychischen Bewegungen im Gegensatz zu den physischen. αἱ κατὰ προαίρεσιν δυνάμεις (= ψυχικαὶ δυνάμεις), I, 88. 89. 92.
3. = Wahlfreiheit, freier Wille, Fähigkeit freier und vernünftiger Selbstbestimmung, bei Epictet die geläufigste Gesamtbezeichnung der menschlichen Seele in ihrer Erhabenheit über die tierische. — I, 74. 172 u. ö. **118—121.** 259—261. II, 13. 50. 54. 153. — πρ. ἀκώλυτος, ἀνανάγκαστος, I, 119. — Der Mensch ist προαίρεσις, I, 33. 216. — Die πρ. kann sich selbst verkehren, I, 85. — πρ. ποιὰ φαντασιῶν, I, 10, 74.
προαιρετικόν, ά = was vom freien Willen abhängig ist, I, 167. 239 etc. u. ö. II, 50. 152. 219. — προαιρετικὰ ἔργα (ὀρέγεσθαι, ὁρμᾶν etc.), I, 259. 293. — ἡ προαιρετικὴ δύναμις (= προαίρεσις), I, 109. 119 u. ö. II, 13. 126.
προενθυμεῖν ἐν τοῖς πράγμασι, sich innerlich gefasst machen auf alle Begegnisse (als Mittel zur Verhütung des πάθος) I, 269. 270.
προηγμένον, ά (commoda, praecipua, praeposita, producta, promota) = was vernünftigerweise (sofern überhaupt eine Wahl gegeben ist) seinem Gegenteil vorgezogen werden muss, d. h. das relativ Gute und Naturgemässe, I, 38. 115 u. ö. II, 169 etc. — 220 passim. 231 etc.
προηγούμενον, τό = das Wesentliche, der eigentliche Zweck und Wert einer Sache; weiterhin = das schlechthin Wertvolle (das Geistige, Vernünftige). (Gegensatz ὕλη, σάρξ.) Der Mensch, als λογικὴ ψυχή, ist ein προηγούμενον, ein Selbstwert (während das Tier nur ein ὑπηρετικόν ist), I, 17. 31. 38. 39. 41. II, 156. — Im engeren Sinn ist πρ. das sittliche und vernunftgemässe Verhalten, der sittliche Selbstzweck, die Tugend, der gegenüber selbst die χαρά nur ein ἐπιγένημα ist, I, 295. — ἔργα προηγ. (= die an sich guten, durch die sittliche Bestimmung des Menschen vorgeschriebenen Handlungen), I, 38. 315. II, 64. 86. 110. καθήκοντα προηγ., II, 206. 207. 220. 224. — ὁ σοφὸς πολιτεύεται κατὰ τὸν προηγ. λόγον, II, 210 (ὁ προηγούμενος λόγος τῶν φιλοσόφων = die Quintessenz, die Hauptlehren der Philosophie, I, 6. 38). — Der Gebildete vermag auch die Krankheit sich in προηγούμενον zu gestalten, I, 113. — Es giebt drei βίοι προηγούμενοι (βασιλικός, πολιτικός, ἐπιστημονικός), II, 118. 237; ebenso drei χρηματισμοὶ προηγ. (II, 238). — προηγουμένη (= die kataleptische, nur die thatsächliche Wirklichkeit enthaltende Vorstellung, gegenüber der sich

daran anschliessenden falschen δόξα), I, 140 (M. Aurel).
προηγουμένως; τὰ μὲν προηγ. πράττεται, τὰ δὲ κατὰ περίστασιν etc., I, 38. II, 210 (vergl. 86). — Die σπέρματα Gottes sind προηγ. auf die Vernunftwesen herabgeflossen, I, 77. — II, 182. = in erster Linie.
πρόθεσις, Vorsatz (Spezies der ὁρμή), I, 174. 257—259.
προθυμία, t. t. zur Bezeichnung der natürlichen (sinnlichen) Triebe (bei Tieren und Menschen), I, 72. 237. 254. 300. 315. II, 142; aber auch der sittlichen, geistigen Triebe, I, **248—249.** 289. 290. (φυσικαὶ προθυμίαι zum bildenden Einwirken auf andere). II, 131 (πρ. ἀνθρωπικαί).
προκοπή (profectus), t. t. zur Bezeichnung des der Philosophie ernsthaft beflissenen und der Weisheit zustrebenden Lebens, II, 126. **144—153** passim. 161. 215—220.
προκόπτειν (= ἐν προκοπῇ εἶναι), II, 141. 153.
προκόπτων, ὁ (proficiens, provectus), der Prokopton, II, 145—153. — Er steht in der Mitte zwischen dem φαῦλος und σοφός (resp. zwischen dem ἀρχόμενος παιδεύεσθαι und dem πεπαιδευμένος oder τέλειος) und wird bald jenem, bald diesem näher gerückt. Denn es giebt verschiedene Grade der προκοπή, I, 28. II, 205. 215. 225 (ὁ ἐπ' ἄκρον πρ.). — Der πρ. (den Epictet im Encheiridion hauptsächlich im Auge hat, I, 305) muss alle ὀρέξεις lassen (I, 241, II, 50), auch in der ὁρμή vorsichtig sein (I, 251), überhaupt stete εὐλάβεια üben (I, 291. 302). Er klagt, sofern er noch unselig ist, nur sich selber an (II, 57. vergl. I, 303). — Das καθῆκον des πρ., II, **216—222.** — Der stoische Prokopton und der bonus vir des Panätius, II, 227.
προλαμβάνειν (praesentire), t. t. zur Bezeichnung dessen, was vermöge einer natürlichen πρόληψις gedacht und angenommen wird, I, 203. 212. 221 (ὁ θεὸς ὠφέλιμος προλαμβάνεται).
πρόληψις (cognitio ante percepta, praesumtio, praenotio), Begriff, gew. = ἔννοια φυσική, I, 3. 6. 56. 135. 152—154. **187—230** u. ö. II, 117. — πρ. διηρθρωμένη, I, 6. 188—192 u. ö. πρ. ἔμφυτος oder φυσική, I, 3. 6. 188—194 etc. II, 128. 133. πρ. ἐναργής, I, 166. 189. 275.
πρόνοια (providentia). Sie ist ein αἰθέριον σῶμα, πῦρ αἰθερῶδες (II, 244. 246). prov. specialis, I, 80. II, 116.
προσβολή (impulsio extrinsecus oblata, I, 123. 149), Anfall (an die Sinne), Sinneseindruck, I, 112 (die φαντασία ist eine πεῖσις τοῦ ἡγεμονικοῦ κατὰ τὴν ἐκτὸς προσβολήν, im Gegensatz zum φάντασμα,

welches κατὰ τὰ ἐν ἡμῖν πάθη entsteht). — πρ. τῆς φαντασίας, als das Kriterium καθ' ὅ (= φαντασία ἀπὸ ὑπάρχοντος oder φαντ. καταληπτική) I, 231. 232 (wo übrigens eine andere Erklärung dieses Ausdrucks gegeben ist, die ich nicht mehr festhalten möchte).
πρόςδεξις, φαντασιῶν = Aneignung der φαντασίαι mittels der συγκαταθέσεις, I, 135. 143. 180. 183. II, 226. (s. ἀμετάπτωτος und ἐπιστήμη).
προςδοκία, ἀγαθοῦ oder κακοῦ, abgekürzte Definition von ἐπιθυμία und φόβος, I, 272. — αἰδώς = φόβος ἐπὶ προςδοκίᾳ ψόγου, I, 291.
προςδοξάζειν (προςεπιδοξάζειν), t. t. zur Bezeichnung der falschen Werturteile, welche der Ungebildete mit den φαντασίαι der äusseren Dinge und Ereignisse unwillkürlich verbindet, I, 156. 167. 307.
προςεκτικόν, τό, die moralische Achtsamkeit, I, 251.
προςῆκον, τό, I, 3. II, 199 (Verhältnis zum καθῆκον).
πρόςθεσις, 1. = συγκατάθεσις (zustimmendes Urteil), I, 168.
2. = adjunctio, Art der Begriffsbildung, I, 74. (Gegensatz ἀφαίρεσις).
προςκοπή (offensio), leidenschaftliche Abneigung (Kehrseite des νόσημα), I, 276.
προςκόπτεσθαι, offendi, II, 47.
προςοχή = προςεκτικόν, II, 151.
προςπάθεια, Prospathie, das leidenschaftliche Hängen an den Aussendingen, I, 97. II, 66.
προςπάσχειν, ταῖς ὕλαις oder τοῖς ἀλλοτρίοις, I, 36. II, 55. 56. 61. 157.
προςτίθεσθαι, 1. = συγκατατίθεσθαι, I, 23. 168.
2. t. log. (von der Begriffsbildung), I, 215.
πρόςφατος, δόξα (recens opinio), t. t. zur Bezeichnung der ein πάθος verursachenden falschen Meinung, I, **266—273.** 280. 281.
προςφιλοτεχνεῖν, durch logisches Denken die natürlichen Begriffe entwickeln und dadurch zu gültigen κανόνες machen, I, 6. II, 201 (vergl. I, 146 ταῖς φαντασίαις ἐμφιλοτεχνεῖν).
πρόςωπον, 1. = Antlitz (als Ausdruck des inneren Wesens), I, 298 (τὸ αὐτὸ πρ. ἀεὶ ἐκφέρειν καὶ εἰςφέρειν, von Socrates).
2. (persona, II, 164) sittliche Persönlichkeit, Ehre. τὸ κατὰ πρ. muss man bei allem bedenken (nicht nur die äusseren Werte wägen), I, 137. II, 34.
προτίθεσθαι, sich vornehmen (Spezies des ὁρμᾶν), I, 276.
προτρεπτικός, χαρακτήρ, I, 8. — Der Philosoph muss πρ. καὶ ἐλεγκτικός sein, II, 126. — ἔρως = ἐπιστήμη νέων θήρας εὐφυῶν προτρεπτικὴ οὖσα ἐπὶ τὴν ἀρετήν,

I, 290. — δι' αὐτὰ ληπτά = προτρεπτικὰ ἐφ' ἑαυτά etc., II, 170.
προφορικός s. λόγος.
πτῶσις, ψυχῆς (demitti), anderer Ausdruck für συστολή, I, 264. 271.

P.

ῥεῦμα, ψυχῆς, I, 42.
ῥοπή, die πάθη sind ... ῥοπαὶ καὶ ἕξεις... τοῦ ἡγεμονικοῦ, I, 268. 278.

Σ.

σαρκάζειν (und εἰρωνεύεσθαι) ist des Gebildeten unwürdig, II, 112.
σβέσις (M. Aurel), Erlöschen (der Seele im Tod), im Gegensatz zur μετάστασις, I, 60—62.
σημαντικός, der λόγος ist φωνὴ σημαντικὴ ἀπὸ διανοίας ἐκπεμπομένη, I, 115.
σκεδασμός, Zerstreuung, Verflüchtigung, der Atome, der στοιχεῖα und ψυχή, I, 59—61.
σκοτοῦσθαι, bildlicher Ausdruck für die Geistesverdunklung des Ungebildeten I, 42 (vergl. ib. ῥέμβεσθαι, ῥιπτάζεσθαι τῇ ψυχῇ).
σοφία, II, 217. I, 1. 2. (= ἐπιστήμη τῶν θείων καὶ ἀνθρωπίνων). — Ihr Verhältnis zur φρόνησις, II, 183. 214; zur φιλοσοφία, II, 221. — χρηματισμὸς ἀπὸ σοφίας, II, 234 etc.
σοφιστικός, λόγος, I, 21. 23. — ἐρώτημα, I, 25.
σοφός, I, 2. 3. 154 u. ö. II, 53. 118 u. ö.
— σ. διεληλυθώς, II, 153. 216.
σπέρμα, ἀρετῆς (semen, igniculi virtutum), II, 133. — τοῦ κόσμου, II, 245.
σπερματικὸς λόγος, Logos Spermatikos, die zeugende (vernünftig und gesetzmässig schaffende) Kraft des Alls, I, 45. 205. — Die Seele wird aufgenommen in den λ. σπ. τῶν ὅλων, I, 58. 60. — φύσις = ἕξις ἐξ αὑτῆς κινουμένη κατὰ σπ. λόγους, I, 106.
σπερματικόν, τό, einer der acht stoischen Seelenteile, I, 86—90. 92 94. 105. 106. 206.
σπουδαῖος, ὁ, t. t. zur Bezeichnung des sittlich Gebildeten oder Weisen (auch ἀστεῖος), I, 2. 82 u. ö. II, 54. 119 u. ö.
στέρησις, t. log., Art der Begriffsbildung, I, 195. 214.
στοιχεῖον, 1. = Urstoff, Element (die vier στοιχεῖα), I, 30. 31 u. ö. II, 28. 52. — στ. ἀνωφερῆ und κατωφερῆ, δραστικά und παθητικά, II, 245.
συγγνώμη, Verzeihung, II, 48. 102—105.
συγκατάθεσις (assensio, assensus), das zustimmende Urteil (oft ungenau für die Thätigkeit des Urteilens überhaupt),

I, 168—183. II, 122. — Sie ist neben der ὄρεξις und ὁρμή die dritte der Hauptfunktionen der λογικὴ ψυχή und bildet den Inhalt des III. Topos in der Philosophie, I, 22—25 u. ö. II, 12. 17. 206. — σ. und αἴσθησις, I, 123—125 etc. σ. und φαντασία, I, 143—149 passim. 275. 307. 308. σ. und φαντασία καταλ., I, 161—166 σ. und προαίρεσις, I, 259. 260. — Die ὁρμαί (und ὀρέξεις) sind im letzten Grunde auch συγκαταθέσεις, I, 25. 250—252. 255. 268. 269.
— σ. ἀμετάπτωτος (ἀπρόπτωτος), I, 23. 169. 181. σ. ἀσθενής und ψευδής, I, 170. 179. 180. σ. προπετής, I, 182.
συγκατατίθεσθαι, ein zustimmendes Urteil füllen, s. συγκατάθεσις, I, 23. 24. 168 etc. u. ö. II, 13. 152. 218.
σύγκρισις (συγκριμάτιον, I, 59), t. t. zur Bezeichnung des Menschenwesens als einer Mischung von Leib und Vernunftseele, I, 105—107 (die ψυχή, im weiteren Sinne, ist = τὸ συνέχον τὴν ὅλην σύγκρισιν).
συμμετρία, τῆς ζωῆς, I, 107.
σύμμετρος, ὄρεξις, I, 243. 290. II, 215. 219.
συμμονή, Fortdauer (der Seele nach dem Tod), im Gegensatz zu σβέσις und σκεδασμός.
συμπάθεια, 1. metaphysisch, σ. (auch σύμπνοια) τῶν ὅλων, innerer, organischer Zusammenhang des Alls (als eines Lebewesens), I, 45. 78. II, 45. 81. — Im engeren Sinne von der Verbundenheit der Vernunftwesen, I, 82 (δαίμονες ἀνθρώπων συμπάθειαν ἔχοντες).
2. psychologisch, von der Wechselwirkung zwischen Leib und Seele, I, 101. (Der νοῦς dagegen soll nicht συμπαθής sein den πάθη des Fleisches, I, 121.)
3. moralisch, σ. τῆς διανοίας, I, 115.
συμπεριφορά, Anpassung an die Lebensgewohnheiten der Ungebildeten, I, 306. II, 56. 63. 70. 102. 160. 210 (τὰ μὲν προηγουμένως πράττεται, τὰ δὲ κατὰ συμπεριφοράν).
συμφυές, πνεῦμα συμφυές, I, 45. κίνημα σ., I, 138.
σύμφυτος, πνεῦμα σύμφυτον, I, 105.
συμφωνία, τοῦ παρ' ἑκάστῳ δαίμονος πρὸς τὴν τοῦ τῶν ὅλων διοικητοῦ βούλησιν (Chrysipps Definition der εὐδαιμονία), II, 164.
σύμφωνος, διάθεσις ψυχῆς σ. ὑπὸ τοῦ λόγου (Definition der ἀρετή), II, 226.
συμφώνως τῇ φύσει (convenienter, congruenter naturae), I, 238. 358. II, 14. 184. 187.
συναισθάνεσθαι, inne werden (von der geistigen Wahrnehmung), I, 137. 166.
συναίσθησις, 1. = unmittelbares, instinktives Gefühl. — Das Tier hat eine σ.

seiner παρασκευή (sensus constitutionis), I, 75. 76. 137.
2 = geistige Wahrnehmung, Bewusstsein, I, 135—137. — Anfang der Philosophie ist die σ. τῆς αὑτοῦ ἀδυναμίας u. dergl., I, 4. 302. II, 151.
συναρμόζειν, anpassen, in Einklang bringen, τὴν βούλησιν (γνώμην) τοῖς γιγνομένοις, I, 10. 36. 261. II, 51.
συνείδησις, 1. = συναίσθησις 1. (I, 75, die Tiere haben eine σ. τῆς συστάσεως).
2. (nicht sicher stoisch) = Gewissen I, 83 ἔμφυτος σ.).
συνειδός, τό, das Selbstbewusstsein, Bewusstsein seiner Bestimmung (vom Kyniker) I, 83. II, 6.
συνέορσις (συνόρουσις?), das unwillkürliche Zusammenfahren (z. B. bei plötzlichem Getöse, cfr. Epict. frag. 180), im Gegensatz zum Pathos der Furcht, I, 248. 308. 310.
συνήθεια (consuetudo), t. t. zur Bezeichnung des Dogmatismus, d. h. der Ansicht, dass die Dinge thatsächlich so beschaffen sind, wie sie unseren Sinnen erscheinen, I, 8. 130. II, 126.
συνημμένον, τό, das hypothetische Urteil, I, 169.
σύνθεσις (coniunctio), t. log., Art der Begriffsbildung, I, 195. 214. 215.
συνθετικός, der Mensch besitzt, im Gegensatz zur ἀπλῇ φαντασία des Tieres, die μεταβατική καὶ συνθετική φ., I, 73.
συντίθεσθαι, s. σύνθεσις, I, 215.
σύστασις (constitutio), I, 75.
σύστημα, 1. metaphysisch: die Vernunftwesen (Götter und Menschen) bilden miteinander das höchste σ., I, 39. 297. II, 51.
2. logisch: der λόγος ist σ. ἐκ ποιῶν φαντασιῶν, I, 52. 167. 207. — Die ἐπιστήμη (τέχνη) ist σ. ἐκ καταλήψεων (συγγεγυμνασμένων), I, 183. 186.
συστέλλεσθαι, (s. συστολή), I, 267 etc.
συστολή (contractio), t. t. zur Bezeichnung des Pathos λύπη = ἄλογος (ἀπειθής λόγῳ) συστολή, I, 262—281 passim. u. ö.
— Eine εὔλογος σ. (als Eupatheia) haben die Stoiker nicht angenommen, I, 285. 301.
σφυγμικόν, τό, I, 92.
σχέσις, 1. = ruhender Zustand (Gegensatz κίνησις), II, 112.
2. t. t. zur Bezeichnung der geistigen und moralischen Beziehungen der Vernunftwesen zu einander (I, 76: der Mensch hat eine σχέσις πρὸς θεόν), speziell der sittlichen oder sozialen Lebensverhältnisse, deren Wahrung den Hauptinhalt des καθῆκον und somit des II. Topos bildet (I, 22 II, 58. 59. 110. 201. 202. 223). — σχέσεις φυσικαί und ἐπίθετοι (frei eingegangene, z. B. die Ehe), I, 22. I, 90. 210. — Gott ist der ἐπόπτης τῶν σχέσεων, I, 82.

σχετικός, τύπωσις, s. μνήμη.
σχολαστικός, 1. = müssig. βίος σχολαστικός (Gegensatz πολιτικός) unthätiges oder grundsätzlich ungemeinnütziges Leben (von Chrysipp verworfen), II, 114. 118.
2. t. t. zur Bezeichnung des Jüngers der Philosophie, der, allen anderen Beschäftigungen entsagend, ausschliesslich der Ausbildung seines Logos obliegt, I, 6. II, 114. 127. 201.
σωφροσύνη, eine der vier Kardinaltugenden, I, 295. II, 182. (= ἐπιστήμη αἱρετῶν καὶ φευκτῶν, I, 254).

T.

τέλειος, vollkommen. Gott ist ein ζῷον τέλειον, I, 221. Auch der Mensch soll τ. werden, II, 153. — ἀγαθόν = τέλειον κατὰ φύσιν λογικοῦ ὡς λογικοῦ (NB.! also giebt es nur bei Vernunftwesen eine Vollkommenheit im eigentlichen Sinn des Wortes, vergl. den Begriff des προηγούμενον), II, 13. — καθῆκον τέλειον (= κατόρθωμα), II, 203 etc. — πρόληψις τελεία (καὶ διηρθρωμένη) I, 189. 214.
τελειότης, τῆς διανοίας (τοῦλόγου), die (physische) Vollendung des Logos, welche im 14. Lebensjahr stattfindet, I, 205.
— προκοπή = συνεγγισμὸς πρὸς τελειότητα (moralisch), II, 149.
τελετή, die Theologie ist die τ. der Philosophie, I, 16. 18. 203.
τελικός, ἀγαθὰ τελικά (z. B. θάρσος, χαρά, als Symptome der εὐδαιμονία), im Unterschied von den ἀ. ποιητικά (φρόνιμος ἄνθρωπος) und den Tugenden, welche beides zumal sind, I, 295.
τέλος, Telos, das höchste Ziel des Menschen, I, 1. 18 u. ö. II, 6 etc. 143 u. ö. **163—188.** κοινωνικὸν τ. (M. Aurel), II, 118.
τέρψις, Spezies der χαρά, I, 296.
τέχνη = σύστημα ἐκ καταλήψεων συγγεγυμνασμένων, I, 186. — Das Pneuma ist Substrat der ἀρεταί und τέχναι, I, 30. — Die Philosophie ist ἡ περὶ βίον τ. oder ἄσκησις τῆς ἀνθρώποις ἐπιτηδείου τέχνης (also = τέχνη κ. ε.), I, 1. 3.
— Die Rhetorik ist (nach Chrysipp) τ. περὶ κόσμου καὶ λόγου εἰρημένου τάξιν, II, 126. — τ. περὶ τὸ συγκατατίθεσθαι, I, 182. — Die ἔννοιαι bilden sich teils φυσικῶς καὶ ἀνεπιτεχνήτως, teils δι' ἡμετέρας διδασκαλίας καὶ τέχνης, I, 195. — πᾶσα τ. προηγουμένων τινῶν ἐστι θεωρητική, I, 38. — Jede τ. ist mühsam zu erlernen, aber ihr Produkt hat etwas Reizvolles und Anziehendes, II, 56. — Die Mantik soll man erst dann zu Hilfe nehmen, wenn keine vernünftige Er-

wägung oder τ. mehr ausreicht, I, 240. II, 46.

τεχνικός, 1. = kunstverständig, eine τέχνη innehabend, I, 186.
  2. = kunstvoll schaffend und bildend: die Natur ist πῦρ τεχνικόν, I, 50.
  3. = kunstmässig (im Gegensatz zu φυσικός), τεχνική ἀκοή im Gegensatz zur κοινή ἀκοή, I, 136. — τ. ἔννοια (= ἐκ τινος τεχνικῆς παραλήψεως), I, 194.

τεχνολογεῖν, die Theorie entwickeln, I, 9. II, 16. 126.

τονικός, κίνησις τονική (Definition der Seele), I, 45. 106.

τόνος, Tonos (intentio), ψυχῆς, I, 42. 45. 126. 149. 180. 181. — Die αἰσθήσεις sind αἰσθητικοί τόνοι περὶ τὸ ἡγεμονικόν, I, 108. — μανικοί τόνοι (von moralisch abnormer Willensenergie), I, 180. II. 142.

τόπος, ocus, Abschnitt oder Stufe des philosophischen Studiums. Epictet unterscheidet drei τόποι, der I. hat es mit der ὄρεξις, der II. mit der ὁρμή (dem καθῆκο den σχέσεις), der III. mit der συγκατάθεσις (speziell mit der Logik) zu thun, I, 13. 18 etc. u. ö. II, 17, 47 u. ö., s. das Inhaltsregister des II. Teils der „Ethik Epictets".

τροπή, 1. metaphysisch: τῶν στοιχείων, I, 59. 60.
  2. psychologisch (moralisch): die πάθη und δόξαι sind τροπαί τοῦ ἡγεμονικοῦ (περὶ τὸ πνεῦμα), I, 42. 93. 110. 113. 273. 278.

τύπος, Eindruck, welchen die Aussendinge in der Seele mittels der Sinne verursachen, I, 42. 109. 129. 151 (die Seele bewahrt die τύποι so zahlloser Dinge). — Das Sehpneuma ἀναμάσσεται τοὺς τύπους τῶν ὁρωμένων, I, 126. — Die φαντασία καταληπτ. unterscheidet sich κατὰ χαρακτῆρα καὶ τύπον, I, 180. 181.

τυποῦν, das ἡγεμονικόν ist (bei der ἀπόδειξις) ἑαυτὸ τυποῦν, I, 128.

τυποῦσθαι, ὑπὸ τῶν αἰσθητῶν, I, 74. 139. φανταστικῶς (M. Aurel), I, 69. 74. 146 (als etwas, was auch den Tieren eigen ist). κηροῦ τρόπον, I, 125.

τύπωσις, die φαντασία ist eine τ. τῆς ψυχῆς (genauer τοῦ ἡγεμονικοῦ), I, 103. 106. 112. 124. 128. 139. 146. 149. 150. 151. 176.

Υ.

ὕλη, 1. allgemein = Stoff, Gegenstand, Materie. ὕλη des Philosophen ist der Logos, I, 96. 113. 116. 117. ὕλη ἀρετῆς, II, 185. δούλη, ἐλευθέρα ὕλη, II, 13. Der Gebildete weiss in jeder ὕλη sein Hegemonikon naturgemäss zu bewahren, II, 26. 206.
  2. speziell = grobe Materie (im Gegensatz zum Geistigen, Vernünftigen), a) als Prinzip der Welt (neben Gott), II, 81. 244 etc. — πρώτη, ἄποιος, ἄλογος ὕλη, II, 245. τὸ ἔνυλον, II, 246.
  b) das grob Stoffliche am Menschen (= σάρξ), I, 31. 38. 40. 41. 44. 65. II, 51, 52. 205.
  c) das Aeussere, Adiaphore. I, 286. II, 43. 195. ταῖς ὕλαις προςπάσχειν, I, 36. II, 55. 56.

ὑλικός, 1. = substantiell. διάνοια καθ᾽ ὃ ὑλική ἐστιν (Gegensatz κοινωνική), I, 114.
  2. = grob stofflich, τὸ ὑλικόν, I, 31.

ὑπεξαίρεσις, exceptio, μεθ᾽ ὑπεξαιρέσεως ὁρμᾶν (so, dass man den Entschluss nicht um jeden Preis ausführen will, sondern, weil ja nur das richtige ὁρμᾶν der höchste Zweck ist, gelassen auf die Ausführung verzichtet, falls die Umstände sie verhindern), I, 36. II, 86. 152.

ὑπόθεσις, die reale Grundlage des Daseins, die äussere Lebensbedingung. — Der Gebildete schickt sich in dieselbe und wünscht sie nicht zu ändern, I, 36. II, 23. 51.

ὑπόληψις, Meinung (Synon. von δόγμα), I, 280. II, 6. 54. — δόξα = ἀσθενής ὑπόληψις (= συγκατάθεσις, I, 170. 257), I, 179. 180. — ὑπολ. καταληπτική, I, 182. — πάθος = ἄλογος κίνησις ψυχῆς δι᾽ ὑπόληψιν καλοῦ ἢ κακοῦ, I, 274. — Der Tod ist... ὑπολήψεως παῦλα, I, 62.

ὑποστατικόν, Synon. von οὐσιῶδες (das Wesentliche — oder das grob Stoffliche), I, 33. 38.

ὑποτελίς, das niedere Telos, d. h. was für den Menschen nach seinem rein natürlichen, noch nicht vernünftigen Wesen, höchstes Ziel des Strebens ist, II, 178.

Φ.

φαντάζεσθαι, sich vorstellen, denken, I, 109. 114. 193. 199.

φαντασία (visus, visum, species), Vorstellung (als Thätigkeit und als Inhalt der Seele). — Die tierische φ., I, 68. 70. 72—75. — φ. und αἴσθησις, I, 123 bis 136. Bedeutung der φ., I, **138—168.** φ. und συγκατάθεσις, I, 176—178. φ. καταληπτική (visum comprendibile) und ἀκατάληπτος!, I, 160—167. 124. 130 u. ö.; als Kriterium, I, **228—232.** — Die φ. ist ein πάθος ἐν ψυχῇ, I, 147. 173 (διάνοια πάσχει ὑπὸ τ. φ., I, 115), genauer eine τύπωσις ψυχῆς, bezw. ἡγεμονικοῦ (Zeno — I, 106. 128. 139 u. ö. II, 163) oder ἑτέρωσις (ἀλλοίωσις) τοῦ ἡγεμονικοῦ (Chrysipp — I, 112. 149. 150. 151. 176). Sie ist ein Produkt der Aussendinge oder φαντασά, (I, 127. 128. 147) und zugleich eine Funktion des Hegemonikon (I, 98. 102. 104. II,

228). Aus φ. und συγκατάθεσις bildet sich einerseits die αἴσθησις im höheren Sinn (I, 123. 124), andrerseits die ὁρμή, nämlich die menschliche, während die tierische ὁρμή ohne συγκ. auf die blosse φ. hin erfolgt, I, 252. — χρῆσις φαντασιῶν, a) = Fähigkeit, Vorstellungen zu haben, I, 74. 93. 139. b) prägnant = χρ. φ. λογική. Diese besitzt der Mensch im Unterschied vom Tier, I, 75. 93. 139. 145 u. ö. II, 13. 17. 181 (χρηστική δύναμις φαντασιῶν, I, 139. 140 u. ö. II, 12. Der Mensch ist ζῷον χρηστικὸν φαντασίαις λογικῶς, I, 29. 40. 74. 236. II, 13. 52). Genauer heisst sie παρακολούθησις τῇ χρήσει τῶν φαντασιῶν (I, 74. 76. 139. II, 50) oder προαίρεσις φαντασιῶν (I, 10. 74). — Die verschiedenen Arten der φ., I, 145. 157 bis 160. — φ., μνήμη und ἐμπειρία, I, 194. — Der Logos ist σύστημα ἐκ φαντασιῶν, I, 52. 167. 207. — ἡ ψυχή βάπτεται ὑπὸ τῶν φαντασιῶν, I, 42. 111. 114. — φ. αἰσθητική (genauer αἰσθ. καὶ καταληπτική), I, 124. 128. 131—133 u. ö. — φ. λογική und ἄλογος, I, 73. 160. 176. — φ. ἁπλῆ und μεταβατική (und συνθετική), I, 73. 74. 139. — φ. ἀληθής und ψευδής, I, 162. 179. — φ. γενική und εἰδική, I, 159. — φ. ἀπερίσπαστος, I, 133. — φ. ἐναργής oder τρανής καὶ πληκτική (= καταληπτική), I, 110. 130. 165. — φ. πιθανή, I, 177. 178. 275. 277. II, 166. — φ. προηγουμένη oder πρώτη (= καταληπτική), I, 140. — φ. ἀλλόκοτος, I, 135. ἀνεξέταστος, I, 135. 143. ἀγύμναστος, I, 143. ἐκκρουστική τοῦ λόγου, I, 116. 140. ταρακτική, τραχεῖα, I, 117. 135. 140. 142. 143. κατάλληλος, I, 276. καλή καὶ γενναία, I, 277. — Die unwillkürlichen, affektartigen φαντασίαι, I, 307. 308. — φ. τοῦ καλοῦ, I, 40. 290. αἰσχροῦ, II, 206. — φαντασία συναρπάζει etc., I, 140. 141. φ. δάκνει, I, 140. 142. 310. 311. — διάκρισις φαντασιῶν, I, 72. πιθανότης φ., I, 141. 142. 144. πρόσδεξις φ., I, 135 u. ö. II, 226 (s. ἐπιστήμη). προςβολή φαντασίας, I, 231. 232. — ὄχλος φαντασιῶν, I, 84. ὄλισθος φ., I, 142. 143. II, 52. 151. — φαντασίαν λαμβάνειν (= φαντάζεσθαι), I, 144. 173. — φαντασίας γυμνάζειν, I, 142. 143. 155. διακρίνειν, δοκιμάζειν, I, 9. 109. 136. 143. 146. 155.
φαντασιοῦν, Vorstellungen erzeugen, I, 115. 147.
φαντασιοῦσθαι, Vorstellungen empfangen, I, 73. 115. 147. 150.
φάντασμα, 1. im engeren Sinn = Wahngebilde, I, 81.
2. im weiteren Sinn = φαντασία eines Nichtsinnlichen, I, 115 (= δόκησις διανοίας). I, 158. 159.
φανταστικόν, τό, 1. (unstoisch) = Fähigkeit, Vorstellungen zu bilden mittels der Sinne (I, 158).
2. = φάντασμα, I, 158 und 159.
3. = Fähigkeit, φαντάσματα zu bilden, I, 158 und 159.
φανταστικῶς, τυποῦσθαι, I, 69. 74. 146.
φανταστόν, τό, das Objekt (resp. die äussere Ursache) der (sinnlichen) φαντασία, I, 127. 128 u. ö.
φαῦλος, t. t. zur Bezeichnung des moralisch Ungebildeten (Gegensatz σπουδαῖος, ἀστεῖος), I, 28, 134 u. ö. II, 50 u. ö., 211 etc. — Das καθῆκον des φ., II, 222—229.
φιλάλληλος, I, 12. 248. II, 56. 118. 201. 238.
φιλάνθρωπος, I, 221. 222. II, 118.
φίλαυτος, im tadelnden Sinne, II, 5. 158.
φιλία, I, 286. 288. 300. II, 6 (106—109). 111. 121. — χρηματισμὸς ἀπὸ φιλίας, II, 234 etc.
φιλοθέωρος, der Mensch ist φ., I, 7. 301. II, 56.
φιλολογεῖν, I, 9. II, 56 (darf nicht als Selbstzweck betrachtet werden). (II, 125. 127).
φιλοσοφεῖν, I, 5. 9. 10. 96. II, 142.
φιλοσοφία, l'Philosophie, I, 1—12 Wesen und Bedeutung. I, 13—23 Einteilung. II, 11. 151. 221.
φιλόσοφος, I, 2. 9 u. ö. II, 11. 54. 173 (δυςχερεῖς φιλόσοφοι, die Stoiker) 212.
φιλοστοργία, Verwandtenliebe, I, 299. II, 117. 129. 183.
φιλόστοργος, I, 248. II, 200. 211.
φιλοτεχνεῖν, sich sorgfältig um etwas bemühen; περὶ τῶν ἐκτός, II, 43.
φιλοτεχνία, περὶ τὸν λόγον (sorgfältige, systematische Ausbildung des Logos), II, 129.
φιλότεχνος: im Auge ist ein πνεῦμα φιλότεχνον (welches die Dinge kunstvoll abbildet), I, 123. 126.
φιλοφροσύνη, Spezies der χαρά, I, 287.
φόβος = ἄλογος ἔκκλισις (I, 262 etc. u. ö.) oder = φυγή ἀπὸ προςδοκωμένου δεινοῦ, I, 272. 279 (cfr. II, 57). -- s. αἰσχύνη und συνείδησις.
φορά, die ὁρμή (λογική) ist φ. διανοίας ἐπί τι τῶν ἐν τῷ πράττειν, I, 115. 255.
φρόνησις (prudentia), eine der vier Kardinaltugenden (= ἐπιστήμη ὧν ποιητέον καὶ οὐ ποιητέον), I, 79. 109. II, 180 (= εὐλογιστία) 182 etc. — 190 (engere und weitere Bedeutung, Verhältnis zur σοφία, Unterarten). 213. 214 (durch die φρ. wird das καθῆκον zum κατόρθωμα).
φυγή (fuga, recessus), s. φόβος.
φυσικός, s. ἔννοια, κανών, λόγος, μέτρον, νόμος, προθυμία, πρόληψις, σχέσις, τόπος.
— φυσική ἀρετή, I, 19. δύναμις, I, 89. ἐλευθερία, I, 247. θεωρία, I, 16. 18. χρεία, I, 315. — ἡ φυσική (τὸ φυσικόν, τὰ φυσικά), die Physik, I, 13. II, 117. I, 18. 120.
φυσικῶς, 1. = physisartig (im Gegensatz

zu den psychischen oder proairetischen Bewegungen), I, 92.

2. = natürlich (ἀνεπιτεχνήτως); φυσικῶς φαντάζεσθαι (I, 189—193) oder νοεῖν (= φυσικὴν ἔννοιαν ἔχειν), I, 194 etc. 208 passim.

φύσις, 1. = die Natur, Naturkraft. a) die Allnatur (φύσις τῶν ὅλων, I, 19. II, 14 u. ö), identisch mit Gott, II, 116. 246. — κοινή φ. s. κοινός. θεία φύσις (= θεῖον), II, 239. Gott ist ψυχή καὶ φ. ἀχώριστος τῶν διοικουμένων (II, 244). b) die in dem Einzelwesen wirkende, gleichsam individualisierte Naturkraft (φ. ἐπὶ μέρους, I, 19. 30 u. ö. II, 14). — φ. ζωτική (I, 94). λογική (I, 182. cfr. II, 238). νοερά (I, 77. 121). — Die Ausdrücke κατὰ φύσιν (συμφώνως τῇ φύσει, καταλλήλως τ. φ., ὁμολογουμένως τ. φ.) und παρὰ φύσιν oft. — Ziel des Menschen ist τὸ ἡγεμονικόν (τὴν διάνοιαν) κ. φ. τηρεῖν, ὀρέγεσθαι, ὁρμᾶν, συγκατατίθεσθαι, überhaupt alles zu thun κατὰ φύσιν, I, 96. 177. 238. 250 u. ö. II, 13. 51 u. ö. — Eine der fünf Bedingungen der normalen Sinneswahrnehmung ist die διάνοια κ. φ. ἔχουσα, I, 133. 50. 162. — τὰ κατὰ φύσιν (naturalia) = die (im niederen Sinn) naturgemässen Dinge, im wesentlichen identisch mit den Proegmena, I, 6. 120. II, 56. **168** etc. — **224** passim. — τὰ πρῶτα κατὰ φύσιν (principia naturalia, prima naturae), I, 215. 216. II, 136 u. ö. **175** etc. — **213** passim.

2. = Art, Wesen, Einrichtung. φύσις ψυχῆς, I, 81. ἡγεμονικοῦ, I, 97. διανοίας, I, 177. φ. τῶν πραγμάτων, I, 141. κακοῦ φύσις, II, 21.

3. = Physis, als Existenzform der Pflanzen (im Gegensatz zu ἕξις und ψυχή), I, 49. 51. 67 etc. 87—90 u. ö.

φυτικόν (s. φύσις 3). φυτικὸν δύναμις, I, 88. κατασκευή, I, 94. ψυχή, I, 89. φυτικὸν πνεῦμα, I, 106. — τὸ φυτικόν (= θρεπτικόν), I, 88.

φυτοειδῶς; auch im Menschen geschieht etliches φ., I, 69.

φωνητικόν, τό (φωνᾶεν), das Sprachvermögen, einer der acht stoischen Seelenteile. I, 86 etc. — 107 passim.

X.

χαρά (gaudium), = εὔλογος ἔπαρσις (Eupatheia), I, 261 u. ö. **293—298**. 301. 311. 313. 315. II, 47. 197.

χαρακτήρ, 1. = Art, Charakter, Form. — Es giebt in der Philosophie einen προτρεπτικός, ἐλεγκτικός und διδασκαλικὸς χ., I, 8. 225.

2. = Eindruck (= τύπος), welchen die Dinge mittels der αἴσθησις im Hegemonikon hervorbringen, I, 42. Die φαντασία καταλ. unterscheidet sich von der akataleptischen κατὰ χαρακτῆρα καὶ τύπον, I, 180. 181.

3. = Grundzug (in ethischer Hinsicht), sittliche Anlage, I, 114. II, 129.

χρηματισμός (= ἐμπειρία περιποιήσεως χρημάτων ἀφ᾽ ὧν δέον). II, 234—240 pass. Drei χρ. προηγούμενοι, 238.

χρηματιστικός, der Weise ist allein χ. (d. h. versteht sich auf den richtigen, in jeder Hinsicht moralischen Erwerb) II, 211. 239. 240.

χρῆσις, Gebrauch, Anwendung, Handhabung. — Das Wichtigste in der Philosophie ist die χρ. τῶν θεωρημάτων (die praktische Bethätigung der Lehren), I, 9. 13. 19. 20. — Die ὗλαι sind adiaphor, aber nicht ihre χρῆσις (d. h. die auf sie gerichtete Thätigkeit), I, 38. II, 43. — χρῆσις τῶν φαντασιῶν (im weiteren und engeren Sinn) s. φαντασία und παρακολούθησις. — Ziel des Menschen ist χρῆσις ὀρθή (οἵα δεῖ, κατὰ φύσιν) τ. φ., I, 139. 171. 224. 226. II, 13. 50. 181. — Der dritte Topos wirkt ἀσφάλεια τῆς χρήσεως τ. φ., I, 75. 182.

χρηστικός, ταῖς φαντασίαις (λογικῶς), I, 29. 40. 74. II, 13. 52. χρηστικὴ δύναμις τ. φ. (= λογικὴ oder προαιρετικὴ δύναμις), I, 139. 140. 153. 170. 236. 238. 259. II, 12. 50 (ὁδῷ). 56.

χρηστικῶς, die philosophischen Dogmata muss man χρ. κατέχειν (praktisch inne haben), II, 151.

Ψ.

ψυχή = πνεῦμα διάπυρον (ἔνθερμον) oder πν. συμφυές etc. I, 43. 105. — Im übrigen s. das Inhaltsverzeichnis von „Epictet und die Stoa". Alle wichtigen Verbindungen des Wortes sind bereits bei anderen Ausdrücken aufgeführt worden.

ψυχικός, seelisch, 1. (Gegensatz φυτικός). Die αἴσθησις ist ψυχική, I, 100. ψυχικαὶ δυνάμεις, I, 88. 89.

2. (Gegensatz σαρκικός, σωματικός) ἡδονὴ ψυχική, I, 93. 109. 293—295. πάθος ψυχικόν, I, 312. — οὐσίαι ψυχικαί (Dämonen), I, 81.

Ω.

ὠφέλημα, t. t. zur Bezeichnung des wahrhaft Nützlichen (absolut Guten) im Gegensatz zu dem Brauchbaren (εὐχρήστημα), das zur Kategorie der Proegmena gehört, II, 171.

Namenregister.

(Bei den fast beständig zur Vergleichung herangezogenen jüngeren Stoikern, Seneca und M. Aurel, habe ich mich auf Angabe der Stellen beschränkt, wo ihre Lehren ausführlicher und im Zusammenhang erörtert werden).

A.

Akademie, Akademiker. a) Alte Akademie: Das ʽπρῶτον οἰκεῖον (II, 175. 176). Verhältnis von Glück und Tugend (II, 167. 183). Telos (II, 185). καθῆκον (II, 194). πάθος (I, 233). Posidons Annäherung an sie (I, 41). — b) Jüngere Akademie: Cicero in Tusc. IV (I, 209. 278). — φαντασία ἀπερίσπαστος (I, 133). Epictets Zorn über die „Akademiker" (I, 129. 136).

Anaxagoras, Transzendenz des νοῦς (I, 48).

Antiochus aus Ascalon, (Quelle Ciceros in acad. I und Tusc. IV (?) (I, 87. 278). Akademischer Stoiker (I, 209. II, 165), Gegner des Skepsis (II, 197). Bekämpft die Autarkie der Tugend und das stoische Telos (II, 49. 178. 179. 186. 220). — Sein Telos (II, 14. 165). πρῶτα κατὰ φύσιν, die Keime der Tugend in sich befassend (II, 175. 187). — Leugnet die Gleichheit der Sünden (II, 100. 139).

Antipater aus Tarsus, Stoiker, gilt dem Epictet als orthodox (I, 153). Stellung zu Panätius (II, 82. 99). Streit mit Diogenes und Carneades (II, 233 etc. 241). — Gottesidee (I, 220. 222). Ideale Auffassung der Ehe (II, 88). Sklaverei (II, 99). Telos (II, 168—170. 178—184).

Antisthenes. Nominalismus (I, 5).

Apollodor, Stoiker. Quelle Ciceros in nat. d. II? (I, 212). Setzt die Ethik in die zweite Stelle (I, 15). — Güterlehre (II, 242).

Arcesilaus. Erklärt die stoische κατάληψις für irreal (I, 185. 235). — Urheber der stoischen Definition des καθῆκον (II, 193. 194). — Urteil des Cleanthes über ihn (II, 215).

Archedemus, Stoiker. Gilt dem Epictet als orthodoxe Autorität (I, 153. II, 125. 126). — Hält die ἡδονή für κατὰ φύσιν, aber ohne ἀξία (I, 313. 314. II, 174.

177). — Telos (II, 168—170. 178. 184. 185. 188).

Aristippus, macht die Lust zum Telos (I, 315. II, 175. 176. 185).

Aristo, kynisierender Stoiker; verwirft die Physik (I, 20. II, 122) und die Logik (II, 127) als selbständige Disziplinen (I, 14). — Epictet weniger kynisch als er (II, 126). — Sein Telos die Adiaphorie (II, 173. 185. 186. 233).

Aristoteles. νοῦς (I, 29). — quinta natura (I, 43). — Seele materialistisch aufgefasst (I, 44). — φαντασία der Tiere (I, 73). — Rechnet das θρεπτικόν zur Seele (I, 88). — κοινὴ αἴσθησις (I, 136). — ἄλογος ὄρεξις (I, 234). — ὄρεξις und ὁρμή (I, 252). — Telos (II, 185). — Annäherung des Panätius an ihn (I, 87. II, 121. 165).

Arrianus. Charakter seiner Epictetea (I, 22). Urteil über Epictet (II, 154).

Athenodorus, Stoiker. — Schrift περὶ σπουδῆς καὶ παιδιᾶς (II, 112). — Zurückziehung vom politischen Leben (II, 93. 237). — Modifiziert die mittelstoische Telosformel (II, 188). — Quelle Ciceros in off. III? (II, 184).

Attalus, Stoiker, Senecas Lehrer, II, 31.

B.

Boëthus, peripatetisierender Stoiker, I, 45. Nimmt vier Kriterien an (I, 222. 227).

C.

Callipho, II, 185. (Telos: voluptas mit honestas).

Carneades. Die πρῶτα κ. φ. als Telos (II, 175. 185). — Rubrizierung aller wirklichen und möglichen Telosdefinitionen (II, 169). — Indirekter Urheber der mittelstoischen Telosformel (II, 181). — Streit mit Diogenes und Antipater (II, 241. 242).

Chrysippus. Persönliches. Von Epictet gepriesen als Herold der Wahrheit und grösster Wohlthäter der Menschen (I, 6. 8. 114. 286. II, 2. 5. 94); gilt ihm als höchste Autorität (I, 153. 225. II, 4. 125) in materieller Hinsicht (II, 16). — Schrift περὶ ὁρμῆς (I, 257), περὶ καθήκοντος (II, 210). — Philosophie und Wissenschaft. Einteilung der Philosophie (I, 13—16). Schätzung der Physik (I, 18. 21), der Logik und Rhetorik (I, 128. II, 126), der ἐγκύκλια μαθήματα und der Kunst (II, 127). — Anthropologie und Psychologie. Wesen und Sitz der Seele (I, 44. 45). Differenz mit Kleanthes über das Verhältnis des Hegemonikon zum Leib (I, 47. 104. 111). Entstehung der Seele durch Verpflanzung und περίψυξις (I, 48—52. II, 137). Fortdauer der Seelen der Weisen bis zur Ekpyrose (I, 55). Die Tiere haben keine Affekte (I, 71. 72. 247), aber ein Analogon des Verstandes (I, 74. 76). Der νοῦς als Dämon (I, 81). Psychologischer Monismus (I, 85. 115). — Erkenntnislehre. αἴσθησις im Hegemonikon und in den Organen (I, 99—103). αἴσθησις als Kriterium (I, 129. vergl. 155). Sinneswahrnehmung zuverlässig (I, 130). αἰσθητόν und νοητόν (I, 154. 155. 160). φαντασία eine ἑτεροίωσις des Hegemonikon (I, 148—158 passim). Dianoëtische φαντασία und φ. καταλ. (I, 157. 167). φαντασία und φαντασιικόν (I, 159). εἱμαρμένη und συγκατάθεσις — Freiheit des Willens — (I, 177. 178. II, 138). αἴσθησις und πρόληψις als die beiden Kriterien (I, 135. 203. 222—226). λόγος = ἄθροισμα ἐκ προλήψεων (I, 193. 207). Unterscheidung eines formellen und materiellen Logos (I, 115. II, 227 bis 228). πρόληψις, Definition (I, 204. 211). ἔμφυτος πρόλ. (I, 202. 203). πρόληψις θεοῦ (I, 219. 220. cfr. 50 deus = aër). — Affektenlehre. ἐπιθυμία und ὄρεξις (I, 234. 236). προαίρεσις (I, 260). — Die πάθη sind Zustände der διάνοια (I, 115. 116. 312); cfr. I, 234 die κακία ist ein λογικόν), nämlich κρίσεις (I, 169. 172. 173. 262. II, 138) oder genauer ἐπιγεννήματα derselben (I, 95. 266). Definition der λύπη als μείωσις und δῆξις (I, 264. 265). δόξα πρόσφατος (I, 267 bis 270). ἀσθένεια der Seele als Ursache des πάθος (I, 275. 277); πιθανότης τ. πραγμάτων (I, 275. II, 141—143) als Ursache der πάθος und der Sünde. Nachlassen und Heilung der πάθη (I, 268. 281. 282). Unschädliche Affekte resp. unwillkürliche affektartige Regungen (I, 305. 308). Uebereinstimmung Epictets mit ihm (I, 307). Sinnlicher Schmerz (I, 312). — Ethik. Selbstliebe natürlich (II, 6). Definition der εὐδαιμονία (II, 8. 9). Ergebung in die Weltordnung (II, 22). Vernünftige Wahl des Naturgemässen (II, 25. 44. 56. 170. 195. 223). Theorie des Selbstmords (II, 53. 188—198). Ehe religiös begründet (II, 87). Kosmos als „System von Göttern und Menschen" (II, 93). Verachtung der Gesetze (II, 97). Definition des Sklaven (II, 98. 99). Eid (II, 114). Abnahme der religiösen Wärme (II, 116). Weisheit selten (I, 2. II, 152), erst am Ende des Lebens erreichbar (II, 141). Begriff der προκοπή (II, 147). ὁ ἐπ' ἄκρον προκόπτων (II, 205. 218). Tugend verlierbar (I, 134. II, 32); Wachstum der Tugend (II, 145). βίος σχολαστικός verworfen (II, 114. 118). Sünde gottgeordnet (II, 137). Telos (II, 163—168. 169. 178. 181). δι' αὐτὰ ληπτά (II, 172). Die πρῶτα κ. φ. als ἀρχή des καθῆκον und der ἀρετή (II, 185. 186; vergl. die mittelstoische Telosformel, II, 183). τέλειον καθῆκον (II, 215. 216). Unterscheidung von δεῖσθαι und ἐνδεῖσθαι (II, 219). Wohlthätigkeit als κατόρθωσις (II, 197). Gleichheit der κατορθώματα (II, 229). Lehre vom χρηματισμός (II, 233—239. 242). — Theologie (II, 244. 245).

Cicero. Einteilung der Philosophie (I, 27. 28). πρόληψις und ἔννοια (I, 208—216). appetitus und appetitio (I, 243—245). opinio recens (I, 267. 268). Gottverwandtschaft des Menschen (I, 79. 80).

Cornutus, Stoiker. Sitz der Seele im Gehirn (I, 47). Vernichtung der Seele zugleich mit dem Leib (I, 54. 55. 60).

Crantor, Akademiker. Seine Schrift περὶ λύπης von Panätius als aureolus libellus gepriesen (II, 165).

Crates, Kyniker. Seine Ehe als Ausnahmefall (I, 299. II, 66. 89 — seine Frau ein zweiter Crates).

D.

Demetrius, Kyniker des I. Jahrh. n. Chr., von Seneca geschätzt und benützt (II, 112. 151).

Dinomachus. Sein Telos: voluptas mit honestas (II, 185).

Diodorus, Peripatetiker. Sein Telos: Analgesie mit honestas (II, 185).

Diodotus, Stoiker. Studierte und dozierte trotz seiner Blindheit (II, 53).

Diogenes, Kyniker. Ideal eines Kynikers (I, 198) und Weisen (II, 217). Einzigartige Begabung und Grösse (II, 131. I, 137). Ideal der unerschütterlichen Seelenruhe (I, 97), der Bedürfnislosigkeit (II, 30. 71) und inneren Freiheit (II, 51), zugleich auch der körperlichen

Kraft und Anmut (II, 41. 56). Er vertritt die βασιλική καὶ ἐπιπληκτικὴ χώρα (I, 8. 66. II, 52). Sein Leben eine Aufopferung im Dienst der Menschheit (I, 286). Seine Armut zeigte seine Tugend nur um so glänzender (II, 25). — Gebrauchte schon den Ausdruck τόνος ψυχῆς (I, 45).
Diogenes von Babylon, Stoiker. — Wesen der Seele ἀναθυμίασις (I, 44). — Telosformel (II, 168—170. 177. 178. 184. 185). — „Krämermoral" (II, 233 etc. 238. 240—242).
Diogenes von Ptolemais, Stoiker. Behandelt die Ethik als erste philosophische Disziplin (I, 15).
Dionysius ὁ μεταθέμενος. II, 151.

E.

Empedocles I, 71 (Sprache der Tiere).
Epicurus. Sensualismus (I, 130). Gottesidee (I, 221). Unterscheidet nicht zwischen Naturtrieb und (verwerflicher) Lust (I, 247). Macht die Lust zum Telos (I, 293. 315. II, 175. 183. 185). Hebt alle Moralität, speziell die soziale auf (I, 248. II, 89). Kennt keine wahre Freundschaft (II. 108. 121), verwirft — im Gegensatz zu Zeno — das politische Leben grundsätzlich (II, 92). Erkennt wider seinen Willen die natürlichen Gefühle der Liebe an (I, 299. II, 90), und straft überhaupt durch sein Leben seine Lehre Lügen (II, 77. 131. 215). — Treffliche Aussprüche Epicurs, von Seneca citiert (II, 151. 152).
Epiphanius, Kirchenvater. Verlästert die Stoiker (I, 34).
Euphrates, Stoiker. Muster eines demütigen Philosophen (I, 12).

H.

Hecato, Stoiker. Quelle von off. III? (I, 210), von fin. III? (214). Führt die πάθη auf die intemperantia zurück? (I, 278). — Geringschätzung des Sklaven (II, 98). Menschenliebe (II, 106). Lust kein Gut (II, 174). Statuiert ein vicinum honesto (II, 227). „Krämermoral" (II, 240—243).
Heraclitus aus Ephesus. Einfluss auf Kleanthes (I, 13. II, 14). Dämonenglaube (I, 81). κοινὸς νοῦς (I, 121).
Herillus, häretischer Stoiker. Sitz der Seele (I, 45). ὑποτελίς (II, 187). Sein Telos wird bei Cicero als undiskutierbar bezeichnet (II, 185).
Hieronymus, Peripatetiker. Sein Telos die Analgesie (II, 175. 176. 185).
Homerus. Gilt dem Epictet nicht als durchaus glaubwürdig (II, 77).

Horatius. Sein „nil admirari" meist missverstanden (II, 112).

K.

Kleanthes. Persönliches. Gilt dem Epictet als wissenschaftliche Autorität (II, 2) und besonders als praktisches Ideal wegen seiner strengen Lebensweise (II, 30. 71. 74. 113. 119. 240). Sein unpolitisches Leben (II, 93), freiwilliger Tod (II, 38), Urteil über Arcesilaus (II, 215). — Einteilung der Philosophie in sechs Teile (I, 13. 15). — Anthropologie und Psychologie. Geringschätzung des Leibes (I, 34. 37). — Wesen und Sitz der Seele (I, 44. 45. 47). Kein psychologischer Dualismus (I, 45. 46). Differenz mit Chrysipp über das Verhältnis des Hegemonikons zum Leib (I, 47. 111. vergl. 101). Vererbung der seelischen Eigenschaften (I, 49. 274). Fortdauer aller Seelen bis zur Ekpyrose (I, 55). Verstand der Tiere (I, 76). Gottverwandtschaft des Menschen (I, 78). Der Dämon als das bessere Ich (I, 83). — Begriff der Möglichkeit (I, 129). Die φαντασία als τύπωσις (I, 139. 150. 151). πιθανότης τῶν πραγμάτων (I, 141). Kennt den Ausdruck πρόληψις noch nicht (I, 219. 223). Das πάθος verschwindet mit dem Aufhören der δόξα (I, 282. 283). Naturwidrigkeit der ἡδονή I, 313 bis 315. II, 173. 174). — Ethik. Sein Telos, von demjenigen Zenos nicht wesentlich verschieden (II, 11. 14. 168). — περὶ ὑμεναίου (II ,87). Eid (II, 114). Schätzung der Poesie (II, 127). — Anlage zur Tugend (II, 133). Sittliche Vollkommenheit selten (I, 2. 35), kaum am Ende des Lebens zu erreichen (I, 117. II, 141. 147—149. 151. 161). Die Sünde als Unbildung (I, 3), als Herabsinken auf die Stufe der Tiere (I, 69. II, 141). Sünde der göttlichen Kausalität entnommen und doch mittelbar zur Weltordnung gehörig (II, 137). Verleumdung als grösste Sünde (II,150). Tugend unverlierbar (II, 135. II, 132). Bewahrende Wirkung des Gedankens an ein sittliches Vorbild (II, 152). Autarkie der Tugend (II, 242). Der gute Wille, nicht der glückliche Erfolg ist lobenswert (II, 196). — Religiöse Färbung seiner Philosophie (I, 10), theistische Ausdrucksweise (II, 81. 116). Die Sonne als Hegemonikon der Welt (I, 58).

M.

Marcus Aurelius. Anthropologie (I, 31. 32). Pessimismus (I, 37). Eschatologie (I, 59—62). Schwanken zwischen materialistischer und spiritualistischer Auffassung der Seele (I, 41), zwischen psychologischem Monismus und Dualismus (I, 93—94). Gottverwandtschaft (I, 77). ἡγεμονικόν (I, 97). ἡγεμονικόν und ψυχή (I, 110). διάνοια (I, 113—115). λόγος (I, 118). νοῦς (I, 121). — φαντασία (I, 146). Neigung zur Skepsis (I, 182). — πάθος (I, 280). χαρά (I, 297). — Freiwilliger Tod (II, 32). Religiosität (II, 85). — Gottesbegriff (II, 246—247).

Mnesarchus, Stoiker. Nimmt nur zwei Seelenteile an, λογικόν und αἰσθητικόν (I, 90).

Musonius. Sitz der Seele (I, 47). φαντασία der Tiere (I, 73). Der Mensch ein μίμημα Gottes (I, 79). — Rückgang auf die alte Stoa (I, 33). Praktische Auffassung der Philosophie als Erstrebung und Bethätigung der καλοκἀγαθία (I, 1. 2. 3.). Theorie notwendig (I, 6), aber möglichst zu beschränken (II, 124. 151), weil das ἔθος die Hauptsache (I, 10). Die drei τόποι Epictets hat er noch nicht (I, 27). — Homologie und naturgemässes Leben identisch (II, 12. 15). Sünde straft sich selbst (II, 13). Ergebung ins Leiden, aber nicht Aufsuchung desselben (II, 25). Freiwilliger Tod (II, 53), verwerflich, wenn noch Möglichkeit gemeinnützigen Wirkens (II, 55). Keuschheit (II, 67. 117). Vegetarianismus (II, 71). Hohe Auffassung der Ehe (II, 87. 88), der Pietät (II, 91) und des Familienlebens (II, 117). Recht des Weibes auf Bildung (I, 290. II, 88. 89). Konservative und doch geläuterte Religiosität (II, 85. 116. 249). Ideal des Herrschers (II, 96). Verzeihung (II, 104). Verwerfung des Luxus (II, 111). Schätzung der körperlichen Arbeit, besonders der landwirtschaftlichen (II, 115. cfr. I, 7). Betonung der sozialen Pflichten (II, 118), doch mehr in kosmopolitischem Sinn (II, 119). Freundschaft der Weisen (II, 121). — Anlage zur Tugend (II, 130. 132. 133). Willensfreiheit (II, 143). Sittliche Vollkommenheit möglich (II, 151). φρόνησις (II, 182).

N.

Nemesius. (I, 54) Unsterblichkeit.

P.

Panätius. Seine wissenschaftliche Bedeutung (II, 125). Hinneigung zu Plato und Aristoteles (I, 33. 40. 72. 87. II, 99. 106. 121. 165. 168). Quelle Ciceros in off. II (I, 27. 28); in nat. d. II? (I, 212); im Lälius (II, 121). — Beginnt mit der Physik (I, 15). — Seele als inflammata anima (I, 40). Leugnet die Mantik (I, 45) und die Fortdauer der Seele (I, 48. 54. 55). Psychologischer Dualismus, ὁρμή und ἡγεμονικόν oder λόγος (I, 72. 92. 244. 253. 278). Einteilung der Seele (I, 87). — Lust naturgemäss (I, 313. 314. II, 175). — Betonung des individuellen Faktors in der Ethik (II, 10). Telos (II, 164—168). Seine Ethik mildert die Härten der Stoa (II, 165), ist aristokratisch (II, 100. 239) und national beschränkt (II, 87). Herabspannung des stoischen Tugendideals (II, 93. 108. 109. 148. 227). Gemässigter Idealismus (II, 239). — ἀρετή θεωρητική und πρακτική (II, 1). Drei Teile der Tugend (I, 27). Die vier Kardinaltugenden (II, 17). Beschränkte Autarkie (II, 53). Laxe Auffassung der Wahrhaftigkeitspflicht (II, 73). Ehrlosigkeit der Lohnarbeit (II, 74. 99. 235). Hochschätzung des (national) politischen Lebens (II, 94). Notwendigkeit des Kriegs (II, 95). Begrenzte Humanität (II, 99. 100. 106. 119. 120). Freundschaft (II, 108. 109). Prüderie (II, 112). Zwei genera jocandi (II, 112). Unterscheidet pathetische und überlegte Sünden (II, 150). χρηματισμός (II, 233. 235. 236. 238. 242. 243).

Peripatos, Peripatetiker. Senecas Urteil über die peripatetische Philosophie (I, 5). Senecas und M. Aurels Hinneigung zu ihr (I, 41). Wesen und Sitz der Seele (I, 44. 46). Nützlichkeit der unvernünftigen Seelenkräfte (I, 243). Bestreitung der stoischen συγκατάθεσις (I, 252). — Verwerfung der Autarkie der Tugend (I, 8. 49. 167. 183). Das πρῶτον οἰκεῖον (II, 175. 176. Telos (II, 185). προκοπή (II, 220).

Philo, Akademiker. Quelle von Tusc. I? (I, 208—209).

Plato. Anthropologischer Dualismus (I, 29. 34). Transszendenz des νοῦς (I, 48. 49). Unsterblichkeit der Seele (I, 54. 55). Pflanzenseele (I, 67. 91). ἐνθουσιαστικόν (I, 80). ἐπιθυμία und θυμός (I, 89. 90 — Phädrus I, 284). Staat (II, 67). Recht der Sklaverei (II, 99). Rat gegen Versuchung (II, 117). — Einfluss auf Seneca (I, 53. 78). S. Panätius und Posidonius.

Plotinus. I, 85 (Dämon).

Polemo, Akademiker. II, 175 (Telos).

Posidonius. Hinneigung zu Plato (I, 29. 33. 46. 53. 91. II, 7. 166). Verhältnis zu Kleanthes (I, 111). Freundschaft mit Scipio (II, 236). — Schätzung der Physik (I. 15) und der Wissenschaft überhaupt (II, 125). — οὐσία des Mondes (I, 80). — Geringschätzung des Leibes

(I, 34). Vermittelnde Ansicht vom Wesen der Seele (I, 40. 41. 44). Psychologischer Dualismus (I, 49. 71. 78. 90 bis 94. II, .4). ἐπιθυμία und θυμός — Trieb nach Lust und Herrschaft (II, 175) — (I, 234. 237. 238. 245). Sie bilden das παθητικόν (I, 253. II, 138), das, wenigstens bei dem θεωρητικός, die einzige Ursache des πάθος ist (I, 83), und dessen Ermattung das Aufhören desselben verursacht (I, 282). δόξα πρόςφατος (I, 266. 269. 270). Auch die Tiere haben Affekte (I, 71. 72). — Unsterblichkeit der Seele (I, 54) resp. des transszendenten νοῦς (I, 78. 79). Gottverwandtschaft (I, 77—80. 220). Dämon und Dämonen (I, 80—85 passim). Mantik (I, 80). — Erneuert die religiöse Richtung in der Stoa (II, 116). — Strenge Ansicht über den Selbstmord (II, 39). Verachtet das Handwerk (II, 74). Sklaverei berechtigt (II, 99). Schätzung der Kultur (II, 113). — Natürliche Disposition zur Sünde (II, 143). Fortschritt und Vollkommenheit (II, 148. 152. 217). Telos (II, 163—168). Verwirft die mittelstoische Telosformel als missverständlich (II, 188). Leugnet die Autarkie der Tugend (II, 239). Der Schmerz kein Uebel (II, 102). — Verwerfung der Habsucht (II, 242). Schätzung des Reichtums (II, 243).

Pyrrho. II, 185 (sein Telos von Cicero als undiskutierbar bezeichnet).

Pythagoras. I, 48. 49. Pythagoreer. II, 113 (Verwerfung des Eides).

S.

Seneca. Einteilung der Philosophie (I, 28). Schwankende Ansicht über das Wesen der Seele (I, 41. 53). Eschatologie (I, 62—64). Gottverwandtschaft (I, 77). Schwanken zwischen psychologischem Monismus und Dualismus (I, 92. 280). Empirismus (I, 216—218). — Religion und Kultus (II, 83—85). Gottesbegriff (II, 247—249). — Ehe (II, 89). Sklaverei (II, 98. 99). Freundschaft (II, 107—109). Luxus (II, 113). Wissenschaft (II, 125. 127). Anlage zur Tugend (II, 132. 133). Sünde (II, 143). Fortschritt und Vollkommenheit (II, 152. 153).

Simplicius, Neuplatoniker. Urteil über Epictets Reden (II, 154).

Socrates. Gilt dem Epictet als sittliches Ideal (I, 218. II, 96. 113. 117. 147. 152), als Begründer der Wahrheit (I, 240. II, 2. 129) und grösster Wohlthäter der Menschheit (I, 286); insbesondere als Vertreter der ἐλεγκτική (I, 8). Epictet preist seine dialektische Kunst (I, 166. 197. II, 112. 151), seine unerschütterliche Gemütsruhe und Geduld (I, 97. II, 12. 87. 119), seine Demut (I, 310), seine körperliche Anmut (II, 41. 61. 67), seine Heiterkeit (II, 55), seine Pietät (II, 91), am allermeisten aber seine freudige und gehorsame Ergebung in sein tragisches Geschick (II, 33. 35. 36. 53. 145. 190). Durch seinen Tod hat Socrates den Menschen noch mehr genützt, als durch sein Leben (II, 24). Er steht in gewisser Hinsicht über Diogenes (II, 71). — Intellectualismus (I, 5. 265). providentia specialis (I, 80). Dämonium (II, 30. cfr. I, 81). Sünde beruht auf Unwissenheit (I, 110). Physik verworfen (II, 126). — Seneca über Socrates und Zeno (II, 38).

Sphärus, Stoiker. I, 209 (Definition der Tapferkeit).

Spinoza. II, 116 (natura naturans).

Stilpo, Megariker. I, 312 (seine ἀπάθεια von der stoischen verschieden).

T.

Teles, Kyniker. I, 116 (ἄνους = ἄνευ τοιούτου νοῦ).

Theognis, II, 53. 191 (sein Vers über die Armut von Chrysipp verändert).

V.

Varro, II, 115 (Auffassung des stoischen Gottesbegriffs).

X.

Xenophanes. I, 48.

Z.

Zeno aus Cittium, Stifter der Stoa. Persönliches. Gilt dem Epictet als Begründer der Wahrheit (I, 2. II, 129) und als sittliches Ideal (I, 286. II, 113). Vernachlässigung der Dialektik (I, 128). Bedürfnislosigkeit und Mässigkeit (II, 98. 111. 236). Zurückziehung vom politischen Leben (II, 89). Nimmt Honorar von seinen Schülern und Geschenke von Antigonus (II, 235. 236). Brief an Antigonus (II, 132). Antwort an Dionys den Abtrünnigen (II, 151). Posidonius sucht ihn den Platonikern anzunähern (II, 167). Epictets Uebereinstimmung mit ihm (I, 307). Seneca verspottet seine Syllogismen (II, 123). — Philosophie und Wissenschaft. Vergleicht die Philosophie mit einem ἰατρεῖον (I, 4). Einteilung derselben (1. 13—16). Logik (II, 127). Verach-

tung der ἐγκύκλια μαθήματα (II, 127).
Philologie (II, 125). Solözismen (II, 126).
— Physik und Anthropologie.
natura artificiosa und artifex (I, 50).
Wesen der Seele (I, 43. 44). Sitz der
Seele (I, 45. 46). Traduzianismus (I,
48). Die menschliche Seele ein ἀπόσπασμα θεοῦ (I, 78). Teile der Seele (I,
86. 87). Seele als Prinzip des Lebens
(I, 107). — Psychologie. αἴσθησις
(I, 99. 123. 138). Zuverlässigkeit der
Sinneswahrnehmung (I, 130. 131). φαντασία = τύπωσις τῆς ψυχῆς (I, 139.
148. 150. 151). φαντασία καταληπτική
(I, 178. 227). κρίσις im prägnanten
Sinn (I, 169). κατάληψις und ἐπιστήμη
(I, 178. 179. 185. II, 211). Sensualismus (I, 213). πρόληψις (I, 214. 220.
223). Gottesbeweis (I, 219). ὀρθὸς λόγος
als Kriterium (I, 225—227). — πάθος
als ἐπιγέννημα der κρίσις (I, 95. 172.
266); als ὁρμὴ πλεονάζουσα (I, 244.
263); als συστολή und ἔπαρσις etc. (I,
264); als δόξα πρόσφατος (I, 267). Verhütung der πάθη durch προενδημεῖν (I,
269. 270). intemperantia als Ursache
der πάθη (I, 277. 278). Nachwirkung
der πάθη (I, 309. 311. II, 149). ἡδονή
als ἐπιγέννημα der naturgemässen Thätigkeit (I, 314). — Ethik. Telos: Gehorsam gegen Gott, naturgemässes
Leben, Homologie (II, 6. 11. 14. 163.
168. 178. 185. 208). Güterlehre: Unterscheidung von αἱρετά und ληπτά, resp.
von ἀγαθά und προηγμένα (II, 170. 177.
180). Einteilung der Adiaphora in κατὰ
φύσιν und παρὰ φύσιν (II, 21. 50. 172.
173). Das καθῆκον (II, 194. 208. 210
— Schrift περὶ καθήκοντος — 215).
καθ. als μέσον (II, 208. 209. 210. 215.
222). καθ. τέλειον (II, 215. 229). — Anlage zur Tugend (II, 133). Sünde als
innerer Widerspruch (II, 12). peccata
tolerabilia und intolerabilia (II, 145).
Absoluter Gegensatz zwischen Guten
und Bösen (II, 212). Idealbild des
Weisen (II, 210). Sittliche Vollkommenheit selten und schwer zu erreichen
(I, 2. II, 148. 151). Unterschied zwischen φαῦλος und προκόπτων (II, 220).
Kriterium des προκόπτων (II, 147). — Religiosität (II, 81). Prinzipielle Schätzung
des politischen Lebens (II, 92). Der
Freund ein alter ego (II, 107. 109).
Ideal eines Jünglings (II, 112). Missachtung der Kunst (II, 127).
Zeno aus Tarsus, Stoiker. I, 13 (Einteilung der Philosophie).

Verzeichnis der citierten Schriftsteller.

(Bei den fast durchgängig benützten alten Schriftstellern habe ich nur diejenigen Stellen angeführt, die ausführlicher erörtert werden oder für die Argumentation besonders wichtig sind. Die eingeklammerten Zahlen bedeuten die Stellen in meinem Buch.)

Aëtius, placita philosophorum (Diels), IV, 11 (I, 195. 196).
Andronicus, περὶ παθῶν (Kreuttner-Schuchhardt), I, 86. 278. II, 176.
Antoninus (M. Aurel), meditationes.
Apelt, O., Beiträge zur Geschichte der griechischen Philosophie. 1891 (II, 162).
v. Arnim, H., Quellenstudien zu Philo von Alexandrien. 1888 (II, 111. 113).
Asmus, R., quaestiones Epicteteae (I, 43).
Athenaeus, deipnosoph., VI, 203 (II, 99).
Athenagoras, suppl. ad Gr., 19 (II, 115).
Augustinus, de civ. dei, VI, 11 (II, 114). VII, 6 (II, 115).
Bernays Lucian und die Kyniker (II, präf.). Abhdlg. d. Berl. Akad. d. Wiss. 1882 (II, 244).
Brolén, de philosophia L. Annaei Senecae (Upsala Universitets Arsskrift 1880).
Cicero, philosophische Schriften (C. F. W. Müller).
    acad. post. I, 36 (II, 208 etc.). 41 (I, 162). 42 (I, 213).
    acad. pr. II, 19 (I, 130—133). 23 (II, 197). 30 (I, 124. 214. 215). 101 (I, 130. 131).
    de fato (I, 244. II, 138).
    de finibus, III, 20 etc. (II, 187. 205). 33 (I, 215). 59 (II, 189). V, 59 (I, 211).
    Laelius de amicitia (II, 109. 121).
    de legibus, I, 24 (I, 220). 59 (I, 210—212).
    de natura deorum, II, 12 (I, 220). 33 (I, 72). 45 (I, 220—221). 145 (I, 252 etc.).
    de officiis, I, 101 (I, 88. 89). I, 150 (II, 91). III, 51 etc. (II, 241. 242). III, 89 (II, 98 etc. 242).
    paradoxa (I, 245. II, 14. 139. 140).
    de republica, somnium Scipionis (I, 56. 58. 80). — III, 29 (II, 241).
    Topica (I, 210).
    Tuscul. disp., I, 57 (I, 208). II, 61 (II, 192. 166). III, 55 (I, 269. 270). III, 75 (I, 267). IV, 14 (I, 272. 273). 18 (II, 120). 28 (I, 276). 53 (I, 209. 210).
    fragm. phil. V, 50 (I, 245), 96 (I, 34).
Clemens Alexandrinus, paedag. (II, 87. 104. 112. 117. 119. 148. 226).
    protrept. VI, 59 (I, 80). X, 29 (II, 142). 83 (I, 261).
    stromata, II, 129 (II, 14). 119. 491 (I, 315). IV, 576 (II, 54).
Cornutus, de nat. deorum (Villoison). 75 (II, 119). 128 (II, 118).
Corssen, Posidonius Rhodius. Bonn 1878 (I, 77. 233).
Dio Chrysostomus (ed. Reiske) (II, 9. 53. 93. 116. 117. 119).
Diogenes Laertius, VII, 40 (I, 15—17). 50 (I, 150. 151). 51 (I, 152). 52 (I, 122—124. 156—158. 195). 53 (I, 200. 214. 215). 54 (I, 222—231). 55 (I, 204. 205). 86 (I, 70—73. 107. 253). 88 (I, 85). 91 (II, 217 [1]). 94 (I, 295). 108. 109 (II, 222. 230). IX, 7 (I, 81).
Diogenian, fragmenta (Gercke) (II, 45. 97. 216).
Döring, Die nacharistotelischen Telosformeln (Zeitschr. f. Phil. und phil. Kr. 1893, Bd. 101, 2) (II, 169).
Doxographi graeci (Diels), 635 (I, 122).
Epicurea (Usener) (I, 4. 197. 214).
Eucken, Die Lebensanschauungen der grossen Denker. 1890 (II, präf. — 114).

Verzeichnis der citierten Schriftsteller. 277

Fowler, Panaetii et Hecatonis fragm. (I, 87).
Galenus, Hippocr. et Plat. decr. (Kühn, V). 268 (I, 100. 101). 287 (I, 100). 380 (I, 234).
  416 (I, 266. 269). 419 (I, 263). 462 (II, 135). 470 (II, 163. 164). 476 (I, 46).
  486 (I, 236—238). 521 (I, 67). 587 (I, 46). 643 (I, 43).
Gellius, noctes Atticae (I, 307. II, 143).
Heine, Stoicorum de fato doctrina (II, 138).
Heinze (II, 244), Stoicorum de affect. doctr. (I, 266. 267. 271).
  Zur Erkenntnislehre der Stoiker (I, 155. 160. 162. 164. 178. 188).
  Lehre vom Logos (I, 82. II, 245).
Hierocles, aur. carmen (M.) (II, 113).
Hilty, Glück, Leipzig 1891 (II, präf. — 111).
Hirzel, Untersuchungen zu Ciceros philos. Schriften. I—III.
Homer, Odyssee, 13, 56 (II, 118).
Ilberg (Berl. phil. Wochenschr. 1889, 40) (I, 107).
Justinus M., dial. c. Tryph., 1. (II, 116). apol. I, 19 (II, 249).
Klohe, de Ciceronis libr. de officiis fontibus, 1889. (II, 120).
Krische, Die theologischen Lehren der griechischen Denker (I, 69. II, 244).
Kruszewsky, Die Sittenlehre des Epictet (Gymn.-Progr. Aachen 1883) (I, 65).
Lactantius, instit. div., VII, 20 (I, 56).
Lehrs, Populäre Aufsätze (I, 82. II, 77).
Madvig (de finibus) (II, 115. 187).
Martha, les moralistes sous l'empire romain (II, präf.).
Nemesius, de natura hominis (M.) 173 (I, 100. 101). 175 (I, 128). 176 (I, 122. 123).
  211 (I, 88. 89). 219 (I, 274). 231 (I, 291. 292). 249 (I, 88).
Origenes, contra Celsum, VII, 37. p. 56 L. (I, 154).
Persius, satirae, II, 62 (I, 33).
Petersen, in Galeni de plac. ... quaest. crit., 1888 (I, 107).
Philo Judaeus (P.) (I, 205). Abrah. (II, 149). agric. (II, 149. 222). Cherub. (II, 148).
  confus. ling. (II, 148). congr. crud. gr. (II, 9. 126). decal. (II, 133). gigant.
  (II, 118). leg. all. I (I, 204. 207. II, 148). II (II, 143). III (II, 148. 213. 214).
  migr. Abr. (II, 6. 126). monarch. (II, 149). mut. nom. (II, 126. 149). opif.
  mundi (II, 143). parent. col. (II, 13). poenit. (II, 148). poster. Cain. (II, 148).
  praem. et poenit. (II, 13. 133. 143. 152). profug. (II, 148. 149). quis rer. div.
  her. (II, 143. 147—149. 221). quod det. pot. ins. (II, 13. 50. 143). quod
  omn. prob. lib. (II, 9. 126. 133). sacr. Abel (II, 7. 143. 148. 226. 227). sobriet.
  (II, 143. 144). somn. I (II, 53. 133). II (II, 148. 149). vita Mos. (II, 143).
  fragm. 649 P (II, 9).
Philodem, de pietate (Gomp. p. 85) (II, 92).
Plato, Apologie (I, 62).
Platon. defin. 412 (II, 214).
Plutarchus (Dübn.), adul. et am. (II, 119). Alex. s. v. s. f. (II, 93). animine an corp.
  (I, 262). animae procr. (I, 41). de audiendo (II, 127). de aud. poët. (II, 212).
  Cato minor (II, 237). Cicero (I, 209). cohib. ira (I, 265. II, 152). adv. Colot.
  (I, 168. 175. 252). def. or. (I, 82. 227). Isis (I, 81). non posse suav. (I, 59).
  praec. ger. reip. (II, 236). prof. virt. (II, 145. 147. 216). quaest. conv. V, 10, 3
  (I, 69. II, 143). soll. an. (I, 76). Stoic. poët. abs. (II, 65. 216). tranq. an.
  (II, 169). virt. mor. 3 (I, 92). 9 (I, 248. 308—311). vita Hom. (I, 44. 45). vita
  pud. (I, 291). de comm. notit. 7 (I, 187). 11 (II, 190). 26 (II, 179 etc.). 28
  (I, 288—290). 47 (I, 151). de stoic. repugn. 3 (II, 93). 9 (I, 13—15). 17 (I, 202.
  203). 19 (I, 155). 32 (I, 203). 38 (I, 203. 219—222).
Prantl, Geschichte der Logik, I. (I, 16. 159. 160).
Proclus, in Tim. p. 126, 297 Schn. (II, 244).
Quintilian, institut., XII, 1 (II, 114).
Salmasius, Epictet (I, 71. 262. 266).
Schmekel, Die Philosophie der mittleren Stoa. 1892 (II, 118. 120. 171. 208).
Schweighäuser, Epictet (I, 20. 117. 196. II, 17. 143. 205).
Schwenke, Philologische Jahrbücher 119, p. 136 (I, 69).
Seneca philosophus (Haase), de benef. IV, 33 (II, 195). de clementia (II, 104 u. ö.).
  dialogi IV, 2 und 3 (II, 305—312). epistolae morales. 87 (II, 166). 113 (I, 104).
  117 (I, 176). 118 (II, 174. 224). 120 (I, 216—218). natur. quaest. (I, 26. II, 125).
  — fragmenta (I, 5. 83. II, 84. 87. 89. 104. 112. 113. 117. 121). — formula hon.
  vit. (I, 306). de moribus liber (II, 133. 143).
Sextus Empiricus, hyp. I—III. adv. dogmat. VII—XI. — VII, 151 (I, 185). 154
  (I, 176). 227—241 (I, 105—108 u. ö.). 247 (I, 162). 408 (I, 180. 181). 415 etc.

(I, 166). 424 (I, 131—133). VIII, 397 (I, 147). IX, 33 (I, 221). 61 (I, 221). 73 (I, 295). XI, 200 (II, 213).
Siebeck, Geschichte der Psychologie (I, 32. 56).
Simplicius, comm. in Epict. ench. (I, 42. 66. 252. II, 29. 50. 66. 72. 101. 111. 143. 155. 156).
Sommer, H., Preuss. Jahrb. 1887, Bd. 59 (II, 155).
Stein, Psychologie der Stoa, I. II.
Stobäus, eclogae (W.) — I, 50 (I, 154). 317 (I, 204—207). 349 (I, 124. 125). 368 (I, 98). II, 66 (I, 288—290). 71 (I, 276). 86 (I, 235). 87 (I, 257—261). 88 (I, 176). 90 (I, 267—273. 281—284). 94 (II, 235). 109 (II, 234 etc.). 112(I, 134. 179—181). — florilegium (M.). II, 339 (I, 6). IV, 5 (II, 215).
Stuhrmann, vocabula phil. Epict. 1885 (I, 118. 146. 196).
Tertullian, de anima (I, 56. 58. 86. 87).
Thiaucourt, les sources des traités phil. d. Cicéron. 1885 (II, 121. 184).
Walter, Die christl. Glaubenslehre als Wissenschaft vom Lebensmut. 1893 (II, 155).
Weber, E. (Leipziger Studien X, 123 etc.) (II, 71).
Wellmann, Philologische Jahrbücher, Bd. 107 (I, 86. II, 136. 152).
Wendland, quaest. Muson. (I, 73). Archiv für Philologie 1888, I, 208 (I, 52). Berliner philologische Wochenschrift 1887, 12 (II, 38), 1888, 22 (I, 261).
Wilamowitz v. Möllendorf, Antigonus von Carystos (II, 107. 132).
Zeller, Geschichte der griechischen Philosophie. — Abhandlungen der Berliner Akademie der Wissenschaften, 1882, phil.-histor. Kl. II. (II, 155). — Friedrich der Grosse als Philosoph, 1886 (II, präf.).
Ziegler, Theob., Geschichte der Ethik, I. (II, präf. — 140. 166. 203).

Berichtigungen.

pag. 6 Z. 26 v. u. lies καί statt και.
„ 10 Z. 6 v. o. lies des statt der.
„ 13 Z. 21 v. u. lies ὅ statt ὁ.
„ 21 Z. 24 v. u. lies Dieser statt „Dieser.
„ 29 Z. 13 v. o. lies wird statt wird."
„ 29 Z. 15 v. o. lies in statt ni.
„ 42 Z. 8 v. u. lies ἀρκεῖσθαι statt ἀκρεῖσθαι.
„ 51 Z. 24 v. u. lies ὑπέρ statt ὕπερ.
„ 53 Mitte lies ἤ statt ἥ.
„ 54 Z. 15 v. o. lies Τρῴων statt Τρώων.
„ 55 Z. 18 v. u. lies τῷ statt τώ.
„ 56 Z. 21 v. u. lies ἀδηλά statt ἀδηλά.
„ 56 Z. 20 v. u. lies αὐτός γάρ statt αὐτός γάρ.
„ 56 Z. 14 v. u. lies μὴ εἰκαῖον statt εἰκαῖον.
„ 60, Mitte (Ueberschrift) lies Leibesübung statt Mässigung.
„ 70 Z. 13 v. o. lies doch wohl statt wohl noch.
„ 77 Z. 10 v. u. lies Erinye statt Erinnye.
„ 79 Z.1 u. lies leuchtenden statt leuchtender.
„ 88, Mitte lies idealste statt indealste.
„ 89 Z. 6 v. u. lies weil statt weil es.
„ 97 Z. 22 v. u. lies unserem statt unseren.

pag. 97 Z. 14 v. u. lies eben auch statt aber auch.
„ 110 Z. 22 v. u. lies ἤ statt ἥ.
„ 117 Z. 22 v. o. lies νόμιμος statt νόμιμα.
„ 118 Z. 25 v. o. lies εἰσίν statt εἰσίν.
„ 122 Z. 23 v. u. lies kennen statt können.
„ 126 Z. 15 v. o. lies ecl. II, 8 statt ecl. II, 1, 10. 8.
„ 138 Z. 19 v. u. lies Stoic. de statt de Stoic.
„ 138 Z. 4 v. u. lies Entschlusses, statt Entschlusses.
„ 152 Z. 4 v. u. lies περί statt περί.
„ 153 Z. 13 v. u. lies διηνεκῶς statt διηνεκῶς.
„ 153 Z. 6 v. u. lies φανερωτέρα statt φανερώτερα.
„ 156 Z. 7 v. u. lies Epictet statt er.
„ 169 Z. 17 v. o. lies comm. not. statt comm. nat.
„ 189 Z. 14 v. o. lies Adiaphoron statt Adiophoron.
„ 220 Z.17 v. o. lies insipiens statt insipientes.
„ 228 Z. 4 v. o. lies die statt das.
„ 256 Z. 26 v. u. r. lies τό statt τό.